Volker Mertens

Europaweite Kooperation von Betriebsräten
multinationaler Konzerne

Das Beispiel des Volkswagen-Konzerns

Volker Mertens

Europaweite Kooperation von Betriebsräten multinationaler Konzerne

Das Beispiel des Volkswagen-Konzerns

Springer Fachmedien Wiesbaden GmbH

Die Deutsche Bibliothek — CIP-Einheitsaufnahme

Mertens, Volker:
Europaweite Kooperation von Betriebsräten multinationaler
Konzerne : das Beispiel des Volkswagen-Konzerns / Volker
Mertens.
(DUV : Wirtschaftswissenschaft)
Zugl.: Bielefeld, Univ., Diss., 1993
ISBN 978-3-8244-0213-7   ISBN 978-3-663-12107-7 (eBook)
DOI 10.1007/978-3-663-12107-7

© Springer Fachmedien Wiesbaden 1994
Ursprünglich erschienen bei Deutscher Universitäts-Verlag GmbH,
Wiesbaden 1994

Lektorat: Gertrud Bergmann

Gedruckt auf chlorarm gebleichtem und säurefreiem Papier

ISBN 978-3-8244-0213-7

"Kolleginnen und Kollegen, die Konkurrenz zwischen Standorten im In- und Ausland gibt es auch bei uns im VW-Konzern. ... Unser gewerkschaftliches Überlegen im Jahr 2000 und darüber hinaus hängt in erster Linie davon ab, ob wir in den 90er Jahren die Kraft haben, die große Kluft zwischen Worten und Taten zu überwinden, die den Zustand unserer gewerkschaftlichen internationalen Handlungsfähigkeit auszeichnet. Wenn wir dieses nicht bewerkstelligen, Kolleginnen und Kollegen, dann werden wir in der Bundesrepublik und auch wir bei Volkswagen und Audi diejenigen sein, deren politische und soziale Entwicklung einem freien Fall gleichkommt, mit gravierenden Nachteilen für die Arbeitnehmer. Und kein Tarifvertrag und keine Betriebsvereinbarung, so gut sie auch heute sein mögen, werden diesen Fall aufhalten können".

Walter Hiller
VW-Gesamtbetriebsratsvorsitzender, 1989

Vorwort

Während der Arbeit an der vorliegenden Untersuchung habe ich von vielen Seiten Unterstützung erhalten. Mein besonderer Dank gilt Prof. Dr. Jürgen Feldhoff für die vielfältige Betreuung und die intensiven Diskussionen. Ohne die finanzielle Unterstützung der Hans-Böckler-Stiftung hätte die Untersuchung in der vorliegenden Form nicht entstehen können.

Die Mandatsträger der Konzernstandorte VW-Wolfsburg, Seat-Barcelona und Gearbox del Prat haben mir umfassend in zeitaufwendigen Interviews Auskunft erteilt. Stellvertretend für alle Mandatsträger, die Referentin und die Referenten des VW-Gesamtbetriebsrats möchte ich dem Geschäftsführer des Europäischen Volkswagen Konzernbetriebsrats Hans-Jürgen Uhl für seine Auskunftsbereitschaft und die Möglichkeit der Teilnahme an der Gründungsversammlung des Europäischen Volkswagen Konzernbetriebsrats und an einem Seminar der Arbeitsgruppe INTERSOLI danken.

Während meines Forschungsaufenthalts in Barcelona waren die Vorstandsmitglieder der UGT- und der CC.OO.-Gewerkschaftssektion bei Seat-Barcelona José Perez Villanueva und Carlos Vallejo jederzeit zu Gesprächen bereit und vermittelten mir Kontakte zu weiteren Gewerkschaftsgremien.

Durch die Informationsbereitschaft und Herzlichkeit des Generalsekretärs Hubert Thierron, seines Stellvertreters Klaus Buchholz und der Mitarbeiterinnen des Sekretariats des Europäischen Metallgewerkschaftsbundes (EMB), konnte ich im Verlauf meines Praktikums dort, die Tätigkeit des EMB im Bereich der Kooperation betrieblicher Arbeitnehmervertretungen intensiv und praxisnah kennenlernen.

Schließlich danke ich Dirk Meyer für die Stunden, die er in der Endphase der Arbeit damit verbrachte, den Text zu layouten und eine druckreife Fassung zu gestalten.

V.M.

Inhaltsübersicht

Inhaltsverzeichnis

XIII

Abkürzungsverzeichnis

AFL-CIO	American Federation of Labor and Congress of Industrial Organizations
BA	Betriebsausschuß
BetrVG	Betriebsverfassungsgesetz
BIP	Brutto-Inlandsprodukt
BR	Betriebsrat
CCMB	Centrale Chrétienne des Métallurgistes de Belgique
CC.OO.	Comissiones Obreras
CEEP	Europäische Zentrale der öffentlichen Wirtschaft
CGIL	Confederazione Generale Italiana del Lavoro
CGT	Confederation Generale du Travail
CMB	Centrale des Métallurgistes de Belgique
EBFG	Europäischer Bund Freier Gewerkschaften
EBR	Europäischer Betriebsrat
EEA	Einheitliche Europäische Akte
EFTA	European Free Trade Assoziation
EG	Europäische Gemeinschaften
EGKS	Europäische Gemeinschaft für Kohle und Stahl
EGB	Europäischer Gewerkschaftsbund
EKBR	Europäischer Konzernbetriebsrat
EMB	Europäischer Metallgewerkschaftsbund
EVWKBR	Europäischer Volkswagen Konzernbetriebsrat
EWG	Europäische Wirtschaftsgemeinschaft
EWS	Europäisches Währungssystem
EuGH	Europäischer Gerichtshof
EURATOM	Europäische Atomgemeinschaft
FAZ	Frankfurter Allgemeine Zeitung
FEBES	Fertigungsdispositions- und Beschaffungssystem
FR	Frankfurter Rundschau
F & E	Forschung und Entwicklung
GBA	Gesamtbetriebsausschuß
GBR	Gesamtbetriebsrat
HB	Handelsblatt
IBFG	Internationaler Bund Freier Gewerkschaften
IBS	Internationales Berufssekretariat
IG	Industriegewerkschaft
IGB	Internationaler Gewerkschaftsbund
ILO	International Labour Organization
IMB	Internationaler Metallgewerkschaftsbund
IUE	International Union of Electrical, Radio and Machine Workers
KStA	Kölner StadtAnzeiger
MNK	Multinationaler Konzern
OECD	Organization for Economic Cooperation and Development
OEEC	Organization for European Economic Development
SEAT	Sociedad Espanola de Automoviles de Turismo
UAW	United Automobile, Aerospace and Agricultural Implement Workers of America
UGT	Union General de Trabajadores
UNICE	Union der Industrie der Europäischen Gemeinschaft
VW	Volkswagen
WKA	Weltkonzernausschuß
WR	Westfälische Rundschau
WSA	Wirtschafts- und Sozialausschuß

Grafikverzeichnis

Interviewverzeichnis

Funktion der/des Interviewpartner/s

Int. 1	18.01.91	Geschäftsführung des VW-Gesamtbetriebsrats und des Europäischen VW Konzernbetriebsrats, Betriebsrat Wolfsburg, vier Referenten des GBR
Int. 2	02.10.91	Vertrauenskörperleitung IG Metall VW-Wolfsburg
Int. 3	14.01.91	ehemaliger Vorsitzender des VW-GBR, Aufsichtsratsmitglied der VW AG
Int. 4	10.06.91	Vorstand der Gewerkschaftssektion UGT Seat-Barcelona, Betriebskomitee Seat-Barcelona
Int. 5	14.06.91	Vorstand der Gewerkschaftssektion CC.OO. Seat-Barcelona
Int. 6	02.07.91	Gewerkschaftsdelegierte der UGT Seat-Barcelona
Int. 7	07.06.91	Vorstand der Gewerkschaftssektion CC.OO. Seat-Barcelona
Int. 8	13.06.91	Vorstand der Gewerkschaftssektion CC.OO. Seat-Barcelona
Int. 9	26.06.91	Vorstandsmitglied für Internationales der UGT Nacional Landesverband Catalunya
Int.10	24.05.91	Vorstandsmitglied für Internationales der CC.OO. Nacional Landesverband Catalunya
Int.11	25.01.91	IG Metall Vorstandsverwaltung, Internationale Abteilung
Int.12	04.07.91	UGT Metal Bundesvorstandsmitglied für Internationales
Int.13	17.07.90	EMB-Generalsekretär
Int.14	24.10.91	EMB-Generalsekretär
Int.15	18.01.91	Stellvertretender Personalvorstand der Volkswagen AG, Vertreter des Ausschusses für Kosten und Rentabilität
Int.16	04.06.91	Seat-Management aus den Bereichen Technologie, Personalwesen und Ausbildung

1. Einleitung

In den 80er Jahren leiteten die EG-Mitgliedsstaaten mit der Vereinbarung über die Vollendung des EG-Binnenmarktes eine weitere Phase der europäischen Integration ein. Im Vertrag von Maastricht wurden 1991 zusätzliche nationale Kompetenzen auf die Europäische Gemeinschaft verlagert. (1) Beide Verträge werden die Lebens- und Arbeitsbedingungen der europäischen Arbeitnehmerschaft verändern. Die Vertiefung der europäischen Arbeitsteilung führt zu einer stärkeren Verflechtung der Volkswirtschaften der Mitgliedsstaaten. Der EG-Binnenmarkt wird diesen Prozeß beschleunigen, da durch ihn die letzten Hindernisse eines ungehinderten EG-weiten Waren-, Dienstleistungs-, Kapital- und Personenverkehrs beseitigt werden sollen. Aufgrund des Anstiegs der Waren-, Kapital- und Personenströme ist eine Erhöhung der Arbeitnehmerkonkurrenz auf EG-Ebene zu erwarten.

Die Arbeitnehmerkonkurrenz entsteht in den modernen Industriesektoren der Europäischen Gemeinschaft in erster Linie durch den steigenden Intra-EG-Austausch gleicher Güterklassen, sowie den Ausbau grenzüberschreitender Produktionsverbunde innerhalb EG-weit operierender Unternehmen. Die zunehmende Internationalisierung der Produktionsstrukturen manifestiert sich in der steigenden Bedeutung der "multinationalen Konzerne" (MNK) für die Industrieproduktion der marktwirtschaftlichen Industrieländer. (2) Die Differenz zwischen der durch Warenexporte erzeugten Arbeitnehmerkonkurrenz und der durch die Internationalisierung der Produktionsstrukturen MNK hervorgerufenen konzerninternen Arbeitnehmerkonkurrenz kann wie folgt beschrieben werden: "Während bei der Export-Import-Konkurrenz über den Welthandel das Ergebnis des Gesamtproduktionsprozesses verschiedener Belegschaften als Produkte miteinander konkurriert, in denen sämtliche Momente des Produktionsprozesses vergegenständlicht sind, verläuft die Konkurrenz bei Direktinvestitionen nur auf bestimmten Fertigungsstufen, die sich auf jeder historischen Entwicklungsstufe des Weltmarktes technologisch, organisatorisch und tätigkeitsspezifisch eingrenzen lassen. Die *über die multinationalen Konzerne vermittelte Beschäftigungskonkurrenz* trifft folglich nur bestimmte Arbeitergruppen." (Hildebrandt u.a. 1977: 83) (3) Während die Arbeitnehmerkonkurrenz durch Warenexporte in der Regel ganze Branchen betrifft, läßt sich die durch Produktionsverflechtungen hervorgerufene, konzerninterne Arbeitnehmerkonkurrenz auf einzelne Produktionsstandorte, bis hinunter auf bestimmte Abteilungen dieser Standorte eingrenzen.

Dieser Aspekt des Binnenmarktes führte seit 1988 bei den nationalen Gewerkschaften zu einer intensiven Diskussion über die wahrscheinlichen Auswirkungen des Binnenmarktes auf die Lage der europäischen Arbeitnehmerschaft. (4) Nach ihrer Ansicht würde ein, auf die ökonomische Perspektive verengter, europäischer Integrationsprozeß das bisher auf nationaler Ebene, vor allem in Mitteleuropa, erreichte soziale Niveau und die gewerkschaftliche Durchsetzungsfähigkeit gefährden. Die europäischen und nationalen Gewerkschaftsorganisationen fordern zur Begrenzung der Arbeitnehmerkonkurrenz einerseits die Konzeption und Umsetzung einer EG-Sozialpolitik. Andererseits können sie auf die Vollendung des Binnenmarktes auch mit einer Weiterentwicklung der Arbeitnehmerkooperation auf europäischer Ebene reagieren, um so die erwarteten negativen Auswirkungen der europäischen Integration auf die abhängig Beschäftigten zu kompensieren.

Das Ziel der Kooperation der Arbeitnehmerorganisationen auf europäischer Ebene liegt demnach in einer Abschaffung oder zumindest Reduzierung der Arbeitnehmerkonkurrenz. Die Kooperation ist ein Mittel, um die Funktion der Arbeitnehmerorganisationen als "Preis- und Konditionenkartelle der Anbieter von Arbeitskraft" und deren Durchsetzungsfähigkeit aufrecht zu erhalten. (Müller-Jentsch 1985: 369)

Grundsätzlich dienen die Aktivitäten der Arbeitnehmerorganisationen, mit denen sie die Einschränkung der Arbeitnehmerkonkurrenz und die Sicherung ihrer Durchsetzungsfähigkeit verfolgen, dem Zweck ihre Organisationsziele zu realisieren. Ohne eine angemessene Umsetzung der Organisationsziele werden die Interessen ihrer Mitglieder verletzt und langfristig der Bestand der Arbeitnehmerorganisation oder zumindest deren Handlungsfähigkeit gefährdet. Daher dient jeder Kooperationsprozeß mittelbar der Realisierung der eigenen Organisationsziele. Die Kooperationsentscheidungen der beteiligten Arbeitnehmervertreter orientieren sich zunächst an dem Nutzen der Kooperation für die eigene Organisation. Als Prämisse des Kooperationsverhaltens von Arbeitnehmerorganisationen gilt demnach, daß die Arbeitnehmervertreter Kooperationsentscheidungen aufgrund des erwarteten Nutzens für die eigene Organisation und primär nicht auf der Grundlage sozialintegrativer Normen, wie beispielsweise der Solidarität treffen.

Das am Nutzen der eigenen Organisation orientierte Kooperationsverhalten der Arbeitnehmervertreter bildet die Ursache eines grundlegenden Interessenkonflikts, der die Kooperation kennzeichnet und ihre stabile Entwicklung gefährdet. Der Erfolg der Kooperation hängt von der Vereinbarung und Einhaltung von Absprachen zwischen den kooperierenden Arbeitnehmerorganisationen ab. Der Kompromißcharakter der Absprachen setzt die Bereitschaft aller kooperierenden Arbeitnehmerorganisationen voraus, auf die maximale Durchsetzung ihrer jeweiligen Organisationsziele zu verzichten. Jeder kooperierende Arbeitnehmervertreter gerät in den Konflikt, ob er einer, an der maximalen Realisierung der individuellen Ziele seiner Organisation orientierten, oder aber einer, an den kollektiven Zielen aller beteiligten Arbeitnehmerorganisationen orientierten Kooperationsstrategie folgt.

2

Das Erkenntnisinteresse der vorliegenden Arbeit konzentriert sich auf dieses grundsätzliche Problem der Kooperation zwischen Arbeitnehmerorganisationen, das aus dem Konflikt, zwischen einer individuell-rationalen und einer kollektiv-rationalen Kooperationsstrategie wählen zu müssen entsteht. Es sollen Bedingungen benannt werden, die zur Aufnahme von Kooperationskontakten zwischen Arbeitnehmerorganisationen führen. Außerdem wird nach Bedingungen gefragt, die zu einer Stabilisierung der laufenden Kooperationsprozesse beitragen.

In der ersten Haupthypothese wird davon ausgegangen, daß die Aufnahme von Kooperationskontakten zwischen den Arbeitnehmerorganisationen von einer zunehmenden Arbeitnehmerkonkurrenz abhängt, die zu einer sinkenden Durchsetzungsfähigkeit der betroffenen Arbeitnehmerorganisationen führt. Die Kooperation muß allerdings zur Begrenzung derjenigen Faktoren beitragen, die die Durchsetzungsfähigkeit der Arbeitnehmerorganisationen negativ beeinflussen.

Die zweite Hypothese nennt zwei Faktoren, die die Bedingungen der ersten Hypothese erfüllen. Es handelt sich zum einen um die Internationalisierung der Produktionsstrukturen in MNK, die die Belegschaften der einzelnen Konzernstandorte einer konzerninternen Arbeitnehmerkonkurrenz aussetzt. Der andere Faktor sind Warenexporte innerhalb der EG, die zu einem Wettbewerb zwischen den Herstellern dieser Produkte auf den nationalen Märkten führen. Die Arbeitnehmer derjenigen Unternehmen, die gleiche Warengruppen produzieren, werden durch die Exporte ebenfalls einer grenzüberschreitenden Arbeitnehmerkonkurrenz ausgesetzt. Beide Ursachen der Arbeitnehmerkonkurrenz beruhen auf grenzüberschreitenden, ökonomischen Verflechtungen und Austauschprozessen, während die Handlungspielräume der Arbeitnehmerorganisationen auf die nationale oder die betriebliche Ebene begrenzt sind. Daher können diese Formen der Arbeitnehmerkonkurrenz nicht durch organisationsinterne Maßnahmen, sondern nur aufgrund internationaler Kooperationskontakte zwischen den Arbeitnehmerorganisationen eingeschränkt werden.

Die dritte Haupthypothese geht auf die Möglichkeiten ein, bestehende Kooperationsprozesse zu stabilisieren. Eine Voraussetzung liegt in der Entwicklung kollektiv-rationaler Kooperationsstrategien durch die kooperierenden Arbeitnehmervertretungen. Außerdem enthalten die nachgeordneten Annahmen Aussagen zu weiteren Stabilisierungsmechanismen, die von den Arbeitnehmervertretern in die Interaktionsstrukturen der Kooperation implementiert werden können.

Die Arbeit wurde hinsichtlich des Untersuchungsgegenstands und des Untersuchungszeitraums auf die, zwischen betrieblichen Arbeitnehmervertretungen innerhalb multinationaler Konzerne, seit den 60er Jahren entstandenen Kooperationsbeziehungen beschränkt. Die oben genannten Kernhypothesen werden im folgenden auf die Kooperationsprozesse zwischen betrieblichen Arbeitnehmervertretungen innerhalb MNK bezogen. Kontinuierliche Kooperationsprozesse zwischen Arbeitnehmerorganisationen der betrieblichen Ebene sind eine noch junge Erscheinung in der über hundertjährigen Geschichte der Kooperation von Arbeitnehmerorganisationen. Zwischen der Gründung der "Internationalen Arbeiter Assoziation" (IAA) im Jahr 1864 und den 90er Jahren des letzten Jahrhunderts waren gewerkschaftliche und politische Arbeitnehmerorganisationen gemeinsame Akteure der Kooperationsbeziehungen. In den Jahrzehnten der Massenindustrialisierung bildeten sich in der zweiten Phase der internationalen Kooperation nationale Branchengewerkschaften und Gewerkschaftsbünde, die ihre Kooperationsprozesse eigenständig organisierten. Zu Beginn des Jahrhunderts entstanden auf ihre Initiative hin die ersten internationalen Zusammenschlüsse von Gewerkschaftsbünden und die "Internationalen Berufssekretariate" als internationale Organisationen der Branchengewerkschaften. Unter diesen organisatorischen Bedingungen fiel die internationale Kooperation bis in die 60er Jahre dieses Jahrhunderts in die Kompetenz der nationalen und internationalen Gewerkschaften.

Seit den 60er Jahren nahmen die ausländischen Direktinvestitionen MNK in der Weltwirtschaft und deren Bedeutung für die Industrieproduktion der westlichen Industrieländer stark zu. Die nationalen und internationalen Gewerkschaftsorganisationen thematisierten erstmals die Auswirkungen der Internationalisierung der Produktionsstrukturen innerhalb MNK auf deren Belegschaften. Da die Verflechtung der Produktionsstrukturen als konzerninterne Arbeitnehmerkonkurrenz auf betrieblicher und Unternehmensebene wirksam wird, entwickelten die Gewerkschaften Kooperationsmodelle, die sich auf einzelne Konzerne bezogen. Damit wurde die Kooperation zwischen Arbeitnehmerorganisationen auch zu einem Thema für die betrieblichen Arbeitnehmervertreter.

Die Relevanz einer Untersuchung der Kooperation zwischen betrieblichen Arbeitnehmervertretungen innerhalb MNK ergibt sich aus der Tatsache, daß die Kooperation zwischen diesen Akteuren bisher weitgehend ungeregelt verläuft. Außerdem steht das Tätigkeitsfeld der Kooperation betrieblicher Arbeitnehmervertretungen seit Anfang der 90er Jahre, mit der Einrichtung "Europäischer Betriebsräte" (EBR) vor einer neuen Institutionalisierungsphase. Die potentiellen Auswirkungen der Gründung Europäischer Betriebsräte auf bereits existierende Kooperationskontakte sind bisher noch nicht analysiert worden. Für die Untersuchung der Kooperation zwischen betrieblichen Arbeitnehmervertretungen innerhalb MNK spricht ebenfalls die große Zahl von Arbeitnehmern, die der konzerninternen Konkurrenz in multinationalen Konzernen unterliegt. In den Industrieländern waren 1985 über 10 % der erwerbstätigen Bevölkerung in multinationalen Konzernen beschäftigt. (5) Die Zahlen für die Bundesrepublik lagen bereits 1980 deutlich über diesem Durchschnittswert. In der Bundesrepublik beschäftigten die 106 MNK mit den höchsten Mitarbeiterzahlen 4,1 Millionen Arbeitnehmer. Dies entsprach 15,9 % der erwerbstätigen Bevölkerung, bzw. 18,4 % der abhängig Beschäftigten. (Koubek 1983: 395; Statistisches Bundesamt 1982) Zwar sind schon die absoluten Zahlen der betroffenen Arbeitnehmer beträchtlich. Von besonderer Bedeutung für die Arbeitnehmerorganisationen ist die Tatsache, daß insbesondere Facharbeiter in Großunternehmen von dieser Form der Arbeitnehmerkonkurrenz betroffen sind. Gerade diese Gruppe stellt die Stammmitgliedschaft der Gewerkschaften. Da bereits in der Vorbereitungsphase auf den EG-Binnenmarkt eine steigende Zahl von EG-weiten Unternehmensübernahmen und -zusammenschlüssen zu beobachten war, wird die konzerninterne Arbeitnehmerkonkurrenz in den EG-weit operierenden, multinationalen Konzernen auch in Zukunft weiter ansteigen. (6) Aus diesem Grund dürfte die Thematik der Kooperation zwischen den betrieblichen Arbeitnehmervertretungen in MNK für die Gewerkschaften noch an Bedeutung zunehmen.

Sozialwissenschaftliche Analysen, die sich genuin mit den Kooperationsinteressen der betrieblichen Arbeitnehmervertretungen innerhalb multinationaler Konzerne beschäftigten und auf deren Kooperationsprozesse eingehen, liegen bisher nicht vor. Der Verfasser hat in einer soziologischen Fallstudie die Anforderungen der unabhängigen Betriebsgewerkschaft von VW de México, die die Strukturen und Handlungsspielräume einer betrieblichen Arbeitnehmervertretung aufweist, an die Kooperation mit dem VW-Gesamtbetriebsrat in Wolfsburg untersucht. In dieser Arbeit bleiben allerdings die Kooperationsinteressen der betrieblichen Arbeitnehmervertretungen der deutschen VW-Standorte unberücksichtigt. (Mertens 1991) In der Literatur finden sich lediglich knappe empirische Zusammenfassungen internationaler Solidaritätsaktionen von Arbeitnehmervertretungen innerhalb MNK. In diesen Texten werden jedoch entweder die Funktionen der nationalen Gewerkschaften betont, oder die betrieblichen Arbeitnehmervertretungen als ausführende Organe der nationalen Gewerkschaften dargestellt. (vgl. Piehl 1974; Olle 1978; Kisker 1982) Eine zweite Gruppe von nationalen und internationalen Gewerkschaften herausgegebenen Veröffentlichungen, beschreibt die Strukturen und Kompetenzen der, aufgrund von Vereinbarungen mit den Konzernleitungen gegründeten, "Europäischen Betriebsräte". (vgl. Industriegewerkschaft Metall 1990; Europäisches Gewerkschaftsinstitut 1991)

In der ersten Hälfte der 70er Jahre entstand eine große Anzahl sozialwissenschaftlicher Untersuchungen zu den Auswirkungen der Aktivitäten MNK auf die Arbeitnehmerschaft. Die Analyse der Reaktionen der Arbeitnehmerorganisationen auf die MNK bleibt in diesen Arbeiten auf die Gruppe der nationalen und internationalen Gewerkschaften beschränkt. Auch die Einrichtung von Weltkonzernräten wird aus der Perspektive der beteiligten Gewerkschaften untersucht.

Die grundlegende Arbeit von Piehl "Multinationale Konzerne und internationale Gewerkschaftsbewegung" behandelt umfassend die relevanten Aspekte der Aktivitäten MNK und die Gegenstrategien der internationalen Gewerkschaftsorganisationen. (Piehl 1974) (7) Ein, auch für die Analyse der Kooperation zwischen betrieblichen Arbeitnehmervertretungen innerhalb MNK, relevantes Thema behandelt die Arbeit von Tudyka, Etty und Sucha aus dem Jahr 1978. Sie thematisieren in einer empirischen Studie das Arbeitnehmerbewußtsein der Belegschaften der Standorte MNK hinsichtlich der Auswirkungen dieser Unternehmensform auf die Arbeitsbedingungen und auf die Durchsetzung von Arbeitnehmerforderungen. Die Einstellung der Arbeitnehmer zu dieser Thematik beeinflußt ebenfalls die Mobilisierungsfähigkeit der betrieblichen Arbeitnehmervertretung zur Realisierung von Kooperationsaktivitäten. Auch diese Studie geht überwiegend auf die Aktivitäten der nationalen und internationalen Gewerkschaften ein. In der grundlegenden "Einführung in die internationale Gewerkschaftspolitik" in zwei Bänden, von Olle im Jahr 1978 herausgegeben, finden sich zwar drei Fallbeispiele zu konkreten, grenzüberschreitenden Arbeitskonflikten in MNK und zwei Fallbeispiele zu Weltkonzernräten. Die Analyse beschränkt sich in den Fallstudien auf die Aktivitäten und Strategien der nationalen Gewerkschaftsvertreter. Eine 1982 erschienene Zusammenstellung empirischer Studien thematisiert die Auswirkung der Auslandsinvestitionen MNK auf die Beschäftigung in den deutschen Standorten dieser Konzerne. Eine der Studien befaßt sich mit den Auslandsinvestitionen des Volkswagenkonzerns. Grundsätzlich beschreiben auch diese Studien nur die Gegenstrategien nationaler Gewerkschaften. (Kisker u.a. 1982) In einer der Studien wird im Fazit implizit auf die geringen Realisierungschancen und die geringe Bedeutung, die der internationalen Kooperation zwischen betrieblichen Arbeitnehmervertretungen innerhalb MNK beigemessen wird hingewiesen: "Es wäre verfehlt, auf die Herausbildung einer geschlossenen internationalen Arbeiterbewegung warten zu wollen, um die Auseinandersetzung mit den MNK aufzunehmen. Wenn es auch notwendig ist, anläßlich der aktuellen Bedrohung der Beschäftigten durch die MNK zu einheitlichen internationalen Aktionen zu kommen, so muß aufgrund der sich auf dieser Ebene ergebenden Schwierigkeiten ... der Schwerpunkt der Aktionen zunächst in der nationalen Auseinandersetzung mit den MNK gesehen werden". (Heinrich 1982: 193)

Ende der 70er Jahre wandte sich die sozialwissenschaftliche Forschung von den MNK, als einem wesentlichen Feld der Kooperation von Arbeitnehmerorganisationen, ab und befaßte sich intensiver mit der Funktion der internationalen Gewerkschaftsorganisationen in den Kooperationsprozessen. Die Intensivierung der europäischen Integration seit 1984/85 führte zu einer Konzentration auf die Kooperation der europäischen Arbeitnehmerorganisationen. In einer Arbeit, die bereits 1974 veröffentlicht wurde, thematisiert Elsner die politischen und ökonomischen Auswirkungen der EG-Integration auf die nationalen und europäischen

Gewerkschaftsorganisationen sowie deren Gegenstrategien. Barnouin geht in einer sozialwissenschaftlichen Studie über die europäische Integration von der gleichen Fragestellung aus. Sie beschäftigt sich ausführlicher mit den Aktivitäten der EG-Kommission gegenüber MNK, beschränkt sich bei der Darstellung der gewerkschaftlichen Position allerdings auf die Programmatik des Europäischen Gewerkschaftsbundes. (Barnouin 1986) Stöckl analysiert in einer grundlegenden, politikwissenschaftlich und empirisch angelegten Studie die institutionellen und informellen Einflußmöglichkeiten der europäischen Gewerkschaftsorganisationen auf die EG-Organe. Sie untersucht die Organisationsstruktur, die Programmatik und die Aktivitäten repräsentativer europäischer Gewerkschaftsausschüsse. (Stöckl 1986) Platzer gibt in seiner Arbeit 1991 eine Gesamtdarstellung der europäischen Gewerkschaftsstrukturen. Die Kooperation von Arbeitnehmerorganisationen auf betrieblicher Ebene wird anhand der "Europäischen Betriebsräte" behandelt. Diese erscheinen in der Untersuchung als Teilbereich der europäischen Gewerkschaftsstrukturen. Auf das Kooperationsinteresse der betrieblichen Arbeitnehmervertretungen in MNK geht Platzer nicht ein. (Platzer 1991a) Die Arbeit von Däubler und Lecher über die europäischen Gewerkschaftsstrukturen stellt die Kooperation auf betrieblicher Ebene ebenfalls aus der Sicht der Gewerkschaften dar. (Däubler/Lecher 1991)

Die 1986 vereinbarte Vollendung des EG-Binnenmarktes führte seit 1988 zu einer erheblichen Anzahl von Veröffentlichungen, die sich aus sozialwissenschaftlicher Perspektive mit den Auswirkungen des Binnenmarkts auf die europäische Arbeitnehmerschaft und mit möglichen Gegenstrategien der nationalen und europäischen Gewerkschaften auseinandersetzen. Die Darstellung der Kooperation von Arbeitnehmerorganisationen konzentriert sich auch in diesen Beiträgen auf die gewerkschaftliche Perspektive. (vgl. Deppe, Huffschmied, Weiner 1989; Siebert 1989; Steinkühler 1989; Deppe 1990) Leinz untersucht in seiner empirischen Arbeit die problematische Einigung über eine einheitliche Mitbestimmungsregelung auf EG-Ebene. Die Kooperation betrieblicher Arbeitnehmervertretungen wird im Zusammenhang mit der Gründung "Europäischer Betriebsräte" auf zwei Seiten angesprochen. (Leinz 1990)

Mit der Entwicklung der betrieblichen Arbeitnehmervertretungen des VW-Standortes Wolfsburg und des Seat-Standortes Barcelona beschäftigen sich zwei grundlegende Arbeiten. Die empirische Studie von Koch aus dem Jahr 1987 untersucht die Organisationsstrukturen, die Programmatik und Aktivitäten der betrieblichen Arbeitnehmervertretung des Standortes Wolfsburg, einschließlich des Gesamt- und Konzernbetriebsrats, sowie der betrieblichen Gewerkschaftsstrukturen der IG Metall. Die Entwicklung der Arbeitnehmervertretung wird auf die ökonomische Entwicklung des VW-Konzerns und die Politik des Managements bezogen. In der Arbeit wird ausdrücklich nicht auf die konzernweite Kooperation der betrieblichen Arbeitnehmervertretung eingegangen. (Koch 1987: 178) In der von Miguelez Lobo 1977, in der Frühphase der spanischen Demokratisierung, erstellten empirischen Studie geht es primär um die Aufarbeitung und Analyse der, durch das franquistische System geprägten, betrieblichen Arbeitsbeziehungen und die Aktivitäten der illegalen betrieblichen Arbeitnehmerorganisation innerhalb dieses betrieblichen Systems der Arbeitsbeziehungen. In der Studie wird die Internationalisierung der Unternehmensstrukturen lediglich hinsichtlich der technologischen Verflechtung SEATs mit dem Fiat-Konzern angesprochen. Die Relevanz der Arbeit für eine Untersuchung der Kooperation betrieblicher Arbeitnehmervertretungen innerhalb des VW-Konzerns liegt in der Beschreibung der konfliktiven Strategie der illegalen Arbeitnehmervertreter, die auch teilweise noch die Strategien und das Rollenverständnis der Seat-Gewerkschaftssektionen in den 80er Jahren prägten.

Der Untersuchung der Kooperation zwischen betrieblichen Arbeitnehmervertretungen wurde die Prämissse vorangestellt, daß die Arbeitnehmervertreter ihre Kooperationsentscheidungen an deren Nutzen für die eigene Arbeitnehmervertretung orientieren. Hieraus und aus dem Kompromißcharakter der Kooperationsabsprachen resultiert ein Konflikt, der sich als Wahlentscheidung zwischen einer individuell- oder einer kollektiv-rationalen Kooperationsstrategie manifestiert. Zur Untersuchung des Kooperationsprozesses wurden aufgrund dieser Annahmen die Rational-Choice- und die Spieltheorie herangezogen, die ebenfalls von einem, auf Kosten-Nutzen-Erwägungen basierenden Entscheidungsmodell ausgehen. Außerdem ist die Spieltheorie in der Lage, den Konflikt der Akteure, in der Entscheidungssituation zwischen einer individuell- und einer kollektiv-rationalen Strategie wählen zu müssen, darzustellen. Darüberhinaus lassen sich aus der Rational-Choice- und der Spieltheorie Aussagen über Mechanismen zur Realisierung und Stabilisierung einer kollektiv-rationalen Entscheidungswahl entnehmen. (Kapitel zwei) Diese Mechanismen werden als nachgeordnete Annahmen der dritten Haupthypothese, auf die Kooperation zwischen zwei betrieblichen Arbeitnehmervertretungen innerhalb eines multinationalen Konzerns bezogen.

Die Überprüfung der drei Haupthypothesen und der nachgeordneten Annahmen über die Effizienz der Mechanismen zur Stabilisierung der laufenden Kooperation erfolgt anhand der Untersuchung eines konkreten Kooperationsprozesses zwischen betrieblichen Arbeitnehmervertretungen innerhalb eines MNK. Als Beispiel wird die Kooperation zwischen dem Gesamtbetriebsrat der Volkswagen AG und den betrieblichen Arbeitnehmervertretungen der spanischen VW-Tochtergesellschaft SEAT S.A. dargestellt und analysiert.

Ein Kooperationsbeispiel betrieblicher Arbeitnehmervertretungen aus der Automobilindustrie wurde wegen des hohen Internationalisierungsgrades der

Automobilkonzerne herangezogen. Die Produktion dieser Branche konzentriert sich auf eine geringe Anzahl multinationaler Hersteller mit Produktionsstandorten in allen größeren EG-Staaten. Der Anteil der acht größten Hersteller an der KFZ-Weltproduktion lag 1989 bei ca. 69 %. (8) Die KFZ-Produktion innerhalb der EG wies in den 80er Jahren einen noch höheren Konzentrationsgrad auf. 1986 erreichten die fünf größten KFZ-Hersteller einen Anteil von 65,5 % an der EG-Automobilproduktion. (Konzentration 1989: 45) Die größten europäischen KFZ-Hersteller, beispielsweise FORD, General Motors und Volkswagen haben ihre Produktionsstrukturen durch den Aufbau europaweiter Produktionsverbunde in den letzten Jahrzehnten umfassend internationalisiert. (vgl. Goldberg 1989: 67) Unter den KFZ-Produzenten mit Konzernsitz in der Bundesrepublik, ist der Volkswagenkonzern das Unternehmen mit der internationalsten Ausrichtung. Die fünf europäischen VW-Produktionsgesellschaften stellten 1990 3,38 Millionen Kraftfahrzeuge her. Das entsprach 86,1 % der gesamten Volkswagenproduktion. Von diesen 3,38 Millionen KFZ wurden 75,5 % in den deutschen und 17,3 % in den spanischen Standorten gefertigt. (VW Geschäftsbericht 1990) Der hohe Anteil MNK in der europäischen Automobilindustrie verweist auf eine starke Internationalisierung der Produktionsstrukturen und eine hohe konzerninterne Arbeitnehmerkonkurrenz zwischen den Produktionsstandorten innerhalb der einzelnen Automobilkonzerne. Da eine hohe konzerninterne Arbeitnehmerkonkurrenz in der Regel zu einer Reduzierung der Bargaining Power der betrieblichen Arbeitnehmervertretungen führt, kann in diesem Industriezweig von der Existenz entwickelter Kooperationsbeziehungen zwischen den betrieblichen Arbeitnehmervertretungen innerhalb der Unternehmen ausgegangen werden.

Die Struktur der Untersuchung der Kooperation zwischen der VW- und der Seat-Arbeitnehmervertretung orientiert sich, ausgehend von dem Erkenntnisinteresse der Arbeit, an dem Entscheidungsmodell der Rational-Choice-Theorie und den drei Haupthypothesen. Das Ziel der Untersuchung besteht in der Identifizierung der Bedingungen, die die betrieblichen Arbeitnehmervertretungen einerseits zu einer Aufnahme der Kooperation veranlassen und der Bedingungen, die die Stabilität der zukünftigen Kooperationsprozesse gewährleisten. Aus der Anwendung des, im zweiten Kapitel ausführlich eingeführten, Entscheidungsmodells der Rational-Choice-Theorie ergibt sich, daß die Arbeitnehmervertreter ihre Kooperationsentscheidung unter Berücksichtigung bestimmter Constraints, sowie des zu erwartenden Nutzens der Kooperation für die Ziele ihrer Arbeitnehmervertretung treffen. Unter dem Begriff der Constraints werden strukturelle Zwänge und Umweltfaktoren der betrieblichen Arbeitnehmervertretungen subsumiert.
Unter die Constraints fallen die, in der ersten Hypothese eingeführten Faktoren, die zur Erhöhung der Arbeitnehmerkonkurrenz beitragen und die Bargaining Power der betrieblichen Arbeitnehmervertretungen beeinträchtigen. In der zweiten Hypothese werden die Internationalisierung der Produktionsstrukturen inner-

halb MNK und ein gleichzeitiger Anstieg des Wettbewerbs zwischen den Anbietern, beispielsweise aufgrund erhöhter Warenexporte als diejenigen zwei Faktoren aufgeführt, die die Arbeitnehmerkonkurrenz erhöhen und durch die Kooperation der Arbeitnehmervertretungen kompensiert werden können.

Im ersten Teil der Untersuchung werden die relevanten Umweltbereiche der kooperierenden VW- und der Seat-Arbeitnehmervertretung, gemäß der zweiten Hypothese, daraufhin untersucht, ob die beiden Faktoren zu einer Reduzierung oder Erhöhung der Arbeitnehmerkonkurrenz führen, die mittelbar oder direkt auf die Belegschaften und die betrieblichen Arbeitnehmervertretungen des Volkswagenkonzerns einwirkt. Die Internationalisierung der Produktionsstrukturen und der Warenexport werden als ökonomische Faktoren, sowohl bei der Veränderung der europäischen Arbeitsteilung im Verlauf der europäischen Integration, als auch innerhalb der europäischen Automobilindustrie wirksam. (Kapitel drei und fünf) Die zweite Hypothese lautet, auf die beiden Umweltbereiche bezogen: Falls im Verlauf der europäischen Integration und innerhalb der europäischen Automobilindustrie eine zunehmende grenzüberschreitende Verflechtung der Produktionsstrukturen innerhalb MNK und eine Erhöhung des EG-weiten Handelsaustauschs in gleichen Güterklassen beobachtet werden kann, steigt die Arbeitnehmerkonkurrenz auf europäischer Ebene und innerhalb der europäischen Automobilindustrie. Ein Anstieg der allgemeinen Arbeitnehmerkonkurrenz auf europäischer Ebene würde die Bargaining Power der betrieblichen Arbeitnehmervertretungen innerhalb des Volkswagenkonzerns nur mittelbar tangieren. Die Erhöhung der Arbeitnehmerkonkurrenz in der europäischen Automobilindustrie wirkt sich auf alle Gewerkschaften und betrieblichen Arbeitnehmervertretungen dieses Industriezweiges aus. Die Arbeitnehmerkonkurrenzsituation der betrieblichen Arbeitnehmervertretungen des Volkswagenkonzerns wird durch die Analyse der Produktionsstrukturen des Konzerns ermittelt und kann daraufhin mit der europäischen Arbeitnehmerkonkurrenz, sowie der Arbeitnehmerkonkurrenz in der europäischen Automobilindustrie verglichen werden.

Neben diesen beiden ökonomischen Faktoren werden im ersten Teil der Untersuchung sozialpolitische, juristische und gewerkschaftspolitische Rahmenbedingungen der Kooperation berücksichtigt, die die Einflüsse der ökonomischen Faktoren auf die Arbeitnehmerkonkurrenz korrigieren können. Die modifizierte zweite Hypothese für diese Rahmenbedingungen lautet: Die EG-Organe, die nationalen Parlamente und die nationalen sowie internationalen Gewerkschaftsorganisationen können durch ihre Aktivitäten die negativen Auswirkungen der zwei ökonomischen Faktoren kompensieren und auf diese Weise zu einer Einschränkung der Arbeitnehmerkonkurrenz beitragen. Diese Aktivitäten würden zu einem Erhalt der Bargaining Power und zu einem zurückgehenden Kooperationsinteresse der Arbeitnehmervertretungen führen. Andererseits können sie auch Initiativen entwickeln, die die Arbeitnehmerkonkurrenz zusätzlich erhöhen. Die Untersuchung bezieht sich auf eine potentielle Einschränkung der europäischen Arbeitnehmerkonkurrenz durch die Sozialpolitik der Europäischen Gemeinschaft. (Kapitel drei) Konnten die europäischen Gewerkschaftsorganisationen mit ihren Aktivitäten gegenüber den Arbeitgebern und den EG-Organen zur Reduzierung der Arbeitnehmerkonkurrenz auf der europäischen, der Branchen- und der Unternehmensebene beitragen? (Kapitel vier) Räumen die nationalen Gesetzgeber den spanischen und deutschen Arbeitnehmerorganisationen in ihren Systemen der Arbeitsbeziehungen Rechte ein, die die Bargaining Power der Arbeitnehmerorganisationen auch bei einer zunehmenden Arbeitnehmerkonkurrenz erhält? (Kapitel sechs)

Der zweite Teil der Untersuchung beschäftigt sich mit den organisations- und kooperationsinternen Voraussetzungen der laufenden Kooperationsprozesse zwischen der VW- und der Seat-Arbeitnehmervertretung. Er orientiert sich an der dritten Hypothese, in der zur Stabilisierung des laufenden Kooperationsprozesses die Entwicklung einer kollektiv-rationalen Kooperationsstrategie und der Einsatz weiterer Stabilisierungsmechanismen gefordert wird. Je glaubwürdiger die Mandatsträger und die Belegschaften eine kollektiv-rationale Kooperationsstrategie vertreten und je optimaler die Kooperationsabläufe durch Stabilisierungsmechanismen abgesichert sind, desto unwahrscheinlicher ist eine Verweigerung der Kooperation und ein Rückgriff auf Positionen, in denen einseitig eine maximale Realisierung der Ziele der eigenen Arbeitnehmervertretung betrieben wird. Die Organisations- und Entscheidungsstruktur der Arbeitnehmervertretungen gibt Aufschluß über die Anzahl der Gremien, die sich mit Kooperationsfragen befassen und darüber entscheiden. Je mehr Gremien sich mit der Kooperation beschäftigten, desto größer dürften die Kenntnisse der Mandatsträger über diese Aufgabe der Arbeitnehmervertretung sein. Der Umfang der Informations- und Partizipationsstrukturen läßt Rückschlüsse über das, in der Belegschaft vorhandene Bewußtsein über Kooperationsfragen zu. Aus dem Vergleich zwischen den Zielen der Arbeitnehmervertretungen und deren Umsetzung kann auf das Ausmaß der vorhandenen Bargaining Power und damit auch auf das Kooperationsinteresse der Mandatsträger geschlossen werden. (Kapitel sieben) Aus den Kooperationszielen, der Berücksichtigung der Interessen der anderen kooperierenden Arbeitnehmervertretungen und dem Inhalt, der in strittigen Kooperationsfragen erzielten Kompromisse läßt sich ersehen, ob Ansätze einer kollektiv-rationalen Kooperationsstrategie erkennbar sind. Die Analyse der bisherigen Kooperationserfahrungen und -strukturen erlaubt eine Einschätzung, in welchem Ausmaß bereits Stabilisierungsmechanismen der Kooperation existieren. Außerdem stellt sich bei einer zunehmenden Komplexität der Kooperationsinhalte und -abläufe die Frage nach einer Institutionalisierung der Kooperation und inwieweit hierdurch die Stabilität der Kooperation gewährleistet werden kann. (Kapitel acht) Abschließend erfolgt eine Zusammenfassung der Untersuchungsergebnisse die in eine Einschätzung des zukünftigen Kooperationsprozesses mündet. (Kapitel neun)

Die Daten über die Kooperation zwischen der Volkswagen- und der Seat-Arbeitnehmervertretung, die Umfeldeinflüsse auf diese Kooperation und die organisationsinternen Bedingungen der Kooperation wurden durch qualitative Interviews, zwei teilnehmende Beobachtungen und das Studium der relevanten sozial- und wirtschaftswissenschaftlichen Literatur erhoben. Auf der Grundlage von Interviewleitfäden wurden Gespräche mit Mandatsträgern und leitenden Mitarbeitern der Arbeitnehmervertretungen, der nationalen Metallgewerkschaften, des Europäischen Metallgewerkschaftsbundes (EMB), sowie des Managements der Volkswagen AG und der SEAT S.A. durchgeführt. Zu den Gesprächspartnern zählte ein Vertreter des Aufsichtsrats der VW AG und ehemaliger Gesamtbetriebsratsvorsitzender der Volkswagen AG, der Geschäftsführer des Europäischen Volkswagen Konzernbetriebsrats und des VW-Gesamtbetriebsrats, mehrere Referenten des VW-Gesamtbetriebsrats, zwei Mitglieder der Vertrauenskörperleitung des VW-Standorts Wolfsburg, Vorstandsmitglieder der UGT- und CC.OO.-Gewerkschaftssektionen von SEAT-Barcelona, das spanische Präsidiumsmitglied des VW Europa-Konzernbetriebsrats, Vertreter der UGT-Gewerkschaftsdelegierten des Standorts Barcelona, die für Internationale Beziehungen zuständigen Mitglieder des Landesvorstands der UGT Catalunya, der CC.OO. Catalunya, der Gewerkschaftsvorsitzende des UGT-Metall Landesverbandes Catalunya, das für Internationales verantwortliche Mitglied des Bundesvorstands der UGT-Metall, ein Mitarbeiter der Internationalen Abteilung in der Vorstandsverwaltung der IG Metall, der Generalsekretär und der stellvertretende Generalsekretär des Europäischen Metallgewerkschaftsbundes und auf der Managementseite das stellvertretende Vorstandsmitglied für Personal der Volkswagen AG, ein Managementvertreter des Ausschusses für Kosten und Rentabilitätsberechnungen des Standortes Wolfsburg, sowie drei Vertreter des Seat-Managements aus den Bereichen Technologie, Personalwesen und Ausbildung. Die Anzahl der Interviews und die Funktion der Gesprächsteilnehmer sind im Anhang angegeben.

Während eines Praktikums im Sekretariat des Europäischen Metallgewerkschaftsbundes von Juni bis August 1990 konnten die Aktivitäten dieser europäischen Arbeitnehmerorganisation im Bereich der Kooperationvon betrieblichen Arbeitnehmervertretungen innerhalb multinationaler Konzerne untersucht werden. Ein dreimonatiger Aufenthalt in Barcelona von April bis Juni 1991 diente der Analyse der Arbeitsweise der Seat-Arbeitnehmervertretung und des katalanischen Landesverbandes der spanischen Metallgewerkschaft "Union General de Trabajadores" (UGT) sowie der Durchführung der Interviews mit den spanischen Mandatsträgern und Vertretern des Seat-Managements.

Anmerkungen zu Kapitel eins:

(1)
Im Vertrag von Maastricht wurde eine gemeinsame Außen- und Sicherheitspolitik vereinbart. Die Zusammenarbeit der nationalen Regierungen im Bereich der Asylpolitik, der Einwanderung und der Bekämpfung der Kriminalität soll intensiviert werden. Die EG-Zuständigkeit wird auf die Themen Kultur, Bildung und Berufsbildung, Gesundheit, transeuropäische Verkehrs- und Versorungsnetze und den Verbraucherschutz ausgeweitet. (FR 12.12.91)

(2)
Die Konkurrenz der Arbeitnehmer untereinander resultiert aus der Art ihrer Einbindung in die Produktionsstrukturen, die sich auf der Grundlage der Unternehmensentscheidungen vollzieht. Wie die primäre Assoziation der Arbeitnehmer durch das Kapital ihre sekundäre Organisation durch die Gewerkschaften bestimmt, so wird die internationale Kooperation der Arbeitnehmerorganisationen durch die Konkurrenzverhältnisse bestimmt, die im Zuge der internationalen Verflechtungen der Volkswirtschaften entstehen. Zum ersten Argument der primären Organisation der Arbeitnehmer durch das Kapital und ihrer sekundären durch die Gewerkschaften, siehe Offe/Wiesenthal 1980: 74. Eine Beschreibung der Beeinflussung der historischen Entwicklung der Gewerkschaftsstrukturen durch die Veränderung der Produktionsgrundlagen findet sich bei Müller-Jentsch 1986: 266-270.

(3)
Die kursiv gedruckten Hervorhebungen in diesem und den folgenden Zitaten sind, soweit nicht besonders vermerkt, von den jeweiligen Autoren gesetzt worden.

(4)
1988 wurden auf einem tarifpolitischen Kongreß der IG Metall erstmals die Auswirkungen des EG-Binnenmarktes angesprochen. (FR 02.09.88) Der Deutsche Gewerkschaftsbund fügte im Dezember 1988 in den Diskussionsentwurf seines neuen sozialpolitischen Programms einen zusätzlichen Abschnitt über die "europäische Sozialpolitik" und das "europaweite Sozialdumping" ein. (FR 07.12.88) Die neugegründete IG Medien Druck und Papier, Publizistik und Kunst sollte nach Ansicht des Hauptvorstands der IG Medien ihre tarifpolitischen Ziele international abstimmen. (HB 30.03.89)

(5)
Weltweit waren nach Angaben der Vereinten Nationen 1985 bei MNK 65 Millionen Arbeitnehmer beschäftigt, davon 58 Millionen in Industrie- und 7 Millionen in Entwicklungsländern. Die Quote der bei MNK beschäftigten Personen im Verhältnis zur erwerbstätigen Bevölkerung lag weltweit bei 3 %, in Industrieländern über 10 % und in Entwicklungsländern unter 1 %. (United Nations 1988: 210) Nach einer Studie der EG von 1976 waren bei den 260 MNK mit den höchsten Beschäftigungszahlen 11,48 Millionen Arbeitnehmer in der EG beschäftigt, dies entsprach 11,3 % der Erwerbsbevölkerung. (Kommission 1976: 36)

(6)
Die Zahl der grenzüberschreitenden Übernahmen und Fusionen in der Industrie stieg EG-weit von 117 in 1982 auf 492 in 1988/89. (Müller 1991: 51)

(7)
Aus der selben Perspektive behandeln Jungnickel/Matthies in einer Veröffentlichung aus dem

Jahr 1973 und Tudyka in einer 1974 herausgegebenen Textsammlung die Aktivitäten MNK und die Reaktionen der Gewerkschaften hierauf.

(8)
Eigene Berechnungen aufgrund der Länderstatistiken des Verbandes der Automobilindustrie e.V. 1991.

2. Entscheidungs- und spieltheoretische Annahmen zur Kooperation von Arbeitnehmervertretungen

In der vorliegenden Arbeit wird die Kooperation zwischen betrieblichen Arbeitnehmervertretungen untersucht. Das Erkenntnisinteresse der Untersuchung besteht darin, die Bedingungen für eine Aufnahme von Kooperationskontakten und eines stabilen Kooperationsverlaufs zu identifizieren. Zu diesem Zweck wird als konkretes Beispiel die Kooperation zwischen den deutschen VW- und den spanischen Seat-Arbeitnehmervertretungen innerhalb des Volkswagenkonzerns herangezogen. Aus der Formulierung des Erkenntnisinteresses geht implizit hervor, daß die Kooperation der Arbeitnehmervertretungen als ein konfliktiver Interaktionsprozeß verstanden werden muß. Der Konflikt besteht in der Aushandlung eines Kompromisses über den Umfang, in dem jede kooperierende Arbeitnehmervertretung ihre Maximalziele in die Kooperationsabsprachen einbringen kann. Eine erfolgreiche Kooperation setzt eine Einigung über die Kooperationsabsprachen und deren Einhaltung voraus. In dieser Hinsicht wird in der Arbeit die grundlegende sozialwissenschaftliche Fragestellung konkretisiert, wie eine soziale Ordnung entstehen und stabilisiert werden kann, in der die Individuen primär ihre eigenen Interessen verfolgen. (1) In diesem Kapitel werden die Prämisse über den Charakter der Kooperation und Hypothesen zu den Bedingungen des Kooperationsbeginns sowie zur Sicherung eines stabilen Kooperationsverlaufs entwickelt.

In der Tradition der politischen Theorie von Karl Marx stehende Theorien und der Funktionalismus thematisieren zwar ebenfalls die Frage nach den Bedingungen und Entwicklungstendenzen sozialer Ordnung. Für die Analyse der Kooperationsprozesse von Arbeitnehmerorganisationen wurde jedoch der individualistische Ansatz der Sozialtheorie gewählt, da er am ehesten geeignet erscheint, den Aspekt des selbstinteressierten Verhaltens der Arbeitnehmerorganisationen angemessen zu berücksichtigen. Demgegenüber erklären die marxistischen Ansätze das kollektive Handeln der Mitglieder der Arbeitnehmerorganisationen primär aus den Konflikterfahrungen, die jene aufgrund ihrer Position in der sozioökonomischen Struktur sammeln. Aus dieser grundlegenden These des Marxismus ergeben sich folgende Annahmen: "(1) Alles für den Bestand *und* die Transformation einer historischen Gesellschaftsformation relevante soziale Handeln ist durch die Produktionsverhältnisse, d.h. durch die (kapitalistische) Verteilung von Verfügungsrechten über Produktivkräfte konditioniert, und (2) alles so konditionierte Handeln hat funktional ambivalente, d.h. sowohl reproduktive wie transformative Konsequenzen". (Offe 1985: 84) Wie Offe weiter ausführt läßt sich die kausale Erklärung der Beziehung zwischen der gesellschaftlichen Struktur und dem Handeln kollektiver Akteure jedoch nicht aufrechterhalten: "Die größte Schwierigkeit, welche die Klassentheorie heute ... hat, besteht darin, daß sehr wohl kollektive Akteure die institutionelle Kontinuität bedrohen, daß aber die

Identität dieser kollektiven Akteure nicht ohne weiteres klassentheoretisch dedu-
zierbar ist, sondern sich häufig aus anderen, >querliegenden< Bestimmungsgrün-
den ergibt, für die der >proletarische< Klassenstatus der Akteure weder notwendige noch zureichende Bedingung ist". (Offe 1985: 87; vgl. ebenfalls Elster 1985:
80) Diese Defizite der marxistischen Theorien rechtfertigen eine stärkere Ge-
wichtung der individuellen, selbstinteressierten Entscheidungswahl, wie sie die
Rational-Choice-Theorie kennzeichnet. Das auch diese Theorie eine Beschränkung der individuellen Entscheidungswahl durch sozio-ökonomische Strukturen
berücksichtigt, wird im folgenden Abschnitt erläutert.

Ebenso erscheint eine grundsätzlich auf handlungssteuernde Normen der
Sozialintegration aufbauende Theorie, wie der Funktionalismus, nicht geeignet,
die Kooperationsprozesse von Arbeitnehmerorganisationen zu erklären. In einer
Reihe sozialwissenschaftlicher Beiträge wird gerade in den 80er Jahren von einer
Abnahme der Bindungs- und Mobilisierungsfähigkeit sozialer Normen in der Arbeiterbewegung ausgegangen. Beck postuliert, daß "subkulturelle Klassenidenti-
täten zunehmend weggeschmolzen, 'ständisch' eingefärbte Klassenlagen ent-
traditionalisiert und Prozesse einer *Diversifizierung* und *Individualisierung* von
Lebenslagen und Lebenswegen ausgelöst wurden, die das Hierarchiemodell
sozialer Klassen und Schichten unterlaufen und in seinem Realitätsgehalt zunehmend in Frage stellen". (Beck 1983: 36; ebenso Beck 1986) Noetzel konstatiert
die "schwindende Bedeutung der industriellen Arbeit für die Sinnerzeugung und
Weltbildproduktion der Individuen". (Noetzel 1990: 351) Dies führt zu einer
neuen Form der Individualität, die nicht mehr in Kontakt mit kollektiv erlebten
Sozialmilieus, z.B. der Arbeiterbewegung entsteht. "Es gibt 'keine >kollektive<
Identität als Maß für >individuelle< Identität'. Der Zusammenhang von kollektiver und individueller Identitätsbildung ist zerrissen. Daher fehlen 'sozial beglaubi-
gte Modelle für Individualisierung'". (Noetzel 1990: 352) (2) Wenn die hand-
lungsleitende Kraft von Normen im betrieblichen Bereich abnimmt, muß ihre
Relevanz für beginnende Kooperationskontakte in einem gering vorstrukturierten
Handlungsfeld, bei Interaktionsprozessen über große Distanzen und mit längeren
Unterbrechungen noch niedriger eingeschätzt werden.

Im folgenden werden zunächst die Prämissen der individualistischen Theorierichtungen in ihrer entscheidungs- und spieltheoretischen Ausprägung thematisiert. (Abschnitt 2.1) Die Annahmen zum Rational-Choice theoretischen Entscheidungsmodell werden der Untersuchung der Kooperation zwischen betrieblichen Arbeitnehmervertretungen als Prämisse zugrundegelegt. Anschließend werden in zwei Hypothesen Bedingungen der Aufnahme von Kooperationskontakten
benannt. Im Rahmen der Beschreibung typischer Konstitutionsmerkmale von Arbeitnehmerorganisationen und deren Auswirkung auf die kollektive Handlungsfähigkeit der Organisationen wird der Begriff der Arbeitnehmerkonkurrenz einge-

führt. (Abschnitt 2.2) Eine spieltheoretische Analyse der Kooperationsentscheidung, die Aussagen über die Stabilität des Kooperationsverlaufs erlaubt, erfolgt in
Abschnitt 2.3. Abschließend werden in einer dritten Hypothese Voraussetzungen
einer kollektiv-rationalen Kooperationsstrategie sowie weitere Mechanismen dargestellt, die die Stabilität des Kooperationsablaufs erhöhen. (Abschnitt 2.4)

2.1. Das Entscheidungsmodell der Rational-Choice-Theorie

Der individualistische Ansatz der Rational-Choice-Theorie umfaßt unterschiedliche Theorien, unter anderem Theoreme aus der Mikroökonomie, die
Spieltheorie und die Theorie kollektiver Güter. (3) Historisch geht der Theorie-
strang einerseits auf Vertreter der schottischen Moralphilosophie, wie A. Fergu-
son, D. Hume und A. Smith, andererseits auf Anhänger des rationalen Naturrechts, unter anderen Th. Hobbes, J. Locke und J.J. Rousseau zurück.

In ihrem Ansatz erklären die schottischen Moralphilosophen die soziale
Ordnung als ein *unintendiertes* Resultat des individuell eigeninteressierten Handelns aller Gesellschaftsmitglieder. Die Formulierung Adam Smith in seinem
Werk "Der Wohlstand der Nationen", der Einzelne werde '" in diesem wie auch in
vielen anderen Fällen von einer unsichtbaren Hand geleitet, um einen Zweck zu
fördern, den zu erfüllen er in keiner Weise beabsichtigt hat'", führte zu dem Ober-
begriff "Unsichtbare-Hand-Erklärungen" für diese Form von Erklärungen sozialer
Ordnung. (vgl. Vanberg 1984: 116)
Die schottischen Moralphilosophen arbeiteten ihre Konzeption als konkurrierenden Entwurf zu den Erklärungen der Vertreter des rationalen Naturrechts
aus. Diese sehen die soziale Ordnung als Resultat der *intentionalen* Entscheidung
einer Gruppe von Individuen, eine soziale Ordnung oder soziale Organisation
dann zu errichten, wenn ihre Eigeninteressen hierdurch besser verwirklicht werden können. Diese Form der Erklärung "sozialer Ordnung" wird als "Vertrags-
theorie" bezeichnet, da die Stabilisierung der sozialen Ordnung mit dem Rückgriff
auf einen fiktiven Gesellschaftsvertrag erklärt wird.
Historisch entstanden beide Erklärungskonzepte in Konkurrenz zueinander.
Sie können jedoch als komplementäre Ansätze zur Erklärung unterschiedlicher
Bereiche sozialer Ordnung herangezogen werden. Vanberg weist darauf hin, indem er den individualistisch-evolutionären Ansatz der schottischen Moralphilosophie eher sozialen Strukturen des direkten Austauschs sowie des Marktes und
den individualistisch-kontrakttheoretischen Ansatz der rationalen Naturrechtler
vorrangig einer sozialen Ordnung kollektiven Handelns von Organisationen ge-
genüberstellt. In der Realität können soziale Strukturen aus einer Kombination
beider Konzepte erklärt werden. (4) Für die Kooperationsentscheidung der Arbeitnehmerorganisationen sind beide Erklärungskonzepte relevant, da die Kooperation einerseits einen Interaktionsprozeß darstellt, in dessen Verlauf die betrieb-

17

lichen Mandatsträger direkt miteinander kommunizieren. Andererseits treffen die Interessenvertreter die Kooperationsentscheidungen jedoch unter Berücksichtigung der Ziele und der Handlungsspielräume ihrer jeweiligen Arbeitnehmervertretungen.

Noch bis in die 60er Jahre fand der individualistisch-evolutionäre Ansatz vor allem in der Ökonomie Beachtung, während sich die Soziologie mit den sozialstrukturellen Bedingungen menschlichen Handelns beschäftigte. Seitdem rezipierte die soziologische Forschung zunehmend individualistische Annahmen, zunächst der Verhaltenspsychologie, später ebenfalls der Mikroökonomie. Homans und Blau entwickelten einen austauschtheoretischen Ansatz, der auf verhaltenspsychologischen Annahmen basierte. Zentraler Begriff ist der soziale Tausch zwischen Individuen, der als Grundelement der Bildung sozialer Strukturen gilt. (5) "Social behaviour is an exchange of goods, material goods but also non-material ones, such as symbols of approval or prestige". (Homans 1958: 606) Die Austauschbeziehungen werden durch eine universal geltende Reziprozitätsregel stabilisiert. (Gouldner 1960) Der Ansatz ist für direkte Kooperationsbeziehungen von Arbeitnehmervertretern von Interesse, da Reziprozitätsverpflichtungen kooperationsstabilisierend wirken können. In der Austauschtheorie wurde eine der Prämissen des methodologischen Individualismus formuliert, die allen individualistischen Ansätzen zugrundeliegt: Soziale Phänomene werden nur mit Rückgriff auf Microfoundations, d.h. das Verhalten von Individuen erklärt. (6) Zur Analyse sozialer Phänomene, die über direkte Austauschprozesse hinausgehen ist die Austauschtheorie nicht geeignet. Voss verweist vor allem auf die Voraussetzungen dieser Theorie, die aus ihrem verhaltenspsychologischen Erbe herrühren. Die erforderliche Berücksichtigung der Lerngeschichte der Akteure läßt sich nur unter den Bedingungen von Laborversuchen gewährleisten. (vgl. Voss 1985: 12ff, Franz 1986: 34)

Probleme dieser Art werden von rationalen Erklärungsansätzen sozialen Handelns vermieden, die auf mikroökonomischen Annahmen, beispielsweise der Nutzentheorie aufbauen. Zu diesen Theorien zählt die Rational-Choice-Theorie. Die Grundannahme der rationalen Entscheidungswahl bildet die zweite Prämisse des methodologischen Individualismus. Sie lautet: Individuen entscheiden sich unter mehreren Handlungsalternativen wahrscheinlich für diejenige, deren individueller Nutzen am höchsten bewertet wird. (Elster 1987: 22) Die Bewertung der Nutzenhöhe jeder Handlungsalternative ergibt sich aus der Verknüpfung der Handlungsalternativen, von denen angenommen wird, daß sie den logischen, physikalischen und ökonomischen Strukturbedingungen entsprechen (feasible set which satisfy constraints), mit den rationalen Annahmen über die kausale Struktur der Entscheidungssituation (set of rational beliefs). Diese ermöglichen Aussagen über den wahrscheinlich eintretenden Nutzen. Aus der Nutzenhöhe wird die subjektive Rangfolge der Handlungsalternativen abgeleitet (ranking of feasible alternatives). (vgl. Elster 1986: 4)

Das Modell der rationalen Entscheidungswahl läßt sich als ein zweifaches Bewertungsverfahren beschreiben. In einem ersten Schritt erfolgt die Prüfung der objektiven und subjektiv wahrgenommenen Handlungsoptionen auf ihre Kompatibilität mit strukturellen Zwängen und Umweltfaktoren (constraints). In einem zweiten Prozeß werden die kompatiblen Alternativen nach einer Entscheidungsregel, die in der Regel der Nutzenmaximierung folgt, geordnet und diejenige mit dem höchsten Nutzen ausgewählt (choice). (vgl. Voss 1985: 15, Franz 1986: 38ff.) Der Nutzen der Alternativen ergibt sich aus dem erwarteten Gewinn abzüglich der Kosten. Dieser wird mit der subjektiven Wahrscheinlichkeit, mit der mit dem Eintreten des Nutzens gerechnet wird verknüpft. (Opp 1978: 131f, Lindenberg 1981: 24f) Es wird die Alternative gewählt, deren erwarteter Nutzen die erwarteten Kosten übersteigt und deren Nutzenrealisierung nicht zu risikoreich oder zu unsicher erscheint. (7)

Die strukturprägenden Faktoren des sozialen Handelns werden in dem Entscheidungsmodell des Rational-Choice im "Constraint-Bereich" verortet. In der Rational-Choice-Theorie wird die Möglichkeit betont, durch die iterierte Handlungswahl die Constraints der Anschlußentscheidung zu verändern. Auf diese Art beeinflußt der Akteur nicht nur den "Choice-Bereich", sondern über das "in die Zeitdimension projezierte Wechselspiel von 'constraints' und 'choices'" auch die "Constraint-Ebene". Dies macht nach Wiesenthals Ansicht die besondere Leistungsfähigkeit der Rational-Choice-Analysen aus. (vgl. Wiesenthal 1987b: 13)

Im Bereich des Wahlhandelns "Choice" wurde von Elster mit der Einführung des "strategischen Handelns" und der "Selbstbindungsfähigkeit der Akteure", die Festlegung des Akteurs auf ein tendenziell eindimensionales, regelgeleitetes Optimierungsverhalten vermieden. (Elster 1987: Kapitel I und II) Der strategisch-rationale Akteur reflektiert in seiner Entscheidung bereits die Auswirkung dieser Entscheidung auf die zukünftigen Entscheidungen und Reaktionen seiner Umwelt. Demgegenüber bezieht der parametrisch-rationale Akteur seine Umwelt nur als unveränderlichen Faktor in seine Entscheidung mit ein. Die Fähigkeit der strategischen Entscheidungswahl bildet eine notwendige Bedingung für die Herausbildung einer kollektiv-rationalen Kooperationsstrategie. (vgl. Abschnitt 2.3) (8) Das Prinzip der Selbstbindung der Akteure ist nach Elster "ein vorrangiger Weg, das Problem der Willensschwäche zu lösen, die entscheidende Technik, Rationalität durch indirekte Mittel zu erlangen". (Elster 1987: 68) Es handelt sich um die Strategie des Akteurs auf einen Teil seiner Fähigkeiten und Ressourcen freiwillig zu verzichten, deren rationaler Einsatz ihm einen zwar einen kurzfristig erreichbaren, jedoch nur geringen Nutzen einbringen und von der Erzielung eines späteren höheren Nutzens abhalten würde. (Elster 1987: 67) Die Kooperationsziele und der Kooperationsablauf werden daraufhin untersucht, inwieweit von den Mandatsträgern ein strategisches Kooperationsverhalten und Mechanismen der Selbstbindung entwickelt wurden.

Die bisherige Darstellung der rationalen Entscheidungswahl beschäftigte sich, aufbauend auf dem individualistisch-evolutionären Ansatz, mit eigeninteressierten Individualentscheidungen. Dabei wurde ein aus den zwei Stufen "Constraint" und "Choice" bestehendes Entscheidungsmodell eingeführt. Dieses nutzenorientierte Modell gibt noch keinen Aufschluß über die ausgewählte Entscheidung. Hierzu bedarf es systematischer Annahmen über Nutzenargumente, Präferenzänderungen und Präferenzstabilität sowie subjektive Wahrscheinlichkeiten. Lindenberg spricht in diesem Zusammenhang von der notwendigen Aufstellung von Brückentheorien, die die systematischen Annahmen der Nutzentheorie gehaltvoll anreichern. Es handelt sich dabei um Annahmen über entscheidungssteuernde Faktoren, die von Institutionen geschaffen oder durch sozialstrukturelle Gegebenheiten vorgegeben werden. (vgl. Lindenberg 1981: 26, 29) Im Verlauf der Arbeit werden sie in den einzelnen Kapiteln eingeführt, um Aussagen über die Veränderung der Arbeitnehmerkonkurrenz in den relevanten Umweltsektoren der betrieblichen Arbeitnehmervertretungen der VW- und SEAT-Standorte zu ermöglichen.

In der vorliegenden Arbeit werden die grundlegenden Annahmen der Rational-Choice-Theorie über das Entscheidungsverhalten von Individuen auf die Kooperationsentscheidung der betrieblichen Arbeitnehmervertreter übertragen. Die Orientierung der Kooperationsentscheidung am Nutzen der Kooperation für die jeweilige betriebliche Arbeitnehmervertretung ist eine Prämisse der Untersuchung der Kooperationsbedingungen zwischen betrieblichen Arbeitnehmervertretungen. Das primäre Ziel der Arbeitnehmervertretung liegt in der Absicherung ihrer Bargaining Power gegenüber der Unternehmensleitung. An der Realisierung dieses Ziels orientiert sich auch die Entscheidung über die Aufnahme und die Fortführung von Kooperationsprozessen zwischen betrieblichen Arbeitnehmervertretungen.

In der Arbeit wird daher von der grundlegenden Hypothese ausgegangen, daß eine sinkende Bargaining Power zur Entwicklung von Kooperationsbeziehungen zwischen den betroffenen Arbeitnehmervertretungen führt, wenn die Kooperation zur Begrenzung derjenigen Faktoren beiträgt, die die Abnahme der Bargaining Power verursachten. Aus dieser Einschränkung ergibt sich, daß nur bestimmte Faktoren und Prozesse, die die Bargaining Power der betrieblichen Arbeitnehmervertretungen negativ beeinflussen einen Anreiz zur Aufnahme von Kooperationskontakten bilden. Es handelt sich um Faktoren, deren negative Auswirkungen weder durch intra-organisatorische Veränderungen in den Arbeitnehmervertretungen, noch durch einen Ressourcentransfer seitens der nationalen

Gewerkschaften begrenzt werden können. Faktoren auf die diese Bedingungen zutreffen werden im folgenden Abschnitt, der auf die Bedingungen des kollektiven Handelns von Arbeitnehmerorganisationen eingeht analysiert.

2.2 Die Bedingungen des kollektiven Handelns von Arbeitnehmerorganisa - tionen

In der Tradition der Vertragstheoretiker des rationalen Naturrechts stehend, hat sich vor allem Coleman mit der Erklärung des *intentionalen* kollektiven Handelns in Konkurrenz zu den "Unsichtbare-Hand-Erklärungen" beschäftigt. Das Resultat der durch staatlichen Akt und/oder freiwillige intentionale Entscheidung der Einzelnen zusammengefaßten Ressourcen und Rechte bezeichnet er als "korporativen Akteur". (9) Die Arbeitnehmerorganisationen bilden eine Teilgruppe der korporativen Akteure. Diese Teilgruppe kann weiter ausdifferenziert werden. In dem Beispiel der Kooperation zwischen den betrieblichen Arbeitnehmervertretungen der deutschen und spanischen VW-Konzernstandorte sind drei Typen von Arbeitnehmerorganisationen direkt oder mittelbar an den Kooperationsprozessen beteiligt.

Dies sind auf nationaler Ebene zum einen die betrieblichen Arbeitnehmervertretungen, deren Existenz im deutschen und spanischen Arbeitsrecht verankert ist. Auf deutscher Seite handelt es sich um den Gesamtbetriebsrat (GBR) der Volkswagen AG in dessen Zuständigkeit die internationale Kooperation fällt. In Spanien sind es die Comités de Empresa (Betriebskomitees) der SEAT S.A. mit dem Hauptstandort in der Zona Franca/Barcelona. Diese Gremien sind die unmittelbar miteinander kooperierenden, kollektiven Akteure auf betrieblicher Ebene. Zum anderen existieren auf nationaler Ebene in Deutschland und Spanien nach dem Industriegewerkschaftsprinzip organisierte Metallgewerkschaften in der Form juristischer Personen privaten Rechts. In Deutschland ist dies die Einheitsgewerkschaft der "Industriegewerkschaft Metall", in Spanien existieren mehrere Richtungsgewerkschaften, darunter die beiden mitgliederstärksten Metallgewerkschaften "Union General de Trabajadores" (UGT) und "Comissiones Obreras" (CC.OO.). Diese Metallgewerkschaften sind wiederum, direkt oder indirekt über ihre nationalen Gewerkschaftsbünde, in internationale Dachverbände eingebunden. Auf europäischer Ebene handelt es sich um den "Europäischen Metallgewerkschaftsbund in der Gemeinschaft" (EMB) und den "Europäischen Gewerkschaftsbund" (EGB), die im Bereich der internationalen Kooperation tätig werden. Beide sind ebenfalls juristische Personen des privaten Rechts. Die Mitglieder des EMB sind die Mehrzahl der europäischen Metallgewerkschaften, die des EGB die nationalen Gewerkschaftsbünde.

Die genannten nationalen und europäischen Gewerkschaftsorganisationen werden in der Analyse der Kooperationsprozesse als Umwelt des Volkswagen-Gesamtbetriebsrats und des Comité de Empresa SEAT-Barcelona behandelt. Ihr

Einfluß auf die Entscheidungen des Gesamtbetriebsrats und des Comité de Empresa kann jedoch als privilegiert bewertet werden, da sich bestimmte Organisations-Umwelt-Grenzen zwischen diesen Akteurstypen überschneiden. Dies gilt z.B. für die Organisationsbasis und eine große Zahl der Funktionsträger. (10)

Die Mitglieder übertragen ihre Ressourcen auf den kollektiven Akteur, in der Erwartung, durch die Ressourcenzusammenlegung einen höheren Nutzen erzielen zu können, als es ihnen bei individuellem Ressourceneinsatz möglich wäre. (Coleman 1979: 30) (11) Ressourcen definiert Coleman als übertragbare Mittel und nicht veräußerbare, personengebundene Fähigkeiten, die dem kollektiven Akteur zum Zweck der Umweltbeeinflussung übertragen werden. (Coleman 1974/75: 758) Die Handlungsfähigkeit kollektiver Akteure hängt entscheidend von dem Ausmaß der übertragenen Ressourcen durch die Mitglieder, sowie die Existenz eines Mechanismus zentraler Entscheidungsbildung ab. (Vanberg 1979: 107) Die Problematik dieser beiden Voraussetzungen kollektiven Handelns wurde von Olson und Arrow in den 50er und 60er Jahren erstmals thematisiert.

Olson weist anhand der Bereitstellung von Kollektivgütern nach, daß ein, von einer Gruppe angestrebtes, kollektives Gut nicht automatisch erstellt wird, wenn dies im Interesse aller Mitglieder der Gruppe liegt und diese ansonsten über ausreichende individuelle Ressourcen zu Bereitstellung des Gutes verfügen. (12) Unter Zugrundelegung eines selbstinteressierten Verhaltens wird jedes Gruppenmitglied seine Ressourcenübertragung in der Überzeugung zurückhalten, daß alle anderen zur Zielerreichung beitragen und es in diesem Fall, bei nicht möglicher Ausschließung vom Genuß des Kollektivgutes, ohne individuelle Kosten mit einem höheren Nutzen an dem Kollektivgut partizipiert. (Olson 1968: 1ff.) Mit diesem grundlegenden Axiom wurde erstmals auf die Folgen des Konflikts zwischen individueller und kollektiver Rationalität für die Erfolgsbedingungen kollektiven Handelns hingewiesen. Olson geht nur im Fall der Existenz von *kleinen* Gruppen, in denen die einzelnen Mitglieder einer sozialen Kontrolle unterliegen, die eine mangelnde Ressourcenübertragung entdeckt und sanktioniert von der Bereitstellung des Kollektivgutes aus. In *großen* Gruppen müssen positive und/ oder negative Anreize die Übertragung der Ressourcen sicherstellen. (Olson 1968: 2) (13)

Im Falle von Arbeitnehmerorganisationen bestehen die bereitzustellenden Ressourcen der Mitglieder aus den Mitgliedsbeiträgen, der Mobilisierungsbereitschaft der Mitglieder und der Abgabe ihrer Stimme bei organisationsinternen Wahlen. Die Mobilisierung umfaßt die Bereitschaft zur Zusammenarbeit mit den gewählten Arbeitnehmervertretern und ihre Information bei Konflikten, die Teilnahme an Veranstaltungen, sowie die Bereitschaft, die Politik der Arbeitnehmervertretung gegenüber der Unternehmensleitung und der Belegschaft zu vertreten.

Die relevanteste Ressource, die den Mitgliedern den höchsten Aufwand abverlangt, ist deren Streikbereitschaft. Während die Beiträge inzwischen in der Regel automatisch transferiert werden und höchstens in ihrer satzungsgemäßen Höhe manipulierbar sind, bleiben die anderen Ressourcen potentiell unsicher. Sie werden von den Mitgliedern am wahrscheinlichsten für Ziele eingesetzt, deren Nutzen ihnen direkt zugute kommt, beispielsweise in Tarifauseinandersetzungen. Demgegenüber ist eine Unterstützung des Einsatzes der Organisationsressourcen für internationale Kooperationsprozessse, die einen langfristig realisierbaren Nutzen erwarten lassen, seitens der Mitgliedschaft nur durch eine intensive Informationspolitik zu erreichen. In der Regel dürfte die Umsetzung der Kooperation von den Mitgliedern passiv mitgetragen werden. Die Mobilisierungsbereitschaft der Mitglieder für die internationale Kooperation läßt sich daher nur herstellen, wenn der Zusammenhang zwischen dem Erfolg der Kooperation und der Realisierung wichtiger Ziele der Arbeitnehmervertretung allen Belegschaftsmitgliedern vermittelt werden kann. Inwieweit die Arbeitnehmervertretungen des VW-Konzerns den Kooperationsaufwand mit Hinweis auf den Nutzen der Kooperation für den jeweiligen VW-Standort vor der Belegschaft rechtfertigen, wird im achten Kapitel analysiert. Vanberg verweist auf die Notwendigkeit einer solchen engen Verknüpfung zwischen individuellem Einsatz und individuellem Nutzen, um die Bereitschaft zur Ressourcenübertragung zu sichern. Je nach dem "Vertrauensvorschuß" der Akteure kann der Zeithorizont zwischen Ressourcenübertragung und Nutzenrealisierung sehr weit sein. (Vanberg 1962: 164f.) Vertrauen wird als Bereitschaft, eigene Beiträge zu leisten, ohne sofortige Gegenleistungen zu erhalten, diese aber für die Zukunft zu erwarten definiert. (Vanberg 1982: 165) Die Umsetzung der internationalen Kooperationsziele durch die Arbeitnehmervertretungen hängt erheblich von der Einschätzung der Mandatsträger über das Ausmaß der Folgebereitschaft der Belegschaft in diesem Punkt ab. In der Arbeit wird daher der Frage nachgegangen, wie die Arbeitnehmervertreter das Interesse der Belegschaft an der Kooperation einschätzen und welche konkreten Mobilisierungserfahrungen bereits bestehen.

Bei der Einrichtung eines Mechanismus zentraler Entscheidungsfindung im Sinne von Colemans Definition korporativer Akteure, ist die Frage nach der Einigung über die gemeinsamen Ziele für die Handlungsfähigkeit des korporativen Akteurs von Bedeutung. Arrow wies 1951 nach, daß sich die unterschiedlichen Präferenzen der Mitglieder eines korporativen Akteurs in einem demokratischen Entscheidungsverfahren nicht in eine widerspruchsfreie Präferenzordnung einfügen lassen. (14) Einzelziele müssen nacheinander realisiert werden oder in einem von den individuellen Zielen der Mitglieder abweichendem Kollektivziel aufgehen. In beiden Fällen bedeutet dies für die Kooperationsziele, daß sie in Konkurrenz zu den anderen Zielen der Arbeitnehmerorganisationen um die begrenzten

23

Ressourcen der Arbeitnehmerorganisation stehen. Von dem Einsatz dieser Ressourcen hängt das Ausmaß der Umsetzung des jeweiligen Ziels ab.

Neben diesen Restriktionen kollektiven Handelns, die alle kollektiven Akteure betreffen, ergeben sich für die Teilgruppe der Arbeitnehmerorganisationen zusätzliche Bedingungen kollektiven Handelns. Sie resultieren aus der spezifischen Konstituierung ihrer Organisationsfähigkeit, der Vereinheitlichung der Mitgliederinteressen sowie der Abhängigkeit ihrer Bargaining Power von der Anzahl der Mitglieder und deren Mobilisierungsfähigkeit. (15) Die Differenzierung der Handlungsbedingungen der gesetzlich garantierten, betrieblichen Arbeitnehmervertretungen einerseits, sowie der Gewerkschaften andererseits wird im sechsten Kapitel, anläßlich der Untersuchung der nationalen Systeme der Arbeitsbeziehungen diskutiert.

Die grundlegende Funktion der Arbeitnehmerorganisationen, die Konkurrenz zwischen den Arbeitskraftanbietern aufzuheben, verweist auf den Einfluß der Nachfrage nach Arbeitskraft, die diese Konkurrenzsituation hervorgebracht hat. Die Eingliederung der Arbeitnehmer in die Produktionsstrukturen beschreiben Offe und Wiesenthal als die primäre Organisationsfunktion des Kapitals gegenüber den Arbeitnehmern. Indem die Arbeitnehmerorganisationen auf diese Konkurrenz reagieren, fungieren sie als sekundäre Organisationsform der Arbeitnehmerschaft. (Offe/Wiesenthal 1980: 72)

Es sind drei Ursachen der Konkurrenz zwischen Arbeitnehmern zu unterscheiden. Die erste Ursache für Arbeitnehmerkonkurrenzsituationen liegt in der Migration von Erwerbspersonen, die auf den nationalen Arbeitsmärkten um eine begrenzte Anzahl von Arbeitsplätzen konkurrieren. Die Konkurrenzsituation beschränkt sich auf einzelne Arbeitnehmer und richtet sich nach der Anzahl der Migranten, der Qualifikation der immigrierenden und der einheimischen Arbeitnehmer sowie der, für die angebotenen Arbeitsplätze erforderlichen Qualifikationen.

Außerdem entstehen Arbeitnehmerkonkurrenzsituationen aufgrund von Warenexporten, die bei einer begrenzten Nachfrage auf den nationalen Gütermärkten zu einer Reduzierung des Arbeitsvolumens in einzelnen Branchen führen. Diese Arbeitnehmerkonkurrenz erstreckt sich auf die Arbeitnehmer der Branchen, die gleiche Güterklassen herstellen.

Die Verflechtung der Produktionsstrukturen zwischen den Standorten eines Unternehmens, das bei einer grenzüberschreitenden Verflechtung der Teilunternehmen als "multinationaler Konzern" (MNK) bezeichnet wird, stellt die dritte Ursache für Arbeitnehmerkonkurrenzsituationen dar. Die Arbeitnehmerkonkurrenz beschränkt sich auf die Belegschaften der miteinander verflochtenen Produktionsstandorte. Grundsätzlich verfügt die Konzernzentrale über die Kompetenz, den Standorten Produktionsvolumen zu entziehen bzw. Produktionsaufträge zuzuweisen. Selbst wenn von dieser Kompetenz kein Gebrauch gemacht wird, entsteht durch sie eine Konkurrenzsituation zwischen allen Standorten um die niedrigsten Produktionskosten. Bei einer Parallelproduktion gleicher Güter, unter vergleichbaren Produktionsbedingungen, nimmt die Kostentransparenz und die konzerninterne Arbeitnehmerkonkurrenz zu. Mit der Standardisierung der Produktion in den Konzernstandorten wird aus der nur potentiellen Möglichkeit die Produktion zu verlagern, eine kurzfristig realisierbare Option der Konzernleitung, die die Arbeitsplätze der Belegschaften bedroht. Die Arbeitnehmerkonkurrenz ist in den vernetzten Standorten, bis hinunter auf die Ebene einzelner Abteilungen und der dort eingesetzten Arbeitnehmer eingrenzbar. Die negativen Auswirkungen der konzerninternen Arbeitnehmerkonkurrenz auf die Bargaining Power der betrieblichen Arbeitnehmervertretung sind besonders gravierend, wenn das Unternehmen zusätzlich einem intensiven Wettbewerb durch die Warenexporte ausländischer und/oder die Produktion inländischer Anbieter ausgesetzt ist. In diesem Fall wird die Unternehmensleitung die konzerninterne Arbeitnehmerkonkurrenz, die aus der Internationalisierung des Unternehmens resultiert nutzen, um die Kosten des Faktors Arbeit in Verhandlungen mit der betrieblichen Arbeitnehmervertretung zu senken und so eine günstige Marktposition gegenüber den übrigen Anbietern zu behaupten.

Die Arbeitnehmerkonkurrenz zwischen den Standorten eines multinationalen Konzerns wirkt grenzüberschreitend und auf betrieblicher Ebene. Die Bargaining Power der betrieblichen Arbeitnehmervertretungen wird durch diese Form der Arbeitnehmerkonkurrenz in zwei Bereichen negativ tangiert. Die Vergabe des Produktionsvolumens an die Standorte erfolgt bei einer hohen Verflechtung der Produktionsstrukturen aufgrund der Höhe der Produktionskosten, der technologischen Ausstattung, der freien Kapazitäten oder der Marktnähe der jeweiligen Standorte. Zumindest auf die Höhe der Produktionskosten der Standorte übt dieser konzerninterne Wettbewerb eine dämpfende Wirkung aus. Da die Lohn- und Lohnnebenkosten einen Teil dieser Produktionskosten bilden, verringert die Standortkonkurrenz die Verhandlungsspielräume der betrieblichen Arbeitnehmervertretungen. Außerdem werden deren Handlungsspielräume durch den Informationsvorsprung des Managements in den Verhandlungen zwischen Arbeitnehmervertretung und Management auf der Ebene der Einzelstandorte beeinträchtigt. In der Regel wird das lokale Management durch die Konzernzentrale über die ökonomische Lage und die Arbeitsbedingungen aller Standorte, sowie gegebenenfalls die Verhandlungspositionen der übrigen Standort-Arbeitnehmervertretungen informiert. Demgegenüber verfügen vor allem die betrieblichen Arbeitnehmervertretungen der Tochtergesellschaften nur über eingeschränkte ökonomische Daten ihres Standortes sowie Daten der übrigen Tochtergesellschaften und über keinen Informationsaustausch mit den anderen Arbeitnehmervertretungen des Konzerns.

In den lokalen Verhandlungen können die betrieblichen Arbeitnehmervertreter daher gezielt desinformiert und auf diese Weise gegen die Arbeitnehmervertretungen der übrigen Standorte ausgespielt werden.

Die nationalen Gewerkschaften und die betrieblichen Arbeitnehmervertretungen am Sitz der Konzernzentrale konnten die Arbeitnehmerkonkurrenz zwischen den Standorten eines Unternehmens auf nationaler Ebene bisher durch ihre potentielle Informationsfunktion wirkungsvoll einschränken. Sie stehen nun vor der Aufgabe, auf diese Ausweitung der Arbeitnehmerkonkurrenz innerhalb multinationaler Konzerne zu reagieren. Eine internationale Ausdehnung der Arbeitnehmerorganisationen wurde bisher mit dem Verweis auf die nationale Verankerung ihrer Ressourcen, wie beispielsweise ihrer Mitgliedschaft, oder der durch das nationale Arbeitsrecht begründeten Organisationsgarantien als unrealistisch bezeichnet. Eine Begrenzung der Arbeitnehmerkonkurrenz in multinationalen Konzernen scheint daher nur durch die internationale Kooperation zwischen den betrieblichen Arbeitnehmervertretungen innerhalb des jeweiligen Konzerns möglich.

In Kooperationsabsprachen können die betrieblichen Arbeitnehmervertretungen eine Angleichung der Kostenstrukturen zwischen den einzelnen Standorten anstreben und sich intern über Mindestproduktionsquoten abstimmen. Damit entfällt ein Anreiz zur Verlagerung der Produktion und der Informationsvorsprung des Managements, der zu einem Gegeneinanderausspielen der einzelnen Arbeitnehmervertretungen genutzt werden konnte. Es ist daher zu erwarten, daß der zukünftige Stellenwert der internationalen Kooperation auf zwischenbetrieblicher Ebene zur Überwindung der konzerninternen Arbeitnehmerkonkurrenzsituation, tendenziell mit der wachsenden Internationalisierung der Großunternehmen zunimmt.

Aufgrund der oben dargestellten Ursachen der Arbeitnehmerkonkurrenz wird in der zweiten Haupthypothese davon ausgegangen, daß die zunehmende Internationalisierung und Verflechtung der Produktionsstrukturen der Unternehmen, sowie ein gleichzeitiger Anstieg des Wettbewerbs zwischen den Anbietern (Anbieterkonkurrenz), diejenigen Faktoren darstellen, die die Bargaining Power der betrieblichen Arbeitnehmervertretungen beeinträchtigen und deren negative Auswirkungen durch die Kooperation zwischen den betrieblichen Arbeitnehmervertretungen begrenzt werden können. Da diese Prozesse die Produktionsstätten und betrieblichen Arbeitnehmervertreter aus mehreren Staaten umfassen, bleibt ein Ressourcentransfer der nationalen Gewerkschaften zugunsten der betroffenen betrieblichen Arbeitnehmervertretungen wirkungslos. Eine Koordination der, von der Internationalisierung ihrer Unternehmen und der Anbieterkonkurrenz betroffenen Arbeitnehmervertretungen, kann daher nur durch diese selbst, eventuell unter Vermittlung der europäischen Gewerkschaftsorganisationen geleistet werden.

In dem Entscheidungsmodell der Rational-Choice-Theorie lassen sich die Faktoren "Internationalisierung der Produktionsstrukturen" und die "Anbieterkonkurrenz" als Constraints verorten. Auf der Grundlage dieses Modells wird in der Untersuchung der Kooperation zwischen der VW- und der Seat-Arbeitnehmervertretung die Entwicklung der Arbeitnehmerkonkurrenz in den, für die Kooperationsentscheidung relevanten Umweltbereichen der betrieblichen Arbeitnehmervertretungen analysiert. Es werden Umweltbereiche ausgewählt, die die Arbeitnehmerkonkurrenz innerhalb des Volkswagenkonzerns ökonomisch, durch die Internationalisierung der Produktionsstrukturen und/oder eine Veränderung der Anbieterkonkurrenz beeinflussen. Daneben werden sozialpolitische, juristische und gewerkschaftspolitische Rahmenbedingungen berücksichtigt, die potentiell zur Korrektur der rein ökonomisch fundierten Entwicklung der Arbeitnehmerkonkurrenz führen könnten.

Die ökonomischen Auswirkungen auf die Arbeitnehmerkonkurrenz werden hinsichtlich der Vertiefung der europäischen Arbeitsteilung, wie sie sich in der Entwicklung der Europäischen Gemeinschaft zeigt analysiert. (Kapitel drei) Von besonderer Relevanz für das Kooperationsbeispiel ist die Internationalisierung der Produktionsstrukturen sowie die Anbieterkonkurrenz in der europäischen Automobilindustrie und deren Auswirkungen auf die Arbeitnehmerkonkurrenz innerhalb des Volkswagenkonzerns. (Kapitel fünf) Die Reaktion der politischen, juristischen und gewerkschaftlichen Akteure auf die Veränderung der Arbeitnehmerkonkurrenz innerhalb der EG und den Volkswirtschaften der Bundesrepublik und Spaniens wird ebenfalls thematisiert.

Auf der europäischen Ebene wird untersucht, ob die EG-Organe Aktivitäten entwickeln, die europäische Arbeitnehmerkonkurrenz durch eine aktive Sozialpolitik zu beschränken. (Kapitel drei) Die nationalen Gewerkschaften haben seit den 50er Jahren europaweite Gewerkschaftsstrukturen eingerichtet. Waren diese in der Lage gegenüber den EG-Organen und den Arbeitgebern Einschränkungen der Arbeitnehmerkonkurrenz durchzusetzen? (Kapitel vier) In den nationalen Systemen der Arbeitsbeziehungen können den Arbeitnehmerorganisationen durch den Gesetzgeber umfassende Rechte gegenüber den Arbeitgebern eingeräumt werden. Es ist nachzufragen, ob den deutschen und spanischen Arbeitnehmerorganisationen Mitwirkungsrechte zur Verfügung stehen, die ihre Bargaining Power auch bei einer zunehmenden Arbeitnehmerkonkurrenz sichern. (Kapitel sechs) Die Analyse der Entwicklung der Arbeitnehmerkonkurrenz innerhalb der genannten Umweltbereiche dient der Bewertung, ob mit dem jeweiligen Bereich eine positive oder eine negative Kooperationsentscheidung kompatibel erscheint. Steigt die Arbeitnehmerkonkurrenz in den genannten Umweltbereichen, zählen sie zu denjenigen Constraints, die eine positive Kooperationsentscheidung erfordern und fördern. (vgl. Abschnitt 2.1)

Eine zweite Restriktion des kollektiven Handelns von Arbeitnehmerorganisationen liegt in der Aggregierbarkeit der Interessen ihrer Mitgliedschaft. Spezifische Probleme der Aggregierbarkeit von Arbeitnehmerinteressen ergeben sich aus dem Charakter der Arbeitnehmerorganisationen als einer Vereinigung natürlicher Personen mit unterschiedlichsten Bedürfnissen, deren Befriedigung auch während der Arbeitszeit erfolgen soll. Die komplizierte Organisierung der Einzelinteressen und ihre problematische Vereinheitlichung in Strategien, resultiert laut Offe und Wiesenthal aus dieser mangelnden Aggregierbarkeit der Einzelinteressen. (diess. 1980: 75) Das weite Spektrum der Arbeitnehmerbedürfnisse erklärt sich aus der Tatsache, daß der Arbeitnehmer gleichzeitig Subjekt und Objekt des Austauschs der Arbeitskraft ist und seine gesamte Persönlichkeit von diesem Prozeß berührt wird.

Neben der nicht realisierbaren demokratischen Einigung über eine transitive Reihenfolge der Organisationsziele, wird die Einigung über die Organisationsziele durch die nicht mögliche Bewertung einiger Organisationsziele in Geldeinheiten zusätzlich erschwert. Dies gilt unter anderem für die Forderung nach Arbeitszeitverkürzung und den Gesundheitsschutz am Arbeitsplatz. Darüberhinaus differiert die Nutzeneinschätzung der Ziele unter den Mitgliedern. Beispielsweise profitieren Facharbeiter eher von Rationalisierungschutzabkommen, während ältere Arbeitnehmer primär an Vorruhestandsregelungen interessiert sind. Außerdem verlangt die Hinwendung zu einer betriebsnäheren, qualitativen Tarifpolitik von den Gewerkschaften die Zustimmung zur stärkeren Beteiligung der Betriebsräte an der Umsetzung der Tarifabschlüsse. Dies bedeutet einen Kontrollverlust der Gewerkschaften bei der Erreichung ihrer Organisationsziele.

Es bestätigt sich die Annahme, daß sich die internationale Kooperation als ein Ziel neben anderen in einem komplexen Zielfindungsprozeß behaupten muß. Begrenzte Organisationsressourcen vorausgesetzt, wird sie bei einer zunehmenden konzerninternen Arbeitnehmerkonkurrenz einen exponierten Platz im Zielkatalog der betrieblichen Arbeitnehmervertreter und der Gewerkschaften einnehmen. Bei der Untersuchung des Kooperationsbeispiels ist nachzufragen, inwieweit Mandatsträger und Belegschaft einen Zusammenhang zwischen der zunehmenden Arbeitnehmerkonkurrenz und ihrer möglichen Begrenzung durch Kooperationsprozesse reflektieren. Die innerbetriebliche Diskussion des Zusammenhangs zwischen der Internationalisierung der Produktionsstrukturen, der zunehmenden Arbeitnehmerkonkurrenz sowie deren Begrenzung durch die Kooperation, kann in der Belegschaft ein Problembewußtsein über die Funktion und den Stellenwert der Kooperation gegenüber den anderen Organisationszielen schaffen.

Die Verhandlungsmacht jedes kollektiven Akteurs ergibt sich aus der ihm zugeschriebenen Sanktionsfähigkeit. Das wichtigste Sanktionsmittel der Arbeitnehmerorganisationen ist der Streik. (16) Die Bereitstellung dieses Sanktionsmittels ist mit einem hohen Aufwand verbunden, da die Streikfähigkeit von der Mobilisierbarkeit der Mitglieder und einer ausreichenden Organisationsbasis abhängt. Die dritte Restriktion des kollektiven Handelns von Arbeitnehmerorganisationen besteht in dem Dilemma, die notwendigen Ressourcen "hohe Mobilisierungsfähigkeit" und "große Mitgliederzahl" in gleichem Umfang optimal bereitzustellen. Dieses Dilemma wird von Offe und Wiesenthal als Demokratie-Bürokratie-Problem der Arbeitnehmerorganisationen eingeführt. (diess. 1980: 82) Es wurde von Robert Michels bereits als "ehernes Gesetz der Oligarchie" beschrieben. (Michels 1970) Nur Arbeitnehmerorganisationen mit einer überschaubaren Mitgliedschaft und direkten Interaktionsmöglichkeiten zwischen Mandatsträgern und Basis besitzen eine hohe Mobilisierungsfähigkeit. Diese Vorraussetzungen sind in Großorganisationen, wie Gewerkschaften und betrieblichen Arbeitnehmervertretungen in Großunternehmen nicht mehr gegeben. Sie benötigen und entwickeln eine bürokratische Struktur zur Erfassung der großen Mitgliederzahl. Die Bürokratisierung erschwert die Partizipation der Mitgliedschaft sowie deren soziale Kontrolle. Andererseits bildet eine ausreichend breite Basis ebenfalls eine Voraussetzung für die Streikfähigkeit. Die Arbeitnehmerorganisationen müssen ein Gleichgewicht zwischen der Fähigkeit zur Mobilisierung der Basis und der notwendigen Bürokratisierung ihrer Organisationsstrukturen, die zur Betreuung der Mitgliedschaft benötigt wird, finden. Auf das Kooperationsbeispiel bezogen hängt die Mobilisierungsfähigkeit für die Kooperation demnach von den Partizipationsmöglichkeiten der VW- und Seat-Belegschaften an der Politik ihrer Arbeitnehmervertretungen ab. Der Partizipation muß eine aktive Informationspolitik über die Kooperation vorausgehen. Die Kooperation muß in den Belegschaften der VW- und Seat-Standorte verankert sein und auch von den Mandatsträgern anerkannt werden. In welchem Umfang von einer solchen Verankerung der Kooperation der VW- und der Seat-Arbeitnehmervertretung auszugehen ist, wird in den Abschnitten 7.1.3 und 7.2.3 analysiert.

Aus der Darstellung der Bedingungen des kollektiven Handelns von Arbeitnehmerorganisationen ließen sich Schlußfolgerungen über den Stellenwert und die Realisationsbedingungen der Kooperation, als eines Organisationsziels unter mehreren ziehen. Unter der Annahme des "Unmöglichkeitstheorems" von Arrow konkurriert die Kooperation mit den weiteren Organisationszielen um begrenzte Organisationsressourcen. Die Herstellung einer Rangfolge unter den Zielen der Arbeitnehmervertretung wird darüberhinaus durch ein breites Interessenspektrum der Mitglieder, die schwierige Transformation der Einzelziele in handlungsleitende Gruppenziele und die Unmöglichkeit der Zielbewertung in Geldeinheiten kompliziert. Die Realisierung der Kooperation wird wahrscheinlicher, wenn sich die konzerninterne Arbeitnehmerkonkurrenz durch eine Zunahme der Internationalisierung der Produktionsstrukturen sowie eine Erhöhung der Anbieterkonkurrenz verschärft. Abschließend wurde die geringe Mobilisierungsfähigkeit der Basis in mitgliederstarken Arbeitnehmerorganisationen und betrieblichen Arbeitnehmervertretungen in Großunternehmen thematisiert. Die zwei Ressourcen "hohe Mobilisierungsfähigkeit" und "große Mitgliederzahl" können nicht gleichzeitig optimiert werden. Um die Mobilisierung der Mitgliedschaft für Kooperationsaktivitäten auch in mitgliederstarken Arbeitnehmerorganisationen zu sichern, muß die Mitgliedschaft umfassend über die Funktionen und den Nutzen der Kooperation informiert werden. Im folgenden wird die Kooperationsentscheidung als Wahl der Arbeitnehmervertreter zwischen einer individuell-rationalen und einer kollektiv-rationalen Kooperationsstrategie thematisiert.

2.3 Die Kooperationsentscheidung als Wahl zwischen einer individuell- und einer kollektiv-rationalen Kooperationsstrategie

Wie im vorangegangenen Abschnitt dargestellt, birgt der von Olson analysierte Prozeß der Kollektivgutbereitstellung für das einzelne Gruppenmitglied einen Konflikt zwischen seiner individuellen Rationalität, die ihn zur Minimierung seiner eigenen Kosten veranlaßt und der kollektiven Rationalität aller Mitglieder, die ihn zur Förderung der Erstellung des Kollektivgutes auffordert, mit sich. Diese Wahl zwischen einer indivuellen und einer kollektiven Rationalität läßt sich auf die Kooperationsentscheidung betrieblicher Arbeitnehmervertretungen übertragen. Die über die Kooperation entscheidenden Gremien der Arbeitnehmervertretungen stehen vor dem Konflikt, zwischen einer individuell-rationalen Strategie, die einseitig eine maximale Zielumsetzung der eigenen Organisation verfolgt, und einer kollektiv-rationalen Strategie, die die Ziele aller kooperierenden Organisationen ausgewogen berücksichtigt, wählen zu müssen. Bei der Kooperationsentscheidung müssen die Mandatsträger gleichzeitig ein innerhalb der Arbeitnehmerorganisationen zu verortendes Kollektivgutproblem mit berücksichtigen. Sie können in den Kooperationskompromissen und -absprachen die eigene Zielumsetzung nicht übermäßig vernachlässigen, so daß die Ressourcenübertragung und die Folgebereitschaft der Belegschaften ihrer Politik gegenüber gefährdet wird. Die Realisierung einer kollektiv-rationalen Kooperationsstrategie hängt demnach nicht nur von ihrer Durchsetzung in der Gruppe der Mandatsträger, sondern ebenso von der Verankerung der Kooperationsziele in der Belegschaft ab. Behindern zu weitgehende Konzessionen der eigenen Arbeitnehmervertretung in Kooperationsabsprachen, nach Einschätzung der Belegschaft, die Umsetzung der anderen Organisationsziele, wird die Ressource "Mobilisierungsfähigkeit" bei möglichen Solidaritätsaktionen wie Streiks und Spendensammlungen verweigert. Inwieweit diese Voraussetzungen in der Kooperation zwischen der VW- und der Seat-Arbeitnehmervertretung zu beobachten sind, wird im siebten und achten Kapitel untersucht.

Darüberhinaus handeln die *betrieblichen* Arbeitnehmerorganisationen im Bereich der internationalen Kooperation in einem bisher weitgehend unstrukturierten politischen Bereich. Die nationalen und internationalen Gewerkschaften geben in diesem Feld nur Rahmenbedingungen vor. Hieraus resultiert ein komplizierter Einigungsprozeß über die Inhalte der Kooperation und die zukünftigen Kooperationsstrukturen auf Ablauf- und Organisationsebene, in dessen Verlauf die Entwicklung kollektiv-rationaler Strategien herbeigeführt werden soll.

Unter Kooperation wird dabei der gegenseitige Austausch oder die einseitige Überlassung von Ressourcen zwischen zwei oder mehr Akteuren verstanden. Im untersuchten Kooperationsbeispiel handelt es sich bei den Akteuren um betriebliche Arbeitnehmervertretungen. In Übereinstimmung mit Homans wird der Beginn der Kooperation für wahrscheinlich gehalten, "wenn mindestens zwei Personen, indem sie Aktivitäten wechselseitig auf sich oder gemeinsam auf die Umwelt richten, eine größere Gesamtbelohnung erzielen, als jeder einzelne erhielte, würde er allein arbeiten". (Homans 1968: 110)

In der ersten These war die Wiederherstellung der, durch eine zunehmende Arbeitnehmerkonkurrenz reduzierten Bargaining Power von Arbeitnehmerorganisationen als Ursache und Ziel der Kooperation bezeichnet worden. Bezogen auf das konkrete Kooperationsbeispiel wird davon ausgegangen, daß die Kooperation zwischen VW- und Seat-Arbeitnehmervertretungen dem Ziel dient, die wachsende Arbeitnehmerkonkurrenz zwischen den einzelnen Konzernstandorten zu verringern. Die konzerninterne Arbeitnehmerkonkurrenz bedroht die Bargaining Power der betrieblichen Arbeitnehmervertretungen gegenüber ihrem lokalen Management und der Konzernleitung. Die Bargaining Power der betrieblichen Arbeitnehmervertretungen beruht auf der Möglichkeit zukünftig eine kompromißbereite Politik gegenüber dem Management zu verweigern, auf der Mobilisierungsfähigkeit der Belegschaft und auf der Fähigkeit, dem Management effiziente Alternativen zur Lösung betrieblicher Probleme anbieten zu können. Die Internationalisierung des Volkswagenkonzerns gibt dem Management zunehmend die Möglichkeit konzerninterne Kostenvergleiche vornehmen und das Argument potentieller Produktionsverlagerungen in Verhandlungen mit den betrieblichen Arbeitnehmervertretungen einbringen zu können. Dem Argument, daß die Produktion in den nichtdeutschen Konzernstandorten kostengünstiger sei, kann sich die betriebliche Arbeitnehmervertretung auf Dauer nicht verschließen, da es in der Regel mit dem Hinweis auf die starke Anbieterkonkurrenz der übrigen KFZ-Hersteller verknüpft wird. In welchem Ausmaß die Internationalisierung der Konzernstrukturen und eine zunehmende Anbieterkonkurrenz zum Anstieg der konzerninternen Arbeitnehmerkonkurrenz innerhalb des Volkswagenkonzerns beiträgt, wird im Abschnitt 5.5 untersucht.

In der zweiten These wurden die Internationalisierung der Unternehmensstrukturen und die steigende Anbieterkonkurrenz als wichtigste Faktoren der zunehmenden konzerninternen Arbeitnehmerkonkurrenz bezeichnet. In ihren Stellungnahmen verweisen auch Mandatsträger der VW- und der Seat-Arbeitnehmervertretungen auf den Stellenwert dieser zwei Faktoren für die konzerninterne Arbeitnehmerkonkurrenz und die Kooperation zwischen ihren Arbeitnehmervertretungen. Der Vorsitzende des deutschen VW-Gesamtbetriebsrats erklärte 1989: "Im Rahmen einer weltweiten Verbundfertigung sind Produktionsverlagerungen eine ständige Gefahr für die Arbeitnehmer und ihre gewerkschaftliche Interessenvertretung. Das internationale Engagement von Volkswagen ist so beträchtlich angewachsen, daß IG Metall, Gesamt- und Konzernbetriebsrat und Arbeitnehmervertreter im Aufsichtsrat dieser Entwicklung verstärkt Rechnung tragen müssen.

Aus zwei wesentlichen Gründen darf Gewerkschaftsarbeit (auch bezogen auf die Aktivitäten der VW-Arbeitnehmervertretung - V.M.) nicht an den nationalen Grenzen haltmachen:
1. Die internationale Solidarität ist seit mehr als hundert Jahren Prinzip der Gewerkschaftsbewegung.
2. Aufgrund der Exportabhängigkeit und der engen Verflechtungen der deutschen Industrie mit der Weltwirtschaft sind die nationalen Arbeitsplätze entscheidend von der internationalen politischen und ökonomischen Entwicklung abhängig". (Hiller 1988: 955) Bei der Schilderung der Vorteile der internationalen Zusammenarbeit verweist der spanische Seat-Betriebsratsvorsitzende Pérez Villanueva 1990 auf die Motive, die die spanische UGT-Betriebssektion zur Gründung des Europäischen Volkswagen Konzernbetriebrats bewog: "Wir wollen verhindern, daß wir gegeneinander ausgespielt werden und die Belegschaften der Standorte in einen Wettbewerb eintreten aus dem alle, sei es in Deutschland, in Belgien oder in Spanien nur als Verlierer hervorgehen werden". (UGT 1990: 15)

In der Untersuchung des Kooperationsbeispiels wird die Bedeutung der konzerninternen Arbeitnehmerkonkurrenz zwischen den Konzernstandorten für die Entwicklung der Kooperation anhand vorliegender Daten über die Internationalisierung des Volkswagenkonzerns und der zunehmenden Anbieterkonkurrenz, sowie aufgrund der Aussagen betrieblicher Arbeitnehmervertreter untersucht. Der Hinweis des deutschen und des spanischen Vorsitzenden der betrieblichen Arbeitnehmervertretung auf die Sicherung der Arbeitsplätze und die Begrenzung des konzerninternen Unterbietungswettbewerbs der Mandatsträger gegenüber dem Management, verweist auf die, am Nutzen der eigenen Arbeitnehmervertretung orientierte Grundlage der Kooperation. Die Betonung des Eigeninteresses der Arbeitnehmervertreter bestätigt das Fazit, welches Hildebrandt u.a. aus einer Untersuchung über die Beweggründe der bisherigen internationalen Zusammenarbeit von Gewerkschaften gezogen haben. Sie verweisen ebenfalls auf die Sicherung der Verhandlungsmacht und Sicherung der Fähigkeit zur Zieldurchsetzung der kooperierenden Arbeitnehmerorganisationen, die das grundlegende Kooperationsinteresse der Arbeitnehmerorganisationen bildet: "Die Verteidigung des eigenen Reproduktionsniveaus stellt sich somit als historisch nachweisbarer Sachverhalt und als ökonomisch begründbarer und notwendiger Inhalt gewerkschaftlicher Internationalisierung". (Hildebrandt u.a. 1977: 86)

Nach diesem Hinweis auf den eigeninteressierten und nutzenorientierten Charakter der Kooperation, der als Prämisse der Untersuchung des Kooperationsbeispiels zugrunde liegt, wird nun auf die Kooperationsentscheidung eingegangen. Im Verlauf der Kooperation können Entscheidungssituationen entstehen, in denen das Ziel der individuellen Nutzenmaximierung der Akteure mit der Vereinbarung notwendiger Kooperationskompromisse konfligiert. Konflikte dieser Art zwischen der individuellen und kollektiven Rationalität in Interaktionsprozessen mit zweien oder mehr Akteuren bilden ein Untersuchungsfeld der Spieltheorie. (Shubik 1982: 7; Rapoport 1974: 1)

In der Spieltheorie wird zwischen Null-Summen-Spielen und Nicht-Null-Summen-Spielen unterschieden. Im Null-Summen-Spiel addieren sich die Nutzenwerte der Spieler zu Null, die Verluste des einen sind die Gewinne des anderen, es handelt sich um reine Konfliktsituationen. (vgl. Luce/Raiffa 1957: 64) In den Nicht-Null-Summen-Spielen können beide Spieler Gewinne erzielen, die nicht zu Lasten des Gegenüber gehen. Es sind Spiele, in denen gemischte Konflikt-Kooperations-Strategien verfolgt werden. (Elster 1986: 8) In dieser Spielklasse decken sich die Interessen der Spieler teilweise. Die Kooperation zwischen den betrieblichen Arbeitnehmervertretern innerhalb des VW-Konzerns fällt in diese Kategorie.

Der Verteilungsspielraum in den Verhandlungen zwischen Betriebsrat und Management wird durch die Höhe der konzernweit erwirtschafteten Gewinne begrenzt. Sind bestimmte Themen, wie beispielsweise Konzessionen in Arbeitszeitfragen zwischen den Betriebsräten abgestimmt, sinkt deren Unsicherheit über die Verhandlungsführung der Arbeitgeberseite, da sie Gewißheit über die Verhandlungsspielräume und -strategien aller übrigen Arbeitnehmervertretungen besitzen. Sie können ihre eigene Verhandlungsstrategie optimieren. Im Endeffekt führt dies zu einem höheren Anteil aller Arbeitnehmervertretungen an den erwirtschafteten Gesamtüberschüssen. Zwischen den betrieblichen Arbeitnehmervertretern aller Standorte besteht eine Interessenkongruenz bezüglich der Ausweitung des Arbeitnehmeranteils am Unternehmensüberschuß. Konflikte können sowohl hinsichtlich der Distribution der Kosten, die jeder Kompromiß bedeutet, wie hinsichtlich der Distribution der zusätzlich übertragenen Überschüsse entstehen.

Im folgenden werden zwei typische Kooperationssituationen zwischen Arbeitnehmervertretungen beschrieben, denen unterschiedliche Typen der Nicht-Null-Summen-Spiele mit gemischer Konflikt-Kooperations-Strategie entsprechen. Aus der Art der Spielsituation sind die Bedingungen einer positiven Kooperationsentscheidung und der Stabilität der Kooperation ersichtlich. Während des Ablaufs der Kooperation lassen sich zwei Entscheidungstypen der Kooperation unterscheiden. Zunächst entscheiden die betrieblichen Arbeitnehmervertreter über den Beginn der Kooperation. Ist diese Entscheidung zu Gunsten der Kooperation ausgefallen, finden während des Kooperationsprozesses kontinuierlich Anschlußentscheidungen statt. Diese Anschlußentscheidungen umfassen konkrete Kooperationsabsprachen mit den anderen Arbeitnehmervertretungen. Die Absprachen müssen in den Verhandlungen mit dem lokalen Management beachtet werden. Eine Verletzung der Kooperationsabsprachen in den Vereinbarungen zwischen lokalem Management und der einzelnen Arbeitnehmervertretung würde den weiteren Kooperationsprozeß zumindest gefährden. Die Entscheidung über den Kooperationsbeginn und die folgenden Entscheidungen über den Kooperationsverlauf entsprechen spieltheoretisch betrachtet unterschiedlichen Spieltypen.

2.3.1 Die Entscheidung über den Kooperationsbeginn

In dem folgenden Beispiel wird der Spieltyp einer Entscheidung über den Beginn des Kooperationsprozesses und die Bedingungen einer positiven Kooperationsentscheidung dargestellt. In der Anfangsphase der Kooperation müssen die Betriebsräte der fiktiven Standorte A und B entscheiden, ob sie der Aufnahme von Kooperationsbeziehungen zustimmen oder sie ablehnen. Bei der Entscheidung über den Beginn der Kooperation umfassen die Kooperationsziele in der Regel einen gegenseitigen Informationsaustausch und/oder eine mehr oder weniger symbolische Unterstützung in Streikfällen. Der Nutzen der Kooperation liegt vom Beginn der Kooperation an in der Verringerung von Ungewißheit in den Verhandlungen mit dem lokalen Management. Die Ungewißheit nimmt ab, sobald Informationen über die Verhandlungsposition der Arbeitnehmervertretungen der anderen Standorte und deren Kostensituation vorliegen. Ein Nachteil der Kooperation besteht neben den entstehenden Kosten darin, daß die Vorteile des jeweils eigenen Standortes, aufgrund von Kooperationsabsprachen nur noch eingeschränkt in die Verhandlungen mit dem lokalen Management eingebracht werden können. Die Bedeutung dieses Nachteils nimmt jedoch erst mit der steigenden Zahl konkreter Kooperationsabsprachen im Verlauf der Kooperation zu. Zu Beginn der Kooperation überwiegen demgegenüber die Vorteile des Informationsaustauschs, der keine Einschränkung der eigenen Verhandlungsposition gegenüber dem lokalen Management erfordert.

Eine positive Kooperationsentscheidung ist wahrscheinlich, wenn beide Betriebsräte einer konzerninternen Arbeitnehmerkonkurrenzsituation aufgrund der Internationalisierung des Unternehmens und einer steigenden Anbieterkonkurrenz gegenüberstehen, die in Zukunft noch zunehmen wird. In dem konkreten Kooperationsbeispiel verweist ein ehemaliger Vorsitzender der CCOO.-Gewerkschaftssektion bei SEAT auf die abhängige Lage des Tochterunternehmens von der Zentrale des Volkswagenkonzerns. Der Informationsaustausch mit der Arbeitnehmervertretung am Sitz der Konzernzentrale wird für die SEAT-Arbeitnehmervertreter zu einem relevanten Kooperationsgrund, um die eigene Bargaining Power zu stärken. (Vallejo 1991: 12) Der deutsche VW-Gesamtbetriebsrat unterstreicht die Bedeutung der Anbieterkonkurrenz hinsichtlich des Anstiegs der Arbeitnehmerkonkurrenz innerhalb des Volkswagenkonzerns. (Uhl 1990a: 18) Die Auswirkungen der Internationalisierung des VW-Konzerns und der Entwicklung seiner Wettbewerbsposition gegenüber den übrigen KFZ-Herstellern auf die konzerninterne Arbeitnehmerkonkurrenz werden im Abschnitt 5.5 analysiert. Die These über den Zusammenhang zwischen einer zunehmenden Internationalisierung der Produktionsstrukturen, einer zunehmenden konzerninternen Arbeitnehmerkonkurrenz und der Aufnahme von Kooperationskontakten zwischen den VW- und Seat-Arbeitnehmervertretungen als Reaktion hierauf wird im Abschnitt 8.4 überprüft.

Grafik 1

Entscheidung über den Kooperationsbeginn:

		Betriebsrat B	
		stimmt Kooperation zu	lehnt Kooperation ab
Betriebsrat A	stimmt Kooperation zu	8 / 8	2 / 6
	lehnt Kooperation ab	6 / 2	4 / 4

Die Spielsituation der Entscheidung über den Kooperationsbeginn ist die eines "Assurance-Game", in der jeder Betriebsrat zur Kooperation bereit ist, wenn der andere ebenfalls zustimmt. (17) Die Spielsituation besteht aus der in Grafik 1 abgebildeten Matrixform. (18)

Zu Beginn der Kooperation stellt die Herbeiführung einer positiven Kooperationsentscheidung ein triviales Koordinationsproblem dar. Beide Spieler wählen die individuell und kollektiv optimale Entscheidung. Kooperationsentscheidend sind die Kosten-Nutzen-Abwägungen und die strategische Planung der Akteure. Selbst bei einem Nettonutzen von Null ist eine positive Kooperationsentscheidung wahrscheinlich, um in zukünftigen Situationen, in denen die Kooperation zur Erreichung der eigenen Organisationsziele notwendig wird, noch als Kooperationspartner akzeptiert zu werden. Ein weiteres Koordinationsproblem entsteht, wenn beide Betriebsräte zwar die Kooperation als ihre dominante Strategie wählen, die Wünsche über Kooperationsmodalitäten und -inhalte jedoch stark voneinander abweichen. In diesem Fall, der dem "Battle of the Sexes-Spiel" entspricht, muß beispielsweise ein Kompromiß über die Reihenfolge gefunden werden, in der die Kooperationsziele realisiert werden sollen. (19)

2.3.2 Die Anschlußentscheidungen während des Kooperationsprozesses

Die Wahrscheinlichkeit positiver Anschlußentscheidungen über den Ausbau der Kooperation nimmt ab, wenn die bestehenden Kooperationsabsprachen die Vertretung maximaler Positionen der jeweiligen betrieblichen Arbeitnehmervertretungen in bilateralen Verhandlungen mit dem lokalen Management zunehmend begrenzen. Darüberhinaus können die kooperierenden Arbeitnehmervertretungen nicht mit Sicherheit von einer Einhaltung der Absprachen durch den Kooperationspartner in den Verhandlungen mit dem lokalen Management ausgehen. Ein praktisches Beispiel bildet die Einigung zwischen Betriebsrat A und Betriebsrat B über die Position beider Arbeitnehmervertretungen hinsichtlich der zukünftigen ökonomischen Entwicklung ihrer Standorte und deren Mitarbeiterzahl. Diese Kooperationsabsprache bildet die Grundlage für bilaterale Verhandlungen mit dem lokalen Management und der Konzernleitung. Bei einem simultanem Verhandlungsablauf besteht Unsicherheit über die Einhaltung der Absprache durch den jeweiligen Kooperationspartner. Betriebsrat A kann von der vereinbarten Verhandlungsposition, beispielsweise durch eigene Zugeständnisse im Bereich der Arbeitsbedingungen abrücken, daraufhin eine Zusage des Managements über die Erhöhung der Belegschaftszahl seines Standortes erhalten und so den eigenen Standort auf Kosten der anderen Standorte sichern. Dies gilt allerdings nur, wenn Betriebsrat B die Kooperationsabsprache einhält und seine Verhandlungsposition nicht ebenfalls revidiert. Brechen beide Betriebsräte die Kooperationsabsprachen, machen sie dem Management gegenüber Zugeständnisse indem sie der Verschlechterung der Arbeitsbedingungen zustimmen, ohne daß sich die Position

36

ihrer Standorte verbessert. Der einseitig die Absprache einhaltende Betriebsrat verschlechtert unintendiert die Entwicklungsperspektive des von ihm vertretenden Standortes. Halten beide Betriebsräte die Kooperationsabsprachen ein, bleibt das Niveau der Arbeitsbedingungen erhalten und die ökonomische Perspektive der Standorte ändert sich nicht. Diese Entscheidung besitzt die in Grafik 2 dargestellte Matrixform. (20)

Grafik 2

Die Anschlußentscheidungen im Kooperationsprozeß:

		Betriebsrat B in bilateralen Gesprächen:	
		hält Absprache	bricht Absprache
Betriebsrat A in bilateralen Gesprächen	hält Absprache	8 / 8	0 / 10
	bricht Absprache	10 / 0	4 / 4

Das obige Kooperationsbeispiel zeigt die Struktur eines Gefangenen-Dilemmas. Charakteristisch für diese Entscheidungssituation ist der Konflikt zwischen individueller und kollektiver Rationalität. Das für jede Arbeitnehmervertretung individuell günstigste und das für beide Arbeitnehmervertretungen kollektiv günstigste Ergebnis der Entscheidung fallen nicht mehr zusammen. Ein individuell-rationales Entscheidungsverhalten führt zu einem stabilen, aber ineffizienten Gleichgewichtszustand. (vgl. Rapoport 1974a: 21) Verhalten beide Betriebsräte sich individuell-rational stellt sich das kollektiv ungünstigere Ergebnis ein. Das eigeninteressierte Verhalten der Akteure gefährdet die Stabilität des Kooperationsprozesses, da für beide Arbeitnehmervertretungen ein Anreiz zur Verletzung der Kooperationsabsprachen besteht.

Es ist zu vermuten, daß diese spieltheoretisch beschriebene Differenz zwischen der Entscheidung über den Kooperationsbeginn einerseits und der Entscheidung über die Einhaltung der Kooperationsabsprachen andererseits, eine Erklärung für die Stagnation der internationalen Kooperation der Arbeitnehmerorganisationen bildet. (vgl. Matthies 1974; Piehl 1975) Bei der Entscheidung über den Kooperationsbeginn fallen die individuelle und die kollektive Rationalität ineinander, es dominieren Kostengesichtspunkte. Die Einhaltung konkreter Kooperationsabsprachen in Verhandlungen mit Dritten verursacht nicht nur Kosten und ist mit Ungewißheit belastet, sie verletzt darüberhinaus die individuelle Rationalität des jeweiligen kollektiven Akteurs. (21) Die Strategie der Arbeitnehmerorganisationen läuft in der Praxis tendenziell darauf hinaus, solche Verpflichtungen zu vermeiden und auf der "ersten" Kooperationsstufe zu verharren. Diese Konfliktvermeidung stabilisiert das erreichte Kooperationsniveau, verhindert gleichzeitig jedoch seine qualitative Fortentwicklung.

Da die Anzahl der Kooperationsabsprachen mit dem Aufbau der Kooperation zunimmt und die Vertretung von Maximalpositionen durch die betrieblichen Interessenvertreter in den Verhandlungen mit dem lokalen Management einschränken, ergeben sich im Verlauf der Kooperation zunehmend Entscheidungssituationen mit der Struktur eines Prisoner-Dilemmas. In der dritten Hauphypothese wird daher davon ausgegangen, daß die Kooperation zwischen den betrieblichen Arbeitnehmervertretungen, aus den oben genannten Gründen, während ihrer Entwicklung zunehmend an Stabilität verliert. Die Stabilität der Kooperation kann allerdings durch die Herausbildung einer kollektiv-rationalen Kooperationsstrategie und die Implementation weiterer Stabilisierungsmechanismen in den Kooperationsprozeß erhöht werden. Der Frage nach den Bedingungen, die die Herausbildung einer kollektiv-rationalen Strategie ermöglichen und nach dem Spektrum zusätzlicher Stabilisierungsmechanismen der Kooperation wird im folgenden Abschnitt nachgegangen.

2.4 Lösungsansätze zur Stabilisierung der laufenden Kooperationsprozesse

Zunächst muß noch einmal auf die grundsätzliche Differenz zwischen der positiven Entscheidung über den Kooperationsbeginn und den Anschlußentscheidungen bei der Fortführung der Kooperation hingewiesen werden. Nur vor dem Hintergrund negativer Entscheidungen über die Fortsetzung der Kooperation wird die Relevanz der folgenden Lösungsstrategien deutlich. Die Entscheidung über den Kooperationsbeginn hängt einerseits grundsätzlich von der abnehmenden Bargaining Power der betrieblichen Arbeitnehmervertreter und von deren Einschätzung, ihre Durchsetzungsfähigkeit mittels der Kooperation steigern zu können ab. Andererseits orientiert die betriebliche Arbeitnehmervertretung ihre Kooperationsentscheidung an Kosten-Nutzen-Gesichtspunkten und/oder an der Einigung über Ziel- und Verfahrensfragen. Nachdem die Mandatsträger der Aufnahme von Kooperationsbeziehungen zugestimmt haben, geht eine Gefährdung positiver Anschlußentscheidungen von der unsicheren Entscheidung der Arbeitnehmervertretungen zwischen einer individuell- und einer kollektiv-rationalen Kooperationsstrategie aus. Die Wahl der kollektiv-rationalen Strategie, daß heißt eine Realisierung des kollektiv günstigsten Ergebnisses würde auch bei freier Kommunikation zwischen den Arbeitnehmervertretungen nicht erreicht, wenn sie sich individuell rational verhalten. (vgl. Voss 1985: 175) Rapoport betont in seiner Analyse der Gefangenen-Dilemma-Situation die Relevanz der Nicht-Null-Summen-Spiele für die Überwindung eines Rationalitätsbegriffs, der sich verkürzt nur an individuellen Nutzenkriterien orientiert. Die Spieltheorie sei aufgerufen rationale Strategien unter dem Aspekt erreichbarer, befriedigender kollektiver Ergebnisse zu untersuchen. (22) Die Bedeutung dieser Spielform liegt in der Analyse der Probleme "doppelter Kontingenz", "d.h. von Situationen, in denen jeder Akteur seine Handlungen aufgrund von Erwartungen über das Handeln des anderen wählt". (Wiesenthal 1987a: 438)

Rapoport unterbreitet zwei Vorschläge, wie dominante individuell-rationale Strategien in kollektiv-rationale überführt werden können: "(1) by changing noncooperative games to cooperative ones where explicit agreements can always be enforced or (2) by abandoning individual rationality in favor of collective rationality". (Rapoport 1974a: 24) Diese Lösungen entsprechen inhaltlich den von Voss 1985 publizierten Vorschlägen. Die Umwandlung des nicht-kooperativen Spiels in ein kooperatives Spiel mit einem Sanktionsmechanismus deckt sich mit Voss exogener Lösung. Die zweite Alternative stimmt mit den endogenen Lösungen und den funktionalen Alternativen überein. (vgl. Voss 1985: 138f)

Die folgende Besprechung der Lösungsansätze dient der Formulierung von Annahmen, welche organisationsstrukturellen Bedingungen und Kooperationserfahrungen zur Stabilisierung konfliktiver Kooperationsprozesse vorliegen bzw. in der Zukunft entwickelt werden müssen. (23)

2.4.1 Exogene Lösungen

Es handelt sich bei den exogenen Lösungen um Eingriffe dritter Akteure in die Entscheidungssituation. Sie geben Regeln vor und stellen Sanktionsmechanismen bereit, um die Wahrscheinlichkeit kollektiv-rationaler Entscheidungen seitens der beteiligten Akteure zu erhöhen. Das Eigeninteresse der externen Akteure liegt in der Realisierung von Gewinnen aus dem zukünftig kooperativen Verhalten der direkt beteiligten Akteure.

Auf die Kooperation der betrieblichen Arbeitnehmervertreter angewendet, fallen unter diese Lösung sowohl die Bemühungen der EG-Kommission eine Regelung der Arbeitnehmerrechte in grenzüberschreitendenen Unternehmen zu formulieren, wie auch die Vorschläge der nationalen und europäischen Gewerkschaftsorganisationen zur Einrichtung übernationaler "Europäischer Betriebsräte" (EBR) bzw. Wirtschaftsausschüsse. Kommission und Gewerkschaften versprechen sich von der Verrechtlichung dieses Bereichs der industriellen Beziehungen positive Auswirkungen auf die Stabilität der europäischen Arbeitsbeziehungen. Die Gewerkschaften rechnen mit einer Sicherung ihres Einflusses.

2.4.2 Endogene Lösungen

Unter endogenen Lösungen versteht Voss Bedingungen, die die beteiligten Akteure befähigen, "einen selbst-tragenden ... Mechanismus zur Stabilisierung (zu) entwickeln, ohne dabei auf dritte Instanzen bezug zu nehmen". (Voss 1985: 138) Hierunter fallen die Entwicklung endogener Sanktionsmechanismen, die Existenz stabilisierend wirkender Faktoren der Kooperationssituation, die Beeinflussung der Kooperations- und Konfliktkosten, die Stärke der wechselseitigen Abhängigkeit sowie die Existenz einer Koorientierung zwischen den kooperierenden Personen.

Die erstgenannte endogene Lösung besteht in der Schaffung eines endogenen Sanktionsmechanismus, dessen wichtigste Voraussetzung eine unkalkulierbare Wiederholung der Entscheidungssituation ist. (24) Die Akteure können erkennen, daß ihr individuell-rationales Verhalten zu suboptimalen Ergebnissen führt und sich in der Iteration durch eine kooperative Entscheidungswahl verbessert. Die Erkenntnis, daß der eigene Erfolg von der Strategiewahl des anderen Akteurs abhängt, führt unter Rückgriff auf Elsters Annahme einer strategischen Entscheidungsfähigkeit des Menschen, zur Wahl einer kooperativen Strategie. Die Bedeutung der "kollektiv guten Ergebnisse" wird von Axelrod besonders hervorgehoben: "In einer Nichtnullsummen-Welt müssen Sie nicht besser sein als der andere Spieler, um selbst gut abzuschneiden. Dies ist vor allem dann der Fall, wenn Sie mit vielen verschiedenen Spielern interagieren. Es macht nichts, wenn jeder so gut wie Sie oder ein wenig besser ist, solange Sie selbst gut abschneiden. Es hat keinen Zweck, auf den Erfolg des anderen Spielers neidisch zu sein, denn in einem iterierten Gefangenendilemma von langer Dauer ist der Erfolg des anderen praktisch eine Voraussetzung dafür, daß Sie selbst gut abschneiden". (Axelrod 1984: 101) Die Interdependenz zwischen dem eigenen guten Ergebnis und dem des Gegenübers gibt dem Akteur ein wirksames Sanktionsmittel gegen ein eventuell abweichendes Verhalten des Spielpartners an die Hand: seine eigene Strategiewahl. (vgl. Voss 1985: 187f.)

Eine solche kooperationsfördernde Spielstrategie stellt die TIT-FOR-TAT Strategie ("Wie Du mir, so ich Dir") dar. In dieser Strategie kooperiert der Spieler im ersten Zug und wiederholt dann die Züge der anderen Spieler, bei Kooperation kooperiert er, bei Defektion defektiert er. (Axelrod 1984: 12; Raub/Voss 1986: 315) Die beiden Eigenschaften der "Freundlichkeit" und "Provozierbarkeit" einer Strategie führen nach Raub und Voss zu kooperativen Anschlußentscheidungen. (Raub/Voss 1986: 314) Die TIT-FOR-TAT Strategie nimmt so die von der Austauschtheorie hervorgehobene Annahme der "Reziprozität" sozialen Verhaltens auf. (vgl. Gouldner 1960)

Mit der unbegrenzten Iteration der Kooperationsentscheidung und der Möglichkeit, die Verweigerung einer positiven Kooperationsentscheidung als Sanktionsmittel gegenüber den anderen betrieblichen Arbeitnehmervertretungen einzusetzen, sind die zwei relevanten Bedingungen der Herausbildung einer kollektiv-rationalen Kooperationsstrategie zur Stabilisierung der Kooperation eingeführt worden. Existieren diese Bedingungen in einem Kooperationsprozeß, ist die Durchsetzung einer kollektiv-rationalen Strategie in den kooperierenden Arbeitnehmervertretungen möglich. Bezogen auf die Kooperation zwischen den VW- und den Seat-Arbeitnehmervertretungen muß untersucht werden, ob die zwei genannten Bedingungen für die Ausbildung einer kollektiv-rationalen Kooperationsstrategie vorliegen. (vgl. Abschnitt 8.2)

Eine zweite Funktion der Iteration besteht in der Herausbildung wechselseitiger kognitiver Erwartungen über das langfristige Verhalten der anderen Akteure. (Voss 1985: 152) (25) Die Akteure werden mit Erwartungen über ihr zukünftiges, aber auch mit der Erinnerung an vergangenes Verhalten konfrontiert. (Raub/Voss 1986: 313) Diese Erinnerung an vergangene Entscheidungen verleiht den Akteuren "Reputation" gegenüber den Mitspielern, aber auch gegenüber unbeteiligten Akteuren, die sich über das Verhalten der anderen Akteure informieren. So generierte positive Kooperationserwartungen können zur Vermeidung von Anfangskonflikten mit neuen Akteuren beitragen. In diesem Sinn hält die Kooperationsgeschichte Präzedenzfälle bereit, die Orientierung für aktuelle Entscheidungen bieten. (vgl. Voss 1985: 145) Es ist zu untersuchen ob die VW- und die Seat-Mandatsträger positive und negative Kooperationserfahrungen tradieren, die die Ausbildung einer kollektiv-rationalen Kooperationsstrategie fördern oder behindern.

Als weiterer Faktor, der die Einhaltung einer kollektiv-rationalen Kooperationsstrategie fördert, wird in der Spieltheorie eine zunehmende Relevanz der zukünftigen Anschlußentscheidungen während des Kooperationsablaufs genannt. Der Anreiz eine kollektiv-rationale Strategie zu verfolgen steigt, wenn der Beitrag der Kooperation zur Erreichung der Ziele der betrieblichen Arbeitnehmervertretungen in der Zukunft zunimmt. Die Differenz der Bedeutung zwischen der aktuellen und den zukünftigen Entscheidungen wird als Diskontparameter bezeichnet. (vgl. Axelrod 1984: 11ff.) Nimmt der Wert der zukünftigen Entscheidungsresultate stark ab, wird ein kooperatives Verhalten unwahrscheinlich. Subjektive Einschätzungen der zukünftigen Stabilität der Situation, die den Diskontparameter ebenfalls beeinflussen, werden von Faktoren, wie beispielsweise der "Geschlossenheit der Gemeinschaft" und der "Verweildauer im Entscheidungssystem", d.h. der Fluktuationsrate der Akteure bestimmt. (Raub/Voss 1986: 317; Smith 1976: 291)

Um Aussagen über die Höhe des Diskontparameters im konkreten Kooperationsbeispiel treffen zu können muß die Kontinuität der Tätigkeit, der mit Kooperationsaufgaben befaßten Mandatsträger untersucht werden. Je länger sie miteinander interagieren, desto höher wird der oben genannte Reziprozitätsfaktor positiv auf die Zusammenarbeit einwirken. Die Einschätzung der Arbeitnehmervertreter über die Auswirkungen der zunehmenden Internationalisierung des VW-Konzerns und der veränderten Anbieterkonkurrenz auf die konzerninterne Arbeitnehmerkonkurrenz läßt Rückschlüsse zu, ob die Mandatsträger der zukünftigen Kooperation ein wachsendes Gewicht beimessen.

Drittens ist mit einer Stabilisierung des Kooperationsprozesses zu rechnen, wenn die erwarteten Kooperationskosten niedrig und im Falle der Defektion, die erwarteten Konfliktkosten hoch bewertet werden. (Raub/Voss 1986: 318; Voss 1985: 140) Zu den Kooperationskosten zählt zunächst der in Geld bewertete Aufwand der Arbeitnehmervertretungen, wie z.B. Reise-, Telefon-, Dolmetscher-, Hotel- und Materialkosten. Diese Kosten liegen bei internationalen Kooperationsprozessen höher, als in einer vergleichbaren nationalen Zusammenarbeit. Zu dem finanziellen Aufwand muß die für Kooperationsaktivitäten aufgewendete Arbeitszeit hinzugerechnet werden, die für die Realisierung anderer Organisationsziele nicht mehr zur Verfügung steht. Außerdem entstehen psychische Kosten, die unter anderem in der individuellen Auseinandersetzung der Arbeitnehmervertreter mit einer anderen Kultur bestehen.

Die Konfliktkosten entstehen aus dem potentiellen Verlust der Reputation als kooperativer Arbeitnehmervertretung, falls eine negative Kooperationsentscheidung getroffen wird. Für diese Arbeitnehmervertretung steigen die Kooperationskosten zusätzlich, wenn sie in Zukunft wieder kooperieren will, die anderen Kooperationspartner jedoch eine Wiederaufnahme der Kooperation mit Verweis auf die vergangene Verweigerung ablehnen. In der Analyse der Kooperation der betrieblichen Arbeitnehmervertretungen innerhalb des Volkswagenkonzerns ist zu hinterfragen inwieweit diese Kooperationskosten anfallen, welche Akteure sie tragen und wie sich das Verhältnis zwischen Kooperations- und Konfliktkosten im Laufe des Kooperationsprozesses entwickelt hat.

Eine weitere Möglichkeit der Stabilisierung des Kooperationsprozesses liegt in der Reduzierung der Kooperationskosten, indem die Arbeitnehmervertreter die Differenzierung der Präferenzen der Mitgliedschaft und der Mandatsträger nutzen. Wiesenthal differenziert eine Gruppe in die Untergruppen der hochmotivierten, der bedingt-kooperationsbereiten, sowie der nach- und mitlaufenden Akteure. (Wiesenthal 1987a: 442) Die hochmotivierten Mitglieder sind eher an den "process benefits", wie beispielsweise Prestige, Partizipation interessiert und daher bereit, die hohen Anfangskosten zu tragen. Diese Funktion entspricht der des von Schumpeter entwickelten "politischen Unternehmers" innerhalb des demokratischen Systems. (vgl. Schumpeter 1972) (26) Kann ein Kooperationserfolg erwartet werden, sind auch die bedingt-kooperationswilligen Mitglieder, die sich an "rigiden Kosten-Nutzen Abwägungen" orientieren, bereit zu investieren. Der nun sehr wahrscheinlich realisierbare Erfolg wird schließlich durch die Beiträge der Nach- und Mitläufer gesichert. Wiesenthal beschreibt deren Eigeninteresse als Identitätsorientiert. Sowohl die erste wie die dritte Akteursgruppe ist vorrangig an den "process benefits", die zweite Gruppe an dem Nutzen des Kollektivgutes interessiert.

Übertragen auf die Kooperation zwischen der VW- und der Seat- Arbeitnehmervertretung ist zu untersuchen, ob hochmotivierte Arbeitnehmervertreter und Mitglieder existieren, die ihren Nutzen primär aus der Partizipation am Kooperationsprozeß ziehen. Daneben müßte eine Gruppe von zur Kooperation bereiten Arbeitnehmervertretern vorhanden sein, deren Unterstützung von dem Beitrag der Kooperation zur Realisierung der Organisationsziele der Arbeitnehmervertretung abhängt. In der dritten Phase unterstützt auch die Gruppe der Mitläufer die Kooperation, sobald erste Kooperationserfolge erzielt werden und die Kooperation auch von den "Meinungsführern" propagiert wird. In der Analyse des Kooperationsbeispiels soll hinterfragt werden, ob im konkreten Kooperationsprozeß eine Präferenzdifferenzierung anzutreffen ist, welche Phase der Kooperationsprozeß zwischen VW- und Seat-Arbeitnehmervertretungen erreicht hat und in welchem Umfang eine Minimierung der Kooperationskosten erfolgt.

Neben der Präferenzdifferenzierung fördert die Stärke der wechselseitigen Abhängigkeit der kooperierenden Akteure die Wahl einer positiven Kooperationsentscheidung. Die Stärke der wechselseitigen Abhängigkeit kann durch die Schaffung sozialstruktureller Bedingungen und Mechanismen beeinflußt werden. Hierzu zählen unter anderem die intendierte Planung von Gelegenheiten zur Reziprozität, wie sie die gegenseitige Einladung zu symbolträchtigen Veranstaltungen bietet, sowie die Nutzung bestimmter Muster der Verknüpfung von Interaktionsrelationen. Die Kooperationsbereitschaft der Akteure in schwachen Interaktionsbeziehungen kann durch ein eventuelles Ausstrahlen des Verweigerungsverhaltens auf die relevanten Interaktionsbeziehungen erhalten werden.

Die Koorientierung dient innerhalb großer Gruppen kooperationsbereiter Akteure und bei der Existenz mehrerer konkurrierender Kooperationsziele der Minimierung von Koordinations- und Handlungskosten. Nach Raub und Voss können "charismatische Führer" die Rolle von "zentralen Maklern" ohne Sanktionsmacht übernehmen, die Kooperationsregeln aufstellen. Eine ähnliche Bedeutung kann die geteilte Kooperationsgeschichte spielen. (Raub/Voss 1986: 320) Im Beispiel der Kooperation zwischen den VW- und Seat-Mandatsträgern wird untersucht, inwieweit diese Annahme zutrifft und Kooperationsentscheidungen mit dem Verweis auf das Handeln von exponierten und anerkannten Betriebsräten, sowie dem Rückgriff auf historische Kooperationserfahrungen gerechtfertigt werden.

Abschließend sollen die sich aus den Annahmen der Rational-Choice- und der Spieltheorie über das Entscheidungsverhalten individueller und kollektiver Akteure ergebenden Hypothesen über die Bedingungen der Kooperation betrieblicher Arbeitnehmervertretungen zusammengefaßt werden. Zunächst wurde der Untersuchung der Kooperation zwischen betrieblichen Arbeitnehmervertretungen die Prämisse zugrunde gelegt, daß die Entscheidung der betrieblichen Arbeitnehmervertretungen über die Kooperationsaufnahme und die anschließenden Entscheidungen über die Kooperationspraxis als "eigeninteressiertes", jedoch nicht mehr parametrisch nutzenoptimierendes, sondern strategisches Entscheidungsverhalten zu betrachten sind. Diese Voraussetzung ergibt sich aus der Prämisse der Rational-Choice-Theorie über die nutzenmaximierende Orientierung menschlichen Entscheidungsverhaltens. In den Entscheidungsprozessen kollektiver Akteure, zu denen die betrieblichen Arbeitnehmervertretungen zählen, bezieht sich der Nutzen einer Entscheidung auf die zu erwartende Realisierung ihrer jeweiligen Organisationsziele. Das Mittel der Arbeitnehmerorganisationen zur Realisierung ihrer Organisationsziele gegenüber den Arbeitgebern liegt in der Stärke ihrer Bargaining Power, deren Einsatz als Sanktionsmittel in Verhandlungen glaubhaft angedroht werden kann. Die Bargaining Power der Arbeitnehmerorganisationen bildet keine konstante Größe, sondern wird beispielsweise durch Veränderungen der Zahl der Mitglieder, der staatlichen Organisationsgarantien, der Internationalisierung der Produktionsstrukturen und der Anbieterkonkurrenz beeinflußt. Aufgrund der Relevanz der Bargaining Power für den Erfolg der Aktivitäten der Arbeitnehmerorganisationen müssen diese auf eine Reduzierung ihrer Bargaining Power mit Gegenmaßnahmen reagieren. In der ersten Haupthypothese der Arbeit wird daher davon ausgegangen, daß eine sinkende Bargaining Power zur Aufnahme von Kooperationsbeziehungen führt, wenn die Faktoren, die für die Reduzierung der Bargaining Power verantwortlich sind, durch die Kooperation begrenzt werden können. Zu einer Aufnahme von Kooperationskontakten reicht bereits die Erwartung einer zukünftig abnehmenden Bargaining Power seitens der Arbeitnehmervertreter aus.

In der zweiten Haupthypothese werden die Internationalisierung der Produktionsstrukturen und die zunehmende Anbieterkonkurrenz als Faktoren bezeichnet, die die Bargaining Power der betrieblichen Arbeitnehmervertretungen des zu untersuchenden Kooperationsbeispiels negativ tangieren. Außerdem erfüllen sie die Bedingung, diejenigen Faktoren darzustellen, deren negative Auswirkungen auf die Bargaining Power nur durch die Kooperation zwischen den betroffenen betrieblichen Arbeitnehmervertretungen eingeschränkt werden können. Die negativen Auswirkungen der beiden Faktoren werden unter dem Begriff der Ar-

44

beitnehmerkonkurrenz zusammengefaßt. Im Entscheidungsmodell der Rational-Choice-Theorie lassen sich die genannten Faktoren als strukturelle Zwänge und Umweltfaktoren (Constraints) einordnen. Die zu treffende Kooperationsentscheidung muß mit diesen Constraints kompatibel sein. In den folgenden Kapiteln drei bis sechs werden daher diejenigen Umweltbereiche der VW- und Seat-Arbeitnehmervertretung, die die Kooperationsentscheidung beeinflussen, auf relevante Veränderungen der Arbeitnehmerkonkurrenz hin untersucht. Die ökonomischen Veränderungen in der europäischen Automobilindustrie und der Prozeß der europäischen Integration werden aufgrund der zweiten Hypothese dahingehend analysiert, ob sie zu einem Anstieg der Arbeitnehmerkonkurrenz, das heißt zur Reduzierung der Bargaining Power der gewerkschaftlichen und betrieblichen Arbeitnehmerorganisationen beitragen. (Kapitel fünf, drei) Andererseits kann die Arbeitnehmerkonkurrenz durch sozialpolitische Aktivitäten der EG-Organe sowie die Aktivitäten der nationalen und europäischen Gewerkschaftsorganisationen reduziert werden. (Kapitel drei, vier) Eine mögliche Reduzierung hängt ebenfalls von der Ausgestaltung der Mitwirkungsrechte der Arbeitnehmerorganisationen im deutschen und spanischen System der Arbeitsbeziehungen ab. (Kapitel sechs) In diesen Kapiteln geht die Analyse von der Inversion der zweiten Haupthypothese aus. Es wird angenommen, daß die Arbeitnehmerkonkurrenz potentiell durch die Aktivitäten der staatlichen und gewerkschaftlichen Akteure begrenzt werden kann.

In der spieltheoretischen Analyse der Kooperationsentscheidung konnten die Entscheidung über den Kooperationsbeginn und die Anschlußentscheidungen über die Entwicklung der Kooperation unterschiedlichen Spieltypen zugeordnet werden. Während die Entscheidung über den Kooperationsbeginn ein triviales Koordinationsproblem darstellt, weisen die Anschlußentscheidungen eine Prisoner-Dilemma-Struktur auf. Davon ausgehend wird in der dritten Haupthypothese von einer zunehmenden Instabilität im Verlauf der Kooperation ausgegangen. Die Wahrscheinlichkeit einer Kooperationsverweigerung nimmt zu. Die Instabilität der Kooperation kann allerdings durch die Ausbildung einer kollektiv-rationalen Kooperationsstrategie und weiterer, in der Rational-Choice- und Spieltheorie benannter, Stabilisierungsmechanismen reduziert werden. In den der dritten Haupthypothese nachgeordneten Hypothesen wird davon ausgegangen, daß die Existenz dieser Mechanismen zu einem störungsfreien Kooperationsablauf führt. Die Analyse der Organisationsstruktur der kooperierenden VW- und der Seat-Arbeitnehmervertretungen sowie die Untersuchung des bisherigen Kooperationsablaufs überprüft, inwieweit die genannten Stabilisierungsmechanismen und eine kollektiv-rationale Kooperationsstrategie vorliegen, sowie ob die Stabilität der Kooperation durch ihre Existenz positiv beeinflußt wurde. (Kapitel sieben, acht)

Im folgenden Kapitel wird zunächst der Einfluß der europäischen Integration auf die Entwicklung der Arbeitnehmerkonkurrenz in Westeuropa untersucht. Eine Zunahme der europäischen Arbeitnehmerkonkurrenz läßt grundsätzlich auf eine Beeinträchtigung der Durchsetzungsfähigkeit der betrieblichen Arbeitnehmervertretungen in MNK schließen. Die Reduzierung ihrer Bargaining Power erhöht die Wahrscheinlichkeit der Aufnahme und Intensivierung internationaler Kooperationsbeziehungen durch diese Organisationen.

Anmerkungen zu Kapitel zwei:

(1)
Das erwachende Interesse an dieser Fragestellung im 17. Jahrhundert ging auf das Aufkommen des rationalen Naturrechtes zurück, welches sich gegen das klassische Naturrecht durchzusetzen begann. Der Zerfall der sozialen Ordnung manifestierte für die Vertreter des klassischen Naturrechts, die die staatlichen Systeme auf eine göttliche Ordnung zurückführten, nur ein die Vortrefflichkeit der göttlichen Ordnung bestätigendes Phänomen. Für die rationalen Naturrechtler, deren Position Hobbes teilte, kehrte sich die Fragestellung um. Als natürlicher Gesellschaftszustand galt der gegenseitige Konflikt. (vgl. Coleman 1963: 166) Dieser "Kriegszustand" konnte nur durch die menschliche Vernunft mittels einer allgemein bindenden und verbindlichen Übereinkunft überwunden werden. Die soziale Ordnung galt den rationalen Naturrechtler als ein Resultat intentionalen menschlichen Handelns.

(2)
Noetzel zitiert aus Luhman, Gesellschaftsstruktur und Semantik. Studien zur Wissenssoziologie der modernen Gesellschaft, Band 3, Frankfurt/Main 1989, S.245. Zu den Auswirkungen der Individualisierung auf die Gewerkschaften siehe auch Welzmüller 1988 und Holzer 1988.

(3)
Einen ersten Überblick über die unterschiedlichen Ansätze geben Lindenberg 1981, Opp 1978 und Wiesenthal 1987a und 1987b.

(4)
"(Es) sollte eigentlich kein Grund bestehen, den 'individualistisch-kontrakttheoretischen' und den 'individualistisch-evolutionistischen' Ansatz als *alternative*, einander ausschließende Konzeptionen zu betrachten. Man sollte in ihnen vielmehr zwei miteinander zu vereinbarende und einander ergänzende sozialtheoretische Perspektiven sehen, die - ausgehend von gleichartigen Grundannahmen - jeweils typisch unterschiedliche Prozesse der Herausbildung und Veränderung sozialer Strukturen betonen: Den Prozeß spontaner wechselseitiger Anpassung einerseits und den Prozeß organisierten, planvoll koordinierten Handelns andererseits". (Vanberg 1983: 64) Vanberg verwendet den Begriff der Institution sowohl für "organisierte soziale Kollektive", wie auch für "normative Muster", z.B. "Recht, Eigentum oder Geld". (ders. 55f) Die letztere Bedeutung soll hier, Voss folgend, allgemeiner als "stabile Abläufe des Verhaltens einer angebbaren Menge von Akteuren in angebbaren sich wiederholenden Situationen" verstanden werden. (Voss 1985: 3)

(5)
Blau 1973, Homans 1967, Homans 1968

(6)
Zur Relevanz der Microfoundations erklärt Homans hinsichtlich der Kleingruppenforschung:
"what happens when two or three persons are in positon to influence one another, the sort of
thing of which those massive structures calls 'classes', 'firms', 'communities', and 'societies' must
ultimately be composed". (Homans 1958: 597) An anderer Stelle äußert er sich zum Prinzip
des methodologischen Individualismus: "According to this principle, the ultimate constituents
of the social world are individual people who act more or less appropriately in the light of their
dispositions and understanding of their situation. Every complex social situation, institution or
event is the result of a particular configuration of individuals, their dispositions, situations, beliefs, and physical resources and environment." (Homans 1967: 61)

(7)
Elster definiert risk und uncertainty wie folgt: "Risk is defined as a situation in which numerical
probabilities can be attached to the various possible outcomes of each cource of action, uncertainty as a situation in which this is not possible". (Elster 1986: 5)

(8)
"Bei einer strategischen oder spieltheoretischen Form der Interaktion muß jeder Akteur die In-
tentionen aller anderen Handelnden berücksichtigen, was das Faktum einschließt, daß deren In-
tentionen auf Erwartungen über seine eigenen beruhen. ... Es ist an dieser Stelle wesentlich
festzuhalten, daß Menschen ihre Entscheidungen nicht nur auf der Grundlage von Erwartungen
über die Zukunft treffen, ... sondern auch *auf der Grundlage von Erwartungen über die Erwartungen anderer*". (Elster 1987: 49)

(9)
Der Begriff des "korporativen Akteurs" wird, wie Vanberg erklärt, dem des "kollektiven Akteurs" vorgezogen, um "kollektivistischen Mißinterpretationen" vorzubeugen. Inhaltlich ist,
analog zum kollektiven Handeln das organisierte Handeln mehrerer Individuen gemeint. (Vanberg 1982: 3, 8) Im weiteren Verlauf dieser Arbeit wird der Begriff des kollektiven Akteurs
synonym mit dem des korporativen Akteurs verwendet.

(10)
Zur Erfüllung der Organisationsziele benötigen beide Akteurstypen gegenseitige Ressourcentransfer. Die betriebliche Arbeitnehmervertretung bedient sich gewerkschaftlicher Informationen, Beratungskompetenz und Schulungsangebote. Die Gewerkschaften nutzen die betrieblichen Arbeitnehmervertretungen zur Anwerbung neuer Mitglieder. Die Betriebsräte übernehmen neben dem Vertrauenskörper der Gewerkschaften quasi die Funktion von gewerkschaftlichen Basisorganisationen im Betrieb. Eine Interessenkongruenz hinsichtlich der gleichmäßigen
Betroffenheit beider kollektiver Akteure von ungelöst bleibenden Systemproblemen und den
Anforderungen anderer kollektiver Akteure, wie beispielsweise der Arbeitgeber, sichert und
verstärkt die gegenseitige Kooperationsbereitschaft. (vgl. Offe 1984: 247) Aus diesen Fakten
läßt sich ein besonders intensiver Austausch der Betriebsräte mit den Gewerkschaften ableiten,
die Gewerkschaften avancieren zur privilegierten Umwelt der betrieblichen Arbeitnehmervertretungen.

(11)
Zur Schaffung des "korporativen Akteurs" bemerkt Coleman: "(D)er moderne korporative Akteur erhält seine Rechte und Ressourcen sowohl durch staatliche Verleihung wie durch die Investitionen, die Personen in ihn einbringen". (Coleman 1979: X)

(12)

Olson definiert Kollektivgüter nach zwei Gesichtspunkten: "Der erste Gesichtspunkt ist, daß die meisten Kollektivgüter nur in Hinblick auf eine bestimmte Gruppe definiert werden können. Ein Kollektivgut paßt nur zu einer Gruppe von Menschen, ein anderes Kollektivgut nur zu einer anderen Gruppe; eines mag der ganzen Welt nützen, ein anderes nur zwei bestimmten Menschen. ... Der zweite Gesichtspunkt: wenn die relevante Gruppe bestimmt ist, definieren wir ein Kollektivgut ... als ein Gut, das potentiellen Konsumenten praktisch nicht vorenthalten werden kann". (Olson 1968: 13)

(13)

In einer Kritik an Olsons Thesen führt Keller aus, daß die negativen Auswirkungen der Differenzierung von individueller und kollektiver Rationalität für die Erreichung des Gruppenzieles überschätzt würden. Selbst in großen Gruppen leisten die Mitglieder freiwillig ihre Beiträge. Er geht von der Annahme einer, in der Regel suboptimalen Bereitstellung des Kollektivgutes aus, die grundsätzliche Zielerreichung sei jedoch gewährleistet. (Keller 1988: 395)

(14)

Nach Wiesenthal weist Arrow in dem "Unmöglichkeitstheorem" nach, "daß kein kollektiver Entscheidungsprozeß möglich ist, dessen Resultate allen fünf Axiomen des rationalen kollektiven Entscheidens Genüge tun: Pareto-Optimalität ('unanimity'), keine diktatorischen Vorrechte einzelner ('nondictatorship'), Transitivität der Rangfolge von Alternativen ('transitivity'), unrestringierter Bereich von Alternativen ('range'), Unabhängigkeit von irrelevanten Alternativen ('independence'). Dieses Theorem dementiert die Erwartung, daß kollektive Akteure (mit demokratischer Willensbildung) aus den unterschiedlichen Präferenzen ihrer Mitglieder eine widerspruchsfreie und handlungsanleitende Präferenzordnung herstellen können". (Wiesenthal 1987b: 8)

(15)

Die Einführung in die besonderen Handlungsbedingungen der Arbeitnehmerorganisationen aufgrund der Auswirkungen der spezifischen Aggregierbarkeit der Arbeitnehmerinteressen erfolgt anhand der Argumentation eines Artikels von Offe/Wiesenthal, in dem die Logiken des kollektiven Handelns von Arbeitnehmern und Arbeitgebern verglichen wird. (Offe/Wiesenthal 1980)

(16)

Dies gilt nicht für die deutschen Betriebsräte, denen die Streikfähigkeit im Betriebsverfassungsgesetz genommen wird.

(17)

Voss geht davon aus, daß beide Spieler kooperierendes Verhalten erwarten würden, wenn sie sich spieltheoretisch rational an der Strategie mit dem höchsten Nutzen orientieren. Eine Existenz von "wechselseitigem Vertrauen" wie Sen sie vorschlägt sei daher nicht notwendig. (Voss 1985: 161f.) Der Literaturverweis bezieht sich auf Sen, A., Ökonomische Ungleichheit, Frankfurt/Main 1975.

(18)

Die Nutzenwerte gelten als ordinale Werte, die lediglich eine Rangfolge angeben. Am höchsten wird das Ziel des Kooperationsbeginns bewertet. Bei einseitiger Ablehnung erzielt der zustimmende Betriebsrat den niedrigsten Wert, da er bei dem Kooperationsversuch die höchsten Kosten hatte. Die Verluste des ablehnenden Betriebsrats bestehen in seinem Reputationsverlust, bei einer erneuten Kooperationsentscheidung wird er als unsicherer Kooperationspartner eingeschätzt.

(19)
Das Spiel "Battle of the Sexes" wird von Elster als Spiel mit gemischter Konflikt-Kooperations-Strategie definiert: "One way in which they (Spiele mit gemischter Konflikt-Kooperations-Strategie - V.M.) can arise is if it is better for all if all make the same choice than if they differ, but some individuals prefer that all should do X and others that all should do Y. If a wife and a husband would both rather eat at the same restaurant than in different places, but the wife prefers Chinese and the husband Greek food, they have both a common interest and a conflict of interest. The game is usually referred to as 'The Battle of the Sexes', although it also occurs in many other contexts". (Elster 1986: 8)

(20)
Das vorrangige Ziel besteht in der Sicherung der Arbeitsplätze und der Zukunft der Standorte. Die Sicherung der Arbeitsbedingungen wird als zweitwichtigstes Ziel angestrebt. Die Kombination beider Ziele ergibt die Nutzenwerte der Matrix.

(21)
Ein analog gelagertes Problem thematisiert die Politikwissenschaft im Feld "intermediärer Organisationen". Hierzu zählen auch Gewerkschaften, deren Entscheidungen in dem Konflikt zwischen "individueller Rationalität" der Organisation und der, von einem korporatistischen Arrangement geforderten "kollektiven Rationalität" stehen. (vgl. Offe 1984, Streeck 1987a, Schmitter/Streeck 1981) Auf diese Strukturbedingung kollektiven Handelns von Arbeitnehmerorganisationen wird im sechsten Kapitel näher eingegangen.

(22)
"In summary, the impact of Tucker's anecdote about the two prisoners has been on the perception of human conflict as something different from a problem of findings a 'utility maximizing course of action', which is the principal theme of classical decision theory. The value of this change of perception depends on how pervasive it becomes. In circles where policies and far-reaching decisions affecting the entire human race are made, 'rationality' is still predominantly identified with strategic calculations be they 'cost benefit analyses' or 'image building' with the view of gaining for one self or for one's client the most advantageous attainable position in competition for resources, influence or power". (Rapoport 1974a: 32f)

(23)
Raub und Voss erklären zur Möglichkeit der empirischen Überprüfbarkeit aus der Spieltheorie entwickelter Lösungsvorschläge. "So können unter Verwendung allgemeiner spieltheoretischer Annahmen auf deduktivem Wege qualitative und im Prinzip empirisch testbare, spezifische Hypothesen gewonnen werden über Zusammenhänge zwischen sozialstrukturelle Bedingungen, Bedingungen hinsichtlich der Struktur der Interdependenzen sowie der Entstehung und Stabilisierung kooperativen Verhaltens und dem daraus resultierenden Effizienzgewinn für die betrachtete Population. Ziel der Überlegungen ist eine relativ grobe Typisierung struktureller Bedingungen der endogenen Stabilisierung von Kooperation. Es geht um die Bestimmung von groben qualitativen Unterschieden zwischen sozialen Einheiten, die Kooperation endogen stabilisieren und denjenigen, in denen diese Mechanismen nicht zu finden sind und die möglicherweise exogene Lösungen geschaffen haben". (Raub/Voss 1986: 316)

(24)

Nach Voss üben Spiele mit einem absehbaren Ende der Iteration keinen Einfluß auf die Strategiewahl der Akteure aus. (Voss 1985: 186)

(25)

Vanberg beschreibt das gleiche Phänomen, wenn er von der Schaffung von Institutionen, im
Sinne "normativer Muster" spricht, deren Entstehung und Entwicklung von dem individualistisch-evolutionären Ansatz der Sozialtheorie erklärt wird. (Vanberg 1983: 55f) Zum Institutio-
nenbegriff siehe Fußnote 5.

(26)

In seiner Kritik an Olson, der die Entstehung von Unternehmen nur unter dem Kostenaspekt
betrachten würde, geht Keller auf die Funktion des "politischen Unternehmers" ein, der Anreize für andere bereitstellt kollektiv zu handeln. "Politische Unternehmer investieren Zeit und/
oder andere (private) Ressourcen, um bestimmte Produktionsfaktoren so zu koordinieren und
kombinieren, daß Kollektivgüter entstehen. Sie schaffen selektive Anreize für andere, zunächst
unorganisierte Interessen; sie selbst versprechen sich private Vorteile (etwa Ehre, Gewinn,
Macht, Lob oder eine Karriere bzw. Position im Verband) aus ihrer Investition, die für die
anderen Akteure Kollektivgüter (erfolgreiche Korrdination) (Fehler im Zitat V.M.) darstellen".
(Keller 1988: 392) Siehe zur Figur des "politischen oder "sozialen" Unternehmers bei der
Initiierung kollektiver Handlungsprozesse auch die Äußerungen bei Vanberg 1982: 152.

3. Die Auswirkungen der europäischen Integration auf die Entwicklung der europäischen Arbeitnehmerkonkurrenz

Im zweiten Kapitel wurde die grundlegende Hypothese aufgestellt, daß eine abnehmende Bargaining Power die Kooperationsneigung zwischen den betroffenen Arbeitnehmervertretungen erhöht, soweit die Kooperation zur Begrenzung derjenigen Faktoren beiträgt, die die Abnahme der Bargaining Power verursachen. Für die Reduzierung der Bargaining Power wird ein Anstieg der Arbeitnehmerkonkurrenz, der auf die Zunahme des EG-weiten Warenaustauschs und die wachsende Internationalisierung der Produktionsstrukturen MNK zurückgeht, verantwortlich gemacht. In das der Kooperationsentscheidung zugrundeliegende Entscheidungsmodell der Rational-Choice-Theorie, geht die Veränderung der Arbeitnehmerkonkurrenz als struktureller Umweltfaktor (Constraint) ein. Ein Anstieg der Arbeitnehmerkonkurrenz in der Umwelt der betroffenen Arbeitnehmervertretung wird, entsprechend dem Entscheidungsmodell und der oben genannten Hypothese als Constraint wirksam, der zu einer positiven Kooperationsentscheidung führt.

In dem vorliegenden Kapitel werden die Auswirkungen der europäischen Integration auf die europäische Arbeitnehmerkonkurrenz untersucht. Die Vertiefung der europäischen Arbeitsteilung hat, gefördert durch zwischenstaatliche Integrationsverträge wie den EWG-Vertrag, Einfluß auf den intra-europäischen Güteraustausch, die Entwicklung europaweiter Produktionsstrukturen innerhalb MNK und die ökonomischen Disparitäten zwischen den Regionen der EG-Mitgliedsstaaten genommen. Diese Faktoren beeinflussen die europäische Arbeitnehmerkonkurrenz und tangieren damit auch die Bargaining Power der in Europa auf betrieblicher, nationaler und europäischer Ebene agierenden Arbeitnehmerorganisationen. Insofern bildet die europäische Integration einen relevanten Umweltfaktor für die Kooperationsentscheidung dieser Arbeitnehmerorganisationen. In der Untersuchung werden die ökonomischen Auswirkungen der europäischen Integration daher als eine Rahmenbedingung der Kooperation zwischen der VW- und der Seat-Arbeitnehmervertretung behandelt.

Im ersten Abschnitt des Kapitels erfolgt eine Analyse der Ziele des EWG-Vertrages, die eine erste Einschätzung der Auswirkungen der EG-Aktivitäten auf die europäische Arbeitnehmerkonkurrenz ermöglicht. Anschließend werden die Veränderungen der europäischen Arbeitsteilung in der ersten Integrationsphase der EG-Mitgliedsstaaten bis Mitte der 80er Jahre untersucht. Je nach Veränderung intensiviert bzw. reduziert der Arbeitsteilungsprozeß die durch Warenexporte oder die Internationalisierung der Produktionsstrukturen hervorgerufene Arbeitnehmerkonkurrenz. Eine Untersuchung der Arbeitnehmerkonkurrenz, die auf EG-interne Migrationsprozesse zurückgeht erfolgt nicht, da deren Einfluß innerhalb der europäischen Automobilindustrie gering ist. (1) Zur Prognose des Binnenmarkteinflusses auf die europäische Arbeitnehmerkonkurrenz wird die geplante Veränderung der Unternehmensstrategien im Binnenmarkt thematisiert. Die Untersuchung der Auswirkungen der europäischen Arbeitsteilung auf die Arbeitnehmerkonkurrenz bleibt aufgrund der Materialfülle und der europäischen Dimension auf eine makroökonomische Betrachtung der nationalen Märkte und einzelner Branchen beschränkt. Da die Arbeit auf die konkrete Kooperation von Arbeitnehmervertretungen aus der Automobilindustrie eingeht, werden die prognostizierten Auswirkungen des EG-Binnenmarktes auf die Arbeitsmarktlage in denjenigen deutschen und spanischen Regionen dargestellt, in denen die Standorte der kooperierenden VW- und Seat-Arbeitnehmervertretungen liegen.

Die Untersuchung der europäischen Arbeitsteilung soll eine Aussage über die grundsätzliche Veränderung der europäischen Arbeitnehmerkonkurrenz ermöglichen. Diese Trendaussage wird im fünften Kapitel mit den Ergebnissen über die Markt- und die Wettbewerbslage, sowie die Produktionsstrukturen innerhalb der europäischen Automobilindustrie und des Volkswagenkonzerns verknüpft. Aufgrund der Zusammenführung der Untersuchungsergebnisse ist eine Aussage darüber möglich, ob sich die Arbeitnehmerkonkurrenz innerhalb der europäischen Automobilindustrie und innerhalb des Volkswagenkonzerns in gleicher Weise wie die europäische Arbeitnehmerkonkurrenz verändert hat.

Im weiteren Verlauf des Kapitels wird der Frage nachgegangen, welche sozialpolitischen Ziele die EG-Organe zur Beeinflussung der europäischen Arbeitnehmerkonkurrenz formuliert haben. Die Untersuchung konzentriert sich dabei auf Ziele und Aktivitäten der Europäischen Gemeinschaft im Bereich der Arbeitnehmerrechte in multinationalen Konzernen. In dieser Unternehmensform sind die Belegschaften in der Regel, zumindest in der verarbeitenden Industrie, einer hohen konzerninternen Arbeitnehmerkonkurrenz zwischen den Standorten, mit entsprechend negativen Konsequenzen für die Bargaining Power der betrieblichen Arbeitnehmervertretungen, ausgesetzt. Der Erlaß von Richtlinien zu dieser Problematik durch die Europäische Gemeinschaft würde die Kooperation der betrieblichen Arbeitnehmervertretungen in diesen Unternehmen erleichtern und damit auch die europäische Arbeitnehmerkonkurrenz in diesem Bereich einschränken.

Die Untersuchung der europäischen Integration und der sozialpolitischen Aktivitäten der EG-Organe erlaubt eine Einschätzung der bisherigen und zukünftigen Entwicklung der europäischen Arbeitnehmerkonkurrenz. Die Zunahme der Arbeitnehmerkonkurrenz im Umweltbereich der "europäischen Integration" erhöht die Wahrscheinlichkeit einer positiven Kooperationsentscheidung seitens der betrieblichen Arbeitnehmervertretungen. Bei einem zukünftigen Zuwachs der Arbeitnehmerkonkurrenz, der den Wert zukünftiger Kooperationsprozesse gegenüber der aktuellen Kooperation erhöht, ist von einer wachsenden Stabilität der Kooperationsprozesse auszugehen.

3.1 Die Funktion der Europäischen Gemeinschaft im Rahmen der europä - ischen Integration

Die "Europäische Gemeinschaft" (EG) entstand 1967 aus der Zusammenlegung dreier Organisationen. Diese zeichneten sich durch die Bereitschaft ihrer Mitgliedsstaaten aus, auf einen Teil ihrer Souveränität zu verzichten. Die Organisationen sind die 1951 gegründete "Europäische Gemeinschaft für Kohle und Stahl" (EGKS), die "Europäische Atomgemeinschaft" (EURATOM) aus dem Jahre 1957 und die im gleichen Jahr entstandene "Europäische Wirtschaftsgemeinschaft" (EWG). Die Übertragung nationaler Souveränitätsrechte auf die EG führte zu einem Integrationsprozeß zwischen den Mitgliedsstaaten. Die EG-Integration läßt sich als "eine regionale Integration auf multilateraler Ebene (bezeichnen). Da alle Wirtschaftsbereiche einbezogen sind, liegt eine totale Integration vor, die durch die EGKS-, EWG- und Euratom-Verträge eingeleitet wurde. Angestrebt wird die vollkommene Integration". (Kasten 1978: 13) Inhaltlich entwikkelt der Integrationsprozeß eine Tendenz zur Ausbildung eigenständiger Organe, einer eigenständigen Rechtsordnung, einer eigenen Gerichtsbarkeit und eines eigenen parlamentarischen Systems. (vgl. Bundesministerium für Wirtschaft 1989a: 20)

Mit dem Zusammenschluß von EWG, EGKS und EURATOM zur Europäischen Gemeinschaft (EG) entstand die aktuelle Struktur der EG-Organe. Hierzu zählt der "Rat" als oberstes Entscheidungsorgan, die "Kommission" als Exekutivorgan der Gemeinschaften, das "Europäische Parlament" als Beratungs- und Kontrollorgan, sowie der "Europäische Gerichtshof (EuGH) als Organ der Judikative. Außerdem verfügt die EG über Ausschüsse, deren wichtigster, der "Wirtschafts- und Sozialausschuß" (WSA) in Artikel vier des EWG-Vertrages als beratendes Gremium von Rat und Kommission bezeichnet wird. Der Einrichtung dieser supra-nationalen EG-Gremien folgte eine Verlagerung politischer Kompetenzen von der nationalen auf die europäische Ebene. Hierdurch veränderten sich ebenfalls die Verhandlungsarenen der nationalen Gewerkschaften. Sie waren gezwungen gegenüber den neuen EG-Gremien nicht nur ihre nationalen Standpunkte vorzutragen, die Kommission war vor allem an bereits EG-weit abgestimmten Positionen der Arbeitnehmerorganisationen interessiert.

Die EWG wurde in den 50er Jahren als Wirtschaftsgemeinschaft und nicht als politische Union oder Sozialgemeinschaft konzipiert. Bereits 1955 hatten die Außenminister der EGKS-Mitgliedsstaaten festgelegt, daß die weiteren Schritte der europäischen Integration zunächst auf ökonomischem Gebiet realisiert werden sollten. (Potthoff 1955: 396) Diese Konzentration auf Wirtschaftsfragen geht aus den Zielen des EWG-Vertrages deutlich hervor. In den allgemeinen Oberzielen der Gemeinschaft wird zunächst die "Errichtung eines Gemeinsamen Marktes" und die "(s)chrittweise Annäherung der Wirtschaftspolitik der Mitgliedsstaaten" gefordert, wodurch "eine harmonische Entwicklung des Wirtschaftslebens innerhalb der Gemeinschaft", sowie eine "beständige ... Wirtschaftsausweitung" erreicht werden soll. Erst im Anschluß daran werden soziale und politische Ziele, wie die "beschleunigte Hebung der Lebenshaltung und engere Beziehungen zwischen den Staaten" angesprochen. (EWG-Vertrag, Art.2) Ein ähnliches Bild bietet die Aufzählung der Teilziele in Artikel drei. Von elf Tätigkeitsbereichen betreffen nur zwei, die Freizügigkeit der Arbeitnehmer und die Einrichtung eines Sozialfonds, sozialpolitische Aufgaben der EG. (2)

Die wichtigsten Bestimmungen des EWG-Vertrages zur Abschaffung der Behinderungen des EG-weiten Wirtschaftsverkehrs, bilden der Abbau der Binnenzölle und die Freizügigkeit der Arbeitnehmer. Die Umsetzung der Freizügigkeit von Dienstleistungen und Kapital blieb unvollendet. Sie wurde erst mit der Vollendung des EG-Binnenmarktes 1992/93 angestrebt. Dem Schutz vor nichttarifären Wettbewerbsverzerrungen dient die Angleichung des Steuerrechts und der allgemeinen Rechtsvorschriften. Der Europäische Sozialfonds und die Investitionsbank sollen negative Folgen der Wirtschaftsintegration auffangen. Der Sozialfonds unterstützt die Verbesserung der Beschäftigungsmöglichkeiten der Arbeitnehmer. (vgl. Kasten 1978: 56f.)

Grundsätzlich wurde die Funktion der EWG darin gesehen, durch die Erweiterung der internationalen Arbeitsteilung in Europa zu einer Steigerung des gemeinsamen Sozialproduktes beizutragen. Notwendige Mittel hierzu waren die Optimierung des Handels, die relative Maximierung der Produktion und ihre absolute Maximierung durch die zwischenstaatliche Mobilität der Produktionsfaktoren. Ausdruck dieses liberalen Wirtschaftskonzepts war der Verzicht der EG auf eine eigenständige Industrie- und Sozialpolitik. Die Aufhebung der Wettbewerbsbeschränkungen und die Schaffung des einheitlichen Wirtschaftsraums sollten das Wirtschaftswachstum stimulieren und auf diese Weise eine allgemeine Anhebung des Lebensstandards herbeiführen. Im Rahmen dieser Politik wurde einerseits das Ziel verfolgt, eine größere Mobilität der Arbeitskräfte durchzusetzen, indem die Regierungen die Freizügigkeit der Arbeitnehmer aus EG-Staaten vereinbarten. Andererseits arbeitete die EG auf die Beseitigung der tarifären und nichttarifären Hindernisse des Warenverkehrs hin. Es wurde ein Anstieg der Warenexporte innerhalb der EG und eine Zunahme des Intra-EG-Handels angestrebt. Diese Politik begünstigte eine Zunahme der durch Warenexporte hervorgerufenen Arbeitnehmerkonkurrenz. Da die Freizügigkeit des Dienstleistungs- und Kapitalverkehrs, sowie die Angleichung der Rechtsnormen bis Mitte der 80er Jahre stagnierte ist eine ausgeprägte Kapitalkonzentration durch EG-weit operierende multinationale

Konzerne (MNK) bis zu jenem Zeitpunkt nicht zu erwarten. Nach Elsners Ansicht führte der Gemeinsame Markt bis 1974 eher zu nationalen Konzentrationsprozessen. Die internationale Handlungsfähigkeit der Konzerne blieb auf Warenexporte beschränkt. (Elsner 1974: 75) Der seit 1986 angestrebte Abbau der Hindernisse des Dienstleistungs- und Kapitalverkehrs läßt zukünftig eine verstärkte Internationalisierung der Produktionsstrukturen auf EG-Ebene erwarten. Dieser Prozeß würde zur Erhöhung der konzerninternen Arbeitnehmerkonkurrenz beitragen.

In den 70er Jahren stagnierte die Weiterentwicklung der Europäischen Gemeinschaft aufgrund der ersten Erdölkrise und der folgenden Rezession. Erst mit dem Amtsantritt der EG-Kommission unter dem Vorsitz von Jacques Delors im Jahre 1985 konzentrierten sich die damaligen zehn Mitgliedsstaaten wieder auf die Umsetzung des EWG-Vertrages von 1957, der bereits die Schaffung eines einheitlichen Binnenmarktes vorsah. Im Juli 1987 trat eine Ergänzung des EG-Vertrages, die "Einheitliche Europäische Akte" (EEA) in Kraft. In ihr wurde als wichtigstes Ziel die Schaffung eines Binnenmarktes festgelegt, der als "Raum ohne Binnengrenzen, in dem der freie Verkehr von Waren, Personen, Dienstleistungen und Kapital ... gewährleistet ist" bis zum 1. Januar 1993 errichtet werden sollte. (EWG-Vertrag, Art.8a) Das Ziel einer Wirtschafts- und Währungsunion sollte mittelfristig in einem zweiten Schritt erreicht werden. Diesem Ziel kamen die Regierungen der Mitgliedsstaaten auf einem Gipfeltreffen im Dezember 1991 in Maastricht näher. In Maastricht vereinbarten sie die Weiterentwicklung der EG zu einer "Europäischen Union". (FR 12.12.91)
Der 1986 in der "Einheitlichen Europäischen Akte" beschlossene Binnenmarkt beinhaltete den Wegfall aller noch bestehenden nichttarifären Handelshemmnisse. Dieser Prozeß und die Verhandlungen über die geplante Währungsunion läßt zunehmende Konzentrationsprozesse auf Unternehmensebene erwarten. Die neu entstehenden Großunternehmen werden dann auf den nationalen Teilmärkten des Binnenmarktes nicht mehr nur, wie in der Vergangenheit mit Warenexporten, sondern auch mit eigenen Produktionsstandorten vertreten sein. Dieser Prozeß trägt zu einer Erhöhung der konzerninternen Arbeitnehmerkonkurrenz in diesen EG-weit produzierenden Unternehmen bei. Die Vollendung des Binnenmarktes würde so zu einem Absinken der Bargaining Power der betrieblichen Arbeitnehmervertretungen innerhalb dieser Unternehmen führen.

Zusammenfassend läßt sich aus den Zielen der EG eine starke Betonung der wirtschaftlichen Integrationsziele erkennen. Eine Erhöhung des Lebensstandards der Bevölkerung soll primär durch die Ausnutzung der Vorteile der zunehmenden EG-internen Arbeitsteilung entstehen. Die Vertiefung der europäischen Arbeitsteilung würde, aufgrund der Zunahme des EG-Warenaustauschs, wie auch eines stärkeren Ausbaus EG-weiter Produktionsstrukturen zu einer Steigerung der europäischen Arbeitnehmerkonkurrenz führen. In den folgenden zwei Abschnitten werden diese Annahmen über die Auswirkungen der europäischen Integration auf die Arbeitnehmerkonkurrenz in der ersten Integrationsphase bis Mitte der 80er Jahre anhand konkreter Daten überprüft.

3.2 Die Auswirkungen der ersten Integrationsphase auf die europäische Arbeitnehmerkonkurrenz (1957-1984)

Es ist nicht Ziel dieser Arbeit den ökonomischen Prozeß der europäischen Integration innerhalb der EG umfassend darzustellen. Die Untersuchung konzentriert sich vielmehr auf die ökonomischen Entwicklungen, die Aufschluß über die Entwicklung der Arbeitnehmerkonkurrenz in der EG geben. Wie bereits dargestellt werden Arbeitnehmerkonkurrenzsituationen durch Migrationsprozesse, zunehmende Warenexporte und eine steigende Internationalisierung der Produktionsstrukturen multinationaler Konzerne hervorgerufen. Da die EG-internen Migrationsprozesse nur geringe Auswirkungen auf die Beschäftigung in der europäischen Automobilindustrie haben, können sie im Rahmen dieser Arbeit vernachlässigt werden. Im Vordergrund steht dagegen die Analyse der Veränderung der Arbeitnehmerkonkurrenz durch Intra-EG-Warenexporte im Verlauf der Vertiefung der europäischen Arbeitsteilung. Dieser Arbeitsteilungsprozeß fördert außerdem die EG-weite Verflechtung der Produktionsstrukturen multinationaler Konzerne, die zu einer Zunahme der konzerninternen Arbeitnehmerkonkurrenz führt. Neben diesen beiden Ursachen der Arbeitnehmerkonkurrenz wird die Durchsetzungsfähigkeit der betrieblichen, regionalen und nationalen Arbeitnehmerorganisationen durch die vorhandenen regionalen Disparitäten in der EG beeinträchtigt. (3)

3.2.1 Die Entwicklung der durch Warenexporte verursachten Arbeitneh - merkonkurrenz

Die Entwicklung der durch Warenexporte hervorgerufenen Arbeitnehmerkonkurrenz innerhalb der EG läßt sich anhand der Veränderungen des Intra-EG-Handels beurteilen. Zum Intra-EG-Handel zählen die gesamten grenzüberschreitenden Leistungstransaktionen jedes EG-Staates, die mit anderen EG-Ländern abgewickelt werden. Aus dem Vergleich der Zahlen von 1958 und 1989 ergibt sich ein erheblicher Anstieg des Intra-EG-Handels der Mitgliedsstaaten. Der Anteil der Intra-EG-Einfuhren an den Gesamteinfuhren aller Mitgliedsstaaten stieg von 35,2 % auf 59,5 %. Auf der Exportseite ergab sich eine Zunahme von 37,2 % auf 63,1 % der Gesamtexporte. Spanien erreichte im Intra-EG-Import 1989 56,3 % und bei den Intra-EG-Exporten 62,7 %. Der Außenhandel der Bundesrepublik ist stärker diversifiziert, bis 1989 lag der Anteil des Intra-EG-Handels dauerhaft unter dem EG-Durchschnitt. (vgl. Busch 1978: 35; Kommission 1990g: 276)

Die Zunahme des Intra-EG-Handels läßt, für sich genommen noch keine Bewertung der Entwicklung der Arbeitnehmerkonkurrenz aufgrund von Warenexporten zu. Es muß zusätzlich berücksichtigt werden, ob den Exporten ein interindustrieller oder branchenintern Handel zugrunde liegt. Die ökonomische Begründung des Außenhandels geht davon aus, daß die Vertiefung der internationalen Arbeitsteilung bei der Existenz komparativer Kostenvorteile der Handelspartner deren Gewinn steigert. (vgl. Hunt/Sherman 1984: 242f.) Die Ausnutzung komparativer Vorteile führt in jedem Mitgliedsstaat zur Spezialisierung auf Branchen, in denen seine Wirtschaft effizient arbeitet oder die eine intensive Nutzung seiner nationalen Ressourcen ermöglicht. Bei einem Außenhandel mit solchen Gütern werden unterschiedliche Güterklassen ausgetauscht. Es handelt sich hierbei um einen interindustriellen Handel. Der interindustrielle Austausch setzt die Arbeitnehmer auf nationaler Ebene keiner europäischen Arbeitnehmerkonkurrenz aus, da die exportierten Güter im Importland nicht mehr bzw. nur in geringem Umfang hergestellt werden. Von einem branchenintern Handel wird gesprochen, wenn gering modifizierte Güter einer Güterklasse zwischen den Staaten ausgetauscht werden, z.B. französische und deutsche Kraftfahrzeuge. In diesem Fall entwickelt sich ein Konkurrenzverhältnis zwischen den nationalen Arbeitnehmergruppen, da die Importe Arbeitsplätze in der nationalen Industrie gefährden. Die Arbeitnehmerkonkurrenz aufgrund von Warenexporten nimmt zu, wenn der Anteil des branchenintern Austauschs am Intra-EG-Handel zunimmt.

Busch hat die Veränderung der Anteile des branchenintern und des interindustriellem Handels am Intra-EG-Handel in den Jahren 1958 bis 1972 untersucht. Er beobachtet eine je nach Mitgliedsstaat differierende Ausprägung des interindustriellen Handels bei einzelnen Produktgruppen. (4) Tendenziell verliert der interindustrielle EG-Handel in den 60er Jahren an Bedeutung. (Busch 1978: 40) Eine Erklärung für das abnehmende Gewicht, des auf komparativen Kostenvorteilen basierenden interindustriellen Handels bieten die Wechselkursänderungen zwischen den nationalen Währungen. Die Spezialisierung der nationalen Volkswirtschaften setzt sich nur durch, wenn sich die Produktivitätsvorteile auf die Warenpreise auswirken. Im Außenhandel ebnen die nationalen Wechselkurse diese Differenzen ein. (vgl. Herr/Westphal 1988: 910) Andererseits schützt der Wechselkursmechanismus die weniger produktiven Volkswirtschaften vor der Konkurrenz der modernen Industrien und erlaubt jenen Staaten, eine unabhängigere Wirtschaftspolitik zu gestalten. (Kühne 1989: 58)

Die Entwicklung des branchenintern und interindustriellen Austauschs in der EG zwischen 1979 und 1990 geht aus Tabelle III-1 hervor. (5) Die bereits für die Zeit zwischen 1958 und 1972 beobachtete abnehmende Bedeutung des interindustriellen Handels zeigt sich ebenfalls in den 80er Jahren. Die Werte der Koeffizienten aller Produktklassen nähern sich überwiegend dem Wert Null. Die Zunahme des branchenintern Austauschs am gesamten Intra-EG-Handel weist auf eine Zunahme der europäischen Arbeitnehmerkonkurrenz aufgrund von Waren-exporten hin.

Der Intra-EG-Handel der Bundesrepublik zeigt 1990 sowohl Branchen mit einem ausgeprägten brancheninternen Austausch, wie auch Industriezweige, die durch eine interindustrielle Handelssituation mit Exportüberschuß gekennzeichnet sind. Hierzu zählt auch die bundesdeutsche Automobilindustrie. Sie unterliegt ei-ner geringeren Arbeitnehmerkonkurrenz als andere Branchen. Seit dem EG-Bei-tritt 1986 tendiert der spanische Intra-EG-Handel vom interindustriellen zum brancheninternen Austausch. Der Austausch in der Warengruppe "Maschinen und Fahrzeuge" ist stark branchenintern geprägt. Die spanischen Automobilarbeiter unterliegen demnach einer Arbeitnehmerkonkurrenz aufgrund von KFZ- bzw. Komponentenimporten auf den spanischen Markt. (vgl. Tabelle III-1)

Eine konkretere Analyse der Arbeitnehmerkonkurrenzsituation aufgrund von Warenexporten im Bereich der europäischen Automobilindustrie ermöglicht die Tabelle III-2. Aus ihr ist die Veränderung des Intra-EG-Handels mit Motorfahr-zeugen zwischen 1981 und 1985 ersichtlich. (6) Es lassen sich drei Ländergrup-pen unterscheiden. Die Bundesrepublik und Spanien sind bis 1985 dem interin-dustriellen Austausch mit Exportüberschuß zuzurechnen. Der interindustrielle Austausch mit Exportüberschuß der Bundesrepublik hat sich zwischen 1981 und 1985 noch verstärkt. Die Position der spanischen KFZ-Industrie wandelt sich zwischen 1985 und 1989, nach dem spanischen EG-Beitritt von einem interindu-striellen zu einem brancheninternen Austausch. Die Ursache dieser Entwicklung liegt in der Öffnung des spanischen Automobilmarkts für EG-Importe und der wachsenden Verflechtung zwischen den einzelnen Standorten der multinationalen KFZ-Hersteller innerhalb der EG. Sie haben die spanischen Konzernstandorte in ihre konzernweite Verbundfertigung einbezogen. Die zweite Gruppe, mit einem ausgeprägten brancheninternen Handel, bilden Frankreich und Belgien/Luxem-burg. Ihre KFZ-Exporte und -Importe sind wertmäßig weitgehend ausgeglichen. Die Mitgliedsstaaten Griechenland, Dänemark, Irland, das Vereinigte Königreich, die Niederlande und abgeschwächt auch Italien zählen zu den Staaten mit einem importdominierten, interindustriellen KFZ-Austausch.

Im KFZ-Sektor bietet sich ein differenziertes Bild der durch Warenexporte hervorgerufenen europäischen Arbeitnehmerkonkurrenz. Die Arbeitsplätze in der deutschen Autoindustrie sind tendenziell geringer durch die europäischen KFZ-Importe bedroht; die deutschen Exporte verstärken vielmehr die Arbeitnehmer-konkurrenz in der Automobilindustrie der anderen EG-Staaten. Die Arbeitneh-merkonkurrenz hat sich in der spanischen Autoindustrie in den 80er Jahren er-heblich intensiviert. War sie bis 1985 mit der Arbeitnehmerkonkurrenz der deut-schen Automobilindustrie vergleichbar, wuchs seit der EG-Integration der bran-cheninterne Außenhandel. 1989 entsprach die stark gestiegene Arbeitnehmerkon-kurrenz in der spanischen KFZ-Industrie derjenigen Frankreichs und Belgien/Luxemburgs. Die Arbeitnehmer des KFZ-Sektors dieser beiden Länder unterliegen der höchsten Arbeitnehmerkonkurrenz. Gravierend ist die Arbeitnehmerkonkurrenzsituation ebenfalls in der Automobilindustrie Italiens, der Niederlande und des Vereinigten Königreichs, deren Automobilindustrien unter einem starken Importdruck stehen. In Irland, Griechenland und Dänemark existieren keine nennenswerten Automobilindustrien, die KFZ-Importe dieser Länder dienen der Deckung der nationalen Nachfrage.

Auf den gesamten Intra-EG-Handel bezogen, läßt sich eine Zunahme der Arbeitnehmerkonkurrenz durch Warenexporte feststellen. Für die spanischen und deutschen Automobilarbeitnehmer entwickelte sich die Arbeitnehmerkonkurrenzsituation gegenläufig. Bis 1985 dominierte in beiden KFZ-Branchen der interindustrielle Handel mit Exportüberhang. Dies entspricht einer geringen Arbeitnehmerkonkurrenz auf nationaler Ebene. In Spanien beruhte diese Form des Austauschs auf einem abgeschotteten nationalen KFZ-Markt. Die mit dem EG-Beitritt in den Jahren 1985/86 erfolgte Marktöffnung führte zur verstärkten Integration der spanischen Tochtergesellschaften multinationaler Automobilkonzerne in die europäischen Produktionsverbünde der jeweiligen Konzerne. Im Laufe dieses Prozesses nahmen die Importe des spanischen KFZ-Sektors zu. Der seit 1989 beobachtete brancheninterne Austausch setzt die Arbeitnehmer in der spanischen Automobilindustrie einer zunehmenden Arbeitnehmerkonkurrenz aus. Von den spanischen Arbeitnehmervertretern ist die Forderung nach einer Verringerung der KFZ-Importe aus Nicht-EG-Staaten und aus den anderen MNK-Standorten, sowie nach einer verstärkten Eigenfertigung der nationalen Standorte innerhalb der MNK zu erwarten. Es ist zu untersuchen, inwieweit diese Themen tatsächlich in der internationalen Kooperation auf betrieblicher Ebene behandelt und durch Kompromisse gelöst werden. Andernfalls können aus dieser Konkurrenzsituation kooperationsgefährdende Konflikte entstehen. Hinsichtlich dieses Problems unterscheidet sich die Position der spanischen, von der der deutschen Arbeitnehmervertreter. Während die spanischen Mandatsträger hier auf ein akutes Problem reagieren müssen, bedeutet die Lösung der angedeuteten Probleme für die deutschen Arbeitnehmervertreter, die Verhinderung einer zukünftigen Problemsituation für die deutschen Standorte.

3.2.2 Die konzerninterne Arbeitnehmerkonkurrenz innerhalb multinationaler Konzerne

Eine spezifische Form der Arbeitnehmerkonkurrenz bildet die Konkurrenzsituation, der die Belegschaften innerhalb multinationaler Konzerne (MNK) ausgesetzt sind. Sie entsteht vor allem im Zuge einer zunehmenden Unternehmenskonzentration auf EG-Ebene, die die Internationalisierung der bestehenden Produktionsstrukturen der Konzerne vertieft. Diese Form der Arbeitnehmerkonkurrenz läßt sich aufgrund der Analyse der Produktionsstrukturen bestimmen und bis auf die betriebliche Ebene des Konzerns eingrenzen.

In die Definition des multinationalen Konzerns müssen im Rahmen dieser Untersuchung folgende Merkmale eingehen, die für die konzerninterne Konkurrenz innerhalb MNK bestimmend sind: die kontinuierliche Organisation von Arbeit und Kapital auf internationaler Ebene, die Internationalisierung der Produktionsstrukturen und die grundsätzlich zentrale Leitung durch eine Konzernzentrale. Der MNK läßt sich daher nach Piehl wie folgt definieren: "Der Multinationale Konzern ist eine privatwirtschaftliche Organisation, die erstens den Grenzen von Nationalstaaten überschreitenden Transfer von Waren, Kapital und Arbeit auf Dauer entwickelt, zweitens neben der grenzüberschreitenden Strategie der Beschaffung (Rohstoffe usw.), des Absatzes (Marketing u.ä.) insbesondere die Produktion auf mehrere Länder ausdehnt, und drittens, trotz rechtlich-organisatorischer Selbständigkeit der Konzernteile und trotz nationaler Aneignung des größten Profitanteils unter einer >multinationalen< Zentrale steht, die über Kernfragen der Kapitalstrategie - wie Investitionsplanung und Forschung - entscheidet, von denen Beschäftigte in mehreren Staaten abhängig sind". (Piehl 1974: 22)

Das steigende Gewicht MNK und ihre zunehmende Internationalisierung gehen auf mehrere Ursachen zurück, die markt-, bzw. absatz- oder kostenorientierten Internationalisierungstheorien zuzuordnen sind. (7) Während der ersten Internationalisierungsphase in den 50er und 60er Jahren verfolgten die MNK das Ziel, einen Zugang zu den geschützten nationalen Märkten der Entwicklungsländer zu erlangen und die Außenzölle der EG zu umgehen. Diese Internationalisierung beruhte auf marktorientierten Motiven. Weitere nichttarifäre Hindernisse bildeten die starken Wechselkursschwankungen in den 70er Jahren nach dem Zusammenbruch des Währungssystems von Bretton Woods. Die MNK umgingen das Wechselkursrisiko bei Warenexporten durch die Gründung von Tochterunternehmen mit direkter Marktpräsenz. Dies war eine primäre Ursache für die starke Investitionstätigkeit europäischer MNK in den 70er Jahren auf dem US-amerikanischen Markt. Die Internationalisierung MNK soll ebenfalls die starken konjunkturellen Schwankungen der nationalen Wirtschaften ausgleichen. Dieses Motiv gewinnt seit der ersten Erdölkrise Anfang der 70er Jahre an Gewicht. Kostenmotive lagen der, Ende der 70er Jahre zu beobachtenden Verlagerung arbeitsintensiver Produktionsprozesse aus den Industrieländern in die Entwicklungsländer zugrunde. (vgl. Fröbel u.a. 1983: 51ff.) Die kürzeren Produktzyklen der 80er Jahre und der rasche technologische Wandel erfordern ebenfalls eine Veränderung der Unternehmensstrategien. Die Unternehmen müssen auf allen wichtigen Märkten simultan mit neuen Produkten auftreten, um eine Maximierung der Gewinne zu erreichen. (vgl. United 1988: 57) Da dieses Motiv in Zukunft eher noch an Bedeutung gewinnen wird, ist mit einem weiteren Ausbau der Produktionsverbünde und einem Anstieg der konzerninternen Konkurrenz zwischen den Belegschaften in MNK zu rechnen.

Die Größenordnung und Veränderung der konzerninternen Konkurrenz innerhalb der EG läßt sich anhand der ausländischen Direktinvestitionen, die zum größten Teil von MNK getätigt werden und von Aussagen über die Belegschaftsentwicklung MNK erfassen. (8) Die verstärkten Aktivitäten MNK in der EG seit Mitte der 50er bis Ende der 60er Jahre gingen hauptsächlich von US-amerikanischen Konzernen aus. Zwischen 1960 und 1970 stiegen die US-Direktinvestitionen von 6,7 auf 21 Milliarden Dollar. (Piehl 1974a: 25) Die Bedeutung der US-Konzerne in der EG läßt sich aus einer Studie der EG-Kommission über MNK aus dem Jahr 1976 entnehmen. Von den erfaßten 4.949 MNK mit Hauptsitz in Nicht-EG-Ländern, die in der EG investierten, stammten 2.567 aus den USA. (Kommission 1976: 24) Die Gründung von Produktionsstandorten in der EG schuf eine erhebliche Arbeitnehmerkonkurrenz gegenüber den Belegschaften der nordamerikanischen Konzernstandorte, da die Produktionsverlagerungen nach Europa in den USA zu Arbeitsplatzverlusten führten. Der AFL-CIO schätzt, daß die Internationalisierung der Produktionsstrukturen in den USA zwischen 1966 und 1969 500.000 Arbeitsplätze kostete. (Jungnickel/Matthies 1973: 20f.) Die US-amerikanischen Konzerne waren an Standorten in der EG interessiert, um die EG-Außenzölle zu umgehen und am überdurchschnittlichen Wachstum des EG-Marktes zu partizipieren. (vgl. Piehl 1974a: 26ff.) Demgegenüber blieb der Ausbau europaweiter Produktionsstrukturen in den Großunternehmen der EG-Mitgliedsstaaten aus. Den EG-Unternehmen fehlte der Anreiz, die Zollschranken der EG zu überwinden, da diese bereits durch die EG abgebaut wurden. Der Zugang zu den nationalen Märkten der Mitgliedsstaaten erfolgte weiterhin durch Warenexporte. Diese Strategie wird durch die beschriebene Erhöhung des Intra-EG-Handels dokumentiert. (9) Zur Steigerung dieser Exportfähigkeit reichte eine Stärkung der nationalen Unternehmenspotentiale aus. Der gemeinsame Markt begünstigte auf diese Weise die Herausbildung nationaler Konzerne, deren EG-weite Handlungsfähigkeit sich auf den Warenexport beschränkte. (Elsner 1974: 75) (10)

Seit den 70er Jahren veränderte sich der Kreis der Investitionsgeber und der Anlageländer. Der Anteil US-amerikanischer Konzerne an den weltweiten, ausländischen Direktinvestitionen ging zwischen 1960 und 1985 von 47,1 % auf 35,1 % zurück, während bundesdeutsche Unternehmen ihren Anteil von 1,2 % auf 8,4 % erhöhten. (United 1988: 24) Außerdem wurden die USA zu einer bevorzugten Anlageregion europäischer und japanischer Direktinvestitionen. Der Anteil der USA an den weltweiten ausländischen Direktinvestitionen stieg von 1971 11,2 % auf 1985 29 %. (United 1988: 25) Als Anlagemotiv gilt wie bei den Direktinvestitionen US-amerikanischer MNK in der EG während der 60er Jahre die Siche-

rung des Marktzugangs, die Vermeidung von Einfuhrbarrieren und die Begrenzung der Wechselkursschwankungen. (United 1988: 54, 62)

Auf der Grundlage dieser Daten lassen sich zwei Phasen in der Entwicklung
der konzerninternen Arbeitnehmerkonkurrenz innerhalb MNK in Europa unterscheiden. In den 50er und 60er Jahren entstanden konzerninterne Arbeitnehmerkonkurrenzsituationen aufgrund der Aktivitäten US-amerikanischer Konzerne in
der EG. Während die Belegschaften der nordamerikanischen Konzernstandorte
einen Abbau ihrer Arbeitsplätze fürchten mußten, entstanden in der EG zusätzliche Arbeitsplätze. Seit Mitte der 70er Jahre kehrte sich die Arbeitnehmerkonkurrenzsituation um. Vor dem Hintergrund der starken Wechselkursschwankungen
investierten europäische MNK in den USA und bauten Arbeitsplätze in ihren europäischen Standorten ab. Dieser Trend hielt bis Ende der 80er Jahre an.

Weltweit betraf die konzerninterne Arbeitnehmerkonkurrenz 1988 mindestens 65 Millionen Arbeitnehmer, die in MNK beschäftigt waren. In Entwicklungsländern befanden sich 7 Millionen Arbeitsplätze MNK. (United 1988: 210)
Diese Zahlen weisen bereits auf den differierenden Einfluß der konzerninternen
Arbeitnehmerkonkurrenz auf die Arbeitnehmerschaft in Industrie- und in Entwicklungsländern hin. Bei einer Welt-Erwerbsbevölkerung von 1985 2,16
Milliarden Arbeitnehmern waren weltweit 3 % bei MNK tätig, wobei diese Quote
in den Entwicklungsländern bei unter 1 % und in den Industrieländern bei über 10
% lag. (United 1988: 210) Die EG-Kommission ermittelte 1976 die Belegschaft
von 5.105 in der EG operierenden MNK. Die 260 MNK mit den höchsten Mitarbeiterzahlen beschäftigten weltweit 25,1 Millionen Arbeitnehmer, davon 11,5
Millionen in EG-Standorten. Dies entsprach 11,3 % der EG-Erwerbsbevölkerung.
(Kommission 1976: 36)

Aus der Betrachtung der Veränderung des Investitionsverhaltens und der
Beschäftigung multinationaler Konzerne in der Bundesrepublik läßt sich ebenfalls
eine Erhöhung der konzerninternen Arbeitnehmerkonkurrenz erkennen. Von 1960
bis 1985 nahm der Bestand der Direktinvestitionen bundesdeutscher MNK an den
weltweiten ausländischen Direktinvestitionen von 1,2 % auf 8,4 % zu. (vgl. Tabelle III-3) Deutsche Unternehmen waren an 11.996 Unternehmen im Ausland
direkt oder mittelbar beteiligt. (Koubek 1983: 403f.) In den 80er Jahren verlagerte
sich der regionale Schwerpunkt der ausländischen Direktinvestitionen der bundesdeutschen MNK. Während der Anteil der deutschen Direktinvestitionen in den
EG-Staaten 1980 erst bei 28,1 % der Gesamtinvestitionen lag, stieg er im Zeitraum 1988-90 auf 33,2 % an. (Direktinvestitionen 1986: 7) Die deutschen Direktinvestitionen stiegen insgesamt zwischen 1982-84 und 1988-90 um 256 %, dagegen nahmen die Investitionen im EG-Raum um 533 % zu. 1990 erreichte der Bestand an deutschen Direktinvestitionen in der EG 84,4 Milliarden DM. (FR
02.11.91, 12.11.91)

Die Zahl der in Standorten MNK beschäftigten Arbeitnehmer in der Bundesrepublik ist erheblich. 1983 waren nach Angaben der Vereinten Nationen bei
deutschen MNK weltweit ca. 9,6 Millionen Arbeitnehmer beschäftigt. 7,2 Millionen dieser Arbeitsplätze lagen in der Bundesrepublik, 2,4 Millionen im Ausland.
(United 1988: 212) Diese 7,2 Millionen Arbeitnehmer entsprechen 28,6 % der
erwerbstätigen Bevölkerung (Statistisches Bundesamt 1985: 100) 1980 bestanden
an 8.409 inländischen Unternehmen ausländische Beteiligungen im Wert von 93,8
Milliarden DM. (Koubek 1983: 404) Die ausländischen Direktinvestitionen in der
Bundesrepublik konzentrieren sich auf einige Kernbereiche der deutschen Industrie. In der "Mineralölverarbeitung" und der Sparte "Büromaschinen und Datenverarbeitung" sind über 50 % aller Arbeitnehmer bei Unternehmen mit ausländischer Beteiligung beschäftigt; in den Sektoren "Eisen und Stahl", "Chemische Industrie", sowie "Feinkeramik und Optik" über 20 %. (Goldmann 1985: 21)

Die Arbeitnehmerkonkurrenz in den bundesdeutschen MNK wird von mehreren Tendenzen beeinflußt. Die erhebliche Erhöhung der ausländischen Direktinvestitionen deutscher MNK verweist auf den Ausbau der internationalisierten
Produktionsstrukturen, in denen 1980 bereits circa 30 % der bundesdeutschen
Erwerbstätigen beschäftigt waren. Die Internationalisierung der Unternehmen
konzentriert sich zunehmend auf die EG-Staaten. Dabei steigt die Zahl der Aus-
landsbeschäftigten schneller, als die der inländischen Belegschaften. (Koubek
1983: 395) Gleichzeitig verringern die steigenden Auslandsinvestitionen deutscher Konzerne die Anzahl der im Inland zusätzlich geschaffenen Arbeitsplätze.
In den Jahren 1975 bis 1980 ergab sich ein Verlust von 300.000 bis 400.000 Arbeitsplätzen in der Bundesrepublik. (Jens 1984: 23) Im Rahmen der Produktionsverlagerungen und des hieraus resultierenden Ausfalls der Warenexporte aus der
Bundesrepublik unterliegen die Mitarbeiter der deutschen Konzernstandorte einer
zunehmenden konzerninternen Arbeitnehmerkonkurrenz, die sich geographisch
auf die EG-Staaten konzentriert. Andererseits müssen auch die Belegschaften der
Tochtergesellschaften in den EG-Ländern mit den Arbeitnehmern in den bundesdeutschen Stammwerken konkurrieren.

Die Entwicklung der konzerninternen Arbeitnehmerkonkurrenz in Spanien
ist bis 1975 in Abhängigkeit von den politischen Vorgaben des Franco-Regimes
zu sehen. Die Politik der ökonomischen Autarkie der 40er und 50er Jahre mit
dem Ziel der Importsubstitution, ließ nur sehr beschränkte Aktivitäten MNK in
Branchen zu, in denen der spanischen Wirtschaft technisches Know-How fehlte.
(Freyssinet/Mériaux 1980: 5f.) Spanische Unternehmen traten bisher im Ausland
nur in geringem Umfang als Direktinvestoren auf. 1976 waren unter 5.105 in der
EG erfaßten MNK nur acht spanische Unternehmen. (Kommission 1976: 35) (11)
Diese einseitige Ausrichtung der Investitionsströme führte zu einer, bis Anfang
der 90er Jahre zu beobachtenden, technologischen Abhängigkeit der spanischen

Industrie von ausländischen Lizenz- und Kapitalgebern. (Velasco Barroetabena u.a. 1988: 45) 1976 wurde die Reglementierung ausländischer Direktinvestitionen in Spanien liberalisiert und 1986 an die Regelungen der anderen EG-Staaten angeglichen. (ders. 1988: 53) Diese Liberalisierung, die forcierte Integration der spanischen Wirtschaft in die Weltwirtschaft und der EG-Beitritt Spaniens im Jahr 1986 führten zu einem starken Anstieg der ausländischen Direktinvestitionen in Spanien während der 80er Jahre. Der Anteil der ausländischen Direktinvestitionen stieg von 1970 0,9 % auf 1987 2,8 % des spanischen BIP und machte 7,5 % aller in Spanien getätigten Investitionen aus. (Velasco Barroetabena u.a. 1988: 46, 49; Note 1989: 61) Als Investitionsgeber treten zunehmend europäische MNK in Erscheinung. Während der US-Anteil an den in Spanien getätigten ausländischen Direktinvestitionen von 1960 bis 1975 bei 40,6 % lag, sank er 1987 auf 5,5 %. Die Direktinvestitionen aus EG-Staaten stiegen demgegenüber von 35,1 % auf 48,5 %. (Note 1989: 62)

Auffällig ist der hohe Anteil ausländischer Beteiligungen an der verarbeitenden Industrie Spaniens, der 1987 53,15 % aller ausländischen Investitionen erreichte. (12) Die Investitionsschwerpunkte ausländischer MNK lagen in der chemischen Industrie, der Eisenerzeugung, der mechanischen Industrie und der übrigen verarbeitenden Industrie. Es handelt sich hierbei um Branchen, in denen auch in den übrigen EG-Staaten Großunternehmen und MNK vorherrschen. Daher ist von einer erheblichen Arbeitnehmerkonkurrenz zwischen den Belegschaften der spanischen und der anderen europäischen Konzernstandorte auszugehen. Auf Unternehmen mit ausländischer Beteiligung entfielen 1984 24 % des Umsatzes, 27 % des Grundkapitals und 23 % der Beschäftigung des industriellen Sektors Spaniens. (Velasco Barroetabena u.a. 1988: 52ff.) Von den 2,68 Millionen in der spanischen Industrie tätigen Arbeitnehmern waren demnach 616.400 bei Unternehmen mit ausländischer Beteiligung beschäftigt. (Instituto nacional de estadistica 1989: 155) Dieser relativ hohe Anteil an Beschäftigten des industriellen Sektors, die in Betrieben mit ausländischer Beteiligung arbeiten konzentriert sich darüberhinaus auf wenige Regionen Spaniens. Die meisten ausländischen Investitionen werden in Madrid und Catalunya getätigt; beide Gebiete vereinten 1987 65 % aller ausländischen Direktinvestitionen auf sich. (Velasco Barroetabena u.a. 1988: 50)

Die konzerninterne Arbeitnehmerkonkurrenz, der die spanischen Belegschaften MNK unterliegen, unterscheidet sich von derjenigen in der Bundesrepublik durch den kurzen Zeitraum, in dem grenzüberschreitende Produktionsstrukturen MNK in den modernen Sektoren der spanischen Industrie entstanden. Außerdem sind die spanischen Arbeitnehmer fast überwiegend in Tochtergesellschaften ausländischer MNK, die von der Unternehmenspolitik der Konzernzentrale abhängig sind beschäftigt. Es ist davon auszugehen, daß beide Faktoren die Bargaining Power der betrieblichen Arbeitnehmervertretungen der spanischen

Konzernstandorte beeinträchtigen und deren Kooperationsneigung erheblich erhöhen.

Aus der Darstellung der ersten Integrationsphase der Europäischen Gemeinschaft läßt sich eine Erhöhung der europäischen Arbeitnehmerkonkurrenz entnehmen. Seit den 50er bis Mitte der 70er Jahre nahm, aufgrund der Erhöhung des brancheninternen Anteils am gesamten Intra-EG-Handel primär die durch Warenexporte hervorgerufene Arbeitnehmerkonkurrenz zu. Besonders auffällig ist die Zunahme dieser Ursache der Arbeitnehmerkonkurrenz in der spanischen Automobilindustrie seit den 80er Jahren. Demgegenüber weist die deutsche Automobilindustrie weiterhin einen hohen Exportüberschuß auf. Sie exportiert das Arbeitsplatzrisiko in die anderen EG-Staaten. Nachdem in den 60er Jahren die Bedeutung der ausländischen Direktinvestitionen zunahm und diese Form der Markterschließung neben die Warenexporte trat, hat sich die konzerninterne Arbeitnehmerkonkurrenz zwischen den Belegschaften der Standorte MNK zu einer relevanten Ursache der europäischen Arbeitnehmerkonkurrenz entwickelt. Der Abbau der Binnenzölle forcierte zunächst die Investitionstätigkeit US-amerikanischer MNK in der EG und vergrößerte die konzerninterne Arbeitnehmerkonkurrenz zwischen den Belegschaften der US-amerikanischen und der europäischen Konzernstandorte. In den 70er Jahren kehrte sich der Investitionsfluß um. Seitdem sind die Belegschaften der EG-Standorte europäischer MNK einer hohen Arbeitnehmerkonkurrenz durch die neugründeten Produktionsstandorte in den USA ausgesetzt. Die konzerninterne Arbeitnehmerkonkurrenz in Spanien ist durch die Rolle Spaniens als Aufnahmeland ausländischer Direktinvestitionen geprägt. Diese Tatsache beeinträchtigt die Durchsetzungsmacht der spanischen Arbeitnehmerorganisationen, da sie nur mit dem Management der Tochtergesellschaften verhandeln können, während die relevanten Entscheidungen im Ausland getroffen werden. Demgegenüber haben die deutschen Arbeitnehmerorganisationen, bedingt durch ihre geographische Nähe, direkten Zugriff auf die deutschen Konzernzentralen.

3.3 Die Auswirkung der Vollendung des EG-Binnenmarktes 1992/93 auf die europäische Arbeitnehmerkonkurrenz

Die Entwicklung der europäischen Arbeitnehmerkonkurrenz vollzog sich in der ersten Phase der europäischen Integration vor dem Hintergrund des nicht vollständig realisierten EWG-Vertrages von 1957. Der Vertrag sah als Gemeinschaftsziel bereits die Schaffung eines Binnenmarktes vor, in dem "die Beseitigung der Hindernisse für den freien Personen-, Dienstleistungs- und Kapitalverkehr zwischen den Mitgliedsstaaten" vollzogen war. (EWG-Vertrag 1990: Art. 3, Absatz C) Von den Vertragsinhalten wurde bis 1968 lediglich der Abbau der EG-Binnenzölle und die Freizügigkeit der Arbeitnehmer umgesetzt. Nach der Stagnation des Integrationsprozesses in den 70er Jahren, griff die Kommission unter dem neugewählten Kommissionspräsidenten Jacques Delors Mitte der 80er Jahre auf das Ziel des Binnenmarktes zurück, um den Integrationsprozeß der EG zu beschleunigen. Eine weitere Vertiefung der europäischen Arbeitsteilung wurde notwendig, um die sich in den 80er Jahren, gegenüber der US-amerikanischen und japanischen Industrie, verschlechternde Weltmarktposition der europäischen Industrie zu stärken. (Gemeinschaft 1989: 11) Die Produktivität der EG-Industrie sollte durch den Abbau aller nichttarifären Handelshemmnisse in der EG, die Ausnutzung der Economies of Scale und den äußeren Wettbewerbsdruck gesteigert werden. (vgl. Emerson 1988: 30) Da der Binnenmarkt zur Vertiefung der europäischen Arbeitsteilung beitragen soll, ist zu erwarten, daß er ebenfalls, wie die erste Integrationsphase, durch die Veränderung des Intra-EG-Handelsaustauschs, die Internationalisierung der Produktionsstrukturen und eine Veränderung der Unternehmensstrategien Einfluß auf die europäische Arbeitnehmerkonkurrenz nehmen wird.

Zur Einschätzung der zukünftigen Entwicklung der europäischen Arbeitnehmerkonkurrenz wird zunächst auf die prognostizierten mikro- und makroökonomischen Auswirkungen des Binnenmarktprojektes eingegangen. Danach erfolgt die Untersuchung der Einflüsse des Binnenmarktes auf den Intra-EG-Handel und die Aktivitäten MNK. Zur Beurteilung der Veränderungen im Bereich des Intra-EG-Handels und der MNK werden Umfragen über die Reaktion der Unternehmensleitungen auf die Vollendung des Binnenmarktes herangezogen.

Die Vollendung des Binnenmarktes bis zum 1. Januar 1993 und das Ziel einer Europäischen Union wurde 1986 von den Regierungschefs der EG-Staaten in der "Einheitlichen Europäischen Akte" (EEAA) vereinbart. (13) Zur Vollendung des Binnenmarktes sollen die noch bestehenden materiellen und technischen Barrieren, sowie sämtliche Steuerschranken abgebaut werden. (14) Die wirtschaftlichen Vorteile der Verwirklichung des Binnenmarktes sind in zwei Studien umfassend prognostiziert worden. (Cecchini 1988; Emerson 1988) In beiden Studien werden die wirtschaftlichen Vorteile der Vollendung des Binnenmarktes aus mikro- und makroökonomischer Perspektive analysiert. Im Mittel erreicht die Kostenersparnis durch den Binnenmarkt im Cecchini-Bericht 216 Milliarden ECU oder 5,3 % des EG-BIP. (Cecchini 1988: 122) Emerson gibt eine Summe von 175 bis 225 Milliarden ECU an. (Emerson 1988: 19) Die Kostenreduzierungen sollen durch veränderte Produktionsbedingungen erzielt werden. Der Wegfall der Handelsbarrieren senkt die Produktionskosten, erhöht jedoch auch den Wettbewerb auf dem größeren, offenen europäischen Markt. Cecchini geht daher von fallenden Güterpreisen aus, die die Nachfrage beleben sollen. Die steigende Nachfrage und höhere Economies of Scale erlauben den Unternehmen eine produktivere, kostengünstigere Produktion. (Cecchini 1988: 17) (15) Die Problematik eines solchen angebotsorientierten Binnenmarktkonzepts liegt in der Vernachlässigung der Nachfrageseite. Bei sinkenden Warenpreisen kann nicht automatisch von einer Erhöhung der Nachfrage ausgegangen werden. Neben der Marktsättigung ist ebenfalls die Entwicklung der Kaufkraft der Nachfrager, d.h. die Veränderung der Arbeitnehmereinkommen von Bedeutung. Zur Nachfrageseite wird in dem Cecchini Bericht lediglich die "Empfehlung" an die Unternehmer abgegeben, "sie sollten die Arbeitnehmer (...) auch an den im Zuge der Marktintegration zu erwartenden Produktivitätsgewinnen angemessen beteiligen". (Cecchini 1988: 137)

Der zunehmende Wettbewerb der Unternehmen, die sinkenden Preise und eine steigende Produktivität verweisen auf den betriebswirtschaftlichen Zwang, Arbeitskraft einzusparen bzw. rationeller zu nutzen. Auch Cecchini kommt zu einer entsprechenden Bewertung der Auswirkung des Binnenmarktprojekts auf die Arbeitnehmer. "In einem offenen Binnenmarkt zwingt verstärkter Wettbewerb die Unternehmen zu betriebsinterner Rationalisierung und zur Stillegung unrentabler Produktionsstätten. (...) Produktivitätsgewinne (...) setzen jedoch Einsparungen bei Kapital und Arbeit voraus. Auf kürzere Sicht ist daher mit Arbeitsplatzverlusten zu rechnen". (Cecchini 1988: 105, 130) Nach Schätzungen von Emerson werden im ersten Jahr nach der Vollendung des Binnenmarktes 250.000 Arbeitsplätze in der EG verloren gehen. (Emerson 1988: 184) Diese Entwicklung führt zu einer steigenden Konkurrenz der Arbeitnehmer um die knappen Arbeitsplätze, wobei sich die Arbeitnehmerkonkurrenzsituation besonders in Spanien, bei einer bereits hohen Arbeitslosenquote, weiter verschärfen wird. Eine Zunahme der Beschäftigung ist in beiden Studien an die Annahme geknüpft, sinkende Preise würden einen Nachfrageschub auslösen, der die Produktivitätszuwächse übersteigt und so die Einrichtung weiterer Arbeitsplätze notwendig werden läßt.

Diesen negativen Prognosen steht eine grundsätzlich positive Einschätzung der langfristigen Arbeitsmarkteinflüsse des Binnenmarkts auf makroökonomischer Ebene gegenüber. Ohne eine aktive staatliche Konjunkturpolitik ist mit 1,8 Millionen zusätzlichen Arbeitsplätzen in der EG zwischen 1993 und 1998 zu rechnen. Diese Zahl kann, je nach staatlicher Politik, bis auf 5,7 Millionen Arbeitsplätze gesteigert werden. Das EG-Bruttoinlandsprodukt (BIP) würde um zusätzliche 2 % bis 3 % zunehmen. Die weiteren wirtschaftlichen Folgen wie das Sinken der Verbraucherpreise, die Lage der öffentlichen Haushalte und die Entwicklung der Handelsbilanz würden, je nach Auswahl der begleitenden Maßnahmen weniger positiv ausfallen. (vgl. Tabelle III-3)

Die Vollendung des Binnenmarktes wird die Arbeitnehmerkonkurrenz um knappe Arbeitsplätze durch die mittelfristige Bereitstellung von 1,8 bis 5,7 Millionen zusätzlicher Arbeitsplätze verringern. Gleichzeitig muß jedoch in Spanien mit einem Verlust von Arbeitsplätzen in wettbewerbsschwachen Branchen und Unternehmen gerechnet werden. Andererseits wird die demographische Entwicklung mit niedrigen Fertilitäts- und Mortalitätsraten, die in den 90er Jahren alle

EG-Länder erfaßt, die Entlastung des EG-Arbeitsmarktes verstärken. (16) Die Anzahl der Arbeitsplätze würde daher in den 90er Jahren bei einem jährlichen Wirtschaftswachstum von 3 % bis 4,0 % jährlich um 1 % bis 1,6 % zunehmen. Aufgrund dieser Prognosen ging die Kommission 1989 von einem weiteren Abbau der Arbeitslosigkeit innerhalb der EG aus. (Busch 1991: 81)

3.3.1 Die Entwicklung der durch Warenexporte verursachten Arbeitnehmerkonkurrenz

Die Vollendung des EG-Binnenmarktes soll dem Intra-EG-Handel durch den Abbau der nichttarifären Handelshemmnisse neue Impulse verleihen. Das Ziel liegt in der Steigerung der Produktivität und der Wettbewerbsfähigkeit von Branchen mit einem hohen Außenhandelsanteil. (vgl. Emerson 1988: 30) Wie bereits in der Analyse der ersten Phase der europäischen Integration beschrieben, entsteht die durch Warenexporte hervorgerufene Arbeitnehmerkonkurrenz aufgrund des brancheninternen Austauschs innerhalb des Intra-EG-Handels. Auch in Zukunft wird der brancheninterne Austausch einen hohen Anteil am Intra-EG-Handel halten. Während der Anteil des brancheninternen Handels der Bundesrepublik auf einem hohen Niveau verharrt, nahm die brancheninterne Ausrichtung des spanischen Intra-EG-Handels bis 1987 erheblich zu. (vgl. Tabelle III-4) Diese Tendenz resultiert aus der gestiegenen Wettbewerbsfähigkeit bei Gütern mit höherem Technologiegehalt und dem Ausbau der Ausrüstungsgüterindustrie. (Kommission 1990e: 27) Die Automobilindustrie konnte ihren Anteil an den spanischen Nicht-Energie-Exporten beispielsweise zwischen 1985 und 1989 von 7,1 % auf 12,2 % steigern. (Banco de Espana 1988, 1991) Im gleichen Zeitraum ging der komparative Vorteil Spaniens in den arbeitsintensiven Branchen, wie z.B. der Schuh-, Leder-, Bekleidungs- und Wäscheindustrie gegenüber der EG zurück. Im Vergleich mit den Nicht-OECD-Staaten ergibt sich bereits eine zu große Lohndifferenz zu Ungunsten der spanischen Industrie. (Buigues u.a. 1990: 51) Diese Tendenz läßt eine allmähliche Angleichung der spanischen Wirtschaftsstruktur an die der restlichen EG-Länder erwarten.

Der steigende brancheninterne Austausch belegt die Zunahme der Arbeitnehmerkonkurrenz durch Warenexporte in der zweiten Phase der europäischen Integration. Der Intra-EG-Handel spielt dabei eine ambivalente Rolle. Einerseits erhöht er die Arbeitnehmerkonkurrenz im Bereich des brancheninternen Handels, andererseits werden die Branchen mit einer hohen internationalen Verflechtung auch zukünftig zu den vom EG-Binnenmarkt profitierenden Industriezweigen zählen. (Zinn 1989: 61) In der Bundesrepublik zählen hierzu acht Branchen des verarbeitenden Gewerbes, die bereits 1986 über 60 % ihrer Exporte innerhalb der EG abwickelten. (17) 1986 arbeiteten 6,4 Millionen Arbeitnehmer in der deutschen Industrie für die Exportproduktion, davon 3 Millionen direkt oder indirekt für die Exporte in die EG. (Stäglin 1988: 638) Allein der Ausfuhrüberschuß des Jahres 1986 sicherte 1,1 Millionen Arbeitplätze. Dies entspricht 4 % der erwerbstätigen Bevölkerung. (Zinn 1989: 77) In dieser Größenordnung exportierte die bundesdeutsche Wirtschaft weltweit Arbeitslosigkeit. Bei einem Anteil des brancheninternen Austauschs von 77 % am gesamten bundesdeutschen Export, unterliegen ca. 2,3 Millionen der insgesamt 3 Millionen für die EG-Ausfuhr arbeitenden deutschen Arbeitnehmer der europäischen Arbeitnehmerkonkurrenz aufgrund von Warenexporten. (vgl. Buigues u.a. 1990: 43)

3.3.2 Die konzerninterne Arbeitnehmerkonkurrenz innerhalb multina - tionaler Konzerne

Da die Vollendung des Binnenmarktes vorrangig den Strategien MNK entgegenkommt, wird eine zunehmende Zahl von Arbeitnehmern von der konzerninternen Arbeitnehmerkonkurrenz innerhalb MNK betroffen sein. (vgl. Zinn 1989: 61) MNK sind in der Lage die Vorteile des Binnenmarktes, wie beispielsweise höhere Economies of Scale optimal zu nutzen. Gleichzeitig verfügen sie über die technologischen und organisatorischen Ressourcen, um die auftretenden Probleme, wie die Reorganisation des Marktzugangs oder die Veränderungen der Vertriebsorganisation zu bewältigen. Die Produktionsstruktur der Konzerne verändert sich hin zur Konzentration auf die Fertigung zentraler Komponenten, bei gleichzeitiger Steigerung der Teilezulieferung (subcontracting) und der Fertigung im internationalen konzernweiten Produktionsverbund (international sourcing). Hinzu kommt die Vereinbarung von Gemeinschaftsunternehmen (joint ventures) für kleinere Marktsegmente, Forschungs- und Entwicklungskooperationen bei eingegrenzten Forschungsfragen sowie der Grundlagenforschung, um Kosten und Risiken zu minimieren. (vgl. Bochum/Meißner 1989: 87f.) Unternehmen auf die diese Beschreibung zutrifft, agieren in Industriezweigen mit einem hohen Konzentrationsgrad. Die Unternehmen der Branchen mit einem hohen Konzentrationsgrad operieren bereits seit geraumer Zeit EG-weit. Sie haben sich bisher gegenüber der internationalen Konkurrenz außereuropäischer und nationaler Anbieter behauptet und verfügen über entsprechende logistische, organisatorische und technologische Kenntnisse, um die Vorteile des Binnenmarktes auszunutzen. Die europäischen Autohersteller weisen neben der Raumfahrt und der Informationstechnologie mit 65,5 % den höchsten Konzentrationsgrad in den EG-weiten Produktionsstrukturen auf. (18) Diese Daten lassen eine überdurchschnittliche durch Warenexporte und internationalisierte Produktionsstrukturen hervorgerufene Arbeitnehmerkonkurrenz in der europäischen Automobilindustrie erwarten. Das insbesondere die MNK der europäischen Automobilindustrie, unter anderem auch die Tochtergesellschaften US-amerikanischer und japanischer KFZ-Hersteller, den Ausbau konzernweiter Produktionsverbunde vorantreiben, zeigt der überdurchschnittliche Anteil dieser Branche am durchschnittlichen Anteil des Intra-

Firmen-Handels am gesamten Import und Export der USA, Japans und des Vereinigten Königreichs. Der Anteil des Intra-Firmen-Handels des Vereinigten Königreiches mit Fahrzeugen lag 1981 22,8, der der USA 10,7 und der Japans 21,6 Prozentpunkte höher, als der Anteil des durchschnittlichen Intra-Firmen-Exports am Gesamtexport. (United 1988: 93)

Einen weiteren Hinweis auf die verstärkte EG-weite Internationalisierung multinationaler Konzerne bieten die zunehmenden Unternehmenszusammenschlüsse auf EG-Ebene. Die Zahl der Mehrheitsbeteiligungen, Übernahmen, Fusionen, Minderheitsbeteiligungen und Gründungen gemeinsamer Tochterunternehmen von Unternehmen innerhalb der EG stieg von 69 im Jahr 1984/85 auf 352 Transaktionen im Jahr 1988/89. Der Anteil dieser Transaktionen an allen Zusammenschlüssen erhöhte sich im gleichen Zeitraum von 19,3 % auf 31,4 %. (vgl. Tabelle III-5) Die Zunahme der Zahl EG-interner Unternehmenszusammenschlüsse ist ein Gradmesser für die steigende konzerninterne Arbeitnehmerkonkurrenz zwischen den Belegschaften der einzelnen Standorte multinationaler Konzerne innerhalb der EG.

In Spanien konzentriert sich die Internationalisierung der Produktionsstrukturen vorrangig auf die modernen Sektoren der verarbeitenden Industrie. Während der Anteil ausländischer Direktinvestitionen in der gesamten verarbeitenden Industrie zwischen 1986 und 1989 bei 35 % lag, nahm er in den nachfragestarken Branchen Datenverarbeitung, Elektronik, Chemie und Arzneimittel auf 88 % zu. (Buigues u.a. 1990: 8) Der Ausbau der modernen Industriesektoren wird weitgehend von ausländischen Investoren vorangetrieben. Dieser Prozeß wird auch in Zukunft zu einer erheblichen Erhöhung der konzerninternen Arbeitnehmerkonkurrenz für die Arbeitnehmer in den MNK dieser Industriezweige führen.

3.3.3 Die Auswirkungen veränderter Unternehmensstrategien im EG-Binnenmarkt auf die europäische Arbeitnehmerkonkurrenz

In welcher Intensität die Arbeitnehmerkonkurrenz aufgrund von Warenexporten, von Unternehmenszusammenschlüssen oder der Internationalisierung der Produktionsstrukturen im EG-Binnenmarkt wirksam wird, hängt entscheidend von den Strategien ab, mit denen die Unternehmen auf den Binnenmarkt reagieren. Ein verstärkter Warenexport auf bisher durch nichttarifäre Handelshemmnisse abgeschottete EG-Märkte erhöht die Arbeitnehmerkonkurrenz. Die Übernahme von Unternehmen in anderen EG-Staaten intensiviert die konzerninterne Arbeitnehmerkonkurrenz zwischen den Belegschaften der einzelnen Konzernstandorte. Der steigende Wettbewerb und höhere Economies of Scale zwingen zu Rationalisierungsinvestitionen, die den Abbau von Arbeitsplätzen forcieren und ebenfalls zu einer Erhöhung der Konkurrenz zwischen den Standorten beitragen. Welche dieser Strategien die europäischen Unternehmen verfolgen werden läßt sich einer Umfrage, die im Auftrag der Kommission unter 11.000 Unternehmen in der EG durchgeführt wurde entnehmen. (Nerb 1989)

Das IFO-Institut stellte deutschen Unternehmensleitungen 1989 die Frage nach einer Änderung ihrer Produkt-, Produktions-, Vertriebs- und F & E-Strategie. Die Änderung der Produktionsstrategien wird von Unternehmen des verarbeitenden Gewerbes und der Autoindustrie mit 60 % am häufigsten genannt. (Unternehmensstrategie 1989: 13) 49 % aller Unternehmen des verarbeitenden Gewerbes wollen Rationalisierungsinvestitionen vornehmen. Den zweiten Platz nimmt mit 20 % der Meldungen die Strategie der Produktionskooperation ein. Im KFZ-Bau liegen die Rationalisierungsinvestitionen mit 55 % noch über dem Durchschnitt des verarbeitenden Gewerbes. 32 % der befragten Unternehmen der deutschen Automobilindustrie planen eine Änderung der Produktstrategie. 28 % wollen ihre Produkte mehr standardisieren, 5 % wollen sie stärker differenzieren und den jeweiligen nationalen Käuferwünschen anpassen. (Unternehmensstrategie 1989: 14) Diese Strategiewahl deutet auf höhere Arbeitsplatzverluste in den international ausgerichteten Branchen des verarbeitenden Gewerbes und der Automobilindustrie hin, die die Arbeitnehmerkonkurrenz um die verbleibenden Arbeitsplätze innerhalb der MNK erhöhen wird. Lediglich eine Nachfragebelebung könnte zu einem höheren Produktions- und Arbeitsvolumen führen.

Die Pläne der spanischen und deutschen Unternehmer zur Zusammenarbeit in der Produktion spiegeln die Stellung ihrer Volkswirtschaften im System der internationalen Arbeitsteilung wieder. Bei den deutschen Unternehmen des verarbeitenden Gewerbes steht die Zusammenarbeit in der Produktion mit 20 % und die Produktionsverlagerung mit 14 % der Nennungen an zweiter und dritter Stelle. Dies illustriert die Rolle der deutschen Industrie als internationalen Kapitalexporteur. Auch hier besteht mit 23 %, bzw. 22 % der Nennungen ein überdurchschnittliches Interesse der deutschen Automobilindustrie. Spanien ist traditionell ein Empfängerland ausländischer Direktinvestitionen und scheint diese Rolle auch innerhalb des Binnenmarktes beizubehalten. Eine Zusammenarbeit oder Investitionen in anderen EG-Staaten werden daher von spanischen Unternehmen nur vereinzelt erwogen. In der Bundesrepublik steht der Ausbau der Produktionskapazitäten mit 10 % an letzter Stelle der zu wählenden Strategien. (Nerb 1989: 37)

Die strategischen Planungen der deutschen und spanischen Unternehmer im Binnenmarkt lassen eine Zunahme der europäischen Arbeitnehmerkonkurrenz erwarten. Da Produktionsausweitungen in Deutschland nur an letzter Stelle mit 10 %, Produktionsverlagerungen jedoch bei 23 % der Nennungen angegeben wurden, sind auch verlagerungsbedingte Arbeitsplatzverluste zu erwarten. Die positiven Einschätzungen des Cecchini- und des Emerson-Berichts hinsichtlich der Auswirkungen des Binnenmarktes auf die Arbeitsplätze müssen aufgrund der

Strategievorstellungen der europäischen Unternehmer skeptischer bewertet werden. Bei einer Zunahme der Rationalisierungsinvestitionen und der Zusammenarbeit von Unternehmen steigt die Konkurrenz um knappe Arbeitsplätze. Gerade diese beiden Strategien werden überdurchschnittlich oft von Unternehmen der Automobilindustrie angegeben. Das Potential Arbeitsplatz gefährdender Rationalisierungsmaßnahmen wird in der Automobilindustrie durch den geplanten Ausbau einer standardisierten Produktpalette zunehmen. Inwieweit diese allgemeinen Trendaussagen zur Entwicklung der Arbeitnehmerkonkurrenz im vollendeten Binnenmarkt auf einzelne MNK der Autoindustrie zutreffen, wird am Beispiel der Politik des Volkswagenkonzerns im fünften Kapitel analysiert.

3.4 Der Einfluß der regionalen Disparitäten in der EG auf die Bargaining Power der Arbeitnehmerorganisationen

Die Bargaining Power der Arbeitnehmerorganisationen in der EG wird unter anderem von der ökonomischen Leistungsfähigkeit der Region bestimmt, in der sie ihre Mitgliedschaft organisieren. Das Produktivitätsniveau, die Infrastruktur, sowie die Industrie- und Erwerbstätigenstruktur beeinflussen die wirtschaftlichen Erfolge der regionalen Unternehmen und damit auch die Durchsetzung der Arbeitnehmerforderungen. Eine Angleichung der Bargaining Power der Arbeitnehmerorganisationen in der EG setzt daher neben anderen Faktoren die Vereinheitlichung der ökonomischen Leistungsfähigkeit der Regionen voraus. In diesem Abschnitt wird der Frage nachgegangen, ob es im Verlauf der europäischen Integration zu einem solchen Angleichungsprozeß gekommen ist. Ein Schwerpunkt liegt in dem Vergleich der ökonomischen Daten der EG-Regionen Braunschweig und Catalunya, in denen die Konzernstandorte der kooperierenden VW- und Seat-Arbeitnehmervertretungen liegen.

Die Nivellierung der regionalen Disparitäten gilt als wichtiges Gemeinschaftsziel, das als Vorbedingung des weiteren Ausbaus der EG zu einer Wirtschafts- und Währungsunion und letztlich einer Politischen Union erfüllt werden muß. Als wichtigste Indikatoren zur Messung der regionalen Disparitäten bedient sich die Gemeinschaft der "Produktivität", gemessen als BIP pro Einwohner und der "Beschäftigung", gemäß der regionalen Arbeitslosenquote. (Kommission 1984: iii) Zur Beurteilung der Beschäftigungsentwicklung wird außerdem auf die industrielle Struktur, die Lohnstückkosten, die Erwerbsquote und die Bevölkerungsentwicklung der Regionen zurückgegriffen.

Nach dem Abbau der letzten Zollschranken am 1. Juli 1968 wurde Anfang der 70er Jahre deutlich, daß eine Integration, die lediglich auf die Wirkung des Freihandels vertraut, nicht automatisch auf eine ausgeglichene wirtschaftliche Entwicklung der Regionen hinausläuft. (Spinelli 1973: 134) Neben der Rezession der 70er Jahre vertiefte die Erweiterung der Gemeinschaft auf zwölf Mitgliedsstaaten in den 80er Jahren die regionalen Disparitäten. Die erste Konvergenzphase zwischen den Mitgliedsstaaten und Regionen endete Mitte der 70er Jahre. Danach vergrößerte sich die Konvergenz wieder, bis sie 1986 erneut das Niveau des Jahres 1970 erreichte. Seit 1986 blieb das Konvergenzniveau, trotz einer EG-weiten konjunkturellen Erholung konstant. (Kommission 1991: 19)

Einen wichtigen Konvergenzindikator bildet die Beschäftigungsentwicklung in der EG. Sie hat sich zwischen 1971 und 1985 negativ entwickelt. Die durchschnittliche Arbeitslosenquote in der Zwölfer-EG stieg von 4,4 % in den 70er Jahren, erreichte 1985 mit 10,9 % ihren Höhepunkt und ging bis 1990 wieder auf 8,7 % zurück. Neben den rezessionsbedingten Arbeitsplatzverlusten reichte der Zuwachs des Bruttosozialprodukts zwischen 1979 und 1985 nicht mehr aus, um den Produktivitätszuwachs zu kompensieren. In fast allen EG-Ländern ging daher die Beschäftigung zurück. In der Bundesrepublik setzte dieser Prozeß bereits zwischen 1973 und 1979 ein. In diesen sechs Jahren sank die Beschäftigung jährlich um 0,5 % und von 1979 bis 1985 jeweils um 0,3 % p.a.. Im gleichen Zeitraum ging die Beschäftigung in Spanien durch eine starke Erhöhung der Produktivität um 2,4 % jährlich zurück. (Kommission 1990g: 248) Mit den EG-Beitritten Griechenlands, Spaniens und Portugals in den 80er Jahren, stieg die Zahl der Erwerbstätigen langsamer als die Gesamtbevölkerung, so daß die durchschnittliche Arbeitslosenquote von 8,1 % auf 8,9 % anstieg. (Kommission 1987: 22f.)

Bei der Beurteilung der zukünftigen Regionalentwicklung stehen sich die theoretischen Positionen der Neoklassik und der Polarisationstheorie gegenüber. (19) Während Tömmel in einer Studie zur Regionalentwicklung Italiens von dem Zutreffen der Polarisiationstheorie ausgeht, verweist Busch 1991 auf die zu schmale empirische Basis, um eine der beiden theoretischen Positionen eindeutig bestätigen zu können. (Tömmel 1986; Busch 1991: 123) Busch nimmt jedoch an, daß sich die Unterschiede zwischen den EG-Ländern langfristig durch ein überdurchschnittliches Wachstum der bisher schwächeren Volkswirtschaften verringern werden. Die Abnahme regionaler Disparitäten hängt nach Buschs Ansicht von einer wirksamen Infrastrukturpolitik, einer zurückhaltenden Tarifpolitik und einer Spezialisierung der regionalen Produktion auf Güter, bei denen sie einen komparativen Kostenvorteil erzielen kann ab. (Busch 1991: 159)

Die Aktivitäten der Arbeitnehmerorganisationen werden von der Diskussion über die Angleichung der regionalen Disparitäten auf zweifache Weise tangiert. Einerseits wird von den Arbeitnehmerorganisationen in den strukturschwachen Gebieten eine lohnpolitische Zurückhaltung gefordert. Höhere Löhne würden die Ansiedlung neuer Unternehmen erschweren, da die niedrigen Lohnkosten ein wichtiger Konkurrenzvorteil dieser Gebiete seien. Gleichzeitig werden die Gewerkschaften in den wirtschaftsstarken Regionen der EG in Mittel- und Nordosteuropa vor weiteren Lohnsteigerungen gewarnt, da die Lohnkosten im EG-Vergleich bereits überdurchschnittlich hoch seien. Um dieses Argumente bewerten zu können soll im folgenden die absolute Lohnhöhe der einzelnen EG-Staaten mit den jeweiligen nationalen Produktivitätsniveaus verknüpft und anschließend verglichen werden.

Für die Argumentation der Arbeitgeber, daß überdurchschnittlich hohe Lohnkosten in einigen EG-Staaten, beispielsweise in der Bundesrepublik, zur Abwanderung von Unternehmen führen könnten, läßt sich kein empirischer Beweis finden. (20) Zwar lagen die durchschnittlichen Bruttostundenlöhne in der Bundesrepublik 1985 bei 13,33 DM, in Spanien bei 7,24 DM und in Griechenland nur bei 4,83 DM. Der spanische Durchschnittverdienst erreichte 1985 58,8 % des deutschen Durchschnittverdienstes. (Lohnstückkosten 1986: 3) Ökonomisch entscheidend ist jedoch die Verknüpfung der Lohnkosten mit dem Produktivitätsniveau derjenigen Produktionsstrukturen, in denen die Arbeitskraft verausgabt wird. Werden die Bruttoeinkommen aus unselbständiger Arbeit auf den Output von jeweils 1.000 ECU BIP der Mitgliedsstaaten umgerechnet, erreicht Spanien bereits 85,8 % des deutschen Lohnkostenniveaus. (vgl. Busch 1991: 280) Da die Struktur der Erwerbstätigkeit zwischen den EG-Staaten durch den überdurchschnittlich hohen Anteil an Selbständigen in südlichen EG-Ländern stark differiert, muß dieser Erwerbstätigengruppe ein durchschnittliches Lohneinkommen zugerechnet werden, um den Lohnkosteneinsatz pro 1.000 ECU BIP EG-weit vergleichbar zu gestalten. (21) Betrachtet man die vergleichbaren Lohnkosten je 1.000 ECU BIP nach dieser Zurechnung, liegen die deutschen Lohnkosten aufgrund der hohen Produktivität der deutschen Industrie nur bei 96,8 % der spanischen Lohnkosten und noch unter dem EG-Durchschnitt. (vgl. Busch 1991: 280) Dies bedeutet, daß Lohnerhöhungen in den strukturschwachen Gebieten sich an den zukünftigen Produktivitätsfortschritten, d.h. der Modernisierung der nationalen Industrie orientieren müßten, um die Produktion in diesen Regionen weiterhin zu sichern. In arbeitsintensiven Branchen ohne Automatisierungspotential sind stärkere Lohnerhöhungen möglich, ohne die Arbeitsplätze zu gefährden. Demgegenüber liegen die Löhne in den Zentren der EG in arbeitsintensiven Branchen ohne Automatisierungspotential so sehr über dem EG-Durchschnitt, daß im Zuge der europäischen Integration mit weiteren Produktionsverlagerungen zu rechnen ist. Die Lohnkosten in den kapitalintensiven Branchen der strukturstarken Regionen liegen nicht wesentlich über dem EG-Durchschnitt. Eine übermäßige Einschränkung der Lohnkomponente in der Tarifpolitik der Arbeitnehmerorganisationen ist daher empirisch nicht begründet.

Abschließend wird nun die ökonomische und beschäftigungspolitische Lage der Regionen Braunschweig, Niedersachsen, sowie Catalunya miteinander und mit den nationalen Durchschnittswerten Deutschlands und Spaniens verglichen. (vgl. Tabelle III-6, Anmerkung 22) Hierdurch ist eine Prognose der Auswirkungen der ökonomischen Struktur der Regionen auf die Beschäftigungsentwicklung sowie die Bedeutung der Volkswagenstandorte für die regionale Beschäftigung möglich. Besitzen die VW-Standorte eine erhebliche Bedeutung für die regionale Beschäftigungsentwicklung, ist mit einem politischen Interesse an der Beibehaltung hoher Beschäftigungszahlen zu rechnen. Hierdurch würde die Durchsetzungsfähigkeit der betrieblichen Arbeitnehmervertretungen der Konzernstandorte gestärkt.

In der Untersuchung der ökonomischen Struktur der Bundesrepublik fällt beim Vergleich mit EG-Daten ein überdurchschnittlicher Anteil des industriellen Sektors von 1988 40,5 % und im Falle Spaniens ein überdurchschnittlicher Beschäftigungsanteil des primären Sektors mit 14,3 % an der Erwerbstätigenstruktur auf. Erhebliche Differenzen zwischen der regionalen und der nationalen Ebene sind auch auf der Ebene der Regionen Braunschweig und Catalunya beobachtbar. Der Beschäftigungsanteil des verarbeitenden Sektors Braunschweigs lag 5,3 Prozentpunkte über dem deutschen Durchschnittswert, der Catalunyas 11,6 Prozentpunkte über dem spanischen Durchschnitt. Beide Regionen haben unterdurchschnittliche primäre und tertiäre Sektoren und weisen sich damit als industrielle Zentren innerhalb ihrer jeweiligen Nationalstaaten aus.

In der Wirtschaftsleistung pro Erwerbstätigem kommt die unterschiedliche Produktivität der Regionen zum Ausdruck. Das BIP Catalunyas pro Erwerbstätigem betrug 1981-85 lediglich 73 % desjenigen der Region Braunschweig. Im Vergleich mit den nationalen Werten ändern sich die Positionen der Regionen. Catalunya liegt über dem spanischen Durchschnitt, Braunschweig knapp unter dem bundesdeutschen Durchschnitt. Innerhalb der EG gehört Catalunya damit zu den aussichtsreichsten spanischen Regionen, was die Nutzung der ökonomischen Vorteile des Binnenmarktprojekts betrifft. Auf Braunschweig trifft abgeschwächt die Prognose für die Region Niedersachsen zu, daß die dortige verarbeitende Industrie den Technologiegehalt ihrer Erzeugnisse steigern muß, um nicht im Binnenmarkt mit Produkten mittleren Technologiegehaltes z.B. aus Spanien und Portugal konkurrieren zu müssen und dann Wettbewerbsnachteile zu erleiden. (vgl. Busch 1991: 153-158)

Die Erwerbstätigkeit in der Region Braunschweig lag in den 80er Jahren unter dem Bundesdurchschnitt. 1990 betrug die durchschnittliche Arbeitslosenquote nach mehreren Jahren des konjunkturellen Aufschwungs 7,8 %, gegenüber 5,2 % in der Bundesrepublik. Die überdurchschnittliche Arbeitslosigkeit findet ihre Erklärung in dem hohen Anteil des verarbeitenden Gewerbes. In diesem Sektor ging die Beschäftigung EG-weit zwischen 1983 und 1987 um 3 % zurück und stieg erst 1988 wieder um 1 %. Die Beschäftigtenzahl des, in der Region Braunschweig unterdurchschnittlich entwickelten Dienstleistungssektors nahm dagegen zwischen 1983 und 1988 EG-weit um 12 % zu. Dieser Trend wurde in der Region nicht wirksam. (Kommission 1991: 22) In der Region Catalunya lag die

Arbeitslosigkeit bis 1986 über dem hohen spanischen Durchschnitt von 21,5 %. Dies ist auf die hohen Rationalisierungsverluste des verarbeitenden Sektors zurückzuführen. Seit 1986 sank die Arbeitslosigkeit im Verlauf des Konjunkturaufschwungs auf 12,5 %. Die Beschäftigung in der Region profitierte vom starken Anstieg des arbeitsintensiven spanischen Dienstleistungssektors und der Zunahme der getätigten ausländischen Direktinvestitionen. Die Erwerbsquote von 40,5 % lag über dem Landes-, aber unter dem EG-Durchschnitt. (vgl. Tabelle III-9)

Der Vergleich der regionalen Erwerbstätigenzahl mit der Belegschaft der Volkswagen- bzw. der SEAT-Standorte zeigt das unterschiedliche Gewicht der Standorte für die regionale Beschäftigungsentwicklung. Die VW-Standorte Wolfsburg und Salzgitter stellten 1988 11,5 % der Erwerbstätigen der Braunschweiger Region. Bezogen auf die niedersächsische Erwerbstätigenzahl erreichten die dortigen VW-Standorte einen Anteil von 3,5 % an den Erwerbstätigen. Die Beschäftigungswirkung SEATs in Catalunya ist geringer. SEAT Barcelona stellte 1985 0,9 % aller Erwerbstätigen der Provinz Barcelona innerhalb Catalunyas. Der Anteil der SEAT-Beschäftigten an den Beschäftigten des verarbeitenden Gewerbes Catalunyas lag 1986 bei 4 %. SEATs Bedeutung in Catalunya und Spanien resultiert aus seiner früheren Rolle als Prestigeunternehmen des franquistischen Staates sowie seiner Position als größter Produktionsstandort der spanischen Industrie. Der Stellenwert der deutschen Standorte bezüglich der regionalen Beschäftigungs- und Strukturentwicklung dürfte für die deutschen Gewerkschaften und betrieblichen Arbeitnehmervertretungen bei Volkswagen höher sein, als die Rolle SEATs für die spanischen Arbeitnehmerorganisationen. Aufgrund des differierenden Gewichts der VW- und Seat-Standorte für die regionale Beschäftigung können die betrieblichen Arbeitnehmervertretungen der bundesdeutschen VW-Standorte mit einer externen Unterstützung seitens der regionalen Politik bei ihrer Forderung nach einer Beibehaltung der Belegschaftszahlen rechnen.

Insgesamt lassen sich aus der Entwicklung der regionalen Disparitäten in der EG folgende Rückschlüsse hinsichtlich der Beeinflussung der Bargainging Power der Arbeitnehmerorganisationen ziehen. Zunächst ist festzustellen, daß die Position der spanischen Wirtschaft in der EG-weiten Arbeitsteilung und in der EG-weiten Anbieterkonkurrenz schwächer ist, als die Stellung der deutschen Industrie. Lediglich die Regionen Catalunya und Madrid dürften im vollendeten Binnenmarkt über gute Entwicklungschancen verfügen. Der tarifpolitische Spielraum der Arbeitnehmerorganisationen in Europa wird durch diese regionalen, ökonomischen Disparitäten eingeschränkt. In Regionen mit hoher, struktureller Arbeitslosigkeit und einem hohen Anteil von Unternehmen mit niedrigem technologischen Niveau ist von einer geringen Umsetzbarkeit der Forderungen der dortigen regionalen und lokalen Arbeitnehmerorganisationen auszugehen. Das grundsätzliche

Argument, Arbeitnehmerorganisationen in strukturschwachen und -starken Regionen hätten sich gleichermaßen auch Lohnpolitisch zurückzuhalten trifft allerdings nicht zu. Wie gezeigt wurde, liegen die relativen Lohnstückkosten in bundesdeutschen Branchen mit hoher Produktivität sogar unter den spanischen Lohnstückkosten. In hochproduktiven, strukturstarken Bereichen kann eine Lohnzurückhaltung nur durch die konzerninterne Arbeitnehmerkonkurrenz innerhalb MNK entstehen, wenn der Vorteil eines hochproduktiven Standorts mit dem niedrigen Einkommensniveau einer strukturschwachen Region zusammenfällt. Inwieweit innerhalb des VW-Konzerns zwischen den Seat- und den VW-Standorten eine entsprechende Konkurrenzsituation entstehen kann wird im fünften Kapitel analysiert. Da in Spanien neben dem Vorherrschen strukturschwacher Gebiete gleichzeitig die Internationalisierung der Produktionsstrukturen und die konzerninterne Arbeitnehmerkonkurrenz durch steigende ausländische Direktinvestitionen stark zunimmt, ist die Durchsetzungsmacht der spanischen Arbeitnehmervertreter auf nationaler und betrieblicher Ebene erheblich gefährdet. In den zentralen Regionen der EG liegen die Löhne in den arbeitsintensiven Branchen ohne Automatisierungspotential demgegenüber so sehr über dem EG-Durchschnitt, daß auch bei einer lohnpolitischen Zurückhaltung der Arbeitnehmer mit Produktionsverlagerungen in die EG-Peripherie oder nach Osteuropa zu rechnen ist. In den strukturschwachen Regionen müßten sich die Lohnerhöhungen am Produktivitätsfortschritt orientieren, d.h. eine Einschränkung der Bargaining Power akzeptiert werden, um die Beschäftigung weiterhin zu sichern. Grundsätzlich hängt eine Verringerung der regionalen Disparitäten nicht primär von einer tarifpolitischen Zurückhaltung der Arbeitnehmerorganisationen, sondern von ausreichenden Mittelzuflüssen der EG mit dem Ziel einer Verbesserung der Infrastruktur ab.

Eine Begrenzung der europäischen Arbeitnehmerkonkurrenz, vor allem in ihrer konzerninternen Form, kann auch durch sozialpolitische Maßnahmen der EG-Organe erreicht werden. Diese können beispielsweise Richtlinien zu den Rechten betrieblicher Arbeitnehmervertretungen in EG-weit operierenden Unternehmen beschließen. Die Auswirkungen der EG-Sozialpolitik auf die europäische Arbeitnehmerkonkurrenz werden im folgenden untersucht.

3.5 Die sozialpolitischen Maßnahmen der EG zur Begrenzung der europäischen Arbeitnehmerkonkurrenz

Die Analyse der Veränderungen der Arbeitsteilungsprozesse innerhalb der EG zeigte eine kontinuierliche Zunahme der europäischen Arbeitnehmerkonkurrenz seit den 60er Jahren. Dagegen zählt die EG-Sozialpolitik zu den, in der zweiten Hypothese angesprochenen Umweltfaktoren der Kooperationsentscheidung, die potentiell zu einer Begrenzung der europäischen Arbeitnehmerkonkurrenz beitragen können. Um den Rahmen der Arbeit nicht zu überschreiten, ist an dieser Stelle nur eine grundsätzliche Einschätzung der Auswirkungen der allgemeinen Sozialpolitik und der Strukturfonds der EG auf die europäische Arbeitnehmerkonkurrenz möglich. Die Analyse der EG-Sozialpolitik konzentriert sich auf Maßnahmen zur Stärkung der Arbeitnehmerrechte in MNK. Die EG könnte mit effizienten Aktivitäten in diesem Bereich die konzerninterne Arbeitnehmerkonkurrenz zwischen den Belegschaften MNK einschränken und so einen direkten Einfluß auf die Kooperation zwischen der VW- und der Seat-Arbeitnehmervertretung ausüben. Durch den Erlaß verbindlicher Verordnungen bzw. Richtlinien würde die EG als externer Akteur auftreten, der exogene Lösungen zur Stabilisierung der Kooperation zwischen den betrieblichen Arbeitnehmervertretungen innerhalb MNK bereitstellt.

Erste programmatische Ansätze einer eigenständigen EG-Sozialpolitik existieren erst seit dem Konjunkturrückgang der Jahre 1966 bis 1968 und der ersten Erdölkrise Anfang der 70er Jahre. Nach dem EWG-Vertrag sollten die negativen Auswirkungen des Integrationsprozesses auf die europäische Arbeitnehmerschaft durch die, im Zuge der intensivierten europäischen Arbeitsteilung erwartete, Anhebung des allgemeinen Lebensstandards kompensiert werden. Die Kommission hatte lediglich den Auftrag "eine enge Zusammenarbeit zwischen den Mitgliedsstaaten in sozialen Fragen zu fördern". Sie sollte keine eigenen Initiativen ergreifen. (EWG-Vertrag Art.118) Der eingerichtete europäische Sozialfonds diente der finanziellen Unterstützung *nationaler* Beschäftigungsprogramme. (EWG-Vertrag Art. 125) Die Freizügigkeit der Arbeitnehmer sollte die Mobilität des Faktors Arbeit innerhalb des gemeinsamen Marktes erhöhen. Die EG beschränkte sich auf die Funktion, Diskriminierungen in bezug auf "Beschäftigung, Entlohnung und sonstige Arbeitsbedingungen" zu verhindern. (EWG-Vertrag Art.48; Kohte 1990: 82f.)

In der Sozialpolitik konzentrierte der Sozialfond seine Ausgaben seit 1977 auf die rückständigen EG-Regionen und die Förderung benachteiligter Arbeitsmarktgruppen, beispielsweise von Frauen und Jugendlichen. (Social 1990: 42f.) Auf strukturpolitischem Gebiet erfolgte 1975 die Gründung des "Europäischen Regionalfonds". Er sollte die regionalen Disparitäten innerhalb der EG durch Investitionen in die Infrastruktur der schwächsten EG-Regionen verringern. Ziel der Investitionstätigkeit war die Schaffung von Arbeitsplätzen und die Stimulierung der regionalen Wirtschaftstätigkeit. Durch den Regionalfond wurden jährlich 60.000 Arbeitsplätze erhalten bzw. zusätzlich eingerichtet. Der, aufgrund der EG-Erweiterungen der 80er Jahre angestiegene Anteil strukturschwacher Regionen und die erwartete Zunahme des Wettbewerbs zwischen den Regionen nach der Vollendung des Binnenmarktes 1992/93 führte 1989 zur Zusammenfassung des Sozial-, Regional- und Agrarstrukturfonds. Ein Schwerpunkt der Reform liegt in der Verdoppelung der Finanzausstattung dieser Fonds zwischen 1988 und 1993.

Die Gesamtmittel belaufen sich in diesem Zeitraum auf 53 Milliarden ECU. (Bundesministerium für Wirtschaft 1989a: 56f.)

Die Kritik an diesen EG-Maßnahmen zur Begrenzung der negativen Auswirkungen der europäischen Integration auf die Arbeitnehmer und die Reduzierung der regionalen Disparitäten richtet sich primär auf die zu geringe finanzielle Ausstattung der Fonds. Die EG selbst bewertet die Tätigkeit des Regionalfonds zwischen 1975 und 1980 wegen seiner knappen finanziellen Mittel als symbolischen Akt. (Social 1990: 43f.) Die Erhöhung der Mittel reicht auch nach der Reform der Fonds im Jahre 1989 nicht aus, um die Probleme der strukturschwachen Gebiete zu lösen. (Kommission 1991, 4. period. Bericht: 60; Kühne 1989: 32f.) Durch die Umverteilungsaktivitäten der Fonds ist demnach nicht mit einer Angleichung der Disparitäten zwischen den EG-Regionen zu rechnen. Die geringen Infrastrukturausgaben der EG erschweren auf diese Weise mittelbar die Vereinheitlichung der Bargaining Power der dort agierenden regionalen und betrieblichen Arbeitnehmerorganisationen.

Mit der Verabschiedung eines "sozialpolitischen Aktionsprogramms" durch den Rat im Januar 1974 kann erstmals von einer eigenständigen, allgemeinen Sozialpolitik der EG gesprochen werden. Schwerpunkte des Programms waren die Wiedererlangung der Vollbeschäftigung, die Verbesserung der Lebens- und Arbeitsbedingungen und die Beteiligung der Sozialpartner an der Konzeption der Sozialpolitik. (Kommission 1974) Neben dem Anspruch der Arbeitnehmer auf Mitwirkung auf Unternehmens- und Betriebsebene sah das Aktionsprogramm die Einrichtung eines europäischen Gewerkschaftsinstituts, die Unterstützung der Kommission beim Abschluß europaweit geltender Tarifverträge und den Schutz der Arbeitnehmerinteressen, unter anderem bei Unternehmenszusammenschlüssen vor. Von diesen Vorschlägen wurde 1978 die Einrichtung des europäischen Gewerkschaftsinstituts, 1975 eine Richtlinie über Massenentlassungen, 1977 eine Richtlinie über die Ansprüche der Arbeitnehmer beim Übergang oder der Fusion von Unternehmen und 1980 der Schutz der Arbeitnehmer bei der Zahlungsunfähigkeit des Arbeitgebers umgesetzt.

Außerdem war die Sozialpolitik der Gemeinschaft in Teilbereichen des Arbeitsrechts erfolgreich, beispielsweise beim Abbau der Diskriminierung von Arbeitnehmergruppen auf nationaler Ebene oder der Verbesserung der national erreichten Arbeitsschutzbestimmungen durch die Vorgabe eines höheren EG-Standards. (vgl. Däubler 1989: 31) Die letztgenannten sozialpolitischen Aktivitäten der EG erleichtern die Tätigkeit der betrieblichen Arbeitnehmerorganisationen in den einzelnen Mitgliedsstaaten. EG-weit vereinheitlichte Schutzbestimmungen können die Verlagerung von Produktionsstandorten in EG-Länder mit niedrigeren Arbeitsschutzstandards verhindern. Darüberhinaus führt die Vereinheitlichung der Arbeitsschutzrichtlinien in der EG zu einer Angleichung der Produktionsbedingungen und der Arbeitsvorgaben der betrieblichen Arbeitnehmervertretungen in den einzelnen Mitgliedsstaaten. Diese partielle Angleichung des Arbeitsrechts kann die internationale Kooperation fördern, da sich die Arbeitnehmervertreter bei der Bewältigung ihrer Probleme an einer EG-weit harmonisierten Gesetzeslage orientieren können.

Nachdem die EG-Sozialpolitik zwischen 1974 und 1984 aufgrund der Uneinigkeit der Regierungschefs im Europäischen Rat nicht fortgeschrieben werden konnte, entwickelte die neue Kommission unter dem Vorsitz von Jacques Delors seit 1984 neue sozialpolitische Initiativen. Eine neue Struktur der Arbeitsbeziehungen, die auf dem Prinzip der Freiwilligkeit der Sozialpartner beruht und als "sozialer Dialog" bezeichnet wird, sollte Bewegung in die sozialpolitische Diskussion bringen. Mit dem "sozialen Dialog" schlug die EG-Kommission einen Mittelweg zwischen einer Reglementierung der Arbeitsbeziehungen von Oben und einem völligen Laissez-faire ein. Die Grundlage des sozialen Dialogs bildet die Gesprächsbereitschaft der Tarifpartner und die Respektierung ihrer Autonomie seitens der EG. Seit 1985 treffen die Spitzenvertreter des "Europäischen Gewerkschaftsbundes" (EGB) mit Vertretern der beiden Arbeitgeber- und Industrieverbände, der "Union der Industrien der Europäischen Gemeinschaft" (UNICE) sowie der "Europäischen Zentrale der öffentlichen Wirtschaft" (CEEP) und der EG-Kommission zusammen. Diese Gespräche führten zur Veröffentlichung gemeinsamer Erklärungen zu eingegrenzten Fragen der qualitativen Tarifpolitik. Verbindliche Absprachen wurden von den Arbeitgebern abgelehnt. (23)

Die sozialpolitische Kompetenz der EG wurde nach Ansicht der EG-Kommission 1986 durch die "Einheitliche Europäische Akte" erweitert. Die Kommission will diese Kompetenzen nutzen, um "auf dem bereits eingeschlagenen Weg einer kohärenten europäischen Sozialpolitik voranzuschreiten". (Einigung 1989: 66) Diese Einschätzung der Kommission muß nach einer Analyse des Vertragstextes revidiert werden. Zwar wird die bisher in Artikel 100 vorgeschriebene Einstimmigkeit im Ministerrat in Artikel 100a, Absatz 1 für Maßnahmen zur Errichtung des Binnenmarktes zugunsten von Abstimmungen mit qualifizierter Mehrheit aufgegeben. Im zweiten Absatz des Artikels 100a wird allerdings ausdrücklich festgelegt, daß die qualifizierte Mehrheit nicht für "Bestimmungen über die Freizügigkeit und die Bestimmungen über die Rechte und Interessen der Arbeitnehmer" gilt. In Artikel 118 a legen sich die Mitgliedstaaten dann auf die "Verbesserung insbesondere der Arbeitsumwelt" fest und setzen sich für "die Harmonisierung der in diesem Bereich bestehenden Bedingungen bei gleichzeitigem Fortschritt" ein. Richtlinien in diesem Bereich können in Zukunft vom Ministerrat mit qualifizierter Mehrheit beschlossen werden. Die Einstimmigkeitsregel wurde somit teilweise aufgehoben. Die in Artikel 100a, Absatz 2 genannte Einschränkung hinsichtlich der Rechte und Interessen der Arbeitnehmer, schränkt die Anwendung des weiten Begriffes "Verbesserung insbesondere der Arbeitsumwelt" des Artikels 118a jedoch wieder ein. Je nach Interessenlage kann restriktiv mit Artikel 100a, Absatz 2 oder progressiv mit Artikel 118a argumentiert werden. Darüberhinaus enthält Artikel 118b, Absatz 2 die weitgefaßte Einschränkung, daß die Richtlinien zur Verbesserung der Arbeitsumwelt und des Schutzes der Sicherheit der Arbeitnehmer "keine verwaltungsmäßigen, finanziellen oder rechtlichen Auflagen vorschreiben, die der Gründung und Entwicklung von Klein- und Mittelbetrieben entgegenstehen". Die Sozialpolitik der EG soll so kostenneutral sein, daß sie die Entwicklung von Klein- und Mittelbetrieben nicht behindert. Mit Rückgriff auf diese dehnbare Bestimmung läßt sich in strittigen Fällen die Fortschreibung der Sozialpolitik verzögern. Insofern bietet die "Einheitliche Europäische Akte" zwar einerseits Möglichkeiten, eine umfassende europäische Sozialpolitik zu realisieren. Die genannten Einschränkungen erlauben es jedoch einzelnen Regierungen jederzeit, sozialpolitische Initiativen mit Hinweis auf die Gefährdung des Mittelstands abzulehnen, oder mit einer enggefaßten Auslegung des Begriffs der "Arbeitsumwelt" zur einstimmigen Beschlußfassung zurückzukehren. Die Blockade der Sozialpolitik durch einzelne EG-Staaten innerhalb des Ministerrats ist auch in Zukunft möglich.

Darüber hinaus konnte sich der Ministerrat nicht auf eine rechtlich verbindliche Erklärung über die Inhalte der sozialpolitischen Dimension des EG-Binnenmarktes einigen. Rechtlich bindende Aussagen waren seit 1988 immer wieder von den europäischen und nationalen Gewerkschaftsbünden gefordert worden. (vgl. FR 02.09.88, 24.02.89, 30.10.89) Erst im Dezember 1989 verkündete der Ministerrat nach langen Diskussionen die "Gemeinschaftscharta der sozialen Grundrecht der Arbeitnehmer". Auch diese Erklärung ist nicht rechtlich bindend. Es handelte sich um den kleinsten gemeinsamen Nenner auf den sich die Regierungschefs einigen konnten, obwohl die konservative britische Regierung die Charta letztlich nicht unterschrieb. Die Inhalte der Charta betreffen alle relevanten Themen aus dem Bereich der Arbeitsbeziehungen, darunter auch die Unterrichtung, Anhörung und Mitwirkung der Arbeitnehmer in grenzüberschreitenden Unternehmen. (Kommission 1990a) (24) Die rechtliche Unverbindlichkeit der Sozialcharta verweist auf die fehlende Kompromißbereitschaft der europäischen Regierungen bei der Weiterentwicklung der europäischen Sozialpolitik.

Noch gravierender sind in dieser Hinsicht die sozialpolitischen Beschlüsse des Maastrichter Gipfeltreffens, auf dem über die Weiterentwicklung der EG zu einer Politischen Union und einer Wirtschafts- und Währungsunion verhandelt wurde. Die Gemeinschaft erweiterte den Katalog sozialpolitischer Maßnahmen, über die der Ministerrat mit qualifizierter Mehrheit entscheiden kann um die Themen Arbeitsschutz, Arbeitsbedingungen, Arbeitszeit und Arbeitsrecht. Einstimmigkeit ist weiterhin in den Bereichen Mitbestimmung, Kündigungsschutz und soziale Sicherheit vorgesehen. Das Vereinigte Königreich lehnte alle Fort-

schritte in Richtung auf eine einheitliche EG-Sozialpolitik ab; die sozialpolitischen Entscheidungen der Zukunft werden für Unternehmen im Vereinigten Königreich nicht gelten. (KStA 07.01.92) Das Resultat des Gipfeltreffens ist eine
sozialpolitische Spaltung der EG-Arbeitnehmer, was ihre sozialpolitischen Rechte
auf EG-Ebene betrifft in Arbeitnehmer erster und zweiter Klasse.

Nach der Darstellung der Handlungsspielräume der EG im Bereich der allgemeinen Sozialpolitik und des Arbeitsrechts stellt sich die Frage, ob die EG auf
dem Feld der "Unternehmensmitwirkung von Arbeitnehmervertretern" und im
Rahmen der "betrieblichen Unterrichtungs- und Anhörungsrechte der Arbeitnehmer in Unternehmen mit komplexer, grenzüberschreitender Struktur" größere
sozialpolitische Fortschritte erreichen konnte. Mit Richtlinien zu diesem Thema
kann die EG die EG-weite Kooperation zwischen betrieblichen Arbeitnehmervertretungen innerhalb eines Unternehmens inhaltlich und organisatorisch vorstruk-
turieren und erleichtern.

3.5.1 Arbeitnehmerrechte innerhalb des Statuts der Europäischen Aktien-gesellschaft (EAG)

Die Kommission beabsichtigt seit zwei Jahrzehnten Richtlinien zu den Arbeitnehmerrechten auf der Ebene der Unternehmen und der Betriebe vorzulegen
und zu erlassen. Auf der Unternehmensebene hält die Kommission seit den 70er
Jahren neben der Harmonisierung des nationalen Gesellschaftsrechts in der EG,
die Schaffung eines Europäischen Gesellschaftsrechts für notwendig. Im folgenden wird die Diskussion dieser Richtlinien innerhalb der EG-Strukturen beispielhaft dargestellt, um die divergierenden Interessen zwischen den EG-Organen, die
Komplexität des Entscheidungsprozesses und die umfassenden Kompetenzen des
Ministerrats zu verdeutlichen. Bereits 1970 legte die Kommission den "Vorschlag
eines Statuts für Europäische Aktiengesellschaften" (EAG) vor. Die EAG soll die
wirtschaftliche und rechtliche Einheit von europäischen Unternehmen ermöglichen und Unternehmensfusionen erleichtern. In ihrem ersten Entwurf ging die
Kommission von der Einrichtung eines an der Unternehmensspitze angesiedelten
Europäischen Betriebsrates bei Gesellschaften mit Betriebsstätten in mehreren
Mitgliedsstaaten aus. Nach Beratungen im Europäischen Parlament sah der
zweite Entwurf der Kommission von 1975 eine Erweiterung der Befugnisse des
Europäischen Betriebsrates vor. Nachdem der Ministerrat nicht zu einer einstimmigen Verabschiedung der Richtlinie in der Lage war, setzte er die Beratungen über die EAG 1982 aus. Die Vorbereitung des europäischen Binnenmarktes
führte schließlich 1988 zur Vorlage eines Referendums der Kommission über das
Statut der EAG, welches 1989 in einen Verordnungsentwurf der Kommission
über das Statut der EAG und einen Richtlinienentwurf über die Mitbestimmung
der Arbeitnehmervertreter in der EAG geteilt wurde. (Kommission 1989; Kom-

mission 1989a) Da besonders die Frage der Arbeitnehmermitwirkung an der Unternehmensleitung auf den Widerstand einiger Regierungen gestoßen war, klammerte die Kommission in diesem letzten Entwurf die Arbeitnehmerrechte aus dem Gesamtstatut aus, um die Beratung des Statuts der EAG zu beschleunigen. Während das Statut als Verordnung sofort EG-weit geltendes Recht würde, müßte die Verordnung zu den Arbeitnehmerrechten erst von den Parlamenten der Mitgliedsstaaten in nationales Recht umgesetzt werden. Dabei können die einzelnen Regierungen Modifikationen des EG-Entwurfs vornehmen.

Für die Bewertung des Statutes aus der Perspektive der Arbeitnehmerorganisationen ist der Vorschlag der Kommission relevant, die Arbeitnehmermitwirkung an der Unternehmensleitung in drei Formen zuzulassen, zwischen denen die Anteilseigner und die Arbeitnehmervertreter wählen können. Das erste Modell einer Arbeitnehmerbeteiligung am Aufsichts- bzw. Verwaltungsrat, die zwischen einem Drittel und der Hälfte der Sitze liegt, ist dem deutschen und niederländischen Recht nachempfunden. Der französisch-belgischen Tradition folgt das zweite Modell, welches die Schaffung eines separaten Organs, das von allen Arbeitnehmern der EAG gewählt wird vorsieht. Es besitzt nur Informations- und Konsultationsrechte. Im dritten Modell bleibt die Aushandlung des Umfangs und der Art der Vertretungrechte der Arbeitnehmer einer vertraglichen Regelung zwischen Arbeitnehmerseite und der Leitung der EAG vorbehalten. Im Entwurf werden lediglich einige Mindestrechte auf Konsultation vorgeschrieben. Kommt es zu keiner Einigung zwischen Arbeitgeber- und Arbeitnehmerseite über die Auswahl eines der drei Modelle, entscheidet die Unternehmensleitung. Dieser neue Versuch der Kommission nach zwanzigjähriger Tätigkeit einen, für alle Mitgliedsstaaten akzeptablen Kompromiß gefunden zu haben erscheint erfolgversprechender als die Verordnungsentwürfe von 1970 und 1975. Außerdem wurde die Verabschiedung des EAG-Statuts im "Weißbuch Binnenmarkt" festgeschrieben, einem Arbeitsdokument, das alle Mitgliedsstaaten in der EEA als verbindliche Grundlage des Binnenmarktes bezeichnen.

Wie ist der Richtlinienentwurf der Kommission zur EAG von 1989 hinsichtlich seiner Auswirkungen auf die Tätigkeit der nationalen und betrieblichen Arbeitnehmerorganisationen zu bewerten? Zunächst ist zu kritisieren, daß die vorgegebenen drei Mitwirkungsmodelle nicht gleichwertig sind. Die Modelle zwei und drei bieten weniger Einflußmöglichkeiten als das erste Modell. (Däubler 1990: 19) Bei dem Zusammenschluß von mindestens zwei Unternehmen zu einer EAG verlieren die Arbeitnehmer in den EG-Staaten ohne Sitz der Konzernzentrale ihren inländischen Arbeitgeber. Sie fallen, falls die EAG nicht Mitglied der nationalen Arbeitgeberverbände wird, aus den nationalen Flächentarifverträgen heraus. Dieser tariflose Zustand läßt sich nur durch den Abschluß von Firmentarifverträgen umgehen. Das ist ein Ziel, welches die europäischen Arbeitgeber schon seit längerer Zeit als Deregulierungsmaßnahme anstreben. Bei Firmentarifverträ-gen setzen die Unternehmensleitungen in der Regel eher ihre Interessen durch, als in Branchentarifverträgen. (Däubler 1990: 20f) Die Gründung der EAG kann zur Folge haben, daß betriebliche Arbeitnehmervertretungsorgane, wie beispielsweise der deutsche Gesamtbetriebsrat, das spanische Comité Intercentro und das fran-zösische Comité central d'entreprise auf nationaler Ebene wegfallen. (Däubler 1990: 21) Der Gerichtsstand bei Arbeitsprozessen könnte unter bestimmten Um-ständen an den Sitz der EAG fallen. Dies würde die Durchsetzung von Forderun-gen einzelner Arbeitnehmer erheblich erschweren. (Däubler 1990: 22) Der Ar-beitsrechtler Däubler bewertet den Richtlinienentwurf insgesamt negativ: "Der Vorschlag des Statuts einer SE (EAG-V.M.) erweist sich bei näherem Zusehen als gigantischer Versuch der Deregulierung. Ohne daß der Bestand nationaler Normen unmittelbar angetastet würde, wären die Unternehmen in der Lage, sich wesentlichen Teilen des nationalen Arbeitsrechts zu entziehen. Dies gilt auch für den Bereich der Unternehmensmitbestimmung. Für die Beschäftigten bliebe eine Art Rumpfarbeitsrecht übrig, das zwar noch Betriebsräte und Kündigungsschutz, aber keine Flächentarife und vielleicht auch keinen Wirtschaftsausschuß und kei-nen Gang zum Arbeitsgericht mehr kennt". (Däubler 1990: 23)

Eine Realisierung dieses Richtlinienentwurfs zur Unternehmensmitwirkung der Arbeitnehmer würde der internationalen Kooperation der betrieblichen Ar-beitnehmervertretungen zwar eine Legitimation von Seiten der Europäischen Ge-meinschaft verschaffen, hätte jedoch gleichzeitig für einzelne Arbeitnehmervertre-tungen negative tarifpolitische und arbeitsrechtliche Konsequenzen, die bis zur Auflösung betrieblicher Organe der Arbeitnehmervertretung führen können. Es ist zu erwarten, daß eine solche Form der externen "Stabilisierung" der internationa-len Kooperation von den betroffenen Arbeitnehmerorganisationen abgelehnt wird.

3.5.2 Die betrieblichen Mitwirkungsrechte der Arbeitnehmer in EG-weit operierenden Unternehmen

Neben dem oben angesprochenen Entwurf zu den Arbeitnehmerrechten in der Europäischen Aktiengesellschaft hat sich die EG-Kommission auch mit der Regelung der betrieblichen Unterrichtungs- und Anhörungsrechte der Arbeitneh-mer in EG-weit tätigen Unternehmen beschäftigt. Die Beschlüsse der EG in die-sem Bereich würden die Kooperation betrieblicher Arbeitnehmervertretungen in multinationalen Konzernen innerhalb der EG direkt beeinflussen. Jede von der EG beschlossene Verordnung bzw. Richtlinie zur Information und Anhörung der Arbeitnehmer in Fragen, die mehrere Standorte in mindestens zwei EG-Staaten betreffen, erleichtert die bereits bestehenden Kooperationsprozesse der Mandats-träger. Auf der Grundlage einer Entscheidung des Ministerrats müßten die Kon-

zernleitungen die Kooperationsbeziehungen der betrieblichen Arbeitnehmervertretungen materiell und informationell unterstützen.

Grafik 3

Richtlinienentwürfe der EG-Kommission zu den betrieblichen Unterrichtungs- und
Anhörungsrechten der Arbeitnehmer in Unternehmen mit komplexer, grenzüberschreitender Struktur:

1980	1983
Betroffene Unternehmen:	Betroffene Unternehmen:
Mindestzahl der Beschäftigten 100 Arbeitnehmer pro Tochterunternehmen	Gesamtbeschäftigungsgröße 1.000 Arbeitnehmer in der EG
Halbjährliche Informationspflicht	Jährliche Informationspflicht
Kann das Tochterunternehmen bestimmte Informationen nicht liefern, können sich die Arbeitnehmervertreter direkt an die Leitung des herrschenden Unternehmens wenden. Diese antwortet direkt auf die Anfragen der Arbeitnehmervertretung	Bei schriftlichen Anfragen an das herrschende Unternehmen, beantwortet dieses die Fragen und gibt sie an das Management des Tochterunternehmens weiter
Die präzise Information ist vierzig Tage vor der Entscheidung zu übermitteln	Die präzise Information ist rechtzeitig vor der endgültigen Entscheidung zu übermitteln
Ein Vertretungsorgan aller Arbeitnehmer kann durch eine Vereinbarung zwischen der Leitung des herrschenden Unternehmens und den Arbeitnehmervertretern geschaffen werden	gestrichen
Die Mitglieder der Arbeitnehmervertretung sind bei vertraulicher Information zur Geheimhaltung verpflichtet	Die Leitung eines Unternehmens ist dazu ermächtigt, geheime Informationen von der Unterrichtung auszunehmen

(eigene Zusammenfassung aus: Europäischer Gewerkschaftsbund 1983)

Der Ministerrat hat seit der zweiten Hälfte der 70er Jahre drei Richtlinien
zur Stärkung der Arbeitnehmerrechte in komplexen, grenzüberschreitenden Unternehmen erlassen. 1975 wurde die Richtlinie zur Angleichung der Rechtsvorschriften über Massenentlassungen verabschiedet. (Rat 1975) Eine zweite Richtlinie klärt die Ansprüche der Arbeitnehmer beim Übergang von Unternehmen
oder Betriebsteilen auf einen anderen Eigentümer oder bei der Fusion von Unter-

nehmen. (Rat 1977) Der Schutz der Arbeitnehmer bei Zahlungsunfähigkeit des Arbeitgebers wird in einer dritten Richtlinie des Rates vom Oktober 1980 geregelt. (Rat 1980) Bei diesen Themen war eine einstimmige Verabschiedung im Rat der Fachminister möglich, da es sich primär um die Garantie der Rechte des einzelnen Arbeitnehmers gegenüber dem Arbeitgeber handelte.

Ein anderes Abstimmungsverhalten zeigte der Rat bisher hinsichtlich der "betrieblichen Unterrichtungs- und Anhörungsrechte der Arbeitnehmervertreter", die die Kommission seit 1980 beschäftigen. Der als "Vredeling-Richtlinie" bezeichnete, ursprüngliche Entwurf aus dem Jahr 1980 sollte die Unterrichtung der Arbeitnehmer in komplexen Unternehmen, d.h. mit Betriebsstätten in mehr als einem Mitgliedsstaat regeln. Damit ist besonders die Frage der Arbeitnehmermitwirkung in multinationalen Konzernen angesprochen. 1982 wurde der Entwurf durch die Mitte-Rechts-Mehrheit des Europaparlaments zuungunsten der Arbeitnehmerseite verändert. Die Kommission legte daraufhin 1983 einen veränderten Richtlinienentwurf vor, um den Wünschen des Parlaments zu entsprechen. (Kommission 1984)

In dem Entwurf des Jahres 1983 nahm die Kommission gegenüber der Fassung von 1982 mehrere Veränderungen vor, die die Rechte der Arbeitnehmerseite einschränken. Durch die Einführung einer Gesamtbeschäftigungszahl fallen EG-weit operierende mittelständische Unternehmen aus der Richtlinie heraus. Die Informationen, die den Arbeitnehmervertretern zur Verfügung gestellt werden müssen verlieren aufgrund der nur noch jährlichen Informationspflicht an Aktualität. Die Nachfragen der Mandatsträger aus Tochterunternehmen an die Konzernzentrale werden nicht mehr direkt von dort aus beantwortet, sondern über die regionalen Unternehmensleitungen zugestellt. Es ist nicht mehr sichergestellt, daß den Arbeitnehmervertretern wichtige Informationen frühzeitig vor Unternehmensentscheidungen zugehen. Die Unternehmensleitung kann bestimmte Informationen als vertraulich deklarieren, sie müssen dann nicht mehr an die Arbeitnehmervertreter weitergegeben werden. (vgl. Grafik 3) Auch dieser veränderte zweite Entwurf konnte 1983 im Ministerrat, hauptsächlich wegen der britischen Ablehnung jeglicher Form der betrieblichen Mitbestimmung, nicht einstimmig angenommen werden. Der Ministerrat setzte daher die Beratung im Juli 1986 bis Anfang 1989 aus. Gleichzeitig forderte er die Sozialpartner auf, in Verhandlungen selbst zu Vereinbarungen über die Unterrichtung und Anhörung der Arbeitnehmer vor allem bei der Einführung neuer Technologien zu gelangen. (Rat 1986)
Im Dezember 1990 legte die Kommission einen neuen Richtlinienvorschlag zur betrieblichen Unterrichtung, Anhörung und Mitwirkung der Arbeitnehmer in gemeinschaftsweit operierenden Unternehmen vor. Sie stützte sich dabei auf die Europäische Sozialcharta, die die Unterrichtung und Anhörung der Arbeitnehmer in komplexen Unternehmen fordert. In ihrem dritten Entwurf schlägt die Kom-

mission die Gründung "Europäischer Betriebsräte" (EBR) vor. Diese sollen, wenn ihre Einrichtung durch die Arbeitnehmer- oder Arbeitgeberseite beantragt wird, in allen Unternehmen mit mindestens 1.000 Beschäftigten und je 100 Beschäftigten in mindestens zwei Mitgliedsstaaten gegründet werden. Der EBR wird beim herrschenden Unternehmen, oder falls das herrschende Unternehmen seinen Sitz außerhalb der EG hat, beim Betrieb mit der höchsten Belegschaftszahl eingerichtet. Die Verhandlung über Umfang, Zusammensetzung, Zuständigkeiten und Arbeitsweise des EBR sollen nach dem Entwurf zwischen der zentralen Leitung des Unternehmens und gewählten Vertretern der Arbeitnehmer des Unternehmens stattfinden. Die Zuständigkeit des EBR erstreckt sich auf alle Betriebe des Unternehmens. Inhaltlich beschränken sich die Zuständigkeiten des EBR auf Angelegenheiten, die gemeinschaftsweit mehr als mindestens zwei Betriebe betreffen. Hierzu zählen die Verlegung, der Zusammenschluß oder die Schließung von Standorten, Änderungen in der Organisation eines Standortes bzw. der Unternehmensgruppe, sowie die Einführung neuer Arbeitsmethoden und Fertigungsverfahren. (Kommission 1991a: 15) Es wird vorgeschlagen, daß sich der EBR aus mindestens je einem Mitglied je Staat und Unternehmensgruppe oder Betrieb bis zu maximal dreißig Mitgliedern zusammensetzten soll. Diese Mitglieder werden nach national festzulegenden Modalitäten gewählt. Der EBR tritt mindestens einmal jährlich zusammen. Er ist über die Struktur des Unternehmens, seine wirtschaftliche und finanzielle Lage, die voraussichtliche Entwicklung der Geschäfts-, Produktions- und Absatzlage, die Beschäftigungslage und ihre voraussichtliche Entwicklung sowie die Investitionsperspektive des Unternehmens zu unterrichten. Die Funktionskosten gehen zu Lasten der Leitung des Unternehmens. (Kommission 1990b, 1991a)

Insgesamt gesehen ist eine abschließende Regelung dieses Bereichs der Arbeitsbeziehungen durch die EG weiterhin eher unwahrscheinlich. Die Kommission bemüht sich seit mehr als einem Jahrzehnt eine Richtlinie zu formulieren, die im Ministerrat einstimmig angenommen werden kann. Da auch der Vertrag von Maastricht Einstimmigkeit in Mitbestimmungsfragen vorsieht, ist bei der traditionellen Opposition der britischen Regierung in dieser Frage, nicht mit einer Umsetzung der Kommissionsvorschläge zu rechnen. Allerdings kann der Entwurf als Einstieg in die Festlegung betrieblicher Arbeitnehmerrechte innerhalb europäischer MNK bewertet werden. Im letztgenannten Richtlinienentwurf wird neben der Unterrichtung und Anhörung der Arbeitnehmervertreter erstmals auch deren Mitwirkung erwähnt. Die EG definiert mit der Richtlinie einen Rahmen, innerhalb dessen die Unternehmens- und Arbeitnehmervertreter die Arbeit des EBR nach den Erfordernissen des einzelnen Unternehmens vereinbaren können.

Eine zusammenfassende Betrachtung der Auswirkungen der sozialpolitischen Aktivitäten der EG auf die europäische Arbeitnehmerkonkurrenz ergibt ein differenziertes, jedoch überwiegend negatives Bild. Die EG verfolgt mit ihrer Strukturpolitik zwar das Ziel, regionale Disparitäten in der EG zu verringern. In der Realität kann sie diesen Ansprüchen, aufgrund der geringen Mittelausstattung ihrer Strukturfonds nicht gerecht werden. Die Strukturfonds begrenzen die Arbeitnehmerkonkurrenz um knappe Arbeitsplätze lediglich im Bereich der benachteiligten Arbeitnehmergruppen in den strukturschwachen Gebieten. Programmatische Aussagen zu einer eigenständigen Sozialpolitik entwickelte die EG erst in den 70er Jahren. Diese Ansätze wurden jedoch nur in denjenigen Bereichen realisiert, die der Freizügigkeit der Arbeitnehmer und der Arbeitssicherheit dienten. Die Gleichstellung der einzelnen Arbeitnehmergruppen auf nationaler Ebene und die Vereinheitlichung der Arbeitsschutzbestimmungen innerhalb der EG sind Ergebnisse dieser Kommissionsaktivitäten. In Ansätzen wurde hiermit indirekt eine Harmonisierung der Beteiligungsrechte der betrieblichen Arbeitnehmervertretungen in der EG ermöglicht. Dieser Prozeß kann die internationale Kooperation erleichtern.

Von besonderer Bedeutung für die Kooperation zwischen betrieblichen Arbeitnehmervertretungen innerhalb EG-weit produzierender Unternehmen ist die Verabschiedung sozialpolitischer Richtlinien zu den Arbeitnehmerrechten in diesen Unternehmen. Im Sinne der zweiten Hypothese würde die EG mit der gesetzlichen Verankerung solcher Arbeitnehmerrechte einen kooperationsfördernden Faktor der Kooperation betrieblicher Arbeitnehmervertreter bilden. In den letzten zwei Jahrzehnten konnte sich der Ministerrat allerdings nicht zu einer einstimmigen Annahme der bisher vorgelegten Richtlinienentwürfe entschließen. Darüberhinaus gaben die Entwürfe zu den "Arbeitnehmerrechten auf Unternehmensebene" wichtige tarifpolitische und organisatorische Errungenschaften des deutschen Arbeitsrechts preis. Auf diesem Feld wirkt sich die EG-Sozialpolitik sogar, wie die europäische Arbeitnehmerkonkurrenz, negativ auf die Bargaining Power der bundesdeutschen Arbeitnehmerorganisationen aus. Eine ähnliche Einschätzung ergibt sich für die Aktivitäten der EG im Bereich der betrieblichen Mitwirkung der Arbeitnehmervertreter. Hier bietet der Richtlinienentwurf der Kommission zwar eine Grundlage für die Stabilisierung und Institutionalisierung der internationalen Kooperation betrieblicher Arbeitnehmervertreter. Wahrscheinlich wird der Ministerrat zwar die Richtlinie zu den Arbeitnehmerrechten in der EAG annehmen, dafür jedoch die positiv eingeschätzte Richtlinie zu den "Europäischen Betriebsräten", aufgrund der Einstimmigkeitsregel im Rat nicht verabschieden.

Aus der Analyse der ökonomisch geprägten Entwicklung der europäischen Integration und der sozialpolitischen Aktivitäten der EG, läßt sich abschließend eine Bewertung der Veränderungen der europäischen Arbeitnehmerkonkurrenz vornehmen. Dabei kann es sich aufgrund des Umfangs dieses Umweltbereichs nur um eine, auf der makroökonomischen Ebene angesiedelte Einschätzung handeln. Die Ergebnisse des vorliegenden Kapitels über den allgemeinen Trend der europäischen Arbeitnehmerkonkurrenz werden im fünften Kapitel auf die Arbeitnehmerkonkurrenz, die sich in der europäischen Automobilindustrie, auf den nationalen Automärkten und innerhalb des Volkswagenkonzerns entwickelt hat bezogen.

Seit der Gründung der EG hat die durch Warenexporte und die Internationalisierung der Produktionsstrukturen MNK hervorgerufene europäische Arbeitnehmerkonkurrenz zugenommen. In der ersten Integrationsphase bis 1984 war die Zunahme des brancheninternen Intra-EG-Austauschs die primäre Ursache dieser zunehmenden Konkurrenzsituation. Seitdem intensiviert der Aufbau europaweiter Produktionsverbünde die konzerninterne Arbeitnehmerkonkurrenz. Neben der Erhöhung der europäischen Arbeitnehmerkonkurrenz wird die Bargaining Power der Arbeitnehmerorganisationen auch durch die unveränderten regionalen Disparitäten innerhalb der EG eingeschränkt. Die Bargaining Power der VW- und der Seat-Arbeitnehmervertretungen werden allerdings durch die regionalen Disparitäten nicht begrenzt. Die Seat-Standorte in Catalunya liegen in einer Region mit einer entwickelten Infra- und Industriestruktur; die VW-Standorte in Niedersachsen können aufgrund ihrer Bedeutung für den regionalen Arbeitsmarkt mit der besonderen Unterstützung der jeweiligen Landesregierung und der IG Metall rechnen.

Die negativen Auswirkungen der europäischen Arbeitsteilung auf die europäische Arbeitnehmerkonkurrenz sind durch die EG-Sozialpolitik nicht korrigiert worden. In der Strukturpolitik reichen die Mittel der EG-Fonds nicht aus, um eine grundsätzliche Verringerung der regionalen Disparitäten herbeizuführen. Die vom Ministerrat beschlossene Vereinheitlichung der Arbeitsschutzbestimmungen erleichterten zwar die Arbeitsmöglichkeiten der Gewerkschaften und der betrieblichen Arbeitnehmervertretungen. EG-Richtlinien über die Rechte der Arbeitnehmervertretungen in EG-weit operierenden Unternehmen, die die Kooperation zwischen betrieblichen Arbeitnehmervertretungen innerhalb MNK fördern könnten wurden vom Ministerrat bisher nicht beschlossen. Die "europäische Integration" ist daher, im Sinne der zweiten Hypothese, als ein Umweltbereich der Kooperation zu bewerten, der grundsätzlich zur Erhöhung der europäischen Arbeitnehmerkonkurrenz beiträgt. Die "europäische Integration" fördert auf diese Weise indirekt eine positive Kooperationsentscheidung der betrieblichen Arbeitnehmervertretungen.

Anmerkungen zu Kapitel drei:

(1)
Insgesamt kann nicht von einer steigenden Arbeitnehmerkonkurrenz durch die Migration von EG-Bürgern in der EG gesprochen gesprochen werden. Der Anteil der EG-Bürger, der Artikel

48 des EWG-Vertrages in Anspruch nimmt lag 1988 lediglich bei 1,5 % der EG-Wohnbevölkerung. Quantitativ bedeutender sind die Migrationsbewegungen der Nicht-EG-Bürger. Nur 38% der gesamten ausländischen Wohnbevölkerung in der EG stammt aus anderen EG-Ländern. (EUROSTAT 1990a: 212f.) Bei den deutschen KFZ-Herstellern lag der Anteil der ausländischen Beschäftigten 1990 lediglich bei 14,2 %. Der Anteil der Beschäftigten aus anderen EG-Ländern an der Gesamtbeschäftigung betrug 3,5 %. (Industriegewerkschaft Metall 1991: 16, 22)

(2)
Zu den ökonomischen Teilzielen zählt die Abschaffung der Zölle innerhalb der EG, die Schaffung eines gemeinsamen Außenzolls und einer gemeinsamen Handelspolitik, die Beseitigung der Hindernisse für den freien Personen-, Dienstleistungs- und Kapitalverkehr, eine gemeinsame Landwirtschafts- und Verkehrspolitik, die Angleichung der Rechtsvorschriften, die Koordinierung der Wirtschaftspolitik und die Errichtung einer Europäischen Investitionsbank. (vgl. EWG-Vertrag, Art.3)

(3)
Die Disparitäten umfassen beispielsweise die unterschiedliche Entwicklung der Infrastruktur, der ökonomischen Sektoren, ein unterschiedliches Lohnniveau sowie das quantitative und qualitative Angebot an Arbeitsplätzen.

(4)
In der Bundesrepublik ist der interindustrielle Handel in folgenden Warengruppen besonders ausgeprägt: "Nahrungs- und Genußmittel, Chemische Erzeugnisse, bearbeitete Waren, Maschinen und Fahrzeuge". (Busch 1978: 39)

(5)
Beträgt der Wert des Koeffizienten in der Tabelle +1 exportiert das Land ohne zu importieren, beträgt er -1 importiert es ohne zu exportieren. In beiden Fällen handelt es sich um einen interindustriellen Austausch. Der Wert des Koeffizienten entspricht 0, wenn der gesamte Handel im Austausch ähnlicher Produkte besteht und Exporte und Importe sich wertmäßig ausgleichen. Es handelt sich dann um einen brancheninternen Außenhandel. Die Werte wurden für die relevanten Produktklassen nach der SITC-Klassifizierung der Jahre 1979 und 1990 berechnet. Für die vorliegende Arbeit ist besonders die SITC-Klasse 7, in der der Außenhandel mit KFZ erfaßt wird, von Bedeutung.

(6)
Die Werte für die spanischen KFZ-Importe und -Exporte beziehen sich auf die Gesamtausfuhr und -einfuhr. Da 1981 86,4 % aller spanischen KFZ-Exporte in die EG gingen, ist die Fehlerquote tolerierbar. (vgl. Portillo 1982: 27)

(7)
Von Interesse sind an dieser Stelle die Internationalisierungsmotive MNK. Einen Überblick über die beiden Theorierichtungen gibt Busch 1991: 177-183.

(8)
Nach der ersten grundlegenden Studie der UN über MNK kontrollierten in den 70er Jahren 82 MNK in der Bundesrepublik über 70 % aller deutschen Direktinvestitionen im Ausland. (Department 1974: 4) Unter ausländischen Direktinvestitionen werden gemäß den Kriterien der

EG-Kommission Kapitaltransaktionen verstanden, die sich auf "(a) die Einrichtung von 'unmittelbaren und dauerhaften Verbindungen' zwischen den Investoren und der die Mittel erhaltenden Firma und (b) die Höhe der Beteiligung oder des Aktienbesitzes, die es nach den jeweiligen nationalen Gesetzen den Investoren erlaubt, 'wirklich an der Verwaltung oder der Kontrolle der Firma teilzuhaben' bezieht". (Kommission 1990l: 91)

(9)
Der Anteil des Intra-EG-Imports am gesamten Außenhandel der EG stieg zwischen 1958 und 1972 von 29,5 % auf 51,6 %, der des Intra-EG-Exports im gleichen Zeitraum von 30,1 % auf 49,8 %. (Busch 1978: 35)

(10)
Piehl berichtet, daß zwischen 1961 und 1969 ca. 2.000 Fusionen in der EWG auf nationaler Ebene, aber nur 257 grenzüberschreitende Zusammenschlüsse zwischen Unternehmen in der EWG stattfanden. (Piehl 1974a: 30)

(11)
Die spanischen Auslandsinvestitionen nahmen erst in den 80er Jahren stärker zu. 1985 erreichten sie 15,6 % und 1989 22,5 % der ausländischen Direktinvestitionen in Spanien. (vgl. El País 1990: 362) Ein Schwerpunkt der spanischen Investitionstätigkeit lag in Portugal. 20 % aller ausländischen Direktinvestitionen in Portugal kamen 1987 aus Spanien. Die spanischen Beteiligungen konzentrieren sich auf arbeitsintensive Industriezweige, um die bis zu einem Drittel niedrigeren portugiesischen Lohnkosten auszunutzen. (Note 1989: 63)

(12)
Von 1985 bis 1987 sank der Anteil der ausländischen Investitionen im sekundären Sektor an den gesamten ausländischen Investitionen von 64,36 % auf 53,15 %, der des tertiären Sektors stieg von 34,37 % auf 45,39 %. (Velasco Barroetabena 1988: 52)

(13)
Zu den Kernpunkten der Vereinbarung zählt der Zusammenschluß der EG mit den Instrumenten der Europäischen Politischen Zusammenarbeit (EPZ), des Europäischen Rates und des Europäischen Währungssystems zu einer Einheit. Es sollten weitere Zuständigkeiten auf die EG-Organe in der Außen-, Sozial-, Wirtschafts-, Umwelt- und Forschungspolitik übertragen werden. Außerdem wird das Einstimmigkeitsprinzip im Ministerrat für bestimmte Politikbereiche aufgegeben und die Kompetenzen des Europäischen Parlaments erweitert. (vgl. Einheitliche Europäische Akte 1990; Busch 1991: 28, 41) Zu den Vorverhandlungen über und die Bedeutung der EEA siehe Weidenfeld 1986.

(14)
Zu den materiellen Schranken zählen beispielsweise Kontrollen an den EG-Binnengrenzen; einzelstaatliche Produktnormen bilden technische Schranken. Steuerschranken entstehen durch Unterschiede bei der Mehrwertsteuer und anderen Verbrauchsabgaben. (vgl. Cecchini 1988: 23)

(15)
Busch führt den Nachweis, daß der Abbau nichttarifärer Handelshemmnisse den Wettbewerb in der EG verstärkt und zu sinkenden Preisen führt Damit widerspricht er der Argumentation der Arbeitsgruppe Alternativer Wirtschaftspolitik, die eher von einer Vergrößerung der Gewinne

bei erfolgten Kostensenkungen ausgeht. Außerdem weist er nach, daß in der EG auch in Zukunft ein Kostensenkungspotential durch die Steigerung der Economies of Scale vorhanden ist. (Busch 1991: 61-66)

(16)
Dieser für alle Industriestaaten typische demographische Trend wird mit der Theorie der demographischen Transition erklärt. (Birg 1989)

(17)
Zu diesen Industriezweigen zählt die Herstellung von Kunststoffwaren mit einer EG-Exportquote von 60,8 %, die Herstellung von Büromaschinen und ADV mit 63,5 %, der Luft- und Raumfahrzeugbau mit 77,7 %, die Holzbearbeitung mit 63,7 %, die Zellstoff- und Papiererzeugung mit 68,1 %, die Papier- und Pappeverarbeitung mit 66,7 %, das Ernährungsgewerbe mit 65,6 % und die Getränkeherstellung mit 79,1 %. Die EG-Exportquote des Straßenfahrzeugbaus liegt bei 46,9 % und damit noch unter der des gesamten verarbeitenden Gewerbes von 48,1 %. (Stäglin 1988: 637)

(18)
Der Produktionsanteil der fünf größten Hersteller in der EG lag 1986 in der Raumfahrt bei 65,6 %, in der Automobilindustrie bei 65,5 %, in der Informatik/Büromaschinen bei 65,3 %, in der Elektronik bei 42,2 % und in der Chemie bei 41,5 %. (Konzentration 1989: 45)

(19)
Die Neoklassik geht von einem Ausgleich der Disparitäten aus, da die Produktionsfaktoren dort wirksam werden, wo ihre Entlohnung am höchsten ist. In den zentralen Regionen ist übermäßig Kapital vorhanden, das aufgrund der Knappheit in peripheren Regionen höher verzinst wird. Gleichzeitig besteht dort zu niedrigen Kosten ein reichliches Angebot an Boden und Arbeit. Es findet daher ein Kapitalabzug aus den Zentren in die Peripherie und ein Arbeitnehmerzuzug aus der Peripherie in die Zentren statt. (vgl. Busch 1991: 132ff.) Demgegenüber argumentieren die Vertreter der Polarisationstheorie mit einem dreiphasigen Entwicklungsmodell der EG-Regionen. In der ersten Phase konzentriert sich die arbeitsteilig organisierte Produktion in städtischen Verdichtungsgebieten, die entsprechende Infrastrukturen anbieten können. Die dort erzielbaren Skalenerträge entziehen den anderen, meist ländlichen Gebieten infolge der Konkurrenz deren Produktionsstätten und deren Geldkapital. In der zukünftigen Entwicklung fällt die Wahl für Direktinvestitionen innerhalb der EG ebenfalls auf die entwickelten Regionen. Daher ergibt sich bei den modernen Sektoren eine internationale Arbeitsteilung zwischen den EG-Staaten, die die zentralen, entwickelten Regionen begünstigt. Generell wird bei der zukünftigen europäischen Integration für jeden Mitgliedsstaat ein starkes Wachstum seiner entwickelten Zentrumsregionen und ein weiteres Absinken der peripheren und gering entwickelten Gebiete erwartet. (Tömmel 1986: 114f.)

(20)
Die deutsche Metallindustrie beklagte 1988 zu hohe Steuern und Lohnkosten in der Bundesrepublik. (FR 21.10.88) Hoechst vermißt das Augenmaß der deutschen Politiker bei den verabschiedeten Restriktionen in der Umweltgesetzgebung. (FR 21.11.91) Die FDP fordert einen drei- bis fünfjährigen Verzicht auf Einkommensverbesserungen und Arbeitszeitverkürzungen, um Deutschland als Industriestandort zu erhalten. (FR 03.02.92)

(21)

In den meisten EG-Ländern liegt der Anteil der Selbständigen und mithelfenden Familienange-
hörigen zwischen 10-15 % der Erwerbspersonen. In Griechenland erreichte er 1987 48,8 %, in
Italien 31,9 %, in Portugal 31,6 %, in Spanien 27,4 % und in Irland 23,4 %. (Busch 1991: 279)

(22)

Anmerkung zu Tabelle III-6:

(1) Bevölkerung im Alter von 14-65 Jahren als Prozentsatz der Gesamtbevölkerung, (2) EG
10, (3) Erwerbsquote 1981 und 1986 umfaßt die gesamten Erwerbspersonen, d.h. Beschäftigte
und Arbeitslose als Prozentsatz der Bevölkerung zwischen 14-64 Jahren. Für 1988 gilt als Erwerbsquote die Zahl der Erwerbspersonen in Prozent der Gesamtbevölkerung, (4) 1981, (5)
EG 9, (6) zuzüglich 5,2 % der Residualkategorie, (7) EG 12 entspricht dem Indexwert 100.
Quellen: Instituto 1989: 155; Kommission 1984b; 1987; 1991

(23)

Die Bundesvereinigung der Deutschen Arbeitgeberverbände gehört zu den Mitgliedern der
UNICE, die eine Verbindlichkeit von Absprachen im Sozialen Dialog ablehnt. Sie will die Ein-
engung des tarifpolitischen Spielraums der deutschen Arbeitgeberverbände durch bindende Absprachen auf EG-Ebene verhindern. (vgl. Kohler-Koch/Platzer 1986)

(24)

In den einzelnen Kapiteln beschäftigt sich die Sozialcharta mit den Themen:
- Freizügigkeit
- Beschäftigung und Arbeitsentgelt
- Verbesserung der Lebens- und Arbeitsbedingungen
- Sozialer Schutz
- Koalitionsfreiheit und Tarifverhandlungen
- Berufliche Bildung
- Gleichbehandlung von Männern und Frauen
- Unterrichtung, Anhörung und Mitwirkung der Arbeitnehmer
- Gesundheitsschutz und Sicherheit in der Arbeitsumwelt
- Kinder- und Jugendschutz
- Ältere Menschen
- Behinderte
(Kommission 1990a)

4. Der Beitrag der europäischen Arbeitnehmerorganisationen zur Eingrenzung der europäischen Arbeitnehmerkonkurrenz

Die Analyse der Auswirkungen der europäischen Integration auf die europäische Arbeitnehmerschaft, zeigte eine erhebliche Zunahme der Arbeitnehmerkonkurrenz auf europäischer Ebene. In den 80er Jahren verschärfte sich insbesondere die konzerninterne Arbeitnehmerkonkurrenz. Eine Eingrenzung der europäischen Arbeitnehmerkonkurrenz durch die EG blieb aus, da die EG-Organe kein Gesamtkonzept einer wirksamen EG-Sozialpolitik vorlegten. Deren sozialpolitische Aktivitäten führten lediglich zu partiellen Erfolgen im Bereich des Arbeitsschutzes und der Gleichbehandlung von in- und ausländischen, sowie von weiblichen und männlichen Arbeitnehmern.

In diesem Kapitel wird das Umweltsegment der europäischen Arbeitnehmerorganisationen daraufhin untersucht, ob die Kooperation zwischen den nationalen Arbeitnehmerorganisationen unter dem Einfluß der europäischen Integration und ihrer, die Arbeitnehmerkonkurrenz verschärfenden Auswirkungen, intensiviert wurde. Außerdem wird der Frage nachgegangen, welche Impulse von den internationalen und europäischen Arbeitnehmerorganisationen zur Unterstützung der Kooperation betrieblicher Arbeitnehmervertretungen innerhalb multinationaler Konzerne ausgingen. Die gewerkschaftlichen und betrieblichen Arbeitnehmerorganisationen stehen seit den 50er Jahren vor dem Problem, daß das Kapital die Arbeitnehmer mit der Internationalisierung der Produktionsstrukturen multinationaler Konzerne einer konzerninternen Konkurrenz auf betrieblicher Ebene aussetzt, die aufgrund ihrer internationalen Auswirkung auch die Organisationsgrenzen der jeweiligen, in den einzelnen Standorten präsenten nationalen Gewerkschaften und betrieblichen Arbeitnehmervertretungen überschreitet. Auf diese Weise wird, die die Arbeitnehmerkonkurrenz begrenzende Funktion der Arbeitnehmerorganisationen unterlaufen. Bezüglich der steigenden konzerninternen Arbeitnehmerkonkurrenz wirkt sich die fehlende Einbindung der betrieblichen Arbeitnehmerorganisationen in die internationalen Kooperationsstrukturen, die auf nationaler Gewerkschaftsebene bereits seit der zweiten Hälfte des 19. Jahrhunderts existieren, besonders negativ aus. Die nationalen und internationalen Gewerkschaften müssen diesen "weißen Fleck" im Bereich der internationalen Kooperation in einem komplexen Diskussionsprozeß organisatorisch sowie inhaltlich füllen und gleichzeitig die primär "betrieblich-orientierten Interessen" der betrieblichen Mandatsträger berücksichtigen. Die problematische Entwicklung der neuen Kooperationsstrukturen und -inhalte auf betrieblicher Ebene beruht auf den teilweise differierenden Organisationszielen von nationalen Gewerkschaften und betrieblichen Arbeitnehmervertretungen. Außerdem wird der Aufbau der Kooperationsstrukturen durch den bereits thematisierten Konflikt zwischen der kollektiv-rationalen Strategie, die die Kooperationskompromisse zur langfristigen Erhaltung der betrieblichen Bargaining Power der einzelnen Arbeitnehmervertretungen

als notwendig erachtet und den in der Belegschaft und Teilen des Mandatsträger-
körpers verankerten individuell-rationalen Strategien, die den Zielen der eigenen
Arbeitnehmervertretung Priorität einräumt, belastet. Die Relevanz einer Untersu-
chung der Kooperation betrieblicher Arbeitnehmervertretungen resultiert aus der
geringen Strukturiertheit des neuen Kooperationsfeldes, die eine Beobachtung der
Versuche gewerkschaftlicher und betrieblicher Interessenvertreter, diesen
Konflikt mittels einer Institutionalisierung der Kooperation zu lösen, ermöglicht.
Da die Institutionalisierung der Kooperation betrieblicher Arbeitnehmervertre-
tungen zu einer Einschränkung individuell-rationaler Kooperationsstrategien der
Mandatsträger beiträgt, sind die Aktivitäten der europäischen Arbeitnehmerorga-
nisationen, die Kooperation der betrieblichen Arbeitnehmervertretungen und die
Institutionalisierung der Kooperation zu fördern, relevante Stabilisierungsfaktoren
der Kooperation.

Ziel dieses Kapitels ist es, die Aktivitäten der europäischen Arbeitnehmerorganisationen zur effizienten Eingrenzung der europäischen Arbeitnehmerkonkurrenz darzustellen und zu analysieren. Die Untersuchung folgt damit der zweiten
Hypothese, in der neben den, die Arbeitnehmerkonkurrenz verschärfenden Auswirkungen ökonomischer Rahmenbedingungen auch die Einbeziehung potentieller, die Arbeitnehmerkonkurrenz begrenzender Faktoren, wie in diesem Fall die
Aktivitäten internationaler Gewerkschaftsorganisationen, gefordert wurde. Zur
Eingrenzung der europäischen Arbeitnehmerkonkurrenz stehen den europäischen
Arbeitnehmerorganisationen grundsätzlich zwei Strategien zur Verfügung. Einerseits können sie versuchen, die Politik der EG im Sinne ihrer Organisationsziele
zu beeinflussen. Andererseits kann der Aufbau eigener Organisationsstrukturen
im internationalen Kooperationsbereich bis auf die betriebliche Ebene hinunter
und vertragliche Regelungen mit den Arbeitgebern angestrebt werden. Die Umsetzung der ersten Strategie setzt die Schaffung einer gewerkschaftlichen Struktur
auf europäischer Ebene voraus, um langfristig auf die EG-Organe einwirken zu
können. Im Rahmen dieser Arbeit über die Kooperation betrieblicher Arbeitnehmervertretungen der Automobilindustrie sind die Aktivitäten des "Europäischen
Gewerkschaftsbundes" (EGB) und des "Europäischen Metallgewerkschaftsbundes" (EMB) von Bedeutung. Als Ansprechpartner der nationalen Gewerkschaften
und der betrieblichen Arbeitnehmervertreter in internationalen Kooperationsprozessen können sie den betrieblichen Mandatsträgern Ressourcen zur Aufnahme
und Stabilisierung zwischenbetrieblicher Kooperationskontakte zur Verfügung
stellen.

Zunächst wird die Entwicklung der europäischen Gewerkschaftsstrukturen
als Reaktion der nationalen Gewerkschaften auf den Ausbau der europäischen
Integration dargestellt. Hierbei wird auf die Aktivitäten weltweiter Gewerkschaftsorganisationen eingegangen, soweit von ihnen relevante Impulse auf die

Kooperation betrieblicher und gewerkschaftlicher Arbeitnehmervertreter innerhalb multinationaler Konzerne ausgehen. In der Analyse der Strukturen und Aktivitäten von "Europäischem Gewerkschaftsbund" (EGB) und "Europäischem
Metallgewerkschaftsbund" (EMB) wird der Frage nachgegangen, ob die organisationellen Ressourcen dieser europäischen Gewerkschaftsorganisationen zur
wirksamen Eingrenzung der europäischen Arbeitnehmerkonkurrenz ausreichen.
Außerdem ermöglicht der Vergleich der Programmatik von EGB und EMB mit
den Beschlüssen der EG-Organe die Beurteilung der effizienten Umsetzung der
ersten Strategievariante, die einer gewerkschaftlichen Lobbytätigkeit auf europäischer Ebene entspricht. (Abschnitt 4.1) Die Relevanz der europäischen Gewerkschaftsstrukturen für die betrieblichen Arbeitnehmervertreter in MNK hängt neben einer erfolgreichen externen Lobbytätigkeit ebenso von den ihnen angebotenen Partizipationsmöglichkeiten an diesen Strukturen und von der Relevanz der
dort diskutierten Themen für die betriebliche Praxis ab. Am Beispiel der, für die
betrieblichen Arbeitnehmervertreter aus der Automobilindustrie relevanten "Arbeitsgruppe Automobilindustrie" des Europäischen Metallgewerkschaftsbundes
wird die Einbindung der Betriebsräte in diese Organisationsstrukturen und die
Gremien der europäischen Gewerkschaftsorganisationen dargestellt. (Abschnitt
4.2)

Die erfolgreiche Umsetzung der zweiten Strategie, die einen Ausbau der internationalen Kooperationsstrukturen der gewerkschaftlichen Arbeitnehmerorganisationen auf betrieblicher Ebene und Vereinbarungen zur Gründung betrieblicher Kooperationsgremien mit den Unternehmensleitungen multinationaler Konzerne vorsieht, wird anschließend analysiert. Der Erfolg der zweiten Strategie
kann aufgrund des Vergleichs der, in der Literatur diskutierten, gewerkschaftlichen Aktivitäten gegenüber multinationalen Konzernen mit den konkret erreichten
Ergebnissen bewertet werden. (Abschnitt 4.3) Zwei Beispiele der Kooperation
zwischen betrieblichen Arbeitnehmervertretungen bilden die "Arbeitsgruppen des
EMB" zu einzelnen MNK sowie die seit Ende der 80er Jahre abgeschlossenen
Verträge über die Einrichtung "Europäischer Betriebsräte". Abschließend werden
die bis 1991 vorliegenden Erfahrungen über die "EMB-Arbeitsgruppen" und die
bestehenden "Europäischen Betriebsräte" vorgestellt und die Schwächen bzw.
Vorteile dieser Gremien aus der Sicht der nationalen und europäischen Arbeitnehmerorganisationen analysiert. (Abschnitt 4.4)

4.1 Die Entwicklung der europäischen Gewerkschaftsorganisationen inner-
halb der internationalen Gewerkschaftstrukturen

Im folgenden wird auf die Entwicklung weltweiter und europäischer Arbeitnehmerorganisationen seit dem zweiten Weltkrieg eingegangen, soweit diese Organisationen als potentielle Ressourcenquellen zur Unterstützung der Kooperation
betrieblicher Arbeitnehmervertretungen beitragen. In diesem Zusammenhang wird

die Politik der "internationalen Berufssekretariate" (IBS), in einzelnen multinationalen Konzernen "Weltkonzernausschüsse bzw. -räte" (WKR) zu gründen, dargestellt und auf Partizipationschancen betrieblicher Arbeitnehmervertretungen an diesen Gremien eingegangen. Die Analyse der Entwicklung europäischer Gewerkschaftsstrukturen orientiert sich an der Frage, inwieweit diese als Reaktion auf die Intensivierung der europäischen Integration gegründet und weiterentwickelt wurden. Da im dritten Kapitel eine Zunahme der europäischen Arbeitnehmerkonkurrenz im Verlauf der Vertiefung der europäischen Integration nachgewiesen werden konnte, ist anzunehmen, daß sich auch der Ausbau der europäischen Gewerkschaftsstrukturen an der Entwicklung der europäischen Integration orientiert. Die europäischen Gewerkschaftsorganisationen stellen insofern eine institutionalisierte Form der Kooperation zwischen nationalen Gewerkschaften und Gewerkschaftsbünden zur Begrenzung der europäischen Arbeitnehmerkonkurrenz dar. Abschließend werden die Organisationsstrukturen und die Ressourcen des "Europäischen Gewerkschaftsbundes" und des "Europäischen Metallgewerkschaftsbundes" untersucht, um deren Chancen, eine effiziente Lobbytätigkeit entfalten zu können, zu bewerten.

Von den weltweit tätigen Arbeitnehmerorganisationen sind, aufgrund der Anzahl ihrer Mitglieder in den marktwirtschaftlich orientierten Industrieländern, nur die Branchenorganisationen des "Internationalen Bundes freier Gewerkschaften" (IBFG) für die Kooperation betrieblicher Arbeitnehmervertretungen von Bedeutung. (1) Der IBFG ist die internationale Gewerkschaftsorganisation mit der höchsten Mitgliederzahl, die nationale Gewerkschaftsbünde aus den Industriestaaten organisiert. (2) Der IBFG unterhält Regionalorganisationen in Asien, Afrika und Amerika. Aus der früheren europäischen Regionalorganisation (IBFG-ERO) ist nach mehreren organisatorischen Veränderungen der "Europäische Gewerkschaftsbund" (EGB) hervorgegangen. Dem IBFG sind als Organisationen der Branchen- und Industriegewerkschaften die "Internationalen Berufssekretariate" assoziiert. IBFG und IBS vereinbarten 1951 ihre gegenseitige Autonomie unter Beibehaltung einer engen inhaltlichen Zusammenarbeit. Inhaltlich verfolgt der IBFG seit seiner Gründung die Umsetzung der globalen Ziele der "Vollbeschäftigung und Beseitigung der Armut", der Durchsetzung der "Gewerkschaftsrechte" und der "Friedenssicherung". (Piehl 1984: 529) Zu diesem Zweck organisiert er den Austausch von Informationen, Meinungen und Erfahrungen zwischen den Mitgliedsorganisationen. Er vertritt die Interessen der Arbeitnehmer gegenüber internationalen Organisationen, wie den Vereinten Nationen und ihren Sonderorganisationen, dem Internationalen Währungsfond, der OECD, dem Allgemeinen Zoll- und Handelsabkommen (GATT) und vor allem der Internationalen Arbeitsorganisation (ILO). Eine zweite Aufgabe liegt in der Unterstützung und Beratung beim Aufbau von Gewerkschaften in Entwicklungsländern. (Wilms-Wright 1978: 188ff.)

Eine größere Bedeutung für die Untersuchung der internationalen Kooperation von betrieblichen Arbeitnehmervertretungen besitzen die Internationalen Berufssekretariate, insbesondere der "Internationale Metallgewerkschaftsbund" (IMB). Der IMB wurde 1893 gegründet und hat seinen Sitz in Genf. Er organisiert Branchengewerkschaften aus den Sektoren Eisen, Stahl und Buntmetalle, Maschinenbau, Elektrotechnik und Elektronik, Schiffbau, Automobilbau, sowie Luft- und Raumfahrttechnik. Der IMB vertrat 1986 165 Mitgliedsgewerkschaften mit 14 Millionen Mitgliedern. (Koch-Baumgarten 1987: 564) Er organisiert die meisten Mitglieder in den USA und in Europa. Arbeitsschwerpunkte des IMB sind der Kampf um Gewerkschafts- und Menschenrechte, die Beseitigung der Arbeitslosigkeit, die Auseinandersetzung um die Einführung neuer Technologien und die Problematik der Aktivitäten MNK. Er vertritt die Interessen seiner Mitglieder gegenüber internationalen Organisationen, wie dem Eisen- und Stahlausschuß der ILO und der OECD. Zu den wichtigen internen Aufgaben zählt der Informationsaustausch zwischen den Mitgliedsgewerkschaften und die Unterstützung beim Aufbau neugegründeter Metallgewerkschaften. (Rebhan 1986: 10)

Gegenüber MNK verfolgt der IMB zwei Strategien. Einerseits sollen die Aktivitäten der MNK durch "Verhaltenskataloge" internationaler Organisationen reguliert und Regelverstöße geahndet werden. Andererseits bemüht sich der IMB um den engeren Zusammenschluß der Gewerkschaften, die die Arbeitnehmer eines multinationalen Konzerns organisieren. Die erste Strategie hatte mit der Verkündung der "Grundsatzerklärung der OECD zu multinationalen Konzernen" und einer Erklärung der ILO über MNK und Sozialpolitik in den 70er Jahren einen begrenzten Erfolg. (3) Zwar werden Verstöße gegen diese Richtlinien in Ausschußsitzungen der genannten internationalen Organisationen verhandelt. Die Gewerkschaften beklagen jedoch die Nichtverbindlichkeit der Richtlinien und ihre mangelnde Überwachung durch die Mitgliedsstaaten der ILO und der OECD. Die Verstöße werden in der Regel durch die Arbeitnehmerorganisationen angezeigt. (Meggeneder 1983) Ohne verbindliche Absprachen ist diese Strategie der internationalen Gewerkschaftsorganisationen eher ein moralischer Erfolg. Bisher wurden Verstöße gegen diese Konventionen nur durch die Herstellung einer breiten Öffentlichkeit eingestellt.

Seit den 60er Jahren liegt der zweite Schwerpunkt der IMB-Aktivitäten gegenüber MNK in der Vertiefung und Institutionalisierung der internationalen Kontakte von Arbeitnehmervertretern innerhalb MNK. Zu diesem Zweck rief der IMB zur Gründung von Weltkonzernräten (WKR) in einzelnen MNK auf. Der Anstoß zur Gründung von Weltkonzernräten war bereits Anfang der 50er Jahre von den amerikanischen Gewerkschaften UAW und der IUE ausgegangen. Diese Aktivitäten wurden durch den Anstieg der konzerninternen Arbeitnehmerkonkurrenz zwischen den nordamerikanischen und den neugegründeten Standorten US-amerikanischer Konzerne in den EG-Staaten ausgelöst. Es setzte ein "Job-Export" aus den USA ein, da ein Teil der Konzernproduktion von den nordamerikani-

schen Standorten nach Europa verlagert wurde. Die in Europa preiswert hergestellten Güter wurden anschließend in die USA importiert. Die Aktivitäten der
Weltkonzernräte sollten zu stärkeren Lohnerhöhungen in Europa beitragen, um
den US-amerikanischen Direktinvestitionen auf diese Weise die Rentabilität zu
nehmen. Die nordamerikanischen Gewerkschaften verfolgten mit ihrer Politik
demnach primär eigeninteressierte Ziele und nutzten die Kooperation mit den europäischen Gewerkschaften zur Begrenzung der europäisch-nordamerikanischen
Arbeitnehmerkonkurrenz und der Reduzierung ihrer Bargaining Power. (vgl. Etty
1978: 70f.) Dieses Verhalten bestätigt die zweite Hypothese, nach der mit einer
steigenden Kooperationsaktivität zu rechnen ist, wenn diese der Begrenzung der
Arbeitnehmerkonkurrenz dient.

Aus den Aktivitäten von UAW und IUE gingen in den 60er Jahren die Weltkonzernräte bei Ford, General Motors, Chrysler und General Electric hervor. Mit
diesem Schritt war die erste Institution zur Organisation internationaler Arbeit-
nehmerkontakte auf betrieblicher Ebene geschaffen worden. 1986 existierten insgesamt 60 Weltkonzernräte. (Tudyka 1986: 19) Auf Initiative des IMB wurde
1966 auch ein Weltkonzernrat für den Volkswagenkonzern gegründet. Welche
Bedeutung diesem Gremium in der Kooperation zwischen den VW- und den Seat-Arbeitnehmervertretungen zukommt, wird im achten Kapitel untersucht.

Den Weltkonzernräten wurden die folgenden fünf Arbeitsbereiche zugeordnet:
  "1.Die Öffnung von Kommunikationsmöglichkeiten zwischen den Arbeit-
    nehmervertretungen der einzelnen Standorte;
  2. Die Einleitung von Solidaritätsaktionen durch das Büro der koordinieren
    den Gewerkschaft in Streikfällen;
  3. Die Unterstützung von Gewerkschaften und Arbeitnehmervertretungen,
    die um ihre Gewerkschaftsrechte in MNK kämpfen;
  4. Die Durchführung von Regionalkonferenzen und Seminaren für Arbeit-
    nehmervertreter aus den Standorten MNK;
  5. Die Durchführung periodischer Sitzungen der WKR zu den Themen:
  - Vergleich der Arbeitsbedingungen mit dem Ziel ihrer Harmonisierung;
  - Durchsetzung eines einheitlichen Urlaubs, eines längeren Jahresurlaubs,
    von Kranken- und Pensionsversicherungen, gleichen Bandgeschwindig-
    keiten etc.;
  - Die Informationsweitergabe über Tarifabschlüsse;
  - Die Informationsweitergabe über den Produktionsfluß etc.."
(Internationaler Metallgewerkschaftsbund o.J.a)
  Eine internationale Angleichung der Arbeitsbedingungen innerhalb der MNK
soll nach den Vorstellungen des IMB durch eine Harmonisierung der Laufzeiten

der nationalen Tarifverträge und die Erstellung einer Prioritätenliste über die wichtigsten tarifpolitischen Forderungen erreicht werden. (Bendiner 1975: 199)

In der Praxis haben sich die Aktivitäten der einzelnen Weltkonzernräte unterschiedlich entwickelt. Einige WKR treten regelmäßig zu Konferenzen zusammen und verfolgen eine internationale konzernweite Informationspolitik, indem sie eigene Publikationen herausgeben. Andere treffen nur anläßlich der Industriekonferenzen der ILO in Genf zusammen, da in diesen Fällen die Konferenzkosten der Delegierten von deren Regierungen getragen werden. (Piehl 1984: 537) Außerdem existieren WKR, die nur anläßlich ihrer Gründung zusammengetreten sind. (Kugler 1978: 126) Der Weltkonzernrat des Volkswagenkonzerns wurde beispielsweise 1966 gegründet und trat bis 1992 nur zweimal in den Jahren 1979 und 1986 zusammen. Dieser Tagungsrhythmus läßt bereits Rückschlüsse auf die Bedeutung des Weltkonzernrates für die Kooperation der Arbeitnehmervertretungen des Volkswagenkonzerns zu.

Von den fünf Arbeitsbereichen der Weltkonzernräte wurde in den circa dreißig Jahren ihres Bestehens bisher primär der Kommunikations- und Informationsaustausch realisiert. (Koch-Baumgarten u.a. 1987: 603; Piehl 1984: 537f.; Bendiner 1975: 197) Eine Vereinheitlichung der Tarifforderungen ist bisher nur in Ansätzen gelungen. Beispielsweise vereinbarte der Weltkonzernrat des Renaultkonzerns, daß sich alle Mitgliedsgewerkschaften für die Einführung einer einheitlichen 37,5-Stunden-Woche einsetzen sollten. (Koch-Baumgarten u.a. 1987: 603) Forderungen dieser Art werden jedoch in der Regel erst dann auf betrieblicher Ebene umgesetzt, wenn sie bereits zu den Tarifforderungen der nationalen Branchengewerkschaften zählen. Die den Weltkonzernräten zugewiesene Organisation von Solidaritätsaktionen wurde zwar von den WKR durchgeführt, es handelte sich allerdings überwiegend um symbolische Aktionen, wie "Telegramme, Presseerklärungen, Besuche ... eines Funktionärs der Internationalen vor Ort", die nicht zur Mobilisierung der Belegschaften der übrigen Standorte führten. (Tudyka 1986: 20) Bei der geringen Anzahl von internationalen Streikaktionen, wie dem häufig zitierten Akzo-Streik 1972, beteiligten sich nur die von Stillegungen betroffenen Standorte an den Arbeitskampfmaßnahmen. (Tudyka 1976: 58; Kretschmer 1975) Das eigeninteressierte Handeln der Arbeitnehmerorganisationen und der Belegschaften bilden eine hohe Hemmschwelle bei der Ausrufung eines Solidaritätsstreiks zugunsten der Belegschaften entfernter Konzernstandorte. (4)

Mehrere Faktoren sind für die geringe Effizienz der Weltkonzernräte verantwortlich. Zu kritisieren ist vor allem die Zusammensetzung der Gremien, in denen die betrieblichen Arbeitnehmervertreter in der Minderheit bleiben. "Meist nehmen an ihnen Funktionäre der nationalen Gewerkschaften teil, in deren Zuständigkeitsbereich z.B. die Tarifpolitik in dem betreffenden Betrieb oder Konzern fällt. In Ländern mit Richtungsgewerkschaften müssen diese Funktionäre nicht einmal Gewerkschaften angehören, die in dem betreffenden Betrieb oder Konzern über die meisten Mitglieder verfügen. ... Sieht man von den sehr seltenen und punktuellen Ausnahmen ab, so kann man sagen, daß die Rückkoppelung der Weltkonzernausschüsse zu den betrieblichen Kadern ausgeblieben ist, obgleich die IBSen wiederholt darauf verwiesen haben, daß die 'Stärke im Betrieb' eine unabdingbare Voraussetzung für ein effektives Funktionieren der Weltkonzernausschüsse sei". (Etty 1978: 69, 75) Ein weiteres Problem besteht in der Weigerung der überwiegenden Anzahl der Konzernleitungen, mit den Weltkonzernräten in Verhandlungen zu treten und diese als Gesprächs- und Verhandlungspartner zu akzeptieren. Erschwerend kommen juristische Probleme, wie das national differierende Arbeits-, Unternehmens- und Gewerkschaftsrecht hinzu, die gemeinsame Aktionen der in Weltkonzernräten zusammengeschlossenen Arbeitnehmerorganisationen begrenzen. (vgl. Tudyka 1986: 20) Da die Weltkonzernräte weltweit tätig sind, wird ihre Aktionsfähigkeit ebenso durch die ökonomischen Unterschiede zwischen den Standorten in Entwicklungs- und Industrieländern eingeengt. (Platzer 1991: 149) Als besonderes Problem für die Handlungsfähigkeit der Weltkonzernräte erweist sich die Weigerung der nationalen Branchengewerkschaften, den Weltkonzernräten und ihren Trägern, den Internationalen Berufssekretariaten zusätzliche Entscheidungsbefugnisse und größere Ressourcen zu übertragen. (5)

Aus den dargestellten Aktivitäten des IMB gegenüber den multinationalen Konzernen geht hervor, daß dieser zwar die Institutionalisierung der ersten Kooperationsansätze von Arbeitnehmervertretern auf betrieblicher Ebene leisten konnte. Eine Aktivierung der neu geschaffenen Gremien und die vollständige Durchführung aller vom IMB übertragenen Aufgaben ist jedoch nicht gelungen. Eine Ursache hierfür liegt in der Problematik, daß die Weltkonzernräte zwar der Kooperation auf betrieblicher Ebene dienen sollen, aber von "Oben" aufgrund der Aktivitäten der nationalen Gewerkschaftsgremien gegründet wurden. Die Partizipation der betrieblichen Mandatsträger war nicht oder nur in geringem Umfang vorgesehen. Eine Verankerung der Weltkonzernräte im Bewußtsein der Belegschaften der Konzernstandorte wurde vernachlässigt. In welchem Ausmaß diese Probleme auch auf den Weltkonzernrat des Volkswagenkonzerns zutreffen, wird im achten Kapitel thematisiert.

Auf europäischer Ebene wurde 1950 die "Europäische Regionalorganisation" des IBFG (ERO-IBFG) gegründet. (vgl. Grafik 4) Ihr gehörten zwanzig, dem IBFG angeschlossene nationale Gewerkschaftsbünde aus achtzehn westeuropäischen Staaten an. Auf die Vertiefung der europäischen Integration in Form des EWG- und EURATOM-Vertrages reagierten die nationalen Dachverbände 1958 mit der Einrichtung des "Europäischen Gewerkschaftssekretariats", dem die Gewerkschaftsbünde der sechs EWG-Staaten angehörten. Dieses Gremium diente

Grafik 4

Entwicklung der sozialdemokratisch-sozialistischen Gewerkschaftsrichtung in Europa 1950-1975:

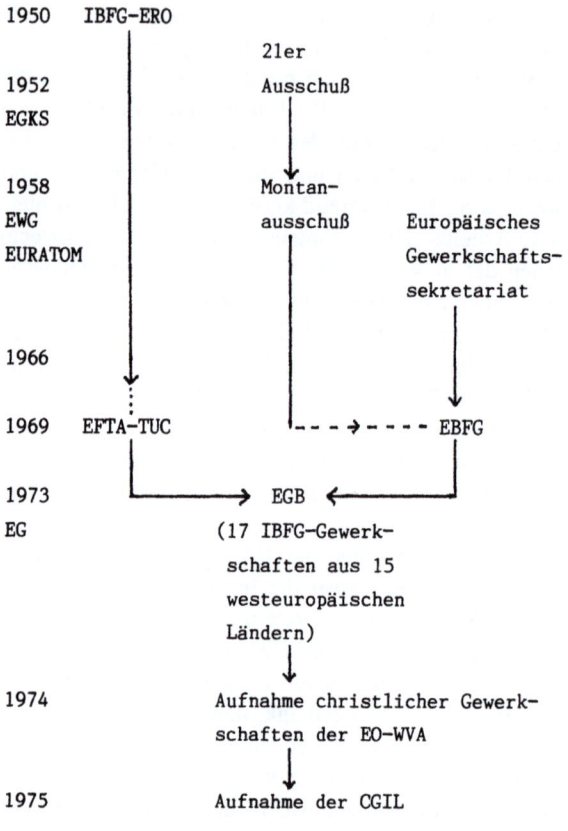

1950   IBFG-ERO

1952   21er
        Ausschuß
EGKS

1958   Montan-
EWG   ausschuß   Europäisches
EURATOM   Gewerkschafts-
                        sekretariat

1966

1969   EFTA-TUC |- - - → - - - - EBFG

1973   └────→ EGB ←─────
EG   (17 IBFG-Gewerk-
               schaften aus 15
               westeuropäischen
               Ländern)
                        ↓
1974   Aufnahme christlicher Gewerk-
                schaften der EO-WVA
                        ↓
1975   Aufnahme der CGIL

(vgl. Oesterheld, Werner; Olle, Werner 1978: 205, 209)

dem Informationsaustausch zwischen den nationalen Gewerkschaften. Die Orientierung der europäischen Gewerkschaftstätigkeit an den Aktivitäten der EWG-Organe zeigte sich besonders in den 60er Jahren. Die Einrichtung des "Ausschusses für mittelfristige Wirtschaftspolitik" auf EWG-Seite im Jahr 1963 führte auf Gewerkschaftsseite zur Formulierung gewerkschaftlicher Zielvorstellungen an die EWG. Zu diesem Zweck wurde am 1.5.1965 ein tarifpolitisches Aktionsprogramm verkündet, in dem Mindeststandards für eine "Harmonisierung nach Oben" in den Bereichen Wochenarbeitszeit, Jahresurlaub, Urlaubsgeld und Lohnfortzahlung bei Arbeitsunfähigkeit festgeschrieben wurden. (Raschaert 1973: 130)

Ende der 60er Jahre deutete sich mit der Zusammenfassung von EWG, EU-RATOM und EGKS sowie der ersten Diskussion über die Schaffung einer europäischen Wirtschafts- und Währungsunion, eine neue Phase in der Vertiefung der europäischen Integration an. Diese Perspektive erforderte eine intensivere Zusammenarbeit der nationalen Gewerkschaften der EG-Mitgliedsstaaten. Daher wandelten die nationalen Gewerkschaftsbünde den gering strukturierten Zusammenschluß des Europäischen Gewerkschaftssekretariats 1969 in den "Europäischen Bund Freier Gewerkschaften" (EBFG) um. Dieser verfügte erstmals über ein Statut und tarifpolitische Grundsätze. Die Abschaffung der Einstimmigkeitsregel bei Abstimmungen und ihr Ersatz durch eine Zwei-Drittel-Regelung bildete ein erstes supra-nationales Element in den europäischen Gewerkschaftsstrukturen. (Europäisches Gewerkschaftsinstitut 1990: 2) Gleichzeitig wurde die ERO-IBFG aufgelöst. Aufgrund der geringen personellen Kapazitäten des EBFG-Sekretariates, dem im Jahr 1973 für die laufende Geschäftstätigkeit nur vier hauptamtliche Gewerkschaftssekretäre zur Verfügung standen, ist Raschaert zuzustimmen, wenn er über die Aktivitäten des EBFG urteilt: "Die auf gemeinschaftlicher und nationaler Ebene unternommenen Schritte laufen eher darauf hinaus für die Arbeitnehmer nachteilige Entwicklungen zu verhindern als Entscheidungen zu ihren Gunsten zu bewirken". (Raschaert 1973: 130)

Die sich Anfang der 70er Jahre abzeichnende Erweiterung der EG war ein Anlaß zur Überarbeitung der Konzeption des EBFG. 1974 wurde der EBFG in den "Europäischen Gewerkschaftsbund" (EGB) umgewandelt, dessen Mitgliedschaft nicht mehr auf sozialdemokratisch orientierte Richtungsgewerkschaften und auf Gewerkschaften aus den EG-Staaten begrenzt blieb. (Piehl 1980: 263) Die Haupttätigkeit des EGB liegt jedoch weiterhin innerhalb der EG.

Das auch die Entwicklung der europäischen Gewerkschaftsstrukturen auf der Ebene der Branchen- und Industriegewerkschaften sich an der Vertiefung der europäischen Arbeitsteilung orientierte, zeigt die Gründung erster europäischer Gewerkschaftsausschüsse in der Montanindustrie und denjenigen Branchen, die EG-weiten Regelungen unterliegen. (6) Im Bereich des Bergbaus und der Stahlindustrie führte die Gründung der EGKS zur Einrichtung des "21er-Ausschusses". Nachdem auch die europäische Metallindustrie immer stärker von der EG-Integration betroffen war, wurde 1963 der "Metallausschuß" eingerichtet, dem sieben Metallgewerkschaften aus den sechs EWG-Mitgliedsstaaten angehörten. Es handelte sich um einen gering strukturierten Zusammenschluß, der von einem Sekretariat koordiniert wurde, ohne das ein Statut oder Aktionsprogramm vorlag. Der Ausschuß sollte die Koordinierung und Zusammenarbeit der einzelnen nationalen Metallgewerkschaften stärken. Er war für die Vertretung seiner Mitglieder gegenüber der EWG zuständig und sollte als Gesprächspartner gegenüber den europäischen Arbeitgeberverbänden und den EG-weit operierenden MNK fungieren.

Aus dem Metallausschuß ging 1971 der "Europäische Metallgewerkschaftsbund in der Gemeinschaft" (EMB) hervor. In dem ersten Geschäftsbericht des EMB wird die Entwicklung des Metallausschusses vor dem Hintergrund wachsender Arbeitsanforderungen wie folgt eingeschätzt: '"Der Metallausschuß entwickelte sich bald von einem 'Briefkasten' zu einer 'Informationsbörse', von einem lockeren Treffpunkt zu einem festen Koordinierungszentrum und zu einer handelnden Organisation'". (Stöckl 1986: 109)

Die bisherige Entwicklung der europäischen Gewerkschaftsstrukturen läßt sich als eine Reaktion der nationalen Gewerkschaften auf die Intensivierung der europäischen Integration und die zunehmenden Kompetenzen der EG-Organe beschreiben. Ein Beispiel hierfür bietet die Konzentration der zuerst entstandenen europäischen Gewerkschaftsstrukturen auf Branchen, die EG-weiten Regelungen unterworfen wurden. Im folgenden werden die Strukturen und Aktivitäten des "Europäischen Gewerkschaftsbundes" sowie des "Europäischen Metallgewerkschaftsbundes" detaillierter dargestellt, da sie mit ihren Aktivitäten Einfluß auf die Kooperation zwischen den VW- und den Seat-Arbeitnehmervertretungen nehmen können. Die Analyse der beiden Organisationen orientiert sich an der Frage, ob ihre Strukturen und Aktivitäten zu einer effizienten Begrenzung der europäischen Arbeitnehmerkonkurrenz beitragen.

4.1.1   Der "Europäische Gewerkschaftsbund" (EGB)

Der 1973 gegründete und 1974 durch den Beitritt christlich orientierter Gewerkschaften erweiterte "Europäische Gewerkschaftsbund" ist ein Dachverband nationaler Gewerkschaftsbünde. 1991 organisierte er vierzig Gewerkschaftsbünde aus einundzwanzig europäischen Staaten mit rund 45 Millionen Mitgliedern. (Europäischer Metallgewerkschaftsbund 1990a: 134) Diese Mitgliederzahl entspricht über 40 % der 110 Millionen westeuropäischen Arbeitnehmern. 1991 gehörten dem EGB von den deutschen Gewerkschaftsbünden und Richtungsgewerkschaften der "Deutsche Gewerkschaftsbund" (DGB) sowie die "Deutsche Angestelltengewerkschaft" (DAG) und von den spanischen Gewerkschaftsbünden die "Union General de Trabajadores" (UGT), die "Comissiones Obreras" (CC.OO.) und die baskische "Solidaridad de Trabajadores Vascos" (ELA-STV) an. Daneben sind dem EGB fünfzehn europäische Gewerkschaftsausschüsse, d.h. die Zusammenschlüsse nationaler Branchengewerkschaften auf europäischer Ebene, darunter auch der "Europäische Metallgewerkschaftsbund", angeschlossen. Der EGB sieht die Gewerkschaftsausschüsse als einen eigenen organisatorischen Unterbau auf europäischer Ebene an. Seit dem 7. EGB-Kongreß im Sommer 1991 sind die Gewerkschaftsausschüsse daher auch formal EGB-Mitglieder.

Sie üben seitdem neben dem Stimmrecht auf dem Kongreß auch ein Stimmrecht in der Exekutive aus. Ausgenommen sind Abstimmungen zu finanziellen Fragen. (Int 14: 1)

Zu den Organen des EGB zählt der EGB-Kongreß, der Exekutivausschuß und das EGB-Sekretariat. Der Kongreß besteht aus Delegierten der Mitgliedsgewerkschaftsbünde und tritt mindestens alle drei Jahre zusammen. Der Kongreß faßt seine Beschlüsse mit Zwei-Drittel-Mehrheit. Der Exekutivausschuß besteht aus 45 Mitgliedern, die über die Maßnahmen zur Umsetzung der von den Kongressen beschlossenen Richtlinien beraten. Die Positionen des EGB und seine Aktivitäten werden in neunzehn Arbeitsgruppen und Ausschüssen diskutiert.

Für die Umsetzung der EGB-Ziele und die laufenden Aktivitäten ist das Sekretariat des EGB verantwortlich. Es bestand 1990 aus 35 Mitarbeitern. Die Zuständigkeit für die politische Arbeit liegt beim Generalsekretär, seinem Stellvertreter und vier weiteren Mitarbeitern. 1991 wurden dem Sekretariat auf dem 7. EGB-Kongreß Mittel für die Einstellung eines weiteren politischen Gewerkschaftssekretärs und für zwei Referenten bewilligt. Diese neun Gewerkschaftssekretäre sind für die Umsetzung der Hauptziele des EGB verantwortlich. Dazu zählt der Informations- und Meinungsaustausch zwischen den EGB-Mitgliedern, die Vertretung der europäischen Gewerkschaftsinteressen gegenüber den europäischen Institutionen und Arbeitgeberverbänden und die Durchführung eigener Aktivitäten des EGB zur Mobilisierung der nationalen Gewerkschaften für europäische Themen. (Piehl 1980: 264; Stöckl 1986: 25)

Die personellen Ressourcen des EGB sind vor dem Hintergrund der genannten Aufgaben unzureichend. Ein Mitarbeiter des EGB beschrieb die Arbeitskapazitäten des EGB 1980 wie folgt: "Angesichts der Kräfteverhältnisse in den Nationalstaaten und in der EG können wir zusammen mit unseren nationalen Bünden oft lediglich nach der Devise verfahren: *Retten, was zu retten ist*". (Piehl 1980: 264) 1990 standen den sechs politischen Mitarbeitern des EGB in Brüssel, ca. 1.000 Büros und Außenstellen der europäischen Wirtschaft gegenüber. (Lecher 1989: 641) Da der EGB-Kongreß 1991 keine grundlegende Erhöhung der personellen Ressourcen beschloß, ist auch in Zukunft aufgrund der knappen personellen Kapazitäten keine Intensivierung der Arbeit des EGB zu erwarten.

In den 60er und 70er Jahren konnte der geringe Personalumfang mit den eingeschränkten Funktionen des EGB begründet werden. In den 80er Jahren, zumindest seit der Binnenmarktinitiative der ersten Delors-Kommission, weiteten sich die Themen und Koordinationsaufgaben des EGB stark aus. Die zukünftige Entwicklung der personellen Kapazitäten dürfte entscheidend davon abhängen, ob die nationalen Gewerkschaften bereit sind, zukünftig einige ihrer Kompetenzen auf die europäischen Gewerkschaftsorganisationen zu übertragen. Zwar bedauerte der IG Metall-Vorsitzende Steinkühler 1991 die Schwäche der europäischen Gewerkschaftsstrukturen: "Die Gewerkschaften auf europäischer Ebene sind nach wie vor nicht handlungsfähig und schon gar nicht konfliktfähig. Sie werden zudem in Brüssel durch einen politisch ohnmächtigen Dachverband, den Europäischen Gewerkschaftsbund, vertreten". (Diergarten 1991: 535) Für die Gewerkschaftssekretäre der europäischen Arbeitnehmerorganisationen ist es jedoch fraglich, ob und in welchem Umfang die nationalen Gewerkschaften überhaupt bereit sind, Verhandlungs- und Machtbefugnisse auf die europäischen Gewerkschaftsorganisationen zu übertragen. (Int 14: 3) (7) Erst nach der Übertragung weiterer Kompetenzen ist mit einer Erhöhung der Mitarbeiterzahl in den europäischen Gewerkschaftsorganisationen zu rechnen.

Neben dem Sekretariat verfügt der EGB über drei Unterorganisationen, die die Kooperation zwischen betrieblichen Arbeitnehmervertretungen innerhalb multinationaler Konzerne unterstützen können. Es handelt sich um das "Europäische Gewerkschaftsinstitut" (EGI), den "Europäischen Verband für die Ausbildung der Arbeitnehmer im Bereich neuer Technologien" (AFETT) und die "Europäische Gewerkschaftsakademie" (EGA). Die Gründung des EGI wurde 1973 vom EGB angeregt. Es nahm 1978 seine Tätigkeit auf. Die Einrichtung des EGI geht auf eine, im sozialen Aktionsprogramm von 1974 gegebene Zusage der EG-Mitgliedsstaaten zurück. Es soll die europäische Gewerkschaftsbewegung durch Forschung, Information und Dokumentation fördern und die gewerkschaftliche Bildungsarbeit unterstützen. (Europäisches Gewerkschaftsinstitut 1978: 5581) Die Zusammenarbeit des EGI mit der EG-Kommission und dessen finanzielle Unterstützung durch die Kommission wurde vertraglich abgesichert. Von besonderer Bedeutung für die Kooperation betrieblicher Arbeitnehmervertretungen sind die vom EGI angebotenen Seminare. Sie dienen dem Ziel, europäische Perspektiven in der nationalen Gewerkschaftsarbeit stärker zu verankern. Thema eines Seminares war beispielsweise die Diskussion der bisherigen Verhandlungserfahrungen mit den Konzernleitungen multinationaler Konzerne aus dem EG-Bereich. Ein weiteres Ziel der EGI-Aktivitäten liegt in der Ausarbeitung integrierter europäischer Verhandlungsstrategien gegenüber MNK.

Die europäischen Gewerkschaftsorganisationen begannen 1987 mit dem Aufbau einer gewerkschaftlichen Bildungsarbeit auf europäischer Ebene. Mit dieser Aufgabe wurden schwerpunktmäßig zwei dem EGB angegliederte Organisationen beauftragt. Es handelt sich um den 1987 gegründeten "Europäischen Verband für die Ausbildung der Arbeitnehmer im Bereich neuer Technologien" (AFETT) und die 1990 eingerichtete "Europäische Gewerkschaftsakademie" (EGA). Die AFETT bietet Bildungsmaßnahmen an, die die Auswirkungen des Einsatzes neuer technologischer Konzepte auf die Arbeitsplätze unter den Bedingungen einer Vertiefung der europäischen Arbeitsteilung im EG-Binnenmarkt thematisieren. Dieses Thema ist von besonderer Bedeutung für kooperierende Arbeitnehmervertretungen innerhalb multinationaler Konzerne, deren Unternehmen einer hohen Anbieterkonkurrenz ausgesetzt sind. Die Ziele der Europäischen

Gewerkschaftsakademie liegen in der Förderung des gemeinsamen Lernens und des Austausches von Kenntnissen der unterschiedlichen kulturellen und historischen Erfahrungen der Arbeitnehmer/Innen aus den EG-Staaten. Zum Beispiel veranstaltete die EGA Ende 1990 für den EMB, in Zusammenarbeit mit der AFETT, ein Seminar für Gewerkschaftsdelegierte aus den europäischen Standorten des ABB-Konzerns.

Sowohl AFETT wie EGA können in Zukunft für die Kooperation betrieblicher Arbeitnehmervertreter aus MNK eine wichtige Rolle spielen. Die Bildungsveranstaltungen ermöglichen den betrieblichen Arbeitnehmervertretern einen längeren, intensiven Informationsaustausch. Den Mandatsträgern entstehen keine Kosten, da diese von der EG bzw. den nationalen Gewerkschaften getragen werden. Die Angebote der drei Organisationen wurden bis zum Jahr 1991 noch nicht von den Arbeitnehmervertretungen innerhalb des Volkswagenkonzerns in Anspruch genommen.

Auf Grund seiner Funktion als Dachverband nationaler Gewerkschaftsbünde ist der EGB für alle gewerkschaftspolitischen Fragen auf europäischer Ebene zuständig, die mehrere Branchengewerkschaften betreffen. Insofern ist er der gewerkschaftliche Ansprechpartner der EG im Bereich der allgemeinen Arbeitsbeziehungen. Seit Anfang der 70er Jahre war der Abbau der Arbeitslosigkeit in der EG ein Hauptthema der sozialpolitischen Aktivitäten des EGB. (Europäisches Gewerkschaftsinstitut 1990c: 20) In der zweiten Hälfte der 80er Jahre wurde die Forderung nach einer sozialen Ausgestaltung des Binnenmarktes zu einem weiteren Schwerpunkt der EGB-Programmatik.

1988 beschloß der EGB ein Europäisches Sozialprogramm und eine Resolution zur "Sozialen Dimension des Binnenmarktes". (Europäischer Gewerkschaftsbund 1988; 1988b) Die Schwerpunkte der EGB-Politik gegenüber dem Projekt des EG-Binnenmarktes faßte der Leiter des Europäischen Gewerkschaftsinstituts 1990 in vier Punkten zusammen. "1.Europaweite soziale *Grundrechte* der Arbeitnehmer und Arbeitnehmerinnen - dazu gehört zum Beispiel das Koalitionsrecht, das heißt das Recht, sich gewerkschaftlich zu organisieren. Aber auch das Recht auf freie Tarifverhandlungen der Gewerkschaften und das Streikrecht sowie das Recht auf einen schriftlichen Arbeitsvertrag gehören dazu.

2. Europaweite *Mindestrechte* der Arbeitnehmer und Arbeitnehmerinnen - dazu gehören zum Beispiel ein Mindesturlaub zur Erholung von fünf Wochen und ein Bildungsurlaub von einer Woche. Auch die Begrenzung der Arbeitszeit, einschließlich der Überstunden, gehört dazu.

3. Sicherung der *national geltenden Tarifverträge und Mitbestimmungsregelungen*. Sie dürfen durch den Binnenmarkt nicht unterhöhlt oder umgangen werden.

4. *Schaffung neuer europäischer Arbeitnehmerrechte*. Dazu gehören zum Beispiel die Mitbestimmung der Arbeitnehmer in der Europäischen Aktiengesell-

schaft sowie Informations- und Konsultationsrechte der Arbeitnehmer in allen grenzüberschreitenden multinationalen Unternehmen". (Köpke 1990: 759f)

Bisher konnte sich der EGB mit der Forderung nach einer verbindlichen Festschreibung dieser sozialen Rechte nicht durchsetzen. Die EG-Regierungen verabschiedeten lediglich eine rechtlich unverbindliche "Charta der sozialen Grundrechte". Dagegen wurde die Gleichbehandlung von Arbeitnehmerinnen und Arbeitnehmern, von ausländischen Arbeitnehmern und der Arbeitsschutz EG-weit verbindlich geregelt.

4.1.2 Der "Europäische Metallgewerkschaftsbund in der Gemeinschaft" (EMB)

Der Europäische Metallgewerkschaftsbund ist einer von insgesamt fünfzehn durch den EGB anerkannten europäischen Gewerkschaftsausschüsse. In ihm sind Metallgewerkschaften aus dem EG- und dem EFTA-Raum organisiert, deren Organisationsbereich auch die europäische Automobilindustrie umfaßt. Somit zählt der EMB zu den Ansprechpartnern der betrieblichen Arbeitnehmervertreter des VW-Konzerns und kann als externer Akteur zur Unterstützung und Stabilisierung der Kooperation zwischen diesen Arbeitnehmervertretungen beitragen.

Der EMB überwand Anfang der 70er Jahre ebenso wie der EGB die Idee einer ideologischen Trennung der internationalen Gewerkschaftsstrukturen. Bereits 1968 war die christliche Metallgewerkschaft des französischen Dachverbandes CFDT dem damaligen Metallausschuß beigetreten. 1974 folgten die christlichen Metallgewerkschaften der Benelux-Staaten. Gegenüber der kommunistischen Gewerkschaftsströmung gibt es stärkere Vorbehalte innerhalb des EMB. Dem Aufnahmeantrag der spanischen kommunistisch-orientierten Metallgewerkschaft CC.OO.-FM wurde erst 1991 stattgegeben, nachdem das langjährige EMB-Mitglied, die spanische sozialistisch-orientierte UGT-Metal ihre Einwände gegen den Aufnahmeantrag zurückzog. Die Überwindung der politischen Spaltung auf internationaler Ebene bildet eine wichtige Voraussetzung für ein einheitlicheres Handeln der beiden spanischen Gewerkschaften in den Seat-Standorten des VW-Konzerns. Mit der Aufnahme der CC.OO.-FM organisiert der EMB die beiden mitgliederstärksten Gewerkschaften der Seat-Standorte. Die IG Metall als maßgebliche Gewerkschaft der deutschen VW-Standorte zählt zu den Gründungsmitgliedern des EMB. Ob dem EMB durch die Mitgliedschaft der bedeutendsten Metallgewerkschaften der europäischen VW-Standorte eine relevante Rolle bei der Kooperationsaufnahme und -entwicklung zwischen den VW- und Seat-Arbeitnehmervertretungen zufiel wird im achten Kapitel analysiert.

Der EMB besaß 1991 31 Mitgliedsgewerkschaften mit ca. 6 Millionen Mitgliedern. (vgl. Tabelle IV-1) Die Reduzierung der Mitgliedsgewerkschaften zwischen 1982 und 1986 ging auf die Fusionen mehrerer Metallgewerkschaften und den Austritt dreier Gewerkschaften im Jahre 1983/84 zurück. Die Anzahl der dem EMB gemeldeten Gewerkschaftsmitglieder sank aufgrund der Rationalisierung in der Metallindustrie und der nicht mehr berücksichtigten pensionierten Gewerkschaftsmitglieder.

Oberstes Organ des EMB ist die jedes vierte Jahr zusammentretende Generalversammlung, auf der die Richtlinien der Politik des EMB beschlossen werden. Die Generalversammlung wählt den dreimal jährlich tagenden Exekutivausschuß, der das Lenkungsorgan des EMB zwischen den Generalversammlungen darstellt. Die Generalversammlung und der Exekutivausschuß können ihre Beschlüsse mit Zwei-Drittel-Mehrheit fassen, eine einstimmige Beschlußfassung wird jedoch angestrebt.

Das EMB-Sekretariat bestand 1991 aus dem Generalsekretär, seinem Stellvertreter und vier Mitarbeiterinnen der Verwaltung. Das Sekretariat ist für die laufende Koordination der folgenden Hauptaktivitäten des EMB verantwortlich:
"-Verstärkung der Zusammenarbeit zwischen seinen Mitgliedsverbänden
   und Koordinierung der gemeinsamen Forderungen der Metallgewerk
   schaften Europas;
- Vertretung der Interessen der Metallarbeitnehmer/Innen gegenüber der
   Politik der Europäischen Gemeinschaften;
- Schaffung eines gewerkschaftlichen Gegengewichts gegenüber den
   europäischen Arbeitgeberorganisationen und den Geschäftsleitungen
   der multinationalen Unternehmen in der EG."
(Europäischer Metallgewerkschaftsbund 1990b)
Zur Deckung der Personal- und Verwaltungskosten, sowie der Aufwendungen für geplante Kampagnen standen dem EMB aus den Überweisungen der Mitgliedsgewerkschaften 1987 ca. 12 Millionen BFS und 1990 17,5 Millionen BFS zur Verfügung. (8) Die Reise- und Aufenthaltskosten für die Sitzungen des Exekutivausschusses, der Generalversammlung und der Arbeitsgruppen werden von den Mitgliedsgewerkschaften für ihre Teilnehmer getragen. Die Kommission der EG stellt dem EMB für einige Arbeitstagungen technische Hilfen und finanzielle Zuschüsse zur Verfügung. Diese Unterstützung beinhaltet die Benutzung der Sitzungssäle mit Simultanübersetzungsanlage, den Dolmetscherdienst und die Rückerstattung der Reise- und Aufenthaltskosten für eine bestimmte Anzahl hinzugezogener Sachverständiger.

Der Vergleich der personellen und finanziellen Ressourcen des EMB mit den laufenden Aufgaben des Sekretariats läßt Rückschlüsse auf die materiell eingeschränkten Aktionsmöglichkeiten der EMB-Verwaltung zu. Allein die Vertretung der EMB-Interessen gegenüber der Vielzahl der EG-Dienststellen und den MNK in der EG überfordert den Zeithaushalt von *zwei* politischen Gewerkschaftssekretären. Hinzu kommt die inhaltliche Vorbereitung und Durchführung der Tagungen von einundzwanzig Arbeitsgruppen des EMB, die mindestens einmal jährlich zusammentreten, sowie die Teilnahme der EMB-Sekretäre an den Sitzungen des EGB und des IMB. Finanziell sind die materiellen Hilfen der Kommission notwendig, um die Tagungen der EMB-Arbeitsgruppen zu ermöglichen, da die Anmietung der Dolmetscher und der Übersetzungsanlagen pro Sitzungstag Kosten von mehreren Zehntausend DM verursacht.

Einen Schwerpunkt der EMB-Programmatik innerhalb des Aktionsprogramms von 1991 bildet die Bekämpfung der Arbeitslosigkeit. Gegenüber den Regierungen der EG-Mitgliedsstaaten wird eine aktive Beschäftigungspolitik, gegenüber den Arbeitgebern eine weitere Verkürzung der Wochenarbeitszeit bis auf 35-Stunden gefordert. Für die Kooperation betrieblicher Arbeitnehmervertreter ist die Intensivierung der EMB-Aktivitäten gegenüber den in Europa operierenden multinationalen Konzernen und eine stärkere Koordinierung der nationalen Gewerkschaftspolitiken sowie der nationalen Tarifforderungen von Bedeutung. (Europäischer Metallgewerkschaftsbund 1991a: 9-17)

Die Umsetzung des Aktionsprogramms erfolgt innerhalb des Europäischen Metallgewerkschaftsbundes in unterschiedlichen Arbeitsgruppen. Es bestanden 1991 neun Arbeitsgruppen, die sich mit der Lage einzelner Industriesektoren beschäftigen. Von besonderem Interesse ist hier die "Arbeitsgruppe Automobilindustrie". Daneben tritt zweimal jährlich der "tarifpolitische Ausschuß" zusammen, in dem Informationen über die nationalen Tarifrunden weitergegeben, gemeinsame tarifpolitische Ziele vereinbart und über deren Durchsetzung beraten wird. Im tarifpolitischen Ausschuß wurde der Beschluß zur europaweiten Durchsetzung der 35-Stunden-Woche gefaßt. Schließlich existieren gewerkschaftliche Arbeitsgruppen, in der Regel in Zusammenarbeit mit dem IMB, zu einzelnen multinationalen Konzernen. 1991 bestanden Arbeitsgruppen für Philips, Continental Can of Europe, Caterpillar Europe, Alcatel, Thomson CE, Bull, Volkswagen, Thomson CSF, CMB Packaging, Airbus Industries und Eurocopter. Diese Arbeitsgruppen wurden auf Anregung und mit Unterstützung des EMB gegründet. In den meisten Fällen bereitet ein Gewerkschaftssekretär des EMB die Ausschusssitzungen organisatorisch vor und ist während der Sitzungen anwesend. Seit 1986 übernehmen die Mitglieder der Mitgliedsgewerkschaften den Vorsitz über die Arbeitsgruppen. Hierdurch sollen die zwei Gewerkschaftssekretäre des EMB entlastet und die Mitgliedsgewerkschaften stärker in die inhaltliche Arbeit des EMB eingebunden werden. Zum Vorsitzenden der "Arbeitsgruppe Automobilindustrie" wurde ein hauptamtlicher Mitarbeiter der IG Metall gewählt.

Der tarifpolitische Ausschuß bietet die Möglichkeit, eine Vereinheitlichung der tarifpolitischen Forderungen der nationalen Metallgewerkschaften auf europäischer Ebene vorzubereiten. Für die Kooperation der betrieblichen Arbeitnehmervertretungen hat dies den Vorteil, daß sie sich bei ihren Aktionen gegenüber den nationalen Gewerkschaften auf die Beschlüsse dieses Ausschusses berufen können. Der Ausschuss beriet in den Jahren 1987 bis 1990 beispielsweise über die Position des EMB zur Samstags- und Sonntagsarbeit. Dies war ebenfalls ein wichtiges Kooperationsthema zwischen den VW- und den Seat-Arbeitnehmervertretungen. Er einigte sich außerdem auf die Forderung nach einem Recht auf die Ablehnung von grenzüberschreitenden Produktionsverlagerungen bei Streiks, einem Recht auf die Durchführung von "Solidaritätsmaßnahmen, bis hin zu Solidaritätsstreiks (...), um eine streikende Gewerkschaft in einem anderen Land der Gemeinschaft zu unterstützen, wenn die dort bestreikten Unternehmen die Produktion in andere Länder verlagern oder der Streik aus anderen Gründen gesamteuropäische Bedeutung für die Gewerkschaften hat". (Europäischer Metallgewerkschaftsbund 1991a: 113) Die SEAT-Arbeitnehmervertretung konnte die Ablehnung von Sonderschichten aufgrund von Streikmaßnahmen in anderen Standorten des VW-Konzerns bereits in ihrem Kollektivvertrag festschreiben. Auch ein weiterer Gegenstand der Ausschußberatungen, die Zahl der Wochenarbeitsstunden und der Überstunden ist bei Standortentscheidungen in der Automobilindustrie relevant. Der Ausschuß fordert die Vereinbarung einer Höchstarbeitszeit von 40 Stunden pro Woche. Überstunden sind zu vermeiden, oder aber auf höchstens 15 je Monat und Arbeitnehmer zu begrenzen. (Europäischer Metallgewerkschaftsbund 1991a: 114)

Dem EMB ist es bisher nur teilweise gelungen, seine programmatischen Forderungen umzusetzen. Die Realisierung der EMB-Forderungen vollzog sich hierbei auch auf nationaler Ebene. Beispielsweise wurde die Forderung nach Arbeitszeitverkürzungen in nationalen Tarifverhandlungen von einigen der EMB-Mitgliedsgewerkschaften durchgesetzt. Zu den Aktivitäten gegenüber MNK zählte bis Ende der 80er Jahre primär der Aufbau EMB-interner Arbeitsgruppen zu einzelnen MNK. Die Resultate der Verhandlungen mit ausgesuchten MNK über die vertragliche Einrichtung "Europäischer Betriebsräte" (EBR) wird im Abschnitt 4.4 bewertet. Die Umsetzung der EMB-Programmatik muß immer auch vor dem Hintergrund äußerst knapper personeller und finanzieller Ressourcen beurteilt werden. Gerade die Ausweitung der EMB-Aktivitäten gegenüber MNK sind von zwei Gewerkschaftssekretären, neben den übrigen EMB-Aufgaben nicht zu leisten. Neben der Effizienz der Lobbytätigkeit hängt die Relevanz der EMB-Organisationsstrukturen für die Kooperation betrieblicher Arbeitnehmervertreter ebenso von deren Einbindung in die Gremien des EMB ab. Welche Partizipations- und Informationsmöglichkeiten die EMB-Gremien den betrieblichen Arbeitnehmervertretern aus der Automobilindustrie zur Weiterentwicklung ihrer Kooperation bieten, soll im nächsten Abschnitt anhand der Aktivitäten der "EMB-Branchenarbeitsgruppe Automobilindustrie" untersucht werden. Diese Arbeitsgruppe wurde ausgewählt, da ihre Aktivitäten besonders relevant für die Unterstützung

der Kooperation zwischen den VW- und Seat-Arbeitnehmervertretungen sein
können.

4.2 Die Aktivitäten der "EMB-Arbeitsgruppe Automobilindustrie"

Mit der Arbeitsgruppe Automobilindustrie verfügt der EMB über ein Gremium in dem spezifische Veränderungen der Arbeitnehmerkonkurrenz in der europäischen Automobilindustrie diskutiert und Maßnahmen zu deren Reduzierung beschlossen werden können. Gleichzeitig bietet sie die Möglichkeit, die betrieblichen Arbeitnehmervertreter aus der Automobilindustrie in die Aktivitäten des EMB einzubeziehen. Die Arbeitsgruppe wurde 1975 gegründet und ist damit eine der ersten EMB-Arbeitsgruppen. Die Initiativen des EMB zu Problemen der europäischen Automobilindustrie werden in der Arbeitsgruppe auf der Grundlage vorliegender Positionen der nationalen Metallgewerkschaften diskutiert. Wichtige Diskussionsergebnisse gelten nach ihrer Verabschiedung durch den EMB-Exekutivausschuß als offizielle EMB-Beschlüsse. Die Kontinuität der Vertretung der IG Metall-Interessen ist sehr hoch, da die IG Metall-Positionen seit der Gründung der Arbeitsgruppe von demselben Mitarbeiter der Vorstandsverwaltung vertreten werden. Eine personelle Einbindung betrieblicher Arbeitnehmervertreter in die Arbeitsgruppe erfolgt nicht kontinuierlich und ist im Gegensatz zu den EMB-Arbeitsgruppen zu einzelnen MNK nur in geringem Umfang gesichert. Während Vertreter der IG Metall und der spanischen UGT-Metal regelmäßig an den Sitzungen teilgenommen haben, waren Gesamt- und Standortbetriebsräte aus der deutschen Automobilindustrie nur zeitweilig vertreten. Am häufigsten nahmen Betriebsräte der Volkswagen AG an den Arbeitsgruppensitzungen teil. Darüberhinaus sind Betriebsräte der übrigen deutschen Automobilhersteller sporadisch vertreten. Betriebliche Arbeitnehmervertreter der UGT-Metal nahmen lediglich 1987 an einem mehrtägigen Automobilseminar des EMB teil.

Die Arbeitsgruppe tritt in der Regel zweimal jährlich zusammen. Zu den regelmäßigen Themen der Sitzungen zählt der Informationsaustausch über die Tarifbewegungen, die Produktions- und Beschäftigungsentwicklung sowie die Arbeitszeiten bei den einzelnen Automobilherstellern. Seitens der EG-Kommission bestand ein starkes Interesse an der Gründung der Arbeitsgruppe. Sie versprach sich von der Arbeitsgruppe detaillierte Informationen über die Beschäftigungslage und die Arbeitsbedingungen in der europäischen Automobilindustrie. Die Gewerkschaften waren Mitte der 70er Jahre zu einer Zusammenarbeit mit der Kommission bereit, weil sie von der EG die Konzeption einer Industriepolitik für die Automobilindustrie erwarteten, die zur Lösung der konjunkturellen Probleme der Branche beitragen sollte. In diesem Zusammenhang forderte der EMB 1977 nationale und gemeinschaftliche Maßnahmen zur Verbesserung der Beschäftigung und der Arbeitsbedingungen in der Automobilindustrie. Diese Maßnahmen bezogen sich auf den Beschäftigungsschutz und die Arbeitszeitverkürzung, die Arbeitsorganisation und Arbeitsinhalte, den Gesundheitsschutz sowie die gewerkschaftliche Tätigkeit im Betrieb. Die EG wurde aufgefordert kontinuierlich Berichte über die Lage der Autoindustrie vorzulegen, die europäischen Strukturfonds auch für Umschulungs- und Bildungsmaßnahmen für Arbeitnehmer der Autoindustrie zu verwenden und die Vergabe von EG-Leistungen von einer Verbesserung der Arbeitsbedingungen abhängig zu machen. (Europäischer Metallgewerkschaftsbund 1977) Die Kommission kam diesen Forderungen mit dem Hinweis auf die fehlende Einstimmigkeit innerhalb des Ministerrats nicht nach. Seit 1980 war die Verschlechterung der konjunkturellen Lage der Automobilindustrie, hervorgerufen durch den zweiten Ölpreisschock und die Handelspolitik gegenüber den japanischen KFZ-Produzenten das beherrschende Thema der Arbeitsgruppensitzungen. Der EMB forderte vor allem "die Durchsetzung einer vorausschauenden, kurz- und mittelfristigen Beschäftigungs- und Arbeitskräftepolitik und einer flexiblen Produktionsgestaltung". Außerdem lehnte er eine protektionistische Politik gegenüber japanischen KFZ-Importen ab, forderte jedoch die Aushandlung eines Selbstbeschränkungsabkommens zwischen Japan und der EG. (Europäischer Metallgewerkschaftsbund 1980a)

Aufgrund der verschlechterten ökonomischen Lage der europäischen Automobilindustrie ließ die EG-Kommission 1982 einen Bericht über die Arbeitsbedingungen in der europäischen Automobilindustrie durch den EMB erstellen. Er sollte Hinweise für eine unterstützende Gemeinschaftspolitik zur Verbesserung der Lage der Automobilindustrie geben. (Kommission 1982) Im gleichen Jahr organisierte die EMB-Arbeitsgruppe gemeinsam mit der sozialistischen Fraktion des Europaparlaments ein Kolloquium über die Zukunft der europäischen Automobilindustrie. Die sozialistische Fraktion setzte sich darin für eine Politik ein, die die Erhöhung der Produktivität erleichtern, einen gemeinschaftlichen Industrieraum verwirklichen, die Folgen des technologischen Wandels auf die Arbeitnehmer übernehmen und die Überwachung des Außenhandels ernstnehmen sollte. (Europäischer Metallgewerkschaftsbund 1981b)

Seit 1987 trat die "Arbeitsgruppe Automobilindustrie" einmal jährlich zusammen. Die Zusammenkünfte erstreckten sich über mehrere Tage. Zu ihnen wurden externe Experten, darunter auch Vertreter der Automobilkonzerne zu festgelegten Themenbereichen einbezogen. Zu der ersten Konferenz im April 1987 wurden sechs Betriebsräte aus den verschiedenen bundesdeutschen Automobilherstellern eingeladen. Thema der Konferenz war der Einfluß der neuen Technologien auf die Arbeitsbedingungen in der Automobilindustrie, unter anderem die gewerkschaftliche Bewertung von Qualitätszirkeln. Aus zwei dieser Konferenzen gingen 1988 "Sechs Leitsätze zur Zukunft der Arbeit in der europäischen Automobilindustrie" hervor. Im ersten Punkt dieser Leitsätze bekräftigt der

EMB seine Kritik an den negativen Auswirkungen des Fordismus und des Taylorismus auf die Arbeitnehmer. Anschließend wird die Gruppenarbeit von dieser traditionellen Arbeitsorganisation abgesetzt und die Vorteile der Gruppenarbeit für das Management analysiert. Im vierten Leitsatz werden die Risiken der neuen Arbeitsorganisation für die gewerkschaftliche Arbeit im Betrieb skizziert, die die bisherigen Strukturen der betrieblichen Arbeitnehmervertretung in Frage stellt. In der fünften und sechsten These verweist der EMB dann auf die Chancen, die diese neuen Konzepte andererseits für die Gewerkschaften bedeuten können. Der gestalterische Einfluß der Arbeitnehmer auf die Arbeitsorganisation, die Produktionsverfahren und die Produkte erhöht sich. Hierdurch eröffnen sich Anknüpfungspunkte zur Angestelltenarbeit. Außerdem kann die Gruppenarbeit die Grundlage eines umfassenden Qualifikationsprozesses bilden. Diese Qualifizierungsmaßnahmen reduzieren, wenn sie während der Arbeitszeit durchgeführt werden, die Arbeitsplatz gefährdende Wirkung der Rationalisierungsprozesse. (Europäischer Metallgewerkschaftsbund 1988a)

Neben dem Thema neuer Produktionskonzepte beschäftigte sich der EMB mit dem zunehmenden Marktanteil japanischer KFZ-Anbieter auf den nationalen KFZ-Märkten der EG. Im März 1988 nahm er zur Frage japanischer KFZ-Importe Stellung. Einseitige protektionistische Maßnahmen lehnt der EMB grundsätzlich ab. Der Exekutivausschuß ist allerdings für einen befristeten Protektionismus, solange die Produktivitätserhöhungen der japanischen Automobilindustrie nicht zur Stimulierung der Binnennachfrage, sondern einseitig für Exportsteigerungen eingesetzt werden. Unter eine solche Regelung sollen nach Ansicht des EMB auch die innerhalb der EG gefertigten japanischen KFZ fallen, solange sie nur in Europa montiert werden. Die japanische Seite soll Schritte unternehmen, um die nicht-tarifären Handelshemmnisse für europäische KFZ-Importe auf den japanischen Markt abzubauen und ein Handelsgleichgewicht herzustellen. Die in der Automobilindustrie erzielten Produktivitätszuwächse müßten nicht nur in Europa, sondern auch in Japan in Form von Arbeitszeitverkürzungen an die Arbeitnehmer weitergegeben werden. (Europäischer Metallgewerkschaftsbund 1988b) Diese Position bekräftigte der EMB auf der 7. Generalversammlung im Juni 1991.

Zusammenfassend betrachtet erfüllte die Arbeitsgruppe Automobilindustrie bisher primär die Funktion eines Informationsgremiums. Die Vertreter der Mitgliedsgewerkschaften nutzten die Sitzungen zu einem Informationsaustausch über die Veränderung der Arbeitsbedingungen und der ökonomischen Lage in den Standorten der einzelnen Automobilhersteller. Zwar wurden jeweils die relevanten, Arbeitnehmerkonkurrenz verschärfend wirkenden, Veränderungen in der Automobilindustrie diskutiert und Gegenmaßnahmen beschlossen. Diese konnte der EMB gegenüber der EG jedoch nicht durchsetzen. Erfolgreich agierte der EMB gegenüber dem Problem einer wachsenden japanischen Anbieterkonkurrenz. Die EG vertrat wie der EMB die Position, die europäischen KFZ-Hersteller müßten auch weiterhin auf den bereits geschützten nationalen Automobilmärkten, zeitlich befristet vor der japanischen Konkurrenz geschützt werden. Allerdings ging dieser Beschluß des Ministerrats maßgeblich auf Forderungen der französischen und spanischen Regierungen zurück. Die Teilnahme an der Arbeitsgruppe beschränkt sich, zumindest hinsichtlich der deutschen und spanischen Arbeitnehmervertreter, überwiegend auf hauptamtliche Gewerkschaftsmitarbeiter. Betriebliche Mandatsträger nahmen nicht kontinuierlich an den Sitzungen der AG teil. Die Relevanz der Arbeitsgruppe für die betrieblichen Arbeitnehmervertreter ist demnach niedrig einzuschätzen. Die teilnehmenden betrieblichen Interessenvertreter gehörten in der Regel einem Betriebsrat der deutschen VW-Standorte an. Deren Beurteilung der Relevanz der Arbeitsgruppenaktivitäten für ihre Kooperation mit den Arbeitnehmervertretungen der anderen VW-Konzernstandorte wird im achten Kapitel dargestellt.

Nach der Analyse der Organisationsstrukturen von EGB und EMB, sowie der Partizipationsmöglichkeiten betrieblicher Arbeitnehmervertreter an der Arbeitsgruppe Automobilindustrie wird im folgenden auf die Strategien der europäischen Arbeitnehmerorganisationen, unter besonderer Berücksichtigung des EGB und des EMB, gegenüber multinationalen Konzernen eingegangen.

4.3 Die Strategien der europäischen Gewerkschaftsorganisationen zur Begrenzung der Arbeitnehmerkonkurrenz in MNK

Die europäischen Arbeitnehmerorganisationen haben zwei Strategien zur Eingrenzung der Arbeitnehmerkonkurrenz in multinationalen Konzernen entwickkelt, die als institutionelle und nicht-institutionelle Strategien bezeichnet werden. Im Rahmen der institutionellen Strategie versuchen die nationalen und internationalen Gewerkschaften auf externe Akteure einzuwirken. Das Ziel dieser Strategie liegt darin, die externen Akteure zur Einschränkung der Handlungsspielräume multinationaler Konzerne zu veranlassen und auf diese Weise die konzerninterne Arbeitnehmerkonkurrenz zu begrenzen. Auf nationaler Ebene spielt der nationale Gesetzgeber diese Rolle, auf internationaler Ebene werden die Gewerkschaften gegenüber der OECD, der ILO, der UN und der EG aktiv. Im Rahmen der nichtinstitutionellen Strategie intensivieren die Gewerkschaften ihre gegenseitige Zusammenarbeit und versuchen die Handlungsspielräume der MNK durch vertragliche Vereinbarungen zu begrenzen. (vgl. Piehl 1975a: 148)

Zu den institutionellen Strategien zählen die in Abschnitt 4.1 genannten Aktivitäten des IBFG und der IBS, gegenüber der OECD und der ILO einen Verhaltenskodex für MNK durchzusetzen. (vgl. Casserini 1975; Engelen-Kefer 1975; Meggeneder 1983) Auf europäischer Ebene wirken die europäischen Gewerkschaftsorganisationen auf die EG-Organe mit dem Ziel ein, Richtlinien über die betrieblichen Arbeitnehmerrechte in MNK zu erlassen.

Der Schwerpunkt der nicht-institutionellen Strategien liegt in dem Ausbau der Kontakte zwischen den Arbeitnehmervertretungen innerhalb einzelner MNK und der Entwicklung einer europäischen Tarifpolitik. Die Kooperationskontakte zwischen den Arbeitnehmervertretungen innerhalb eines Konzerns können entweder durch die betrieblichen Arbeitnehmervertretungen und ihre Gewerkschaften organisationsintern initiiert oder vertraglich mit der Konzernleitung vereinbart werden. Eine Voraussetzung für die Aufnahme und den Ausbau konzerninterner Kontakte bildet zunächst die optimale Nutzung und Vernetzung der Arbeit der betrieblichen Arbeitnehmervertretungen innerhalb eines jeden Standortes des MNK. Hierzu zählt, unter den Bedingungen des deutschen Arbeitsrechts, die Gewährleistung des Informationsaustauschs zwischen den Arbeitnehmervertretern des Aufsichtsrats und den Gesamtbetriebsräten. (Heinrich 1979: 63) (9) Heinrichs weist auf die Bedeutung einer aktiven Informationspolitik gegenüber den Belegschaften der Standorte in Kooperationsfragen hin. Ebenso müsse eine zu starke Loyalität der einzelnen betrieblichen Arbeitnehmervertretungen gegenüber ihren Standorten verhindert werden. In der Bundesrepublik können die von den Gewerkschaften gestellten Arbeitnehmervertreter im Aufsichtsrat eine solche standortbezogene Politik einschränken. (Heinrich 1979: 63-66)

Die Aufnahme internationaler Kooperationskontakte sollte auf diesen genannten Bedingungen aufbauen. Das Ziel der Kooperation zwischen den betrieblichen Arbeitnehmervertretern liegt letztlich in der Gründung eines gewerkschaftlichen Fachausschusses oder Weltkonzernrates. (Steiert 1982: 784; Piehl 1975: 171) Sobald den Arbeitnehmervertretern Informationen über die Lage der einzelnen Standorte vorliegen, können gemeinsame Strategien und Forderungen gegenüber der Konzernleitung erhoben werden. (Matthies 1974: 94) Auf dieser Grundlage sind auch Solidaritätsaktionen zielgerichteter und effizienter durchführbar. (Piehl 1975: 176ff.) In einigen Konzeptionen wird in der entwickelten Phase der Kooperation der Abschluß internationaler Tarifverträge mit den Konzernleitungen angestrebt. (10)

Von den nationalen Gewerkschaften wurden in der Vergangenheit drei Positionen hinsichtlich der Rolle und der Autonomie der betrieblichen Arbeitnehmervertretungen in der Kooperation vertreten. Die erste, in den 70er Jahren entwickelte Position grenzt die betrieblichen Arbeitnehmervertretungen völlig von der internationalen Kooperation aus. (Spieker 1973: 192) Die Vertreter dieser Position verweisen auf die starke Differenzierung des Faktors Arbeit in MNK und die Zersplitterung der Arbeitnehmerinteressen. (Spieker 1973: 184, 189) Eine Zwischenposition, die nach eigener Aussage an den "Realitäten der gewerkschaftlichen Gegenmacht" orientiert ist, nimmt Steiert 1982 ein. Anfang der 80er Jahre hatte das Interesse der Gewerkschaften an der Kooperation auf betrieblicher Ebene nachgelassen. Die Defizite der Aktivitäten der Weltkonzernräte waren bereits sichtbar geworden. Steiert versucht deren Aktivitäten zu reorganisieren. In den Weltkonzernräten spielen die nationalen Gewerkschaften die führende Rolle. Diejenige Gewerkschaft, in deren Organisationsbereich die Zentrale des multinationalen Konzerns liegt übernimmt eine "Patenschaft" für den Weltkonzernrat. Die Funktionen des Weltkonzernrates werden auf die Informationssammlung, den Informationsaustausch, die Vermittlung von Kontakten, sowie die Vorbereitung und Durchführung internationaler Maßnahmen begrenzt. Die Aufgabe der Informationssammlung und -verteilung fällt der "Patengewerkschaft" zu. Diese unterhält die Kontakte zum zuständigen IBS und den ausländischen Gewerkschaften. Der Weltkonzernrat soll mit hauptamtlichen Gewerkschafts- und betrieblichen Arbeitnehmervertretern besetzt werden. (vgl. Steiert 1982: 784ff.) Die dritte Position wird von Dohse skizziert. Angesichts des zunehmenden Gewichts multinationaler Konzerne in der Weltwirtschaft kommt er zu dem Schluß, daß auch eine Ausweitung der Mitarbeiterzahl der internationalen Gewerkschaftsorganisationen die Effizienz der internationalen Kooperation nicht erhöhen würde. Die Beteiligung dieser Organisationen führt vielmehr nur zu einer Bürokratisierung der Kooperation. Die Zunahme der offiziellen Konferenzen auf der Ebene der internationalen Gewerkschaftsstrukturen optimiert den Informationsaustausch nur geringfügig; demgegenüber steigt der Informationsbedarf der betrieblichen Arbeitnehmervertretungen. Die gewerkschaftspolitische De-Regulierung und die Reduzierung der gewerkschaftlichen Kontrolle über die Kooperation erscheint daher als Voraussetzung einer effizienteren, internationalen Kooperation der betrieblichen Arbeitnehmervertretungen. (Dohse 1986: 118)

Die Vollendung des EG-Binnenmarktes hat der Diskussion über die Chancen einer Tarifvertragspolitik auf europäischer Ebene neue Impulse gegeben. Die Entwicklung einer europäischen Tarifpolitik ist für die betroffenen nationalen Gewerkschaften ein besonders sensibles Thema, da sie den Kern ihres gewerkschaftlichen Handelns tangiert. Die Durchsetzung ihrer Forderungen ist die wichtigste Leistung, die die nationalen Gewerkschaften für ihre Mitgliedschaft erbringen. Aus der Streikfähigkeit ergibt sich die Bargaining Power der Gewerkschaften gegenüber den Arbeitgebern. Jede Veränderung der Verfügungsmacht und Zuständigkeit in diesem Bereich würde die Rolle und das Gewicht der nationalen Gewerkschaften gegenüber ihrer Mitgliedschaft, den Arbeitgebern und den nationalen Regierungen tangieren. Eine europäische Tarifpolitik stände außerdem vor institutionellen Problemen, beispielsweise unterschiedlichen nationalen Arbeitsbeziehungen, differierenden Gewerkschaftsstrukturen und Organisationsgraden, schwachen internationalen Vertretungsstrukturen auf Gewerkschafts-, Arbeitgeber- und EG-Seite, sowie der Ablehnung der Arbeitgeber, am Aufbau eines Systems europäischer Arbeitsbeziehungen mitzuwirken. (vgl. Lecher 1989: 643; ders. 1991: 195)
Inhaltliche Themen einer europäischen Tarifpolitik liegen, aufgrund der na

tional differierenden Regelungen der Tarifinhalte durch Tarifverträge oder Geset-
ze im qualitativen Tarifbereich. Die Arbeitszeit wird beispielsweise in allen EG-
Staaten, mit Ausnahme Luxemburgs, tarifvertraglich geregelt. Dazu kommen
Themen wie der Arbeitsschutz, die Aus- und Weiterbildung und die Arbeitnehmerrechte in grenzüberschreitenden Unternehmen. (Lecher 1991: 197ff.) Tarifverhandlungen über diese Inhalte können auf der Ebene der MNK, der
europäischen Gewerkschaftsausschüsse und des Europäischen Gewerkschaftsbundes erfolgen.

Insbesondere gegen die Forderung nach einem Ausbau der internationalen
Kooperation auf betrieblicher Ebene, bis hin zum Abschluß von Tarifverträgen,
haben Vertreter der nationalen Gewerkschaften seit den 70er Jahren Einwände
erhoben. Nach ihrer Ansicht verhindern die unterschiedlichen Gewerkschafts-
und Arbeitgeberverbandsstrukturen, die Tarifvertragsgesetze und die national
unterschiedliche Arbeitsgesetzgebung eine solche Politik grenzüberschreitender
Tarifverträge innerhalb eines multinationalen Konzerns. Außerdem würden stark
differierende ökonomische Strukturen, beispielsweise unterschiedliche Produktivitätsniveaus keine internationalen Tarifverträge zulassen. (Steiert 1982: 782)
Gewerkschaftspolitisch seien Tarifverträge für einzelne MNK schädlich, da die
Aufgabe der nationalen Gewerkschaftsautonomie zu einer allgemeinen Abnahme
der Bargaining Power der Arbeitnehmerorganisationen führen würde. Dieser
Nachteil stände in keinem Verhältnis zu der Stärkung auf seiten der Weltkonzernräte. (Pitz 1975: 205) Die deutschen Gewerkschaften verweisen ebenso auf die
negativen Effekte einer betrieblich orientierten Tarifpolitik. "Auf Konzernbasis
abgeschlossene Tarifverträge würden außerdem, ebenso wie auf Konzernebene
organisierte Gewerkschaftsstrukturen, die Gefahr eines 'Konzernsyndikalismus'
heraufbeschwören. ... Die Entsolidarisierung der Arbeitnehmerschaft wäre mit
hoher Wahrscheinlichkeit die Folge". (Steiert 1982: 782f.)
    Auch Walz vertritt in seiner Untersuchung über die Realisierungschancen
internationaler Tarifverträge die Ansicht, daß Tarifverträgen auf der Ebene MNK
grundsätzlich die "sozialpolitisch-ökonomische Basis, als auch die gewerkschaftliche Rückendeckung" fehle. Er lehnt damit die allgemeine Anwendung des Modells eines "transnational collective bargaining", welches internationale Tarifverträge innerhalb eines MNK zwischen der Konzernleitung und allen Gewerkschaften, die Arbeitnehmer dieses Konzerns organisieren vorsieht, ab. Außerdem würden die MNK die Funktionsfähigkeit der nationalen Tarifsysteme nicht so grundlegend verändern, daß eine internationale Tarifpolitik notwendig wäre. (Walz
1981: 133) Er schlägt allerdings vor, internationalen Konzerntarifverträgen eine
subsidiäre Rolle zuzuweisen. Sie sollten dann eingesetzt werden, wenn Angelegenheiten in die Kompetenz der Konzernobergesellschaft fallen. Dazu zählt das
Thema einheitlicher Mitbestimmungs-, Konsultations- und Informationsrechte der
Arbeitnehmer in allen Standorten gegenüber der Konzernzentrale und auch die

Berücksichtigung einer sozialen Komponente bei Veränderungen des Produktionsverbundes und der eingesetzten Technologie in Form eines Rationalisierungsschutzabkommens. Diese Abkommen könnten auch auf Funktionsbereiche und/oder Teilbereiche des Konzerns beschränkt werden. (Walz 1981: 133ff.) Nachdem das Spektrum potentieller gewerkschaftlicher Strategien Politik gegenüber MNK dargestellt wurde soll nun untersucht werden, welche Positionen sich in den europäischen Arbeitnehmerorganisationen durchgesetzt haben.

Mit seinen Aktivitäten verfolgte der EGB in der Vergangenheit eine institutionelle Strategie, die sich auf die Lobbytätigkeit gegenüber den EG-Organen konzentrierte. Außerdem ist er der Gesprächspartner der europäischen Arbeitgeberverbände und der EG-Kommission bei den Gesprächen im Rahmen des "Sozialen Dialogs". Demgegenüber hat der EMB spätestens seit Mitte der 80er Jahre eine dreistufige Strategie zur Durchsetzung der Interessen der europäischen Arbeitnehmerschaft entwickelt. Zunächst versucht der EMB seine Vorstellungen gegenüber den EG-Organen durchzusetzen. Ergibt sich nach diesen Gesprächen keine Möglichkeit, eine EG-Richtlinie zu formulieren und zu verabschieden, setzt der EMB auf direkte Verhandlungen mit den europäischen Arbeitgeberverbänden oder den Konzernleitungen, um die Interessen der beteiligten Gewerkschaften und betrieblichen Arbeitnehmervertretungen durchzusetzen. Bleiben diese Verhandlungen mit den Arbeitgebern ohne Ergebnis, fordert der EMB in der dritten Phase seine Mitgliedsgewerkschaften auf, die Forderung in allen Mitgliedsstaaten tarifvertraglich oder gesetzlich umzusetzen. (Int 14) Diese Strategie wurde entwickelt, nachdem sich abzeichnete, daß eine Realisierung der Arbeitnehmerinteressen durch den Erlaß von EG-Richtlinien, vor dem Hintergrund der Einstimmigkeitsregel im EG-Ministerrat, nicht zu erwarten war. Die zweite Strategie, in direkte Verhandlungen mit den Unternehmensleitungen einzelner MNK einzutreten kann durch den EMB geleistet werden, da er mit seinen Arbeitsgruppen zu MNK bereits über Gremien verfügt, die das Sekretariat in den Verhandlungen unterstützen können. Die Aktivitäten der EMB-Arbeitsgruppen zu MNK haben in den 80er Jahren stark zugenommen und seit 1985 mit der Einrichtung "Europäischer Betriebsräte" (EBR) bzw." Europäischer Wirtschaftsausschüsse" eine neue Qualität erreicht.

In den 70er und 80er Jahren konzentrierten sich EGB und EMB in der Frage der betrieblichen Arbeitnehmerrechte in EG-weit operierenden MNK auf die Lobbytätigkeit gegenüber den EG-Organen. (11) Der EGB kritisierte 1988 die Entwürfe der EG-Kommission zur Frage der Unternehmensmitbestimmung in der "Europäischen Aktiengesellschaft" (EAG). Der Entwurf sieht gegenüber den Fassungen von 1970 und 1975 keine obligatorische Einführung eines "Europäischen Betriebsrates" vor. (Europäischer Gewerkschaftsbund 1988a) Außerdem beziehen sich die Einwände des EGB auf die Unterschiede zwischen den drei wählbaren Mitbestimmungsmodellen, auf einen zu großen Einfluß der Hauptversammlung, die zwischen Vorstand und Arbeitnehmervertretungen geschlossene Vereinbarungen außer Kraft setzen kann und auf die möglichen negativen Auswirkungen dieser neuen, europäischen Mitbestimmungsregelung auf das nationale Arbeitsrecht und auf die nationalen Tarifverträge. (Europäischer Gewerkschaftsbund 1989) In einem Grundsatzprogramm zu den Aktivitäten multinationaler Konzerne erhob der EGB 1977 die Forderung nach betrieblichen Arbeitnehmerrechten in MNK. In dessen Mittelpunkt steht die Forderung nach der Einrichtung eines Informations- und Konsultationsorgans zur Vertretung der Arbeitnehmerinteressen aller Konzernstandorte. (Europäischer Gewerkschaftsbund 1977)

1980 legte die EG-Kommission die sogenannte Vredeling-Richtlinie über die "betrieblichen Unterrichtungs- und Anhörungsrechte der Arbeitnehmer in Unternehmen mit komplexer, grenzüberschreitender Struktur" vor. (vgl. Abschnitt 3.5.1) Zu diesem Entwurf und den vier folgenden, veränderten Richtlinienentwürfen aus den Jahren 1983, 1989, 1990 und 1991 nahm der EGB jeweils kritisch Stellung. Zwar konnte der EGB in Hintergrundgesprächen und Anhörungen gegenüber der Kommission, dem Europaparlament und dem Wirtschafts- und Sozialausschuß seine Position verdeutlichen. Teilweise wurde diese Kritik auch konstruktiv aufgenommen. Die europäischen Gewerkschaftsorganisationen mußten jedoch erkennen, daß diese Erfolge und ihr Einfluß auf die EG gering bleiben würden, solange für die Verabschiedung von Richtlinien aus dem Bereich der Arbeitsbeziehungen eine einstimmige Entscheidung des Ministerrates notwendig ist. Bis 1991 blieb die institutionelle Strategie der europäischen Gewerkschaftsorganisationen gegenüber der EG in diesem Bereich erfolglos. Die überarbeiteten Richtlinienentwürfe der Kommission zu den Arbeitnehmerrechten in MNK sind bis zum Jahr 1991 noch nicht verabschiedet worden. Der Vertrag von Maastricht sieht in Mitbestimmungsfragen auch zukünftig einstimmige Beschlüsse des EG-Ministerrats vor. Hierdurch bleibt die Verabschiedung der Richtlinien weiterhin unwahrscheinlich. Selbst bei einer Veränderung der Abstimmungsregeln bleibt der EMB hinsichtlich der Verabschiedung der Richtlinien skeptisch, da die Zahl der abstimmenden Länder bei zukünftigen EG-Erweiterungen steigen wird und bisher einige Mitgliedsstaaten ihre ablehnende Haltung hinter der Oppositionshaltung der Regierung des Vereinigten Königreiches verbergen konnten. (Int 14: 2) Daraufhin modifizierte zuerst der EMB seine Strategie und forderte im Juli 1988 in einer Entschließung über die Informationsrechte der Arbeitnehmer in MNK neben einer EG-Richtlinie zu dem Thema gleichzeitig, *"in Verhandlungen zwischen dem EMB, den betroffenen nationalen Metallgewerkschaften und den Unternehmensleitungen* die Einrichtung 'Europäischer Betriebsräte' bzw. 'Europäischer Wirtschaftsausschüsse' in Unternehmen mit Produktionsstätten in mehreren EG-Staaten *anzustreben".* (Europäischer Metallgewerkschaftsbund 1988) Die Rechte der nationalen Arbeitnehmervertretungen sollen von den Europäischen Betriebsräten nicht tangiert werden. Der EMB geht mit seinen Forderungen über den Inhalt der vorliegenden EG-Richtlinienentwürfe hinaus. Beispielsweise fordert der EMB die Einrichtung eines Schlichtungsverfahrens und ein Vetorecht der Arbeitnehmervertreter mit aufschiebender Wirkung gegenüber strittigen Vorstandsentscheidungen, die mehrere Standorte betreffen. Die Gremienvertreter sollen Mitglieder einer repräsentativen, nationalen Metallgewerkschaft sein und von den Arbeitnehmern der einzelnen Standorte gewählt werden. (ders. 1988) Die Forderung nach der Hinzuziehung externer Sachverständiger zu den Sitzungen des Europäischen Betriebsrats soll die Anbindung des Gremiums an die internationalen und nationalen Gewerkschaften gewährleisten.

Im Frühjahr 1989 vereinbarten die EMB-Mitgliedsgewerkschaften zur Umsetzung dieser nicht-institutionellen Strategie, multinationale Konzerne ihres Organisationsbereichs auszuwählen und deren betriebliche Arbeitnehmervertreter auf die Vorteile der "Europäischen Betriebsräte" hinzuweisen. Die Arbeitnehmervertreter sollten Gespräche mit der Konzernleitung über die Einrichtung eines "Europäischen Betriebsrats" aufnehmen. In Konzernen, in denen bereits EMB-Arbeitsgruppen bestanden, sollten diese die Gespräche zur Gründung des "Europäischen Betriebsrats" vorbereiten. Außerdem beschloß der Europäische Metallgewerkschaftsbund, Arbeitsgruppen in weiteren MNK seines Organisationsbereichs einzurichten. Die Verstärkung der Aktionen gegenüber den multinationalen Unternehmen in Europa begründete der EMB mit der Zunahme von Unternehmensverflechtungen und Fusionen im Rahmen der Vollendung des EG-Binnenmarktes. (Europäischer Metallgewerkschaftsbund 1990a, 1991a)

Die programmatischen Forderungen des EMB-Aktionsprogramms aus dem Jahr 1990 richten sich einerseits an die EG, durch Richtlinien Unterrichtungs- und Anhörungsstrukturen auf europäischer Ebene für die Arbeitnehmervertreter und ihre Gewerkschaften innerhalb multinationaler Konzerne zu schaffen. Andererseits soll der EMB die Zahl der EMB-Arbeitsgruppen zu MNK, in Zusammenarbeit mit dem IMB, ausweiten. Die Relevanz der Kooperation soll den betrieblichen Mandatsträgern stärker als bisher verdeutlicht werden. Hierzu wird die Konzeption eines Bildungsangebots für Arbeitnehmervertreter aus grenzüberschreitenden Unternehmen angestrebt. Ebenso wird gefordert, Verhandlungen mit den Unternehmensleitungen weiterer Konzerne zur Einrichtung europäischer Betriebsräte aufzunehmen. (Europäischer Metallgewerkschaftsbund 1991b, 1991a: 14, 1990a: 5f.)

Mit diesen Forderungen liegt der Schwerpunkt der EMB-Aktivitäten in der Umsetzung nicht-institutioneller Strategien. Die Gründung der "Europäischen Gewerkschaftsakademie" und der AFETT durch den EGB diente dem Aufbau einer gewerkschaftlichen Bildungsarbeit auf europäischer Ebene. Die Angebote dieser Organisationen können auch von EMB-Mitgliedsgewerkschaften in Anspruch genommen werden. Im Juni 1990 beschloß der EMB eine Bildungskonzeption für Seminare mit betrieblichen Arbeitnehmervertretern und deren zuständigen Gewerkschaftssekretären aus jeweils einem multinationalen Konzern. 1990 wurden die ersten zwei Seminare nach dieser Konzeption erfolgreich durchgeführt. Im Vordergrund der Seminare steht neben der Informationsvermittlung über die Strukturen des Konzerns und der betrieblichen Interessenvertretungen, der Aufbau eines Informations- und Kommunikationssystems sowie die Entwicklung gemeinsamer Handlungsstrategien. (Europäischer Metallgewerkschaftsbund 1990c) Diese Bildungsaktivitäten sollen das Interesse der betrieblichen Arbeitnehmervertreter an der Kooperation fördern.

Erfolge konnte der EMB auch bei der Aktivierung und der Einrichtung weiterer Arbeitsgruppen zu einzelnen MNK erzielen. Diese Aktivitäten sind für die Kooperation betrieblicher Arbeitnehmervertretungen von besonderer Relevanz, da die Mandatsträger in diesen Arbeitsgruppen, im Gegensatz zu den Branchenarbeitsgruppen, umfassende Partizipationsmöglichkeiten vorfinden. Die Mitglieder der EMB-Arbeitsgruppen zu MNK stammen überwiegend aus den betrieblichen Arbeitnehmervertretungen des jeweiligen Konzerns. Dem EMB ist es gelungen die Zahl der Arbeitsgruppen und die Anzahl der jährlichen Sitzungen erheblich auszuweiten. Zwischen 1977 und 1985 traten die MNK-Arbeitsgruppen zu zwei bis vier Sitzungen im Jahr zusammen. Bis zum Jahr 1990 stieg diese Zahl auf zehn Sitzungen an. (12) Für 1991 war eine Zunahme der Sitzungszahl um weitere zwanzig Zusammenkünfte geplant. (Int 14: 3) Diese Ausweitung wurde durch die Übernahme der Sitzungskosten seitens der EG möglich, die dem EMB 1991 erstmals Mittel zur Einrichtung "Europäischer Betriebsräte" zur Verfügung stellte. In seinem Tätigkeitsbericht führt der EMB 1980 vier, in dem Bericht aus dem Jahre 1990 bereits 14 Arbeitsgruppen zu einzelnen MNK auf. Durch die Teilnahme eines EMB-Sekretärs und externer hauptamtlicher Mitarbeiter der nationalen Gewerkschaften an den Sitzungen, ist die Anbindung der EMB-Arbeitsgruppen an die nationalen Metallgewerkschaften gewährleistet. Die inhaltliche Arbeit der Arbeitsgruppen erstreckt sich vom Informationsaustausch, über die Strategiebildung bis zu abgestimmten Reaktionen auf Rationalisierungsmaßnahmen, Produktionsverlagerungen und Fusionen. Die Arbeitsgruppen decken das gesamte Spektrum der Aktivitäten internationaler Arbeitnehmerorganisationen auf der Ebene MNK, mit der Ausnahme von Verhandlungen mit den Arbeitgebern ab.

Die Ausweitung der EMB-Aktivitäten gegenüber multinationalen Konzernen wurde durch ein steigendes Kooperationsinteresse der betrieblichen Arbeitnehmervertretungen erleichtert. Ein Mitarbeiter der Internationalen Abteilung der IG Metall-Vorstandsverwaltung führte 1991 die Zunahme der Kooperationswünsche seitens der betrieblichen Interessenvertreter auf die bevorstehende Vollendung des EG-Binnenmarktes zurück. (Int 11: 12) Auch die nationalen Metallgewerkschaften unterstützen die Aktivitäten des EMB hinsichtlich der Gründung weiterer EMB-Arbeitsgruppen zu MNK und der Einrichtung "Europäischer Betriebsräte".

Die IG Metall nahm 1989 mit etwa zehn Gesamtbetriebsräten Kontakt auf, um solche Verhandlungen einzuleiten. Der EMB und die nationalen Gewerkschaften führten Konferenzen mit betrieblichen Arbeitnehmervertretern durch, beispielsweise 1989 mit 800 Arbeitnehmervertretern in Ostende, auf denen das Interesse der Mandatsträger an der internationalen Kooperation geweckt und ein Informationsaustausch über bestehende Kooperationserfahrungen angeregt werden sollte. (vgl. Europäischer Gewerkschaftsbund 1989a) Die spanischen Gewerkschaften und die betrieblichen Arbeitnehmervertretungen sind ebenfalls, wegen der steigenden ausländischen Direktinvestitionen in den modernen Sektoren der spanischen Industrie, an dem Ausbau der Kooperation interessiert.

Die Aktivitäten und die Gründung weiterer EMB-Arbeitsgruppen zu einzelnen MNK wird mit dem Internationalen Metallgewerkschaftsbund koordiniert, da auch dieser, mit den Weltkonzernräten über Arbeitsgruppen zu MNK aus der Metallindustrie verfügt. Die Verantwortung für weltweit operierende MNK aus der Metallindustrie liegt in der Regel beim IMB, die für europäische MNK der Metallindustrie mit europäischem Konzernsitz beim EMB. In der Praxis nehmen Vertreter beider Organisationen an den Sitzungen der Arbeitsgruppen der jeweils anderen Organisation teil. Entscheidend für die Frage, welche Organisation die Arbeitsgruppensitzung ausrichtet, sind oftmals pragmatische Überlegungen, beispielsweise ob der EMB für die Sitzung externe Ressourcen bereitstellen kann. Da fast alle Autohersteller weltweit produzieren, werden ihre Arbeitsgruppen vom IMB organisiert. Die internationale Kooperation der betrieblichen Arbeitnehmervertreter der europäischen Volkswagenstandorte wurde jedoch durch den EMB entscheidend unterstützt, so daß dieser der Ansprechpartner für die Kooperation der VW- und Seat-Arbeitnehmervertretungen ist. (Int 13: 1f.)

Die Realisierung einer europäischen Tarifpolitik und die Entwicklung entsprechender Tarifvertragsstrukturen bildet den dritten Teilbereich der nicht-institutionellen Strategien europäischer Arbeitnehmerorganisationen. Der Leiter des Europäischen Gewerkschaftsinstituts schlägt drei tarifpolitische Varianten vor, um die Harmonisierung der Arbeitnehmerrechte und der Arbeitsbeziehungen in der EG zu erreichen. Die erste Variante setzt bei der Intensivierung des Informationsaustauschs zwischen den nationalen Gewerkschaften über das erreichte Niveau der Arbeitsbedingungen an. In Tarifgebieten mit einem niedrigen Niveau muß in Zukunft gezielt nachverhandelt werden. Die zweite Variante sieht eine Koordination der tarifpolitischen Ziele durch den EGB und die europäischen Gewerkschaftsausschüsse vor. Die auf europäischer Ebene definierten Ziele müßten anschließend durch die nationalen Gewerkschaften umgesetzt werden. Lediglich die dritte Strategievariante, die die Aushandlung europaweiter Tarifverträge vorsieht, ist nach Köpkes Ansicht am ehesten in MNK oder in europäisch-konzipierten Produktionsprojekten, wie beispielsweise der Airbus-Produktion und dem Ärmelkanal-Tunnelbau realisierbar. (Köpke 1990: 763)

Die dritte Strategievariante wurde bisher in Einzelfällen durch den EGB, die nationalen Branchengewerkschaften und betriebliche Arbeitnehmervertretungen umgesetzt. Das Verhandlungserfolge Einzelfälle geblieben sind, hängt vor allem mit der ablehnenden Haltung der entsprechenden Arbeitgeberverbände zusammen. Der EGB konnte mit dem europäischen Verband der öffentlichen Arbeitgeber CEEP im September 1990 ein Rahmenabkommen über die Berufsbildung im Bereich der europäischen Energieversorgung und der europäischen Eisenbahnen abschließen. (Europäischer Metallgewerkschaftsbund 1991: 135) Auf Branchenebene gab es 1968 eine erste europäische tarifliche Absprache mit Empfehlungscharakter über die Harmonisierung der Arbeitszeit der ständigen Landarbeiter im Ackerbau. (vgl. Walz 1981: 103, Anm. 8) Der EMB schätzte 1991 die Regelung der Maschinennutzungszeiten auf Branchen- bzw. Unternehmensebene als ein relevantes Thema für europäische Tarifabsprachen ein. Allerdings beurteilt er sowohl die Gesprächsbereitschaft des Arbeitgeberverbandes, wie auch die eigene Durchsetzungsfähigkeit im Falle schwieriger Verhandlungen skeptisch. (Int 14: 2f.) Grundsätzlich sind die personellen und finanziellen Ressourcen der Gewerkschaftsausschüsse so gering, daß sie bei einem gleichbleibenden Ressourcenniveau keine aktive Rolle in einem ausgebauten europäischen Tarifsystem spielen können. (vgl. Lecher 1991: 200) Unter den nationalen Branchengewerkschaften ist es 1990 der IG Chemie-Papier-Keramik (IG CPK) gelungen, mit dem Bundesarbeitgeberverband Chemie "gemeinsame Hinweise" über "Betriebskontakte (der betrieblichen Arbeitnehmervertretungen - V.M.) auf europäischer Ebene" zu vereinbaren. Die Entscheidung über die Einrichtung "Europäischer Betriebsräte" liegt nun bei den einzelnen Unternehmensleitungen. Sie können ebenfalls multilaterale Kontakte mit den Arbeitnehmervertretungen aufnehmen. Bisher hatten die deutschen Chemiekonzerne nur bilateralen Verhandlungen zugestimmt. Es handelt sich zwar um eine nationale Absprache, sie wird jedoch Einfluß auf die Position des europäischen Chemie-Arbeitgeberverbandes haben. In der zweiten Phase des Projekts hat die IG CPK zwanzig MNK ihres Organisationsbereichs ausgewählt, um die Möglichkeiten der Einrichtung Europäischer Betriebsräte zu prüfen. Spätere Verhandlungen sollen unter Einbeziehung des zuständigen europäischen Gewerkschaftsausschusses geführt werden. (Jäger 1991: 247) Auf der Ebene der Gesamtbetriebsräte und anderer betrieblicher Arbeitnehmervertretungen fallen alle seit 1985 getroffenen formellen Absprachen über die Einrichtung "Europäischer Betriebsräte" in den Bereich europäischer Tarifvereinbarungen. Auf die Erfolge in diesem Teilbereich der europäischen Tarifpolitik, der auf die Gründung "Europäischer Betriebsräte" abzielt, wird im folgenden Abschnitt eingegangen.

4.4 Die Einrichtung "Europäischer Betriebsräte" und deren Einschätzung durch nationale und europäische Gewerkschaftsvertreter

Die vertragliche Vereinbarung der Einrichtung "Europäischer Betriebsräte" zwischen den europäischen Arbeitnehmerorganisationen und den Arbeitnehmervertretungen der einzelnen Konzernstandorte einerseits, sowie den Unternehmensleitungen der Tochtergesellschaften und der Konzernzentrale andererseits, bildet eine grundlegende Voraussetzung für die erfolgreiche Kooperation zwischen betrieblichen Arbeitnehmervertretungen innerhalb eines Konzerns. Zunächst erkennen die Unternehmensleitungen mit ihrer Unterschrift erstmals die Berechtigung und Notwendigkeit der grenzüberschreitenden Kooperation zwischen den betrieblichen Arbeitnehmervertretungen der Konzernstandorte an. Eine grundsätzliche Ablehnung der Kooperation durch die Arbeitgeberseite ist damit in Zukunft nicht mehr möglich. Bisher wurde von den Konzernleitungen in der Regel freiwillig nur ein Kooperationsbedarf nur zwischen den Arbeitnehmervertretungen innerhalb eines Landes anerkannt, wenn nicht bereits ein gesetzlicher Anspruch darauf bestand. Die betrieblichen Arbeitnehmervertretungen verpflichten sich formell mit ihrer Unterschrift, einen stabilen Kooperationsprozeß anzustreben. Drittens werden die europäischen Gewerkschaftsorganisationen, wie der EMB, mit ihrer Unterschrift zu externen Partnern der Kooperation, die bereit sind, beispielsweise informationelle Ressourcen zur Unterstützung der Kooperation bereitzustellen.

Im Oktober 1985 konnte der EMB mit dem MNK Thomson Grand Public eine erste Vereinbarung zur Einrichtung eines Europäischen Betriebsrates abschließen. (Europäisches Gewerkschaftsinstitut 1988a: 25) Bis Mitte 1991 existierten im Organisationsbereich des Europäischen Gewerkschaftsbundes zwölf Europäische Betriebsräte. Da es sich um auf den Einzelkonzern abgestimmte Vereinbarungen handelt, variieren die Strukturen und die Bezeichnungen der Gremien beträchtlich. Hinsichtlich ihrer Kompetenzen ähneln die bestehenden Europäischen Betriebsräte eher den Wirtschaftsausschüssen als den Betriebsräten des Betriebsverfassungsgesetzes. Sie verfügen über Informations-, teilweise über Konsultationsrechte, jedoch nicht über Mitwirkungsrechte. Außerdem konnten gewerkschaftliche Forderungen nach einem Vetorecht des Europäischen Betriebsrates mit einer aufschiebenden Wirkung strittiger Unternehmensentscheidungen nicht verwirklicht werden.

Die Organisationsstrukturen der zwölf Europäischen Betriebräte sind äußerst vielfältig. Der "FIET-Allianz Company Council" entspricht von seiner Tätigkeit her einer jährlich zusammentretenden EMB-Arbeitsgruppe eines MNK. Der Unterschied besteht in der informellen Zusage der Allianz, den Arbeitnehmervertretern auf den jährlichen Sitzungen Informationen zur Firmenpolitik zu übergeben, für Diskussionen zur Verfügung zu stehen und einen Teil des technischen Aufwandes zu finanzieren. Hinsichtlich der Mitgliederstruktur existieren Ausschüsse, die sich nur aus betrieblichen Arbeitnehmervertretern und andere, die sich sowohl aus betrieblichen wie auch aus gewerkschaftlichen Arbeitnehmervertretern zusammensetzen. Eine besondere Gremienstruktur weist der Europäische Betriebsrat der Thomson GP auf. Hier wurde ein Verbindungsausschuß mit fünfzehn Vertretern aus den, dem EMB angeschlossenen Gewerkschaften und eine Branchenkommission mit sechsundzwanzig, von den betrieblichen Arbeitnehmervertretungen gewählten Mandatsträgern gebildet. Beide Gremien tagen getrennt. Eine andere Struktur vereinbarte die IG Metall bei Europipe. Es wurde ein Aufsichtsrat mit zwölf Mitgliedern geschaffen, der paritätisch mit Arbeitgeber- und Arbeitnehmervertretern besetzt wird. Von den sechs Arbeitnehmervertretern kommen vier aus Deutschland und zwei aus Frankreich. Die IG Metall stellt einen, die betrieblichen Arbeitnehmervertretungen der deutschen Standorte drei und die Arbeitnehmervertretungen der französischen Standorte zwei betriebliche Vertreter des Aufsichtsrats. Zusätzlich soll eine europäische, betriebliche Arbeitnehmervertretung gegründet werden. Außerdem existiert noch ein, von den nationalen und internationalen Gewerkschaften unabhängiger internationaler Arbeitnehmerausschuß der Standort-Arbeitnehmervertretungen des Gillettekonzerns. (vgl. GISEL ou le desir européen 1989)

Die Bewertung der unterschiedlichen Konstruktionen der bestehenden zwölf "Europäischen Betriebsräte" orientiert sich an der formellen Gründung durch die Arbeitnehmervertreter und die Unternehmensleitung, der Regelung der Kostenübernahme der EBR-Aktivitäten, der Anbindung an die europäischen und nationalen Gewerkschaften und der Möglichkeit, auch exklusiv im Kreis der Arbeitnehmervertreter zu tagen. (vgl. Tabelle IV-2) Eine formelle Zusage der Unternehmensleitung, den Europäischen Betriebsrat anzuerkennen, kann auch im Konfliktfall nicht ohne Reputationsverlust zurückgenommen werden. Die Gründung von sieben der zwölf bestehenden Europäischen Betriebsräte geht auf formelle, die von dreien auf informelle Vereinbarungen mit den Unternehmensleitungen zurück. Die Einrichtung zweier EBR beruht auf einseitigen informellen Zusagen des Managements. Eine möglichst umfassende Kostenübernahme durch den Konzern verringert die Kooperationskosten der betrieblichen Arbeitnehmervertretungen und erleichtert somit die Vertiefung der Kooperationskontakte. Der EMB hat ebenfalls ein großes Interesse an einer Kostenübernahme durch die Unternehmensleitungen. Bei Abschluß einer entsprechenden Vereinbarung kann er freiwerdende Mittel zum Aufbau zusätzlicher EMB-Arbeitsgruppen in MNK seines Organisationsbereichs nutzen. (Int 14: 5) Acht Gremien werden sämtliche und drei EBR die Kosten aller teilnehmenden betrieblichen Arbeitnehmervertreter ersetzt. Die Anbindung der EBR an die europäischen und nationalen Gewerkschaften optimiert den gegenseitigen Informationsfluß zwischen beiden Arbeitnehmerorganisationen und verringert das Risiko eines betriebssyndikalistischen Verhal-

126

tens der betrieblichen Mandatsträger. Bei zwei Dritteln der Gremien ist der Zuzug externer Gewerkschafter möglich. Eine Sitzungsvorbereitung ohne die Anwesenheit von Managementvertretern ist die Voraussetzung einer erfolgreichen Interessenvertretungsarbeit der EBR. Diese Voraussetzung ist bei sieben der zwölf Europäischen Betriebsräte gegeben. Zu den zwölf existierenden EBR zählt ebenfalls der "Europäische Volkswagen Konzernbetriebsrat". Auf seine Gründung, die Kompetenzen des Gremiums und seine Einbindung in die Kooperation zwischen den VW- und Seat-Arbeitnehmervertretungen wird im Abschnitt 8.6.2 eingegangen.

Da die überwiegende Zahl der Europäischen Betriebsräte erst Anfang der 90er Jahre gegründet wurden, lagen über ihre Aktivitäten im Bereich der internationalen Kooperation bis 1991 nur zurückhaltende Einschätzungen der beteiligten europäischen und nationalen Gewerkschaftsvertreter vor. Die Einschätzung der nationalen und europäischen Arbeitnehmervertreter sind für die Zukunft der EBR relevant, da die Verbreitung der EBR nicht nur von den Verhandlunmgen mit den Unternehmensleitungen, sondern auch von dem Interesse der Gewerkschaftsorganisationen an diesen Gremien abhängt.

Das Interesse an der Einrichtung der EBR seitens der jeweiligen nationalen Gewerkschaften variiert je nach deren Bargaining Power und Verhandlungsstrategie. Starke Gewerkschaften mit bedingt kooperativer Strategie zeigen ein geringeres Interesse an der Gründung Europäischer Betriebsräte. Die Gewerkschaft am Sitz der Konzernzentrale, die eine bedingt kooperative Verhandlungsstrategie verfolgt, befürchtet in der Regel eine Verschlechterung der Arbeitsbeziehungen am Konzernsitz, da sie nach der Einrichtung eines Europäischen Betriebsrats die Aufforderung der Arbeitnehmervertreter der anderen Standorte erwartet, eine offensivere Informationspolitik gegenüber der Konzernspitze zu betreiben. Diese Argumente bieten eine Erklärung für die zahlreiche Einrichtung Europäischer Betriebsräte in multinationalen Konzernen mit Konzernsitz in Frankreich. Die französischen Gewerkschaften stehen der Einrichtung Europäischer Betriebsräte, aufgrund geringer staatlicher Organisationsgarantien positiv gegenüber, weil sie hiervon eine Stärkung ihrer Position gegenüber den Konzernleitungen erwarten. Ähnlich argumentierten die spanische UGT und die CC.OO.. Sie fordern die Gründung von EBR vor allem in den spanischen Tochtergesellschaften kleinerer europäischer MNK, die in Spanien vorherrschen und in denen sie nur schwach vertreten sind. Ein Mitglied des Bundesvorstandes der UGT Metal bewertet die Rolle der Europäischen Betriebsräte wie folgt: "Für uns sind die europäischen Betriebsräte sehr wichtig... Spanien ist auf industriellem Gebiet untergeordnet, vor allem in den wichtigen Sektoren wie Automobilindustrie und Telekommunikation. Alle ökonomischen und politischen Entscheidungen hängen von ausländischen Unternehmen ab. Man kann keine gewerkschaftlichen Aktionen innerhalb dieser Betriebe beginnen ohne eine komplette Information über die Pläne des multinationalen Konzerns innerhalb Europas in den Bereichen Produktion, Technologie, Finanzen, Umwelt zu haben. Wir haben damit (mit den EBR- V.M.) ein Informationsforum an der Unternehmensspitze. Daher sind diese europäischen Betriebsräte äußerst wichtig für uns. Wir müssen daran teilnehmen und sie weiterentwickeln, trotz der fehlenden Initiativen des europäischen Parlaments. Wir müssen sie (die EG - V.M.) auf diesem Feld überholen und solche Gremien gründen". (Int 12: 6) Ein weiterer Grund der Ablehnung der EBR durch nationale Gewerkschaften besteht in der befürchteten starken Präsenz ausländischer Arbeitnehmervertreter in einem zu gründenden EBR. Diese Situation kann sich ergeben, wenn der MNK mehr ausländische als inländische Standorte, mit einer höheren Zahl ausländischer Belegschaften umfaßt. Diese Positionen bestätigen die erste Haupthypothese, daß die internationale Kooperation bevorzugt von den Gewerkschaften gefordert wird, deren Durchsetzungsfähigkeit auf nationaler Ebene geschwächt wurde und die eine Verbesserung ihrer Position durch die internationale Kooperation erwarten können.

Ein betriebssyndikalistisches Verhalten Europäischer Betriebsräte wird von IG Metall, UGT und EMB für möglich gehalten. Nach Ansicht der IG Metall hängen betriebssyndikalistische Tendenzen nicht von dem Organisationsgrad einer Belegschaft oder einer Arbeitnehmervertretung, sondern von der Intensität der Kontakte zwischen den betrieblichen Arbeitnehmervertretungen und der Gewerkschaft ab. Sie will daher die Betreuung der bestehenden EBR intensivieren. (Int 11: 35) In der IG Metall wird an die Übertragung des in der Bundesrepublik bestehenden Modells der Betreuung der Betriebsräte durch hauptamtliche Gewerkschaftssekretäre auf die Europäischen Betriebsräte gedacht. Die Umsetzung dieses IG-Metall-Konzepts auf der europäischen Ebene wird zehn bis fünfzehn Jahre in Anspruch nehmen. In der Anfangsphase müßte jede nationale EBR-Delegation ihren nationalen Gewerkschaftsbetreuer zu den Beratungen hinzuziehen, da diese Funktion aufgrund der Sprachbarriere nicht von einer Person geleistet werden kann. Ein weiteres Problem liegt in der Durchsetzung eines solchen Systems gegenüber der Arbeitgeberseite. Die Forderung der IG Metall läßt sich kaum realisieren, wenn die Hinzuziehung externe Berater nicht ebenfalls in einer EG-Richtlinie verankert wird. Grundsätzlich geht die IG Metall davon aus, daß die EBR weiterhin an einer engen Zusammenarbeit mit den nationalen Gewerkschaften interessiert sein müßten, da sie nicht über die umfassenden Informationsrechte der deutschen Betriebsräte verfügen und somit stärker auf die informationelle Unterstützung der Gewerkschaften angewiesen sind. (Int 11: 6) EMB und UGT betonen den Zusammenhang zwischen einem niedrigen Organisationsgrad der Arbeitnehmervertreter und der Möglichkeit eines betriebssyndikalistischen Verhaltens. Die UGT schätzt die Gefahr des Betriebssyndikalismus als gering ein, da 82 % der spanischen Delegierten der Betriebskomitees Gewerkschaftsmitglieder sind, die sich an die Weisungen der Gewerkschaften halten werden. Sie sieht eher ein

Problem in der Beeinflussung der EBR durch gelbe Arbeitnehmervertreter oder nichtorganisierte Mandatsträger. Aus diesen Gründen strebt sie eine direkte Repräsentation der Gewerkschaften in den EBR an. Mindestens müßte den Gewerkschaften jedoch ein Beratungsrecht zugestanden werden. (Int 12: 7; Int 14: 6) Grundsätzlich kritisieren die Gewerkschaftsvertreter EBR-Vereinbarungen, die keine Einbindung hauptamtlicher Gewerkschaftsmitarbeiter, bzw. wie bei Thomson GP zwei Gremien mit jeweils nur betrieblichen und nur gewerkschaftlichen Arbeitnehmervertretern vorsehen. Im ersten Beispiel versäumten die betrieblichen Arbeitnehmervertretungen, die nationalen Gewerkschaften von der Einrichtung des EBR zu unterrichten. Bei Thomson GP entstanden Unstimmigkeiten zwischen beiden Gremien aufgrund der differierenden Informationspolitik des Unternehmens. Die Europäischen Betriebsräte müssen daher nach Ansicht aller Gewerkschaften institutionell an die Gewerkschaften angebunden werden. (Int 11: 4f.)

Diese Ansicht wird ebenfalls vom EMB vertreten. Er sieht die gewerkschaftliche Anbindung der Europäischen Betriebsräte durch die formelle Verankerung der inhaltlichen Ziele der EBR in deren Geschäftsordnungen gewährleistet. Auf keinen Fall dürften die Gewerkschaften aus diesen Gremien verdrängt werden, wie es der Strategie der Arbeitgeber entspricht. (Int 13: 12f.) Der EMB mißt daher einer funktionierenden Gewerkschaftskoordination, die vor jeder EBR-Sitzung zusammentritt, eine besondere Bedeutung zu. (Int 14: 6)
Neben der zentralen Frage nach der gewerkschaftlichen Anbindung der EBR werden vom EMB weitere Probleme gesehen, die die Arbeit der EBR behindern können. Die Verhandlungen über die Gründung der bisherigen EBR würden auf der Seite der Arbeitnehmervertreter durch eine geringe Bereitschaft, auch Arbeitnehmervertretungsstrukturen anderer EG-Mitgliedsstaaten zu akzeptieren, erschwert. Jede Delegation neigt dazu auf der verbindlichen Aufnahme, der ihr vertrauten nationalen Arbeitsrechtsbestimmungen zu beharren. Nach der Einrichtung der EBR ergeben sich Schwierigkeiten beim Aufbau notwendiger Informationsnetzwerke. Häufig gehen die Anfragen in den laufenden Aktivitäten der Arbeitnehmervertretungen unter oder die Informationen werden von den Betriebsräten als unbedeutend eingestuft und nicht weitergegeben. Als besonders problematisch wird die mangelnde Transparenz und Informationspolitik über die EBR-Aktivitäten gegenüber der Belegschaft bewertet. In diesem Zusammenhang verweist der EMB auf die übliche Beschränkung der Kooperationskontakte auf die Spitzenvertreter der Arbeitnehmervertretungen. Dieses Problem hängt nicht primär von der Größe der Arbeitnehmervertretung, beispielsweise der Anzahl der gewählten Arbeitnehmervertreter, sondern stark von der Aufgabenverteilung und ihrer Zentralisierung ab. (Int 14: 6f.)

Insgesamt gesehen waren die europäischen Gewerkschaftsorganisationen mit ihrer Strategie, Europäische Betriebsräte in direkten Verhandlungen mit den

Unternehmensleitungen multinationaler Konzerne durchzusetzen, erfolgreich. Allerdings erfüllen die zwölf bis 1991 gegründeten EBR nicht sämtliche, von EMB und EGB gegenüber der EG-Kommission erhobenen Forderungen, die in eine Richtlinie über die Einrichtung Europäischer Betriebsräte eingehen sollten. Beispielsweise verfügt keiner der zwölf EBR über ein Vetorecht mit aufschiebender Wirkung gegenüber strittigen Unternehmensentscheidungen. Die Gewerkschaften verbinden mit der Gründung der ersten EBR die Erwartung, die EG-Organe doch noch zum Erlaß einer Richtlinie bewegen zu können, die dann eine Vereinheitlichung der Arbeitsbedingungen der EBR herbeiführt. Aus den Einschätzungen der nationalen und europäischen Gewerkschafter läßt sich ersehen, daß die Einrichtung weiterer EBR nicht nur aufgrund der Bedenken der nationalen Regierungen und der Arbeitgeber, sondern auch durch die nationalen Gewerkschaften und betrieblichen Arbeitnehmervertretungen verzögert werden könnte. Einzelne betriebliche Arbeitnehmervertretungen befürchten eine Gefährdung der von ihnen gegenüber der Konzernleitung verfolgten bedingt kooperativen Strategie, wenn konflikt-orientierte Arbeitnehmervertretungen in den Europäischen Betriebsräten mitwirken. Andererseits erwarten Gewerkschaften und Arbeitnehmervertretungen mit einer geringen Bargaining Power die Realisierung national nicht durchsetzbarer Forderungen durch die EBR-Aktivitäten. Diese Erwartung wurde insbesondere von den spanischen Metallgewerkschaften geäußert. Die Möglichkeit eines betriebssyndikalistischen Verhaltens der EBR soll durch deren gewerkschaftliche Anbindung verhindert werden. Allerdings sind die europäischen Gewerkschaftsorganisationen aufgrund ihrer geringen personellen Kapazitäten nicht zur Betreuung aller potentiell einzurichtenden EBR in der Lage. Diese Aufgabe müßte von den nationalen Metallgewerkschaften übernommen werden. Die Aktivitäten der bestehenden EBR werden nach Einschätzung des EMB häufig durch durch die unzureichende Weitergabe von Informationen aus den Standort-Arbeitnehmervertretungen an den EBR, die fehlende Unterrichtung der Belegschaft über die EBR-Aktivitäten und eine zu geringe Beteiligung der Mandatsträger behindert. In welchem Ausmaß diese Probleme auch auf die Aktivitäten des Europäischen Volkswagen Konzernbetriebsrats, sowie die Kooperation zwischen den VW- und Seat-Arbeitnehmervertretungen zutreffen, wird im siebten und achten Kapitel untersucht.

Abschließend sollen nun die Aktivitäten der europäischen Arbeitnehmerorganisationen zur Begrenzung der europäischen Arbeitnehmerkonkurrenz bewertet werden. Grundsätzlich ist es den europäischen Arbeitnehmerorganisationen nicht gelungen eine umfassende Begrenzung der, durch die Vertiefung der EG-weiten Arbeitsteilung intensivierten, europäischen Arbeitnehmerkonkurrenz zu erreichen. Dieser Sachverhalt konnte auf mehrere Ursachen zurückgeführt werden. Zunächst reichen die personellen und finanziellen Ressourcen der europäischen Gewerkschaftsorganisationen nicht aus, um die erheblich ausgeweiteten Zuständigkeitsbereiche der Organisationen gegenüber den EG-Organen auszufüllen. Auch wird es in Zukunft zunehmend Probleme bereiten, die Informations- und Koordinationswünsche aller an Kooperationskontakten interessierten Arbeitnehmervertreter aus den eigenen Mitgliedsgewerkschaften zu berücksichtigen und zu begleiten. Besonders diese Folge knapper personeller Kapazitäten wird sich negativ auf die Begleitung der Aktivitäten Europäischer Betriebsräte auswirken. Ein weiterer Faktor liegt in der letztlich erfolglosen Lobbytätigkeit gegenüber der EG, zumindest im Bereich der Arbeitnehmerrechte in grenzüberschreitenden, EG-weit operierenden Unternehmen. Die Aktivitäten von EGB und EMB scheiterten an der blockierten Entscheidungsfindung des Ministerrats, der keine einstimmigungen Entscheidungen zu diesem Themenbereich fällte.

Erfolgreicher agierte der EMB bei der Umsetzung nicht-institutioneller Strategien gegenüber multinationalen Konzernen. Die Forderung nach dem Aufbau einer europäischen Bildungsarbeit für Mandatsträger aus MNK wurde seit 1990 realisiert. Darüberhinaus gelang es dem EMB mit der Einrichtung Europäischer Betriebsräte in multinationalen Konzernen erstmals, eine Anerkennung des Rechtes der betrieblichen Arbeitnehmervertretungen auf internationale Kooperationskontakte durch die Arbeitgeberseite zu erreichen. Demgegenüber konnte eine europäische Tarifpolitik nur in einigen Einzelverträgen weiterentwickelt werden. Die beiden Beispiele der EBR-Gründungen und der europäischen Tarifpolitik verdeutlichen die geringe Bargaining Power der europäischen Gewerkschaftsorganisationen. Die Realisierung ihrer Organisationsziele und Forderungen hängt nicht nur von dem Verhandlungswillen der Arbeitgeber, sondern ebenso sehr von der Unterstützung durch die nationalen Gewerkschaften und von dem Interesse der betrieblichen Arbeitnehmervertretungen in MNK ab.

Die bisherigen Erfolge der europäischen Arbeitnehmerorganisationen gegenüber der EG sind, gemessen an ihren programmatischen Zielvorgaben nur gering. Es ist ihnen allerdings gelungen, die Kooperationskontakte zwischen betrieblichen Arbeitnehmervertretungen einzelner MNK mit der Einrichtung EMB-interner Arbeitsgruppen und der Gründung Europäischer Betriebsräte effizient zu unterstützen. Die Annahme der zweiten Hypothese, die europäischen Arbeitnehmerorganisationen würden einen Umweltbereich der betrieblichen Arbeitnehmervertretungen darstellen, von dem Impulse zur Begrenzung der zunehmenden europäischen Arbeitnehmerkonkurrenz ausgehen, wurde teilweise bestätigt. Zwar bilden die europäischen Gewerkschaftsorganisationen einen Umweltbereich der betrieblichen Arbeitnehmervertretungen, der nicht zu einer allgemeinen Reduzierung der europäischen Arbeitnehmerkonkurrenz in der Lage ist. Im konkreten Einzelfall können die betrieblichen Arbeitnehmervertretungen jedoch die Ressourcen der zuständigen europäischen Gewerkschaftsausschüsse für den Aufbau internationaler Kooperationskontakte abrufen und zu einer Begrenzung der auf sie einwirkenden Arbeitnehmerkonkurrenz nutzen. Insofern unterstützen die europäischen Gewerkschaftsausschüsse die Kooperationsneigung der betrieblichen Arbeitnehmervertretungen auf zwei Ebenen. Einerseits geht von ihnen keine Kompensation der kooperationsfördernden Wirkung einer allgemein, durch die Intensivierung der europäischen Arbeitsteilung, zunehmenden europäischen Arbeitnehmerkonkurrenz aus. Andererseits verstärken sie die zunehmende Kooperationsneigung der betrieblichen Arbeitnehmervertretungen durch die Unterstützung konkreter Kooperationsprozesse. Die Rolle des EMB in der Kooperation der VW- und Seat-Arbeitnehmervertretungen wird im Abschnitt 8.3 thematisiert.

Anmerkungen zu Kapitel vier:

(1)
Aufgrund ihres geringen quantitativen Gewichts in der EG wird auf die Darstellung der internationalen Strukturen der christlich und kommunistisch ausgerichteten europäischen Gewerkschaftsbewegung verzichtet. Piehl bezifferte 1984 die Mitgliedschaft des sozialdemokratisch-sozialistisch ausgerichteten IBFG auf 81 Millionen, die des christlichen WVA auf 13 Millionen und die des WGB auf 160 Millionen Mitglieder. Der WGB organisierte fast ausschließlich Arbeitnehmer aus den Ländern des COMECON. (Piehl 1984: 511) Eine Übersicht über die Entwicklung von WVA und WGB bis in die 70er Jahre bietet Olle 1978.

(2)
1986 umfaßte der IBFG 149 Mitgliedsorganisationen aus 100 Staaten mit rund 83 Millionen Mitgliedern. (Koch-Baumgarten u.a. 1987: 545)

(3)
Diese Erklärungen umfassen Aussagen zur Veröffentlichung von Unternehmensdaten, Beiträge der MNK zur Beschäftigung und Ausbildung, den Ausbau der Arbeitsbeziehungen in MNK, den Arbeits- und Lebensbedingungen der Arbeitnehmer aus MNK und den Kollektivverhandlungen in MNK. (International Labour Organisation 1976; Meggeneder 1983)

(4)
Der Beauftragte des IMB für die WKR in der Automobilindustrie beschreibt das eigeninteressierte Verhalten der Gewerkschaften bei internationalen Solidaritätsaktionen. "Die praktische Solidarität der Gewerkschaften in einem weltweiten Rahmen ist zu wichtig, als daß man sich romantischen Gefühlen darüber hingeben dürfte. Man kann nicht leichtfertig die Arbeiter irgendwo in der Welt auffordern, den Lohn für einen Arbeitstag oder auch nur für eine Überstunde oder eine normale Arbeitsstunde für ihre Arbeitskollegen in einem fremden Land zu opfern, das hundert oder tausend Meilen von ihnen entfernt ist. Derartiges ist nur in Notfällen zu verantworten und nur dann, wenn unter der Masse der darum angegangenen Arbeiter eine echte Sympathie dafür vorhanden ist". (Bendiner 1974: 220)

(5)
Etty schreibt zur eingeschränkten Funktion der IBS und WKR: "Sie sollten Koordinationsorgane mit sehr bescheidenen Aufgabenstellungen sein, wie z.B. Informationsaustausch, Organisierung von kleineren Konferenzen, Aufstellung von praktischen Regelungen zu Problemen wie

etwa dem der Wanderarbeiter. Zu keiner Zeit haben die angeschlossenen nationalen Mitglieds-verbände die Absicht gehabt, zentrale Bestandteile ihrer Arbeit an die IBSen zu delegieren. ...
In die gleiche Richtung gehen auch die Anforderungen, die von den IBSen bezüglich der Pro-blematik der multinationalen Unternehmen zu erfüllen sind. Daten über das Lohnniveau und andere Arbeitsbedingungen in den verschiedenen Tochterunternehmen eines MNK, dessen Produktionsstruktur, dessen Schwerpunkte in der Investitionstätigkeit, eventuelle Fusionsab-sichten usw. - all dies kann für jede nationale Mitgliedsgewerkschaft zu bestimmten Zeitpunk-ten von großem Nutzen sein". (Etty 1978: 73)

(6)
Die drei ersten Gewerkschaftsausschüsse wurden in Branchen gegründet, die sofort nach EG-KS- und EWG-Gründung unter die Gemeinschaftskompetenz fielen. Es handelt sich um den 21er-Ausschuß gegründet im Jahre 1952, die Europäische Föderation der agrarischen Gewerk-schaften in der Gemeinschaft (EFA) im Jahre 1958 und den Gewerkschaftlichen Verkehrsaus-schuß in der Gemeinschaft im Jahre 1959. (Europäisches Gewerkschaftsinstitut 1990: 10f.)

(7)
Vor dem gleichen Problem stehen die europäischen Arbeitgeberverbände. Die tarifpolitische Zuständigkeit der nationalen Arbeitgeberverbände soll durch die Tätigkeit der europäischen Dachorganisationen nicht eingeschränkt werden. Dies ist insbesondere die Position der Bun-desvereinigung der Deutschen Arbeitgeberverbände. (vgl. Kohler-Koch/Platzer: 1986: 170)

(8)
Die Beträge entsprachen 1992 600.000 DM und 875.000 DM.

(9)
Gesamtbetriebsräte können mit bezug auf § 106 Abs.3, Nr.10 Betriebsverfassungsgesetz ver-suchen, im Wirtschaftsausschuß Informationen über die Lage der ausländischen Gesellschaften zu erhalten. Den Aufsichtsratsmitgliedern stehen Berichte über die ausländischen Tochterge-sellschaften nach § 90 Aktiengesetz zu. (Steiert 1982: 786)

(10)
Piehl stellt ein vierstufiges Kooperationsschema der Aktivitäten betrieblicher Arbeitnehmerver-tretungen vor. Zunächst ist die Synchronisierung der Laufzeiten der bestehenden nationalen Tarifverträge anzustreben. Gleichzeitig harmonisieren die beteiligten Arbeitnehmervertreter die nationalen Tarifforderungen. In der dritten Stufe ist von der stärksten Gewerkschaft ein Mu-stertarifvertrag für den Gesamtkonzern durchzusetzen. Verbunden damit sollten die besten, auf nationaler Ebene erreichten Regelungen eines jeden Standortes in allen Konzernstandorten durchgesetzt werden. (Piehl 1975: 179)

(11)
Die Aktivitäten der EG zu diesem Themenbereich wurden in den Abschnitten 3.5.1 und 3.5.2 dargestellt und bewertet.

(12)
In diese Berechnung sind die Sitzungen der gemischten IMB/EMB Arbeitsgruppen weltweit operierender Konzerne, jedoch nicht die Sitzungen des EBR des Thomson Konzerns einge-schlossen.

5. Die Entwicklung der Arbeitnehmerkonkurrenz innerhalb der europäi - schen Automobilindustrie in den 70er und 80er Jahren

Die Entwicklung der Arbeitnehmerkonkurrenz in der Automobilindustrie und deren Auswirkungen auf die Bargaining Power der Arbeitnehmerorganisationen dieser Branche betreffen einen wichtigen Kernbereich der europäischen Industrie und Arbeitnehmerschaft. Auf die europäische Automobilindustrie entfielen 1990 ca. 9 % der Industrieproduktion der EG. Mit 206,7 Milliarden ECU erwirtschaftete die Automobilindustrie 1988 den vierthöchsten Produktionswert aller EG-Branchen. (Kommission 1990e: 29) Jeder zehnte Arbeitsplatz in der EG hängt direkt oder indirekt vom Kraftfahrzeugsektor ab. (Kommission 1990c: 13-6) Für die Bundesrepublik wurde der Beschäfigungsanteil 1980 mit 16,3 % aller abhängig Erwerbstätigen angegeben. (Diekmann 1984: 62)

Außerdem stellt die europäische Automobilindustrie den Umweltbereich der VW- und der Seat-Arbeitnehmervertretungen dar, der einen unmittelbaren Einfluß auf die Kooperationsbereitschaft und die Intensität der Kooperation ausübt. Die in der zweiten Haupthypothese genannte Internationalisierung der Produktionsstrukturen auf Unternehmensebene und die Anbieterkonkurrenz auf der Branchenebene beeinflussen die Arbeitnehmerkonkurrenz innerhalb der Automobilindustrie und damit auch die Bargaining Power der betrieblichen Arbeitnehmervertretungen der KFZ-Hersteller. Insofern müssen diese Veränderungen in der Automobilindustrie daraufhin untersucht werden, ob sie die Arbeitnehmerkonkurrenz erhöhen und die Bargaining Power der betrieblichen Arbeitnehmervertretungen der Automobilhersteller reduzieren. Eine solcher Prozeß läßt auf eine steigende Kooperationsbereitschaft der betrieblichen Arbeitnehmervertretungen schließen.

Wie im dritten Kapitel nachgewiesen werden konnte, wird die europäische Arbeitnehmerkonkurrenz innerhalb der Europäischen Gemeinschaft vor allem durch Warenexporte und die konzerninterne Arbeitnehmerkonkurrenz zwischen den Standorten multinationaler Konzerne negativ beeinflußt. Die Untersuchung der Arbeitnehmerkonkurrenz in der europäischen Automobilindustrie konzentriert sich daher auf den Aspekt, ob die Automobilproduzenten eine Exporttätigkeit entwickeln, die die Arbeitnehmerkonkurrenz erhöht. Hinweise hierauf bietet die Entwicklung der KFZ-Exporte und eine Liberalisierung des KFZ-Austauschs, das heißt eine Öffnung der nationalen KFZ-Märkte. Ein Anstieg der *konzerninternen Arbeitnehmerkonkurrenz der Belegschaften innerhalb der Automobilkonzerne*, läßt sich aus den Internationalisierungsstrategien der Automobilhersteller und ihrer Produktionsstrukturen ableiten. Eine Erhöhung dieser Arbeitnehmerkonkurrenz ist wahrscheinlich, da es sich bei der überwiegenden Zahl der Hersteller um MNK handelt, die ihre europaweiten Produktionsverbünde ausbauen. Gleichzeitig ist die Automobilindustrie eine der Branchen, die neue mikro-elektronische Entwicklungen umfassend in *neue Produktionskonzepte* einfließen läßt. Von den neuen Produktionskonzepten geht ein hohes Rationalisierungspotential aus, welches die Bargaining Power der Arbeitnehmervertretungen zusätzlich gefährdet.

Innerhalb weltweit produzierender Automobilhersteller können die durch Warenexporte hervorgerufene Arbeitnehmerkonkurrenz und die konzerninterne Arbeitnehmerkonkurrenz zwischen den Standorten der KFZ-Hersteller sowie ein, die Bargaining Power der Arbeitnehmervertretungen gefährdender Einsatz neuer Produktionskonzepte, an mehreren Standorten eines KFZ-Herstellers simultan oder zeitlich versetzt ablaufen. Alle Arbeitnehmervertretungen innerhalb eines Konzerns werden entweder gleichzeitig, oder aber mittelfristig mit ähnlichen, durch die drei Faktoren hervorgerufenen Problemen konfrontiert. Die Zunahme der konzerninternen Arbeitnehmerkonkurrenz führt zu einem steigenden Koordinations- und Kooperationsbedürfnis zwischen den einzelnen betrieblichen Arbeitnehmervertretungen auf multinationaler Ebene. Eine mögliche simultane Umsetzung neuer Produktionskonzepte in mehreren Standorten, bietet Chancen zur Formulierung standortübergreifender Interessen der betrieblichen Arbeitnehmervertretungen und der Herausbildung einer gemeinsamen Strategie gegenüber dem lokalen Management und der Konzernspitze.

Im Verlauf des Kapitels wird einführend auf die Ursachen der Veränderungen in der Weltautomobilindustrie zu Beginn der 70er Jahre eingegangen, von denen auch die Unternehmenspolitik der europäischen KFZ-Hersteller maßgeblich beeinflußt wurde. Anschließend werden die Strategien der Automobilproduzenten zur Internationalisierung ihrer Produktionsstrukturen sowie der neuen Produktionskonzepte dargestellt. In der Analyse dieser Strategien wird nach den von ihnen ausgehenden Auswirkungen auf die Arbeitnehmerkonkurrenz und auf die Bargaining Power der betrieblichen Arbeitnehmervertretungen gefragt. Aus der Darstellung, welche dieser Strategien auf dem europäischen, deutschen und spanischen Automarkt, sowie innerhalb des Volkswagenkonzerns umgesetzt werden, läßt sich die Veränderung der Arbeitnehmerkonkurrenz und der Handlungsfähigkeit der betrieblichen Arbeitnehmervertretungen auf diesen Teilmärkten und innerhalb des Volkswagenkonzerns abschätzen. Die Entwicklung der Arbeitnehmerkonkurrenz zwischen den Standorten des Volkswagenkonzerns und das konzernintern, durch neue Produktionskonzepte realisierte Rationalisierungspotential sind Faktoren, die die Kooperationsbereitschaft der betrieblichen Arbeitnehmervertretungen des Volkswagenkonzerns maßgeblich beeinflussen.

5.1 Die Entwicklung der Arbeitnehmerkonkurrenz innerhalb der Welt-automobilindustrie bis Mitte der 60er Jahre

Als relevante Ursachen der Arbeitnehmerkonkurrenz in der Automobilindustrie wird im folgenden auf die Konkurrenz durch Warenexporte und die konzerninterne Arbeitnehmerkonkurrenz innerhalb der einzelnen Unternehmen eingegangen. Die Intensität der Anbieterkonkurrenz wird durch die Aufnahmefähigkeit der nationalen Automärkte beeinflußt. Bei einer großen Nachfrage können auch umfangreiche KFZ-Importe von den nationalen Märkten aufgenommen werden, ohne zu einer Zunahme der Arbeitnehmerkonkurrenz zwischen den einzelnen KFZ-Herstellern zu führen.

Grafik 5

PKW-Exporte zwischen und innerhalb der größten Automobilmärkte der Welt 1955:

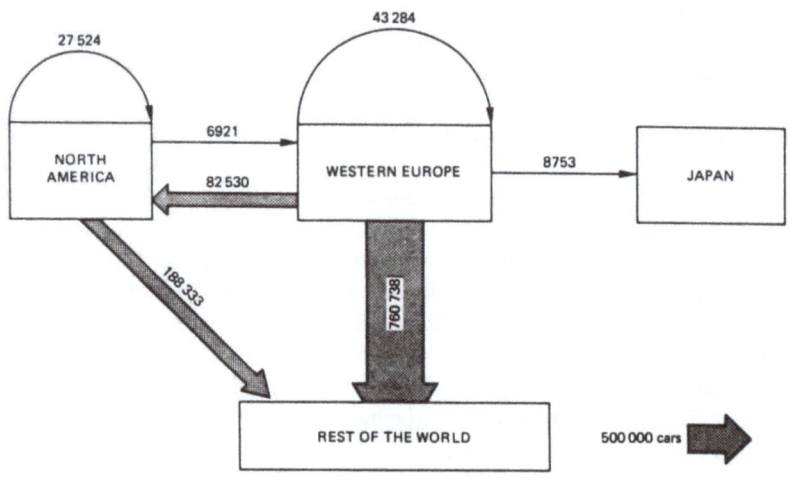

(Jenkins 1987: 47)

Produktionstechnisch lassen sich drei Phasen in der Entwicklung der Automobilindustrie unterscheiden, die sowohl den Umfang der KFZ-Exporte, als auch die Internationalisierung der Produktionsstrukturen determinierten. Die erste Phase erstreckte sich von der Erfindung des Automobils 1885 bis zur Entwicklung eines Basisdesigns, welches zur Massenfertigung geeignet war. Seit Mitte der 20er Jahre in den USA und seit den 30er Jahren in Europa galten die Anstrengungen der Produzenten der Verfeinerung der Produktionstechnologie und der Produktorganisation. Diese zweite Phase endete Mitte der 60er Jahre mit ersten Konzentrationsprozessen. Diese Konzentrationsbewegung führte jedoch nicht zu einer Aufhebung der Trennung der wichtigsten Teilmärkte. Ende der 60er Jahre beginnt die zunehmende Marktintegration und Präsenz der Hersteller auf fast allen Teilmärkten. (Wölflingseder 1986: 16)

Die Grafik fünf zeigt die Abschottung der kontinentalen, aber auch der Teilmärkte innerhalb der kontinentalen PKW-Märkte Mitte der 50er Jahre. Der intra-europäische PKW-Export betrug nur 1,4 % der europäischen PKW-Produktion von 1957. Zwischen den kontinentalen PKW-Märkten besteht ebenfalls keine Arbeitnehmerkonkurrenz durch PKW-Exporte. Die nordamerikanischen Exporte nach Europa erreichten 0,2 % der europäischen PKW-Produktion von 1957. Die europäischen Exporte nach Nordamerika betrugen 1,3 % der nordamerikanischen Produktion von 1957. (1) Da die sonstigen Regionen 1957 lediglich 255.000 Personenkraftwagen produzierten, Europa 1955 jedoch 760.738 PKW dorthin exportierte kann am ehesten von einem interindustriellen Handel gesprochen werden. In den 50er Jahren existierten demnach weder weltweite noch intrakontinentale PKW-Exporte in ausreichender Höhe, um eine Arbeitnehmerkonkurrenzsituation begründen zu können.

Ebenso bestand keine konzerninterne Arbeitnehmerkonkurrenz zwischen den Standorten der Automobilkonzerne in den einzelnen Ländern. Diese Tatsache beruht auf der fehlenden Produktions- und Exportverflechtung zwischen den wichtigsten Konzernstandorten. Produktionsstandorte wurden in Ländern mit einem ausreichend großen Binnenmarkt errichtet, wenn deren Regierung im Automobilsektor eine Importsubstitutionspolitik verfolgte. (2) Der KFZ-Import in diese Staaten war untersagt, Automobile für den nationalen Markt mußten im Inland montiert oder mit einem gewissen nationalen Komponentenanteil (local content Anteil) versehen werden. Die Standorte produzierten lediglich binnenmarktorientiert. Hierdurch konnte keine konzerninterne Arbeitnehmerkonkurrenz entstehen.

Bereits Ende der 60er Jahre deuteten sich erste Veränderungen dieser Export- und Produktionsstrukturen an. Die Konzentrationsprozesse auf den nationalen Märkten, die zeitlich mit der Ausweitung der Massenherstellung zusammentrafen, eröffneten neue Automatisierungsperspektiven, die später in neue Produktionskonzepte einmünden sollten. Die Exportvernetzung zwischen den großen kontinentalen PKW-Märkten Nordamerikas, Europas und den sonstigen Gebieten nahm zu. Japan trat bereits Ende der 60er Jahre als Produktions- und Exportnation im KFZ-Bereich in Erscheinung. (3) Gleichzeitig nahmen die internen Exporte innerhalb der nordamerikanischen und europäischen Teilmärkte zu. Die intraeuropäischen PKW-Exporte stiegen 1970 auf 10,2 % der Produktion von 1971. Die europäischen Exporte nach Nordamerika erreichten 9,3 %, die japanischen PKW-Exporte 4,4 % der nordamerikanischen Produktion. Der japanische Export

Grafik 6

PKW-Exporte zwischen und innerhalb der größten Automobilmärkte
der Welt 1970:

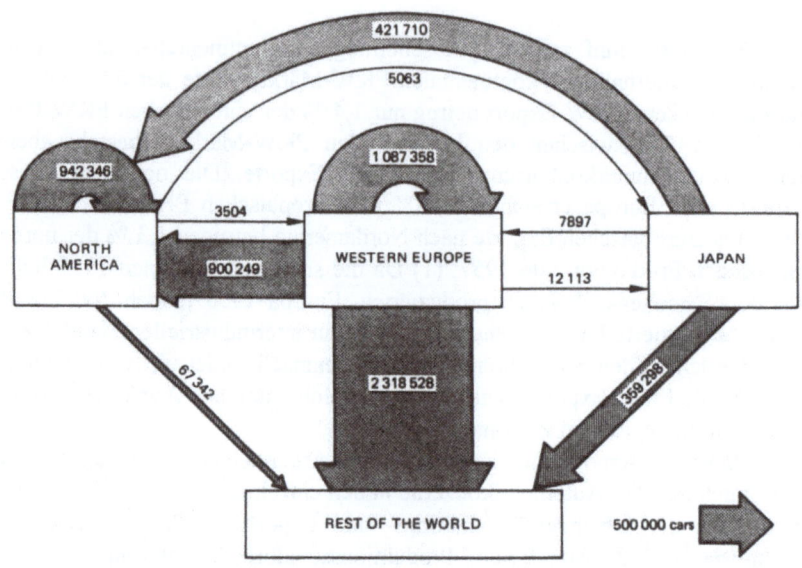

(Jenkins 1987: 47f.)

nach Europa war mit 0,07 % der europäischen Produktion völlig unbedeutend.
Der Schwerpunkt des europäischen PKW-Exports lag mit ca. 2,3 Millionen Pkw
in den südamerikanischen, asiatischen und afrikanischen Märkten. (vgl. Grafik 6)
Die Exportzahlen der europäischen Automobilhersteller nach Nordamerika bestätigen das Motiv, der in Abschnitt 4.1 beschriebenen Bemühungen der nordamerikanischen Automobilgewerkschaft UAW, seit Mitte der 60er Jahre internationale
Weltkonzernräte zu gründen, um der Arbeitnehmerkonkurrenz durch Warenexporte aus Europa entgegenzuwirken. Die europäischen Gewerkschaften hatten
dagegen nur ein geringes Interesse an der internationalen Kooperation, da die Exporte der europäischen Automobilindustrie die Beschäftigung in dieser Branche
sicherte und die nordamerikanischen PKW-Exporte nach Europa 1970 lediglich
0,04 % der europäischen Produktion von 1971 betrugen. Die Auswirkung der
PKW-Exporte auf die Arbeitnehmerkonkurrenz blieb begrenzt, da der Welt-
PKW-Markt zwischen 1957 und 1971 jährlich um 7,3 % zunahm. Diese Situation
galt insbesondere für Europa mit einer jährlichen Zunahme des Marktvolumens
von 10 %. Wie die Aktivitäten der US-amerikanischen Automobilgewerkschaft

UAW zeigen, intensivierte sich demgegenüber die Arbeitnehmerkonkurrenz durch KFZ-Exporte in den Vereinigten Staaten. Bei steigenden KFZ-Importen nahm die US-Nachfrage nach PKW bereits zwischen 1957 und 1971 nur noch um jährlich 4,1 % zu. (Hild 1986: 54)

Die sich abzeichnende, zunehmend ungleichgewichtige PKW-Exportverflechtung zwischen Japan und den USA einerseits, sowie Europa und den USA andererseits erhielt seit 1973/74 durch verschiedene externe Rahmenbedingungen neue Impulse. Die Aufgabe der Bindung des Goldpreises an den US-Dollar und die Einführung frei-schwankender Wechselkurse gegenüber der US-Währung führte zur Auflösung des Währungssystems von Bretton Wood. Die einsetzenden starken Kursschankungen und die Abwertung des Dollar erhöhte die Exportrisiken der ausländischen KFZ-Produzenten in den Vereinigten Staaten. Die starke Aufwertung der DM führte z.B. zur starken Verteuerung, der in der Bundesrepublik produzierten PKW, auf dem US-amerikanischen Markt. Die Marktanteile der europäischen Exporteure gingen langfristig zurück. Außerdem ließ die erste Ölpreisverteuerung 1973/74 den US-KFZ-Markt für amerikanische PKW mit hohem Benzinverbrauch zusammenbrechen. Diese Marktlücke besetzten die japanischen Anbieter mit ihren benzinsparenden Kleinwagenmodellen. Bis 1978 stieg der japanische Marktanteil in den USA auf 12,6 %. (Hild 1986: 57) Die europäischen Hersteller konnten aufgrund höherer Produktionskosten ihre Preise nicht so flexibel wie die japanischen Produzenten an die schwankenden Wechselkurse anpassen und die Vorteile der Ölkrise für sich nutzen. Die steigende japanische Anbieterkonkurrenz auf dem nordamerikanischen und den anderen Drittmärkten zwingt die europäischen und US-amerikanischen KFZ-Hersteller seit den 70er Jahren, neue Produktionstrukturen und -konzepte zur Kostensenkung und Wettbewerbsverbesserung zu testen und einzusetzen.

Insgesamt zeichnet sich in den 60er Jahren eine differenzierte Arbeitnehmerkonkurrenzsituation in der Weltautomobilindustrie ab. Während die nordamerikanischen Arbeitnehmer von einer Arbeitnehmerkonkurrenz durch KFZ-Exporte europäischer und zunehmend japanischer Anbieter bedroht werden, weitete sich in Europa der KFZ-Markt stark genug aus, um die intra-europäische KFZ-Exportkonkurrenz zu absorbieren. Zwischen 1957 und 1970 stiegen die intra-europäischen Exporte von 1,4 % auf 10,2 % der Produktion. Gleichzeitig nahm das Marktvolumen jedoch jährlich um 10 % zu. Die Unternehmenskonzentration der KFZ-Produzenten vollzog sich auf nationaler Ebene. Hierdurch und aufgrund abgeschlossener Drittmärkte, existierte keine konzerninterne Arbeitnehmerkonkurrenz zwischen den Belegschaften der einzelnen Standorte der Automobilhersteller.

Die neuen Strategien mit denen die KFZ-Hersteller auf die veränderten Rahmenbedingungen in der Weltautomobilindustrie reagierten und deren Auswirkungen auf die Arbeitnehmerkonkurrenz in dieser Branche wird im folgenden anhand der Internationalisierung der Produktionsstrukturen der Automobilkonzerne aufgezeigt.

5.2 Die Auswirkungen internationalisierter Produktionsstrukturen auf die Arbeitnehmerkonkurrenz in der Automobilindustrie

Anfang der 70er Jahre existierte nur eine geringe internationale Integration der einzelnen Standorte multinationaler Automobilhersteller. Die bisher erfolgte Orientierung der Errichtung neuer Produktionsstätten an Markterschließungsmotiven hatte die Vernetzung der Produktionsstrukturen nicht zugelassen. Staatliche Reglementierungen, in Form von Importbeschränkungen standen konzernweiten Produktionsverbünden entgegen.

Im Laufe der 70er Jahre änderten sich die Rahmenbedingungen, die zu dieser Produktionspolitik geführt hatten. Der steigende Konkurrenzdruck japanischer Hersteller und der Einstieg von FORD und General Motors in das Klein- und Mittelklassesegment mit niedrigen Gewinnanteilen erforderte eine Umstrukturierung der Produktion und die Ausnutzung möglicher Synergie- und Großserieneffekte (economy of scale). Die starken Wechselkursschwankungen des US-Dollar und protektionistische Reaktionen der US-Regierung ließen ein direktes Engagement der europäischen und japanischen KFZ-Hersteller in den USA sinnvoll erscheinen, da der US-PKW-Markt 1971 44,6 % des KFZ-Weltmarktes umfaßte. (Hild 1986: 54)

Mitte der 80er Jahre lassen sich drei Internationalisierungsstrategien der Automobilhersteller unterscheiden, die jeweils unterschiedliche Auswirkungen auf die internationale Arbeitnehmerkonkurrenz haben. Es handelt sich um das "World Car Konzept", das "Re-Regionalisierungskonzept" und die "Internationale Verbundfertigung in regionalisierten Märkten". (vgl. Olle 1986)

Das "World Car Konzept" orientiert sich an dem Ziel, die Produktionskosten durch möglichst hohe Economies of Scale im Komponenten- und Montagebereich zu senken. Daher wird ein KFZ-Grundmodell entwickelt und mit geringfügigen Variationen simultan weltweit in den Standorten eines Konzerns gefertigt und vertrieben. Auf diese Weise können die Fertigungs- und Entwicklungskosten reduziert werden. Die weltweite Fertigung ermöglicht nicht nur hohe Produktionsziffern, sie kann auch aufgrund der Wechselkursschwankungen zwischen den einzelnen Währungsgebieten kostenminimierend variiert werden. Die Standardisierung der Produktionsabläufe ermöglicht darüberhinaus eine Vergleichbarkeit der Produktionskosten zwischen den einzelnen Standorten mit gleicher Fertigung. (Jürgens, Malsch, Dohse 1989: 76) Diese Strategie kann wegen des erforderlichen, hohen Internationalisierungsgrades nur von General Motors, FORD, Volkswagen und möglicherweise Fiat sowie Renault umgesetzt werden. (Olle 1986: 9)

Das "World Car Konzept" hat tiefgreifende negative Auswirkungen auf die direkte Arbeitnehmerkonkurrenz innerhalb des jeweiligen MNK. Die angestrebte Parallelfertigung führt bei nicht genau abgegrenzten Absatzmärkten zu einer, der brancheninternen Exportkonkurrenz vergleichbaren Konkurrenzsituation. Die Fähigkeit, exakte Kostenvergleiche durchzuführen, ermöglicht es dem Management einen Wettbewerb zwischen den Standorten zu initiieren, dem aufgrund der Parallelproduktion auch ein reales Arbeitsplatzrisiko in Form von Produktionsverlagerungen zugrunde liegt. Der Konkurrenzdruck zwischen den Standorten verschlechtert die national ausgerichtete Verhandlungsposition der jeweiligen betrieblichen Arbeitnehmervertretungen. Gleichzeitig sinkt ihre Durchsetzungsfähigkeit gegenüber dem nationalen Management, da bei Streiks potentiell ein Teil des Produktionsvolumens in die parallel produzierenden Standorte verlagert werden kann. Außerdem können bei einer monostrukturellen Modellproduktion, in der jeder Standort nur einen Modelltyp montiert, starke Absatzschwankungen direkt auf die Beschäftigungslage einwirken. Diese Produktionsstruktur führt tendenziell zum Aufbau von Randbelegschaften mit befristeten Arbeitsverträgen, die als erste von Arbeitslosigkeit bei Produktionsschwankungen bedroht sind. Ein Produktionsmix aus mindestens zwei Modellen je Standort kann diese Gefährdung der Arbeitsplätze verringern.

Während das "World Car Konzept" Kostensenkungen durch hohe Economies of Scale erzielen will, setzt das "Re-Regionalisierungskonzept" zur Kostenreduzierung bei dem "Bedarf des Endverbrauchers", den "Economies of Scope" an. Das Konzept basiert auf der Annahme, daß in der Automobilindustrie nach der ersten Automatisierungsphase zunächst der Lohnkostenfaktor gegenüber den fixen Kapitalkosten an Bedeutung abnahm. Mit der flexiblen, bei einem Modellwechsel wiederverwendbaren Automatisierung nehmen auch die Kapitalkosten tendenziell ab. Das "Re-Regionalisierungskonzept" soll daher zum Abbau der verbleibenden hohen Lagerhaltungskosten beitragen. Zu diesem Zweck muß eine logistische Vernetzung zwischen Vertrieb, Produktion und Zulieferern hergestellt werden, die eine kontinuierliche, am aktuellen Produktionsbedarf ausgerichtete Zulieferung von Komponenten gewährleistet. Damit kann die Lagerhaltung stark reduziert werden. Dieses Ziel wird mit dem Aufbau einer "Just in Time"-Zulieferung erreicht. (Olle 1986: 25)
Eine möglichst an den Produktionstakt des Montagewerks gebundene, zeitgenaue Zulieferung verlangt nach einer regionalen Struktur konzerninterner und -externer Komponentenzulieferer. Auf dieser Basis entwickelt dieses Konzept eine andere Logik als die World Car Strategie. Das "Re-Regionalisierungskonzept" bildet für die europäischen Automobilhersteller eine ernstzunehmende Alternative zum World Car Konzept, da der überwiegende Anteil der Komponenten auf einen Tag genau an den Produktionstakt gekoppelt angeliefert werden kann. "Von Ma-

nagern der Automobilfirmen hört man, daß wertmäßig etwa 30 Prozent der Fahrzeugkomponenten Just-in time-gängig sind, sich etwa 60 Prozent europaweit mit tagesgenauen Abrufen beschaffen und nur maximal 10 Prozent sich auf den übrigen internationalen Märkten beziehen lassen". (Doleschal 1990: 391)

Da die Fähigkeit zur kundennahen, zeitlich präzisen Parallelproduktion auf internationaler Ebene wegen des zeitaufwendigen PKW-Transportes nicht gegeben ist, ist beim Re-Regionalisierungskonzept die direkte Konkurrenz der Belegschaften innerhalb eines MNK geringer als beim World Car Konzept. Trotzdem besteht weiterhin die Fähigkeit zur Parallelproduktion mit den oben beschriebenen Gefahren für die Streikfähigkeit und Verhandlungsposition der einzelnen betrieblichen Arbeitnehmervertretungen. Die Gefährdung der Arbeitsplätze resultiert beim Re-Regionalisierungskonzept aus der umfassenden Verringerung der Fertigungstiefe bei den Automobilherstellern. Es erfolgt nicht nur eine Verringerung der Lagerhaltung, darüberhinaus werden Teile, der bisher unternehmensinternen Komponentenfertigung an preisgünstiger produzierende Zulieferer ausgelagert, die diese Komponenten dann "Just in Time" ausliefern. Betroffen sind vorrangig arbeitsintensive, wenig automatisierbare Fertigungsbereiche, wie z.B. die Näherei der Autositzproduktion. (4) Die extreme Ausdehnung des "Just in Time" Zulieferkonzepts führt zur Ausdifferenzierung der Arbeitnehmer in eine Stamm- und Randbelegschaft innerhalb eines Produktionssektors, zwischen den Belegschaften von mehreren, juristisch autonomen Unternehmen. Im Zuge der Fertigungstiefenverringerung entsteht ein Arbeitnehmerkonkurrenzverhältnis zwischen den Belegschaften von KFZ-Herstellern und deren Zulieferern hinsichtlich der Frage, wo zukünftige Arbeitsplätze entstehen und bestehende erhalten bleiben sollen. Diese neuartige Konkurrenz der "Just in Time"-Produktion kann nur durch eine neue "vertikale Kooperation" der betrieblichen Arbeitnehmervertretungen in der Kraftfahrzeugindustrie, entlang der Produktions- und Zuliefererstrukturen eingeschränkt werden. Organisatorische Strukturen einer solchen Kooperation bietet die Existenz von Industriegewerkschaften, deren Organisationsbereich die gesamte Branche von KFZ-Herstellern bis zu den Zulieferern umfaßt. Ohne eine solche Kooperation kann der Vorteil, den das Re-Regionalisierungskonzept für die Durchsetzungsfähigkeit der Arbeitnehmerorganisationen bereithält nicht genutzt werden. Für die betrieblichen Arbeitnehmervertretungen liegt der Vorteil des Konzepts in seiner, aufgrund der geringen Lagerhaltung und der Beschränkung auf je einen Zulieferer pro Komponente (single sourcing), erhöhten Streikanfälligkeit.

In der dritten Internationalisierungsstrategie, der "Internationalen Verbundfertigung in regionalisierten Märkten" sollen die Vorteile der beiden erstgenannten Konzepte zusammengefaßt werden. Vom "World Car Konzept" wird das Ziel übernommen, die hohen Unternehmensinvestitionen durch einen konzerninternen Produktionsverbund im Bereich zentraler Komponenten möglichst rentabel zu organisieren. Die Markt- und Zulieferernähe soll durch die Zuständigkeit der einzelnen Montagewerke für bestimmte Märkte gewährleistet werden. Dies dient dem Ziel einer optimalen Marktsicherung und -erschließung.

Die Umsetzung des Konzepts setzt den Ausbau bzw. die Optimierung der konzerninternen Arbeitsteilung voraus. Die zentralisierte Produktion wichtiger Komponenten, wie beispielsweise von Rumpfmotoren, Getrieben und die Fertigung der Zulieferer muß weiterhin taktgebunden, an den Auftragseingang und die KFZ-Montage erfolgen, um die Lagerhaltung zu reduzieren. Eine ähnliche Optimierung erfolgt in der Produktentwicklung. Auch im Bereich der Forschung und Entwicklung (F & E) ist eine unternehmensinterne Arbeitsteilung durch die Errichtung von Kompetenzzentren möglich. Je nach Internationalisierung des KFZ-Herstellers werden die F & E-Aktivitäten für jeden wichtigen KFZ-Markt in einem F & E-Zentrum zusammengefaßt. Dabei kann jedes Zentrum die Kompetenz für die Entwicklung einer bestimmten Wagenklasse erhalten. Das Konzept ermöglicht es F & E-Projekte einer Wagenklasse nur einmal für alle Märkte durchzuführen und so Kosten einzusparen. Die Einbringung länderspezifischer Kundenwünsche, wie die Innenraumausstattung und äußere Details obliegt weiterhin den regionalen Entwicklungsabteilungen. (vgl. Männel 1990: 21f.)

Eine weitere Strategie zur Markterschließung und Kostensenkung besteht in der begrenzten Zusammenarbeit mit anderen Herstellern. Hohe F & E-Kosten bieten einen Anreiz für die Zusammenarbeit in der Grundlagenforschung. Bei der Herstellung einzelner Komponenten und von Kraftfahrzeugen mit begrenzter Nachfrage, wie z.B. Pick-ups erreicht jedes Unternehmen für sich genommen keine optimalen Produktionsziffern. Die Zusammenlegung der Produktion ermöglicht rentable Stückzahlen. Die Zusammenarbeit im Vertriebssektor mit starken einheimischen KFZ-Herstellern kann das Eindringen in neue Märkte erleichtern. Aus diesen Gründen ist in Zeiten einer erhöhten Anbieterkonkurrenz, wie sie seit Mitte der 70er Jahre existiert, mit einer Zunahme der begrenzten Zusammenarbeit zwischen einzelnen Herstellern zu rechnen.

Welche Auswirkungen hat die dritte Internationalisierungsvariante auf die konzerninterne Arbeitnehmerkonkurrenz zwischen den Standorten einzelner KFZ-Hersteller? Im Zuge der Optimierung der konzerninternen Arbeitsteilung kommt es zur Konkurrenz zwischen den Belegschaften der einzelnen Standorte, wenn die Komponentenproduktion bzw. die KFZ-Herstellung neu aufgeteilt wird oder beim nächsten Modellwechsel neue Produkte an die einzelnen Standorte vergeben werden müssen. Existiert die Fähigkeit zur Parallelproduktion, gefährden potentielle oder in Verhandlungen angekündigte Produktionsverlagerungen die Arbeitsplätze. Beide Ursachen der konzerninternen Arbeitnehmerkonkurrenz können die einzelnen betrieblichen Arbeitnehmervertretungen zu Zugeständnissen gegenüber dem nationalen Management veranlassen. Die internationale Verbundfertigung kann wie das Re-Regionalisierungskonzept zur besonderen Streikanfälligkeit der Gesamtproduktion führen, wenn nur ein Standort exklusiv bestimmte

Komponenten herstellt. Andererseits kann ebenso wie beim World Car Konzept eine exakte Kostenvergleichbarkeit gegeben sein, die den Wettbewerb zwischen den Standorten verschärft.

Die Realisierung einer begrenzten Zusammenarbeit mit anderen Herstellern kompliziert die konzerninternen Arbeitsbeziehungen, da nun zwei Unternehmensleitungen und mehrere Arbeitnehmervertretungen über die Arbeits- und Produktionsbedingungen entscheiden. In der gemeinsamen Produktion kann eine Verschlechterung in den konzernspezifischen industriellen Beziehungen eintreten. Außerdem entsteht wie im "Just in Time"-Konzept eine Arbeitnehmerkonkurrenz um einen Produktionsbereich zwischen den Belegschaften zweier Unternehmen, die nicht durch eine einheitliche Arbeitnehmervertretung vertreten werden.

Insgesamt gesehen erhöhen alle drei Internationalisierungsstrategien die Arbeitnehmerkonkurrenz im Automobilsektor. Die Arbeitnehmerkonkurrenz ist bei der Umsetzung des "World Car Konzepts" am höchsten, da hier ein exakter Kostenvergleich und die Existenz von parallel produzierenden Standorten den Wettbewerb zwischen den Standorten erhöht und die Parallelproduktion Produktionsverlagerungen ermöglicht. Diese Gefahren sind beim "Re-Regionalisierungskonzept" geringer, dafür treten die Belegschaften der einzelnen Standorte in einen Wettbewerb mit den Arbeitnehmern aus der Zulieferindustrie. Das Konkurrenzverhältnis zeichnet sich ebenfalls durch eine exakte Kostenvergleichbarkeit bei einzelnen Komponenten aus. Die "internationale Verbundfertigung in regionalisierten Märkten" führt in der Regel im KFZ-Bereich zur kontinental begrenzten konzerninternen Arbeitnehmerkonkurrenz, wenn im Konzern die Fähigkeit zur Parallelproduktion vorhanden ist und bespielsweise über die Vergabe neuer Modelle entschieden wird. Bei den zentralen Komponenten kann eine weltweite konzerninterne Arbeitnehmerkonkurrenz entstehen. Charakteristisch für diese Arbeitnehmerkonkurrenzsituationen ist, mit Ausnahme der bisher überwiegend national bestimmten Zuliefererkonkurrenz, ihre grenzüberschreitende Reichweite. Sie können nicht durch die national beschränkte Bargaining Power der betrieblichen Arbeitnehmerorganisationen begrenzt werden.

5.3 Der Einfluß neuer Produktionskonzepte auf die Handlungsfähigkeit der betrieblichen Arbeitnehmervertretungen in der Automobilindustrie

In diesem Abschnitt soll untersucht werden, in welchem Ausmaß die neuen Produktionskonzepte, die seit Beginn der 80er Jahre in der Automobilindustrie eingeführt wurden, die Arbeitnehmerkonkurrenz um die vorhandenen Arbeitsplätze in den Unternehmen tangieren. Unter den neuen Produktionskonzepten wird eine Vielzahl von Eingriffen in die Produktionsstrukturen subsumiert, die ursprünglich auf ein, in der japanischen Unternehmensgruppe Toyota entwickeltes, Produktionskonzept zurückgehen. Es handelt sich sowohl um Maßnahmen, die auf eine Verringerung der betrieblichen Hierarchieebenen abzielen und auf die Effizienz von Arbeitsgruppen setzen, wie auch um technikzentrierte Rationalisierungsmaßnahmen. Es wird nachgefragt, ob diese Konzepte den Arbeitnehmervertretungen die Übernahme einer neuen Rolle in den betrieblichen industriellen Beziehungen ermöglichen, die über die bisherige Schutzfunktion der Belegschaft hinausgeht. Die neuen Produktionskonzepte verlangen den betrieblichen Arbeitnehmervertretungen eine intensive Beschäftigung mit Fragen der Produktionsorganisation ab, die bisher dem Management vorbehalten waren. Falls die Arbeitnehmervertretungen diese neuen Aufgaben nicht übernehmen, können sie nicht adäquat auf die Bedürfnisse der Belegschaft und die Anforderungen des Managements reagieren. Ohne die Auseinandersetzung über diese Fragen, wird das Management die Neugestaltung der Produktionsstrukturen nach seinen Vorstellungen prägen können. Ein Versagen der Arbeitnehmervertretungen in dieser Frage würde die Folgebereitschaft der Belegschaft negativ beeinflussen. Für die Entwicklung der Arbeitnehmerkonkurrenz in der Automobilindustrie sind die neuen Produktionskonzepte von Interesse, da sie die Bargaining Power der betrieblichen Arbeitnehmervertretungen in einer Situation reduzieren, in der deren Bargaining Power bereits durch eine zunehmende Internationalisierung der Produktionsstrukturen und eine Erhöhung der Anbieterkonkurrenz beeinträchtigt wird. Daher kann auch die Position der Arbeitnehmervertretung gegenüber den neuen Produktionskonzepten zu einem Kooperationsthema werden.

Die besondere Qualität der Einführung neuer Produktionskonzepte liegt darin, daß sie die Handlungsspielräume der betrieblichen Arbeitnehmervertretungen und des Managements verändern. Indem die Arbeitnehmervertreter eigene Vorschläge zur Veränderung der Produktionsstrukturen vorlegen, greifen sie in die traditionellen Kompetenzen des Managements ein. Andererseits werden die Arbeitnehmervertreter damit konfrontiert, neben der traditionellen Schutzfunktion der Belegschaft, in Zukunft stärker an der Gestaltung der Produktionsprozesse mitwirken zu müssen, um Nachteile für die Belegschaften verhindern zu können. Der Rückzug auf eine "monetär-quantitative Folgenbewältigung" betrieblicher Rationalisierungsprozesse reicht zur Regelung der betrieblichen Arbeitsbeziehungen nicht mehr aus. (Kerst 1991: 429) Zur Skizzierung der Ausgangsposition der betrieblichen Akteure in diesem neuen Aushandlungsprozeß ist von Bedeutung, daß die zu verhandelnden Themen nicht in eine Interessenpolarisierung von Arbeit und Kapital münden. Die Flexibilität der neuen Technologien, die in ihrer unspezifischen Anwendbarkeit auf und Abstraktion von unterschiedlichen Produktionsprozessen sichtbar wird, erlaubt die Herausbildung verschiedener, produktionstechnisch gleich optimaler Problemlösungen, die aber in ihren Auswirkungen auf die Belegschaft differieren. (Altmann u.a. 1986: 199) Bei der Erreichung des Ziels einer flexibleren Fertigung, können Management und Arbeitnehmervertretung daher ihre eigenen Interessen wahren und trotzdem zu einem Konsens finden. (vgl. Jürgens 1987)

Bis in die 70er Jahre wurde das tayloristisch-fordistische Produktionskonzept von allen betrieblichen Akteuren in der amerikanischen und europäischen Automobilindustrie als Grundprinzip der industriellen Fertigung in dieser Branche akzeptiert. (5) Die betriebliche Arbeitnehmervertretung übernahm in den industriellen Beziehungen eine Schutzfunktion für die Belegschaft zur Reduzierung der negativen Auswirkungen dieses Produktionskonzeptes. Die Arbeitnehmervertreter wirkten auf die Reduzierung der Arbeitsintensität hin, indem sie die Senkung der Bandgeschwindigkeit, die Erhöhung der Taktzeiten und die Anreicherung der einzelnen Arbeitsschritte forderten. Ihr Interesse galt der Aushandlung von Lohnsystemen, die belastende Arbeitsbedingungen und die körperlich schwere Arbeit der ungelernten Arbeiter besonders honorierten und im Leistungsbereich hohe Löhne garantierten. Seit Ende der 60er Jahre forderten einzelne Gewerkschafter die "Humanisierung der Arbeit" und die Ablösung des tayloristisch-fordistischen Modells durch die Anreicherung der Einzelarbeit und die Einführung von Gruppenarbeit. Auf Unternehmensseite wurde das traditionelle amerikanische Produktionskonzept in Frage gestellt, als sich die japanischen KFZ-Hersteller in den 70er Jahren eher in der Lage zeigten, die oben beschriebenen Probleme des Automobilmarktes mit ihren Produktionskonzepten zu bewältigen. Vor allem die hohe Produktivität der japanischen Unternehmen weckte das Interesse der westlichen Unternehmensleitungen an den japanischen Produktionsmethoden. (6)

Zum Inbegriff des japanischen Produktionskonzeptes wurde der bei Toyota entstandene "Toyotismus". Den Begriff der "Lean Production" prägte eine Forschungsgruppe des amerikanischen Massachusetts Institute of Technology (MIT), die sich von 1985 bis 1990 mit den Produktionskonzepten in der Weltautomobilindustrie beschäftigte (7) Das Lean Production Konzept geht in Grundzügen auf den Toyotismus zurück. Charakteristisch für den Toyotismus ist die Beibehaltung der Fließbandfertigung ohne eine Präferenz für die Produktstandardisierung und die Einzweckmechanisierung zu verfolgen. Die optimale Zeit- und Methodenvorgabe beruht nicht auf der Zerlegung der Arbeitsinhalte. Eines der beiden wichtigen Ziele liegt in der Minimierung der Produktionspuffer bei Mensch und Material. Das "Just in Time"-Prinzip wird auf die Montage ausgedehnt, d.h. es werden nur die Teile nachproduziert, die von den folgenden Produktionsabteilungen angefordert werden. Dies ermöglicht die Fertigung von kleinen Serien und eine flexible Fertigung. Da das Produktionssystem ohne die Existenz von Materialpuffern selbst bei geringen Fehlern unterbrochen werden muß, ergibt sich als zweites Ziel die absolute Priorität der Fehlervermeidung. Die Produktionsarbeiter erhalten das Recht und sind aufgefordert, selbst über das Stoppen des Fließbandes zu entscheiden. Als Sanktionsanreiz wirkt die Verpflichtung, daß das tägliche Produktionssoll auf jeden Fall erreicht werden muß. Notfalls muß nachgearbeitet werden. Zu diesem Zweck gehen die Schichten nicht zeitlich nahtlos ineinander über, in

146

der Regel liegen mehrere Stunden dazwischen, in denen die erste Schicht die Produktionsausfälle mit Überstunden abarbeiten muß. (Demes 1992: 45) Durch dieses "Management by Stress" gelingt es dem Toyotismus Qualität und Kosteneffizienz bereits im Produktionsprozeß zu erzielen.

Es soll hier keine Diskussion geführt werden, ob der Toyotismus auf andere gesellschaftliche Systeme übertragen werden kann. Die Resonanz der MIT-Studie liegt unter anderem gerade in ihrem Plädoyer für die Übertragbarkeit des japanischen Produktionskonzeptes begründet. (vgl. Helfert 1991: 707) Eine völlige Übertragbarkeit des Konzepts kann jedoch bezweifelt werden, wenn Jürgens u.a. als zentrale Voraussetzungen des Toyotimus die lebenslange Beschäftigungssicherheit für einen Teil der Belegschaft zur Förderung der Identifikation mit den Unternehmenszielen, die geringe Trennung zwischen Status- und Tätigkeitsgruppen, die hohe Qualifizierung auch in der direkten Fertigung und die individuelle Leistungs- und Personenbewertung bezeichnen. (Jürgens, Malsch, Dohse 1989: 41ff.) Vor diesem Hintergrund erscheinen eher einzelne Elemente des Toyotismus auf europäische und amerikanische Verhältnisse übertragbar zu sein. (8)

Von Interesse ist die Rolle der Arbeitnehmerorganisationen innerhalb der Umsetzung des Toyotismus in der japanischen Automobilindustrie. Da der Toyotismus zu seinem Funktionieren gravierende Nachteile für die Arbeitnehmer mit sich bringt, ist nachzufragen ob die japanischen Arbeitnehmerorganisationen innerhalb des Produktionskonzepts die bei den westlichen Arbeitnehmervertretern zu beobachtende Schutzfunktion wahrnehmen können. (9) Da die japanischen Gewerkschaften nach dem Betriebsgewerkschaftssystem organisiert sind, orientieren sie sich vorrangig an den Belangen ihres Unternehmens. Eine Schutzfunktion der Gewerkschaften für die vom Toyotismus besonders beeinträchtigte Randbelegschaft wird durch deren Ausgrenzung aus der Mitgliedschaft verhindert. Die Durchdringung der Gewerkschaft mit Managementvertretern erschwert ein autonomes gewerkschaftliches Handeln zugunsten der Belegschaft. (Jürgens, Malsch, Dohse 1989: 44) Aus der beschriebenen japanischen Situation ergibt sich ein anderes Rollenverständnis der japanischen Gewerkschaften, welches den "Produktivitätsvorsprung" des Toyotismus erst ermöglicht. Die folgende Analyse soll eine Einschätzung ermöglichen, welche Probleme die Einführung einzelner Elemente des Toyotismus in Westeuropa für die Handlungsfähigkeit der betrieblichen Arbeitnehmervertretung mit sich bringt.

Bei der Einführung neuer Produktionskonzepte in der Autoindustrie lassen sich drei Strategien unterscheiden, die jedoch auch in Mischformen auftreten können. Es handelt sich um die technikzentrierte, die humanzentrierte und die "After-Japan-Strategie". (vgl. Jürgens 1990)

Zu Beginn der 80er Jahre wurde von einigen Unternehmen das *technikzentrierte Konzept* bevorzugt, um die Produktivitätsvorteile der japanischen Hersteller auszugleichen. In dieser Strategie wird der Automatisierung der Fertigung der

147

Vorzug vor anderen Konzeptionen gegeben. Die Automatisierung wird in den Bereichen des Presswerks, des Rohbaus, der Lackiererei und der Endmontage ausgebaut, da diese Prozesse 1985 70,2 % der Fertigungszeit eines KFZ ausmachten. (Malsch, Dohse, Jürgens 1987: 39) Neben dem direkten Arbeitsplatzabbau entsteht das Problem einer Zunahme von Arbeitsplätzen, die nur eine niedrige Qualifikation erfordern. Zwar hatte bei einigen Herstellern bereits in den 60er Jahren die Automatisierung des Rohbaus eingesetzt, die Automaten waren jedoch nur für ein bestimmtes Fahrzeugmodell verwendbar. Die steigende Modellvielfalt der 80er Jahre erforderte eine flexible Automatisierung. Die Unternehmen entwickelten den neuen Rationalisierungstypus der "systemischen Rationalisierung". In diesem umfassenderen Rationalisierungsprozeß werden die neuen Modelle bereits auf die Entwicklung der Fertigungsautomation hin geplant. Die Modelle werden für die automatische Fertigung kompatibel computerintegriert konzipiert. (Malsch, Dohse, Jürgens 1984: 35f.) Der Begriff der systemischen Rationalisierung wird von Altmann u.a. auf die Produktentwicklung im Zulieferbereich ausgedehnt. Der hohe Einsatz fixen Kapitals führt zu dem Zwang, die systemische Rationalisierung vorrangig auf die optimalere Nutzung des Kapitalstocks auszurichten. (Altmann u.a. 1986: 192f.) Da als Nebenprodukt dieses Rationalisierungstyps Arbeitsplätze wegfallen, erhöht er die Arbeitnehmerkonkurrenz in der Belegschaft um die knapper werdenden Arbeitsmöglichkeiten.

Im Bereich des Presswerks erfolgt die Automatisierung durch neue Pressen mit einem höheren Presstakt, die ein simultanes Pressen mehrerer Teile in einer Schablone, mit einer mechanisierten Beschickung und Entnahme des Materials ermöglichen. (Malsch, Dohse, Jürgens 1987: 10ff.) Die Arbeitnehmerkonkurrenz steigt infolge eines starken Belegschaftabbaus bei den ungelernten Beladern bzw. Operateuren. Zwar nimmt die Zahl des Überwachungspersonals zu, dies rekrutiert sich in der Regel jedoch aus der Gruppe der Facharbeiter. Das Beschäftigungspotential für ungelernte und angelernte Arbeitnehmer nimmt ab. (diess. 1987: 21)

Die betrieblichen Arbeitnehmervertretungen stehen beim *technikzentrierten Konzept* einer neuen Problemsituation gegenüber. Einerseits werden schwierige und gesundheitsgefährdende Tätigkeiten automatisiert und höherqualifizierte Arbeitsplätze geschaffen. Andererseits führt die Automatisierung zum Arbeitsplatzabbau und zur Polarisierung zwischen unqualifizierten und qualifizierten Arbeitnehmern. Die geringeren Aufstiegschancen ungelernter Arbeitnehmer können zur Spaltung der Belegschaften und damit der Basis der Arbeitnehmerorganisation, in Facharbeiter und angelernte Arbeitnehmer mit unterschiedlichen Ansprüchen an die Arbeitnehmervertretung führen. Würde eine der beiden Gruppen der betrieblichen Arbeitnehmervertretung wegen einer möglichen unausgewogenen Interessenvertretung in diesen Fragen die Unterstützung entziehen, wäre deren Handlungsfähigkeit gegenüber dem Management ernsthaft in Frage gestellt. Auf tarifpolitischer Ebene müssen die Arbeitnehmervertreter neue Lösungen für die Arbeitsbewertung finden, um die Abqualifizierung von ungelernten Arbeitnehmertätigkeiten zu verhindern.

Probleme anderer Art kommen auf die betrieblichen Arbeitnehmervertretungen bei der Einführung *humanzentrierter Produktionskonzepte* zu. Diese Strategie setzt auf die "dezentrale Selbstregulierung in teilautonomen Gruppen". Im Falle der Produktionsteams wird das Fließband abgeschafft und Fertigungsinseln mit größeren Arbeitszusammenhängen eingerichtet. Jede Fertigungsinsel wird von einer Gruppe mit völliger Autonomie hinsichtlich der internen Zeit- und Aufgabenverteilung sowie eingeschränkter Autonomie bezüglich der Fertigungssteuerung gebildet. Die Gruppe integriert Teilaufgaben der Instandhaltung und Qualitätskontrolle. (vgl. Jürgens 1986) Daneben existiert die Form der Gruppenarbeit in Qualitätszirkeln, also innovativen Gruppen, die sich aus Managementvertretern und Produktionsarbeitern zusammensetzen und zusammentreffen um ein bestimmtes Problem zu lösen. (vgl. Pitz 1989)

Bei diesem Element des humanzentrierten Produktionskonzepts wird die notwendige Neudefinition der Rollenverteilung zwischen den betrieblichen Akteuren besonders deutlich. In beiden Gruppenstrategien wendet sich das Management an die Mitarbeiter des Produktionsbereichs, um eine bessere Qualitätssicherung durch die Delegation von Verantwortung nach unten zu erreichen. Im ersten Fall übernehmen Produktionsarbeiter Managementfunktionen, bei den Qualitätszirkeln geht es um die Veränderung der Kommunikationsstruktur zwischen Management und direkter Fertigung. (Jürgens 1987: 12-19) Die Arbeitnehmervertretungen sehen bei der Gruppenarbeit ein traditionelles Gewerkschaftsthema, die "arbeitsplatznahe Mitbestimmung", von der Arbeitgeberseite besetzt, ohne daß die Interessen der Arbeitnehmer überzeugend in dem Konzept berücksichtigt werden. (10) Das Problem der Gruppenarbeit liegt darin, daß sie sowohl zur sozialen Integration und Identifikation der Arbeitnehmer mit "ihrem Unternehmen", aber auch zu sinnerfüllterer Arbeit in der Produktion führen kann. Die Veränderungen berühren jedoch nicht nur die Produktionsarbeiter. Nicht ohne Grund setzt gerade das untere und mittlere Management diesem Konzept erheblichen passiven Widerstand entgegen. Die Autonomie der Produktionsteams greift auch in die traditionellen Kompetenzen der Meister ein, die angestrebte Enthierarchisierung wird zu Lasten dieser Vorgesetztengruppe gehen. (Kruegel 1992: 29) Die betrieblichen Arbeitnehmervertreter befürchten demgegenüber einen Einflußverlust ihrer Vertrauensleutekörper. Im ungünstigsten Fall könnte die Frage nach der Existenzberechtigung und Kompetenz der betrieblichen Arbeitnehmervertreter gestellt werden, wenn die Sprecher der Arbeitsgruppen und die Qualitätszirkel gegenüber dem Management Probleme der Belegschaft effizienter lösen. (Pitz 1987: 4)
Die Ambivalenz des Gruppenkonzepts fordert den betrieblichen Arbeitneh-

mervertretungen eine hohe Problemlösungskompetenz ab. Sie können das Konzept nicht pauschal ablehnen, weil es eine Gestaltungschance beinhaltet. Die Behandlung des Themas erfordert jedoch die Bereitschaft der Mandatsträger, ihre Gestaltungsfunktion innerhalb der Unternehmen positiv anzunehmen und die Anerkennung der Tatsache, an einem Positiv-Summen-Spiel mit dem Management teilzunehmen, ohne ihre Rolle als "Gegenspieler des Managements mit anderen Interessenprioritäten" aufgeben zu müssen. (Müller-Jentsch 1992: 7) Für die vorliegende Arbeit ist die Einrichtung von Arbeitsgruppen in der Produktion von Bedeutung, da ihre sozialintegrative Wirkung die Verankerung der betrieblichen Arbeitnehmervertretungen in der Belegschaft, zum Beispiel im Vertrauensleutebereich, und damit mittelbar ihre Bargaining Power gegenüber dem Management beeinträchtigen kann.

Die dritte Strategievariante, die *"After-Japan-Strategie"* umfaßt den Einsatz von Teilkonzepten des Toyotismus, bzw. der Lean Production. Oberstes Ziel ist die gleichzeitige Optimierung der Kosten und der Fertigungsqualität. (Jürgens 1990: 598) Hierzu zählt die weitgehende Integration der Qualitätskontrolle in den Fertigungsprozeß, wie sie seit Anfang der 80er Jahre in großem Maßstab durchgeführt wird. Die Zahl der Inspektionsarbeiter wurde stark reduziert. Die Arbeitnehmervertretungen hofften, mit der Integration der Qualitätskontrolle in die direkte Fertigung, zu einer Rücknahme der tayloristischen Arbeitsteilung beizutragen. Demgegenüber setzt das Management die Rationalisierung mit dem Ziel um, eine Effizienzsteigerung und Qualitätsverbesserung zu erreichen. (Jürgens, Malsch, Dohse 1989: 213ff.) Für die Arbeitnehmer besteht die Gefahr, daß Arbeitsplätze in der Qualitätskontrolle abgebaut und die Leistung der direkten Fertigung intensiviert wird, ohne daß es zu einer Verringerung der Arbeitsteilungsprozesse kommt.

Im Unterschied zur humanzentrierten Strategie sieht die "After-Japan-Strategie" keine Abschaffung des Fließbandes vor. In einem Modellversuch arbeiten die Arbeitsgruppen, lediglich mit einer Autonomie bei der Arbeitsplatzverteilung versehen, weiterhin am Band. Bis zu fünfzehn Einzelarbeitsplätze werden zu einer Gruppe zusammengefaßt. Die Aufteilung der Arbeitsprozesse liegt in der Kompetenz der Gruppe. (vgl. Spiegel 32/1991: 95) Im Prinzip handelt es sich um die Verlagerung der Arbeitseinsatzplanung auf die Ebene der Produktionsarbeiter. Eine weitere Möglichkeit der Einführung von Gruppenarbeit unter Beibehaltung des Fließbandes bietet die Auslagerung von Teilen der Produktion, z.B. innerhalb der Montage. Neben dem Rohbau verfügt die Endmontage mit einem Drittel aller in der direkten Fertigung Beschäftigten über das höchste Rationalisierungspotential. (Malsch, Dohse, Jürgens 1987: 39-42)

Zu den weiteren umgesetzten Teilstrategien gehören die Einführung von Qualitätszirkeln und "Just in Time"-Konzepten im Zulieferbereich. Die negativen Auswirkungen auf die Verankerung der betrieblichen Arbeitnehmervertretung in der Belegschaft und die durch den Arbeitsplatzabbau intensivierte Arbeitnehmer-konkurrenz innerhalb der Belegschaft im Zuge der Fertigungstiefen- und der Lagerreduzierung, sind bereits angesprochen worden.

Die Verhandlungen über die Einführung des "After-Japan-Konzepts" binden die knappe Arbeitskapazität der betrieblichen Arbeitnehmervertretungen, da Antworten und Verhandlungsstrategien auf neue Probleme entwickelt werden müssen. Auch beim "After-Japan-Konzept" bewegt sich die Arbeitnehmervertretung bei einem Eingehen auf die Forderungen des Managements in dem Spannungsfeld, je nach Verhandlungsergebnis, zu einer partiellen Umsetzung der Humanisierung von Fabrikarbeit oder aber zu einer Stärkung der Managementposition beigetragen zu haben. Die Strategie der Arbeitsanreicherung kann zur Intensivierung der Arbeit ohne Berücksichtigung der ganzheitlichen Aspekte degenerieren. (Jürgens, Malsch, Dohse 1989: 213) Die Gruppenarbeit in der Produktion und Qualitätszirkel können das Selbstwertgefühl der Produktionsarbeiter heben und zu einer offensiven Vertretung ihrer Forderungen gegenüber dem Management führen. Wenn es der Arbeitnehmervertretung gelingt diese Basisorientierung aufzunehmen und sich die Forderungen zu eigen zu machen, muß die Gruppenarbeit nicht zu dem Eindruck bei der Belegschaft führen, die Arbeitnehmervertretung arbeite ineffizient und sei überflüssig. Die Verringerung der Fertigungstiefe ist eine Gefahr für die Arbeitsplätze bei den Autoherstellern. Gleichzeitig könnte durch sie eine betriebsübergreifende Kooperation der Arbeitnehmervertretungen entlang der logistischen Kette bis zu den Zulieferern entstehen und die Verhandlungsfähigkeit aller beteiligten Arbeitnehmervertretungen stärken. (vgl. Sauer 1988: 117f.)

Zusammenfassend läßt sich ein durch die neuen Produktionskonzepte hervorgerufener Problemkomplex erkennen, dem weder Management noch betriebliche Arbeitnehmervertretungen mit traditionellen Lösungen begegnen können. Dem Management stehen jedoch die größeren personellen Ressourcen und das quantitativ umfassendere Know-how zur Anpassung der neuen Produktionskonzepte in seinem Sinne zur Verfügung. Vor diesem Hintergrund ist das zögernde und eher abwehrende Eingehen der Arbeitnehmervertretungen auf die Angebote der neuen Produktionskonzepte verständlich. Beide Gruppen werden jedoch durch die überlegene Produktivität der japanischen Konkurrenz gezwungen, die neuen Produktionskonzepte anzuwenden.

Für die europäischen Arbeitnehmervertretungen in der Autoindustrie ergeben sich zwei Probleme bei der Auseinandersetzung mit den neuen Produktionskonzepten. Zum einen kann die Umsetzung der neuen Produktionskonzepte, erfolgt sie einseitig zu Gunsten des Managements, zu einer Schwächung ihrer innerbetrieblichen Position führen. Zum anderen besteht die Möglichkeit einer Überforderung ihrer Arbeitskapazitäten bei der Mitgestaltung der neuen Produktionskonzepte. In beiden Fällen wäre ihre Bargaining Power gegenüber dem Management-gefährdet.

Die folgende Analyse der europäischen Automobilindustrie und der wichtigsten Automobilhersteller mit Produktionsstandorten in Europa orientiert sich an der Veränderung der Arbeitnehmerkonkurrenz aufgrund von KFZ-Exporten, der Internationalisierung der Produktionsstrukturen der KFZ-Hersteller und der beobachtbaren Auswirkungen des Einsatzes neuer Produktionskonzepte auf die Belegschaftsentwicklung in der Automobilindustrie. Die Analyse soll der Identifizierung derjenigen nationalen Automärkte und Hersteller dienen, deren Arbeitnehmer einer besonders hohen Arbeitnehmerkonkurrenz unterliegen. Bei den betrieblichen Arbeitnehmervertretungen dieser Hersteller ist ein steigendes Interesse an der Aufnahme von Kooperationskontakten zu erwarten.

5.4 Die Entwicklung der Arbeitnehmerkonkurrenz innerhalb der europäischen Automobilindustrie seit den 70er Jahren

Nachdem in den 50er und 60er Jahren keine negative Entwicklung der Arbeitnehmerkonkurrenz in der europäischen Automobilindustrie festgestellt werden konnte, wird im vorliegenden Abschnitt auf die Veränderung der Arbeitnehmerkonkurrenz in dieser Branche in den 70er und 80er Jahren eingegangen. Als Indikatoren einer Veränderung der Arbeitnehmerkonkurrenz werden die Entwicklung der Intra-EG- und der externen PKW-Exporte auf den EG-Markt, die Internationalisierung der Produktionsstrukturen der KFZ-Hersteller in der EG und die Einführung neuer Produktionskonzepte in der europäischen Automobilindustrie herangezogen. Der Einfluß dieser Indikatoren auf die Arbeitnehmerkonkurrenz kann wiederum durch den Verlauf der Automobilkonjunktur in Europa modifiziert werden. Zur Einschätzung der Arbeitnehmerkonkurrenz in den nationalen Branchen muß, neben der Stellung der europäischen Automobilindustrie in der Weltautomobilindustrie, ebenfalls die Entwicklung der wichtigsten nationalen KFZ-Märkte in der EG analysiert werden. Die auf nationaler Ebene und von einzelnen KFZ-Herstellern angewendeten Strategien zur Bewältigung der Veränderungen in der Autoindustrie beinhalten bereits *eine* Erklärung für die, auf nationaler und Unternehmensebene, differierenden Handlungsspielräume und -optionen der jeweiligen Arbeitnehmervertretungen. Wenn einzelne Produktionskonzepte, beispielsweise auf einer größeren Interessenübereinstimmung zwischen Management und Arbeitnehmervertretung basieren als andere, kann die Einführung dieser Produktionskonzepte ebenfalls zur Erhaltung der Bargaining Power der Arbeitnehmervertretungen beitragen.

5.4.1 Die Entwicklung der durch Warenexporte hervorgerufenen Arbeit - nehmerkonkurrenz

Da der europäische Automobilmarkt sich zwischen 1985 und 1989 zum weltweit größten Absatzmarkt für PKW entwickelt hat, ist eine Arbeitnehmer- konkurrenz durch PKW-Importe nur bei großen Import-Stückzahlen zu erwarten. (vgl. Tabelle V-1) Als zweiter Faktor zur Bestimmung der durch PKW-Exporte hervorgerufenen Arbeitnehmerkonkrrenz muß die Import- bzw. Exportneigung aller Produktionsregionen berücksichtigt werden. Baut eine Region Produktions- kapazitäten auf, die deren Nachfrage erheblich übersteigen und exportiert diese Überschüsse kann sie Arbeitnehmerkonkurrenzsituationen in den übrigen Pro- duktionsregionen auslösen. Seit Mitte der 60er Jahre sind solche Ungleichgewich- te in der nordamerikanischen und der japanischen Produktionsregion zu festzu- stellen. Im Jahr 1989 betrug die japanische PKW-Produktion 188 %, die nord- amerikanische Produktion jedoch nur 81 % des jeweiligen nationalen Marktvolu- mens. (vgl. Tabelle V-1 und V-2) Durch die exportierten Produktionsüberschüsse der japanischen KFZ-Industrie entsteht eine Arbeitnehmerkonkurrenzsituation zu den anderen kontinentalen KFZ-Produzenten. Bis Ende der 80er Jahre verlief die Entwicklung von Markt- und Produktionsvolumen innerhalb des europäischen KFZ-Marktes parallel. (vgl. Neumann 1989a: 44) Da sich PKW-Produktion und Nachfrage in Europa ungefähr ausgleichen kann auf diesem Markt, ungeachtet seines Volumens mit relativ niedrigen Importstückzahlen eine erhebliche Arbeit- nehmerkonkurrenz entstehen. Eine solche Situation entwickelte sich seit den 70er Jahren durch die steigenden japanischen KFZ-Importe. Der westeuropäische Marktanteil europäischer Hersteller sank von 1971 bis 1989 um 8,4 % auf 88,9%. Neben den japanischen Anbietern gibt es keine ernstzunehmenden PKW-Im- porteure nach Westeuropa, sie konsolidierten ihren Marktanteil 1989 bei 9 %. (Hild 1986: 57; Verband der Automobilindustrie 1990)

Die Schwankung des japanischen Marktanteils in Westeuropa um die 10 % beruht nicht primär auf Produktivitätserfolgen der europäischen Hersteller, son- dern auf Importbeschränkungen der EG gegenüber den japanischen Produzenten auf den größten Massenmärkten Westeuropas in Frankreich, Italien, dem Verei- nigten Königreich und in Spanien. In Frankreich ist der japanische PKW-Anteil auf 3 % festgelegt, im Vereinigten Königreich liegt das Kontingent bei 11 %. Auf den italienischen KFZ-Markt durften 1986 nur 3.000 japanische PKW importiert werden. Spanien regelt die Einfuhr über Importlizenzen, die sehr zurückhaltend vergeben werden. (Hild 1986: 57) Waren es in den USA vor allem die starken Wechselkursschwankungen und der amerikanische Protektionismus, so ist es gegenüber den EG-Staaten deren restriktive Importpolitik, die zum Aufbau eige- ner Produktionsstandorte in Westeuropa seitens der japanischen Hersteller führt. (11) Bei einem hohen Anteil in Europa gefertigter Komponenten, könnte der Verkauf der PKW aus diesen sogenannten japanischen Transplant-Standorten von den europäischen Regierungen nicht mehr verhindert werden. Außerdem können japanische KFZ noch unter der Firmenmarke europäischer Hersteller angeboten (gebundene Importe) oder durch Joint Ventures mit europäischen Produzenten hergestellt werden. (vgl. Jürgens 1986: 39) Der Aufbau japanischer Standorte in Westeuropa verdeutlicht, daß sich der Produktivitätsvorteil der japanischer Hersteller auf Dauer durch bürokratische Hürden nicht vom europäischen KFZ-Markt fernhalten läßt. Die vergleichsweise hohe Produktivität Nissans in seinem Werk im Vereinigten Königreich zeigt außerdem die Übertragbarkeit des japanischen Produktionsmodells auf Westeuropa. Dieser Vorgang erhöht den Druck der europäischen Hersteller auf die betrieblichen Arbeitnehmervertretungen ähnlichen Produktionskonzepten in den eigenen Standorten zuzustimmen. (12)

Mit der Vollendung des EG-Binnenmarktes nach 1992 und des darin angestrebten freien EG-KFZ-Marktes sind Einfuhrbeschränkungen einzelner EG-Staaten für PKW im EG-Binnenhandel nicht mehr kontrollierbar. Die EG-Regierungschefs haben die EG-Kommission nach langen Diskussionen aufgefordert, eine freiwillige Einfuhrbeschränkung mit den japanischen Behörden auszuhandeln. Im Juli 1991 einigte sich die Kommission mit Japan auf eine stufenweise Öffnung des EG-KFZ-Marktes. Von 1993 bis 1999 soll sich der japanische Anteil am europäischen KFZ-Markt einschließlich der in europäischen Standorten japanischer Unternehmen hergestellten PKW bis auf 17 % erhöhen. Für den französischen, italienischen und spanischen KFZ-Markt ist eine Erhöhung des japanischen Marktanteils bis auf 8 % vorgesehen. (KStA 27.07.91) Nach dem Jahr 1999 müssen sich dann die europäischen Hersteller auch auf den verbleibenden größten westeuropäischen KFZ-Märkten Italiens, Frankreichs, des Vereinigten Königreichs und Spaniens der japanischen Konkurrenz stellen. Das Volumen dieser Märkte betrug 1990 61,9 % der gesamten PKW-Nachfrage in der EG. (Verband der Automobilindustrie 1991)

Die kontinuierliche Diskussion der japanischen Produktivitätserfolge durch die europäischen Automobilhersteller wird vor diesem Hintergrund verständlich. Innerhalb von zehn Jahren haben die europäischen Hersteller den US-KFZ-Markt an die japanischen Produzenten verloren. Ihr Marktanteil ging von 1978 12,6 % auf 1989 3,9 % zurück. Die europäischen Massenhersteller, in erster Linie die deutschen Unternehmen, wichen in den 80er Jahren auf die größeren westeuropäischen Märkte als Ausgleich für den Verlust des nordamerikanischen PKW-Marktes aus. Seit 1978 entsteht auf den ungeschützten westeuropäischen PKW-Märkten dieselbe hohe japanische Anbieterkonkurrenz. Nach 1999 ist eine ähnliche Anbieterkonkurrenz auf den bisher geschützten, großen, europäischen KFZ-Märkten zu erwarten. Bei einem Verlust dieser westeuropäischen Märkte wären umfassende Entlassungen in der europäischen Autoindustrie nicht zu vermeiden. Die deutschen KFZ-Hersteller sind bereits seit den 70er Jahren der japanischen

Anbieterkonkurrenz ausgesetzt. Die Arbeitnehmerkonkurrenz aufgrund von PKW-Exporten konnte in Deutschland jedoch bisher durch die Erhöhung der Exporte in die geschützten Märkte der größeren EG-Staaten und eine konsequente Produktaufwertungsstrategie der deutschen Massenhersteller begrenzt werden. Die hohen Marktanteile deutscher Hersteller von 1990 16,2 % in Frankreich, 25,2 % in Italien, 25 % im Vereinigten Königreich und 47,3 % in Spanien müßten bei einer höheren Anbieterkonkurrenz durch japanische Hersteller mit einem größeren Aufwand verteidigt werden, als dies gegenwärtig bei einem geschützten KFZ-Markt der Fall ist. (vgl. Verband der Automobilindustrie 1991) Notwendig werdende Preisnachlässe würden den Druck des Managements auf die betrieblichen Arbeitnehmervertretungen erhöhen, die Produktionskosten in den bundesdeutschen Standorten zu senken.

Auf den nationalen PKW-Märkten Europas sind jedoch nicht nur japanische, sondern auch erhebliche deutsche und spanische KFZ-Exporte festzustellen. (Verband der Automobilindustrie 1990, 1991; Asociacion 1990) Auf acht der elf EG-PKW-Märkten verfügen deutsche Hersteller über höhere Marktanteile als die japanischen Produzenten. Diese Tatsache verweist auf die zweite Funktion des EG-internen PKW-Exports. Der Export gleicht nationale Nachfrageschwächen aus.

Neben den zunehmenden japanischen KFZ-Importen wurde die Beschäftigung in der europäischen Automobilindustrie zu Beginn der 80er Jahre durch eine Absatz- und Produktionskrise gefährdet. (vgl. Tabelle V-3; V-4) Die zweite Erdölkrise 1979/80 führte zu Produktionseinbrüchen in allen großen europäischen Produzentenländern. Da die meisten europäischen Hersteller zwischen 1978 und 1983 umfangreiche Modernisierungsmaßnahmen durchführten, deren Umsetzung mit dem Nachfrage- und Produktionsrückgang zusammenfiel, entstanden bis 1980/81 kostenaufwendige Überkapazitäten von bis zu 2,5 Millionen KFZ pro Jahr. (Kommission 1990d: 44) Die Nachfrage erholte sich auf den größten EG-Märkten zu unterschiedlichen Zeitpunkten. In der Bundesrepublik und in Spanien nahm sie im Rahmen der allgemeinen Konjunkturerholung seit 1985 erheblich zu. (vgl. Tabelle V-3) In der Zwischenzeit blieb den europäischen Herstellern zur Bewältigung der Produktionsschwankungen nur die Alternative zwischen einer Reduzierung der Belegschaften oder dem Ausweichen auf zusätzliche Exportmärkte. Die erste Strategie intensiviert die Arbeitnehmerkonkurrenz in den Belegschaften um die verbleibenden Arbeitsplätze. Die zweite Strategie externalisiert die Arbeitsplatzverluste durch die aufgrund von KFZ-Exporten entstehende Arbeitnehmerkonkurrenz in andere europäische Automobilbranchen.

Bei einem Vergleich des Exportanteils an der nationalen PKW-Produktion fällt auf, daß die Hauptproduzentenländer Deutschland, Frankreich und Spanien eine zunehmend exportorientierte PKW-Produktion verfolgen, während die Exportquote der italienischen PKW-Industrie und die des Vereinigten Königreichs in den Jahren 1979 und 1989 um 8,5 % bzw. sogar 12,2 % zurückging. Bei allen fünf Produzentenländern nimmt das Gewicht des PKW-Exports innerhalb der EG zu. Frankreich ist es zwar gelungen seine Exportquote zwischen 1980 und 1985 um 6,4 % auszuweiten, gleichzeitig nahmen jedoch auch die PKW-Importe stark zu, so daß letztlich eine hohe Arbeitnehmerkonkurrenz durch Warenexporte entstand. Spanien erzielte ebenfalls in diesem Zeitraum eine starke Zunahme der Exportquote, jedoch bei gleichzeitiger Beibehaltung niedriger PKW-Importstückzahlen. Da zusätzlich die Erholung des spanischen PKW-Marktes bereits 1982/83 einsetzte blieb die Arbeitnehmerkonkurrenz durch Warenexporte in der spanischen Automobilindustrie gering. Seit 1985 nahmen zwar die PKW-Importe stärker zu, so daß bis 1989 ebenfalls ein starker brancheninterner Austausch stattfand, dies ereignete sich aber vor dem Hintergrund eines nationalen Nachfragebooms nach PKW. (vgl. Tabelle III-2) Die Nachfrage stieg zwischen 1985 und 1989 von 92,6 auf 183,4 Punkte des Zulassungsindices. (vgl. Tabelle V-5) Für die Bundesrepublik ist ebenfalls eine Ausweitung der Exportquote zwischen 1980 und 1985 bis auf 61,6 % beobachtbar. Im gleichen Zeitraum weitet sich der hohe interindustrielle Anteil am KFZ-Außenhandel noch leicht aus. (vgl. Tabelle III-2) Dies bedeutet, daß der Anstieg der PKW-Exporte, die den Ausfall der nationalen Nachfrage ausgleichen, nicht durch ausländische PKW-Importe kompensiert wird. Die Arbeitsplätze in der deutschen Automobilherstellung werden durch die Exportausweitung in diesen Jahren gesichert. Im Fall der italienischen und britischen PKW-Herstellung ist keine Erhöhung der Exporte in den Jahren der nationalen Nachfrageschwäche zu erkennen. In Italien steigt die Exportquote lediglich im nachfrageschwachen Jahr 1983 leicht an. Im Vereinigten Königreich nimmt die Exportquote zwischen 1979 und 1986 fast konstant bis auf 19,8 % ab. Zusätzlich steht die PKW-Produktion in beiden Ländern unter einem starken Importdruck aus anderen EG-Staaten. (vgl. Tabelle III-2) Den deutschen und den spanischen Automobilherstellern ist es erfolgreich gelungen, den nationalen Nachfrageausfall durch eine Erhöhung der Intra-EG-Exporte zu kompensieren. Die Auswirkung der Arbeitnehmerkonkurrenz auf die Belegschaften dieser Hersteller nahm daher auch in der Krise nicht grundlegend zu, die Arbeitnehmerkonkurrenz wurde auf die nationalen KFZ-Märkte der übrigen EG-Staaten, beispielsweise Italiens und des Vereinigten Königreiches externalisiert.

Bisher wurden die Intra-EG KFZ-Exporte der europäischen Hersteller noch durch die technischen Handelsschranken zwischen den EG-Staaten negativ beeinflußt. Hierzu zählt der Linksverkehr im Vereinigten Königreich und Irland, sowie unterschiedliche Umweltschutzregelungen. Außerdem ist eine Typenzulassung für die gesamte Gemeinschaft noch nicht möglich. (Emerson 1988: 54f.) Neben dem Aufenthalt an den Grenzen, den administrativen Kosten der Zollformalitäten behindern unterschiedliche Steuersätze auf den Erwerb und Betrieb eines KFZ, sowie auf den Treibstoff den Handel zwischen den EG-

Staaten. (Emerson 1988: 76f.) Diese Handelsschranken sollen im Binnenmarkt durch sechs Leitlinien der Kommission abgebaut werden. Dazu zählt eine Harmonisierung der technischen und umweltpolitischen Vorschriften in den EG-Staaten. Die Kommission strebt eine Angleichung der indirekten Steuern über eine Harmonisierung der Mehrwertsteuersätze an. Nationalstaatliche Subventionen an die KFZ-Hersteller sollen kontrolliert werden, um Wettbewerbsverzerrungen zu vermeiden. (vgl. Kommission 1990f: 5f.) Unter diesen Voraussetzungen lassen sich 10 % der F & E-Kosten, dies sind 0,5 % der Gesamtkosten eines Modells einsparen. Die technische Harmonisierung vereinfacht die technische Anpassung des Modells an die nationalen Märkte. Die F & E-Abteilungen, die mit der technischen Anpassung beauftragt sind, können ihr Personal um 15 bis 40 % verringern. (Ludvigsen 1988: 9f.) Die Erleichterung der Intra-EG-Exporte durch diese Maßnahmen wird zu einer Exportzunahme und damit zu einer Erhöhung der Arbeitnehmerkonkurrenz durch KFZ-Exporte im Binnenmarkt beitragen.

Die bisherige Analyse läßt die Situation einer zunehmenden Arbeitnehmerkonkurrenz durch KFZ-Exporte vorrangig auf PKW-Märkten mit einer geringen Exportquote der einheimischen Hersteller erwarten. Bei geringen nationalen Exporten kann die Arbeitnehmerkonkurrenz durch Importe aus den übrigen EG-Staaten bereits bei niedrigen Stückzahlen erheblich zunehmen. Die gleichzeitige Präsenz auf den wichtigsten KFZ-Märkten ist eine weitere Strategie, um die Absatzrisiken zu minimieren. Unter diesem Aspekt können die europäischen KFZ-Hersteller mit einem umfassenden Produktprogramm auf ihre Anfälligkeit für Nachfrageausfälle hin untersucht werden. Die Unternehmen mit einer geringen Abhängigkeit vom jeweiligen einheimischen KFZ-Markt, einer hohen Präsenz auf allen EG-Märkten und einer hohen EG-externen Exportquote unterliegen zwar einer hohen Anbieterkonkurrenz, können jedoch Nachfrageschwankungen auf Einzelmärkten unproblematischer verarbeiten und so die Erhöhung der Arbeitnehmerkonkurrenz in der eigenen Belegschaft verhindern.

Betrachtet man unter diesen drei Gesichtspunkten diejenigen europäischen PKW-Hersteller, die eine vollständige Produktpalette anbieten, zeigen FORD, General Motors (Opel), PSA und Volkswagen/AUDI/SEAT die geringste Abhängigkeit von ihrem einheimischen Absatzmarkt. Volkswagen/AUDI/SEAT und Fiat/Alfa verfügen außerdem über die größte Verankerung auf dem EG-weiten PKW-Markt. Bezogen auf die Verkäufe außerhalb der Gemeinschaft weist Volkswagen/AUDI/SEAT die höchste Diversifizierung der Absatzmärkte unter allen angegebenen europäischen Herstellern auf. (vgl. Tabelle V-6) Insgesamt gesehen hat der Volkswagenkonzern die besten Ausgangsmöglichkeiten, Absatzschwankungen und Arbeitnehmerkonkurrenzsituationen aufgrund von Warenexporten auf einzelnen EG-Märkten, durch Absatzerfolge auf anderen Märkten zu kompensieren. Gleichzeitig wird der Konzern hierdurch jedoch einer dauerhaft hohen Anbieterkonkurrenz auf allen wichtigen europäischen Märkten ausgesetzt. Es ist zu erwarten, daß das Management diesen Wettbewerbsdruck, als kontinuierliche Aufforderung zur Optimierung der Kostensituation versteht und entsprechend gegenüber der betrieblichen Arbeitnehmervertretung argumentiert. In der zweiten Hypothese war der Anstieg der Anbieterkonkurrenz als zweiter Faktor benannt worden, der zu einer steigenden Arbeitnehmerkonkurrenz beiträgt, die wiederum durch Kooperationsabsprachen zwischen den betrieblichen Arbeitnehmervertretungen des Konzerns begrenzt werden kann.

5.4.2 Die Entwicklung der konzerninternen Arbeitnehmerkonkurrenz zwischen den Standorten der europäischen KFZ-Produzenten

Die Entwicklung der konzerninternen Arbeitnehmerkonkurrenz zwischen den Standorten der Automobilhersteller wird maßgeblich von der Anzahl der Produktionsstandorte eines Unternehmens und dem Ausmaß der Verbundfertigung zwischen diesen Standorten bestimmt. Auf dem europäischen KFZ-Markt existieren fünf Unternehmensgruppen mit Produktionsstandorten in mehreren EG-Staaten. Die FIAT-Gruppe besitzt als größter PKW-Hersteller bisher nur Produktionsstandorte in Italien, vergibt jedoch Lizenzen an andere Hersteller und verhandelt inzwischen über die Produktionsausweitung in osteuropäische Standorte. (Financial Times 09.07.90; FR 22.05.92) Austin-Rover ist zwar mit seinen Standorten auf das Vereinigte Königreich beschränkt, ging jedoch eine enge Produktzusammenarbeit mit Honda ein. (Verband der Automobilindustrie 1991: 286)

General Motors (Opel) unterhält mit fünf Standorten die größte Anzahl an Produktionsstandorten in unterschiedlichen EG-Staaten, gefolgt von FORD, PSA und Renault mit vier Standorten und der Volkswagengruppe mit drei Standorten. Unter den Herstellern mit Konzernsitz in Europa besitzen Renault und Volkswagen mit 74 % und 74,2 % die niedrigsten Produktionsanteile an ihren nationalen Standorten. Bezogen auf das Produktionsvolumen weisen sie die höchste Diversifizierung in Europa auf. (vgl. Tabelle V-7) Bei der Betrachtung der nationalen Standorte fällt auf, daß in Italien und Frankreich nur einheimische Produzenten existieren. Die amerikanischen Hersteller FORD und General Motors produzieren bereits seit den 20er Jahren in der Bundesrepublik. Belgien und Spanien verfügen nur über Produktionsstandorte ausländischer Automobilhersteller, während im Vereinigten Königreich neben den britischen Herstellern auch amerikanische und japanische Unternehmen produzieren. Der Anteil der inländischen Belegschaft an der Gesamtbelegschaft der Unternehmen liegt beim Volkswagenkonzern und bei Renault 1987 mit 65 % bzw. 68 % am niedrigsten, gefolgt von PSA mit 81 % und Fiat mit 100 %. (13)

Obwohl das Produktionsvolumen und der Belegschaftsanteil zwischen den ausländischen und den inländischen Standorten ein starkes Übergewicht der inländischen Standorte zeigt, entsteht eine konzerninterne Arbeitnehmerkonkurrenz zwischen den Belegschaften, wenn die Möglichkeit zur Parallelfertigung zwischen den einzelnen Standorten existiert. Solange sich die Parallelfertigung, wie bis in die 70er Jahre hinein in Europa, auf die parallele Modellmontage beschränkt, bleibt das Konkurrenzpotential gering. In diesem Fall werden lediglich zerlegte Teilesätze (CKD-Sätze) ausgeliefert und im Bestimmungsland montiert. Diese Form der Parallelfertigung sichert die Komponentenarbeitsplätze in den Standorten am Konzernsitz. Seit Anfang der 80er Jahre wird von den amerikanischen Herstellern General Motors und FORD erstmals in Europa ein PKW-Modell an mehreren Standorten nach identischen Produktionsprogrammen parallel gefertigt. Hierdurch sind Kostenvergleiche zwischen den einzelnen Standorten möglich geworden.

Im Rahmen des von General Motors verfolgten "World Car Konzeptes" wurde 1981 der J-car, ein Modell der unteren Mittelklasse, weltweit unter verschiedenen Markennamen produziert und auf den wichtigsten nationalen KFZ-Märkten eingeführt. Dieses in Deutschland als Opel Ascona vertriebene Modell wurde parallel in der Bundesrepublik, Belgien und dem Vereinigten Königreich produziert. Die Komponenten kamen aus General Motors Standorten in den USA, Brasilien, Australien und Japan. (vgl. Olle 1986: 13f.; Dohse, Jürgens 1985) Demgegenüber hat FORD in seinen europäischen Standorten eine mit den nordamerikanischen Betrieben identische Produktionsstruktur aufgebaut, die auf einen europäischen Fertigungsverbund hinausläuft. Das Modell Fiesta wurde in der Bundesrepublik und dem Vereinigten Königreich montiert. Die zentralen Komponenten werden in der Bundesrepublik, dem Vereinigten Königreich, Frankreich und Spanien teilweise parallel gefertigt und den Montagestandorten zugeliefert. (Jürgens, Malsch, Dohse 1989: 79; Olle 1986: 32ff.) Für die Zunahme der konzerninternen Arbeitnehmerkonkurrenz innerhalb des Produktionsverbundes der beiden Unternehmen ist die Vergleichbarkeit der Kosten und Qualität der Standorte, bis auf die Abteilungsebene hinunter ausschlaggebend.

Die Argumentation mit konkreten Produktionszeiten und Personalkosten je gefertigtem PKW erlaubt es dem Management die betrieblichen Arbeitnehmervertretungen der einzelnen FORD-Montagestätten zu Kosteneinsparungen aufzufordern, beispielsweise um die Vergabe eines zusätzlichen Produktionsvolumens an den eigenen Standort zu sichern. (vgl. Tabelle V-8) Die direkte Konkurrenz der Arbeitnehmer im Bereich der Qualitätssicherung wird von FORD durch die jährlich weltweit vergebene Qualitätsauszeichnung "Q1" gesteigert. Die Belegschaft, die diese Auszeichnung erringt, leistet nach Angaben des Ford-Managements "einen entscheidenden Beitrag zur Sicherung des Standortes". Die Vergabe der Auszeichnung an einzelne Zulieferer führt zum Abschluß langfristiger Abnahmeverträge mit FORD. (KStA 08.02.92)

Die Vergleichbarkeit der Standortleistungen wird durch die Vereinheitlichung der technischen Handelsbarrieren innerhalb des Binnenmarktes und die höheren, erzielbaren Economies of Scale einzelner Modelle weiter zunehmen. Durch den Wegfall technischer Barrieren lassen sich mit geringen Veränderungen die gleichen Bodengruppen für variierende Modelle verwenden. Sie können daher von mehreren Tochtergesellschaften eines MNK eingesetzt werden. Die Verringerung der Anzahl der Bodengruppen erhöht die Produktionsstückzahl pro Grundmodell, beispielsweise im Kleinwagenbereich um 47,7 %. (Emerson 1988: 79) Während hierdurch 2,36 % der Arbeitskosten gegenüber 1985 eingespart werden können, sinken die Fixkosten zwischen 1985 und 1992 um 11,5 %. (Ludvigsen 1988: 16, 20) Die Stückkosten reduzieren sich im EG-Durchschnitt um 5 % und in der deutschen Autoindustrie um 4,34 %. (Ludvigsen 1988: Annexe I) Die Arbeitsproduktivität wird sich im EG-Durchschnitt um ca. 12,6 % und bei den deutschen Herstellern um 10 % erhöhen. (Ludvigsen 1988: 23)

Neben der konzerninternen Arbeitnehmerkonkurrenz durch die intensivere Verbundfertigung verweist der Produktivitätsanstieg bei nicht zu erwartenden Absatzsteigerungen auf die Gefährdung der Arbeitsplätze in der europäischen Automobilindustrie. Die Intensivierung der Anbieterkonkurrenz in der europäischen Automobilindustrie wird die ertragsschwächeren Hersteller zu Fusionen zwingen. Eine Teilstudie des Cecchiniberichts kommt zu dem Ergebnis, "'daß in der Bundesrepublik mittelfristig drei große Automobilhersteller wegen des EG-Binnenmarktes nicht überleben können...'". (Weltsch 1990: 198) Solche Prognosen deuten auf einen Arbeitsplatzabbau durch die Ausnutzung von Synergieeffekten und eine verstärkte, bzw. zusätzlich entstehende konzerninterne Arbeitnehmerkonkurrenz zwischen den Belegschaften der kooperierenden oder fusionierten KFZ-Hersteller hin. Der, die konzerninterne Arbeitnehmerkonkurrenz begünstigende, hohe Konzentrationsgrad in der europäischen Automobilindustrie wird im Binnenmarkt weiter ansteigen.

Durch den Abschluß von Vereinbarungen über eine begrenzte Zusammenarbeit zwischen einzelnen KFZ-Herstellern kann die konzerninterne Arbeitnehmerkonkurrenz ebenfalls negativ beeinflußt werden. In der europäischen Automobilindustrie ist vorrangig eine Zusammenarbeit im Bereich der Motoren- und Komponentenentwicklung sowie der gemeinsamen Produktion von Produktnischen-Fahrzeugen festzustellen. (Financial Times 20.10.1988) Es besteht bei der Zusammenarbeit zwischen den Herstellern für die betrieblichen Arbeitnehmervertretungen die Gefahr einer Reduzierung ihrer Bargaining Power, da das Management Einflußnahmen mit dem Argument, daß man auf die Beschlüsse des anderen Unternehmens keinen Einfluß besitze zurückweisen kann.

5.4.3 Die Auswirkungen neuer Produktionskonzepte auf die Arbeitsplätze in der europäischen Automobilindustrie

Von den drei analysierten Strategievarianten der neuen Produktionskonzepte werden insbesondere die technikzentrierte Strategie und die "Just in Time" Konzeption in der europäischen Automobilindustrie umgesetzt. Dieser Tend wird im Binnenmarkt noch zunehmen, da die technische Harmonisierung der KFZ-Zulassung zur Verringerung der Anzahl der benötigten Bodengruppen für die unterschiedlichen KFZ-Modelle führt. Höhere Produktionsziffern ermöglichen eine schnellere Amortisation der kapitalintensiven technologischen Rationalisierungsmaßnahmen. Die Binnenmarktvollendung optimiert auf diese Weise die Ausschöpfung der technikzentrierten Produktionsstrategien. Die Verringerung der Bodengruppenzahl vereinfacht gleichzeitig die Parallelfertigung eines Modells an mehreren europäischen Standorten. Diese Option der Parallelfertigung erhöht die konzerninterne Arbeitnehmerkonkurrenz zwischen den Belegschaften. Die Umsetzung der technikzentrierten Strategie hat in der europäischen Autoindustrie zwischen 1980 und 1988 bereits zu einer Produktivitätssteigerung von 39 % geführt. (Kommission 1990c: 13-11) In der europäischen Autoindustrie kam es aufgrund der Realisierung von Rationalisierungsvorhaben bei gleichzeitig stagnierenden Produktionszahlen in der ersten Hälfte der 80er Jahre zu hohen Arbeitsplatzverlusten. In den Automobilbranchen der großen EG-Länder, mit Ausnahme der bundesdeutschen, ging zwischen 1981 und 1988 die Beschäftigung zurück. Gleichzeitig stieg die Automobilproduktion in diesen Ländern an. (vgl. Tabelle V-9) In der Bundesrepublik konnte eine Belegschaftsverringerung durch eine Produktaufwertungsstrategie und die Verkürzung der Arbeitszeit vermieden werden. (Streeck, Hoff 1983, Appendix I: 16) Bei höherwertigen Fahrzeugen und Komponenten stieg das Arbeitsvolumen mit jedem Modellwechsel an. Auf diese Weise konnte der gleichzeitig eintretende Produktivitätsfortschritt kompensiert werden.

Die Grafik 7 zeigt die Umsetzung der Produktaufwertung bei vier in Deutschland produzierenden Herstellern. Während die Produktaufwertung für BMW in der Oberklasse leicht durchsetzbar war, konnte ein Massenhersteller wie Volkswagen nur langfristig zu einer diversifizierten Qualitätsproduktion übergehen. (vgl. Streeck 1988: 3) Die Auswirkung der Produktaufwertungsstrategie zeigt ein Vergleich der Belegschaftsentwicklung der KFZ-Unternehmen mit Konzernsitz in der Bundesrepublik, die diese Strategie konsequent verfolgten mit den amerikanischen Unternehmen in Deutschland, die diese Strategie nur in geringem Umfang umsetzten. (vgl. Grafik 7) Während die inländische Belegschaft der deutschen KFZ-Hersteller zwischen 1980 und 1985 zunahm, sank die der amerikanischen Unternehmen in Deutschland im gleichen Zeitraum von 121.000 auf 104.000. (Pitz 1986: 95) Bei den spanischen KFZ-Produzenten kam es zwischen 1981 und 1988 trotz hoher Produktionszuwächse zu einem Rückgang der Beschäftigung. Dieser Rückgang war mit 9,2 % jedoch niedriger als in den übrigen europäischen Ländern mit bedeutender KFZ-Produktion. Der Beschäftigungsrückgang erklärt sich aus dem hohen Rationalisierungspotential der während der Franco-Zeit kaum modernisierten Produktionsanlagen. Diese Rationalisierungsmaßnahmen wurden nach der wirtschaftlichen Öffnung des Landes verstärkt durchgeführt. Außerdem war die Produktivität der in den 70er und 80er Jahren errichteten, neuen Produktionsstätten von General Motors und FORD, in denen nur ein Modell gefertigt wurde, besonders hoch. Die erheblichen Produktionssteigerungen der spanischen KFZ-Industrie gehen auf die Produktionsaufnahme dieser Standorte zurück.

Grafik 7: Umsatz pro KFZ bei deutschen Herstellern
(zu konstanten Preisen von 1970)

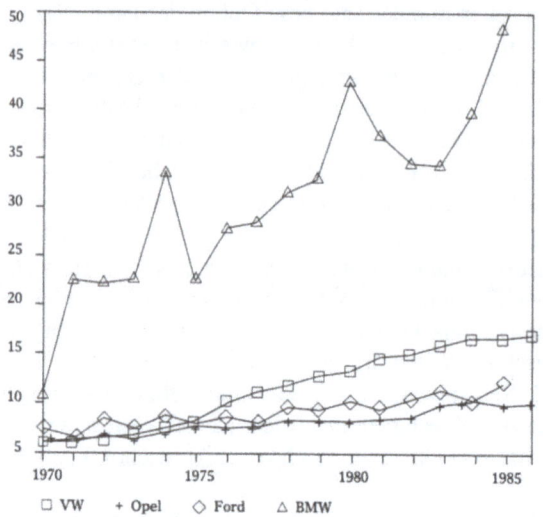

(Jürgens/Gutzler 1987: 635)

Neben der technikzentrierten Strategie läßt sich in der europäischen Automobilindustrie die Umsetzung des "Just in Time"-Konzepts beobachten. Dieses Konzept verstärkt die Arbeitnehmerkonkurrenz um die Arbeitsplätze bei den KFZ-Herstellern, da diese zum einen die Fertigungstiefe verringern und andererseits ihre Lagerhaltung abbauen. Zwischen 1980 und 1985 ist die Fertigungstiefe aller deutschen KFZ-Hersteller, mit Ausnahme von Daimler Benz, zurückgegangen. (Jürgens, Reutter 1989: 5) Zur gleichen Zeit nahm der Produktionswert der Zulieferindustrie in der EG von 1980 14,97 Milliarden ECU auf 22,7 Milliarden ECU im Jahr 1986 zu. (Kommission 1989d: 14-6) Der Intra-EG-Handel mit KFZ-Zubehör stieg in diesen sechs Jahren überproportional von 6,3 auf 13,1 Milliarden

ECU. (Kommission 1990c: 13-18) Trotz der Produktionsausweitung zwischen 1980 und 1986 sank die Zahl der Arbeitskräfte in der Zulieferindustrie im gleichen Zeitraum von 373.800 auf 330.700. (Kommission 1989d: 14-6) Die Verringerung der Fertigungstiefe in der KFZ-Industrie wird also nicht durch einen Arbeitsplatzzuwachs in der Zulieferindustrie kompensiert.

Die Betrachtung der Entwicklung der Automobilmärkte in Europa, der auf diesen Märkten realisierten PKW-Exporte, der Internationalisierung der KFZ-Hersteller und die Auswirkungen des Einsatzes von Elementen der neuen Produktionskonzepte seit den 70er Jahren ergibt europaweit das Bild einer zunehmenden Arbeitnehmerkonkurrenz aufgrund von KFZ-Exporten und der Internationalisierung der Produktionsstrukturen der KFZ-Produzenten. Diese Tendenz wird sich durch die Auswirkungen des EG-Binnenmarktes auf die technische Harmonisierung der KFZ-Modelle noch verstärken.

Unverkennbar ist auch die, zwischen den einzelnen nationalen Branchen und Herstellern differierende Zunahme der Arbeitnehmerkonkurrenz. Der Arbeitnehmerkonkurrenz durch japanische KFZ-Exporte sind bisher auf den großen EG-KFZ-Märkten nur die bundesdeutschen Automobilarbeitnehmer ausgesetzt. Nach dem Wegfall der protektionistischen Barrieren könnte diese Arbeitnehmerkonkurrenz die französischen, italienischen, britischen und spanischen Arbeitnehmer unvorbereitet treffen. Gleichzeitig hat der Protektionismus in diesen Ländern die Erringung hoher Marktanteile durch die deutschen KFZ-Hersteller erleichtert. Der Exporterfolg der deutschen Produzenten ersparte den Arbeitnehmern der deutschen Automobilindustrie, gegenüber den Automobilarbeitnehmern in Großbritannien eine erhebliche Erhöhung der Arbeitnehmerkonkurrenz. Diese wurde durch den Intra-EG-Export externalisiert. Ähnliche Intra-EG-Exporterfolge erzielte die spanische KFZ-Industrie. Nach dem EG-Beitritt erhöhten sich allerdings auch die PKW-Importe, so daß sich insgesamt ein verlangsamter Anstieg der Arbeitnehmerkonkurrenz durch KFZ-Importe ergab.

Die Analyse ergab außerdem eine Zunahme der konzerninternen Arbeitnehmerkonkurrenz zwischen den Standorten der europäischen Automobilunternehmen. Bei den Massenproduzenten FORD, General Motors und Volkswagen existiert bereits eine europäische Verbundproduktion. Die KFZ-Grundmodelle können je nach Kostengesichtspunkten an unterschiedlichen Standorten innerhalb des Unternehmens gefertigt werden. Besonders die Belegschaften der Standorte mit hohen Kosten unterliegen der konzerninternen Arbeitnehmerkonkurrenz. Bei ihnen ist aus diesem Grund seit Anfang der 80er Jahre mit einer höheren Kooperationsneigung gegenüber den betrieblichen Arbeitnehmervertretungen der kostengünstiger produzierenden Standorten zu rechnen. Auf nationaler Ebene müßte den Belegschaften der KFZ-Standorte in Spanien und Belgien im Verlauf der Internationalisierung bewußter werden, daß in ihren Ländern nur Tochtergesellschaften multinationaler KFZ-Hersteller existieren, die in grundsätzlichen Standortfragen von den Entscheidungen der Konzernspitze abhängen. Ihr Interesse an der internationalen Kooperation dürfte sich an einem intensivierten Informationsaustausch und der Möglichkeit einer direkten Interessenvertretung gegenüber dem Konzernmanagement orientieren.

Daß der Einsatz neuer Produktionskonzepte die Arbeitnehmerkonkurrenz um die reduzierte Zahl der Arbeitsplätze erhöht, illustriert der Belegschaftsabbau in der europäischen Automobilindustrie zwischen 1981 und 1988, dessen Umfang allerdings durch den Konjunkturaufschwung abgeschwächt wurde. In der Bundesrepublik konnte der Rationalisierungseffekt der neuen Produktionskonzepte durch eine gelungene Produktaufwertung bisher gering gehalten werden. Die betrieblichen Arbeitnehmervertretungen waren daher in Deutschland bisher grundsätzlich bereit, technologisch bedingte Rationalisierungsprozesse mitzutragen. (Streeck 1985: 11) In dieser Hinsicht wird den Herstellern jedoch durch die Kaufkraft der Nachfrager eine Grenze gesetzt, die inzwischen erreicht sein dürfte. Der Handlungsspielraum der Arbeitnehmervertretungen bei der Einführung der Produktionskonzepte ist gering, aus Humanisierungs- und Wettbewerbsgründen stimmen sie den Einzelvorhaben grundsätzlich zu. Besonders betroffen sind die Arbeitnehmervertretungen in Ländern mit geringen Mitwirkungsrechten und in Standorten mit einem hohen Rationalisierungspotential. Dies gilt für die Arbeitnehmervertreter der spanischen Betriebe, deren Belegschaftszahl trotz einer erheblichen Produktionserhöhung zurückging. Bei allen Arbeitnehmervertretungen ist von einem steigenden Interesse an einem Informations- und Strategieaustausch über den Umgang mit den neuen Produktionskonzepten in ihren Standorten auszugehen.

5.5 Die Entwicklung der Arbeitnehmerkonkurrenz innerhalb des Volkswagenkonzerns

Die Stellung des Volkswagenkonzerns in der europäischen Automobilindustrie und gegenüber den anderen Anbietern, sowie die hierauf reagierende Konzernstrategie im Bereich der Produkt-, Markt- und Produktionskonzepte bilden die zentralen Rahmenbedingungen für die Aktivitäten der betrieblichen Arbeitnehmervertretungen. Sie wirken sich auch auf die Entscheidungen der Arbeitnehmervertreter über die Aufnahme internationaler Kooperationskontakte aus. Der Hypothese folgend, daß der Beginn und die kontinuierliche Fortsetzung der Kooperation von der Verringerung der Bargaining Power der Arbeitnehmervertreter abhängt, soll nun der Einfluß der Unternehmenspolitik des Volkswagenkonzerns auf die Bargaining Power der betrieblichen Arbeitnehmervertretungen und auf deren Kooperationsverhalten untersucht werden. Hat sich die Arbeitnehmerkonkurrenz aufgrund der KFZ-Exporte, der Internationalisierung der Konzernstrukturen und des Einsatzes neuer Produktionskonzepte innerhalb des Volkswagenkonzerns destabilisierend auf die Handlungsfähigkeit der einzelnen Arbeitnehmervertretungen ausgewirkt? Im folgenden soll die Veränderung dieser, die Arbeitnehmerkonkurrenz negativ beeinflussenden Faktoren untersucht werden. Die Ergebnisse werden im achten Kapitel der Entwicklung der Kooperation zwischen der VW- und den Seat-Arbeitnehmervertretungen gegenübergestellt. Eine synchrone Entwicklung der Kooperationsaktivitäten und der Erhöhung der Arbeitnehmerkonkurrenz belegen die Interdependenz zwischen der Höhe der Arbeitnehmerkonkurrenz und der Kooperationsbereitschaft der Arbeitnehmervertretungen.

In diesem Abschnitt soll zunächst geklärt werden, wie sich die Wettbewerbssituation des Volkswagenkonzerns bezüglich der anderen KFZ-Anbieter entwickelt, da dieser Wettbewerb die Verteilungsspielräume der erwirtschafteten Gewinne und die zukünftige Unternehmensstrategie bestimmt. Wählt die Konzernleitung eine Strategie, die langfristig tragfähig erscheint und so den zeitlichen Entscheidungshorizont der betrieblichen Akteure stabilisiert? Läßt sich ein Konsens zwischen Management und Arbeitnehmervertretungen über die zu wählenden Unternehmensstrategien feststellen? Abschließend soll hinterfragt werden, inwieweit Elemente der gewählten Unternehmensstrategie die Arbeitnehmerkonkurrenz im Volkswagenkonzern erhöhen. Welches Arbeitnehmerkonkurrenzprofil entwickelt der Volkswagenkonzern im Bereich der KFZ-Exporte, der Internationalisierung der Konzernstrukturen und der Umsetzung neuer Produktionskonzepte?

5.5.1 Die Strategie des Volkswagenkonzerns gegenüber der Anbieterkonkurrenz

Die Entwicklung der Wettbewerbsposition des Volkswagenkonzerns gegenüber seinen Mitanbietern ist ein wichtiger Indikator für die Verhandlungsposition der betrieblichen Arbeitnehmervertretung bei der Durchsetzung der Interessen der Belegschaft. Besitzt der Konzern keinen großen Wettbewerbsvorsprung vor den übrigen Anbietern, wird das Management auf einen Konsolidierungskurs drängen, der keine weitere Steigerung der Personalkosten zuläßt bzw. deren Reduzierung fordern. Der Abbau von Arbeitsplätzen würde die Arbeitnehmerkonkurrenz innerhalb des Unternehmens erhöhen. Um die Überlebensfähigkeit des Unternehmens zu sichern, muß die Arbeitnehmervertretung einerseits dieser Argumentation zumindest prinzipiell folgen, andererseits darf sie die kurzfristigen Interessen der Belegschaft nicht aus den Augen verlieren, um die Unterstützung der Belegschaft nicht zu verlieren.

Der Volkswagenkonzern deckt als Massenhersteller die gesamte Modellpalette des PKW-Bereichs ab. Er steht daher mit allen Anbietern im Wettbewerb.

Im Jahr 1986 lag der europäische Marktanteil der Volkswagengruppe bei 14,6 %, geringfügig vor der Fiat-Gruppe mit 14,1 %. Der Anteil des Volkswagenkonzerns erhöhte sich von 1990 15,4 %, über 16,5 % in 1991, bis auf 17 % im ersten Quartal 1992. (Geschäftsbericht 1990; KStA 07.05.92) Nach einem Absatzeinbruch in den Jahren 1982 bis 1984 erhöhte die Volkswagengruppe ihren Anteil an den PKW-Neuzulassungen in der Bundesrepublik bis 1986 auf 28,8 %, danach sank er im Jahr 1990 auf 27 % ab. (Verband der Automobilindustrie 1990, 1991) Auf dem spanischen Markt entwickelte sich der Anteil der PKW-Verkäufe der Konzernmarken von 1986 21,3 % bis auf 22,6 % im Jahr 1989. Der Anteil der Marke SEAT an den Gesamtverkäufen ging in dieser Zeit allerdings von 13,4 % auf 11,5 % zurück. (Asociacion 1990: 52) Wie in Tabelle V-6 dargestellt, ist der Absatz der Volkswagenmodelle auf dem europäischen Markt sehr diversifiziert. 1990 wurden von den EG-weit 1,88 Millionen zugelassenen Volkswagen-PKW 43,8 % in der Bundesrepublik angemeldet.

Die Vollendung des EG-Binnenmarktes wird Auswirkungen auf den Handel mit KFZ in der Europäischen Gemeinschaft haben. Neben dem steigenden Rationalisierungspotential, welches die technische Harmonisierung bietet, erwartet Volkswagen vorrangig einen Anstieg des Wettbewerbs mit fernöstlichen KFZ-Herstellern aus Japan und Südkorea. Gegenüber diesen Konkurrenten werden die Absatzchancen in Europa zukünftig sinken, da die Importrestriktionen für die japanischen Anbieter im Binnenmarkt mittelfristig auslaufen müssen. (Börsen-Zeitung 29.11.89) Im Jahr 1990 wurden 47 % aller Volkswagen-PKW auf vor den japanischen Anbietern geschützten EG-Märkten zugelassen. Wird das Zulassungsvolumen des deutschen Marktes, auf dem Volkswagen einen starken Heimvorteil genießt hinzugerechnet, ergibt sich eine Zulassungsquote auf den geschützten Märkten von 83,3 %. (Verband der Automobilindustrie 1991) Noch prekärer wird die Absatzsituation für SEAT-Modelle, da auch der spanische Heimatmarkt bisher vor japanischen Importen geschützt ist. 1990 wurden von 294.781 neuen SEAT-Modellen in der EG 77,4 % auf geschützten Märkten zugelassen. (Verband der Automobilindustrie 1991: 330-334) Wenn die Importrestriktionen bis zum Jahr 1999 aufgehoben werden, ist von einem steigenden Wettbewerbsdruck japanischer Anbieter auszugehen. (Lünzmann 1992: 82) Auf diesen Wettbewerb muß sich der Volkswagenkonzern durch eine umfassende Kostenreduzierung vorbereiten, sollen diese Märkte nicht verloren gehen. Zusätzlicher Wettbewerb geht auch von den übrigen europäischen PKW-Herstellern aus, die nach umfangreichen Modernisierungsprogrammen seit Anfang der 80er Jahre an Konkurrenzfähigkeit gewonnen haben. Die Arbeitnehmerkonkurrenz aufgrund der Anbieterkonkurrenz wird daher innerhalb des Volkswagenkonzerns zunehmen.

Bei der Betrachtung der Veränderung von Produktionsvolumen und Belegschaftszahl der europäischen Massenhersteller zwischen 1978 und 1986 fällt auf, daß abgesehen vom Volkswagenkonzern, alle anderen Unternehmen ihre Belegschaft bei einem steigenden oder gleichbleibenden Produktionsvolumen reduziert haben. (vgl. Tabelle V-10) Neben dieser ungünstigen Relation zwischen Produktion und Belegschaft, liegen auch die durchschnittlichen Arbeitszeiten bei Volkswagen niedriger und die durchschnittlichen Monatslöhne für Leistungslöhner höher, als bei den anderen Unternehmen. Die Jahresarbeitszeit lag bei Opel 5,5 % höher und das Monatsentgelt 5,9 % niedriger als bei Volkswagen. (14) In einer 1991 veröffentlichten Studie werden bei allen europäischen KFZ-Herstellern höhere Produktionskosten als bei den japanischen Herstellern in Japan festgestellt. Zwischen den einzelnen Herstellern ergeben sich jedoch beträchtliche Kostendifferenzen. Während Nissan im Vereinigten Königreich einen Kostenindex von 110-115 erreicht, fallen FORD und General Motors auf 130-135 zurück. Der Volkswagenkonzern produziert mit einem Kostenindex von 140. Eine ungünstigere Position erreichen die deutschen Hersteller von Oberklassefahrzeugen Mercedes-Benz und BMW mit 140-150. (Spiegel 27/1991: 87) Aus dieser Kostensituation resultiert ein hoher Break-even-Point bei Volkswagen von 90 % Kapazitätsauslastung im Jahr 1989. Bei Peugeot lag er bei 63 %, bei FORD bei 55 % und bei FIAT bei 60 %. (Manager Magazin 11/1989) Die negative Kostensituation des Volkswagenkonzerns wird durch die Tatsache unterstrichen, daß er in den Jahren 1990 und 1991 in der Automobilproduktion keinen Überschuß erzielte, der Gewinn stammte aus anderen Unternehmensaktivitäten. (KStA 07.05.92) Die Umsatzrendite entwickelte sich bei Volkswagen während der Krise der Autokonjunktur 1981 bis 1983 nicht so stark in den negativen Bereich hinein wie bei den anderen europäischen Anbietern. Andererseits stieg sie zwischen 1983 bis 1988 auch nicht auf 4 % bis 8 % sondern verharrte zwischen 1 % und 2 %. (Jürgens 1990: 15) Das Volkswagenmanagement strebte dagegen 1988 bereits eine Umsatzrendite von 8 % vor Steuern an. (HB 06.06.88) Im Dezember 1988 unterstrich der Personalvorstand, daß die deutschen Standorte langfristig nur bei einer Nettorendite von mindestens 3 % gesichert werden können. (WR 08.12.88a) Ähnlich stellt sich die Lage bei einem Vergleich der SEAT-Standorte mit den anderen spanischen KFZ-Herstellern dar. SEAT lag mit seinem Personalaufwand pro Mitarbeiter in den Jahren 1987 bis 1989 in der Spitzengruppe der spanischen Autoindustrie, bei der Produktion pro Mitarbeiter jedoch auf einem hinteren Platz. (15) Der Teilkonzern erzielte 1990 mit 1 % die niedrigste Umsatzrendite aller spanischen Automobilhersteller. (SEAT-Daten 1990; Geschäftsbericht SEAT 1990) (16) Allerdings hat SEAT erstmals 1988 seit mehreren Jahren wieder ein positives Geschäftsergebnis erreicht. (Geschäftsbericht SEAT 1989)

Vor diesem Hintergrund hat die Konzernspitze bereits 1986 bei der Übernahme von SEAT ein Sparkonzept und das Volkswagen Management seit 1988 wiederholt Sparprogramme für die deutschen Standorte ausgearbeitet. Das spanische Management hatte schon zwischen 1980 und 1985 die Belegschaft des Unternehmens von 31.500 in zwei Phasen um 7.000 und 1.500 Mitarbeiter auf 23.000 verringert. Diese Verringerung wurde nicht durch Rationalisierungsmaßnahmen, sondern aufgrund des starken Absatzrückgangs notwendig. (Int. 16) Der Volkswagenkonzern übernahm bereits ein Unternehmen, dessen Belegschaft um 23,8 % reduziert worden war. Eine Umstrukturierung der Produktion und die Verringerung der Fertigungstiefe sollte nach Angaben von Volkswagen eine zusätzliche Reduzierung der Belegschaft von 1986 bis 1990 auf 19.600 und bis 1992 auf 17.600 Mitarbeiter erzielt werden. (HB 14.02.86)

Wie aus Tabelle V-11 hervorgeht blieben die Umstrukturierungspläne bei SEAT ohne nennenswerte Auswirkungen auf die Belegschaftsstärke. Der Belegschaftsrückgang im Jahr 1990 resultiert aus der Ausgliederung des Getriebewerkes El Prat aus den Unternehmensstrukturen. Betrachtet man die Zeit der SEAT-Übernahme durch Volkswagen bis zum Jahr 1989 ergibt sich eine Zunahme der Belegschaft um 6,9 % bei einem Produktionsanstieg von 28,6 %. Der starke Anstieg der Produktion verweist auf die Auswirkungen der Rationalisierungsbemühungen innerhalb des Produktionsprozesses. Nach Managementangaben hat vor allem, daß durch den Absatzerfolg des SEAT-Ibiza gestiegene Produktionsvolumen eine Verringerung der Belegschaft überflüssig werden lassen. (Int. 16) Eine steigende Arbeitnehmerkonkurrenz, hervorgerufen durch einen Arbeitsplatzabbau, konnte bei SEAT bis 1991 vermieden werden.

In den Sparkonzepten des VW-Vorstandes wurde der gesamte Produktionsprozeß der deutschen VW-Standorte nach Möglichkeiten der Kostensenkung untersucht. Im Finanzbereich forderte das Management eine Begrenzung der Investitionen, um die Abschreibungen zu verringern. Die Sachgemeinkosten sollten reduziert werden, im Managementbereich wurde eine Abflachung der Hierarchien vorgeschlagen. (HB 31.05.88) Für die Interessen der Belegschaft und der Arbeitnehmervertretung sind die personalwirksam werdenden Vorschläge besonders problematisch. Eine Reihe von Vorschlägen zielte auf die Erhöhung der Arbeitsleistung und eine Arbeitsintensivierung ab. Darunter fielen die Reduzierung der Erholungszeiten auf ein, nach Managementaussagen branchenübliches Niveau und die Erhöhung der Standardleistung um 20 %. (HB 31.05.88) Die Vorschläge, die zur Reduzierung von Arbeitsplätzen führen sollten erhöhen die Konkurrenz der Belegschaft um die verbleibenden Arbeitsplätze. Hierzu zählen die Forderung nach einer jährlichen Rationalisierungsquote in der Fertigung von 4 %, die Reduzierung der Personalkosten im indirekten Bereich um jährlich 2 % und die Verringerung der Fertigungstiefe zwischen 1988 und 1990 von 45 % auf 40 %. Die Auslagerung von Tätigkeiten würde ebenfalls zum Abbau konzerninterner Arbeitsplätze führen. (HB 31.05.88, Welt 02.06.88)

Insgesamt wurde eine Reduzierung der Arbeitsplätze in den sechs inländischen Volkswagenstandorten um jährlich 3.000 Mitarbeiter von 1988 bis 1993 angestrebt. Im Frühjahr 1992 gab das Management einen weiteren Arbeitsplatz-abbau zwischen 1992 und 1997 um jährlich 2.500 Stellen vor. Der Umfang des ersten Konzepts für die Periode 1992/93 wurde um jeweils 500 Arbeitsplätze re-duziert. (Spiegel 9/1989; FR 30.03.92) Bei vollständiger Umsetzung der Konzep-te würde die Belegschaft in der Bundesrepublik bei Volkswagen zwischen 1988 und 1997 um 27.000 Arbeitnehmer abnehmen. Dies entspricht bezogen auf das Jahr 1988 21,5 % der damaligen Belegschaft von 125.679 Mitarbeitern. Ver-gleicht man diese Zahlen mit der realen Belegschaftsentwicklung der inländischen Volkswagenwerke bis 1990, so konnte das Einsparziel des Konzeptes 1988 und 1989 umgesetzt werden. 1990 stieg die Zahl der Arbeitsplätze, bei weiter zuneh-mender Produktion wieder um 2,5 % an. (vgl. Tabelle V-11) Im Jahr 1991 ging die Belegschaft in den sechs inländischen Volkswagenstandorten dann, wie im Sparprogramm geplant, um 3.000 Mitarbeiter zurück. (KStA 21.02.92)

Die Analyse der externen Wettbewerbssituation des Volkswagenkonzerns in Europa zeigt eine Verschärfung der Anbieterkonkurrenz. Dieser Wettbewerb wird zukünftig noch mehr als schon bisher von den produktivitätsstarken japani-schen Anbietern ausgehen. Die europäischen Hersteller bereiten sich bereits jetzt auf die endgültige Öffnung der westeuropäischen Mengenmärkte für japanische PKW ab 1999 vor. Vor diesem Hintergrund hat das Volkswagenmanagement eine plausible Begründung der Sparkonzepte für die spanischen und deutschen Stand-orte. Bei SEAT konnte eine Belegschaftsreduzierung durch starke Produktions-ausweitungen vermieden werden. Bei den deutschen Standorten muß auch die Arbeitnehmervertretung ein Interesse an langfristig sicheren Arbeitsplätzen inner-halb des Unternehmens haben. Andererseits ist keine Zustimmung der Arbeit-nehmervertretungen zu Konzepten möglich, die das primäre Interesse der Mitar-beiter an der Sicherheit ihres Arbeitplatzes gefährden. Trotzdem wurde in den deutschen Standorten das Einsparungsziel von jährlich 3.000 Arbeitsplätzen 1988 und 1989, sowie im Jahr 1991 erreicht. (KStA 21.02.92) Mit welcher Strategie die Arbeitnehmervertretung die Interessen der Belegschaft bei der teilweisen Um-setzung des Sparkonzepts wahren und so die Folgebereitschaft der Belegschaft erhalten konnte wird in Kapitel sieben, welches auf die Ziele der Arbeitnehmer-vertretungen eingeht geklärt. Zunächst wird auf den Beitrag der Marken- und Produktstrategie des Volkswagenkonzerns zur Sicherung der Arbeitsplätze und zur Entwicklung der Arbeitnehmerkonkurrenz innerhalb des Konzerns eingegan-gen.

5.5.2 Die Auswirkungen der Marken- und Produktstrategie auf die Arbeitnehmerkonkurrenz innerhalb des VW-Konzerns

Die Marken- und Produktstrategie des Konzerns ist von Bedeutung, da sie zu einer Verringerung bzw. Erhöhung der Arbeitnehmerkonkurrenz zwischen den

Belegschaften der Standorte führen kann, in denen die jeweiligen Marken hergestellt werden. Bei einer Produktpalette, in der alle Größenklassen durch nur jeweils ein Modell im Gesamtkonzern vertreten sind, kann kein Wettbewerb zwischen den Marken um einzelne Marktsegmente entstehen. Im Bereich der Modellstrategie kann das Rationalisierungspotential der oben beschriebenen Sparkonzepte des Managements, aber auch der externe Wettbewerb mit japanischen Anbietern durch eine qualitative Aufwertung der Produkte abgeschwächt werden. Die mögliche Anwendung dieser beiden Strategievarianten würde die Arbeitnehmerkonkurrenz innerhalb des Konzerns verringern. Insofern ist ein solches Strategiebündel eher als konsensorientiert zu bezeichnen, da es sowohl den Interessen des Managements als auch denen der Arbeitnehmervertretungen entgegenkommt. Die Handlungsspielräume der Arbeitnehmervertretung würden bei der Anwendung dieser Strategien gewahrt bleiben.

Die Struktur des Volkswagenkonzerns besteht aus den vier selbständigen Marken Volkswagen, AUDI, SEAT und SKODA. Das Strukturprinzip unterschiedlicher, selbständiger Marken wurde 1991 durch die Veränderung der Geschäftsführungsebene des Konzerns vertieft. In der neuen Struktur wird für die Marke Volkswagen ein eigener Markenvorstand gebildet, dessen Mitglieder teilweise in Personalunion, gemeinsam mit den Vorstandsvorsitzenden von AUDI, SEAT und SKODA die Konzernleitung innehaben. Neben dem neugegründeten Markenvorstand Volkswagen bestehen die Vorstände der Marken AUDI, SEAT und SKODA fort. Die Konzernleitung soll sich auf die strategischen Entscheidungen der Konzernentwicklung konzentrieren. Die Markenvorstände entscheiden in diesem Rahmen über die Entwicklung ihrer jeweiligen Marke. (Geschäftsbericht 1990: 15) Die Struktur selbständiger Marken unter einem Konzerndach entstand 1969 nach der Übernahme und Verschmelzung der Auto Union GmbH Ingolstadt und der NSU-Motorenwerke AG zur AUDI NSU AUTO UNION AG. Die Markenpolitik führte zu einer abgegrenzten Einordnung der VW-Modelle in die untere und mittlere Mittelklasse sowie der AUDI-Modelle in die obere Mittel- und Oberklasse. Es ist das wiederholt vom Volkswagen-Vorstand geäußerte Ziel der Markenstruktur, jeder Marke ein eigenes Profil zu lassen, da sie für unterschiedliche Nachfragegruppen attraktiv bleiben muß. Die Käufergruppen unterscheiden sich vor allem hinsichtlich ihrer Kaufkraft. Im Zuge der erhöhten Anbieterkonkurrenz und der Aussicht, den Ausbau der europäischen Marktposition nur durch ein hohes Wachstum auf den stark expandierenden südeuropäischen Märkten realisieren zu können, übernahm Volkswagen 1986 den spanischen Automobilhersteller SEAT und verfügt seitdem über eine dritte Marke innerhalb des Gesamtkonzerns. Volkswagen plante mit SEAT stärker in das Kleinwagensegment einzudringen, welches in Südeuropa den überwiegenden Marktanteil stellt. In Spanien lag 1989 beispielsweise 70 % des Marktvolumens im Kleinwagenbereich. (HB 11.04.89) Auf diese Weise soll außerdem eine ernsthafte

Konkurrenz für die bislang in der Kleinwagenklasse vor Volkswagen rangierenden Mitbewerber FIAT, Peugeot, Citroen, Renault und FORD geschaffen werden. (HB 23.03.88) Der VW-Vorstandsvorsitzende erklärte diese Strategie vor der Hauptversammlung 1987: "Der Volkswagen-Konzern operiert von nun an mit drei "Divisions", nämlich Audi, SEAT und Volkswagen. Dabei wird sich SEAT als dritte Marke auf ihren taditionellen Markt im unteren Bereich konzentrieren, genauso wie es Audi im oberen Marktsegment tut. ... Volkswagen ist das Prestigeautomobil in den Volumenklassen. Audi ist das Fahrzeug des technischen Fortschritts in der sportlichen Mittel- und Oberklasse. SEAT ist auf dem Weg zum Qualitätsanbieter wirtschaftlicher Fahrzeuge". (Hahn 1987: 3f.) Mit dem Erwerb von SKODA reagierte Volkswagen auf die politische und wirtschaftliche Öffnung Osteuropas. Die Marke SKODA genießt einen guten Ruf in Osteuropa und läßt sich auch auf den Märkten Westeuropas in der unteren Mittelklasse absetzen.

Mit der Übernahme von SEAT und SKODA als eigenständigen Marken mit verschiedenen Modellgrößen wächst das Risiko einer gegenseitigen Konkurrenz der Marken auf den Automobilmärkten. Zwischen Volkswagen und AUDI kommt es aufgrund der Verkaufspreise der Fahrzeuge zu keiner Konkurrenz gegenüber den Nachfragern. Die Modelle VW-Passat und AUDI 80/90 gehören zwar beide in die Mittelklasse, sie sprechen jedoch nach Marktanalysen ganz verschiedene Käuferschichten an. (HB 23.03.88) Die SEAT-Modelle tendieren aus der Kleinwagenklasse heraus Richtung Golf, der Ibiza steht in Konkurrenz zum Polo. Dieses Konkurrenzverhältnis ist vom Management gewollt, um das Nachfragepotential des Kleinwagenbereichs umfassend abzuschöpfen. (Der Spiegel 9/1986) Durch diese Strategie wird die Modellkonkurrenz zwischen den einzelnen Marken systematisch verstärkt. Die Konkurrenz weitete sich aus, als im Jahr 1991 der SEAT-Toledo vorgestellt wurde, der zwischen dem VW Passat und dem VW Vento angesiedelt ist. (KStA 19.09.91) Neben diesem Eindringen in die Mittelklasse, die bisher der Marke Volkswagen vorbehalten war, plant das SEAT-Management nach eigenen Angaben, die im strategischen Bereich mit dem Konzernvorstand abgestimmt werden, mittelfristig das gesamte Kleinwagensegment des Konzerns, das heißt auch die Polo-Fertigung zu übernehmen. (SZ 27.02.86, Welt 27.06.89) Die Eingliederung von SKODA schafft eine zusätzliche Markenkonkurrenz zu den SEAT-Modellen. Die steigende Überschneidung der Marken wirkt sich bei stagnierenden Exportmärkten auch negativ auf die Konkurrenzsituation zwischen den Belegschaften der Standorte aus, deren Arbeitsvolumen von dem zunehmenden Absatz der in Konkurrenz stehenden Marken abhängt. Es ist zu erwarten, daß die Markenpolitik ein Kooperationsthema der Arbeitnehmervertretungen wird.

Bei der Betrachtung der Produktstrategie interessiert vor allem, inwieweit sie eine Rentabilität der Produktion positiv oder negativ beeinflußt hat. In diesen Zusammenhang fällt auch die Frage, ob sich die, gerade für den deutschen Automobilmarkt typische Produktaufwertungsstrategie auch beim Volkswagenkonzerns finden läßt. Eine konsequente Produktaufwertung kann über die Steigerung des Arbeitsvolumens zu einer Abschwächung von Rationalisierungstendenzen beitragen. Bis Anfang der 70er Jahre besaß das Grundmodell des Volkswagen-Käfer den größten Anteil an der Volkswagenproduktion. Mit der Neueinführung des VW-Golf, des Scirocco und des Audi 50 deutete sich eine Diversifizierung der Modelle und ihrer Ausstattung an, die bis Anfang der 90er Jahre anhielt. Die Modellvielfalt der Volkswagenmodelle nahm von 1971 dreizehn auf 1985 vierundvierzig Modelle zu. (Jürgens, Malsch, Dohse 1989: 82) Mit dieser Erhöhung der Variantenanzahl können zwar mehr Nachfragesegmente abgedeckt werden, gleichzeitig sinkt jedoch die Rentabilität der Produktion. (17) Durch die große Zahl von Sonderausstattungen waren beim Golf II insgesamt 83.000 Baukombinationen möglich, theoretisch wurden in einem Jahr nur fünf gleiche Golf II pro Kombination gebaut. Durch die Disposition, Bevorratung und Verarbeitung von insgesamt 71.000 Teilen in Wolfsburg wird die Rentabilität des Produktionsprozesses zusätzlich negativ beeinflußt und seine Komplexität erhöht. (Sonderausgabe 1991: 38) Insofern verringert eine kostenträchtige Produktpolitik die Wettbewerbsfähigkeit des Konzerns gegenüber seinen Mitbewerbern.

Der Volkswagenkonzern hat am offensichtlichsten mit den Marken AUDI und Volkswagen an der, von den meisten deutschen Herstellern verfolgten Produktaufwertung partizipiert. Der inflationsbereinigte Umsatz pro KFZ erhöhte sich bei AUDI von 1975 15.889 DM auf 1990 25.254 DM. Bei Volkswagen betrug die Veränderung 15.550 DM zu 20.913 DM. (18) Bei SEAT ließ sich zwischen 1986 und 1989 ein leichter Anstieg des Umsatzes pro KFZ von 11.007 DM auf 11.672 DM beobachten. Bei allen drei Marken ging der Umsatz pro Fahrzeug im Jahr 1990 leicht zurück. (vgl. Tabelle V-12) Nach Angaben des Managements steigt der Wert der Modelle durch eine höherwertige technische Ausstattung um real 4 % pro Jahr. (HB 07.09.87) Auf der technischen Seite wird die Aufwertung der Modelle in der Zunahme der Einzelteile sichtbar. Während für einen Käfer 5.000 Einzelteile benötigt wurden stieg diese Zahl beim Golf II auf 12.500 Komponenten. (Der Spiegel 22/1984) Der Arbeitsinhalt des Golf III nahm gegenüber dem Vorgängermodell um weitere 10 % zu. (Sonderausgabe 1991: 38, 110) Die Ausweitung des Arbeitsvolumens bei jedem Modellwechsel hat bisher einen Teil der Auswirkungen der Rationalisierungsmaßnahmen auf die Anzahl der Arbeitsplätze auffangen können. Daher wurde diese Produktstrategie von der Arbeitnehmervertretung ohne Vorbehalte mitgetragen. Ende der 80er Jahre scheint allerdings eine automatische Weitergabe der Aufwertungskosten an die Käufer nicht mehr möglich zu sein, ohne den Markterfolg zu gefährden. 1989/90 erhöhte Volkswagen bei seinen neuen Modellen erstmals die Preise nicht, obwohl sie von der Ausstattung her aufgewertet wurden. (Welt 08.08.89) Die Erhöhung des Arbeitsvolumens beim Golf III erfolgte ebenfalls zu gleichbleibenden Preisen. Der Golf III mit einfachster Ausstattung hat 1992 die Klasse der 20.000 DM Kompaktfahrzeuge hinter sich gelassen, gefolgt von den wichtigsten europäischen Herstellern und auch den japanischen Anbietern. (FR 23.05.92) Für die Zukunft ist daher eine Beibehaltung der Produktaufwertungsanstrengungen bei gemäßigter Kostenweitergabe nur durch eine Verstärkung der Rationalisierungsmaßnahmen möglich. Damit fällt eine, auch von der Arbeitnehmervertretung ohne Probleme mitzutragende Strategie zur Begrenzung der Arbeitnehmerkonkurrenz mittelfristig aus. Zusätzlich hat die bisherige Aufwertung der Modelle die auf einzelne Käuferschichten zugeschnittene Markenstruktur ergänzungsbedürftig werden lassen, wie die Übernahme von SEAT zeigte.

Die Produktaufwertung sicherte bisher Arbeitsplätze, war zugleich jedoch auch eine Ursache für die zunehmende Markenkonkurrenz zwischen SEAT und Volkswagen. Die Produktion des Mittelklassewagens Toledo hat die Konkurrenz seit 1991 weiter verschärft. Die abnehmenden Möglichkeiten der Produktaufwertung bei gleichzeitig einsetzender Markenkonkurrenz um geringer wachsende Märkte, erhöht die Konkurrenz zwischen den Belegschaften der einzelnen Marken. Im selben Zeitraum nimmt die Kompensationsmöglichkeit von Rationalisierungsvorhaben durch Produktaufwertungen ab und engt die Handlungsspielräume der Arbeitnehmervertretungen ein. Beide Entwicklungen sprechen für eine Intensivierung der Arbeitnehmerkonkurrenz, die das Kooperationsinteresse der Arbeitnehmervertretungen erhöhen müßte. Nach den Einflüssen der Marken- und Produktstrategie soll nun untersucht werden, welche Auswirkungen die Internationalisierung des Volkswagenkonzerns auf die konzerninterne Arbeitnehmerkonkurrenz zwischen den Standorten hatte.

5.5.3 Die Internationalisierung der Produktionsstrukturen des Volkswagenkonzerns

Im Zentrum der Analyse der Internationalisierung der Produktionsstrukturen des Volkswagenkonzerns steht die Frage nach dem Einfluß der Internationalisierung auf die konzerninterne Arbeitnehmerkonkurrenz zwischen den Belegschaften der einzelnen Volkswagenstandorte. Diese Konkurrenz reduziert die Bargaining Power der einzelnen Arbeitnehmervertretungen, kann jedoch durch die Kooperation zwischen den Arbeitnehmervertretungen kompensiert werden. Bei der Behandlung der unterschiedlichen Internationalisierungskonzepte in der Automobilindustrie war auf die Erhöhung der konzerninternen Arbeitnehmerkonkurrenz durch den Ausbau der Parallelproduktionssysteme eingegangen worden, in denen nicht nur eine Montage von angelieferten CKD-Sätzen erfolgt, sondern die auch die Fertigung der Komponenten vor Ort nach, unter Kostengesichtspunkten vergleichbaren Produktionsschemata erlauben. (19) Es ist zu fragen, ob die Internationalisierung bei Volkswagen dieser Strategievariante entspricht. Außerdem wird durch die Internationalisierung des Konzerns die Ausrichtung und das Volumen der PKW-Exporte der einzelnen Standorte tangiert. PKW-Exporte aus den inländischen Standorten können beispielsweise durch den Aufbau von Standorten in den entsprechenden Absatzmärkten wegfallen oder reduziert werden. Dies würde zur Gefährdung von Arbeitsplätzen und damit zur Erhöhung der konzerninternen Arbeitnehmerkonkurrenz beitragen.

In den 50er und 60er Jahren erlebte die Volkswagen AG eine, nur von der Rezession 1967 unterbrochene Produktionsausweitung. Das Unternehmen wurde zum größten Massenhersteller von PKW in der Bundesrepublik. Die Produktion stieg von 1950 90.038 PKW, über 890.673 PKW 1960 auf 2.214.937 PKW im Jahr 1970. (Doleschal, Dombois 1982: 384) Dabei profitierte Volkswagen von der Popularität seines wichtigsten Modells, des VW-Käfer. Zur Produktionsausweitung wurden in der Bundesrepublik weitere Standorte in Norddeutschland und zwar 1955 in Hannover, 1959 in Kassel, 1964 in Emden und 1970 in Salzgitter errichtet. Es entstand eine Spezialisierung der Standorte. In Wolfsburg erfolgt der Karosserie-, Rahmen- und Hinterachsenbau sowie die Fertigmontage für Personenwagen. Im Werk Hannover die Produktion von Transportern, Lasttransportern und VW-Motoren. Die Werke Braunschweig, Kassel und Salzgitter dienen der Komponentenherstellung. Braunschweig stellt Vorderachsen her und dient dem Werkzeugbau, Kassel leistet die Aggregateaufbereitung und fertigt Getriebe sowie Ersatzteile. In Salzgitter werden Motoren hergestellt. Entsprechend dieser Expansion stieg die Belegschaft in den genannten inländischen Standorten von 1950 14.966, über 1960 64.139 auf 1970 124.792 Mitarbeiter. (diess.: 384) Neben diesen inländischen Standorten gründete Volkswagen auch ausländische Produktionsgesellschaften: 1952 in Belgien, 1953 in Brasilien, 1956 in Südafrika, 1963 in Mexico, 1972 in Jugoslawien und 1973 in Nigeria. (Kasiske 1982: 102, BR kontakt 4/1992) Diese ausländischen Neugründungen führten zu einem Anstieg des Anteils der im Ausland beschäftigten Volkswagenmitarbeiter an der Gesamtbelegschaft von 14,8 % im Jahr 1963 auf 20,8 % 1971. In dieser ersten Internationalisierungsphase stieg der Anteil der Auslandsproduktion an der Konzernproduktion von 1963 6,4 % auf 20,7 % im Jahr 1971. (Geschäftsbericht 1963; Doleschal, Dombois 1982: 382f.)

Die Expansion im Ausland beschränkte sich auf Länder, die entweder über einen ausreichend großen Binnenmarkt verfügten oder bei denen mit einem zukünftig wachsenden Nachfragepotential zu rechnen war. In der Regel handelte es sich um Staaten, die ihren nationalen Automobilmarkt durch hohe Importzölle schützten und zumindest eine inländische Montage der im jeweiligen Land verkauften Kraftfahrzeuge verlangten. (20) Da die deutschen Standorte nicht auf den jeweiligen Markt exportieren konnten, entsprach Volkswagen den Forderungen der jeweiligen Gesetzgeber und errichtete Produktions- und Montagestandorte in diesen Ländern. Aus diesem Grund konnte keine konzerninterne Arbeitnehmerkonkurrenz zwischen den Belegschaften der inländischen und ausländischen Standorte entstehen. Den inländischen Werken gingen bei der Expansion im Ausland keine Exportmärkte verloren. In Fällen, in denen nur ein Montagestandort für CKD-Sätze errichtet wurden, profitierten die inländischen Mitarbeiter von dem Ausbau des ausländischen Standorts, da sie die Komponenten für die ausländische Montage in der Bundesrepublik fertigten. Die zentralen Komponenten wurden allen Standorten aus der Bundesrepublik zugeliefert. Der inländischen Standorte des VW-Konzerns konnten bis Anfang der 70er Jahre weiterhin durch KFZ-Exporte nach Westeuropa und nach Nordamerika expandieren, da die staatlich geschützten ausländischen KFZ-Märkte nur einen geringen Teil der gesamten Konzernproduktion umfaßten. Die Exportquote der Inlandsproduktion stieg zwischen 1963 und 1971 von 60,7 % auf 62,8 %. (Geschäftsbericht 1963; Doleschal, Dombois 1982: 382) Im Zuge dieser Entwicklung verstärkte sich die Exportabhängigkeit der deutschen Standorte vom nordamerikanischen Markt. Der Anteil der nach Nordamerika exportierten Volkswagen an den gesamten deutschen Volkswagenexporten nahm von 1963 46,4 % bis 1972 auf 52,1 % zu. In jenem Jahr erzielte der Volkswagenkonzern 24,8 % seines Absatzes und 32,9 % seines Umsatzes auf dem nordamerikanischen Markt. Die Beschäftigung in den deutschen Volkswagenstandorten war hierdurch in großem Umfang vom kontinuierlichen Export nach Nordamerika abhängig. Mit Emden produzierte ein deutscher Standort ausschließlich für den nordamerikanischen Export. Der VW-Konzern war somit auf zwei Ebenen von den Auswirkungen der ersten Ölpreiserhöhung betroffen. Zum einen ging der Absatz von Volkswagen in der Bundesrepublik zwischen 1972 und 1974 um 12,7 % zurück. (Geschäftsbericht 1981) Gleichzeitig brach die Nachfrage nach VW-Modellen auf dem wichtigen nordamerikanischen Markt zusammen. Die Produktionsschwankungen wurden in Verhandlungen zwischen Konzernspitze und Arbeitnehmervertretung durch einen Belegschaftsabbau, bei gleichzeitiger Zahlung von Prämien kompensiert. Die Belegschaft sank erstmals 1971/72 um 7,1 %. 1973 erreichte die Belegschaft wieder den Stand von 1971, da das Management mit einer steigenden Nachfrage nach den neuen Modellen Golf I und Passat rechnete. Diese Erwartung erfüllte sich durch den Beginn der Ölkrise nicht. Die Belegschaft wurde bis 1975 wegen des starken Absatzrückganges erneut um 25,5 % reduziert. Die Koordinierung und ausgewogene Anpassung der Belegschaft in den sechs inländischen Volkswagenstandorten war für das Management und die Arbeitnehmervertretung ein schwieriger Verhandlungsprozeß, bei dem die Interessen der einzelnen Standorte berücksichtigt werden mußten. (21) Vor dem Hintergrund der aktuell überwundenen Beschäftigungskrise der inländischen Volkswagenstandorte erfolgten 1974/75 die ersten Überlegungen des Managements, auf den Absatzrückgang in Nordamerika mit dem Bau eines eigenen Fertigungsstandorts in den Vereinigten Staaten zu reagieren. Mit dieser Entscheidung beginnt die zweite Phase der Internationalisierung des VW-Konzerns, in der erstmals Situationen von Arbeitnehmerkonkurrenz durch Warenexporte und von direkter Arbeitnehmerkonkurrenz zwischen einzelnen Standorten entstehen.

Wie bereits beschrieben war die Konkurrenz innerhalb der Belegschaft um die abnehmende Zahl der Arbeitsplätze in den sechs inländischen Volkswagenstandorten, zwischen 1972 und 1975 stark angestiegen. Eine Möglichkeit der Beschäftigungssicherung in den inländischen Standorten bestand in der Ausweitung der PKW-Exporte auf die wichtigsten Auslandsmärkte. In Nordamerika war die Ausgangslage nach der Benzinpreiserhöhung für Mittelklassehersteller wie Volkswagen günstig. Durch die seit Ende der 60er Jahre auftretenden Dollarkrisen geriet die Deutsche Mark allerdings unter einen kontinuierlichen Aufwertungsdruck gegenüber dem Dollar. Zwischen 1969 und 1975 stieg der Außenwert der DM gegenüber der US-Währung um 37,2 %. Erhielt der Volkswagenkonzern 1969 für jeden in den Vereinigten Staaten umgesetzten US-Dollar noch 3,92 DM, sank dieser Wert bis 1975 auf DM 2,46. (Deutsche Bundesbank 1990: 8f.) In der ersten Hälfte der 70er Jahre mußten die deutschen KFZ-Hersteller ihre Preise in den USA um ca. 31 % anheben um die Wechselkursverluste auszugleichen. Die Nachfrage nach deutschen PKW ging entsprechend zurück. Der Absatz von Volkswagen in Nordamerika nahm von 1972 bis 1975 um 40,6 % ab. (Geschäftsbericht 1972, 1975) Die Wechselkursschwankungen erschwerten somit die Lösung der inländischen Beschäftigungskrise durch eine exportorientierte Absatzstrategie. Da der Konzern den nordamerikanischen Absatzmarkt, auf dem 1972 32,9 % und 1975 immer noch 20,1 % des Konzernumsatzes erzielt wurde nicht verlieren wollte, diskutierte der Vorstand seit 1974 die Errichtung eines Produktionsstandorts in den Vereinigten Staaten. Diese Strategie sollte die Wechselkursgefahren verringern. Der Aufbau einer eigenen Produktion mit nordamerikanischen Zulieferbetrieben hätte jedoch einen weiteren Rückgang der Volkswagenexporte aus deutschen Standorten in die Vereinigten Staaten zur Folge. Mit 15,9 % des Gesamtabsatzes war der nordamerikanische Markt auch 1975 noch ein quantitativ bedeutsamer Exportmarkt für die deutschen Standorte. Durch die 1975 getroffene Entscheidung für einen Standort in den Vereinigten Staaten, entstand im Volkswagenkonzern durch ausfallende PKW-Exporte auf einen für externe Wettbewerber offenen Automobilmarkt erstmals eine ernsthafte Arbeitnehmerkonkurrenzsituation. Besonders prekär war die Lage für den hauptsächlich nach Nordamerika exportierenden Standort Emden. Die Verlagerung der Golfproduktion in die USA und später nach Mexiko gefährdete, vornehmlich in Emden, 10.441 Arbeitsplätze in den deutschen VW-Standorten. (Kisker u.a. 1982: 30) Bei der Untersuchung der internationalen Kooperation der deutschen Arbeitnehmervertreter ist zu fragen ob ihre Kooperationsaktivitäten durch diese konzerninterne Arbeitnehmerkonkurrenzsituation seit Mitte der 70er Jahre zunehmen.

Die Strategie, den VW-Anteil am nordamerikanischen KFZ-Markt durch einen Standort in den Vereinigten Staaten zu erhalten, hatte aus mehreren Gründen keinen Erfolg. Das vom Volkswagenmanagement prognostizierte Marktpotential für PKW der Golfklasse von bis zu 50 % ließ sich nicht mit kostspielig im Inland hergestellten Fahrzeugen ausschöpfen. Die amerikanischen PKW-Anbieter importieren die von ihnen in dieser Größenklasse angebotenen Modelle, die japanische Konkurrenz montierte CKD-Bausätze japanischer oder südkoreanischer Herkunft. Volkswagen beging den Fehler, den Golf im Design zu "amerikanisieren", diese Politik wurde von den nordamerikanischen Nachfragern nicht honoriert. (Der Spiegel 50/1987) Nachdem die Auslastung des Montagewerks in den USA seit 1982 nur noch bei ca. 50 % lag und diese Quote 1987 auf 40 % sank, wurden die Produktionsanlagen 1987/88 geschlossen. (HB 23.11.1987) Volkswagen belieferte den nordamerikanischen Markt, wie vor 1978 wieder durch PKW-Exporte. Der Konzern entwickelte hierzu allerdings eine neue unternehmensinterne Arbeitsteilung, die sich an den internen Produktionskosten und der Konkurrenz der externen PKW-Anbieter orientierte. Der Kleinwagenbereich wurde durch Lieferungen des VW-Modells Fox aus den brasilianischen Standorten abgedeckt. 1987 setzte Volkswagen 50.000 PKW dieses Typs in den Vereinigten Staaten ab. Der Jetta sollte aus Wolfsburg geliefert, der Golf aus Wolfsburg und Brüssel exportiert werden. Ende der 80er Jahre sollten die Golfexporte von der mexikanischen Volkswagengesellschaft fortgeführt werden. (HB 18.12.87) Die inländischen Volkswagenstandorte konnten ihren traditionellen Exportmarkt Nordamerika nach dem Auslaufen der nordamerikanischen Fertigung wegen derauf Kostengesichtspunkten und staatlichen Handelsrestriktionen beruhenden Neuaufteilung der Konzernstrukturen nicht wieder übernehmen. Das Management nutzte die vorhandene Möglichkeit der Parallelproduktion von Golf und Jetta in Mexiko, Brüssel und Wolfsburg, um sich für den kostengünstigsten und unter Konzerngesichtspunkten optimalen Produktionsstandort zu entscheiden. Es war eine konzerninterne Arbeitnehmerkonkurrenz zwischen den genannten Standorten um den Golfexport auf den nordamerikanischen Markt entstanden.

Das Management entschied sich die Golfproduktion in Mexiko aufzunehmen, um Auflagen der staatlichen mexikanischen Wirtschaftspolitik nachzukommen. In Mexiko forderte die Regierung bis Ende der 60er Jahre die schrittweise Erhöhung des Anteils der in Mexiko hergestellten Komponenten bei der PKW-Produktion. Anfang der 70er Jahre erfolgte der Wandel zu einer exportorientierten Automobilpolitik. Nunmehr wurde von den Automobilproduzenten eine Steigerung der Exportquoten verlangt, die mit Importobergrenzen verknüpft wurden. (vgl. Bennet, Sharpe 1981: 203-208) Der Volkswagenkonzern war hierdurch gezwungen, die Exporte der mexikanischen Tochtergesellschaft zu erhöhen. Die

Belieferung des nordamerikanischen Marktes mit Golfmodellen entsprach unter anderem dem Eingehen auf die Vorgaben des mexikanischen Staates. Außerdem erfolgte eine stärkere Einbindung der mexikanischen, brasilianischen und argentinischen Standorte in den unternehmensinternen Produktionsverbund. 1981 nahm die mexikanische Tochtergesellschaft eine moderne Motorenproduktion mit großen Stückzahlen in Betrieb, die an der Zulieferung zu der US-amerikanischen Produktionsgesellschaft und den Export zur Volkswagen AG ausgerichtet war. (HB 29.01.81)

Auch in Europa kam es durch die Weiterentwicklung der Konzernstrukturen in den 80er Jahren zu einer Zunahme der Arbeitnehmerkonkurrenz innerhalb des Volkswagenkonzerns. In den Jahren 1980/81 ging die Automobilkonjunktur auf den meisten westeuropäischen Automobilmärkten infolge der Auswirkungen der zweiten Ölpreisverteuerung zurück. Die Produktion mußte dem sinkenden Absatz angepaßt werden. Die Volkswagen AG verfolgte in dieser Situation eine, bereits bei der Analyse der deutschen Automobilindustrie festgestellte offensive Exportstrategie. Während der Absatz auf dem Inlandsmarkt zwischen 1980 und 1982 zurückging, konnte der Verkaufsanteil Europas am Gesamtumsatz der Volkswagen AG von 1980 30,9 %, über 1981 33,7 %, auf 1982 38 % gesteigert werden. (Geschäftsberichte 1980, 1981, 1982, 1983) Der Absatzerfolg des Unternehmens in Europa verringerte den Druck auf die Unternehmensleitung, Arbeitsplätze in der Bundesrepublik abzubauen.

Gleichzeitig unternahm das Management den Versuch in den einzigen verbleibenden geschützten und quantitativ bedeutenden europäischen Automobilmarkt, den spanischen KFZ-Markt einzudringen. Hohe Schutzzölle hatten den Import von Volkswagenmodellen bis Anfang der 80er Jahre so verteuert, "daß sie nur von Angehörigen der Oberschicht quasi aus 'Understatement' gefahren werden". (SZ 01.10.82) Der einzige spanische KFZ-Massenhersteller, die Sociedad Espanola de Automoviles S.A. (SEAT) war durch die allgemeine Krise der Automobilkonkunktur und die Absage FIATs, das Unternehmen gänzlich zu übernehmen in eine prekäre wirtschaftliche und technologische Lage geraten. SEAT benötigte zur Erhöhung seiner Rentabilität und seiner Exportziffern dringend eine zusätzliche jährliche Auslastung seiner Kapazitäten um ca. 100.000 Einheiten. (FAZ 14.07.81) 1982 unterzeichnete Volkswagen mit SEAT einen Kooperationsvertrag, der die Produktion, bzw. Montage von jährlich 90.000 Polo und 30.000 Santana bei SEAT beinhaltete. Der Santana wurde als CKD-Bausatz angeliefert und lediglich montiert; beim Polo sollten 60-65 % der Teile in Spanien hergestellt und die Motoren aus der Bundesrepublik zugeliefert werden. 50.000 Polo wurden jährlich von der Volkswagen AG zurückgekauft und vor allem in Italien und Frankreich vertrieben. Dies entsprach dem damaligen Marktanteil des bisher aus der Bundesrepublik exportierten Polo-Volumens. (Nachrichten für Außenhandel 04.10.82) Zwar machte dieser Exportanteil nur ca. 5 % der deutschen Volkswagenproduktion aus, jedoch entstand mit dieser Vereinbarung eine, der amerikanischen Standortentscheidung von 1974/75 vergleichbare Arbeitnehmerkonkurrenzsituation in Europa. Exporte aus den inländischen Volkswagenstandorten nach Italien und Frankreich wurden von einem neuerschlossenen Produktionsstandort aus übernommen. Neben Brüssel entstand ein weiterer Standort in Europa, an dem Modelle des Volkswagenkonzerns gefertigt werden können, überdies mit einem relativ hohen Eigenfertigungsanteil. Der einzige Vorteil für die inländische Beschäftigung bestand in der Zulieferung von wichtigen Komponenten des Polo, wie Motoren und der kompletten Bausatzherstellung für den Santana. 1986/87 wurden 12.000 Arbeitsplätze in den deutschen Volkswagenstandorten durch Zulieferungen an die ausländischen Produktionsstätten ausgelastet. (Int. 1: 2) Es ergab sich sowohl eine Arbeitnehmerkonkurrenz durch PKW-Exporte auf den italienischen und französischen Markte, wie auch der konzerninternen Arbeitnehmerkonkurrenz zwischen den SEAT-Standorten und Wolfsburg im Bereich der Polo-Produktion. Diese Konkurrenzsituation verfestigte sich 1986 mit der Entscheidung des Volkswagenkonzerns, die Kapitalmehrheit bei SEAT zu übernehmen und das Unternehmen in die Konzernsstrukturen einzufügen. (HB 24.02.86)

Die Vergabe der Polo-Montage an SEAT 1982 und dessen spätere Übernahme 1986, sowie die Schließung der US-amerikanischen Standorte in Charleston und Westmoreland deutete auf eine Umorientierung der Strategie des Volkswagenkonzerns hin. Das Management erkannte, daß der nordamerikanische Markt durch einen eigenen Produktionsstandort nicht zu halten war und ein solcher Standort eine kontinuierliche Verlustquelle bildete. Der Anteil des US-amerikanischen Umsatzes am Konzernumsatz sank von 1985 27,2 % auf 1990 7,8 %. (Tabelle V-13) Zukünftig sollte der westeuropäische Markt für den Konzernabsatz eine größere Bedeutung erhalten. Volkswagen definierte sich nun als Automobilhersteller mit europäischer Basis. Der VW-Vorstandsvorsitzende erklärte zu dieser Strategie: "Wir haben ... gesagt, unser Ziel Nummer eins heißt: zunächst stark in Europa sein. Darauf konzentrieren wir uns. Mit dieser Politik können wir Mitspieler in einem so teuren Markt wie Amerika sein und schaffen überhaupt erst die Voraussetzungen, um uns Märkte wie die zukünftigen in Asien zu erschließen. In dieser strategischen Reihenfolge denken wir, handeln wir, planen wir". (Der Spiegel 50/1987: 115) Die Verbreiterung der europäischen Basis mittels einer Erhöhung der Marktanteile in Europa konnte jedoch nur bei einer Stärkung des Absatzes im Kleinwagenbereich erreicht werden. Durch die Produktaufwertung hatten die Volkswagenmodelle, mit Ausnahme des Polo, dieses Marktsegment bereits verlassen. (vgl. Tabelle V-12) Die Übernahme von SEAT sollte die Wettbewerbsposition des Volkswagenkonzerns in diesem Kleinwagenbereich verbessern. Dank der Bekanntheit SEATs auf den südeuropäischen Märkten und der vorhandenen Produktionskapazitäten von 400.000 Einheiten pro

Jahr ergänzte SEAT die Produkt- und Produktionspalette des Konzerns optimal. Die Verlagerung von Teilen der Poloproduktion nach Spanien seit 1982 schaffte freie Kapazitäten in Wolfsburg, die zur Befriedigung der hohen Golfnachfrage genutzt werden konnten. (vgl. Hahn 1987: 4)

Die weitere Internationalisierung des Gesamtkonzerns wurde vom VW-Vorstand 1987 in sechs Punkten definiert:
"1. Ausbau der europäischen Position zur Sicherung der Basis. Das Mittel dafür war u.a. der Erwerb neuer Kapazitäten mit Marktanteil und etablierter marke zu vertretbaren Preisen.
2. Damit verbunden ist der Aufbau eigener Positionen in Ländern mit günstigen Arbeitskosten bei hoher Arbeitsqualität, um so alle europäischen Standorte im Verbund miteinander zu optimieren
3. Einstellung auf neue Realitäten - besonders in Südamerika.
4. Gewinnung neuer Langfristpotentiale (VR China)
5. Zusammenarbeit mit starken Partnern dort, wo Teilziele überhaupt nur oder wesentlich besser gemeinschaftlich erreicht werden können und
6. Desinvestitionen, wo immer die Geschäftsfelder langfristig nicht in den strategischen Rahmen passen oder keine Beiträge für ihn zu erbringen sind".
(Hahn 1987: 3f.)

Mit diesen sechs Punkten folgt der Volkswagenkonzern dem Internationalisierungskonzept der "internationalen Verbundfertigung in regionalisierten Märkten". (vgl. Abschnitt 5.2) Volkswagen intensivierte seine vernetzte Fertigung in den Regionen Europa, Nord- und Südamerika sowie Asien als Zukunftsmarkt. Zentrale Komponenten, wie beispielsweise Motoren werden zentral produziert. Bezüglich der Arbeitnehmerkonkurrenz ist bei der Realisierung dieses Internationalisierungsmusters mit kontinental begrenzten konzerninternen Arbeitnehmerkonkurrenzsituationen zu rechnen, da die Fertigungsverbünde regional ausgerichtet sind. Insgesamt gesehen nimmt das Potential der Arbeitnehmerkonkurrenz zwischen den deutschen und ausländischen Volkswagenstandorten zu, da der Internationalisierungsgrad des Konzerns ansteigt. (22)

Im Produktionsraum Amerika werden in den Vereinigten Staaten und Kanada, nach der Schließung des Fertigungsstandortes Westmoreland 1988, nur noch Komponenten hergestellt, die auch nach Europa geliefert werden. Der nordamerikanische Markt wird im Kleinwagenbereich seit 1987 mit dem Modell FOX aus Brasilien, im Mittelklassebereich mit den Modellen Jetta und Golf aus Mexiko und in der oberen Mittelklasse weiterhin mit Audimodellen und Golfsonderausstattungen aus Deutschland beliefert. (FR 21.01.87) 1990 setzte die mexikanische Tochtergesellschaft 46.122 Golf und Jetta in den USA und Kanada ab, dies entsprach 24 % der mexikanischen Jahresproduktion. (Geschäftsbericht 1990)

Volkswagen Brasilien lieferte außerdem CKD-Bausätze an das Montagewerk in Nigeria. Aufgrund der Exportauflagen des mexikanischen Staates begann Volkswagen de Mexico Motoren und Achsen in den Volkswagen-Fertigungsverbund abzugeben. Gingen diese Komponenten zunächst an die US-amerikanische Produktionsstätte, werden sie seit 1988 nach Europa geliefert. 1990 exportierte VW de Mexico 342.000 Motoren und 141.000 Achsen. (Geschäftsbericht 1990) In Brasilien und Argentinien ergriff Volkswagen die Möglichkeit, eine Risiko- und Kostenreduzierung durch eine begrenzte Zusammenarbeit mit anderen Anbietern zu erreichen. In beiden Ländern wurden die Produktionsgesellschaften von VW und FORD 1986 zur "Autolatina" zusammengefaßt, an der Volkswagen 51 % des Kapitals hält. Die Zusammenarbeit erstreckt sich auf einen Austausch im Komponentenbereich. Ford konzentriert sich auf den Absatz von Oberklassewagen, während Volkswagen Klein- und Mittelklassewagen anbietet. Die Produktionskosten sollen durch die Ausnutzung von Synergieeffekten gesenkt werden. (SZ 25.11.86, 26.11.86) Die Kostenreduzierung hatte vor allem eine Zunahme der Arbeitnehmerkonkurrenz durch den eingeleiteten Abbau von Arbeitsplätzen zur Folge. Zwischen 1986 und 1987 ging die Beschäftigung überproportional zu einem Produktionseinbruch von 16,8 %, um 38,4 % zurück. (Geschäftsbericht 1987) Insgesamt gesehen hat die Bedeutung Amerikas für das Produktionsvolumen und den Umsatz des Volkswagenkonzers in den 80er Jahren abgenommen. Arbeitnehmerkonkurrenzsituationen entstanden im Bereich der Konzernexporte auf den nordamerikanischen Markt zwischen Volkswagen de Mexico und den Standorten Wolfsburg und Brüssel hinsichtlich der Exporte von Golf- und Jetta-Modellen nach der Schließung von Westmoreland 1988.

In der Region Asien konzentriert sich das Engagement des VW-Konzerns auf den Produktionsbereich in der Volksrepublik China. Gleichzeitig wird der Vertrieb in Japan intensiviert. 1985 begann Volkswagen die Montage des Santana in Shanghai. Mittelfristig plante VW eine Jahresproduktion von 30.000 Einheiten und von 100.000 Motoren. 1990 wurde jedoch nur eine Produktion von 18.537 PKW erzielt. Die Fahrzeuge werden als CKD-Sätze aus Deutschland importiert, der chinesische Komponentenanteil je Santana erreichte 1987 13,5 % und sollte 1988 auf 25 % ansteigen. (FR 27.01.88, HB 29.03.88) 1988 vereinbarte der Volkswagenkonzern als zweites Projekt die Aufnahme der Montage des Audi 100 in Changchun. 1992 sollte eine Jahresproduktion von 30.000 Audi erreicht werden. (Welt 22.11.88) Volumenmäßig von größerer Bedeutung ist jedoch der im November 1990 vereinbarte Bau eines PKW der Golfklasse in China. Für 1996 ist in der Endphase eine Jahresproduktion von 150.000 Fahrzeugen geplant. Die ersten Golf wurden 1992 als CKD-Bausätze geliefert. Im Unterschied zur Santanafertigung soll bereits 1994 ein chinesischer Eigenanteil von 65 % der Komponenten zugeliefert werden. Hierzu ist eine eigene Motoren- und Getriebefertigung geplant. Die Golf-Modelle aus chinesischer Produktion sollen zum Teil

auf die asiatischen Märkte exportiert werden, die Motoren teilweise in den Produktionsverbund einfließen. (SZ 17.02.90, FR 23.11.90) Bisher macht die Produktion und der Absatz in Asien nur einen geringen Anteil der Konzernaktivitäten
aus. Wie auf den amerikanischen Märkten deutet sich jedoch langfristig eine Export orientierte Arbeitnehmerkonkurrenz mit den deutschen Belegschaften an. Die
asiatischen Märkte, die heute noch von den bundesdeutschen Standorten beliefert
werden, müssen mittelfristig an die neuen Produktionsstätten in China abgegeben
werden.

In Europa veränderte sich die internationale Struktur des Volkswagenkonzerns 1986 grundlegend mit der Übernahme von SEAT und 1990 durch den Auf-
kauf von SKODA. Die ausländische Produktionskapazität des VW-Konzerns in
Europa nahm durch diese Aufkäufe von 1985 194.000 auf 1986 562.000 Fahrzeuge zu. SKODA bringt seit 1991 ein zusätzliches Produktionspotential von
190.000 Fahrzeugen in den Konzern ein. (KStA 11.12.90) Die Übernahme
SEATs vergrößerte das Gewicht Europas als zentraler Absatz- und Produktionsregion des Volkswagenkonzerns. Der Produktionsanteil der nicht in
Deutschland liegenden europäischen VW-Standorte an der Konzernproduktion
stieg von 1985 8,1 % auf 23,3 % im Jahr 1987. (vgl. Tabelle V-13)
Die SEAT zugedachte Rolle innerhalb der Konzernstruktur verändert die
Stellung der deutschen Standorte und tangiert damit die Arbeitnehmerkonkurrenz
zwischen beiden Teilunternehmen. In der Analyse der Marken- und Modellkon-
zeption bei Volkswagen war bereits auf die beabsichtigte Konkurrenz zwischen
den Marken und Modellen Volkswagens und SEATs hingewiesen worden. Mit
ihr sollen zusätzliche Käufer gewonnen werden. Um das Segment der Klein- und
Mittelklasse europaweit auszuschöpfen, mußte die Marke SEAT auf allen europäischen Märkten präsent sein. Im Rahmen dieser Politik stieg der Anteil der
nach Europa exportierten SEAT-Modelle am spanischen SEAT-Absatz von 1987
126,8 % auf 1990 207,2 %. Allein der Verkauf von SEAT- Modellen in der Bundesrepublik erreichte 1990 einen Anteil von 43,9 % der SEAT-Nachfrage in
Spanien. (Geschäftsbericht 1987, Verband der Automobilindustrie 1991: 324-
335) Die SEAT-Modelle treten somit in eine Anbieterkonkurrenz zum in
Deutschland gefertigten Polo, außerdem entfallen Polo-Exporte aus deutscher
Produktion auf den italienischen und französischen Markt. Sie erfolgen seit
1984/85 von den SEAT-Standorten aus. Die Bedeutung der Exportkonkurrenz für
die deutschen Standorte läßt sich daraus ersehen, daß 1990 59,4 % der Konzernproduktion in Deutschland stattfand, hier jedoch nur 39,6 % der Umsätze erzielt
wurden. Hauptabsatzmarkt der deutschen Produktion war der westeuropäische
Markt. Der Konzernumsatz liegt in Westeuropa deutlich über den dortigen Produktionskapazitäten. (vgl. Tabelle V-13) Die Übernahme der VW-Exporte auf
westeuropäischen Auslandsmärkten durch SEAT verstärkt die Arbeitnehmerkonkurrenz durch Exporte.

Zusätzlich zu dieser Exportkonkurrenz entstand seit 1984 eine konzerninterne Arbeitnehmerkonkurrenz zwischen dem SEAT-Standort Pamplona und VW-Wolfsburg um die Poloproduktion. Neben dem Santana wurde ein Teil der Polofertigung aus Wolfsburg nach Pamplona verlagert. In Wolfsburg ergaben sich keine Produktionseinbußen, da die Nachfrage nach dem dort gefertigten Golf erheblich zunahm und zusätzliche Arbeitskapazitäten band. Standorte mit der Produktion eines einzigen Modells sind jedoch Nachfrageschwankungen und Produktionsschwankungen bei Modellumstellungen stärker unterworfen, als Zwei-Modell-Standorte. Es ist daher zu erwarten, daß die Arbeitnehmervertretung einen einseitigen Verzicht auf die Poloproduktion ablehnen wird. Da der Polo in Spanien nur zu 40 % bis 50 % aus spanischen Komponenten bestand, entstand bei den deutschen Komponentenwerke durch die Poloverlagerung ein zusätzliches Arbeitsvolumen. Der Vorstand ging 1986 von einem zusätzlichen Beschäftigungsvolumen von 2.000 Arbeitsplätzen bei den deutschen Standorten aus. (HB 24.02.86) Dieser positive Beschäftigungseffekt wird mit der sukzessiven Übernahme der Komponentenproduktion durch die spanischen Standorte zurückgehen. Im Endeffekt entstand mit der teilweisen Poloverlagerung eine typische konzerninterne Arbeitnehmerkonkurrenzsituation zwischen Wolfsburg und Pamplona um den zukünftigen Standort der Kleinwagenproduktion. Pamplona produzierte 1990 143.750 Polo und wurde damit produktions- und qualitätsmäßig zu einem siebten Volkswagenwerk. Mit einem Anteil von 1990 28,4 % an der SEAT-Gesamtproduktion hat die Fertigung von VW-Modellen bei SEAT seit 1984 ihre stabilisierende Funktion für die dortige Beschäftigung beibehalten. (vgl. TABELLE V-14) Die spanischen Arbeitnehmervertreter müssen daher an der Sicherung und dem Ausbau dieses Produktionsvolumens interessiert sein. Das spanische Management vertritt dieselbe Position. Die spanischen Management Anfang der 90er Jahre für das Jahr 1994 geplante Ausweitung der SEAT-Kapazitäten auf jährlich 650.000 KFZ spricht für eine Verlegung der gesamten Polofertigung nach Spanien. (HB 20.02.90) Damit würde erstmals ein Volkswagen-Modellsegment aus der inländischen in die ausländische Produktion verlagert. Es ginge ein quantitativ ernstzunehmendes Arbeitsvolumen zur Sicherung der inländischen Beschäftigung verloren. Dieser Sachverhalt müßte zu einem der vorrangigsten Kooperationsthemen werden.

Die Diskussion über die Verlagerung der Polo-Produktion von Deutschland nach Spanien ist ein Ergebnis der erfolgreichen Produktaufwertungsstrategie der Volkswagen AG. Es wird zunehmend unwirtschaftlich die kapitalintensiven deutschen Standorte mit dem Bau von Kleinwagen auszulasten, anstatt sie für die Produktion von varianten- und ausstattungsreichen Mittel- und Oberklassewagen zu verwenden. Dem Aufstieg in die obere Mittelklasse folgt notwendigerweise die Auseinandersetzung und Unsicherheit über die Neuverteilung der Produktion zwischen den europäischen Standorten des Konzerns.

Der Standort Wolfsburg gerät durch zwei weitere Entwicklungen in eine neue Arbeitnehmerkonkurrenzsituation. Bisher war er Exklusivstandort für die Produktion ausstattungsreicher Golfmodelle, z.B. des Golf-Viertürers GL oder des Golf VR6. In Zukunft können diese Modelle auch im neu gegründeten, hochmodernen Standort Mosel/Zwickau gebaut werden. Für Wolfsburg entsteht damit neben dem Polo auch im hochwertigen Golfsegment eine konzerninterne Arbeitnehmerkonkurrenzsituation. Mosel/Zwickau wird für eine flexible Golf- und Polo-Produktion ausgerüstet. Nach dem Produktionsbeginn 1994 sollen jährlich 250.000 Fahrzeuge gefertigt werden. (FR 09.12.92) Dieses Volumen entspricht 39,4 % der Wolfsburger Golfproduktion des Jahres 1990. (Geschäftsbericht 1990) Zudem ist der Standort Mosel/Zwickau nicht in den Haustarifvertrag eingebunden. In Mosel/Zwickau kann mit dem kostengünstigeren bayerischen Flächentarifvertrag kalkuliert werden. Insgesamt kann der Golf in den 90er Jahren an den sieben Standorten Wolfsburg, Mosel/Zwickau, Brüssel, der Tschechischen Republik, China, Mexiko und Brasilien gebaut werden. (Int. 2: 3f.) Darüberhinaus ist eine absolute Erhöhung der Kapazitäten in Wolfsburg nicht mehr möglich, der Standort ist bereits jetzt als weltweit größter KFZ-Standort überdimensioniert, mit allen sich daraus ergebenden logistischen Nachteilen. Rationalisierungstendenzen lassen sich zukünftig in Wolfsburg nur durch eine höhere Ausstattung der produzierten PKW, nicht mehr durch eine Steigerung des Produktionsvolumen abschwächen. Wie im Abschnitt 5.5.2 gezeigt wurde kann die Produktaufwertung bei Volkswagenmodellen nicht unbeschränkt weiter betrieben werden, so daß mittelfristig mit rationalisierungsbedingten Arbeitsplatzeinbußen am Standort Wolfsburg zu rechnen ist. Vor diesem Hintergrund ist zu fragen, wie die deutsche Arbeitnehmervertretung auf die Zunahme der konzerninternen Arbeitnehmerkonkurrenz und der Anbieterkonkurrenz reagiert.

Die Fähigkeit zur Parallelproduktion wird in den 90er Jahren weiter zunehmen. Die seit 1986 durchgeführte Verbesserung der Qualitätsstandards und der Rückgriff auf das technologische Know-How der Volkswagen AG durch SEAT erhöhen das Potential der Parallelproduktion. Bei der Entwicklung der neuen SEAT-Modelle finden zunehmend Komponenten aus der "Volkswagen Organbank" Eingang. Es setzt sich der, in den EG-Studien zur Automobilherstellung im Binnenmarkt prognostizierte Einsatz einer Bodengruppe für mehrere Modellvarianten durch. Der 1991 eingeführte SEAT-Toledo basiert auf der Bodengruppe des neuen VW-Jetta auf, die Motoren stammen aus dem Golf/Jetta Programm, die Getriebe werden von Volkswagen Kassel zugeliefert. (Int. 16) Mit der Übernahme von Volkswagentechnologie durch SEAT steigt mittelfristig die Möglichkeit, Komponenten für VW-Modelle oder auch einzelne Modelle parallel an SEAT-Standorten zu fertigen. Ein Beispiel für den qualitativen Sprung der SEAT-Produktion und die damit verbundenen Arbeitnehmerkonkurrenzpotentiale zwischen den Belegschaften der einzelnen Standorte bildet die Aufteilung der Komponentenproduktion in Europa. Getriebe werden am Standort Volkswagen-Kassel, SEAT-El Prat und seit 1992 bei Volkswagen-Bratislava gefertigt. Nach der Ausrüstung El Prats mit neuen Maschinen besteht dort die Möglichkeit täglich 1.100 Getriebe für den Polo und den Golf herzustellen. Die deutsche Poloproduktion benötigte 1991 550 Getriebe täglich. Inzwischen entsteht eine Arbeitnehmerkonkurrenzsituation zwischen Kassel und El Prat über die Entscheidung, ob der spanische Standort seine Produktionskapazitäten auslasten soll und dann auch Getriebe für die Poloproduktion in die Bundesrepublik liefert, deren Versorgung bisher Kassel übernahm. Das Management aus El Prat argumentiert, daß bei einer vollständigen Polofertigung in Spanien auch keine spanischen Getriebe nach Deutschland geliefert werden müßten. Außerdem würde Kassel sowieso die Getriebe für den neuen Toledo anliefern, dies wäre eine ausreichende Kompensation für eventuelle spanische Getriebelieferungen nach Deutschland. (Int. 5) Die Arbeitnehmerkonkurrenz im Komponentenbereich wird in Zukunft zusätzlich intensiviert, wenn VW-Bratislava seine Kapazitäten von jährlich 300.000 Getrieben auslasten wird, in der Tschechischen Republik jedoch nur 190.000 SKODA-Modelle hergestellt werden. (FR 31.07.91) Die Neuverteilung der Komponentenproduktion innerhalb des Konzernverbunds ist eine späte Auswirkung der Eingliederung SEATs in den Konzern, die jetzt erst durch die erreichte Qualitätsverbesserung der spanischen Produktion und ihrer Ausstattung mit hochwertigen Maschinen möglich wird. Eine ähnliche Situation wird in Zukunft bezüglich der SKODA-Standorte entstehen. Diese Arbeitnehmerkonkurrenzsituation muß von den Arbeitnehmervertretungen in der Kooperation aufgearbeitet werden, um von allen Arbeitnehmervertretungen mitgetragene Kompromisse gegenüber dem Management zu finden. Insgesamt ist davon auszugehen, daß die Kooperation zwischen deutschen und spanischen Arbeitnehmervertretern durch die konzerninterne Konkurrenz im Bereich der Poloproduktion, der wachsenden Parallelproduktion und der Überproduktion im Komponentenbereich belastet werden müßte.

Zusammenfassend ergibt sich ein Internationalisierungsmuster des Volkswagenkonzerns, welches der Konzeption einer "internationalen Verbundfertigung in regionalisierten Märkten" folgt. Die Internationalisierung orientierte sich bis Ende der 60er Jahre weniger an Lohnkostenargumenten, als vielmehr an den Auflagen der Wirtschaftspolitik derjenigen Länder, die über einen ausreichend großen Binnenmarkt für KFZ verfügten. In der ersten Internationalisierungsphase bis 1974/75 ließ sich keine Erhöhung der Arbeitnehmerkonkurrenz zwischen den Konzernstandorten erkennen. Eine Arbeitnehmerkonkurrenz entstand erst seit dem Jahr 1978 mit der Eröffnung des us-Standortes Westmoreland. Da sich die Standorte aller vier Konzernmarken in der umsatz- und produktionsmäßig zentralen Region Europa konzentrieren, ergibt sich hier das höchste Arbeitnehmerkonkurrenzpotential. In den deutschen und spanischen Standorten erhöhen sowohl

PKW-Exporte, als auch die Parallelproduktion die Arbeitnehmerkonkurrenz. Die Belieferung westeuropäischer Märkte mit in Spanien gefertigten Polos und die vom Management gewünschte Marken- und Modellkonkurrenz zwischen Volkswagen und SEAT verstärkt die Arbeitnehmerkonkurrenz durch PKW-Exporte. Verschärft wird die Exportkonkurrenz durch den Verlust des nordeuropäischen KFZ-Marktes für Exporte der deutschen Volkswagenproduktion. SEAT wird in Zukunft mit einer von SKODA ausgehenden Markenkonkurrenz konfrontiert werden. Eine konkurrenzsteigernd wirkende Neuverteilung der Produktion ergibt sich aus der Aufwertung der Volkswagenmodelle. Sie werden an kapitalintensiven Standorten produziert, um die Rentabilität der Investitionen zu garantieren. Die Verlagerung der Poloproduktion nach Spanien war eine Folge dieser Entwicklung. Hieraus ergab sich eine konzerninterne Arbeitnehmerkonkurrenzsituation zwischen Wolfsburg und Pamplona. Die Erhöhung der Gleichteilefertigung im Konzern, insbesondere die Übernahme von Volkswagentechnologie durch SEAT, erhöht in Zukunft das Potential an Parallelproduktionsmöglichkeiten. Der Standort Wolfsburg wird zukünftig in eine konzerninterne Arbeitnehmerkonkurrenz zum neuen Standort Mosel treten. Der ansteigende Qualitätsstandard im Komponentenbereich eröffnet neue Konkurrenzpotentiale für die Standorte Salzgitter und Kassel. Im Gegensatz zu den spanischen und ostdeutschen Standorten besitzt Wolfsburg keine Chance zur Ausweitung des Produktionsvolumens mehr, welches Rationalisierungsbedingte Arbeitsplatzverluste ausgleichen könnte. Es ist daher zu erwarten, daß die Wolfsburger Arbeitnehmervertretung besonders sensibel auf die, von der Internationalisierung hervorgerufene Gefährdung des Produktionsvolumens reagieren wird.

Die mit der Internationalisierung der Produktionsstrukturen des VW-Konzerns zunehmende Arbeitnehmerkonkurrenz schränkt die Bargaining Power der Arbeitnehmervertretungen gegenüber dem Management ein. Im folgenden werden die Einflüsse der neuen Produktionskonzepte auf die Handlungsfähigkeit der Arbeitnehmervertretungen innerhalb des Volkswagenkonzerns analysiert, um einen weiteren wichtigen Einflußfaktor für die Kooperationsbereitschaft der Arbeitnehmervertretungen zu benennen.

5.5.4 Die Auswirkungen neuer Produktionskonzepte auf die Arbeitsplätze innerhalb des Volkswagenkonzerns

Im Abschnitt 5.3 war die Bedeutung neuer Produktionskonzepte für die Veränderung der Handlungsspielräume der betrieblichen Arbeitnehmervertretungen beschrieben worden. Die Arbeitnehmervertreter sind gezwungen, sich stärker als bisher mit der Ausgestaltung der Produktionsstrukturen zu beschäftigen und sowohl positive Auswirkungen, wie die Anreichung von Arbeitsinhalten, als auch negative Folgen, wie die Reduzierung der Arbeitsplätze, mitzutragen. Im Zuge der Umsetzung humanzentrierter Strategien muß die Arbeitnehmervertretung eine

Position gegenüber der Annährung von Management und direkt in der Produktion tätigen Mitarbeitern finden. Ob diese Prozesse die Handlungsfähigkeit der Arbeitnehmervertretungen schwächen oder stärken hängt vom agieren der Arbeitnehmervertreter ab. Die Einführung neuer Produktionskonzepte kann, wenn sie an mehreren Standorten gleichzeitig erfolgt, ein wichtiges Thema internationaler Kooperationsprozesse der Arbeitnehmervertretungen werden.

Bei der Umsetzung neuer Produktionskonzepte innerhalb des Volkswagenkonzerns müssen die Ausgangsbedingungen der einzelnen Standorte berücksichtigt werden. Die technikzentrierte Strategie bietet sich primär in Standorten mit einem traditionell hohen Mechanisierungsgrad, hohen Stückzahlen und einem hohen Lohnkostenanteil an. In dieser Hinsicht unterscheiden sich die deutschen Volkswagenstandorte erheblich von den SEAT-Produktionsstätten. Während im Hauptstandort Wolfsburg bereits in den 60er Jahren das Punktschweißen im Karosserierohbau durch hochmechanisierte Transferstraßen übernommen wurde, blieb die Automatisierung bei SEAT niedrig. Technologisch war SEAT bis Anfang der 80er Jahre vom FIAT-Konzern abhängig; dem spanischen Unternehmen stand nur die von FIAT als veraltet angesehene, aufgegebene Technologie zur Verfügung. (vgl. Malsch, Dohse, Jürgens 1987: 25; Miguelez Lobo 1977: 30) Im Bereich der Produktion differieren die jährlich produzierten Stückzahlen zwischen SEAT und der Volkswagen AG ebenfalls erheblich. (vgl. Tabelle V-11) Während der SEAT-Ibiza 1990 im Standort Barcelona/Zona Franca mit 202.157 Einheiten produziert wurde, erreichte Wolfsburg beim Golf eine Stückzahl von 635.381 Einheiten. (Geschäftsbericht 1990; Sonderausgabe 1991: 19) Somit können Automatisierungskonzepte in Wolfsburg eine viel höhere Wirksamkeit entfalten, als in den SEAT-Standorten. Da die Lohnkosten in Spanien sich auf einem bedeutend niedrigeren Niveau als in der Bundesrepublik bewegen, die Kosten für Kredite jedoch höher liegen, ist bei SEAT nicht mit einer Priorität für die technikzentrierte Strategie, die einen hohen Kapitaleinsatz verlangt zu rechnen. Diese Ansicht vertritt auch der SEAT-Vorstandsvorsitzende: "Im Vergleich zu Wolfsburg kostet hier in Spanien eine Arbeitsstunde mit allen Nebenkosten etwa ein Drittel. Die Kreditkosten dagegen sind mehr als doppelt so hoch wie in der Bundesrepublik. In Deutschland sind die Arbeitsstunden eines Beschäftigten daher viel preisgünstiger zu automatisieren". (HB 20.02.90)

Wie aufgrund der Produktionsstruktur zu erwarten, legte die Volkswagen AG in den 70er und 80er Jahren einen Schwerpunkt auf die technikzentrierte Strategievariante neuer Produktionskonzepte. Die deutschen Standorte erreichen inzwischen hohe Mechanisierungsgrade in den personalintensiven direkten Produktionsbereichen des Preßwerks, des Rohbaus, der Lackiererei und der Montage. Im Preßwerk liegt der Automatisierungsgrad bei 90 % und im Rohbau bei 80 %. In der Montage stieg die Mechanisierung von 5 % im Jahr 1970 bis auf 30 % im Jahr 1990. In den beiden ersten Bereichen sind keine Verbesserungen mehr möglich, die Montage kann bis zum Jahr 2000 noch auf 33 % automatisiert werden. (vgl. Lünzmann 1992: 83f.) Volkswagen setzte alle genannten Varianten der technikzentrierten Strategieelemente um. Seit 1980 modernisierte Volkswagen das Presswerk des Standortes Wolfsburg. Diese Rationalisierung hatte beträchtliche Auswirkungen auf die Anzahl der Arbeitsplätze im direkten Bereich der Pressen. Bei japanischen Herstellern wurde durch die Rationalisierungsmaßnahme die Anzahl der Mitarbeiter von fünf auf einen reduziert. Gleichzeitig wird auch bei Volkswagen die Instandhaltung in die Pressenbedienung integriert, die neu geschaffene Position des Anlagenüberwachers ist vom Aufstieg angelernter Kräfte abgeschnitten. (vgl. Sonderausgabe 1991: 54; Malsch, Dohse, Jürgens 1987: 12f.)

Eine ähnliche Situation ergab sich im Bereich des Karosserierohbaus, der in den 80er Jahren zum Zentrum des Robotereinsatzes wurde. Eine sprunghaft durchgeführte Roboterisierung bei jedem Modellwechsel führte zu kurzfristig realisierten und einzelne Abteilungen konzentrierten hohen Arbeitsplatzverlusten. Bei der Mechanisierung im Karosserierohbau können Vielpunktaggregate oder flexible Punktschweißroboter eingesetzt werden. (vgl. Malsch, Dohse, Jürgens 1984) In Wolfsburg werden beide Typen in der Golf- und Polofertigung eingesetzt. Die neuen Produktionsbedingungen wurden, wie es für die systemische Rationalisierung typisch ist, bereits bei der Entwicklung der Volkswagenmodelle berücksichtigt. Die Anzahl der Schweißpunkte wurde beim Modell Golf von 4.206 auf 3.664 verringert. (Sonderausgabe 1991: 136) Für die Arbeitnehmerkonkurrenz ist der Abbau der Arbeitsplätze der Punktschweißer, die zu den angelernten Mitarbeitern zählen, von besonderer Bedeutung. Bei dieser Rationalisierungsmaßnahme ist eine bestimmte Belegschaftsgruppe vom Risiko des Arbeitsplatzverlustes betroffen. Die Einführung des Golf II führte bei den Bahnschweißern durch die Reduzierung der Schweißnahtlänge um einen Meter in Wolfsburg zum Verlust von 250 Arbeitsplätzen. Der Einsatz von 63 Punktschweißrobotern bei Volkswagen Hannover führte 1979 zum Abbau von 140 der 580 Punktschweiß- und 170 weiterer Arbeitsplätze. 1.400 Mitarbeiter mußten umgesetzt werden. Erfahrungsgemäß kostet der Einsatz eines Industrieroboters fünf und schafft einen neuen Arbeitsplatz. (Malsch, Dohse, Jürgens 1984: 37, 41f., 45) (23)

Die Halle 54 ist zum Begriff der Automatisierungsstrategien der Volkswagen AG geworden. 1983 wurde die Endmontage in der Halle 54 aufgenommen. Die Erhöhung des Mechanisierungsgrades von 5 % auf 25 % gelang durch die Ausgliederung und Automatisierung von insgesamt vierzehn separaten Vormontagen einzelner Komponenten, sowie die teilweise Mechanisierung am Hauptmontageband. Es wurden insgesamt 1.000 der 5.000 Montagearbeitsplätze eingespart. Auch dieser Rationalisierungsprozeß erforderte die Umsetzung von weiteren 10.000 Mitarbeitern in Wolfsburg . (FR 24.02.84, FAZ 24.02.84, Malsch, Dohse, Jürgens 1987: 50)

SEAT verzichtete im Standort Barcelona in den 80er Jahren auf umfassende Investitionen in neue Produktionsanlagen, es wurden lediglich einige Industrieroboter aus Wolfsburg installiert. Die Produktivitätserhöhungen resultieren aus der Vereinfachung der Arbeitsabläufe, der optimierten Kontrolle der zugelieferten Komponenten, einer ständigen Überwachung des Produktionsprozesses und der Qualitätskontrolle der fertigen KFZ. (Wirtschaftswoche 15/1988) Erst 1990/91 erfolgte eine Modernisierung des Presswerkes in Barcelona. Die Hubzahl der neuen Pressen stieg von 14 auf 20-22 Pressvorgänge pro Minute, ein Matrizenwechsel ist in 10 Minuten möglich. Die neuen Pressen benötigen nur noch 50 % des Personals. Im Standort El Prat wurden neue Maschinen für die Getriebeproduktion installiert. Die Ausweitung der Arbeitszeit auf drei Schichten wird zu einer Verdoppelung der Produktion bei einem Anstieg des Personals um 20 % führen. (Int. 5)

Die Umsetzung der technikzentrierten Produktionskonzepte bringt mehrere Probleme für die Belegschaften des Volkswagenkonzerns mit sich. Zunächst verringert sich durch die Rationalisierungsmaßnahmen das Volumen an manueller Arbeit. Bis zum Jahr 2006 kann die Volkswagen AG, bei gleichbleibendem Produktionsvolumen 25 % der inländischen Belegschaft einsparen. (Brumlop; Jürgens 1986: 81f.) Mit der Automatisierung fallen Arbeitsplätze und -inhalte in gefährdeten Bereichen weg. Die Veränderung der Tätigkeit würde bei gleichbleibenden Entlohnungskriterien zu Lohnminderungen führen, während gleichzeitig die Arbeitsintensität durch den Anstieg der Variantenvielfalt der Modelle zunimmt. (vgl. Brumlop 1986) Die Rationalisierungswellen verringern die Anzahl der Arbeitsplätze für ungelernte und angelernte Mitarbeiter. Die neugeschaffenen Arbeitsplätze können von dieser Gruppe nur noch nach der Absolvierung von Qualifizierungsmaßnahmen besetzt werden. Facharbeiter sind von der Rationalisierung eher positiv, Angelernte eher negativ betroffen. (vgl. Malsch, Dohse, Jürgens 1987)

Die Laufzeiten der kapitalintensiven Maschinen müssen möglichst ausgedehnt werden, um deren Rentabilität zu steigern. Die Forderungen nach Arbeitszeitflexibilisierung seitens des Managements in Spanien und Deutschland nehmen zu. Bei der Volkswagen AG wurde bereits 1984 die Forderung nach einer "Vereinbarten Jahresarbeitszeit", einem "Pausendurchlauf" und "Alternativen Schichten" erhoben. (FAZ 16.03.84) Hinzu kommen Forderungen nach zusätzlichen Samstagsschichten und die Einführung einer dritten Schicht in der Wolfsburger Endmontage seit 1990. (SZ 28.03.87, Welt 23.02.90) Auch bei SEAT stand die Forderung nach der Einführung einer Samstagsschicht und einer dritten Schicht an allen Produktionsstandorten zur Diskussion. (Expansión 09.05.91)

Obwohl der Schwerpunkt der innerhalb des Volkswagenkonzerns eingeführten neuen Produktionskonzepte auf technikorientierten Strategien lag, griff der

Konzern ebenfalls auf Elemente der "After Japan" Strategie und in den letzten Jahren verstärkt auf humanzentrierte Konzepte zurück. Die Fertigungstiefenverringerung und damit verbunden die Ausweitung der "Just in Time"-Zulieferung waren bereits Bestandteile der ersten Sparkonzepte bei Volkswagen. In Wolfsburg arbeiteten 1991 8.000 Mitarbeiter für die Komponentenzulieferung, wie z.B. Kunststoffteile, Stahlfelgen, Sitze, Kabelstränge. Im Rahmen der Fertigungstiefenverringerung wurden zwischen 1988 und 1990 die Graugußgießerei und Teile der Galvanik stillgelegt sowie die Kapazität des Kleinpreßwerks um 70 % verringert. Hierdurch entfielen 1.450 Arbeitsplätze. (FR 29.06.88) Im Jahr 1991 verlagerte der Konzern die Produktion von Alu-Felgen nach VW of Canada. Seit Ende der 80er Jahre soll die Fertigungstiefe in Wolfsburg jährlich zwischen 1 % bis 3 % zurückgehen. (FR 05.05.88, sonderausgabe 1991: 65) Der Ausbau der "Just in Time"-Zulieferung gestaltet sich wegen der geographischen Lage der Volkswagenstandorte in Norddeutschland schwierig. Erst 10 der 1.100 Zulieferer des Standortes Wolfsburg arbeiten nach dem "Just in Time"-Prinzip. Die Umsetzung dieses Konzepts und des Logistik-Konzeptes FEBES, welches den Materialfluß optimieren soll, wird die Anzahl der Arbeitsplätze im Lagerhaltungsbereich reduzieren. (FAZ 02.02.87) Seit einigen Jahren integriert Volkswagen einen Teil der Instandhaltung und der Qualitätssicherung in den Produktionsprozeß, wodurch Mitarbeiter im indirekten Bereich eingespart werden. Die Qualitätssicherung in Wolfsburg wurde beispielsweise von 2.000 auf 766 Mitarbeiter reduziert. (Sonderausgabe 1991: 66, 123f.)

Der Erfolg der neuen Produktionskonzepte zeigt sich am Anstieg der Produktionsleistung pro Mitarbeiter innerhalb des Volkswagenkonzerns. Betrachtet man die Produktionsleistung Wolfsburgs, ohne Berücksichtigung der für die Konzernverwaltung tätigen Mitarbeiter, erhöhte sich die Fertigung pro Arbeitnehmer von 1986 22 KFZ auf 25,1 KFZ im Jahr 1990. Bei SEAT war der Anstieg der Produktivität pro Mitarbeiter nach der Übernahme in den Volkswagenkonzern besonders ausgeprägt; fertigte 1986 jeder Mitarbeiter 14,4 KFZ, stieg die Quote 1990 auf 20,5 Einheiten im Jahr. Die niedrige Pro-Kopf-Produktion bei AUDI erklärt sich aus der höherwertigen Ausstattung der AUDI-Modelle. (Tabelle V-15)

Die Zunahme der Produktivität in den genannten Unternehmensbereichen führt, bei gleichbleibendem Arbeitsvolumen zu einen allmählichen Rückgang der Beschäftigung in den einzelnen Standorten. Hinsichtlich dieser Tatsache stehen die Arbeitnehmervertretungen bei Volkswagen und SEAT vor unterschiedlich intensiven Arbeitnehmerkonkurrensituationen. In den Volkswagenstandorten der alten Bundesländer ist kein Ausbau der Produktionskapazitäten vorgesehen. Der Produktionsausstoß stieg im Jahr 1990 in Wolfsburg lediglich durch arbeitsorganisatorische Maßnahmen, wie die Einführung einer dritten Schicht in der Endmontage. (Geschäftsbericht 1990: 17) Ein Ausbau der Kapazitäten in der Bundesrepublik ergibt sich nur durch den Neubau des Produktionsstandortes Mosel/Zwickau. Mit dem absehbaren Ende der Produktaufwertungsstrategie fällt eine weitere Möglichkeit, das Arbeitvolumen zu stabilisieren weg. In den SEAT-Standorten ist dagegen Anfang der 90er Jahre ein Ausbau der Produktionskapazität von 1990 ca. 505.000 Einheiten bis 650.000 Einheiten im Jahr 1994 vorgesehen. Das Rationalisierungspotential der technikzentrierten Strategie wird in den Standorten der Bundesrepublik zu Arbeitnehmerkonkurrenzsituationen führen, die von einer Abnahme der absoluten Belegschaftszahlen gekennzeichnet sind. Dagegen kann SEAT bei der geplanten Erhöhung seiner Produktion die absolute Belegschaftszahl halten, eventuell sogar ausgebaut. Vor diesem Hintergrund stellt sich die durch neue technikzentrierte Produktionskonzepte geschaffene Arbeitnehmerkonkurrenzsituation für die deutsche Arbeitnehmervertretung negativer dar, als für die spanischen Arbeitnehmervertreter. Es ist zu fragen, ob die deutschen Arbeitnehmervertreter aufgrund ihrer schlechteren Ausgangsbedingungen bezüglich der neuen Produktionskonzepte die internationale Kooperation forcieren, um wenigstens ein Anwachsen der durch die Internationalisierung des Konzerns hervorgerufene direkte Konkurrenz der Belegschaften verringern zu können.

Die Einrichtung von Qualitätszirkeln seit 1979 und von Arbeitsgruppen im Produktionsbereich seit Ende der 80er Jahre ist für die Arbeitnehmervertretungen von besonderer Brisanz, da diese Konzepte die Einschätzung der Funktion der Arbeitnehmervertretung durch die Belegschaft verändern können. Die Erfahrung, daß sich Probleme in den Qualitätszirkeln effizienter lösen lassen, könnte die Arbeit der Arbeitnehmervertreter in den Augen der Belegschaft abqualifizieren. Außerdem bestand die Gefahr eines mitbestimmungsfreien Raumes in den Qualitätszirkeln. (FR 20.03.87) Die Gewerkschaften befürchten eine Konkurrenz zwischen dem Sprecher der Arbeitsgruppen und den gewerkschaftlichen Vertrauensleuten in den Produktionsbereichen. Andererseits kann die Arbeitnehmervertretung das Humanisierungspotential dieser neuen Arbeitsorganisationsform nicht ignorieren. Für das Management sind die Qualitätszirkel primär Instrumente, um "notwendigerweise die Produktivität zu steigern, mehr Motivation, geringere Kranken- und Abwesenheitszeiten zu erzielen". (FAZ 21.03.90) Seit einigen Jahren setzt Volkswagen versuchsweise Fertigungsteams in der Produktion ein. Nach begrenzten Arbeitsgruppenerfahrungen in der Montage sollte im Frühjahr 1992 erstmals eine der sechs Produktionslinien des Golf III komplett auf Gruppenarbeit umgestellt werden. In der Volkswagen AG existieren 6.000 Gruppenarbeitsplätze in der Fertigung. (Seminar 1992: 4) Darüberhinaus soll die gesamte Produktion im neuen Volkswagenstandort Mosel/Zwickau und im Seat-Standort Martorell nach dem Gruppenarbeitsprinzip organisiert werden. Das Wolfsburger Management verbindet mit der Einführung von Produktionsgruppen das Ziel einer Erhö-

hung der Produktivität um 60 % und einer Korrektur der überzogenen Automatisierung der Produktion, wie sie in Halle 54 zu beobachten ist. (Sonderausgabe
1991: 36f., Tagung 1992) Hinsichtlich der Teamarbeit in der Produktion gelten
die gleichen Befürchtungen der Arbeitnehmervertretungen wie für die Qualitätszirkel.

Eine zusätzliche Reduzierung der Produktionskosten und -risiken will
Volkswagen durch die begrenzte Zusammenarbeit mit anderen Automobilherstellern erreichen. Im Forschungs- und Entwicklungsbereich arbeitete Volkswagen
gemeinsam mit Renault seit 1983 an der Entwicklung eines Automatik-Getriebes.
Zur Einschätzung der Zusammenarbeit mit FORD in Brasilien und Argentinien,
sowie zum Joint Venture in der Volksrepulbik China siehe den Abschnitt 5.5.4.
Die Zusammenarbeit mit FORD baut Volkswagen auch in Europa aus. In Portugal entsteht ein gemeinsamer Produktionsstandort für den Bau einer Großraumli-
mousine mit einer Kapazität von 200.000 Einheiten. (FAZ 19.12.89) Außerdem
soll ein weiteres Modellsegment mit dem gemeinsamen Bau eines Kleinstwagens,
der unterhalb des FORD-Fiesta und des VW-Polo angesiedelt ist erschlossen
werden. Als jährliche Produktionsziffer dieses Personenwagens, an dessen Entwicklung sich auch SEAT und SKODA beteiligen wurden 600.000 Fahrzeuge
genannt. (KStA 14.02.91) Von besonderer Bedeutung für die Einführung neuer
Teamarbeitskonzepte bei Volkswagen ist die Zusammenarbeit mit Toyota im
Modellsegment der Nutzfahrzeuge mit einer Tonne Nutzlast. Die Auslastung der
Kapazität des Standorts Hannover sollte ab 1989 durch die Montage von 15.000
Pick-ups jährlich verbessert werden. Das Modell wird von Toyota übernommen.
Ende 1989 soll ein Volkswagen-Zulieferanteil von 45 % und 1990 von 60 % erreicht werden. Volkswagen wird 10.000 Fahrzeuge unter seinem Markennamen
vertreiben. (Welt 13.09.88, SZ 11.01.89) Nach eigenen Angaben will das Volkswagenmanagement die Zusammenarbeit nutzen, um von den Gruppenarbeitser-
fahrungen des japanischen Managements zu profitieren. (Welt 01.12.89)

Zusammenfassend läßt sich innerhalb der Volkswagen AG bis Ende der
80er Jahre ein Schwerpunkt bei der Durchführung technikzentrierter Produktionskonzepte mit einem erheblichen Rationalisierungspotential erkennen. Dieses Rationalisierungspotential führt gemeinsam mit der begrenzten Ausbaufähigkeit der
Produktionskapazitäten der Standorte in der Bundesrepublik und dem Ende der
Produktaufwertungsstrategie zu einem allmählichen Abbau der absoluten Belegschaftszahl der bundesdeutschen Volkswagenstandorte. Die Arbeitnehmerkonkurrenz um die verringerte Zahl der Arbeitsplätze wird zunehmen. Es ist zu erwarten, daß die Belegschaft ein steigendes Interesse an sicheren Arbeitsplätzen
artikulieren wird. Gleichzeitig ist die Belegschaft unterschiedlich von den neuen
Produktionskonzepte betroffen. Während die Zahl der Arbeitsplätze für ungelernte Arbeiter und deren Aufstiegschancen abnimmt, werden im begrenzten Um-

fang neue Arbeitsfelder für Facharbeiter geschaffen. Es ist zu erwarten, daß dies die Arbeitnehmervertretung bei der Formulierung ihrer Position gegenüber den neuen Produktionskonzepten vor zusätzliche Probleme stellt. Hinzu kommt die Infragestellung einer Strategie der Arbeitnehmervertretung, die sich auf die Ausübung einer Schutzfunktion für die Belegschaft beschränkt. Bei der Einführung humanzentrierter Produktionskonzepte, aber auch technikzentrierter Konzepte ist die Arbeitnehmervertretung zunehmend aufgefordert, Produktionsstrukturen aktiv mitzugestalten. Zusätzlich erfahren die Mitarbeiter in den Arbeitsgruppen eine neue Form der Anerkennung ihrer Sachkompetenz durch das Management. Diese Erfahrung kann bei einer unflexiblen Haltung der Arbeitnehmervertreter zu einer negativen Einschätzung der Arbeit der Arbeitnehmervertreter führen. Dies gilt insbesondere für den SEAT-Standort Martorell, in dem verschiedene Richtungsgewerkschaften um die Unterstützung ihrer Politik durch die Belegschaft konkurrieren. Insofern geht von der Einführung humanzentrierter Produktionskonzepte eine zusätzliche Gefährdung der Verankerung der Arbeitnehmervertretung in der Belegschaft aus, welche die Mobilisierungsfähigkeit der Arbeitnehmervertretungen schwächen kann. Es ist zu erwarten, daß diese spezifischen Probleme der Arbeitnehmervertreter mit den neuen Produktionskonzepten in der internationalen Kooperation thematisiert werden und als dauerhafter Diskussionspunkt zur Stabilisierung der Kooperation beitragen.

Die vorrangige Umsetzung kapitalintensiver Produktionskonzepte im VW-Konzern führt darüberhinaus zu einer stetig zunehmenden Belastung des Betriebsergebnisses. Die Kapitalintensität jedes neugeschaffenen Arbeitsplatzes in der Automobilindustrie ist stark angestiegen. Zunehmende Investitionen erhöhen die Abschreibungen, die wiederum den verteilbaren erwirtschafteten Ertrag vermindern. (24) Bis 1987 hielt die Bundesrepublik Deutschland neben dem Land Niedersachsen einen 16prozentigen Anteil am Grundkapital der Volkswagen AG. Dieser öffentliche Einfluß erleichterte Vorstand und Arbeitnehmervertretung die Verteidigung niedriger Umsatzrenditen und Dividendenausschüttungen. Seitdem der Kapitalanteil der privaten Kapitalgeber gestiegen ist, steht der Vorstand unter stärkerem Druck, eine höhere Verzinsung des Grundkapitals zu sichern, da die Privatanleger weniger Interesse an einer sozialen Standort- und Regionalpolitik, als vielmehr an einer angemessenen Rentabilität haben. (Der Spiegel 13/1988, FR 25.09.87) Diese Forderung nach Rentabilität einerseits und die Interessen der Belegschaft an einem angemessenen Anteil am Unternehmensertrag andererseits, sind vor dem Hintergrund der ertragsmindernden Effekte hoher Investitionen immer weniger vereinbar. Es entsteht ein weiterer Konflikt, in dem die Arbeitnehmervertretung eine vermittelnde Position einnehmen muß.

Abschließend kann die Entwicklung der Arbeitnehmerkonkurrenz innerhalb der europäischen, der spanischen und deutschen Automobilindustrie sowie innerhalb des Volkswagenkonzerns, in Beantwortung der zweiten Hypothese, wie folgt beurteilt werden. Bis Ende der 60er Jahre existierte innerhalb der europäischen Automobilindustrie keine nennenswerte Arbeitnehmerkonkurrenz aufgrund geringer weltweiter und Intra-EG KFZ-Exporte, sowie einer geringen grenzüberschreitenden Verflechtung der Produktionsstrukturen der KFZ-Hersteller. Seitdem ist die Automobilindustrie in allen europäischen Staaten zunehmenden Veränderungen der KFZ-Nachfrage, der Anbieterkonkurrenz und der technologischen Rahmenbedingungen der Produktionsorganisation ausgesetzt. Von den japanischen KFZ-Anbietern geht eine erhöhte Anbieterkonkurrenz auf den europäischen KFZ-Märkte aus. Dieser Exportdruck wird nach der Vollendung des Binnenmarktes zusätzlich zunehmen. Die europäischen KFZ-Hersteller versuchen durch unterschiedliche Internationalisierungsstrategien und den Einsatz neuer Produktionskonzepte eine Erhöhung ihrer Rentabilität zu erreichen. Am Beispiel der europäischen bzw. weltweiten Verbundfertigung bei FORD und General Motors wurden die negativen Auswirkungen der Produktionsverbunde auf die konzerninterne Arbeitnehmerkonkurrenz zwischen den Belegschaften der europäischen Standorte dieser Unternehmen dargestellt. Der Einsatz technikzentrierter neuer Produktionskonzepte führte in den 80er Jahren europaweit zu einem Rückgang der Mitarbeiterzahlen bei den KFZ-Herstellern. Es konnte gezeigt werden, daß beide Faktoren zu einem Anstieg der Arbeitnehmerkonkurrenz in der europäischen Automobilindustrie führten, die ein generell steigendes Interesse an internationalen Kontakten zwischen den Arbeitnehmervertretungen dieser Branche erwarten läßt.

Die Entwicklung der Arbeitnehmerkonkurrenz innerhalb der spanischen und der deutschen KFZ-Industrie differiert in einigen Punkten. Die Hersteller beider Länder verfolgen bei nationalen Nachfragerückgängen eine exportorientierte Strategie, die die Arbeitnehmerkonkurrenz durch KFZ-Exporte in die übrigen EG-Staaten externalisiert. Allerdings unterliegen die spanischen Automobilhersteller, im Gegensatz zu den bundesdeutschen keiner nennenswerten japanischen Anbieterkonkurrenz. Die japanischen KFZ-Importe auf den spanischen KFZ-Markt sind reglementiert. In der spanischen KFZ-Industrie nahm gleichzeitig, seit den 80er Jahren die konzerninterne Arbeitnehmerkonkurrenz erheblich zu, da die spanischen Tochtergesellschaften der europäischen KFZ-Hersteller zunehmend in die europäische Verbundproduktion integriert wurden. Auch die Belegschaften in den bundesdeutschen KFZ-Standorten unterliegen einer - durch die japanische Anbieterkonkurrenz intensivierten - konzerninternen Arbeitnehmerkonkurrenz. Diese konzerninterne Konkurrenz erhöhte sich zusätzlich durch Fusionen, wie beispielsweise die Übernahme SEATs und SKODAs durch den Volkswagenkonzern. Die Rationalisierungsprozesse technikzentrierter Produktionskonzepte setzten sich in der spanischen KFZ-Industrie aufgrund hoher Kapital- und niedriger Lohnkosten bis Ende der 80er Jahre kaum durch. Die Belegschaften der deutschen KFZ-Standorte entgingen einer verschärften Arbeitnehmerkonkurrenz da das Arbeitsvolumen durch eine erfolgreiche Produktaufwertungsstrategie stabilisiert wurde. Das Rationalisierungspotential der technikzentrierten neuen Produktionskonzepte wurde bei den bundesdeutschen KFZ-Herstellern auf diese Weise weitgehend kompensiert.

Ein Vergleich der allgemeinen europäischen Arbeitnehmerkonkurrenz mit der branchenspezifischen Arbeitnehmerkonkurrenz in der europäischen Automobilindustrie zeigt Parallelen in der Entwicklung der Arbeitnehmerkonkurrenz aufgrund von Warenexporten. In beiden Bereichen nahmen die Intra-EG-Exporte bereits in den 60er Jahren erheblich zu. Allerdings unterliegen einige nationale KFZ-Märkte in der EG einer besonders intensiven japanischen Anbieterkonkurrenz, die in anderen Branchen nicht existiert. Die für die Veränderung der Bargaining Power der betrieblichen Arbeitnehmervertretungen besonders relevante konzerninterne Arbeitnehmerkonkurrenz, stieg bei den europäischen KFZ-Herstellern bereits in den 70er Jahren, ungefähr zehn bis fünfzehn Jahre früher, als in den übrigen EG-Branchen. Diese Tatsache führt dazu, daß die betrieblichen Arbeitnehmervertreter der europäischen Integration einen geringeren Einfluß auf ihre Kooperationsentscheidungen zusprechen, als dem Einfluß, der von der Internationalisierung der Produktionsstrukturen des jeweiligen KFZ-Herstellers ausgeht. Diese Bewertung reflektiert die frühzeitig erfolgte europäische Integration der Absatz- und Produktionsstrukturen der relevanten in Westeuropa produzierenden KFZ-Unternehmen.

Am Beispiel des Volkswagenkonzerns konnten die Auswirkung von Internationalisierungsprozessen, der Umsetzung von Exportstrategien und von neuen Produktionskonzepten in den deutschen und spanischen Konzernstandorten auf die Entwicklung der Arbeitnehmerkonkurrenz zwischen den Belegschaften aufgezeigt werden. Die konzerninterne Arbeitnehmerkonkurrenz zwischen den Belegschaften spielte in der ersten Internationalisierungsphase des Konzerns keine Rolle. Die Verringerung der manuellen Arbeit durch Rationalisierungsprozesse konnte aufgrund der Expansion des Konzerns auf den ausländischen Exportmärkten aufgefangen werden. Mit der Entscheidung, einen US-amerikanischen Produktionsstandort aufzubauen, fiel diese Externalisierung der Arbeitnehmerkonkurrenz aufgrund von Exporten in den deutschen Standorten erstmals fort. Die Öffnung der umsatzstärksten Märkte des Binnenmarktes für japanische KFZ-Exporte wird die erfolgreiche Umsetzung dieser Exportstrategie zusätzlich behindern. Mit dem Fortfall des nordamerikanischen Exportmarktes beginnt eine qualitativ neue Internationalisierungsphase des Volkswagenkonzerns, die durch eine Zunahme der Arbeitnehmerkonkurrenz aufgrund von KFZ-Exporten und der Internationalisierung der Produktionsstrukturen gekennzeichnet ist. Die Übernahme von SEAT und SKODA und deren Fähigkeit, Volkswagenmodelle zu fertigen, gefährdet das Fertigungsmonopol der deutschen Standorte in Europa. Produktionsverlagerungen in kostengünstigere Standorte werden potentiell möglich; die Verlagerung des

Polo zeigt ihre Realisierbarkeit besonders im unteren Modellsegment, das eine niedrige Rentabilität aufweist. Die Unwirtschaftlichekeit der Produktion von Kleinwagen in bundesdeutschen Konzernstandorten ist ein ambivalenter Erfolg der Produktaufwertung bei Volkswagen und AUDI. Die Möglichkeit zu Produktionsverlagerungen steigt gleichzeitig mit der Verbesserung der Produktionsqualität in den übrigen europäischen VW-Konzernstandorten. Die Neuverteilung des Produktionsvolumens kann beschäftigungspolitisch zum Nachteil der deutschen Standorte entschieden werden. Den Kostenargumenten des Managements, welches auf die starke japanische und südkoreanische Konkurrenz verweist, können sich die Arbeitnehmervertretungen auf Dauer nicht verschließen. Mit dieser Argumentation betreibt der Vorstand die Einführung neuer Produktionskonzepte, die in ihrer humanzentrierten Ausformung eine Neubestimmung der Position und Rolle der Arbeitnehmervertretungen innerhalb der Betriebe erfordern. Diese Neubestimmung der Position der Arbeitnehmervertretung beeinträchtigt gemeinsam mit dem wachsenden Arbeitnehmerkonkurrenzpotential die Handlungsfähigkeit der betrieblichen Arbeitnehmervertretungen.

Da sowohl die Einführung neuer Produktionskonzepte, als auch die Internationalisierung der Konzernstrukturen auf internationale Wettbewerbsverschiebungen in der Automobilindustrie zurückgehen, können die betrieblichen Arbeitnehmervertretungen auf diese Bedrohung ihrer Bargaining Power nur mit dem Aufbau internationaler Kooperationskontakte reagieren. Im Sinne der zweiten Hypothese ist die "europäische Automobilindustrie" somit als ein Umweltfaktor der VW- und Seat-Arbeitnehmervertretungen anzusehen, der zu einer steigenden Arbeitnehmerkonkurrenz, einer Beeinträchtigung der Bargaining Power und damit einer zunehmenden Wahrscheinlichkeit positiver Kooperationsentscheidungen der Mandatsträger beiträgt.

Anmerkungen Kapitel fünf:

(1)
Zu den KFZ-Produktionsziffern des Jahres 1957 siehe Hild 1986: 52.

(2)
Die Importsubstitutionspolitik wurde seit der Weltwirtschaftskrise der 30er Jahre von einigen Entwicklungsländern als Industrialisierungsstrategie verfolgt. Bisher importierte Konsumgüter sollten möglichst von der nationalen Wirtschaft produziert werden. Da die Nachfrage z.B. nach Automobilen wegen der fehlenden Kaufkraft gering blieb, konnten, im Vergleich zu den Industrieländern, nur kleinere Stückzahlen zu höheren Kosten produziert werden. Der nationale Markt wurde aus diesem Grund durch hohe Zölle und Importverbote geschützt. Die KFZ-Hersteller waren gezwungen im jeweiligen Land KFZ-Montagewerke, mit einem bestimmten national produzierten Komponentenanteil, zu errichten, wenn sie in den geschützten KFZ-Markt eindringen wollten. (vgl. Nohlen 1985: 277)

(3)
Zwischen 1956 und 1971 stieg die japanische KFZ-Produktion von 111.066 um das 52fache
auf 5.810.774 KFZ an. (Bloomfield 1978: 227)

(4)
Die amerikanischen und europäischen KFZ-Hersteller orientieren sich bei der Verringerung der
Fertigungstiefe an den Strukturen der japanischen KFZ-Industrie. Bei japanischen PKW sind
70 % der Herstellungskosten dem Zulieferbereich zuzuordnen, bei westeuropäischen Produ-
zenten liegt der Anteil bei 55 % und bei General Motors in den USA beträgt er nur 30 %. Die
Zulieferer können kostengünstiger kalkulieren, da sie niedrigere Löhne und Sozialleistungen als
die Autohersteller zahlen und bei ihnen keine lebenslange Beschäftigungsgarantien wie in der
KFZ-Kernindustrie gewährt werden. (Nolte 1992: 38f.)

(5)
Einen kurzen Überblick über die Implikationen und die Umsetzung des tayloristisch-fordistischen Produktionskonzepts in der Autoindustrie geben Jürgens, Malsch, Dohse 1989: 4f..

(6)
Während der Produktionsindex der japanischen KFZ-Hersteller zwischen 1970 und 1985 von
100 auf 230 Punkte stieg, nahm ihr Belegschaftsindex im gleichen Zeitraum nur von 100 auf
128 Punkte zu. (Jürgens, Malsch, Dohse 1989: 35)

(7)
Siehe Womack, J.P ; Jones, D.T.; Toos, D., Die zweite Revolution in der Automobilindustrie,
Frankfurt 1991.

(8)
Die Diskussion der Übertragbarkeit des Toyotismus wird unter anderem von Nolte geführt. Er
neigt einem integrierten Erklärungsansatz zu, "welcher die Organisation des Arbeitsprozesses
und die Organisation der Arbeitsbeziehungen, also betriebswirtschaftliche und makroökonomische Faktoren sowie deren sozio-kulturelle Entstehungszusammenhänge als Erklärung für die
Funktionsfähigkeit des "Modell Japan" heranzieht". (Nolte 1992: 42) In ihm wird das japanische Modell nicht als Alternative zum Fordismus angesehen, aber die Übertragbarkeit einzelner
Elemente, wie z.B. des Just in Time Konzeptes und der Qualitätszirkel wird für möglich gehalten.

(9)
Der Toyotismus führt durch das Management by Stress zur einer hohen Arbeitsbelastung und
Arbeitsintensität. (FR 28.03.92) In den Arbeitsgruppen werden schwache Gruppenmitglieder
ausgeschlossen um das Gruppenergebnis nicht zu gefährden. (Helfert 1991: 707) Die Verfüg-
barkeit des Personals muß hoch sein, um Nacharbeiten zu gewährleisten. (Demes 1992: 45) Es
kommt zu einer starken Segmentierung in Stamm- und Randbelegschaften. (Bechtold, Kreuder
1992: 477)

(10)
"Nachdem die Arbeitszeitflexibilisierung der achtziger Jahre uns eine 'betriebsnahe Tarifpolitik
von rechts' bescherte, bieten die vom globalen Wettbewerb aufgeschreckten Unternehmer einer
Schlüsselbranche eine Arbeitsgruppen-Konzeption an, für die linke Gewerkschafter (es darf an

Hans Matthöfer und Fritz Vilmar erinnert werden) in den sechziger Jahren vergeblich die Gewerkschaftsvorstände zu gewinnen suchten". (Müller-Jentsch 1992: 7)

(11)
Durch den gestiegenen Außenwert des Yen verringerte sich die Stundenlohndifferenz zwischen einem japanischen und einem US-amerikanischen Automobilarbeiter von einer Relation im Jahr 1985 von umgerechnet 12,56 zu 19,99 US-Dollar, auf eine Relation im Jahr 1986 von nur noch 18,64 zu 19,99 US-Dollar. (Jürgens 1986: 24) Bis 1993 wollen acht japanische KFZ-Hersteller zwölf Montage- und Produktionsstandorte oder gemeinsame Produktionsstätten in EG-Ländern errichten. In ihnen sollen jährlich 559.300 bis 609.300 KFZ hergestellt werden.(Financial Times 06.12.88)

(12)
Die japanischen Hersteller produzieren in Japan mit einem indexierten Kostenaufwand von 100. Nissan erreicht in UK noch einen Indexwert von 110-115, die besten europäischen Hersteller Renault und PSA erzielen lediglich 120. (Spiegel 27/1991: 87)

(13)
Eigene Berechnungen aufgrund von Angaben in Stafford/Purkis 1989.

(14)
1989 lag die durchschnittliche Nettojahresarbeitszeit bei Volkswagen bei 1.147 Stunden, sie betrug bei Opel 1.210, FORD 1.240, Peugeot 1.350 und bei Fiat bei 1.550 Stunden. Den höchsten Monatslohn für Leistungslöhner zahlte 1989 Daimler-Benz mit 3.390 DM, VW zahlte 3.348 DM, Opel 3.150, FORD 3.084 und BMW 3.050 DM. (HB 31.05.88)

(15)
Im Jahr 1989 hatte SEAT die höchsten Personalaufwendungen aller spanischen Anbieter mit jährlich 3,544 Millionen Pts pro Mitarbeiter, gefolgt von Renault mit 3,509 Millionen, General Motors 3,004 Millionen, Citroen mit 2,931 Millionen und Peugeot mit 2,876 Millionen Pts. Dagegen lag SEAT mit 19,9 produzierten KFZ pro Mitarbeiter im Jahr auf dem vorletzten Platz. Bei FORD wurden 29,8 KFZ, bei Citroen 26,6, bei Peugeot 20,1 und bei Renault 19,1 KFZ pro Mitarbeiter hergestellt. (SEAT-Daten 1990) Bei der Produktionsleistung muß die unterschiedliche Fertigungstiefe zwischen den einzelnen Herstellern berücksichtigt werden, die Daten sind nur bedingt vergleichbar, geben jedoch einen Produktivitätstrend an.

(16)
Vom SEAT-Management zur Verfügung gestellte Daten über die Geschäftstätigkeit des Unternehmens und der wichtigsten spanischen KFZ-Hersteller der Jahre 1986-1989.

(17)
In der Betriebswirtschaftlehre wird bei einer Verdoppelung der Variantenzahl von einem Kostenanstieg zwischen 20 % und 30 % ausgegangen. (Wildemann 1992: 22)

(18)
Es wurde als Bezugsgröße der Gesamtumsatz der Marke gewählt. Bei der Volkswagen AG liegt der Anteil des Kraftfahrzeugverkaufs bei 1985 76,4 % und stieg bis 1990 auf 79 % am Gesamtumsatz. Es wurde am Gesamtumsatz festgehalten, da auch bei den anderen Marken nur diese Daten vorlagen.

(19)
Unter CKD-Sätzen versteht man "completely knocked down" Fahrzeugsätze, die in der Montagestätte nur noch zusammengesetzt werden müssen, ohne daß weitere Komponenten hinzugefügt werden.

(20)
Einen Überblick über die Gesetzgebung zur Einbindung des Automobilsektors in die nationale Industrie der ökonomisch wichtigsten südamerikanschen Länder gibt Paquien 1969.

(21)
Eine Analyse der Produktions- und Nachfragekrise der Jahre 1972 bis 1975 und der Aktivitäten der betrieblichen Akteure findet sich bei Streeck 1984, Kapitel fünf.

(22)
Zwischen 1971 und 1990 nahm der Anteil der in ausländischen Standorten Beschäftigten an der Gesamtbelegschaft von 20,8 % auf 36,4 % zu. Der Anteil der in ausländischen Standorten produzierten KFZ an der Konzernproduktion verdoppelte sich fast von 1971 20,7 % auf 1990 40,6 %. Gleichzeitig ging der Anteil des KFZ-Exports der inländischen Standorte an der inländischen Produktion von 1971 62,8 % auf 1990 48 % zurück. Einerseits ist bei der Exportziffer von 1990 die deutsche Sonderkonjunktur zu berücksichtigen, andererseits reflektiert die Zahl die Verdrängung der deutschen Produktion von wichtigen Auslandsmärkten, wie z.B. in Nordamerika. (Geschäftsbericht 1971, 1990)

(23)
Von den Unternehmen der deutschen Automobilindustrie wurde das Marktpotential für Industrieroboter in den 80er Jahren als zukünftig erheblich ansteigend eingeschätzt. 1982 waren 3.500 Roboter im Einsatz, diese Zahl stieg 1985 auf 12.484 und sollte 1990 bei 39.160 liegen. (Malsch, Dohse, Jürgens 1984: 56)

(24)
Die Kostspieligkeit der technikzentrierten Produktionskonzepte ergibt sich aus dem Anstieg der Investitionskosten für einen Arbeitsplatz in der bundesdeutschen Automobilindustrie in den 70er und 80er Jahren. Zwischen 1978 und 1988 stieg die Kapitalintensität eines Arbeitsplatzes von ca. 73.000 DM auf ca. 146.000 DM zu laufenden Preisen. (Neumann 1992: 49) Die Abschreibungen innerhalb des Volkswagenkonzerns entwickelten sich wie folgt: 1978 1,46 Milliarden, 1980 2,1 Milliarden, 1982 3,04 Milliarden, 1984 4,02 Milliarden, 1987 4,78 Milliarden, 1988 4,94 Milliarden und 1990 5,92 Milliarden DM. (Geschäftsberichte div. Jahrgänge)

6. Der Einfluß des deutschen und spanischen Systems der Arbeitsbeziehungen auf die Bargaining Power der betrieblichen Arbeitnehmervertretungen

Neben den ökonomischen und technologischen Veränderungen in den Unternehmen bildet das jeweilige nationale System der Arbeitsbeziehungen einen weiteren Umweltbereich, der Einfluß auf die Kooperationsprozesse zwischen betrieblichen Arbeitnehmervertretungen innerhalb eines Konzerns nimmt. Wie in der zweiten Hypothese ausgeführt, steigt die Wahrscheinlichkeit einer positiven Kooperationsentscheidung, wenn eine Beeinträchtigung der Bargaining Power der betrieblichen Arbeitnehmervertretungen eintritt, die durch einen Rückgriff, beispielsweise auf die Ressourcen der nationalen Gewerkschaften nicht kompensiert werden kann. Die Analyse des deutschen und spanischen Systems der Arbeitsbeziehungen soll Aufschluß über den Umfang der rechtlich garantierten Bargaining Power der VW- und der Seat-Arbeitnehmervertretungen geben. Stellen die Systeme den Arbeitnehmervertretungen umfangreiche Mitwirkungsrechte zur Verfügung, die die Arbeitnehmerkonkurrenz innerhalb der Unternehmen effizient einschränken können, nimmt die Wahrscheinlichkeit der Aufnahme von Kooperationskontakten ab.

Das System der Arbeitsbeziehungen hat die Funktion, die kontinuierlichen Interessengegensätze zwischen den Akteursgruppen Arbeit und Kapital, unter Einbeziehung des Staates zu regulieren und so konfliktfreie ökonomische Aktivitäten, bei gleichzeitiger Sicherung einer ausreichenden Zielerreichung der beiden Akteursgruppen zu gewährleisten. Beyme definiert dieses System von Beziehungen zwischen Kapital und Arbeit wie folgt: "Sie (die Arbeitsbeziehungen - V.M.) implizieren eine Ideologie, die die Konfliktpartner übergreift, oder wenigstens ein Bewußtsein von gewissen Spielregeln in der Geltendmachung der jeweiligen Interessen. Zu den Arbeitsbeziehungen gehören sowohl interne Satzungen und Handlungsanleitungen der beteiligten Gruppen (Gewerkschaften und Arbeitgeberverbände, staatliche Stellen) wie Kollektivverträge, Abmachungen, Schlichtungsregelungen und Normen der Betriebsverfassungen als *integrative* Momente und die Gewohnheiten und Regeln des Arbeitskonflikts als die *dissoziativen* Elemente des Verkehrs zwischen den Parteien des Arbeitsmarktes". (Beyme 1977: 13) Beymes Definition ist hinsichtlich der beteiligten Gruppen um die betrieblichen Arbeitnehmervertretungen auszuweiten. Der Interessenausgleich zwischen den Hauptakteuren Arbeit und Kapital wird dabei nicht durch einen normativen Konsens gesichert, sondern geht aus der rationalen Einsicht hervor, daß die Aushandlung von Kompromissen kostengünstiger durchzuführen ist, als die Durchsetzung eigener Maximalpositionen. (vgl. Feldhoff 1988: 117) Dies bedeutet jedoch, daß jede extern hervorgerufene Veränderung der Organisationsumwelt von

Arbeit und Kapital, deren Bargaining Power beeinflußt und zu bestimmten Themen getroffene Kompromisse neu verhandelt werden müssen.

Im Zentrum des Vergleichs des spanischen und des deutschen Systems der Arbeitsbeziehungen steht die Frage nach dem Umfang der, den betrieblichen Arbeitnehmervertretungen und den Gewerkschaften garantierten Rechte, die einen Teil ihrer Bargaining Power ausmachen. Die Differenz zwischen dem spanischen und dem deutschen System der Arbeitsbeziehungen liegt in der durch Gesetz geregelten, unterschiedlichen Verteilung der Bargaining Power auf die Arbeitnehmerorganisationen der Betriebs- ,der Branchen und der regionalen Ebene, sowie dem differierenden Verflechtungsgrad zwischen Gewerkschaften und betrieblichen Arbeitnehmervertretungen. (vgl. Groser 1979: 261) Diese Aspekte und der Umfang der staatlichen Sozial- und Einkommenstransferpolitik sind verantwortlich für die national differierenden Kompetenzen und Handlungsstrategien der deutschen und spanischen Arbeitnehmerorganisationen. Da in Spanien und Deutschland ein duales System der Interessenvertretung existiert und der Staat sozialpolitische Aufgaben übernimmt, existiert in beiden Systemen der Arbeitsbeziehungen eine tarifliche, betriebliche und sozialpolitische Handlungsarena. (vgl. Feldhoff 1988: 101; Müller-Jentsch 1982: 427) Im folgenden wird zunächst auf die Abgrenzung der Kompetenzen und der Bargaining Power zwischen den betrieblichen Interessenvertretungen und den Gewerkschaften eingegangen. Diese Abgrenzung bestimmt die Handlungsspielräume der einzelnen Akteure und beeinflußt die Bedeutung der einzelnen Verhandlungarenen im Gesamtsystem der Arbeitsbeziehungen. In diesem Zusammenhang ergibt sich die Frage, inwieweit die Bedeutung der einzelnen Verhandlungsarenen und der verschiedenen Arbeitnehmerorganisationen durch externe Einflüsse, wie beispielsweise durch die Einführung neuer Produktionskonzepte verändert wird.

Die Zuordnung der Bargaining Power und die national unterschiedliche Entwicklung der Organisationsstrukturen und -ressourcen der Arbeitnehmerorganisationen kennzeichnet den Grad der Verflechtung und Interdependenz zwischen betrieblichen Arbeitnehmervertretungen und Gewerkschaften. Unterschiede in diesen Bereichen weisen auf das Ausmaß des gewerkschaftlichen Einflusses auf die Kooperation der betrieblichen Arbeitnehmervertretungen hin.

Da der Schwerpunkt der Untersuchung auf der betrieblichen Verhandlungsarena liegt wird im folgenden ausführlich auf die betrieblichen Arbeitnehmervertretungen eingegangen. Die Rechte der Gewerkschaften werden ergänzend zu den Rechten der betrieblichen Arbeitnehmervertreter behandelt. Der Aspekt national differierender Gewerkschaftsstrukturen wird beachtet, soweit es zur Beurteilung der Bargaining Power der deutschen und spanischen betrieblichen Arbeitnehmervertretungen notwendig erscheint.

6.1 Die Abgrenzung der Bargaining Power zwischen den betrieblichen Arbeitnehmervertretungen und den nationalen Gewerkschaften

Die Bargaining Power der betrieblichen Arbeitnehmervertretungen, deren Umfang Aufschluß über das jeweilige Kooperationsinteresse gibt, hängt von der Existenz eines autonomen Verhandlungssystems zwischen den Vertretern von Arbeit und Kapital, der Einräumung von Organisationsgarantien und Mitwirkungsrechten seitens des Staates und der Mitsprache bei der Verteilung der Ressourcen der Sozial- und Arbeitsmarktpolitik ab. (vgl. Beyme 1985: 109) In der Bundesrepublik wurde seit deren Gründung 1949 und in Spanien beginnend mit der 1974/75 einsetzenden Demokratisierung jeweils ein nationales System der Arbeitsbeziehungen entwickelt, in dem die Hauptakteure von Arbeit und Kapital in einem teilautonomen Subsystem, dem staatliche Verfahrens- und Organisationsregeln vorgegeben sind, ihre Probleme eigenverantwortlich regeln können.

Außerdem hängt die Durchsetzungsfähigkeit der betrieblichen Arbeitnehmervertretung davon ab, inwieweit sie als einziger Akteur staatlich anerkannt wurde, oder die Vertretung der Belegschaft mit weiteren Arbeitnehmerorganisationen teilt. Deutschland und Spanien besitzen ein duales System der Interessenvertretung der Arbeitnehmerschaft. In beiden Ländern werden die Interessen der Arbeitnehmer von Betriebsräten und Gewerkschaften vertreten. Das deutsche Recht garantiert die Wahl von Betriebsräten in Betrieben mit mehr als fünf wahlberechtigten, ständig beschäftigten Arbeitnehmern. Demgegenüber steht den Gewerkschaften lediglich ein Zugangsrecht zum Betrieb, jedoch kein gesetzliches Anrecht auf eine betriebliche Organisationsstruktur zu. Gewerkschaftliche Vertrauensleute in den Betrieben sind nicht gesetzlich in der Ausübung ihrer Tätigkeit geschützt. (vgl. Berg/Bobke 1982) Mit dieser bereits in der Weimarer Republik eingeführten Ausgrenzung des direkten Gewerkschaftseinflusses aus den Betrieben soll eine Befriedung der betrieblichen Sphäre und ihre Abschirmung vor überbetrieblichen Auseinandersetzungen erreicht werden. (Kotthoff 1985: 67) In Spanien garantiert das Arbeiterstatut (Estatuto de los trabajadores) in Betrieben zwischen zehn und neunundvierzig Arbeitnehmern die Wahl von Belegschaftsdelegierten (Delegados de Personal) und ab neunundvierzig Arbeitnehmern die Wahl von Betriebskomitees (Comités de Empresa). (Estatuto 1990: Art. 62, 63)

Für die Kooperationsfähigkeit der bundesdeutschen betrieblichen Arbeitnehmervertretungen ist es von besonderer Bedeutung, daß das Betriebsverfassungsgesetz seit 1972 die Einrichtung von Gesamt- und Konzernbetriebsräten vorsieht. (BetrVG § 47, 54) Nach dem spanischen Arbeiterstatut kann die Einrichtung und die Zuständigkeit eines Gesamtbetriebsrats (Comité Intercentro) tarifvertraglich vereinbart werden. (Estatuto Art. 63,3) Per Gesetz wurden somit Abstimmungsgremien der Arbeitnehmervertretung auf nationaler Ebene institutionalisiert, die zu Akteuren in internationalen Kooperationsprozessen werden können. Für das Verhältnis zwischen Gewerkschaften und betrieblicher Arbeitnehmervertretung ist von Bedeutung, daß die Gesamtbetriebsräte in der Regel, wie die Betriebsräte in den Großunternehmen relativ unabhängig von den Gewerkschaften agieren. (Streeck 1979a: 255)

Im Gegensatz zu Deutschland verbrieft das 1985 verkündete "Gesetz über die gewerkschaftliche Freiheit" (Ley Organica de Libertad Sindical) einen Anspruch der Gewerkschaftsmitglieder auf die Einrichtung von Gewerkschaftssektionen in ihrem jeweiligen Betrieb. (Ley Organica 1985: Art. 8) Die Absicht des deutschen Gesetzgebers, eine deutliche organisationsstrukturelle Trennung zwischen betrieblicher und sektoraler Ebene umzusetzen, ist in Spanien nicht verwirklicht worden. Es stellt sich daher die Frage, inwieweit in Spanien die betrieblichen Arbeitsbeziehungen durch überbetriebliche, branchenweite bzw. regionale Konflikte beeinflußt werden. Außerdem kann die Überschneidung der Tätigkeitsfelder eine Überschneidung der betrieblichen und sektoralen Verhandlungsarenen zur Folge haben, aus der ein Konkurrenzverhältnis zwischen Gewerkschaften und betrieblichen Arbeitnehmervertretungen mit negativen Auswirkungen auf die Durchsetzungsfähigkeit beider Akteure resultiert.

Die Bargaining Power der Arbeitnehmerorganisationen beruht auf dem Umfang der durch Mitglieder oder externe Akteure bereitgestellten Ressourcen und der Existenz gesetzlich zugelassender Sanktionsmittel. Neben der bereits festgestellten Überschneidung der Verhandlungsarenen der betrieblichen und branchenweiten Arbeitnehmerorganisationen in Spanien führt die Existenz gleicher Sanktionsmittel, gleicher Verhandlungsthemen und mehrerer Gewerkschaften mit gleichen Organisationsbereichen zu einer intensiveren Konkurrenz zwischen den spanischen Arbeitnehmerorganisationen. Eine Übertragung dieser Konkurrenz auf die Betriebsebene und in die Betriebskomitees beeinträchtigt die Bargaining Power der betrieblichen Arbeitnehmervertretungen gegenüber den Unternehmensleitungen.

Im dualen System der Interessenvertretung Deutschlands und Spaniens beruht die Existenz der betrieblichen Arbeitnehmervertretungen auf einer gesetzlichen Garantie. Sie sind Repräsentativorgane der gesamten Belegschaft eines Betriebs und formal unabhängig von den Gewerkschaften, der Unternehmensleitung und auch ihren Wählern. (Kotthoff 1985: 68; Fürstenberg 1958) Die Kosten für ihre Arbeit trägt das Unternehmen.
Demgegenüber sind Gewerkschaften Arbeitnehmerorganisationen auf freiwilliger Basis. Als freiwillige Organisationen mit dem Ziel der Begrenzung der Arbeitnehmerkonkurrenz hängt ihre Handlungsfähigkeit von der Folgebereitschaft und der erfolgreichen Ressourcenübertragung seitens ihrer Mitgliedschaft ab. (1)

Zur Erfüllung dieser Aufgabe können sie sich berufsständisch, entlang politischer und religiöser Abgrenzungen, auf Betriebs-, Branchen- und nationaler Ebene organisieren. (vgl. Beyme 1977: 19-60) Im Gegensatz zu den Betriebsräten und -komitees müssen die Gewerkschaften ihre Repräsentativität gegenüber den Arbeitgebern erst durch einen hohen Organisationsgrad herstellen. Darüberhinaus bildet der Organisationsgrad einen Anhaltspunkt für die potentielle Organisationsmacht der Gewerkschaft, indem er "die Fähigkeit einer Organisation zur Beschaffung *formalisierter Unterstützungsverpflichtungen*" mißt. (Streeck 1979: 72) Die potentielle Organisationsmacht reicht in der Regel als Druckmittel in Verhandlungen aus. (vgl. Müller-Jentsch 1982: 422) Aus der Existenz mehrerer Richtungsgewerkschaften und einem niedrigen Organisationsgrad läßt sich auf eine niedrige Bargaining Power der jeweiligen Gewerkschaften schließen.

Die konkrete Organisationsstruktur der deutschen und spanischen Gewerkschaften differiert, trotz einer gleichen dualen Grundstruktur erheblich. Während sich in Deutschland nach dem zweiten Weltkrieg das Prinzip der Einheitsgewerkschaft durchsetzte, wurde in Spanien mit dem Beginn des Demokratisierungsprozesses die Idee der politischen und konfessionellen Richtungsgewerkschaft wiederbelebt. Die im "Deutschen Gewerkschaftsbund" organisierten Industriegewerkschaften erreichten 1989 mit 7,861 Millionen Mitgliedern einen Organisationsgrad von 31,8 %. (Kittner 1991: 88) In Spanien reduzierte sich die Zahl der Gewerkschaften nach einem Gründungsboom, in der Demokratisierungsphase zwischen 1977 und 1984 von 2.814 auf 94 Organisationen, die ihre Statuten bei den Behörden hinterlegt hatten. (Zufiaur 1985: 207) In den 80er Jahren entwickelte sich aus dieser Vielzahl von Organisationen ein Dualismus zweier Gewerkschaftsbünde mit angeschlossenen Industriegewerkschaften, der sozialistisch orientierten "Union General de Trabajadores" UGT mit 1989 977.100 Mitgliedern und der kommunistisch orientierten "Comisiones Obreras" CC.OO, die 1983 716.000 Mitglieder zählte. (Zufiaur 1985: 229; Union General de Trabajadores, Secretaria 1990) Daneben existieren noch bedeutende regionale Gewerkschaften in Galizien und dem Baskenland. Der Organisationsgrad aller Gewerkschaften ging von 1978 50 % auf 1988 15 % zurück. (Departamento de Investigaciones Sociales FIES 1985: 235; Lallana/Carmen 1990: 134) (2)
In beiden Ländern ist die hohe Anzahl gewählter Gewerkschaftsmitglieder in den betrieblichen Arbeitnehmervertretungen bedeutsam für den Einfluß der Gewerkschaften auf der betrieblichen Ebene. Die DGB-Gewerkschaften errangen 1990 76,3 % aller Betriebsratsmandate, obwohl sie nur 31,8 % der Arbeitnehmer organisieren. (Kronenberg u.a. 1991: 482) In Spanien ist die Diskrepanz zwischen Organisationsgrad und betrieblicher Verankerung noch gravierender. Allein die UGT erhielt 1990 42,2 % und die CC.OO. 35,9 % aller Betriebskomiteemandate. 1986 gehörten 93,3 % aller Komiteemitglieder einer Gewerkschaft an. (Lorente 1990: 4414; El Pais 09.05.91)

Die Repräsentanz der Gewerkschaften in den Belegschaften und den Arbeitnehmervertretungen der Automobilindustrie Deutschlands und Spaniens liegt über dem durchschnittlichen landesweiten, gewerkschaftlichen Organisationsgrad. In der gesamten deutschen Automobilindustrie lag der Organisationsgrad der IG Metall, ohne Berücksichtigung des KFZ-Handwerks, 1986 bei ca. 70 %. In den Betrieben der KFZ-Hersteller stieg er auf 80 % bis 95 % an. (Streeck 1988: 15) Bei den Betriebsratswahlen 1987 fielen 82,5 % aller Mandate an IG Metall-Mitglieder. (Industriegewerkschaft Metall 1989b) Bei den spanischen KFZ-Herstellern erreicht allein die UGT Metal Organisationsgrade, die zwischen 13 % und 41,2 % liegen. (3) 1986 entfielen bei den Betriebskomiteewahlen in der Automobilindustrie auf die UGT 35,1 % und auf die CC.OO. 39 % aller 2.067 Mandate. (Ministerio de Trabajo 1987: 111)

Allerdings läßt bereits ein Größenvergleich der IG Metall mit den beiden spanischen Metallgewerkschaften UGT Metal und CC.OO. Metal erkennen, daß letztere den Betriebskomitees keine mit der IG Metall vergleichbare Unterstützung leisten können. Die IG Metall hatte 1990 2,73 Millionen Mitglieder, die UGT Metal 188.264 Mitglieder und die CC.OO. Metal 100.000 Mitglieder. (Kittner 1991: 85; Union General de Trabajadores, Secretaria 1990) (4) Allein die personellen Ressourcen der spanischen Gewerkschaftsbünde reichen nicht zur Betreuung aller gewählten Betriebskomiteedelegierten aus. 1985 arbeiteten für die Konföderation der UGT 800, für die Konförderation der CC.OO. 1.095 Mitarbeiter. In diesen Zahlen sind 145 hauptberufliche UGT-Sekretäre und 320 von Unternehmen freigestellte Betriebskomiteedelegierte, die jedoch in den Gewerkschaftsbüros eingesetzt werden enthalten. Die entsprechenden Zahlen für die CC.OO. betrugen 315 und 310 Mitarbeiter. (Departamento FIES 1985: 240) Demgegenüber umfaßte der hauptamtliche Apparat der IG Metall 1988 2.658 Mitarbeiter. (Industriegewerkschaft Metall 1989b)

Während in der spanischen Wirtschaft eine Aufsplitterung der Arbeitnehmerschaft in primär zwei große Richtungsgewerkschaften und ein niedriger Organisationsgrad auf eine niedrige Bargaining Power hinweist, erreichen beide Gewerkschaften gemeinsam, zumindest in den Betriebskomitees der Großunternehmen, eine den DGB-Gewerkschaften vergleichbare Repräsentativität. Der Organisationsgrad in der spanischen Automobilindustrie ist mit dem in der westdeutschen Automobilindustrie vergleichbar.

Einen weiteren Hinweis auf die Konkurrenz zwischen gesetzlich verankerten betrieblichen Arbeitnehmerorganisationen und Gewerkschaften gibt die Gleichartigkeit der Verhandlungsthemen und -formen. Ein solches Konkurrenzverhältnis zwischen Betriebsrat und Gewerkschaft wird in Deutschland durch die eindeutige Zuweisung der Tarifvertragsfähigkeit an die Gewerkschaften verhindert. Betriebsvereinbarungen dürfen keine üblicherweise in Tarifverträgen geregelten

Themen aufgreifen, es sei denn, der Tarifvertrag enthält eine Öffnungsklausel. (BetrVG § 77) (5) Diese Regelung gibt den Gewerkschaften in den Verhandlungen mit der Kapitalseite über Lohntarife und Manteltariffragen eine Vorrangstellung gegenüber den Betriebsräten. Sie erleichtert die Aufteilung in eine sektorale quantitative und eine betrieblich qualitative Tarifpolitik. (Müller-Jentsch 1979: 268f.) In Spanien haben sowohl die Belegschaftsdelegierten in Kleinbetrieben, die Betriebskomitees, die betrieblichen Gewerkschaftssektionen, falls sie über die Hälfte der Betriebskomiteedelegierten stellen und die überbetrieblichen repräsentativen Gewerkschaften das Recht, Tarifvertragsverhandlungen zu führen. (Estatutos 1990: Art. 83, 87; Ley Organica 1985: Art. 8) Zwar behält der Gesetzgeber das Verhandlungsmandat der repräsentativsten Gewerkschaft der Branche und des Betriebs vor, trotzdem können die anderen Gewerkschaften zumindest über ihre Vertreter im Betriebskomitee einseitige Verhandlungen behindern bzw. Tarifverhandlungen durch das Betriebskomitee fordern. (6) Dieser potentielle Konflikt beeinträchtigt die Verhandlungsposition der Betriebskomitees gegenüber dem jeweiligen Management.

Der Abschluß von Flächentarifverträgen in Deutschland im Bereich der quantitativen Tarifpolitik, die von den Betriebsräten jeweils über betriebsspezifische Zulagen verbessert werden können, hat das Einkommensniveau innerhalb der einzelnen Industriezweige harmonisiert und eröffnet den Industriegewerkschaften die strategische Option einer solidarischen Interessenpolitik mit starken und schwachen Arbeitnehmergruppen. (Streeck 1979b: 725) In Spanien besteht dagegen ein starkes regionales und brancheninternes Lohngefälle, beispielsweise existierte 1987 bei den Stundenlöhnen der Werkstattmeister in den Provinztarifverträgen der spanischen Metallindustrie eine Spannbreite von 458 Pts in Avila bis zu 944 Pts in Guipuzcoa. (Fundacion 1988: 87) Ein Grund für diese Differenzen dürfte, neben den regionalen, ökonomischen Disparitäten, in der erheblichen Zersplitterung der Tariflandschaft der spanischen Metallindustrie liegen. 1989 wurden in der spanischen Metallindustrie insgesamt 4.278 Tarifverträge abgeschlossen. 3.004 betriebliche Tarifvereinbarungen galten für 1,06 Millionen Arbeitnehmer, während 1.274 sektorale Tarifverträge für 5,72 Millionen Arbeitnehmer Gültigkeit besaßen. (Ministerio de Trabajo 1991: 161) In der Automobilindustrie wurden 1990 29 Tarifverträge mit einer einjährigen Laufzeit abgeschlossen. (Ministerio de Trabajo 1989: 102) Die große Lohndifferenzierung in einer Berufsgruppe zeigt, daß die spanischen Industriegewerkschaften, im Gegensatz zu den deutschen Organisationen über keine Option verfügen, eine solidarische Tarifpolitik anzuwenden.

Ein weiterer Gesichtspunkt der Konkurrenz zwischen betrieblichen Arbeitnehmervertretungen und Gewerkschaften betrifft die Verfügung über legale Sanktionsmittel. In der Bundesrepublik verfügen nur die Gewerkschaften über das

Streikrecht, die Betriebsräte sind ausdrücklich zur Wahrung des Betriebsfriedens aufgefordert. (BetrVG § 74) Diese Regelung sichert die Mobilisierungsfähigkeit der Gewerkschaften auf sektoraler Basis, da sie das Streikrecht nicht mit den betrieblichen Arbeitnehmerorganisationen teilen müssen. (vgl. Müller-Jentsch 1979: 271) In Spanien können Betriebskomitees und Gewerkschaften das Streikrecht ausüben. (Ley Organica 1985: Art.2) Die Betriebskomitees sind nicht auf eine Friedenspflicht festgelegt, diese kann jedoch tarifvertraglich vereinbart werden.

Die den spanischen Betriebskomitees und den Gewerkschaften zustehende Tarifvertragsfähigkeit und das Streikrecht erfordert eine interne Einigung über die tarifpolitische Strategie und Rolle beider Akteursgruppen. Diese Einigung wird erschwert, wenn zusätzlich der Aspekt richtungsgewerkschaftlicher Konkurrenz, primär zwischen UGT und CC.OO., in die Handlungskalküle der betrieblichen Interessenvertreter einfließt. Vor diesem Hintergrund bietet das spanische System der Arbeitsbeziehungen, im Gegensatz zum deutschen System, keine institutionelle Rollenzuweisung für betriebliche und sektorale Arbeitnehmerorganisationen. Diese muß in Spanien bei gleichen Verhandlungsthemen, Sanktionsmitteln und Verhandlungsarenen von den Beteiligten selbst ausgehandelt werden. Die Aushandlung wird durch die Existenz von Richtungsgewerkschaften erschwert, die sich gerade auf betrieblicher Ebene gegenüber ihrer Basis profilieren müssen. Diese Tatsachen sprechen, gemeinsam mit der geringen personellen Kapazität des hauptamtlichen Gewerkschaftsapparates und dem niedrigen Organisationsgrad, für eine im Vergleich mit den deutschen Industriegewerkschaften geringerere Bargaining Power der spanischen Arbeitnehmerorganisationen. Ob diese Analyse aufgrund der Existenz eines starken, gesetzlich verankerten Verhandlungsmandates der spanischen Betriebskomitees revidiert werden muß wird im folgenden nachgefragt.

6.2 Die rechtlich garantierten Funktionen und Ressourcen der betrieblichen Arbeitnehmervertretungen

Die per Gesetz garantierten Rechte und von den Unternehmen zu gewährenden materiellen Zuwendungen lassen sich als Ressourcen der betrieblichen Arbeitnehmerorganisationen definieren, die deren Handlungsfähigkeit sicherstellen. Die Garantie des Staates ermöglicht die Unabhängigkeit der betrieblichen Arbeitnehmervertretungen von den Gewerkschaften, den Unternehmensleitungen aber auch von der Belegschaft. Die Arbeitnehmervertretung kann unabhängiger von den Bedürfnissen der Belegschaft operieren, gerät hierdurch jedoch tendenziell in die Gefahr, eine belegschaftsferne Politik zu praktizieren. (7) Die Quantität und Qualität der staatlich garantierten Ressourcen ist die Grundlage der Bargaining Power der betrieblichen Arbeitnehmervertretungen, deren Höhe einen Hinweis auf ihre Kooperationsbereitschaft gibt.

Zu den primären Ressourcen zählt die den Arbeitnehmervertretungen verfügbare Arbeitskapazität. Sie kann aufgrund des Zahlenverhältnisses zwischen den zu wählenden Mandatsträgern und der Belegschaftsgröße, sowie dem Umfang der Freistellung der gewählten Mandatsträger für die Interessenvertretungsarbeit beurteilt werden. Beide Faktoren sind in Deutschland und Spanien gesetzlich geregelt. Während das Arbeiterstatut eine relativ höhere Anzahl von Mandatsträgern als das Betriebsverfassungsgesetz vorsieht, ist im deutschen Recht eine günstigere Freistellungsregelung enthalten. (Arbeiterstatut Art 66, 68e; BetrVG § 9, 38) Die gewerkschaftlichen Vertrauensleute in Deutschland haben keinen gesetzlichen Anspruch auf die Ausübung ihres Amtes während ihrer Arbeitszeit. Dagegen sieht die spanische Arbeitsgesetzgebung ebenfalls die Wahl von Gewerkschaftsdelegierten der Gewerkschaftssektionen ab einer bestimmten Betriebsgröße und Repräsentativität der Gewerkschaft im Betrieb vor, denen die gleichen Rechte und der gleiche Kündigungsschutz wie Betriebskomiteemitgliedern zustehen. (Ley Organica 1985: Art.10) In einigen Großbetrieben ist ein bestimmter Anteil dieser Sektionsdelegierten aufgrund von Tarifverträgen ebenfalls freigestellt. In gleicher Weise wird in spanischen Unternehmen Betriebskomitees und Gewerkschaftssektionen durch materielle Unterstützung des Unternehmens ihre Arbeit ermöglicht. Das Betriebsverfassungsgesetz sieht nur die materielle Absicherung der Betriebsratsarbeit vor. (BetrVG § 40; Ley Organica 1985: Art.8; Arbeiterstatut Art.81) Während das deutsche System primär die Arbeitsfähigkeit des Betriebsrats stärkt, wird im spanischen System die Dualität und Konkurrenz von Betriebskomitee und Gewerkschaftssektion durch die Zuweisung gleicher Unterstützungsleistungen stabilisiert.

Neben den personellen und materiellen Ressourcen zählen die Informations-, Konsultations-, Mitwirkungs- und Mitbestimmungsrechte, sowie die Kontrolle über die Einhaltung tarifvertraglicher und gesetzlicher Bestimmungen zu den Hauptressourcen der betrieblichen Arbeitnehmervertreter. In der Bundesrepublik sind diese Rechte detailliert und abgestuft gesetzlich geregelt. Wie Kotthoff bemerkt erfolgt diese Abstufung nach dem Prinzip: "Je näher ein Gegenstand an die genuin unternehmerischen Entscheidungen reicht, um so schwächer sind die Mitbestimmungsrechte". (Kotthoff 1985: 68) Hinsichtlich der unternehmerischen Entscheidungen besteht nur eine Informationspflicht, die über den Wirtschaftsausschuß realisiert wird und sich auch auf die internationalen Aspekte der Unternehmenstätigkeit, die Einfluß auf die inländischen Standorte nehmen erstreckt. (BetrVG § 106) Daneben stehen dem Betriebsrat abgeleitete Informationsrechte aus seinen sonstigen Mitwirkungs- und Mitbestimmungsrechten zu. (8) Im Rahmen technologisch bedingter Änderungen der Arbeitsabläufe hat der Betriebsrat Unterrichtungs- und Beratungsrechte, die bei Mißachtung "gesicherter arbeitswissenschaftlicher Erkenntnisse" zu einem Widerspruchsrecht aufgewertet werden. (BetrVG §90, 91, 111) Ein Anhörungs- und Widerspruchsrecht besteht ebenfalls bei Personalentscheidungen; in sozialen Angelegenheiten stehen dem Betriebsrat Mitbestimmungsrechte zu. Diese gesetzlich garantierten Rechte ermöglichen es dem Betriebsrat grundsätzlich, frühzeitig relevante Informationen über die internationalen Aktivitäten der Unternehmensleitung zu erhalten und in ihrer Bedeutung für die inländische Belegschaftsentwicklung zu bewerten. Zur Unterstützung des Betriebsrats kann zusätzlich auf Informationen der Arbeitnehmervertreter im Aufsichtsrat zurückgegriffen werden, wenn das Unternehmen unter die gesetzlichen Regelungen der Unternehmensmitbestimmung fällt. Besonders die strategische Unternehmensplanung, zu der die Internationalisierung des Unternehmens zählt, kann durch Informationsrechte der Aufsichtsratsmitglieder dem Betriebsrat frühzeitig zur Kenntnis gebracht werden. (Kronenberg u.a. 1991)

In der spanischen Arbeitsgesetzgebung existiert keine Unternehmensmitbestimmung für Arbeitnehmervertreter. (9) Die betrieblichen Rechte der Arbeitnehmervertreter beschränken sich auf Informationsrechte über die wirtschaftliche Entwicklung des Unternehmens und der Branche, der es angehört, die frühzeitige Information über quantitative Veränderungen der Belegschaft, der Arbeitszeit, der betrieblichen Ausbildung, der Arbeitsorganisation, der Arbeitsplatzbewertung, der Rechtspersönlichkeit des Unternehmens, der Arbeitsverträge und die Verhängung von Disziplinarmaßnahmen. Das Betriebskomitee kontrolliert die Einhaltung der Tarifverträge, der Arbeitsgesetze und der betrieblichen Arbeitshygiene. Seine Mitbestimmungsrechte beschränken sich auf soziale Maßnahmen des Unternehmens gegenüber der Belegschaft. Das Komitee soll mit der Unternehmensleitung im Rahmen der tarifvertraglichen Vereinbarungen an der Erhöhung der Produktivität mitarbeiten. (Arbeiterstatut Art.64)

Es zeigt sich, daß die Betriebskomitees nur über Informationsrechte, jedoch keine Mitwirkungsrechte, auch nicht im Bereich der Personalangelegenheiten verfügen. Die den deutschen Betriebsräten zustehenden weitergehenden Rechte können die spanischen Betriebskomitees nur mittelbar, über die Verankerung in Betriebstarifverträgen erlangen. Auf diesem indirekten Weg ist ihnen, beispielsweise die Festschreibung von Arbeitszeiten und Lohngruppen und die Verfahren bei Versetzungen möglich, die mittelbar eine Einwirkung auf die unternehmerischen Entscheidungen, wie die Einführung neuer Arbeitsorganisationen haben. Die geringen gesetzlichen Garantien der betrieblichen Arbeitnehmervertretungen in Spanien beeinträchtigen, im Zusammenhang mit der im dritten Kapitel gezeigten Abhängigkeit Spaniens von ausländischen Direktinvestitionen, die Bargaining Power der Betriebskomitees in Tochtergesellschaften ausländischer MNK zusätzlich. Im Fall des Volkswagenkonzerns ist daher von einem starken Anreiz und Interesse der betrieblichen Arbeitnehmervertreter SEATs an internationalen Kontakten zu den Betriebsräten der deutschen Volkswagenstandorte auszugehen.

6.3 Die Beeinflussung der Kooperation durch die Beziehungen zwischen Gewerkschaften und betrieblichen Arbeitnehmervertretungen

Die Beziehungen zwischen Gewerkschaften und betrieblichen Arbeitnehmervertretungen tangieren die Kooperationsprozesse zwischen den betrieblichen Arbeitnehmervertretungen, sofern in der Kooperation gewerkschaftspolitische Interessen berücksichtigt werden müssen, die Kooperation von gewerkschaftlichen Ressourcen abhängt oder Konfliktlinien zwischen betrieblichen und regionalen Arbeitnehmerorganisationen berührt werden. Zwar erhalten die betrieblichen Arbeitnehmervertretungen auch von anderen Akteuren Ressourcen für ihre internationalen Kooperationsbeziehungen übertragen, wie beispielsweise von einigen Unternehmensleitungen oder der EG-Kommission. Sie teilen jedoch nur mit den Gewerkschaften das ursprüngliche Ziel aller Arbeitnehmerorganisationen, die Arbeitnehmerkonkurrenz zu begrenzen.

Die gesetzliche Trennung zwischen betrieblicher Arbeitnehmervertretung und Gewerkschaft wird durch die enge personelle Verflechtung der Mandatsträger beider Akteursgruppen relativiert. (10) Der hohe Anteil von Gewerkschaftsmitgliedern in Betriebsräten und -komitees war bereits erwähnt worden. Andererseits bestehen auch die gewerkschaftlichen Gremien wie Verwaltungsstellenvorstände, Tarifkommissionen, Bezirksgremien und Gewerkschaftstage zu über 70 % aus Betriebsratsmitgliedern. (Kotthoff 1979: 300) Die Gewerkschaften versuchen auf diese Weise die betrieblichen Arbeitnehmervertretungen an sich zu binden. In Spanien ist von ähnlichen Zahlenverhältnissen auszugehen, da eine Anzahl der freigestellten Betriebskomiteemitglieder und Sektionsdelegierten nicht in ihren Unternehmen, sondern in den lokalen Gewerkschaftsbüros eingesetzt wird, um den hauptamtlichen Apparat der Gewerkschaften zu verstärken. Diese personelle Verflechtung erleichtert die gewerkschaftliche Einflußnahme auf die Kooperation der betrieblichen Arbeitnehmervertretungen. Beispielsweise haben die Vertreter der betrieblichen Arbeitnehmervertretungen in den Europäischen Betriebsräten in der Regel, in Personalunion auch gewerkschaftliche Wahlämter inne.

Die Betriebsräte sind in der Klein- und mittelständischen Industrie Deutschlands und Spaniens auf informationelle Ressourcen der Gewerkschaften angewiesen. Dies beginnt mit der Beratung bei der Auswertung der vom Unternehmen übergebenen Wirtschaftsdaten, deren Vergleich mit Branchentrends und die Auswirkungen auf die Personalpolitik. Hinzu kommen die juristische Beratung betrieblicher Arbeitnehmervertreter, die Einführungsschulungen für neue Mandatsträger und die regionale Koordinierung der Verhandlungen über betriebliche Zulagen. Diese Dienstleistungen sind im Bereich internationaler Kooperationsprozesse noch höher zu bewerten, als bei den Aktivitäten der betrieblichen Interessenvertreter auf nationaler Ebene. Da die Komplexität der internationalen Kontakte zu einem erhöhten Informationsbedarf führt, nimmt die informationelle Abhängigkeit der Mandatsträger aus Großunternehmen von den Gewerkschaften durch die Kooperation zwischen den betrieblichen Arbeitnehmervertretungen weiter zu.

Andererseits sind die betrieblichen Arbeitnehmervertretungen neben den Vertrauenskörpern und Betriebssektionen, für die Gewerkschaften von existentieller Bedeutung in der Frage der Mitgliederwerbung. (Streeck 1979a: 249) Diese Funktion wird umso wichtiger, je mehr informelle Formen gewerkschaftlicher Organisierung an Bedeutung verlieren. (vgl. Streeck 1981: 54-63) In Spanien ist diese Rekrutierungsfunktion der Betriebskomiteemitglieder ebenso wichtig, da die Arbeitnehmer in der Regel das gesamte Betriebskomitee und nicht die einzelnen Gewerkschaften als ihre Interessenvertretung ansehen. Ein ähnliches Gewicht hat die betriebliche Interessenvertretung für die Mobilisierung der Belegschaften im Streikfall. Zwar dürfen in Deutschland die Betriebsratsmitglieder nicht zum Streik aufrufen, aber sie sind Meinungsführer gegenüber der Belegschaft und beeinflussen so den Streikwillen der Gewerkschaftsmitglieder. In Spanien mobilisieren die Betriebskomitees und Gewerkschaftssektionen die Belegschaften sowohl für betriebliche wie auch für sektorale Streikaktionen. Das fehlende Streikrecht der deutschen Arbeitnehmervertretungen hat Auswirkungen auf die Kooperation, da die Mandatsträger bei Solidaritätsaktionen nicht streiken dürfen.

In der Bundesrepublik zeichnet sich seit der zweiten Hälfte der 80er Jahre eine Tendenz ab, den Betriebsräten mehr Gewicht bei der Entwicklung einer betriebsnahen qualitativen Tarifpolitik, beispielsweise bei der betriebsnahen Umsetzung der Arbeitszeitverkürzung zuzubilligen. (11) Auch in Spanien werden die Betriebskomitees zukünftig neue Funktionen übernehmen müssen. Dies gilt zumindest in Tochtergesellschaften MNK, die neue Formen der Arbeitsorganisationen einführen. Daher dürfte sich eine neue Arbeitsteilung der Interessenvertretungen entwickeln, in der die Gewerkschaften den Rahmen und die Verfahrensfragen für die Umsetzung qualitativer Forderungen flächendeckend verhandeln und die Betriebsräte und -komitees deren individuelle Umsetzung im Betrieb betreiben. Das zunehmende Gewicht qualitativer tarifpolitischer Themen auf betrieblicher Ebene erleichtert den betrieblichen Interessenvertretern innerhalb eines MNK die Diskussion und Absprachen über diese Themenbereiche in der internationalen Kooperation, da sie auch auf nationaler Ebene, gegenüber den Gewerkschaften in diesen Fragen eine eigene inhaltliche Kompetenz erlangt haben.

Allerdings ergeben sich, neben den aufgeführten Abhängigkeiten, gerade aus der differierenden regionalen und betrieblichen Reichweite der Arbeitnehmerorganisationen Konflikte zwischen beiden Akteursgruppen. Die im deutschen Betriebsverfassungsgesetz festgeschriebene Wahrung des Betriebswohls, das grundsätzlich bei der Unternehmensleitung *und* den betrieblichen Arbeitnehmervertretern vorhandene Interesse am Unternehmenserfolg, sowie die gesetzlich garantierte Existenz der Betriebsräte und -komitees führt nach Ansicht vieler Gewerkschafter häufig zur vorrangigen Orientierung der Aktivitäten der betrieblichen Interessenvertreter an den betrieblichen Belangen des Unternehmens. Die Bewertung eines solchen Verhaltens des "Betriebsegoismus" bzw. einer "Betriebsorientierung" impliziert in jedem Fall eine besondere Bereitschaft des Betriebsrats, "sich der Sichtweise der Geschäftsleitung und den betrieblichen Beziehungen und Problemen anzupassen". (Streeck 1984: 307; Kotthoff 1979: 313) Auch in Spanien scheint die Orientierung der Betriebskomitees am Wohl des eigenen Unternehmens beträchtlich, da die Tarifabschlüsse auf betrieblicher Ebene prozentual niedriger ausfallen als die Lohnabschlüsse auf Branchenebene. (vgl. La Vanguardia 29.04.91) Die Gewerkschaften werden aufgrund der betriebssyndikalistischen Neigungen der betrieblichen Arbeitnehmervertretungen eine Einbeziehung in sämtliche Kooperationsaktivitäten der betrieblichen Mandatsträgern einfordern. Die Rücksprache mit den Gewerkschaften kann zu einer Behinderung bzw. Komplizierung der laufenden Kooperationsprozesse führen.

Die Gewerkschaften versuchen die Betriebsorientierung der betrieblichen Arbeitnehmervertretungen bislang durch eine Beschränkung dieser Akteursgruppe auf die betriebliche Verhandlungsarena einzugrenzen. Ihnen sollen keine zusätzlichen Verhandlungsbereiche zufallen. Daher stehen sie einer Stärkung der qualitativen Tarifpolitik auf betrieblicher Ebene und einer Öffnung der Flächentarifverträge abwartend bzw. ablehnend gegenüber. (vgl. Streeck 1979a) Gleichzeitig sollen hohe Organisationsgrade und starke Vertrauenskörper in den Unternehmen eine zu einseitige Betriebsorientierung verhindern. (Kotthoff 1979: 322) Die von den Gewerkschaften entsandten externen Arbeitnehmervertreter in den Aufsichtsräten können eine entsprechende Funktion im Bereich der Unternehmensmitbestimmung übernehmen. (Martens/Bürger 1987: 72f.)

Spannungen und Konflikte entstehen vor allem zwischen Gewerkschaften und Betriebsräten mit hoher Bargaining Power, die ihre Stärke primär für die Verbesserung der Situation der eigenen Belegschaft einsetzen und erst in zweiter Linie an der strategischen Interessenpolitik der Gewerkschaften interessiert sind. (Kotthoff 1985: 82) Durchsetzungsfähige betriebliche Arbeitnehmervertretungen haben kein Interesse daran, daß ihr Betrieb von der Gewerkschaft kontinuierlich als Pilotunternehmen für die Durchsetzung weitergehender Forderungen ausgewählt wird, die erst später auf die Konkurrenzunternehmen ausgedehnt werden können. (Streeck 1984: 311) (12) Einerseits belastet diese Strategie die Beziehungen zwischen betrieblichen Arbeitnehmervertretern und der Unternehmensleitung, so daß das betriebliche Verhandlungsklima leidet. Andererseits steigen durch diese gewerkschaftliche Strategie die Lohn- und Lohnnebenkosten gerade in denjenigen Großunternehmen, die als Tochtergesellschaften MNK einer erheblichen konzerninternen Arbeitnehmerkonkurrenz unterliegen. Die Pilotfunktion der Standorte verschlechtert die Verhandlungsposition der betrieblichen

Arbeitnehmervertretungen in den Verhandlungen mit dem Management und erhöht so zusätzlich das Interesse an der Aufnahme von Kooperationskontakten.

Außerdem wird die Kooperation zwischen betrieblichen Arbeitnehmervertretungen durch unterschiedliche Strategien der nationalen Gewerkschaften beeinträchtigt, die auch von den betrieblichen Arbeitnehmervertretungen umgesetzt werden. Müller-Jentsch unterscheidet grundsätzlich zwischen zwei gewerkschaftlichen Strategieformen, wobei die erstere sich durch eine "pragmatisch orientierte, auf Ausgleich und Kompromiß zielende Interessenpolitik unter faktischer Anerkennung der kapitalistischen Verwertungszwänge und Marktgesetzlichkeiten als Rahmenbedingungen gewerkschaftlichen Handelns" auszeichnet. Demgegenüber steht eine zweite Strategie, die eine Überwindung des kapitalistischen Wirtschaftssystems anstrebt. Die erste, systemimmanente Strategie umfaßt drei Varianten einer kooperativen, einer konfliktorischen und "Social Contract"-Bargaining Politik. "Während die kooperative Gewerkschaftspolitik ihre Interessenvermittlung stärker auf die system- und kapitalfunktionalen Erfordernisse abzustellen vermag, tendiert die konfliktorische dazu, Mitgliederinteressen auch unter (partieller) Verletzung der kapitalistischen Funktionslogik zu vertreten. Beim "Social Contract"-Bargaining handelt es sich um eine Variante von Interessenvermittlung, die zwar die ökonomischen Systemzwänge generell respektiert, aber gleichsam 'unterhalb der Systemebene' - aus einer Position der Stärke gezielte Strukturreformen zum Gegenstand eines Bargaining-Prozesses mit Regierung und Arbeitgeberverbänden erhebt". (Müller-Jentsch 1982: 420)

Ein Rückblick auf die bisherige Kooperation zwischen Arbeitnehmerorganisationen, von der nationalen bis hinunter auf die betriebliche Ebene, zeigt, daß es in der Vergangenheit nur zu punktuellen Kooperationsprozessen zwischen Arbeitnehmerorganisationen, die eine Interessenvertretungspolitik innerhalb der kapitalistischen Verwertungszwänge verfolgten und denen, die diese überwinden wollten, kam. Aber auch zwischen Vertretern einer kooperativen und einer konfliktorischen Strategie gab es in der Vergangenheit Auseinandersetzungen, beispielsweise über die Funktion der von deutschen Gewerkschaften vertretenen Mitbestimmungskonzeption. (13) In Spanien kann die UGT dem ersten Strategietyp und die CC.OO. konnte dem zweiten Strategietyp zugerechnet werden. Dieser Unterschied hat bis Mitte der 80er Jahre eine Zusammenarbeit zwischen beiden Gewerkschaften und auch internationale Kooperationskontakte zu beiden Gewerkschaften blockiert. Seit 1986 ist es, vor dem Hintergrund der negativen Auswirkungen der Modernisierungspolitik in der spanischen Industrie auf die Arbeitnehmerschaft und der neo-liberalen Wirtschaftspolitik der sozialistischen Regierung, zu einer Annäherung der Positionen und der Strategie der beiden Mehrheitsgewerkschaften gekommen. In der Vergangenheit haben die genannten Strategieunterschiede und die Blockade der Kontakte auf nationaler und internationaler Ebene auch die Kooperation zwischen den betrieblichen Arbeitnehmervertretungen innerhalb MNK behindert. Dieses Konfliktpotential geht seit Anfang der 90er Jahre kontinuierlich zurück. Ein Beleg hierfür ist die seit 1991 bestehende Mitgliedschaft von UGT und CC.OO. im Europäischen Gewerkschaftsbund und im Europäischen Metallgewerkschaftsbund.

In den spanischen Kleinunternehmen besteht nur ein geringer zwischengewerkschaftlicher Wettbewerb, da oftmals nur eine Gewerkschaft Mitglieder in jedem Betrieb rekrutiert. (Fishman 1984: 63f.) In der Belegschaft gibt es nur wenige Gewerkschaftsmitglieder, die zu Belegschaftsdelegierten und Betriebskomiteemitgliedern gewählt werden. In solchen Fällen gibt es keine Konkurrenz zwischen Betriebskomitee und Gewerkschaftssektion. (14) Innerbetriebliche Konfliktpotentiale zwischen Betriebskomitees und den einzelnen Gewerkschaftsektionen ergeben sich primär in den spanischen Großunternehmen, in denen mehrere Richtungsgewerkschaften vertreten sind. Ein typischer Konflikt besteht im Streit darüber, ob den Gewerkschaftssektionen oder dem Betriebskomitee der Vorrang in der Interessenvertretung der Arbeitnehmer im Betrieb zukommt. (Suárez González 1985: 273f.) Kann dieser Konflikt nicht gelöst werden, verliert das Betriebskomitee oftmals durch den Auszug einer Gewerkschaft an Bedeutung und der Prozeß geht in den zweiten Konflikttypus über. Er läßt sich als Konkurrenz der einzelnen Gewerkschaftssektionen um die erfolgreichere Politik gegenüber dem Management definieren. Infolge der Konkurrenz können sich die einzelnen Sektionen nicht auf eine gemeinsame Verhandlungsstrategie gegenüber dem Management einigen. Beide Konfliktformen schwächen die Bargaining Power der betrieblichen Interessenvertretung gegenüber der Unternehmensleitung. Dieser Konflikt behindert die Entwicklung von Kooperationskontakten auf zweifache Weise. Einerseits können die betrieblichen Konflikte verhindern, daß die Arbeitnehmervertretungen der übrigen Standorte Kontakte zu allen, im Betrieb vertretenen Gewerkschaftssektionen aufnehmen. Andererseits sind Gewerkschaftssektionen, die nur über eine beeinträchtigte Bargaining Power verfügen, tendenziell nicht in der Lage, Kooperationsabsprachen in den Verhandlungen mit dem lokalen Management durchzusetzen oder einzuhalten.

Es konnte dargestellt werden, daß die Aufnahme von Kooperationskontakten durch betriebliche Arbeitnehmervertretungen die Abhängigkeit dieser Arbeitnehmervertretungen von gewerkschaftlichen Informationsressourcen verstärkt. Ungeachtet dieser Abhängigkeit existieren Befürchtungen auf Gewerkschaftsseite, daß die betriebssyndikalistische Ausrichtung der betrieblichen Arbeitnehmervertretungen durch die eigenverantwortliche Durchführung der Kooperation weiter ansteigen könnte. Für die UGT und die IG Metall ist die Kooperation auf betrieblicher Ebene problematisch, weil Aussenkontakte der betrieblichen Mandatsträger bisher in die Zuständigkeit des Vorstands fallen, der die Kontakte koordiniert.

Die betrieblichen Arbeitnehmervertretungen begründen mit dem Gremium des Europäischen Betriebsrates eine betriebsübergreifende Struktur, an der, zumindest nach dem Willen des EG-Ministerrats, die Gewerkschaften keinen Anteil haben sollen. Die deutschen Gewerkschaften können somit ihre überbetrieblichen Interessen nicht mehr problemlos in die "Europäischen Betriebsräte" einbringen, wie ihnen das auf der Ebene der Standort- und Gesamtbetriebsräte über Vertrauensleute und Aufsichtsratsmitglieder möglich ist.

Zusammenfassend läßt sich "das deutsche und das spanische System der Arbeitsbeziehungen" als ein Umweltbereich der Kooperation zwischen betrieblichen Arbeitnehmervertretungen bezeichnen, der grundsätzlich die Wahrscheinlichkeit einer positiven Kooperationsentscheidung erhöht. Im Vergleich beider Systeme ist der kooperationsstabilisierende Einfluß des spanischen Systems der Arbeitsbeziehungen höher zu veranschlagen. Dieses System gesteht den betrieblichen Arbeitnehmervertretungen nur Informations-, jedoch keine Mitwirkungsrechte in den betrieblichen Arbeitsbeziehungen zu. Gleichzeitig beeinträchtigt es die Bargaining Power der betrieblichen Arbeitnehmervertretungen durch die fehlende Abgrenzung der Kompetenzen zwischen den Betriebskomitees und den Gewerkschaftssektionen. Unter der Voraussetzung des Wettbewerbs zwischen einzelnen Richtungsgewerkschaften ist gerade in den Großunternehmen, in denen die relevanten Gewerkschaften vertreten sind, mit einer hohen Konkurrenz zwischen den Gewerkschaften um den Einfluß auf das Betriebskomitee zu rechnen. In der Bundesrepublik stehen den Betriebsräten zwar auch Mitwirkungs- und Mitbestimmungsrechte zu. Diese Rechte sind jedoch national begrenzt, während die konzerninterne Arbeitnehmerkonkurrenz grenzüberschreitend wirksam wird. Da die Gewerkschaften den betrieblichen Arbeitnehmervertretungen inzwischen einen größeren Einfluß auf die qualitative Tarifpolitik auf betrieblicher Ebene einräumen, ist davon auszugehen, daß auch die Aufnahme internationaler Kooperationskontakte auf betrieblicher Ebene keinen Konflikt zwischen Gewerkschaften und betrieblichen Arbeitnehmervertretungen auslösen wird.

Aus den Strukturen und Veränderungen des spanischen und deutschen Systems der Arbeitsbeziehungen läßt sich eine zunehmende Bereitschaft zur Aufnahme internationaler Kooperationsbeziehungen auf Seiten der Gewerkschaften und der betrieblichen Arbeitnehmervertretungen prognostizieren. Darüberhinaus besteht seit Anfang der 90er Jahre die Möglichkeit, Kooperationskontakte zu beiden spanischen Mehrheitsgewerkschaften aufzunehmen. Seit Mitte der 80er Jahre ergab sich eine Annäherung zwischen den Positionen und Strategien von UGT und CC.OO.. Die systemüberwindende Strategie der CC.OO. veränderte sich in Richtung einer system-immanent konfliktiven Strategie. Außerdem trug die spanische Wirtschaftskrise zu einer Reduzierung der Bargaining Power der Gewerkschaften bei, die eine kooperativere Politik, auch auf betrieblicher Ebene begünstigte. Nach dem Eintritt der CC.OO. in den EGB und den EMB ist die Aufnahme von Kooperationskontakten zur CC.OO. für die DGB-Gewerkschaften unproblematisch.

Anmerkungen Kapitel sechs:

(1)
Streeck definiert die freiwillige Organisation als Zwischenform der Weberschen Indealtypen der charismatischen Sozialstruktur und der Bürokratie. Ihre duale Struktur zeigt sich in der Existenz von Mitgliedern und hauptamtlichen Funktionären. Die Mitgliedschaftsrolle verlangt der Basis bestimmte vertragsgemäße Verpflichtungen ab, die die kontinuierliche Zielerreichung der Organisation sichern sollen. Die Formalisierung der Mitgliedschaft fördert gleichzeitig die Bürokratisierung der Organisation. Dieser Prozeß erhöht wiederum die Gefahr der Zurückhaltung von Ressourcen durch die Mitglieder, wie sie als Kollektivgutproblem im Abschnitt 2.2 diskutiert wurde. (Streeck 1981: 24-41)

(2)
Die Gründe für den Rückgang des Organisationsgrades wird in der Literatur in fehlenden positiven Anreizen für Mitglieder, in dem Abschluß zentraler Lohnvereinbarungen, in den ungenügenden Streikerfolgen der Gewerkschaften Ende der 70er Jahre, im Rückgang der traditionellen Mitgliedergruppen und dem Vorherrschen der Kleinindustrie, deren Arbeitnehmer schwer zu organisieren sind, gesehen. (Lorente 1990: 4415ff.; Europäisches Gewerkschaftsinstitut 1986: 115f.; Fischman 1984: 111; Departamento FIES 1985: 236)

(3)
Der Organisationsgrad der UGT Metal betrug 1989 bei Renault 13 %, bei General Motors 22 %, bei FORD 41,2% und 1991 bei SEAT 35,7 %. (Int 12: 1; SEAT-Daten 1990)

(4)
Ein Vorstandsmitglied der UGT Metal gab die Mitgliederzahl für 1990 allerdings mit 110.000 Mitgliedern an. (Int 12)

(5)
Es besteht lediglich die Möglichkeit des Abschlusses von Haustarifverträgen in Verhandlungen mit dem zuständigen Gewerkschaftsbezirk bzw. von betrieblichen Tarifverträgen, die mit den gewerkschaftlichen Vertrauensleuten des jeweiligen Betriebes ausgehandelt werden. (Bösche/Grimberg 1991: 617)

(6)
Als repräsentativste Gewerkschaft gilt diejenige, die mindestens 10 % aller Betriebskomiteemandate auf nationaler, bzw. 15 % auf der Ebene der autonomen Region erlangt hat. (Ley Organica 1985: Art. 6)

(7)
Fürstenberg und Kotthoff sehen diese Gefahr durch die Professionalisierung der Mandatsträger, die Bürokratisierung der Vertretungstätigkeit, das vorherrschende Repräsentationsprinzip und die überwiegende Beteiligung von Facharbeitern gegeben. (Fürstenberg 1958; Kotthoff 1985)

(8)

Eine Übersicht über die Informationsrechte der deutschen betrieblichen Arbeitnehmervertreter bieten Däubler/Schulze 1978.

(9)

In Artikel 129,2 der spanischen Verfassung wird den Arbeitnehmern zugesagt, daß der Staat ihre Partizipation an den Unternehmen fördert. Ohne Durchführungsgesetz blieb dieser Artikel bisher bedeutungslos. (Constitución Espanola Art. 129,2; Suárez González 1985: 267f.)

(10)

Streeck betont insbesondere die Funktionalität der formalen Trennung beider Interessenvertretungstypen. "Geht man von den tatsächlich bestehenden funktionalen Zusammenhängen aus, so erscheint für die meisten Gewerkschaften und in der Mehrzahl der Betriebe *die verfaßte Interessenvertretung im Betrieb als Teil der* (industrie-) *gewerkschaftlichen Organisationsstruktur* bzw., genauer, *als Basis und Zentrum der betrieblichen Gewerkschaftsorganisation*. Damit aber wird das Konzept der "dualen Interessenvertretung" ebenso und aus denselben Gründen revisionsbedürftig wie die traditionelle Vorstellung von einem Dualismus von "Staat" und "Gesellschaft". Hier wie dort erscheint es empirisch realistischer und theoretisch fruchtbarer, das Postulat einer *formalen Zweiteilung* durch den Gedanken einer *widersprüchlichen Einheit* abzulösen, innerhalb derer verschieden konstituierte Strukturen symbiotisch aufeinander bezogen sind und ihre Funktionen je nach Bedarf untereinander vertauschen". (Streeck 1979a: 250)

(11)

Diese Tendenz analysieren u.a. Streeck 1987: 24f., Feldhoff 1988: 125f., Schmidt/Trinczek 1988 und Bösche/Grimberg 1991.

(12)

Innerhalb der Industriegewerkschaft Metall wird diese Pilotfunktion in den Flächentarifverträgen häufig von den Bezirken mit einem hohen Anteil an Automobilbeschäftigten übernommen. Die betrieblichen Arbeitnehmervertretungen in der Automobilindustrie sind von dieser Funktion also sowohl auf betrieblicher als auf sektoraler Ebene betroffen. (Streeck 1988: 17)

(13)

In dieser Frage scheint sich durch die fehlende Mitbestimmungspraxis, eine Verstärkung der negativen Einschätzung der Mitbestimmung seitens der südeuropäischen und britischen Gewerkschafter zu ergeben. Arbeitnehmervertreter, die gesetzlich garantierte Mitwirkungsrechte bei der Einführung neuer Informationstechnologien nutzen, fordern weitere Mitwirkungsrechte und stehen diesen insgesamt positiv gegenüber. In Ländern ohne garantierte Mitwirkungsrechte beurteilen die Mandatsträger diese Rechte negativ. (Fröhlich/Krieger 1989)

(14)

Das sich an der geringen Präsenz der Gewerkschaften in den Kleinbetrieben bis 1988 nichts geändert hat geht aus der Klage des Vorsitzenden der Chemiegewerkschaftsföderation der CC.OO. hervor: "Warum haben wir in den Tausenden von Betrieben in diesem Land mit 40 bis 50 Arbeitnehmern nur unsere drei Belegschaftsdelegierte rekrutiert? Warum beschränkt sich die Mitgliedschaft in der Mehrheit der Unternehmen, in denen nur ein Delegierter gewählt wird auf diesen selber?" (Talavera 1988: 22)

7. Der Einfluß der Organisationsstruktur der betrieblichen Arbeitnehmervertretungen auf die Entwicklung der Kooperation

Im ersten Teil der Untersuchung wurden in den Kapiteln drei bis sechs relevante Umweltbereiche der VW- und der Seat-Arbeitnehmervertretungen daraufhin untersucht, in welchem Umfang sie zu einer Veränderung der Arbeitnehmerkonkurrenz beitragen, die auf die Belegschaften der VW-Konzernstandorte einwirkt. Dieser Untersuchungsteil folgte der Annahme der zweiten Hypothese, daß aus der Erhöhung der Arbeitnehmerkonkurrenz eine Beeinträchtigung der Bargaining Power der betrieblichen Arbeitnehmervertretungen folgt. Hierdurch werden die Arbeitnehmervertretungen zur Aufnahme von Kooperationskontakten veranlaßt. Die ökonomischen Faktoren, die zur Veränderung der Arbeitnehmerkonkurrenz führen, bestehen aus einer zunehmenden Internationalisierung und Verflechtung der Produktionsstrukturen MNK und einer zunehmenden externen Anbieterkonkurrenz aufgrund von Warenexporten. In der dritten Hypothese wurde nach der Aufnahme der Kooperationskontakte eine zunehmende Störanfälligkeit der Kooperationsprozesse prognostiziert. Diese resultiert aus der Zunahme bindender Kooperationsabsprachen, die eine maximale Realisierung der Ziele jeder Arbeitnehmervertretung in den Verhandlungen mit dem lokalen Management verhindern. Unter diesen Umständen ist davon auszugehen, daß einzelne Mandatsträger versuchen werden, die Kooperationsabsprachen zu brechen und eine individuell-rationale, einseitig an den eigenen Organisationszielen orientierte Kooperationsstrategie wieder aufzunehmen. Um diese Entscheidung zu verhindern muß, gemäß der dritten Hypothese, eine kollektiv-rationale Kooperationsstrategie von den Arbeitnehmervertretungen definiert und zusätzliche Stabilisierungsmechanismen in die Kooperationsstruktur integriert werden.

Daher werden in diesem Kapitel die Organisationsstrukturen der VW- und der Seat-Arbeitnehmervertretung auf die intendierte und nichtintendierte Bereitstellung von Ressourcen und Mechanismen zur Stabilisierung bzw. Destabilisierung der *laufenden* Kooperationsprozesse hin untersucht. Eine stark differenzierte und hierarchisierte formale Gremienstruktur ist beispielsweise eher in der Lage, relativ unabhängig von Belegschaftseinflüssen Kooperationsstrategien zu entwickeln und umzusetzen. Steht die Belegschaft der Kooperation gleichgültig gegenüber, wirkt diese Struktur als ein Stabilisierungsmechanismus. Bei einer kooperationsbereiten Belegschaft, aber desinteressierten Mandatsträgern wirkt die gleiche Struktur destabilisierend auf die Kooperation. Im folgenden wird daher zunächst die Ausdifferenzierung der Gremien der Arbeitnehmervertretungen, ihre Beschäftigung mit Kooperationsthemen, sowie die Informations- und Partizipationsmöglichkeiten der Belegschaft und der Mandatsträger dargestellt. Im vorliegenden Kapitel wird die zweite Hypothese wieder aufgenommen, in dem die Entwicklung der Bargaining Power der VW- und der Seat-Arbeitnehmervertretung anhand eines Vergleichs zwischen den programmatischen und den realisierten Zielen beider Organisationen analysiert wird. Nicht realisierte Ziele der Arbeitnehmervertretungen belegen deren abnehmende Bargaining Power.

7.1 Die Organisation der betrieblichen Arbeitnehmervertretungen der Volkswagen AG

Wie im vorhergehenden Kapitel dargestellt zeichnet sich das deutsche und spanische System der Arbeitsbeziehungen durch eine duale Struktur der Vertretung der Arbeitnehmerinteressen aus. Im folgenden werden sowohl die gesetzlich garantierten, repräsentativen wie auch die gewerkschaftlichen Arbeitnehmervertretungsstrukturen der VW-Standorte vorgestellt und untersucht, in welchem Umfang sie mit der internationalen Kooperation befaßt sind. Die Analyse der Ausdifferenzierung der Organisationsstruktur und der Zuständigkeit für Kooperationsthemen innerhalb der Gremienstruktur soll einen Hinweis auf Autonomiespielräume in den Entscheidungsprozessen der Mandatsträger gegenüber der Belegschaft geben. Von dieser Autonomie geht ein ambivalenter Einfluß auf die Entwicklung der Kooperation aus. Ein größerer Entscheidungsspielraum der Mandatsträger in Kooperationsentscheidungen kann die Kooperation stabilisieren. Andererseits entsteht damit die Gefahr einer geringen Verankerung der Kooperation in der Belegschaft, die deren Mobilisierungsbereitschaft in Kooperationsfragen reduziert. Dieses Defizit kann durch die Behandlung von Fragen der Internationalisierung der Konzernstrukturen, der konzerninternen Arbeitnehmerkonkurrenz und der Entwicklung der Kooperation in den vorhandenen Informations- und Partizipationsstrukturen der Arbeitnehmervertretungen ausgeglichen werden. Die gewerkschaftliche Verankerung der Arbeitnehmervertreter erlaubt eine Prognose über die Unterstützungsbereitschaft der Gewerkschaften, die die Bargaining Power der Arbeitnehmervertretungen positiv beeinflußt. Der Vergleich zwischen angestrebten und realisierten Organisationszielen ergibt Anhaltspunkte für die Einschätzung der Bargaining Power der Arbeitnehmervertretungen.

7.1.1 Die Gremien und ihre Einbindung in die Kooperation

Bei der Betrachtung der Gremien der betrieblichen Arbeitnehmervertretung des Standortes Volkswagen Wolfsburg geht es primär um die Frage nach ihrer hierarchischen Ausdifferenzierung und die Analyse, in welchem Umfang sie sich mit internationalen Kooperationsthemen beschäftigten. Entstehen durch die Ausdifferenzierung und Professionalisierung der Organisation Autonomiespielräume der Mandatsträger, die diese für die Förderung der internationalen Kooperation nutzen? Welche Funktionärsgruppen beschäftigen sich mit der internationalen Kooperation? Bleibt sie ein Thema der Spitzenfunktionäre oder ist sie ein Gremienthema, welches sich über alle Hierarchieebenen erstreckt?

Aus der Größe des Unternehmens Volkswagen AG in der Bundesrepublik mit 1990 127.062, auf sechs Standorte verteilte, Beschäftigten läßt sich bereits ein hoher Abstimmungs- und Koordinationsbedarf der Arbeitnehmervertreter ablesen. Ein weiteres Charakteristikum der Arbeitnehmervertretungsstruktur liegt im quantitativen Übergewicht des Standorts Wolfsburg mit 1990 58.610 Arbeitnehmern begründet. Diese Zahl und die Tatsache, daß Wolfsburg Sitz der Konzernleitung ist verweist auf die Bedeutung der Wolfsburger Arbeitnehmervertretung. Deren zentrale Bedeutung gegenüber den anderen VW-Standortbetriebsräten resultiert ebenfalls aus der späteren Gründung dieser Standorte in den 50er und 60er Jahren. Sie übernahmen nicht nur die Wolfsburger Tarifstruktur, der Wolfsburger Betriebsrat unterstützte den Aufbau der jeweiligen Arbeitnehmervertretung durch die Entsendung von erfahrenen Vertrauensleuten und Betriebsräten, die die Anbindung an die Wolfsburger Politik garantierten. (Int.1: 16) Wolfsburg ist außerdem der Sitz der bundesweiten und internationalen Gremien der Arbeitnehmervertretung bei Volkswagen.

Zunächst ergibt die hohe Gremienzahl der betrieblichen Arbeitnehmervertretung in Wolfsburg das Bild einer ausdifferenzierten, hierarchisch abgestuften Struktur von Entscheidungs- und Betreuungsebenen. (vgl. Grafik 8) Generell lassen sich diese Gremien nach ihrem geographischen Bezug als standort- oder standortübergreifend, sowie nach ihrer Verankerung in gesetzlichen Vorschriften oder gewerkschaftlichen Statuten differenzieren.

Auf der Ebene der einzelnen Standorte bildet der jeweilige Betriebsrat das Zentrum der betrieblichen Arbeitnehmervertretung. Der Betriebsrat Wolfsburg umfaßte in der Wahlperiode 1987-90 69 Mandatsträgerinnen und -träger die 1988 62.000 Arbeitnehmer vertraten. Da ein Betriebsrat ca. 1.000 Mitarbeiter vertritt wurde in einer Betriebsvereinbarung die zusätzliche Freistellung von 14 Ersatzmitgliedern des Betriebsrates vereinbart. (Gesamtbetriebsrat 1988: 10) Auf die grundsätzlichen Informations-, Mitwirkungs- und Mitbestimmungsrechte wurde bereits eingegangen. (vgl. Kapitel sechs) Für einzelne Arbeitsgebiete richtet der Betriebsrat teilweise auch gesetzlich vorgeschriebene Ausschüsse ein. (1) Die Mitgestaltung des Einsatzes neuer Technologien und die Beurteilung der ökonomischen Situation des Standortes wird durch den Planungsausschuß und den Wirtschaftsausschuß getragen. Die interne Differenzierung der Betriebsratsarbeit setzte bereits 1957 mit einer Neuorganisation der Betriebsratsstrukturen ein. Die Größe des Werkes erforderte die Abschaffung der bis dahin üblichen Beteiligung sämtlicher Betriebsräte an allen Diskussionsprozessen. Es wurde ein fünfköpfiger Betriebsausschuß als Leitungsorgan des Betriebsrates eingerichtet, an den in den folgenden Jahren weitere Kompetenzen fielen und der die Verhandlungen mit der Unternehmensleitung führt. Daneben existieren Bereichsbetriebsräte, die für Probleme in ihrem Betriebsbereich zuständig sind und direkten Kontakt mit der Belegschaft halten. (Koch 1987: 113)

Grafik 8   Die Struktur der Arbeitnehmervertretung der Volkswagen AG

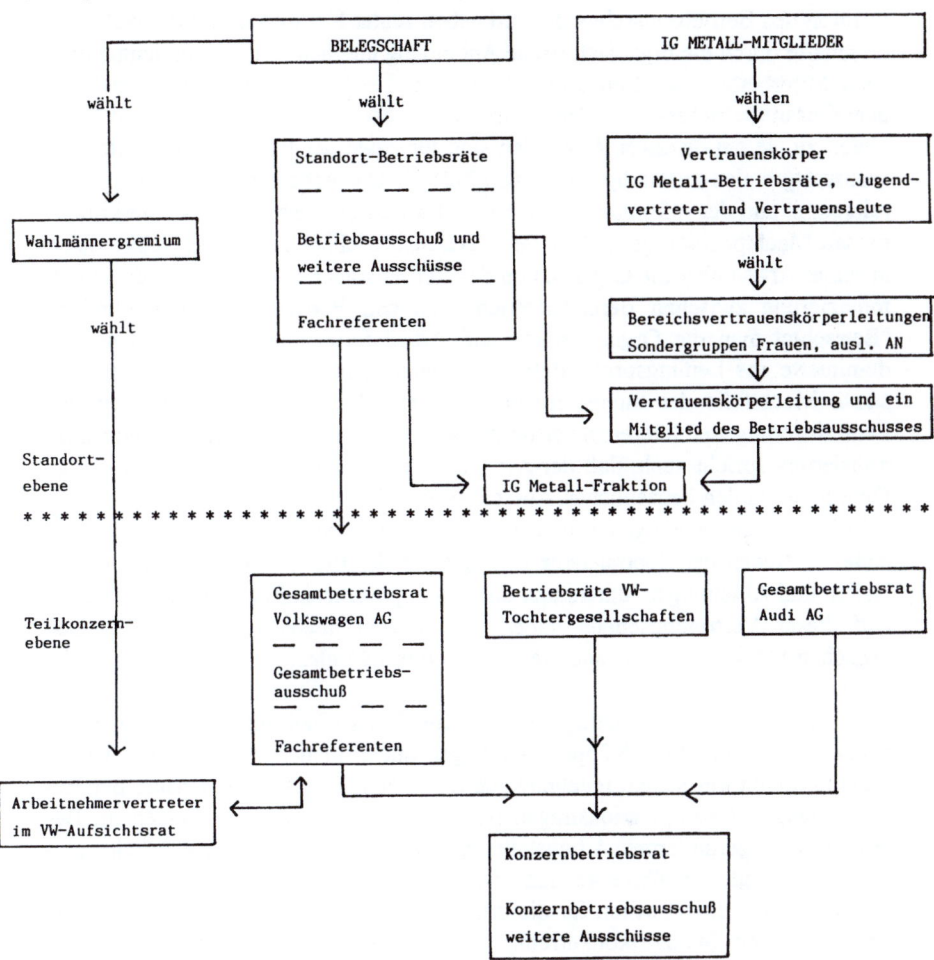

(Gesamtbetriebsrat 1988)

221

Der Betriebsausschuß führt die laufenden Geschäfte des Betriebsrates. Die Position des Betriebsausschusses wird neben seiner Kompetenz für die laufenden Geschäfte durch die organisatorische Anbindung und den Einsatz von hauptamtlichen Mitarbeitern des Betriebsrates gestärkt. 1992 arbeiteten dem Betriebsrat, dem Gesamtbetriebsrat und dem Konzernbetriebsrat 24 Referentinnen und Referenten zu. Je ein bis zwei Referenten sind für einen der Fachausschüsse der Betriebsratsgremien zuständig. (Tagung 1992) (2) Die Arbeitsressourcen der Fachreferenten und der Informationsvorsprung des Betriebsausschusses verstärkt noch dessen Machtposition gegenüber den Bereichsbetriebsräten. Koch charakterisiert in seiner Arbeit über die Organisation des Betriebsrats bei Volkswagen diese Differenzierung zwischen Bereichsbetriebsräten und Betriebsausschußmitgliedern: "Betrachtet man die Organisations- und Arbeitsformen im Zusammenhang, so dominierte das Leitungsorgan Betriebsausschuß. Hier konzentrierte sich die gesamte Machtfülle der Interessenvertretung; ihre Merkmal ist eine ausgeprägte Zentralisierung der Interessenvertretungsarbeit. Für eine stark ausgeprägte Zentralisierung spricht auch, daß der Kreis der Betriebsausschußmitglieder wichtige Funktionen in den betrieblichen Ausschüssen und Kommissionen, in den gewerkschaftlichen Leitungsorganen und im Vertrauenskörper als Koordinatoren innehatte. ... Neben der Zentralebene (...) agierten die Betriebsratsmitglieder in den Hallen und Abteilungen, unterstützt durch die gewerkschaftliche Vertrauensleute. Auf dieser Vertretungsebene finden sich sowohl intensive Kommunikationen zwischen Betriebsrat, Vertrauensleuten und Beschäftigten,...". (Koch 1987: 188)

Der Betriebsrat beschäftigt sich nur von Fall zu Fall mit Themen der internationalen Kooperation. Kooperationsfragen bilden keinen feststehenden Tagesordnungspunkt auf seinen regelmäßigen Sitzungen. Wichtiges Kriterium der Beschäftigung mit Kooperationsfragen ist das Auftauchen von Problemen im Bereich der konzerninternen Arbeitsteilung, die zur Verringerung des Arbeitsvolumens des Standortes führen können. "Die Frage der Intensität, wieweit man damit beschäftigt ist, die ist schon für die örtlichen Ebenen sehr objektiv ableitbar aus den möglichen Standortkonkurrenzproblemen, die ein einzelnes Werk haben kann. Es ist schon ein Unterschied, ob ich mich in Emden befinde, wo der Passat produziert wird und ich weiß, im Grunde genommen gibt es da noch einen zweiten Standort Brüssel, der nur Spitzenproduktion abdeckt ... Oder aber, ob ich vor einer konkreten Verlagerungsauseinandersetzung wie z.B. in Wolfsburg stehe, wo es 1986 um den Abzug des Polo ging. Das denke ich mir, bestimmt die Intensität der Auseinandersetzung in einem wesentlichen Maße". (Int.1: 17) Die übrigen Fachausschüsse sind in der Regel nicht mit Kooperationsfragen befaßt.

Auf Standortebene existieren außerdem die Vertrauenskörper der Gewerkschaften. (vgl. Grafik 8) Im folgenden wird nur der Vertrauenskörper der IG Metall, als dominierender betrieblicher Gewerkschaftsorganisation betrachtet. Der

Aufbau des Vertrauenskörpers begann in Wolfsburg 1954 mit 80 Vertrauensleuten. 1990 umfaßte der Vertrauenskörper in Wolfsburg 2.500 Vertrauensleute, die in neun Bereichsvertrauenskörpern und zwei Sondergruppen organisiert sind. Zum Vertraunskörper zählen durch ihr Amt auch die in der IG Metall organisierten Betriebsräte und Jugendvertreter. Auf diese Weise soll die Spaltung zwischen der gesetzlich und der gewerkschaftlich verankerten Interessenvertretung überwunden werden. Die Vertrauenskörperleitung besteht aus zwölf Vertrauensleuten und einem Mitglied des Betriebsausschusses. Mit der Unternehmensleitung wurde die Freistellung für die Sitzungen des Vertrauenskörpers, sowie ein zusätzliches Zeitkontingent für einige Mitglieder der Vertrauenskörperleitung, bzw. deren vollständige Freistellung vereinbart. (Industriegewerkschaft Metall 1988)

Der Vertrauenskörper der IG Metall in den deutschen VW-Standorten ist von der Unternehmensleitung anerkannt und verfügt auch über vertraglich vereinbarte Zeitressourcen, die über den gesetzlichen Rahmen hinausgehen. Von seiner Aufgabe her vertritt der Vertrauenskörper die Interessen und Positionen der IG Metall im Unternehmen. Er mobilisert für die gewerkschaftlichen Programme und Tarifforderungen, betreibt Mitgliederwerbung, schlägt Teilnehmer für Bildungsveranstaltungen vor und stellt die Verbindung zur Ortsverwaltung der IG Metall her. (Industriegewerkschaft Metall 1988) Das zahlenmäßige Verhältnis von 1990 fünfundzwanzig Arbeitnehmern, auf die eine Vertrauensfrau/Vertrauensmann entfällt, zeigt die Belegschaftsnähe des Vertrauenskörpers. Der Betriebsrat nutzt diese Struktur, um seine Aktivitäten in die Belegschaft einzubringen und Reaktionen aus der Belegschaft aufzunehmen. Koch betont diese Unterstützungsfunktion des Vertrauenskörpers für die Bereichsbetriebsräte. (Koch 1987: 185)

Neben diesen Gremien der Wolfsburger Arbeitnehmervertretung gründete sich 1982 als Ergebnis zweier Seminarreihen der IG Metall Verwaltungsstelle Wolfsburg zur internationalen Gewerkschaftsarbeit ein Arbeitskreis "Internationale Solidarität" (Intersoli). Seine Mitglieder sind Betriebsräte, Vertrauensleute und Belegschaftsmitglieder des Standortes Wolfsburg, aber auch pensionierte VW-Mitarbeiter. Der Arbeitskreis hat drei Untergruppen gebildet, die sich jeweils auf die VW-Standorte Südafrika, Mexiko und Brasilien konzentrieren. (Hiller 1986: 26) In den drei Arbeitsgruppen sind kontinuierlich 35 bis 40 Mitglieder aktiv. Sie nehmen Kontakt zu den ausländischen VW-Arbeitnehmervertretern auf, fördern den konzernweiten Erfahrungsaustausch und unterstützen die ausländischen Gewerkschaften durch Bildungsmaßnahmen und Spenden. Die Intersoli-Mitglieder berichten in den Vertrauenskörpern und in der IG Metall-Mitgliedschaft der deutschen Standorte über die Lage der ausländischen Arbeitnehmervertreter und schaffen mit ihren Aktionen eine breite Öffentlichkeit. (3)

Die Mitgliederzahl des Arbeitskreises Intersoli ist vor dem Hintergrund einer Belegschaft von 60.600 Mitarbeitern im Jahr 1991 eher gering. Mit den oben genannten Aufgaben übernimmt der Arbeitskreis jedoch Funktionen, die von der

Arbeitnehmervertretung durchgeführt werden müßten, bzw. ansonsten nicht wahrgenommen werden könnten. Aus dieser Perspektive heraus bilden 35 bis 40 zusätzliche, quasi ehrenamtliche Arbeitskräfte im Bereich der internationalen Kooperation für die Mandatsträger eine bedeutende Arbeitsressource. Ihre Tätigkeit als Multiplikatoren ist eine der Säulen der direkten Öffentlichkeitsarbeit der Arbeitnehmervertretung zum Thema der internationalen Kooperation. Nach eigener Einschätzung der Arbeitskreismitglieder erhöht ihre Öffentlichkeitsarbeit in der Belegschaft die Akzeptanz der Basis für die Kooperation und erweitert damit indirekt auch die Handlungsspielräume der mit Kooperationsaufgaben beauftragten Mandatsträger des Gesamtbetriebsrats. (4)

Die Zusammenführung von Betriebsrats- und Vertrauenskörperaktivitäten, ihre Koordination und die Definition der zukünftigen Arbeitsschwerpunkte wird in der IG Metallfraktion vorgenommen. Die Fraktion tagt mindestens einmal monatlich während der Arbeitszeit im Betrieb und besteht aus den Betriebsräten der IG Metall, der Vertrauenskörperleitung, zwei Jugendvertretern, den Mitarbeitern des Betriebsrates und den hauptamtlichen Mitarbeitern der IG Metall Verwaltungsstelle. Sie ist Forum für Diskussionsprozesse und dient der Informationsweitergabe. Dort gefaßte Beschlüsse haben für die Organe des Betriebsrates einen empfehlenden Charakter. (Koch 1987: 201)

Auch der Vertrauenskörper beschäftigt sich, ähnlich wie der Betriebsrat, in seinen Sitzungen nur sporadisch, je nach aktueller Problemstellung mit internationalen Kooperationsthemen. Eine kontinuierliche, auf die Entwicklung einer Kooperationsstrategie abzielende Auseinandersetzung mit dem Thema fand bis 1991 nicht statt. "Wir (der Vertrauenskörper Wolfsburg - V.M.) haben in letzter Zeit stärker damit zu tun, daß uns das Unternehmen vorrechnet, daß in Herstellungsländern wie Spanien, wo andere Gewerkschaftsarbeit gemacht wird, andere Stundenlöhne herrschen ... , daß die Herstellung des Polo und des Golf an anderen Standorten günstiger wäre. Und daß wir, um den Standort Wolfsburg und die westdeutschen Standorte zu sichern, uns sicherlich auch darüber unterhalten müßten, wie man die Erträge heben, bzw. die Herstellungskosten senken kann". (Int2: 2)

Standortübergreifend und aufgrund gesetzlicher Garantien arbeiten der Gesamtbetriebsrat (GBR), der Konzernbetriebsrat (KBR) und die Gruppe der Arbeitnehmervertreter im Aufsichtsrat. (vgl. Grafik 8) Der Gesamtbetriebsrat wurde 1972 eingerichtet nachdem das geänderte BetrVG die Einführung eines Gesamt- und eines Konzernbetriebsrates ermöglichte. Er besteht aus 21 Mitgliedern, die von den sechs deutschen Standorten gewählt werden und tritt mindestens viermal jährlich zusammen. Der wichtigste, mit den laufenden Geschäften und Verhandlungen beauftragte Ausschuß ist der Gesamtbetriebsausschuß dem der GBR-

Vorsitzende, sein Stellvertreter und die Vorsitzenden der sechs westdeutschen VW-Standorte angehören. Er tritt zwei- bis dreimal monatlich zusammen. Die Verbindung zur IG Metall und den Arbeitnehmervertretern im Aufsichtsrat wird durch die Teilnahme eines Mitarbeiters der IG Metall Vorstandsverwaltung, der gleichzeitig Mitglied des Aufsichtsrates ist gewährleistet. (Tagung 1992) Die zentrale Stellung des Betriebsrats des VW-Standortes Wolfsburg ist seit der Unternehmenskrise in den Jahren 1973 bis 1975 auf den GBR und den Gesamtbetriebsausschuß übergegangen. Die Bedeutung des Gesamtbetriebausschusses als wichtigstes, kontinuierlich arbeitendes Gremium zeigt sich an der hohen Sitzungsfrequenz von zwei bis dreimaligen Zusammenkünften pro Monat, sowie der Zuarbeit und Tätigkeit mehrerer Fachreferenten und eines Geschäftsführers. Der Gesamtbetriebsausschuß ist für die laufende Geschäftstätigkeit des GBR zuständig. Er setzt sich aus dem GBR-Vorsitzenden, dessen Stellvertreter und den Betriebsratsvorsitzenden der inländischen VW-Standorte zusammen. Ein Mitglied der IG Metall-Vorstandsverwaltung nimmt regelmäßig an den Sitzungen teil. (Tagung 1992) Mit dieser starken Position unterscheidet er sich nach eigener und IG Metall Einschätzung von vergleichbaren GBR der anderen deutschen KFZ-Hersteller. (Int1: 15) Dem Volkswagen-GBR ist daher bisher eine erfolgreiche Vereinheitlichung der Positionen der einzelnen Standort-Betriebsräte und deren Vertretung gegenüber dem Vorstand gelungen. (vgl. Int11: 10)

Die Existenz einer Interessenvertretung auf der Ebene der Aktiengesellschaft mit entsprechenden gesetzlich-begründeten Aufgaben erleichtert die Beschäftigung mit Fragen der Internationalisierung der Konzernstrukturen, der konzerninternen Arbeitnehmerkonkurrenz und der internationalen Kooperation. Der Beginn der Kooperation setzt einen handlungsfähigen nationalen Akteur voraus, der in der Lage ist die Sonderinteressen der einzelnen Betriebsräte zusammenzufassen und die Einhaltung internationaler Kompromisse auf nationaler Ebene zu garantieren. Folgerichtig sind die Ressourcen für die internationale Kooperation beim GBR und Gesamtbetriebsausschuß konzentriert. Schwerpunktmäßig arbeiten einer der Fachreferenten während Zwei-Drittel seiner Arbeitszeit und der Geschäftsführer des GBR im Bereich internationaler Kontakte. Anfang 1991 wurde eine weitere Referentin und ein Referent eingestellt, die einen Teil ihrer Arbeitskapazität für Kooperationsaktivitäten aufwenden. Durch die Ausweitung der Aktivitäten ist nach Aussage des GBR dieser Bereich nicht mehr als "Zwei-Mann-Betrieb" zu führen. (Int1: 18) Ein weiterer Schwerpunkt der Kooperation lag bis 1992 beim Betriebsrat Kassel, da dessen Vorsitzender gleichzeitig Mitglied des Europäischen Parlaments war und Europafragen in die GBR-Arbeit einbrachte.

Dem 1974 gegründeten Konzernbetriebsrat (KBR) gehörten 1990 siebzehn Mitglieder aus dem GBR der Volkswagen AG, der AUDI AG, der Inter-Rent, sowie aus den Betriebsräten der VW-Siedlungsgesellschaft und der VAG Kreditbank an. (BR Kontakt 9/1989) Inzwischen zählen auch Betriebsräte der VW Sachsen zum KBR. Da er in der Regel nur einmal jährlich anläßlich der Betriebs- räteversammlung in Wolfsburg zusammentritt, ist von ihm keine kontinuierliche Kooperationstätigkeit zu leisten. Seine Funktionen gehen in der Praxis teilweise auf den GBR über, da sich die Betriebsräte der anderen deutschen Konzerngesell- schaften in dringenden Fällen direkt an den GBR wenden können.

Eine weitere standortübergreifende, auch die AUDI-Arbeitnehmer einbezie- hende Gruppierung bilden die Arbeitnehmervertreter im Aufsichtsrat der Volks- wagen AG. Da der Aufsichtsrat gerade bei strategischen Vorstandsentscheidun- gen, wie sie in der Regel bei Internationalisierungsplanungen gefällt werden, über ein starkes Kontroll- und Zustimmungsrecht verfügt, nimmt die Arbeit der Arbeit- nehmervertreter im Aufsichtsrat kontinuierlich an Bedeutung für die Sicherung der deutschen Standorte zu. Die zehn Arbeitnehmervertreter in dem paritätisch besetzten Gremium können zwar in umstrittenen Fragen durch das Doppelstimm- recht des Vorsitzenden überstimmt werden. (5) Bei VW werden jedoch Entschei- dungen des Aufsichtsrates traditionell einvernehmlich getroffen. In der Praxis be- sprechen die Verhandlungspartner ein Problem bereits im Vorfeld der Aufsichts- ratssitzung mit der Arbeitnehmerseite soweit, bis diese ihre Zustimmung signali- siert. Darüberhinaus schreibt das VW-Gesetz und die VW-Satzung eine Zweidrit- telmehrheit des Aufsichtsrates bei Entscheidungen vor, die die Errichtung und/ oder die Verlegung einer Produktionsstätte zum Inhalt haben. Dieser Passus sichert der Arbeitgeberseite bei diesen Entscheidungen ein Vetorecht. (Gesamtbe- triebsrat 1988: 29) Die Anwesenheit von drei Gewerkschaftsvertretern, hochran- gigen Industrievertretern und zwei Angehörigen der niedersächsischen Landesre- gierung läßt den Aufsichtsrat zu einer "konzertierten Aktion" im kleinen Maßstab werden, in dem auch gewerkschafts- und regionalpolitische Interessen einen hö- heren Stellenwert einnehmen, als in vergleichbaren Unternehmen.(SZ 17.08.90)

Die Zusammenarbeit zwischen GBR bzw. dem GBA und den Arbeitneh- mervertretern im Aufsichtsrat wird durch die teilweise Personalunion beider Gremien erleichtert. Vier von sieben betrieblichen Aufsichtsratsvertretern haben einen Sitz im GBR und Gesamtbetriebsausschuß. Ein Aufsichtsratsmitglied der IG Metall nimmt an den Gesamtbetriebsausschusssitzungen teil. Die Position der Aufsichtsratsvertreter wird von einem Fachreferenten inhaltlich vorbereitet, es finden jeweils Besprechungen der Mandatsträger vor den Sitzungen statt. (Ta- gung 1992) Im Aufsichtsrat besitzt die betriebliche Arbeitnehmervertretung ge- rade im Bereich der Internationalisierung des Konzerns einen starken Einfluß auf die Politik des Vorstands. Die zunehmende Internationalisierung des Konzerns hat das Gewicht dieses Gremiums wachsen lassen und seine Integration in die Gesamtstrategie des GBR gefördert. (vgl. Koch 1987: 179)

Zusammenfassend läßt sich die betriebliche Arbeitnehmervertretung in Wolfsburg als Organisation mit einer stark ausdifferenzierten Gremienstruktur beschreiben, bei der die intensive Verknüpfung zwischen gewerkschaftlichen Gremien und Organen des BetrVG einerseits, sowie zwischen standortübergreifenden und den Gremien der Einzelstandorte andererseits auffällt. Gleichzeitig resultiert aus dem Umfang der zu repräsentierenden und vertretenden Belegschaft eine Zentralisierung der maßgeblichen Entscheidungsgremien wie den Betriebsausschüssen, den Gesamtbetriebsausschuß, die Betriebsräte, den Gesamtbetriebsrat und die IG Metallfraktion. Sie sind zum Teil mit den notwendigen personellen Ressourcen hauptamtlicher Mitarbeiter ausgestattet und weisen professionelle Züge, ähnlich derer gewerkschaftlicher Apparate auf. Diesem Teil der betrieblichen Arbeitnehmervertretung stehen die belegschaftsnahen Bereichsbetriebsräte und Bereichsvertrauenskörperleitungen gegenüber, die eine Betreuungsfunktion für die Belegschaft ausüben und Informationen über die Bedürfnisse der Belegschaft an die zentralen Entscheidungsgremien weitergeben. Diese Analyse der der betrieblichen Arbeitnehmervertretung bei Volkswagen entspricht der von Streeck vertretenen These, daß eine funktionierende intermediäre Organisation gegenüber ihren externen Verhandlungspartnern eine formale, professionelle Struktur entwickeln, den Mitgliedern bzw. der Belegschaft gegenüber jedoch basisnahe, Elemente einer sozialen Bewegung anbieten muß. (Streeck 1986: 1f.)

Die Beratung über Fragen der Internationalisierung des Konzerns und der konzerninternen Arbeitnehmerkonkurrenz sowie Entscheidungen über die internationale Kooperation sind den Spitzengremien der Arbeitnehmervertretung auf nationaler Ebene vorbehalten. Sie müssen jedoch Rückhalt in den Standortbetriebsräten finden. Zumindest sind die personellen Ressourcen zur Vorbereitung der Entscheidungen und die Durchführung der kontinuierlichen Kooperationsprozesse auf nationaler Ebene im Gesamtbetriebsausschuß und GBR konzentriert. Da der Informationsvorteil in der Regel mit einem Gestaltungsvorteil verbunden ist, setzt der Gesamtbetriebsausschuß und der GBR die Akzente in der internationalen Kooperation. Er bewegt sich dabei in relativer Autonomie zu den unteren Vertretungsstrukturen, wobei eine Autonomiegrenze durch den Wunsch nach Wiederwahl bei den nächsten Betriebsratswahlen gezogen wird. Andererseits kann diese Autonomie und Professionalität die Kontinuität in den langwierigen Kooperationsprozessen erleichtern, die sowohl bei einem hohen, aber in seiner Intensität schwankenden, als bei einem geringen Belegschaftsinteresse gefährdet wäre. Die Zuordnung der internationalen Kooperation in die Spitzengremien führt bei den Mandatsträgern neben der autonomen Zielsetzung in diesem Bereich zu dem Bedürfnis über die Internationalisierung des Konzerns zu informieren, für die internationale Kooperation zu werben deren Nutzen zu erklären und so deren Akzeptanz zu erhöhen. "Die Frage ist, was die Funktionäre eigentlich wollen. Wir machen Meinung. Wenn der Betriebsrat davon überzeugt ist, die IG Metall davon überzeugt ist, daß es für unsere Existenz wichtig ist, daß wir uns auf diesem Feld engagieren, dann werden wir es mit Argumenten -das soll nicht bevormundend

sein- aber dann müssen wir mit Argumenten unsere Mitgliedschaft davon überzeugen, daß sie uns auf diesem Weg folgen müssen". (Int2: 6)

Die Akzeptanz der Politik der Arbeitnehmervertretung in der Belegschaft
und ihre Durchsetzungsfähigkeit gegenüber dem Management hängt ebenfalls von
ihrer gewerkschaftlichen Verankerung ab. Hierauf wird im folgenden eingegangen.

7.1.2   Die gewerkschaftliche Verankerung der Wolfsburger Arbeitnehmer-
vertretung

Ohne die Rivalitäten, die aus der Existenz mehrerer Gewerkschaften im
Unternehmen entspringen können und bei einem hohen gewerkschaftlichen Organisationsgrad kann die betriebliche Arbeitnehmervertretung geschlossen gegenüber der Unternehmensleitung auftreten, die Bedürfnisse der einzelnen Belegschaftsgruppen vereinheitlichen und für diese Ziele gegenüber der Belegschaft
eintreten, werben und argumentieren.

Eine solche für die Bargaining Power der Arbeitnehmervertretung vorteil-
hafte Situation besteht seit Jahrzehnten innerhalb der Volkswagen AG. (vgl. Tabelle VII-1) Im Dezember 1988 lag der Organisationsgrad der IG Metall im Standort Wolfsburg bei 92,5 %. Seit 1984 erzielt die IG Metall bei Betriebsratswahlen in allen Volkswagen AG Standorten bei den Arbeitern über 80 % und bei den
Angestellten über 70 % der Stimmen. Nur die Deutsche Angestellten Gewerkschaft und die Christliche Gewerkschaft Metall wurden z.B. 1990 von 17,33 %
der Angestellten beziehungsweise 9,29 % der Arbeiter in Wolfsburg gewählt.
(Gesamtbetriebsrat 1990) Dem Gesamtbetriebsausschuß und dem Gesamtbetriebsrat gehören nur Mandatsträger der IG Metall an. (vgl. Tagung 1992) Ein
ähnliches Bild zeichnet sich bei den Vertrauensleuten ab. In den VW-Standorten
gehörten 1990 zwischen 96 % aller Vertrauensleute in Kassel und 99,6 % in
Braunschweig dem Vertrauenskörper der IG Metall an. (Gesamtbetriebsrat 1990)

Die hohe Repräsentanz der Industrie- und Einheitsgewerkschaft IG Metall
und ihre Verankerung in der betrieblichen Arbeitnehmervertretung bei Volkswagen ist ein Garant für die Durchsetzungs- und Mobilisierungsfähigkeit der Arbeitnehmervertretung. Ein weiterer Aspekt dieser Mobilisierungsfähigkeit liegt im
Vorhandensein effektiver Partizipations- und Informationswege innerhalb der Organisationsstruktur.

7.1.3   Die Informations- und Partizipationsstrukturen der Volkswagen-
Arbeitnehmervertretung

Wie bereits Robert Michels in seiner grundlegenden Arbeit über die Oligar-
chisierung des Gruppenlebens analysierte, tendieren Mitgliederorganisationen wie

Parteien und Gewerkschaften in modernen Demokratien zur Bürokratisierung. Diese Bürokratisierung führt wiederum zu einer abnehmenden Einflußnahme der Basis auf die Entscheidungen der Organisation und langfristig zu einer abnehmenden Mobilisierungsfähigkeit. (Michels 1970) Es stellt sich die Frage, inwieweit Informations- und Partizipationsstrukturen diesen Prozeß durchbrechen und im konkreten Fall einen Einfluß der Belegschaft auf die internationale Kooperation zulassen. Die Informationsstrategie der betrieblichen Arbeitnehmervertretungen müßte die Thematisierung der konzerninternen Arbeitnehmerkonkurrenz als Folge der zunehmenden Internationalisierung der Produktionsstrukturen und der Anbieterkonkurrenz umfassen. Erst wenn in der Belegschaft ein Bewußtsein über die Auswirkungen der konzerninternen Arbeitnehmerkonkurrenz besteht, kann der Nutzen der Kooperation für die Erhaltung der Bargaining Power der Arbeitnehmervertretung und die Erreichung ihrer Organisationsziele herausgestellt werden.

Auch bei der Arbeitnehmervertretung der Volkswagen AG sind Tendenzen einer Professionalisierung und Bürokratisierung der Arbeit und die Differenzierung der Entscheidungsstrukturen zu beobachten. Die Aufgliederung der Gremienstruktur in eine zentrale Entscheidungsebene und eine dezentrale Betreungsebene, die den direkten Kontakt zur Belegschaft hält, verspricht Vorteile für eine erfolgreiche Verhandlungsführung mit dem Management. Gleichzeitig bleibt der Informationsfluß zwischen der Spitze der Arbeitnehmervertretung und ihrer Basis eine dauernde Herausforderung.

Der gegenseitigen Information dienen die Versammlungen der Vertrauensleute mit den Bereichsbetriebsräten und die Sitzungen der IG Metallfraktion. Grundlegende Positionen des GBR werden auf der einmal jährlich stattfindenden Betriebsräteversammlung aller in den deutschen VW-Standorten gewählten Betriebsräte diskutiert. Die Information der Belegschaft erfolgt durch die Vertrauensleute, vierteljährliche Betriebsversammlungen und die zwei- bis vierwöchige Herausgabe des vier- bis sechsseitigen Informationsblattes "BR Kontakt". Das BR Kontakt informiert über die ökonomische Lage des Konzerns, gewerkschaftspolitische Positionen, Aktivitäten der Betriebsräte in den einzelnen Standorten, die Internationalisierung der Konzernstrukturen und ihrer Auswirkungen auf die Arbeitsplätze in den deutschen VW-Standorten, sowie internationale Kooperationsprozesse. Insgesamt läßt sich das Fazit ziehen, daß die Belegschaft zwar bisher für die Forderungen des Betriebsrates mobilisierbar war, diese Mobilisierung jedoch von den Mandatsträgern nur als letzte Möglichkeit erwogen wurde. Eine dauerhafte Partizipation der Belegschaft ist bisher, auch nach Meinung von Koch nicht umgesetzt worden. "Die Einbeziehung der Belegschaft in ein umfassendes Vertretungskonzept ist offensichtlich auch in der Zeit der Krisen weder angestrebt, noch durch Einzelmaßnahmen erprobt worden. Die Belegschaft nahm nur dann eine Funktion in der Arbeit und der Umsetzung von Interessenvertretungspolitik wahr, wenn ihre Mobilisierung als letztes Mittel in der Auseinandersetzung mit der Unternehmensleitung nicht mehr ausgespart werden konnte. ... Gerade die bewußte Steuerung der Belegschaftsreaktionen trug zur Stärkung der Interessenvertretung bei - nicht etwa die ständige Verflechtung der Belegschaft in die Aktionen der Interessenvertretung". (Koch 1987: 198)

Weitere Informationsmöglichkeiten über die Arbeitsbedingungen in ausländischen VW-Standorten und die internationale Kooperation bilden die Teilnahme ausländischer Volkswagen-Gewerkschafter an Betriebsversammlungen, die Information durch den Gesamtbetriebsrat auf Betriebsversammlungen und durch Artikel im Informationsdienst BR Kontakt, sowie unregelmäßig erscheinende Flugblätter und Veranstaltungen des Arbeitskreises Intersoli.

Das Medium mit der breitesten Informationswirkung in der Belegschaft ist die Zeitschrift "BR Kontakt", die vom GBR für alle inländischen Volkswagen-Standorte herausgegeben wird. Das BR Kontakt wird seit 1988 zunehmend vom GBR als Informationsträger über internationale Themen genutzt. Die Zahl der jährlich erscheinenden Artikel zu diesem Bereich stieg von fünf im Jahr 1985 bis auf 1988 zwölf und liegt seitdem bei jährlich zwischen zehn und fünfzehn Beiträgen. Im BR Kontakt wurde Ende der 80er Jahre die Internationalisierung des Konzerns immer häufiger in mehrseitigen Artikeln thematisiert. Dabei steht die konzerninterne Arbeitnehmerkonkurrenz, die im BR Kontakt als Standortkonkurrenz eingeführt wird, mit ihren Aspekten der Fähigkeit zur Parallelproduktion, der Konkurrenz um F & E-Kompetenzen und der Möglichkeit einer Anbieterkonkurrenz zwischen VW-KFZ-Modellen auf Drittmärkten im Vordergrund. (BR Kontakt 9/1990; 10/1990) Auf die japanische Anbieterkonkurrenz wird ebenfalls eingegangen. (BR Kontakt 10/1991) Hiermit ist noch keine Aussage über die erfolgreiche Vermittlung eines Bewußtseins über die Notwendigkeit der Kooperation und eines zunehmenden Kooperationsinteresses in der Belegschaft verbunden. Allerdings dürfte die Einschätzung der Mandatsträger aus Vertrauenskörper und Betriebsrat in dieser Frage zutreffen, die beispielsweise von einer geringen Belegschaftsresonanz auf BR Kontakt Artikel zu internationalen Themen gegenüber dem Vertrauenskörper und den Bereichsbetriebsräten berichten. (Int2: 12)

Auf den internationalen Kooperationsbereich bezogen, ist zunächst ebenfalls von geringen Partizipationsmöglichkeiten der Belegschaft und des größten Teils der Mandatsträger auszugehen. Der Charakter der Kooperation als Kooperationsprozeß über weite Entfernungen, mit zeitlich ausgedehnten Unterbrechungen und dem Vorhandensein von Sprachkenntnissen erschwert die aktive Teilnahme des einzelnen Belegschaftsmitglieds zusätzlich. Allerdings existiert seit 1983 ein Arbeitskreis der IG Metall Verwaltungsstelle Wolfsburg, der sich hauptsächlich aus Belegschaftsangehörigen und Mandatsträgern der Standorte Wolfsburg und

Braunschweig zusammensetzt und sich mit internationaler Gewerkschaftsarbeit innerhalb des Volkswagenkonzerns beschäftigt. Es ist der einzige Arbeitskreis, der der Belegschaft eine direkte Partizipation an einem Politikbereich des Vertrauenskörpers und des Betriebsrates ermöglicht. Die Arbeitskreismitglieder, die bereits an Informationsreisen zu den südafrikanischen, brasilianischen oder mexikanischen Standorten teilgenommen haben, verpflichten sich ihre Kenntnisse in Referaten auf Mitglieder- und Vertrauenskörperversammlungen und außerhalb des Unternehmens in Kirchengemeinden weiterzugeben. Neben selbstorganisierten Veranstaltungen nimmt der Arbeitskreis an traditionellen Feiern und Gedenktagen wie dem 1. Mai, dem Antikriegstag teil.

Generell hängt die Partizipationsbereitschaft der Belegschaft für die internationale Kooperation von ihren Kenntnissen über das Thema und ihrer Einschätzung der Wichtigkeit der Kooperation ab. Hierzu benötigen sie Informationen über die Auswirkung der Internationalisierung des VW-Konzerns auf die deutschen VW-Standorte. Die Teilnehmer der ersten Seminarreihen über die internationale Kooperation des Jahres 1983, aus der der Arbeitskreis Intersoli hervorging waren von einem geringen Kenntnisstand der Belegschaft ausgegangen. "Möglichkeiten und Grenzen internationaler Gewerkschaftsarbeit und Solidarität sind weder im Bewußtsein der Belegschaft noch im Bewußtsein des größten Teils der Vertrauensleute verankert". (Intersoli 04.06.83) Eine ähnliche Einschätzung vertritt ein ehemaliger GBR-Vorsitzender und die Vertrauenskörperleitung auch noch Anfang der 90er Jahre. "Die Belegschaft. Ich würde sagen, zu meiner Zeit ... haben wir uns wirklich bemüht die Dinge in die Basis und an die Basis zu bringen, mit relativ geringem Erfolg. Es ist einfach nicht das Problem für die Belegschaft. Ich glaube es wird erst dann ein Problem für die Belegschaft, wenn z.B. das Management sagen würde, morgen wird verlagert und das kostet 1.000, 3.000 oder 4.000 Arbeitsplätze und wir wüßten dann nicht, was wir anfangen sollen. Ich denke erst dann würde das so unter die Haut gehen bei der Belegschaft. Aber so ist das noch ein mühsamer Weg". (Int3: 4; Int2: 11)
Andererseits ist die Belegschaft in der Vergangenheit zu spontanen Solidaritätsaktionen bereit gewesen, wobei sie auch disziplinarische und materielle Einbußen in Kauf nahm. Anläßlich eines Streiks bei VW Mexiko legten 600 Arbeiter des Standortes Salzgitter am 18.08.87 für eineinhalb Stunden die Arbeit nieder. (Braunschweiger Zeitung 19.08.87) Im Standort Kassel verweigerte der Betriebsrat die Zustimmung zu einer dritten Schicht in der Hilfsrahmenproduktion, die üblicherweise auch in Mexiko produziert werden. (SZ 20.08.87)
Die Einstellung der Arbeitnehmervertreter über die Bedeutung der Kooperation differiert je nach der Position des Mandatsträgers in der Arbeitnehmervertretung und der Belegschaft. Je näher die Arbeitnehmervertreter den zentralen Entscheidungsgremien stehen, desto eher können sie ein Bewußtsein über die internationale Kooperation entwickeln. Innerhalb des GBR, bei einigen Mitgliedern

des Wolfsburger Betriebsrates und der IG Metallfraktion ist daher inzwischen ein erhebliches Interesse an Kooperationsprozessen vorhanden. (Int1: 18) Diese Tendenz erklärt sich aus der Konzentration der Kooperationsentscheidungen an der Spitze der Arbeitnehmervertretung. "Ich würde sagen, der Stand ist so, daß sich der Betriebsrat da sehr viele Gedanken drüber macht. Doch, der Betriebsrat als Gremium, mit seinen Ausschüssen, mit seinen Leuten, die die Arbeit vorbereiten und ein bißchen steuern, die machen sich da schon Gedanken drüber. Nur das, was wir eigentlich unter gewerkschaftlicher Breite verstehen, ob Vertrauensleute oder Mitgliedschaft da ist das kein oder eigentlich ein ganz kleines Thema. Das wird schon mit angesprochen auf Sitzungen, wo man darauf hinweist und das auch braucht als Argumentation, aber es ist kein breites Thema". (Int2: 11f.)

Insgesamt gesehen ist der Belegschaft und den Mandatsträgern, im Gegensatz zu anderen Arbeitsfeldern, im Bereich der internationalen Kooperation grundsätzlich eine aktive Partizipation durch die Existenz des Arbeitskreises Intersoli möglich. Außerdem werden die bestehenden Informationsstrukturen zum Ausbau einer aktiven Informationspolitik über die Internationalisierung der Produktionsstrukturen des Konzerns und Gegenmaßnahmen des GBR genutzt, die die Akzeptanz der Kooperation in der Belegschaft und unter den Mandatsträgern erhöhen soll. Die Belegschaft soll ein Informationsniveau erreichen, welches eine zukünftige Mobilisierbarkeit für die Kooperation im Konfliktfall und die Verpflichtung auf Kooperationskompromisse erlaubt. Insgesamt ermöglicht die Zuordnung der internationalen Kooperation an die Spitzengremien der Arbeitnehmervertretung, bei der Existenz einer ausdifferenzierten Gremienstruktur und einer wenig entwickelten Partizipationsbereitschaft der Belegschaft, den Mandatsträgern eine relative Autonomie in der Ausformulierung der Kooperationsziele und -aktivitäten. Ihre Aktivitäten auf diesem Gebiet werden sich daher primär an der Erhaltung der zukünftigen Durchsetzungsfähigkeit der Arbeitnehmervertretung gegenüber der Unternehmensleitung orientieren. Im folgenden wird die Bargaining Power anhand des Vergleichs zwischen den Zielen der Arbeitnehmervertretung und deren Umsetzung untersucht.

7.1.4 Die programmatischen Ziele der Arbeitnehmervertretung der deutschen Volkswagenstandorte

In diesem und dem folgenden Abschnitt wird die Entwicklung der Durchsetzungsfähigkeit der Arbeitnehmervertretung der deutschen VW-Standorte in den 80er Jahren untersucht, indem die reale Umsetzung der programmatischen Ziele des Gesamtbetriebsrats analysiert wird. Als offizielle Ziele der Arbeitnehmervertretung der Volkswagen AG wird auf Aussagen von GBR-Mitgliedern auf Betriebs- und Betriebsräteversammlungen, in Pressemitteilungen und Interviews zurückgegriffen, die in Abstimmung mit den zuständigen Gremien, bzw. in Diskussion mit der Belegschaft entwickelt, also in einem "legitimierten Prozeß als Ziele der Organisation deklariert werden". (vgl. Kieser; Kubicek 1983: 3)

Die Analyse, in welchem Umfang der betrieblichen Arbeitnehmervertretung die Realisierung ihrer programmatischen Ziele gelungen ist und ob sie diese eventuell zurücknehmen mußte, ermöglicht eine Einschätzung über die Entwicklung der Bargaining Power der Arbeitnehmervertretung. Wird die Realisierung der Ziele aufgrund einer steigenden konzerninternen Arbeitnehmerkonkurrenz und einer Intensivierung der externen Anbieterkonkurrenz gefährdet, ist mit der Aufnahme von Kooperationskontakten durch die Mandatsträger zu rechnen.

Müller-Jentsch nennt vier Kategorien von Arbeitnehmerinteressen, die in der angegebenen Rangfolge in die Ziele der Arbeitnehmervertretung einfließen müßten, um die Folgebereitschaft der Belegschaft zu sichern: "Beschäftigungsinteressen (sichere Arbeitsplätze), Lohninteressen (Sicherung und Erhöhung des Reallohns), Arbeitszeitinteressen (kürzere Arbeitszeit), Job-Interessen ('humane' Arbeitsbedingungen)". (Müller-Jentsch 1981: 192) Da die Belegschaftsinteressen nicht homogen sind, sondern je nach Arbeitssituation differieren, kann keine konsistente Reihenfolge der zweiten bis vierten Zielkategorie hergestellt werden. Arbeitnehmer mit höherem Einkommen werden eher Interesse an einer Arbeitszeitverkürzung äußern, Arbeitnehmer niedrigerer Lohngruppen verlangen weitere Erhöhungen der Reallöhne. Facharbeiter werden arbeitsplatzsichernden Rationalisierungsmaßnahmen positiver gegenüberstehen, als ungelernte Arbeitnehmer, deren Arbeitsplätze hierdurch wegfallen. Die Ziele der Arbeitnehmervertretung müssen zum langfristigen Erhalt ihrer Handlungsfähigkeit so ausgerichtet sein, daß Kompromisse mit den Forderungen externer Akteure, wie beispielsweise Gewerkschaften und der Unternehmensleitung möglich sind, die Interessen der wichtigen Belegschaftsgruppen gewahrt bleiben und die negativen Auswirkungen auf die weiteren Belegschaftsangehörigen abgemildert werden, bzw. deren Wechsel in die privilegierte Belegschaftsgruppe ermöglicht wird.

Die externen Einflüsse, beispielsweise der konjunkturellen Lage der Automobilindustrie, auf die Rangfolge des Zielkatalogs der Arbeitnehmervertretung lassen sich bei Volkswagen deutlich erkennen. Bis Anfang der 70er Jahre expandierte die Volkswagenproduktion analog zur steigenden KFZ-Nachfrage in der Bundesrepublik, in Westeuropa und in den USA. Dementsprechend lagen die Prioritäten der Arbeitnehmervertretung bei der Aushandlung höherer Einkommen, der Verkürzung der Arbeitszeit durch längeren Urlaub und der Verbesserung der Arbeitsbedingungen.

Seit den 70er Jahren hat sich die Rangfolge dieser Ziele verschoben. Starke Absatzschwankungen und eine steigende Anbieterkonkurrenz seitens japanischer und europäischer KFZ-Hersteller auf dem deutschen, einigen westeuropäischen und vor allem dem nordamerikanischen Markt, räumten der Arbeitsplatz- und

Standortsicherung oberste Priorität ein. Die vom Volkswagenmanagement eingeleiteten technik- und human-zentrierten Veränderungen der Produktionsprozesse
erhöhen ebenso die Arbeitnehmerkonkurrenz in den Belegschaften um die reduzierte Anzahl der Arbeitsplätze.

1989 bezeichnete der Gesamtbetriebsratsvorsitzende auf der jährlichen Betriebsräteversammlung die *Sicherung der Arbeitsplätze* als oberstes Ziel der Arbeitnehmervertretung, wobei diese die Berücksichtigung der ökonomischen Rahmendaten bei der Erreichung dieses Zieles nicht ignorieren könne. (Hiller 1989a:
5, 8) Diese Rangfolge der Arbeitnehmerziele und der zu ihrer Umsetzung erforderliche Pragmatismus hat sich bisher nicht verändert. Das Zurücktreten finanzieller Verbesserungen wird 1992 noch deutlicher vom GBR-Vorsitzenden betont:
"Denn niemand von uns darf sich der Illusion hingeben oder die Belegschaft
glauben machen, daß die Verschärfung der Konkurrenzbedingungen spurlos am
Volkswagen-Konzern und damit an uns vorübergehen wird. ... Es muß uns deshalb darum gehen, mit einer mittelfristigen Perspektive, standortbezogene Vereinbarungen und Absprachen über die Belegung der Werke mit Produkten und
deren Strukturen zu treffen. Dabei werden wir sehr deutlich machen, daß es keine
Konzessionen zum Null-Tarif geben kann! Aber auch wir werden nicht umhin
kommen, dasselbe Prinzip auch für uns zu akzeptieren. ... Deshalb werden wir
der Belegschaft zu vermitteln haben, daß sich die Meßlatte unseres Erfolges nicht
mehr an weiteren finanziellen Zusatzleistungen orientieren kann, aber dafür immer stärker an einer wirksamen Standort- und Beschäftigungssicherung messen
lassen muß". (Volkert 1992: 26f.)

Die Standortsicherung ist einerseits von der allgemeinen Entwicklung der
Automobilkonjunktur und der externen Anbieterkonkurrenz, andererseits von der
Internationalisierung der Produktionsstrukturen und der sich hieraus ergebenden
Erhöhung der konzerninternen Arbeitnehmerkonkurrenz abhängig. Der GBR
wurde erstmals 1974/75, nach einer jahrzehntelangen Expansion des Unterneh-
mens, mit der kurzfristigen Ankündigung von Standortschließungen konfrontiert,
als es in der Absatzkrise nach der ersten Ölpreisverteuerung um die Zukunft des
AUDI-Werkes Neckarsulm ging. In den Augen des GBR stellte der Aufbau eines
Montagestandortes in den USA 1978 eine weitere ernsthafte Standortkrise, dies-
mal des Volkswagenstandortes Emden dar, der schwerpunktmäßig für den USA-
Export produzierte. Zu diesem Zeitpunkt formulierte der GBR das Ziel, daß kein
deutscher Standort in einer Konjunkturkrise und aufgrund der Internationalisierung des Konzerns in seiner Existenz bedroht werden darf. (vgl. Volkert 1990: 3)

Das Ziel sicherer Arbeitsplätze kann sowohl durch konjunkturelle Absatzschwankungen, die Verlagerung von Produktionsvolumen aufgrund der Internationalisierung, wie auch durch die Einführung neuer Produktionskonzepte gefährdet werden. Zum letzten Punkt zählen Rationalisierungsmaßnahmen, die Einfüh-

rung neuer Logistik- und Just in Time-Konzepte sowie die Reduzierung der Fertigungstiefe. Für jede dieser Gefährdungen der Arbeitsplätze in den inländischen Standorten hat der GBR differenzierte Zielvorgaben entwickelt. Seit den Krisenjahren 1974/75 wird vom GBR eine ständig zu aktualisierende Planung für den Personalbereich gefordert, wie sie in der Absatz- und Produktionsplanung seit langem praktiziert wird. (Interview 1982: 270) Mit einer "Personalpolitik der mittleren Linie" sollen Produktionsspitzen durch Mehrarbeit und eine geringe Kapazitätsauslastung durch Kurzarbeit bewältigt werden, um Entlassungen zu vermeiden. Die Internationalisierung des Konzerns soll nicht zu einer Verringerung des Arbeitsvolumens in den deutschen Standorten führen. Hierüber strebt der GBR Standort- und Arbeitsplatzgarantien für die deutschen Werke, als Gegenleistung für eine mitgetragene Internationalisierungsstrategie an. "Mir war immer klar, daß der Konzern nur überleben kann, wenn er sich international organisiert. Das dann die Frage der deutschen Standorte eine Rolle spielt ist klar. Würde der Volkswagenkonzern sich nicht internationaler ausrichten, dann sind Arbeitsplätze in der Bundesrepublik in Gefahr, oder würden zu einem großen Teil verschwinden. ... Wir haben deshalb versucht eine Politik zu fahren, die sicherstellt, daß neben den internationalen Initiativen und der Bildung von Standorten, die deutschen Standorte nicht zu Schaden kommen und die Kapazitäten in den deutschen Standorten ausgelastet sind". (Int3: 1) (vgl. auch Volkert 1990: 3) Bezüglich der Rationalisierungsmaßnahmen vertritt der GBR die Position, daß diese nicht pauschal abzulehnen sind, um die externe Konkurrenzfähigkeit des Unternehmens nicht zu gefährden. Die Umsetzung und der Abbau von Arbeitskräften ist sozialverträglich, im Rahmen der natürlichen Fluktuation und unter Einführung von Arbeitszeitverkürzungsmaßnahmen zu realisieren. (6) Im Rahmen der human-zentrierten Arbeitsorganisationsvorschläge des Managements strebt der GBR den Abschluß von Betriebsvereinbarungen an. Hierin sollen Einflußmöglichkeiten der Arbeitnehmervertretung auf Qualitäts-Zirkel, Qualifizierungsmaßnahmen und Produktionsgruppen gesichert und die Humanisierungsaspekte der neuen Arbeitsorganisation verbindlich festgelegt werden. (vgl. Hiller 1986: 138-141; 1989a: 10f.; 1990: 90f.)

Im folgenden wird auf die reale Umsetzung dieser programmatischen Forderungen der Arbeitnehmervertretung eingegangen. Eine mögliche ungenügende Umsetzung der Ziele verweist auf eine geringe Bargaining Power der Arbeitnehmervertretung, die durch den Rückgriff auf internationale Kooperationsressourcen gestärkt werden kann.

7.1.5 Die Realisierung der Ziele des VW-Gesamtbetriebsrats in den 70er und 80er Jahren

Bei der Bewertung der konkreten Zielumsetzung durch die Arbeitnehmervertretung der Volkswagen AG müssen zwei, für die betrieblichen Arbeitsbeziehungen bei Volkswagen spezifische Faktoren berücksichtigt werden. Zum einen gilt für die Volkswagen AG im Gegensatz zu den übrigen KFZ-Herstellern in der Bundesrepublik ein Haustarifvertrag. Die Tarifverhandlungen werden vom IG Metall Bezirk Hannover unter maßgeblicher Beteiligung der betrieblichen VW-Arbeitnehmervertreter geführt. Die Betriebsräte bei Volkswagen sind somit in der Lage Tarifverträge auszuhandeln und mittelbar über das Sanktionsmittel des Streiks zu verfügen. Sie verfügen damit über Kompetenzen, die in der Bundesrepublik sonst von Gewerkschaften ausgeübt werden. Ihre Anbindung an die IG Metall ist hierdurch einerseits intensiver, die Arbeitnehmervertretung ist jedoch gleichzeitig auch unabhängiger, als vergleichbare GBR der KFZ-Industrie. Vor allem können die tarifvertraglichen Leistungen der Leistungsfähigkeit des Unternehmens angepaßt werden. Bei Flächentarifverträgen muß sich das Volumen des Vertragsabschlusses ebenso an den schwächeren Unternehmen orientieren. Darüberhinaus kann der GBR Betriebsvereinbarungen zu einzelnen Themenbereichen mit dem Vorstand abschließen. Ein zweiter Faktor, der die Durchsetzungsfähigkeit der Arbeitnehmervertretung tangiert wird vom Gesamtbetriebsrat mit dem Begriff der "Volkswagen Kultur" in den betrieblichen Arbeitsbeziehungen umschrieben. Kennzeichen dieser Kultur ist ein kooperativer Umgang zwischen Unternehmensleitung und Arbeitnehmervertretung, eine weitreichende Informationspolitik durch das Management und das gegenseitige Wissen, daß wichtige Entscheidungen nicht ohne die Zustimmung der anderen Seite durchgesetzt werden können. (Int1: 15)

Die von den Betriebsratsmitgliedern generierten positiven Erfahrungen mit der Strategie der kooperativen Konfliktbewältigung sind als ein Stabilisierungsmechanismus der kooperativ gefärbten betrieblichen Arbeitsbeziehungen bei Volkswagen zu bewerten, die die Kompromißbereitschaft auch in komplexeren Problembereichen, wie der Standort- und Arbeitsplatzsicherung erleichtern. Sie stellen für Vorstand und Betriebsrat ein Deutungsmuster des Verhaltens der jeweils anderen Seite bereit und schaffen Vertrauen zwischen den Verhandlungspartnern. Der Entzug dieses Vertrauens kann, in schwierigen Verhandlungsphasen von beiden Seiten angedroht werden. "Aber eines sollten Sie (der Volkswagenvorstand - V.M.) bedenken, die kooperative Konfliktbewältigung lebt vom gegenseitigen Vertrauen, und dieses Vertrauen ist nicht unbegrenzt durch gegenläufiges Verhalten strapazierfähig. Ist es aber erst einmal zerstört, dann helfen auch gute Worte und Versicherungen nichts mehr. ... Das historische Kapital von Volkswagen ist die Fähigkeit, gemeinsam getragene Kompromisse ohne Gesichtsverlust des jeweils anderen zu erzielen". (Hiller 1989a: 26)

Bei der Analyse der Ziele der Arbeitnehmervertretung hatte sich bereits eine Verschiebung von den quantitativen lohnpolitischen, zu den qualitativen Zielen der Arbeitsplatzsicherung und der Bewältigung der Rationalisierungsmaßnahmen gezeigt. Eine erfolgreiche Umsetzung dieser qualitativen Ziele setzt eine Neudefinition der Rolle der Interessenvertretung gegenüber der Unternehmensleitung voraus, in der diese nicht mehr auf eine reine Schutz- und Vertretungsfunktion der Belegschaft festgelegt wird. Innerhalb der Volkswagen AG läßt sich dieser Wandel des Selbstverständnisses der Interessenvertretung seit Mitte der 70er Jahre nachweisen. Bis dahin hattte die betriebliche VW-Arbeitnehmervertretung ihre Aktivitäten auf die Realisierung einer Schutzstrategie für die Belegschaft beschränkt. (vgl. Koch 1987: 135) Aufgrund der Erfahrungen mit den Managemententscheidungen der Krisenjahre 1974/75 sah sich die Arbeitnehmervertretung veranlaßt, zunehmend gestaltend in die Unternehmenspolitik einzugreifen und eigenständige Vorschläge zur Veränderung von Produktionsprozessen vorzulegen, um die negativen Auswirkungen einer Erhöhung der Produktivität zu minimieren. (vgl. Fuchs, Uhl, Widuckel-Mathias 1991: 730f.)

Zum obersten Ziel erklärte die Arbeitnehmervertretung der Volkswagen AG seit 1974/75 die Sicherung und ausreichende Auslastung der deutschen Standorte. In den zwei Absatzkrisen des VW-Konzerns der Jahre 1972 und 1974 bis 1975 standen die betrieblichen Arbeitnehmervertretungen und die IG Metall den Forderungen des Managements nach massiven Entlassungen in den VW- und AUDI-Standorten gegenüber. Durch diese Krise war eine typische konzerninterne Arbeitnehmerkonkurrenzsituation um die Entscheidung entstanden, wieviele Arbeitsplätze in den jeweiligen Standorten wegfallen sollten. Da die Standorte unterschiedlich stark von Entlassungen betroffen waren und der Standort AUDI/NSU-Neckarsulm ganz geschlossen werden sollte, bestand die Möglichkeit, daß die Standort-Betriebsräte keine einheitliche Position gegenüber dem Management einnehmen, sondern ihre individuellen Standortinteressen durchzusetzen versuchen würden. Dem stand allerdings das Organisationsinteresse der IG Metall gegenüber, die vom Grundsatz des gleichen Schutzes für alle Mitglieder ausging und der Schließung eines Standortes keinesfalls zustimmen konnte. In vertraulichen Beratungen zwischen den IG Metall-Vertretern, den sechs VW- und den zwei AUDI-Standort-Betriebsräten, die keinen Dissenz nach außen dringen ließen, gelang es, die Partikularinteressen der Standortbetriebsräte soweit einzubinden, daß alle Standorte einem gleichmäßigen Belegschaftsabbau zustimmten. (7) In den Verhandlungen mit dem Vorstand und den Aufsichtsratsmitgliedern der Bundesrepublik und des Landes Niedersachsen konnte die Schließung von Neckarsulm vermieden werden. Allerdings setzten sich die betrieblichen Arbeitnehmervertreter nicht mit ihrem Sanierungsplan, der 20.000 Entlassungen vorsah durch und akzeptierten den Managementvorschlag von 25.000 Entlassungen. (8)

Dieser Beschäftigungsausgleich, der die erste konzerninterne Arbeitnehmerkonkurrenzsituation innerhalb der Volkswagen AG eingrenzte, gilt für den Gesamtbetriebsrat heute noch als exemplarisches Beispiel einer gelungenen Kooperation einzelner Betriebsräte innerhalb eines Konzerns auf innerdeutscher Ebene, aus dessen Gelingen er einen Teil seiner Autorität zieht und welches er auf die europäische Konzernebene übertragen will. Das Ereignis kann, ebenso wie die Strategie der kooperativen Konfliktbewältigung zwischen Arbeitnehmervertretung und Vorstand, als wichtige Koorientierung zwischen einzelnen Betriebsräten gelten, die die internationale Kooperation positiv beeinflußt.

Das Ziel der Standort- und Arbeitsplatzsicherung wurde nicht nur durch diese erste, absatzbedingte konzerninterne Arbeitnehmerkonkurrenzsituation gefährdet. Seit 1974/75 beeinträchtigte die Internationalisierung des Konzerns dieses Organisationsziel zunehmend. Mitte der 70er Jahre plante der Vorstand die Errichtung eines VW-Produktionsstandorts in den USA. Da bei einer US-Produktion die USA-Exporte der inländischen VW-Standorte ausgefallen wären, entstand eine konzerninterne Arbeitnehmerkonkurrenz zwischen Westmoreland in den USA und dem Standort Emden in der Bundesrepublik. In den inländischen VW-Standorten waren 10.441 Arbeitsplätze durch diese Internationalisierungsentscheidung gefährdet. (vgl. Kisker u.a. 1982: 30) Da die VW-Satzung eine Zwei-Drittel-Mehrheit der Aufsichtsratsstimmen bei Entscheidungen vorschreibt, die die Errichtung einer Produktionsstätte zum Inhalt haben, konnte der GBR die Vorstandspläne mit den Stimmen der betrieblichen Arbeitnehmervertreter und der Gewerkschaftsvertreter im Aufsichtsrat blockieren. (Gesamtbetriebsrat 1988: 29) In den Verhandlungen mit dem Vorstand verfolgte der GBR das Ziel, eine Schließung des Standortes Emden und einen Arbeitsplatzabbau in den inländischen VW-Werken zu verhindern. Das Problem der Verhandlungen bestand darin, von der Unternehmensleitung nicht nur allgemeine Zusagen zu erhalten, sondern Vereinbarungen so konkret abzufassen, daß ihre Einhaltung nachprüfbar blieb. Außerdem mußte ausgeschlossen werden, daß durch Exporte des neuen Standortes eine zusätzliche Anbieterkonkurrenz auf dem bundesdeutschen KFZ-Markt entstand. Es konnte ein Kompromiß über die Internationalisierungsentscheidung gefunden werden, weil der GBR nicht auf einer genauen Bezeichnung der aus Emden zu exportierenden KFZ bzw. Komponenten bestand, sondern Interesse an der Vereinbarung eines feststehenden Arbeitsvolumens für die inländischen VW-Werke hatte. Eine Vereinbarung war möglich, als der Vorstand den Standort Westmoreland zu einem Montagestandort zurückstufte und Komponentenlieferungen aus den inländischen VW-Werken in einem Umfang zusagte, der ein ausreichendes Arbeitsvolumen zur Sicherung der inländischne Arbeitsplätze garantierte. Die allgemeine Garantieerklärung des Vorstands wurde durch ein verbindliches Personalplanungskonzept bis in die 80er Jahre, einen konkreten Werkbelegungsplan für alle inländischen Werke und eine Beschäftigungsgarantie für die 1976 im VW-Konzern Beschäftigten konkretisiert. Unter der Voraussetzung, daß der prognostizierte KFZ-Absatz erreicht wird, sind die Konkretisierungen geeignet, die Einhaltung der allgemeinen Beschäftigungsgarantie zu ermöglichen. Außerdem gab der Vorstand Zusatzerklärungen ab, Westmoreland auch in Zukunft nicht in einen Produktionsstandort umzuwandeln und den in den USA montierten Golf nicht nach Europa zu exportieren. Eine Arbeitnehmerkonkurrenz aufgrund von Warenexporten des US-Standortes war somit ebenfalls ausgeschlossen. (WIR METALLER 26.04.76)

Dem GBR und den Arbeitnehmervertretern im Aufsichtsrat ist es 1976 gelungen, die potentielle konzerninterne Arbeitnehmerkonkurrenz, die mit der Internationalisierung des Konzerns entstanden wäre durch die Stärke der eigenen Bargaining Power zu beschränken. Da das Werk Westmoreland erst gegründet werden sollte, standen keine betrieblichen Arbeitnehmervertreter auf US-amerikanischer Seite für Kooperationskontakte zur Verfügung. Der GBR nahm zwar Kontakte zur amerikanischen Automobilgewerkschaft UAW auf, der Schwerpunkt der Verhandlungen lag allerdings auf den Gesprächen mit dem Vorstand, der über die Bedingungen des Auslandsengagements bestimmte.

Die Sicherheit der inländischen VW-Standorte und ihrer Arbeitsplätze wurde seitdem noch zweimal durch Internationalisierungspläne des VW-Konzerns, die zu einer Erhöhung der konzerninternen Arbeitnehmerkonkurrenz führten gefährdet. Zum einen handelte es sich um die Vergabe eines Auftrags an den spanischen KFZ-Hersteller SEAT im Jahr 1982, einen Teil der Polo-Produktion des Standortes Wolfsburg zu montieren. Die Montage sollte unter Zulieferung eines Anteils in Spanien gefertigter Komponenten erfolgen. Die Zusammenarbeit auf dem Produktionssektor wurde nach der Übernahme SEATs im Jahr 1986 vertieft. Auch in diesem Fall handelte es sich um eine konzerninterne Arbeitnehmer- und eine Anbieterkonkurrenz, da SEAT einen Teil der montierten Polos auch auf westeuropäische Drittmärkte exportieren sollte. Da es im Verlauf dieser Internationalisierungsentscheidung zur Aufnahme von Kooperationskontakten zu der betrieblichen Seat-Arbeitnehmervertretung kam, werden die Aktivitäten des VW-Gesamtbetriebsrats im Abschnitt 8.2, der sich mit der Kooperationsstrategie der VW- und der Seat-Arbeitnehmervertretung beschäftigt, dargestellt. Der Vorstand gab nach Verhandlungen mit dem GBR anläßlich der Seat-Übernahme wiederum eine Garantieerklärung zur Beschäftigungssicherung in den inländischen VW-Standorten ab, die auch den Ausschluß einer Anbieterkonkurrenz beinhaltete. (BR Kontakt 02/86) Da diese Garantieerklärung bisher eingehalten wurde, konnte die konzerninterne Arbeitnehmerkonkurrenz begrenzt werden. (Int1) Mit der Übernahme des KFZ-Herstellers SKODA im Jahr 1990 verbinden die Arbeitnehmervertreter der VW-Standorte die Erwartung einer zukünftig eintretenden konzerninternen Arbeitnehmerkonkurrenz. Die Tschechische Republik ist zwar ein Billiglohnland, aber aufgrund der Qualitätsstandards, der begrenzten Modellpalette und der Produktionskapazität geht von dem SKODA-Standort Anfang der 90er Jahre noch keine konzerninterne Arbeitnehmerkonkurrenz im PKW-Bereich aus. Anders stellt sich die Situation hinsichtlich des ebenfalls übernommenen Standortes VW-Bratislava dar. Die Getriebeproduktion des Standorts erzeugt eine konzerninterne Arbeitnehmerkonkurrenz, die die Belegschaften der Standorte SEAT-El Prat und VW-Kassel trifft. Auf die konzerninterne Arbeitnehmer-konkurrenz im Bereich der Kompenenten wird ebenfalls im Abschnitt 8.2 einge-gangen. Der GBR erreichte auch 1990 bei der Skoda-Übernahme eine Standort- und Beschäftigungssicherungsgarantie für die inländischen Standorte. Im Fall der Skoda-Übernahme und grundsätzlich bei weiteren Internationalisierungsprojekten erwartete die VW-Arbeitnehmervertretung eher eine zukünftig entstehende, kon-zerninterne Arbeitnehmerkonkurrenz: "Die Frage der Standortortkonkurrenz in der Zukunft wird sich, glaube ich (Referent des GBR - V.M.), weniger bei kon-kreten Verlagerungen entscheiden, sondern der Quotenpunkt werden Investitions-entscheidungen sein. Wo gehen die hin? Das gilt für Komponenten genauso, wie für Produkte und die entsprechenden Produktionsanteile. Und grob kannst du da die Tendenz feststellen, daß in der Frage der Kapazitätsausweitungen die nicht-deutschen Standorte eindeutig höhere Expansionsraten gehabt haben, als die deutschen Standorte. ... Und es läßt sich auch anhand der Expansionsraten der Tschechoslowakeit (Skoda - V.M.) nachweisen". (Int1: 12) Daher verfolgt der GBR die Strategie, diese erwartete konzerninterne Arbeitnehmerkonkurrenz durch eine Garantie der zukünftigen Entwicklung der inländischen Werke zu be-grenzen. In der Garantieerklärung des Vorstands anläßlich der Skoda-Übernahme wird daher auch primär auf die zukünftige Produktpalette, die zukünftigen Ka-pazitätsinvestitionen und die Kapazitätsauslastung der inländischen VW-Stand-orte eingegangen. (Int1: 22; FR 08.11.90) Die VW-Arbeitnehmervertretung geht davon aus, hierdurch eine zukünftige konzerninterne Arbeitnehmerkonkurrenzsi-tuation ausschließen bzw. einschränken zu können. Bisher sind diese Garantieer-klärungen seitens des Vorstands eingehalten worden. Da das Unternehmen letz-tendlich marktabhängig agiert und die Automobilkonjunktur im Jahr 1991 noch zufriedenstellend verlief, haben sie ihre Bewährungsprobe noch nicht bestehen müssen.

Das Arbeitsvolumen der deutschen Standorte ist jedoch nicht nur durch die Internationalisierung des Konzerns gefährdet. Es verändert sich ebenfalls bei der Einführung neuer Produktionskonzepte. Rationalisierungsmaßnahmen und eine Verringerung der Fertigungstiefe führt zur Abnahme des Volumens der manuellen Arbeit. Die Rationalisierung und human-zentrierte Veränderungen der Arbeitsor-ganisation, wie sie bei Volkswagen durchgeführt wurden, verändern den Bedarf an angelernten Mitarbeitern und Facharbeitern. Beide Prozesse erhöhen die Ar-beitnehmerkonkurrenz in den Belegschaften um die abnehmende Gesamtzahl der Arbeitsplätze und die reduzierte Zahl der Arbeitsplätze für angelernte Mitarbeiter. Die Einführung der Rationalisierungsmaßnahmen und des Einsatzes neuer Pro-duktionskonzepte wird aufgrund der ansteigenden Anbieterkonkurrenz, der der VW-Konzern ausgesetzt ist beschleunigt und intensiviert.

Der GBR kann diese Entwicklung nicht grundsätzlich verhindern, weil dies die Konkurrenzfähigkeit des Unternehmens gefährden könnte. (9) Zwar ist der Betriebsrat im ersten Stadium der Planungen zu unterrichten, eine intensive Beratung der Planungen belastet seine Arbeitskapazitäten aber erheblich. (Interview 1982: 265) Brumlop und Jürgens kommen zu der Einschätzung, daß bei der VW-Arbeitnehmervertretung trotz einiger Verbesserungen eher eine reaktive, als eine agierende Rolle bei Rationalisierungsmaßnahmen beobachtet werden kann. (Brumlop; Jürgens 1986: 84f.) Das Ziel der Arbeitnehmervertretung besteht dabei primär darin, Rationalisierungsmaßnahmen möglichst sozialverträglich für die Belegschaft zugestalten. Zur Umsetzung dieses Zieles wurden einzelne Problembereiche der Rationalisierung in Betriebsvereinbarungen und Tarifverträgen geregelt. Das Ziel war es Entlassungen zu vermeiden, eine breite Qualifizierung der Arbeitnehmer zu ermöglichen und den Wegfall manueller Arbeit durch die vertragliche Verringerung des Arbeitsvolumens der Belegschaft zu kompensieren. Der 1987 abgeschlossene Tarifvertrag über den Schutz vor Rationalisierung verbietet die Entlassung von Mitarbeitern aufgrund von Rationalisierungsmaßnahmen. Allen Arbeitnehmern stehen Qualifizierungsprogramme offen, bei denen dem Betriebsrat inhaltliche und personelle Mitwirkungsrechte ausübt. Lohneinbußen bei Versetzungen werden zeitlich gestreckt. Über die Rationalisierung ist der Betriebsrat im ersten Planungsstadium umfassend zu unterrichten. (Industriegewerkschaft Metall 1987a) Ein Interessengegensatz zwischen Angelernten und Facharbeitern bei diesen Maßnahmen konnte bisher bei Volkswagen verhindert werden. Es fielen zwar eine große Anzahl Arbeitsplätze für angelernte Mitarbeiter weg, diese Mitarbeiter konnten jedoch an Qualifizierungsprogrammen teilnehmen, um auf höherwertige Arbeitsplätze versetzt zu werden. (Muster 1987: 343f.)

Zu den technik-zentrierten Rationalisierungsmaßnahmen zählt ebenfalls die Verringerung der Fertigungstiefe. Im Sparkonzept des Vorstands vom April 1988 wurde eine Verringerung der Fertigungstiefe um 1 % jährlich bis zum Jahr 1993 angestrebt. (FR 05.05.88) Der GBR ist bereit, die Entscheidung über die Fremdvergabe von Kostengesichtspunkten abhängig zu machen, es sei denn, es handelt sich um zukunftsträchtige Produktionsprozesse mit Entwicklungspotential. (BR kontakt 03a/89, 04/92) Im Zuge des Sparprogramms fielen von 1988 bis 1992 im Standort Wolfsburg 770 Stellen durch Fremdvergabe fort. (FR 29.06.88) Durch die gemeinsame Kostenoptimierungsdiskussion zwischen Betriebsrat und lokalem Management konnte die Näherei und Polsterei in den Standorten Wolfsburg, Hannover und Emden, sowie die Wolfsburger Kabelfertigung mit insgesamt 4.000 Arbeitsplätzen erhalten werden. (BR kontakt 09I/89, Börsen-Zeitung 09.03.90) Die Unternehmensleitung kalkuliert einen, aus dem Verlagerungsargument resultierenden Optimierungsanreiz für das lokale Management und die Standortbetriebsräte ein.

Die Rationalisierungsmaßnahmen bedeuteten ein weiteres Problem für die Eingruppierung und den flexiblen Einsatz der Belegschaft. Die neuen Arbeitsplätze waren einerseits weniger physisch belastend und erforderten geringere Fachkenntnisse, gingen aber andererseits mit einer höheren Arbeitsintensität und der Bearbeitung wechselnder Modelle einher. Da das analytische System der Arbeitsbewertung nur die physischen Belastungen und die Fachkenntnisse erfaßte drohten Abgruppierungen. Allerdings waren die analytischen Arbeitsplatzbeschreibungen exakt festgelegt, so daß eine Umsetzung von der Zustimmung des Betriebsrates abhing. Der 1980 abgeschlossene Vertrag zur Lohndifferenzierung kommt einerseits dem Betriebsrat entgegen. Die Arbeitsplätze werden nur noch aufgrund der Tätigkeiten des Arbeitnehmers bewertet, Abgruppierungen konnten so verhindert werden. Bei einem Wechsel der Arbeitssysteme und Arbeitsbereiche erhält er Zuschläge. Das Management kann flexibler planen, weil die Arbeitsverträge jetzt für Arbeitssysteme gelten, innerhalb derer der Arbeitnehmer ohne Zustimmung des Betriebsrates versetzt werden kann. Die gesetzlich vorgeschriebene Vorankündigung der Versetzung gegenüber dem Betriebsrat wird hierdurch gelockert. (vgl. Brumlop 1986: 18f.)

Außerdem bemüht sich der GBR, den Wegfall manueller Arbeit aufgrund von Rationalisierungsmaßnahmen, durch eine vertragliche Einschränkung des Arbeitsvolumens der Belegschaft zu kompensieren. Zusätzliche Arbeitspausen sicherten 1981 nach GBR-Angaben 4.000 bis 5.000 Arbeitsplätze in der Volkswagen AG. (Brumlop; Jürgens 1986: 88) Der Mitarbeiter hat ein Anrecht auf eine zusätzliche bezahlte Erholungsfreizeit neben dem Jahresurlaub. Die Verkürzung der Wochenarbeitszeit brachte seit 1984 einen weiteren Rückgang des Arbeitsvolumens mit sich. Bis Mai 1985 ermöglichte die 38,5-Stunden-Woche 3.000 Neueinstellungen. (BR kontakt 05/85) Im Oktober 1995 wird die 35-Stunden-Woche eingeführt. (Handelsblatt 08.12.90) Seit 1974 vereinbart der GBR mit dem Unternehmen Vorruhestandregelungen, die dem Mitarbeiter ein Ausscheiden nach Erreichen des 58. Lebensjahres ermöglichen. Zwischen 1974 und 1989 nahmen 30.000 Mitarbeiter dieses Angebot in Anspruch. (SZ 25.02.89) Diese Erhöhung der natürlichen Fluktuation erleichtert die Belegschaftsanpassung und externalisiert deren Kosten auf die staatliche Ebene.

Die genannten Einschränkung des manuellen Arbeitsvolumens führten, bei gleichzeitiger Erhöhung der Produktion zwischen 1984 und 1987 zu einem Anstieg der Beschäftigung um 10,2 % auf 129.028 Mitarbeiter. (VW Geschäftsberichte 1985, 1987) Bereits im März 1987 warnte der GBR vor einer Erwartungshaltung in der Belegschaft, diesen Beschäftigungsstand bei einer sich abkühlenden Konjunktur halten zu können. Der Vorstand habe auf Drängen der Arbeitnehmervertretung die Personalpolitik der mittleren Linie verlassen, daher sei bei Produktionsrückgängen nunmehr auch mit einem Belegschaftsabbau zu rechnen. (BR kontakt 03b/87) Als Folge des Sparprogramms der Jahre 1988/89 kam es zu einem Belegschaftsabbau, der jedoch durch die Ausnutzung der natürlichen Fluktuation bewältigt wurde.

Die Arbeitnehmervertretung nahm bei Volkswagen für die Schließung des internen Arbeitsmarktes und eine Beschäftigungsgarantie seitens des Vorstands eine Flexibilisierung der Arbeitskraft in Kauf. Diese Flexibilisierung setzte mit dem Lohndifferenzierungsvertrag ein. Zwar gilt weiterhin der 8-Stunden-Tag und die 5-Tage-Woche als Regelarbeitszeit, die Betriebsräte genehmigen jedoch auch Sonderschichten an Samstagen. (FAZ 09.12.88)(10) Ähnlich pragmatisch verhält sich der GBR bezüglich der Einführung einer dritten Schicht. Im April 1992 wurde sie vom GBR-Vorsitzenden generell abgelehnt. (04/92 BR kontakt) Im März 1990 hatte der Betriebsrat einer 24-Stunden-Montage in Wolfsburg wegen der hohen Nachfrage und der Schaffung von 730 zusätzlichen Arbeitsplätzen zugestimmt. (FR 28.12.90) Zur Umsetzung der 36-Stunden-Woche ab dem April 1993 wurde versuchsweise ein Drei-Schicht-Modell "mit zweimal sieben Stunden am Tag, sowie einer Nachtschicht mit fünf Stunden (aber sieben Stunden Bezahlung)" eingeführt. (BR kontakt 07/92) Die konzerninterne Arbeitnehmerkonkurrenz zwischen den nationalen und zwischen den westeuropäischen Konzernstandorten erschwert die Verhinderung einer Arbeitflexibilisierung durch die VW-Arbeitnehmervertretung. Zu den Mißerfolgen einer einheitlichen Interessenvertretung zählt die Vereinbarung einer dritten Schicht im Standort VW Mosel, der hierdurch aus der einheitlichen Verhandlungslinie der restlichen Volkswagen-Arbeitnehmervertretungen ausbrach. (Steinkühler 1992: 13) Außerdem nutzte das Management die konzerninterne Arbeitnehmerkonkurrenz im Bereich der Getriebeproduktion, um vom Betriebsrat des Standorts Kassel die Zustimmung zu drei zusätzlichen Wochenendschichten zu fordern. Das Management argumentierte damit, dies wäre im SEAT-Standort El Prat in der Getriebeproduktion ebenso üblich. Durch Nachfrage bei der Arbeitnehmervertretung Seat-El Prat erfuhr der Betriebsrat Kassel, daß diese Informationen nicht zutrafen. (Fuchs u.a. 1991: 731)

Im Verlauf der vom Vorstand in den Jahren 1988 und 1990 begonnenen Diskussion um Kostenreduzierungen konnte der VW-Gesamtbetriebsrat Änderungen der Tarifverträge über Erholungspausen und Zusatzerholungszeiten verhindern. Die Produktionsnutzungszeit, d.h. die Produktionsintensität wurde jedoch durch Veränderungen der Taktausgleichszeiten und der sachlichen Verteilzeit sowie die Verlegung der Waschzeiten erhöht. (Wolfsburger Nachrichten 17.12.88) Zu diesen Maßnahmen zählte außerdem die Durchsetzung einer Rationalisierungsquote von 4 % p.a. im direkten und eine jährlich festzulegende Rationalisierungsquote im indirekten Bereich durch das Management. Diese Bestimmung führte zur Auflösung einzelner Abteilungen im Verwaltungsbereich. (Int1: 11f.)

Mit der Einrichtung von Qualitätszirkeln wurden seit Mitte der 70er Jahre die ersten human-zentrierten Änderungen des Produktionsablaufs realisiert. Der GBR entschied sich für den Abschluß einer Betriebsvereinbarung zu dem Thema, da eine Ablehnung der Q-Zirkel nicht durchsetzungsfähig erschien. Die Betriebsvereinbarung aus dem Jahr 1986 räumt dem GBR weitreichende Informations- und Mitwirkungsrechte bei der Einrichtung und Durchführung der Q-Zirkel ein. (vgl. Volkswagen AG 1986) Die Ergebnisse der Zirkel dürfen nicht zu Nachteilen für die Belegschaft und Entlassungen führen. Nach Ansicht des GBR ist die Gefahr einer Aushebelung der Mitbestimmung und der Spaltung von Belegschaft und Arbeitnehmervertretung mit dieser Vereinbarung gebannt. (FR 20.03.87)

Die Gruppenarbeit in der Fertigung hat in Wolfsburg in größerem Umfang erst 1992 mit der Einführung des Golf III eingesetzt. Im Februar 1992 arbeiteten in der Volkswagen AG in der Bundesrepublik 6.000 der 55.000 direkt in der Produktion eingesetzten Mitarbeiter auf Gruppenarbeitsplätzen. (Tagung 1992: 4) Der GBR begrüßt diese Entwicklung, solange dem Humanisierungsaspekt der gleiche Stellenwert wie der Rentabilität zugemessen wird. Er willigte unter der Bedingung in die Erprobung der Gruppenarbeit in der Fertigung ein, daß auch die anderen Betriebsfunktionen an den Produktionsbereich angenähert werden, die Hierarchie abgeflacht werden, eine soziale Qualifizierung der Belegschaft erfolgt und die Gruppenarbeit auch im indirekten Bereich ausgeweitet wird. Die Gruppen müssen selbsterkannte Probleme ebenso bearbeiten dürfen wie die Vorgaben des Managements. (Widuckel-Mathias 1992: 89ff.) Über diese Forderungen wurde im Sommer 1992 noch verhandelt. Das Thema der Gruppenarbeitsbedingungen ist für die Arbeitnehmervertretung von besonderer Bedeutung, da eine zu starke Sozialintegration der Belegschaft, deren Mobilisierungsbereitschaft durch die Arbeitnehmervertretung schwächt. Dies würde sich negativ auf die Position des GBR im Unternehmen und auf seine Bargaining Power gegenüber dem Vorstand auswirken. Da das Werk Mosel in Sachsen Anfang 1992 bereits auf die Gruppenarbeit in der Fertigung vorbereitet und auch in dem neuen SEAT-Standort Martorell ebenfalls über die Einführung von Gruppenarbeit verhandelt wird, will der GBR zu diesem Thema eine international einheitliche Haltung der Volkswagen-Arbeitnehmervertretungen herbeiführen.

Die Analyse der realen Umsetzung der quantitativen Ziele der Arbeitnehmervertretung erweist sich als schwierig, da der Haustarif- und die regionalen Manteltarifverträge der Metallindustrie nur bedingt vergleichbar sind. Insgesamt liegen die Löhne und Gehälter bei der Volkswagen AG geringfügig über denen der anderen deutschen KFZ-Hersteller, allerdings deutlich höher, als die, in der übrigen Metallindustrie erzielten Einkommen. Diese Differenz verringert sich in Krisenzeiten und weitete sich in Prosperitätsphasen wieder aus. 1970 lag der durchschnittliche Verdienst eines Volkswagenmitarbeiters 23 % höher, als derjenige eines Mitarbeiters in der Metallindustrie. In der Krise 1975 sank die Differenz auf 10 % ab, der Volkswagenverdienst lag 5 % über dem, der übrigen KFZ-Hersteller in der Bundesrepublik. (Streeck 1984: 84) In der Erholungsphase der Automobilkonjunktur 1986 zahlte Volkswagen 30 % höhere Löhne, als die deutsche Metallindustrie und 9 % höhere Löhne, als die anderen Kfz-Hersteller. (Brumlop/Jürgens 1986: 79) Koch bemerkt hierzu, daß die Einkommenshöhe bei Volkswagen in den 80er Jahren begrenzt wurde, die IG Metall und die Arbeitnehmervertretung hätten jedoch substantielle Verbesserungen sozialer Leistungen durchgesetzt, die zu einem Anstieg der Lohnnebenkosten geführt hätten. (Koch 1987: 158f.) Demgegenüber stellten sowohl der Vorstandsvorsitzende der Volkswagen AG 1984 wie auch der Bezirksleiter des IG Metall Bezirks Hannover 1988 fest, daß die Lohnkosten des Unternehmens nicht über denen der übrigen KFZ-Hersteller liegen. (SZ 06.04.84; Handelsblatt 06.06.88) Insgesamt läßt sich allerdings mit Sicherheit von einem, zumindest mit den übrigen deutschen KFZ-Herstellern vergleichbaren, direkten Lohnniveau bei Volkswagen ausgehen.

Die Analyse der Aktivitäten der betrieblichen Arbeitnehmervertretungen der deutschen Standorte zeigte, daß diese bis Anfang der 90er Jahre in der Lage waren, ihre programmatischen Ziele zu realisieren. Branchendurchschnittlichen Erhöhungen der direkten Einkommen standen bis Anfang der 90er Jahre überdurchschnittliche soziale Nebenleistungen gegenüber. Sie sind weniger öffentlichkeitswirksam, dafür jedoch betriebsintern als Erfolge gegenüber der Belegschaft ausweisbar. Gegenüber den Mandatsträgern versuchte der GBR bereits 1992 die Erwartungshaltung auf dem Gebiet der direkten Einkommenserhöhungen zu senken und verwies auf den begrenzten Verhandlungsspielraum zu diesem Thema. (vgl. Volkert 1992) In öffentlichen Stellungnahmen stimmt der GBR die Belegschaft auf den höheren Stellenwert der Standortsicherungsfragen ein. (11) Die Sicherung der Standorte und Arbeitsplätze in der Bundesrepublik bei Internationalisierungsentscheidungen des Konzernvorstands, die seit Mitte der 70er Jahre zu Situationen konzerninterner Arbeitnehmerkonkurrenz führten, gelang bisher mittels Garantieerklärungen des Vorstands.

Der steigenden Anbieterkonkurrenz begegnete die Unternehmensleitung zunächst mit technik-zentrierten, seit den 80er Jahren auch mit human-zentrierten Veränderungen der Produktionsprozesse. Diese werden vom GBR grundsätzlich mitgetragen, teilweise auch unter Hinnahme von Arbeitsintensivierungen, um den hohen Standard der Sozialleistungen zu erhalten. Dem gleichen Ziel dient die hohe Flexibilität des Arbeitseinsatzes, der ausgedehnte Maschinennutzungszeiten erlaubt. Im Gegenzug erwartet der GBR eine unausgesprochene Beschäftigungsgarantie seitens des Vorstands. Beschäftigungs- und Nachfrageschwankungen werden durch Mehrarbeit und die natürliche Fluktuation der Belegschaft ausgeglichen. Besondere Erfolge kann der GBR auf dem Gebiet des Rationalisierungsschutzes und der Umsetzung der Q-Zirkel vorweisen. Hinsichtlich der Rationalisierungsmaßnahmen ist es dem GBR bisher gelungen, sowohl die Interessen der Facharbeiter zu vertreten, als auch den, von der Rationalisierung bedrohten angelernten Arbeitnehmern Qualifizierungschancen zu bieten. Eine Segmentierung dieser Belegschaftsgruppen konnte bis Anfang der 90er Jahre verhindert werden.

Die Durchsetzungsfähigkeit des GBR blieb durch dessen erfolgreiche Strategie der kooperativen Konfliktbewältigung gegenüber dem Vorstand bisher gewahrt und konnte unter Einbeziehung der Arbeitnehmervertreter im Aufsichtsrat ausgebaut werden. Die hohe Anbieterkonkurrenz zwang die Konzernleitung jedoch bereits Ende der 80er Jahre zur Begrenzung des weiteren Wachstums der Personalkosten und einer stärkeren Prüfung kostenintensiver Produktionsprozesse. Diese Politik wurde von der Arbeitnehmervertretung aufgrund einer faktischen Beschäftigungsgarantie mitgetragen.

Die wachsende Internationalisierung des Konzerns in Europa, bei einem geplanten Ausbau der ausländischen Produktionskapazitäten, erleichtert dem Vorstand zukünftig eine Erhöhung der Auslandsproduktion. Da die Erhöhung der Auslandsproduktion auch zu einer steigenden Fähigkeit der Parallelproduktion beiträgt, entstehen neue konzerninterne Arbeitnehmerkonkurrenz- und potentielle Anbeiterkonkurrenzsituationen. Bis Anfang der 90er Jahre konnte der GBR diese Arbeitnehmerkonkurrenzsituationen bei jeder neuen Internationalisierungsphase des Konzerns einschränken. In Zukunft ist eine Reduzierung der Bargaining Power des GBR nicht ausgeschlossen, wie das Szenario eines stagnierenden westeuropäischen KFZ-Marktes, bei einer gleichzeitig weiter zunehmenden Anbieterkonkurrenz und der dann einsatzbereiten, kostengünstiger produzierenden ostdeutschen, spanischen, tschechischen und slowakischen VW-Standorte zeigt. (12) Dann müßte der Vorstand zur Sicherung des Konzerns die konzerninterne Arbeitnehmerkonkurrenz verstärkt nutzen. Ein solches Szenario stärkerer Produktionsverlagerungen ins Ausland bei einem gleichzeitigen rationalisierungsbedingten Rückgang des manuellen Arbeitsvolumens in den deutschen Standorten würde auch die Arbeitsplätze der Facharbeiter bedrohen, was Auswirkungen auf die Verankerung des GBR in dieser Belegschaftsgruppe hätte. Ein abnehmender Rückhalt in dieser wichtigsten Belegschaftsgruppe würde die Bargaining Power des GBR ernsthaft gefährden.

Die konzerninterne Arbeitnehmerkonkurrenz wird bei ungünstiger Entwicklung der ökonomischen Rahmendaten somit zum grundsätzlichen Problem des Gesamtbetriebsrats, welches seine Bargaining Power gegenüber dem Vorstand bedroht. Der GBR erkannte diese Gefahr bereits in den 80er Jahren: "Was die Konkurrenz im eigenen Haus betrifft, das heißt also im Rahmen des Konzerns. Dieses Problem haben wir natürlich gesehen und dieses Problem existiert bis heute. Diesem Problem wird man sich stellen müssen. Wobei für uns auch wieder die Frage war und die (...) wird auch nicht so ohne weiteres beantwortet werden können: Wann ist der Punkt erreicht, von den Marktsättigungsgrenzen her, für die einzelnen Bereiche, daß dann ein interner Druck erfolgen könnte, indem einfach aus anderen Standorten in die Bundesrepublik geliefert wird. Aber immer vorausgesetzt Marktsättigung ist erreicht. Dieser Punkt ist ja bis heute nicht erreicht. (Januar 1991 - V.M.) Ich dachte immer, der würde schon mal früher kommen". (Int3: 1) Die Zunahme der konzerninternen Arbeitnehmerkonkurrenz kann der GBR durch den Ausbau der Kooperation mit den anderen Arbeitnehmervertretungen der europäischen VW-Konzernstandorte begrenzen. Aufgrund der Bewertung des Gefährdungspotentials der Bargaining Power der betrieblichen VW-Arbeitnehmervertretungen ist seit Mitte der 80er Jahre ein steigendes Interesse an einer Intensivierung der Kooperationsbeziehungenhmervertretungen zu erwarten.

7.2 Die Organisationsstruktur der Seat-Arbeitnehmervertretung

Die Untersuchung der Organisationsstruktur der spanischen Arbeitnehmervertretung bei SEAT folgt dem Aufbau der Analyse der VW-Arbeitnehmervertretung. Ebenso wie bei den deutschen VW-Standorten existiert eine duale Vertretungsstruktur, die durch die Existenz mehrerer Richtungsgewerkschaften zusätzlich kompliziert wird.

In der Analyse der Organisationsstruktur wird primär auf die Ausdifferenzierung und Hierarchisierung der Gremien eingegangen. Sind die beiden Merkmale ausgeprägt vorhanden, kann, bei gering entwickelten Informations- und Partizipationsstrukturen, auf eine relative Autonomie der Mandatsträger in den Spitzengremien gegenüber der Belegschaft geschlossen werden. Eine Konzentration der internationalen Kooperation auf diese Gremien deutet ebenfalls auf einen hohen Autonomiespielraum der Arbeitnehmervertreter in diesem Arbeitsfeld hin. Die Existenz entwickelter Informations- und Partizipationsstrukturen ist notwendig, um die Belegschaft über den Nutzen und den Inhalt der Kooperation zu informieren und so deren Mobilisierungsbereitschaft zu sichern.

Ebenso wie bei der Untersuchung der Organisationsstruktur der VW- Arbeitnehmervertretung wird aus der gewerkschaftlichen Verankerung der Mandatsträger und der Belegschaft, sowie dem Vergleich zwischen programmatischen Zielen und deren Umsetzung, auf die Durchsetzungsfähigkeit der spanischen Arbeitnehmervertretung geschlossen werden. Insbesondere stellt sich die Frage nach einer Beeinträchtigung der Bargaining Power der Seat-Arbeitnehmervertretung durch die gewerkschaftliche Konkurrenz auf betrieblicher Ebene und die Tatsache, daß das spanische System der Arbeitsbeziehungen erst seit den 80er Jahren in seiner jetzigen Form besteht.

7.2.1 Die Gremien der Seat-Arbeitnehmervertretung

Bei der Betrachtung der betrieblichen Gremienstruktur der Arbeitnehmervertretungen der Seat-Standorte muß beachtet werden, daß es sich um ein erst ein

Jahrzehnt bestehendes System der Arbeitsbeziehungen handelt, dessen Akteure noch zu einem neuen Selbstverständnis untereinander, aber auch gegenüber der Kapitalseite finden mußten. Insbesondere ist auf den Professionalisierungsgrad der Seat-Arbeitnehmervertretungen einzugehen. Läßt sich ebenso wie bei den Volkswagen-Arbeitnehmervertretungen eine starke Ausdifferenzierung der Gremien mit erheblichen Handlungsspielräumen der Mandatsträger feststellen? Welche Gremien beschäftigen sich mit internationalen Kooperationsfragen? Ein weiteres Moment der Instabilität entsteht durch die Konkurrenz mehrerer Richtungsgewerkschaften in den Standorten. Dieser Faktor wird in den weiteren Abschnitten in seinen unterschiedlichen Aspekten thematisiert. Diesen Fragen soll bei der Untersuchung der Gremien von UGT und CC.OO. nachgegangen werden. Die Untersuchung konzentriert sich auf diese beiden Gewerkschaften, da sie die Mehrheit der SEAT-Arbeitnehmer vertreten. Ebenso wie bei den Standorten der Volkswagen AG existiert auch bei SEAT eine starke Dominanz eines Standortes. Der Standort Barcelona Z.F. beschäftigte 1990 16.359 der 21.592 Beschäftigten aller Produktionsstandorte (13) Der Arbeitnehmervertretung von SEAT-Barcelona, auf deren Strukturen im folgenden näher eingegangen wird kommt daher unter den Seat-Arbeitnehmervertretungen ein besonderes Gewicht zu.

In allen SEAT-Produktionsstandorten existieren sämtliche im sechsten Kapitel dargestellten, gesetzlich legitimierten Formen der betrieblichen Arbeitnehmervertretung. Anläßlich der nationalen Gewerkschaftswahlen wird ein Betriebskomitee gewählt, außerdem bestehen Gewerkschaftssektionen der großen Gewerkschaften mit dezentralen Strukturen in den Werkshallen. Es war bereits auf die Problematik einer Überschneidung der Zuständigkeiten, der Verhandlungsinhalte und der Gleichheit der Sanktionsmittel von Betriebskomitee und Gewerkschaftssektion hingewiesen worden. (vgl. Abschnitt 6.1) Diese Situation kann zu Auseinandersetzungen hinsichtlich der Vertretungskompetenz der Belegschaft gegenüber der Unternehmensleitung führen. Kommen noch Konkurrenzbeziehungen zwischen den einzelnen im Betrieb vertretenen Gewerkschaften hinzu, gefährdet dies die Arbeits- und Durchsetzungsfähigkeit der Gremien der Arbeitnehmervertretung zusätzlich. Besteht ein Betriebskomitee aus Vertretern mehrerer dieser konkurrierenden Gewerkschaften, wird ein einheitliches Auftreten gegenüber der Unternehmensleitung unwahrscheinlich. Für die Gewerkschaften ist ein Erfolg bei den Betriebskomiteewahlen von großer Bedeutung, da nur den repräsentativen Gewerkschaften bestimmte vorrangige Rechte zur Aushandlung von Tarifverträgen, der Teilnahme an Branchen- und nationalen Kollektivverhandlungen, sowie der Mitsprache in öffentlichen Institutionen zustehen. Außerdem bilden die gewählten Delegierten der Betriebskomitees, mit ihrem Anspruch auf eine teilweise Freistellung von der Arbeit, eine zusätzliche Ressource zur Bewältigung der tägliche Aktivitäten der Gewerkschaftssektionen. Sie können auch für die Aktivitäten der regionalen Gewerkschaftsbüros abgeordnet werden.

Bei SEAT-Barcelona ist die Zahl, der im Betriebskomitee vertretenen Gewerkschaften seit 1986 auf vier Organisationen zurückgegangen. Es handelt sich um die Union General de Trabajadores (UGT), die Commissiones Obreras (CC.OO.), die Confederacion de Cuadros (CC), eine Organisation der Ingenieure und Angestellten und die Confederacion General de Trabajadores (CGT), eine anarcho-syndikalistisch orientierte Gewerkschaft. Die größten Fraktionen von UGT und CC.OO. verfügen jede für sich genommen über keine absolute Mehrheit der Sitze. (vgl. Tabelle VII-2) Das Komitee ist also nur bei Bildung einer Koalition zwischen mindestens zwei der Fraktionen handlungsfähig. Die Arbeit des Betriebskomitees wird nicht nur durch etwaige Differenzen in der Bewertung inhaltlicher Fragen behindert. Während die CC.OO. das Betriebskomitee als alleinigen Verhandlungsführer gegenüber dem Management sehen, spricht die UGT diese Rolle den Gewerkschaftssektionen zu. Diese seien der Kern der gewerkschaftlichen Organisation und müßten über die Politik der Arbeitnehmervertretung im Unternehmen entscheiden. Die CC.OO. begründen die herausragende Rolle des Betriebskomitees mit dessen Anspruch, das einzige Gremium der Arbeitnehmervertretung zu sein, welches von der gesamten Belegschaft demokratisch gewählt wurde. (Int8: 5f.; Int4: 7f.)

Diese Differenzen führten bei SEAT-Barcelona zu einer Lähmung der Verhandlungsfunktion des Betriebskomitees gegenüber dem Management. Nach seiner Wahl im Oktober 1990 war das neugewählte Komitee bis zum Juni 1991 noch nicht zu einer konstituierenden Sitzung zusammengetreten. Lediglich die gesetzlich vorgesehenen Kommissionen und die Verantwortlichen für finanzielle Fragen übten ihre Funktionen aus. Ein CC.OO.-Vorstandsmitglied bei SEAT-Barcelona beschreibt diese Situation: "Ein Betriebskomitee existiert hier im Augenblick nicht in der Praxis, weil zwei Gewerkschaften bei SEAT im Komitee die Mehrheit haben, die aber nicht an die Wirksamkeit des Komitees glauben, CGT und UGT. Die Rolle der Betriebskomitees wird in Spanien nur von den CC.OO. verteidigt. Und wir verteidigen es, weil wir es als einigendes Gremium verstehen, welches alle Arbeitnehmer repräsentiert. ... Das jetzige Komitee muß sich zum Beispiel einmal im Monat zu einer ordentlichen Sitzung versammeln und seit den Wahlen im letzten Oktober (1990 - V.M.) ist es nicht ein einziges Mal zusammengetreten. Das Betriebskomitee hat sich auch nicht versammelt, um über das Thema des neuen Kollektivvertrages zu sprechen. Auch wenn das früher immer geschehen ist. Das Komitee sind heute praktisch die drei Personen, die die Schecks ausstellen und das ist es". (Int8: 5f.) Diese Praxis wird von der UGT-Sektion begrüßt. Das Ziel des UGT-Vorsitzenden ist es, alle wichtigen Fragen in den Gewerkschaftssektionen zu entscheiden, diese Ergebnisse in Verhandlungen mit den Vertretern der anderen Sektionen auf ihre Mehrheitsfähigkeit hin abzustimmen und sie bei Konsenserzielung dem SEAT-Vorstand als Verhandlungsplattform zu unterbreiten. (Int4: 7) Das Betriebskomitee spielt daher bei SEAT-Barcelona Anfang der 90er jahre keine Rolle in den betrieblichen Arbeitsbeziehungen. Die Wahlen zu diesem Gremium dienen nur der Feststellung, welcher der Richtungsgewerkschaften das größte Gewicht innerhalb des Standortes zukommt. Außerdem bildet die kumulierte, gesetzlich vorgeschriebene Freistellungszeit der gewählten Betriebskomiteedelegierten eine der wichtigsten Arbeitsressourcen der Sektionen. Die gewählten Betriebskomiteemitglieder der einzelnen Gewerkschaften und deren Freistellungszeiten werden von den Sektionsvorständen für die Aktivitäten der Gewerkschaftssektionen verwendet. Sie bilden den professionellen Kern des Sektionsapparates. Im Standort SEAT-Barcelona sind alle Betriebskomiteemitglieder komplett von der Arbeit freigestellt. (Arbeiterstatut 1990: Art.68) Das SEAT-Management hat sich auf diese Situation eingestellt und verhandelt mit den Vorständen der Gewerkschaftssektionen. Allerdings würde es die Existenz einer einheitlichen Metallgewerkschaft und eines handlungsfähigen Betriebskomitees als berechenbaren Verhandlungspartner begrüßen. (Int16: 7)

Die einzigen handlungsfähigen Akteure der Arbeitnehmervertretung auf Standortebene sind die Gewerkschaftssektionen. Alle im Betrieb vertretenen Gewerkschaften können Sektionen bilden. Aber nur die Sektionen der Gewerkschaften, die über 10 % der Belegschaft eines Standortes organisieren haben einen Anspruch auf Sektionsräume, Informationstafeln und die Wahl von Gewerkschaftsdelegierten mit Freistunden. (Seat-Kollektivvertrag 1989: 66) Bei SEAT-Barcelona erfüllen nur UGT und CC.OO. diese Bedingungen. Im folgenden werden daher auch nur deren Sektionsstrukturen analysiert. Die Sektionsstrukturen beider Gewerkschaften existieren auf der Ebene der Werkshallen, der Standorte und des Teilkonzerns.

Die Organe der Gewerkschaftssektion der UGT des Standorts Barcelona sind die Mitgliederversammlung, das Gewerkschaftsplenum und der Sektionsvorstand. (vgl. Grafik 9) Die Mitgliederversammlung tritt normalerweise alle vier Jahre zusammen, um den Sektionsvorstand und die Gewerkschaftsdelegierten der Sektion zu wählen. Außerordentliche Versammlungen finden zu besonderen Themen, beispielsweise zu den Tarifverhandlungen statt. Anläßlich der Tarifrunde 1991 wurden beispielsweise drei außerordentliche Versammlungen innerhalb zweier Monate abgehalten. Neben der Versammlung aller Gewerkschaftsmitglieder organisieren die Werkstattdelegierten wöchentliche Informationsveranstaltungen auf Werkshallenebene.

Die UGT-Sektion SEAT-Barcelona verfügt nach eigenen Angaben über insgesamt elf Gewerkschaftsdelegierte, vier Delegierte werden aufgrund des Gesetzes über die Gewerkschaftsfreiheit und sieben für die gesamte Arbeitszeit freigestellte Delegierte aufgrund des Kollektivvertrages gewählt. Von den sieben freigestellten Delegierten waren 1991 drei als Vorstandsmitglieder hauptamtlich im

Grafik 9   Struktur der UGT-Gewerkschaftssektion der SEAT-Standorte

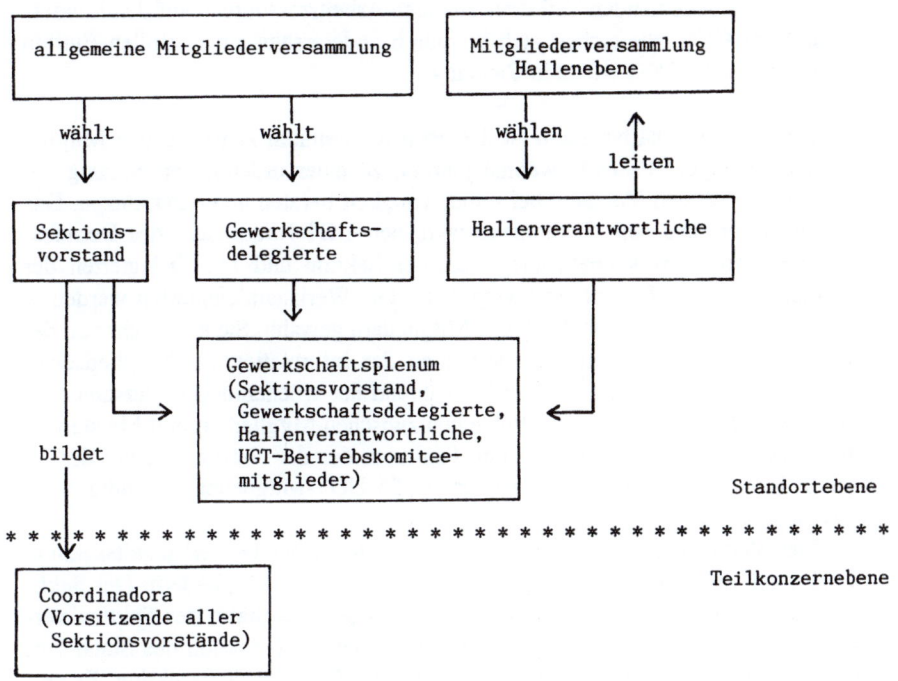

(UGT Seccion Sindical o.J.)

251

Büro der UGT-Metal Catalunya in Barcelona tätig. Damit transferiert die UGT-Sektion einen bedeutenden Teil ihrer knappen Arbeitsressourcen auf den Landes-verband der UGT. Sie sichert sich hierdurch andererseits einen großen Einfluß auf die Politik der UGT Metal in Catalunya.

Das Gewerkschaftsplenum ist das höchste Gremium zwischen den Mitglie-derversammlungen. Es tritt zweimal jährlich zu einer ordentlichen Sitzung zu-sammen. Es soll den Vorstand bei seiner Tätigkeit beraten und unterstützen. Das Plenum besteht aus dem Sektionsvorstand, den UGT-Mitgliedern des Betriebs-komitees, den Gewerkschaftsdelegierten der Sektion und 111 Delegierten der Werkstätten und umfaßt ca. 150 Mitglieder. Die Werkstattdelegierten werden in ihrem Werkstattbereich von den UGT-Mitgliedern gewählt. Sie sind nicht von der Arbeit freigestellt. Ihre Aufgabe besteht in der Information der Mitgliedschaft über die Politik des Sektionsvorstands während der wöchentlichen Versammlun-gen, sowie der Schlichtung von Problemen zwischen Mitgliedern und Meistern in den Werkstätten. Insofern gleicht ihre Funktion, der der Vertrauensleute der IG Metall. Ein Werkstattdelegierter ist für ca. 55 UGT-Mitglieder zuständig. (vgl. UGT Seccion Sindical Seat o.J.)

Der Vorstand ist das höchste Leitungsgremium der Gewerkschaftssektion. Er wird auf vier Jahre gewählt und besteht aus siebzehn Mitgliedern. Der Sekti-onsvorstand ist für die Durchführung der laufenden Geschäfte der Sektion ver-antwortlich und tritt nach Bedarf zusammen. In der UGT-Sektion des Standortes Barcelona dominiert der Vorstand die Politik der Gewerkschaftssektion. Er ver-fügt über einen großen Informationsvorsprung gegenüber den anderen Gremien, da diese nur halbjährlich bzw. in noch längeren Abständen zusammentreten. Der Vorstand fungiert als Informationszentrale, er gibt die Informationen an die ande-ren Gremien weiter. Außerdem arbeitet er als einziges Gremium kontinuierlich, da er für die laufenden Geschäfte verantwortlich ist und über freigestellte Man-datsträger verfügt. Diese Freistellung und die Konzentration der Informationen auf den Vorstand sind die wichtigsten strukturellen Merkmale, die auf eine Pro-fessionalisierung der Arbeit der Sektion hindeuten. Der Vorstand verfügt zwar nicht über hauptamtliche Mitarbeiter wie die deutschen VW-Arbeitnehmervertre-tungen, zu den freigestellten Delegierten zählen jedoch auch Mandatsträger mit wirtschaftswissenschaftlicher Ausbildung.

In der Regel findet auf der Standortebene keine aktive inhaltliche Auseinan-dersetzung mit Problemen der Internationalisierung der Produktionsstrukturen und dadurch auftretende konzerninterne Arbeitnehmerkonkurrenzsituationen sowie Fragen der Kooperation statt. Ausnahmen sind einerseits grundsätzliche Fragen, wie die Übernahme SEATSs durch Volkswagen 1986, die auch im Gewerk-schaftsplenum diskutiert wurde. (Int6: 4f.) Andererseits werden die Standort-Arbeitnehmervertretungen aktiv, wenn Situationen der konzerninternen Arbeit-nehmerkonkurrenz, die nur einzelne Standorte betreffen, wie beispielsweise die

Frage der Polo-Verlagerung nach Barcelona oder die Ausweitung der Getriebe-produktion in Gearbox del Prat akut werden. (Int5: 6) Beide Arbeitnehmerkon-kurrenzsituationen werden im Abschnitt 8.2 ausführlich analysiert.

Hinsichtlich der Partizipationschancen von Mandatsträgern an internationa-len Begegnungen, die zur Bewußtseinsbildung und Problemreflexion beitragen können, gibt es eine, am finanziellen Aufwand orientierte Auswahl der Arbeit-nehmervertreter. Normalerweise nehmen nur freigestellte Mandatsträger regel-mäßig an solchen Veranstaltungen teil, weil das Unternehmen während der Aus-landsreisen den ihnen entstehenden Einkommensausfall ersetzt. (Int6: 4) Eine weitere Differenzierung ergibt sich bezüglich des Stellenwertes der einzelnen in-ternationalen Kontakte. Während für die Kontakte zwischen den europäischen Volkswagen-Arbeitnehmervertretungen die Vorsitzenden der UGT-Sektionen zuständig sind, werden die Kontakte zu den außereuropäischen Standorten auf andere freigestellte Betriebskomiteemitglieder bzw. Gewerkschaftsdelegierte verteilt. Sie organisieren zum Beispiel das Besuchsprogramm der Delegationen der nicht-europäischen Standorte.

Die Gewerkschaftsstrukturen der CC.OO. bei Seat differieren von denen der UGT hinsichtlich der Kompetenzen der einzelnen Gremien. Die Mitgliederver-sammlung aller CC.OO.-Mitglieder tritt unregelmäßig, aber mindestens einmal jährlich, außerhalb des Unternehmens in einem Gewerkschaftshaus zusammen. Die Teilnahme an dieser Versammlung steht auch Nichtmitgliedern offen. Im Ge-gensatz zur UGT ist die Mitgliederversammlung nicht für die Wahl des Vorstands zuständig, sondern dient Informationszwecken und kann Empfehlungen für die Sektionspolitik aussprechen.

Auf der mittleren Organisationsebene ist die Gewerkschaftskonferenz ange-siedelt. Die ca. 400 Delegierten dieses Gremiums werden jedes zweite Jahr von den Gewerkschaftmitgliedern auf der Ebene der Werkshallen gewählt. Die Kon-ferenz übt die Funktion eines Wahlmännergremiums bei der Wahl des Sektions-vorstands und des Gewerkschaftsrats aus. Auf diesen zweijährig stattfindenden Konferenzen wird innerhalb des Rechenschaftsberichtes auch über die internatio-nalen Beziehungen berichtet. Auf den übrigen Versammlungen sind diese und Fragen der Internationalisierung des Konzerns in der Regel kein Thema. (Int7: 2) Das deutet auf einen niedrigen Informationsstand der Mandatsträger über Fragen der konzerninternen Arbeitnehmerkonkurrenz und der internationalen Koopera-tion hin.

Der Gewerkschaftsrat ist das eigentliche Entscheidungsgremium der Ge-werkschaftssektion, in dem über die Linie der Sektionspolitik entschieden wird. Seine ca. 140 Mitglieder werden von der Gewerkschaftskonferenz, entsprechend der Anzahl der Mitglieder in den Werkshallen bestimmt. Sie treten jeden dritten Monat zu einer ordentlichen Sitzung und während der Tarifverhandlungen auch

Grafik 10   Struktur der CC.00:-Gewerkschaftssektion der SRAT-Standorte

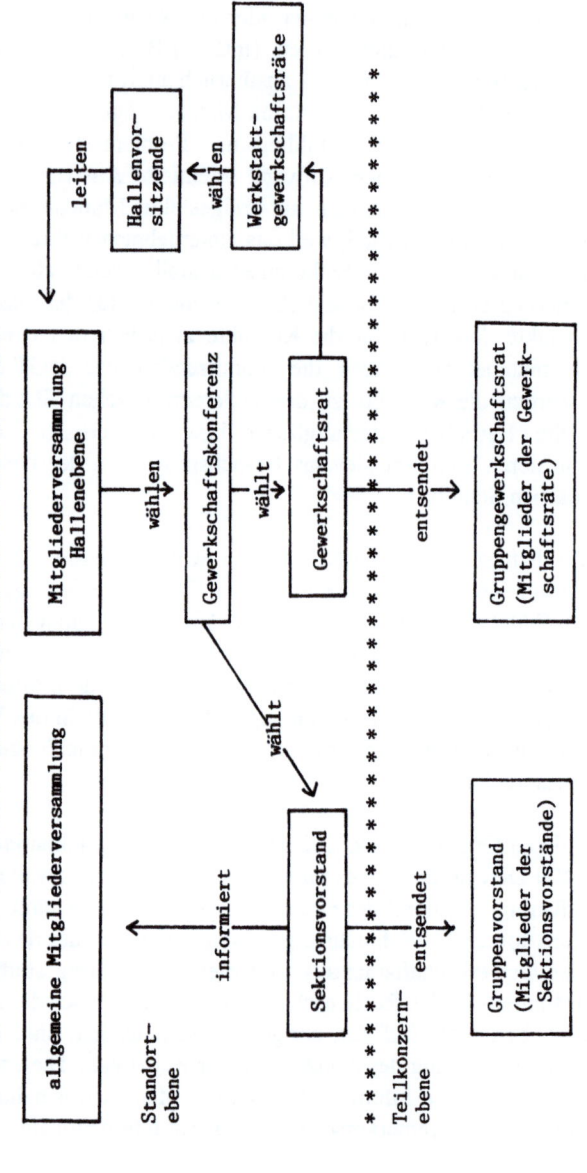

(Interview 8)

254

häufiger zusammen. Gleichzeitig bilden die gewählten Delegierten jedes Werkstattbereichs dezentrale Gewerkschaftsräte in den einzelnen Werkshallen. Aus ihrer Mitte wird ein Hallenverantwortlicher gewählt. Dieser erhält Freistunden vom Sektionsvorstand zur Vertretung der Mitglieder vor Ort gegenüber den Meistern. (vgl. Grafik 10) Die Sitzungen der Werksstatt-Gewerkschaftsräte können während der Arbeitszeit durchgeführt werden. (Int7: 1)

Der Sektionsvorstand ist nach Angaben eines Vorstandsmitglieds im Standort Barcelona nicht so aktiv, wie diejenigen in den kleineren SEAT-Standorten, da sich die Sektionsaktivitäten in Barcelona auf mehrere Sektionsgremien verteilen. Die geringen Aktivitäten zeigen sich an der Sitzungsfrequenz von nur zwei ordentlichen Sitzungen pro Jahr. Der Vorstand beschäftigt sich hauptsächlich mit Organisationsfragen und der Verteilung der Freistunden auf die Delegierten der Werkshallen. (Int8: 1f.)

Während bei der UGT der Vorstand eine führende Rolle im Entscheidungssystem der Sektion spielt und aufgrund der direkten Wahl durch die Mitgliedschaft eine hohe Legitimation beanspruchen kann, konzentriert sich die Entscheidungskompetenz bei den CC.OO. auf die Gremien im Mittelbau der Organisation. Andererseits ist nicht zu verkennen, daß dem Vorstand mit der Verteilung der Freistunden eine wichtige Entscheidung über die Arbeitsfähigkeit der dezentral agierenden Werkstattverantwortlichen zufällt. In dem Verzicht auf ein starkes Entscheidungszentrum an der Organisationsspitze und die Konzentration auf die mittleren und unteren Organisationsstrukturen zeigen sich die historischen Wurzeln der CC.OO. als einer sozialen Oppositionsbewegung, die sich angepaßt an die Bedürfnisse der Franco-Zeit entwickelte. In der Gewerkschaftszeitung der CC.OO. wird dieser Zustand mit dem Satz umschrieben: "Wir waren eine Bewegung mit Gewerkschaftsausweisen". (Gaceta Sindical 10/1988: 22) Eine weitere Erklärung bietet die Betonung der Rolle der Betriebskomitees, die die CC.OO. ihren eigenen Sektionen als Verhandlungspartner gegenüber dem Management vorziehen. Aus dieser untergeordneten Rolle ergeben sich geringere Kompetenzen und weniger Aktivitäten der Sektionsvorstände. Diese Organisationsgeschichte beeinflußt auch in der Gegenwart noch die Handlungsfähigkeit der Sektion. Hierzu zählt ebenso der Verzicht auf eine schriftliche Fixierung der bei SEAT existierenden Sektionsstrukturen. (Int8: 2f.)

Für Fragen der konzerninternen Arbeitnehmerkonkurrenz aufgrund der Internationalisierung der Produktionsstrukturen und die Entwicklung der internationalen Kooperation war Anfang der 90er Jahre nur ein Mandatsträger zuständig, der gleichzeitig Vorsitzender der Sektion SEAT-Barcelona und Sekretär für Internationales im Vorstand des Landesverbandes der Konföderation CC.OO. in Catalunya war. Er wurde wegen seines persönlichen Interesses an dieser Aufgabe und seiner Erfahrungen auf diesem Gebiet zum Verantwortlichen für internationale Kontakte gewählt. Die Beauftragung nur einer Person mit diesem Thema führt dieser Mandatsträger auf das mangelnde Bewußtsein in der Sektion über die Kooperation als eines Teils der Mandatsträgerfunktionen zurück. "Was geschieht ist, daß diese Arbeit immer noch keine große Wichtigkeit besitzt. Es gibt weiterhin das Konzept, daß es sich um eine spezielle Aufgabe handelt. Es gibt immer noch nicht, weder bei den Gewerkschafts- noch bei den Betriebskomiteedelegierten die Auffassung, daß es eine normale Arbeitsaufgabe ist, eine gewerkschaftliche Aufgabe wie andere auch". (Int7: 2) Neben diesem Beauftragten für Internationales beschäftigt sich der Sektionsvorstand mit dem Thema, sobald für diesen Bereich Freistellungszeit beantragt wird. Da die gesamte Freistellungszeit jeweils aufgrund der aktuellen Problemlage neu verteilt wird, muß auf jeder Sektionsvorstandssitzung eine Auseinandersetzung über den Freistellungsanteil der internationalen Aktivitäten geführt werden. Dieses Verfahren verstärkt die Vorbehalte gegen die internationale Kooperation bei den anderen Mandatsträger, da sie diesen Arbeitsbereich primär als Konkurrenz um die knappen Zeit- und Arbeitsressourcen der Sektion wahrnehmen. Es zeigt sich hier deutlich ein typischer Zielkonflikt, der bei einer nicht konsistenten Rangfolge der einzelnen Ziele der Arbeitnehmervertretung auftaucht.

Die übrigen Gremien beschäftigen sich in der Regel nicht mit Fragen der Internationalisierung der Produktionsstrukturen des Konzerns, der konzerninternen Arbeitnehmerkonkurrenz und der Kooperation, da die CC.OO.-Mandatsträger SEAT nach Ansicht eines CC.OO.-Vorstandsmitglieds noch nicht als Teil eines multinationalen Konzerns begreifen. "Über dieses Thema (der internationalen Kooperation - V.M.) existiert nur ein geringes Bewußtsein. Normalerweise übermitteln die Funktionäre der Gewerkschaft diese Inhalte an die Belegschaft. Aber die Hälfte der gewerkschaftlichen Funktionäre hier bei SEAT sind Funktionäre, die während der Zeit des Franquismus, als SEAT als Staatsunternehmen unter Führung des INI (der staatlichen Unternehmensverwaltung - V.M.) war, in ihre Ämter kamen. Aufgrund ihres Alters, ihrer Erfahrungen werden sie ihre Anschauungen nicht mehr ändern". (Int8: 3)

Im spanischen Arbeitsgesetz ist die Einrichtung eines standortübergreifenden Betriebskomitees (Comité intercentro) als Kann-Bestimmung, die in den betrieblichen Kollektivverträgen vereinbart werden kann vorgesehen. Bei SEAT wurde 1991 mit der Unternehmensleitung die Einrichtung eines Gruppenkomitees für alle SEAT-Produktionsstandorte vereinbart. Seine Zuständigkeit soll auf standortübergreifende Probleme beschränkt werden. Bisher existierte bereits eine, aus vierzehn Mitgliedern gestehende Generalkommission der Gewerkschaften, mit Vertretern aus allen Standorten, deren Zusammensetzung sich an dem Anteil der Gewerkschaften an allen SEAT-Betriebskomitees orientierte. Der Vorteil der 1991 getroffenen Regelung liegt in der Übernahme der Kosten dieses Gremiums durch das Unternehmen und der Freistellung eines weiteren Delegierten für die größeren Sektionen. (Int8: 7) Inwieweit das Gruppenkomitee aufgrund der Differenzen zwischen UGT und CC.OO. über die Rolle der Betriebskomitees handlungsfähig wird oder ob es sich primär zum Diskussionsforum differierender Positionen der Richtungsgewerkschaften entwickelt, ist noch nicht abzusehen.

Proportional zu den Wahlergebnissen der Betriebskomiteewahlen der Einzelstandorte wird auch die Kommission für die Verhandlungen über den Kollektivvertrag bei SEAT besetzt. Üblicherweise gehören ihr die Vorsitzenden der Gewerkschaftssektionen der einzelnen Standorte an. Sie ist daher auch ohne funktionierende Betriebskomitees handlungsfähig, da ihre Arbeit maßgeblich von der Meinungsbildung in den Gewerkschaftssektionen abhängt. Zur allgemeinen Gültigkeit eines Kollektivvertrages benötigt die Kommission die Zustimmung von 60 % jeweils der Mitglieder der Unternehmens- und der Gewerkschaftsseite. Wird der Tarifvertrag mit weniger als 60 % der Arbeitnehmervertreterstimmen abgeschlossen, ist er nur von begrenzter Gültigkeit. Er gilt dann automatisch für alle Belegschaftsmitglieder, außer denjenigen, die bis zu einem bestimmten Datum ihren Ausschluß von diesem Vertrag erklärt haben. Für sie gilt in einem solchen Fall der alte Tarifvertrag weiter. Im Falle qualitativer Tariffragen, beispielsweise bei Arbeitszeitverkürzungen kann aus produktionstechnischen Gründen kein Tarifvertrag mit begrenzter Gültigkeit abgeschlossen werden. Aus diesen inhaltlichen Gründen sind die Arbeitnehmervertreter am Abschluß allgemein gültiger Verträge interessiert. Der Abschluß dieser Verträge hängt von ihrer Kompromißbereitschaft ab. Bei der Untersuchung der Strategie der Sektionen wird auf die destabilisierenden Konsequenzen dieser Regelung eingegangen.

Parallel zu dem Gruppenkomitee existieren ebenfalls standortübergreifende Strukturen der Gewerkschaftssektionen. Die Vorsitzenden der UGT-Sektionen der Standorte Barcelona Z.F., Gearbox del Prat, Martorell und Pamplona bilden ein Koordinationsgremium (Coordinadora), welches alle standortübergreifenden Probleme abstimmt. Der Sprecher dieses Gremiums vertritt die betrieblichen UGT-Interessen gegenüber dem SEAT-Vorstand. Da die Vorsitzenden der UGT-Sektionen aus Barcelona, Martorell und Pamplona gleichzeitig Ansprechpartner der europäischen Kooperation sind, ist die Coordinadora ebenfalls mit Fragen der Internationalisierung der Konzernstrukturen und mit internationalen Kooperationsthemen befaßt. (Int4: 2) Zukünftig ist in diesem Gremium mit Abstimmungsproblemen zu rechnen, da die Bedeutung des Standorts Barcelona in den nächsten Jahren abnehmen wird. In der Vergangenheit konnte der Sektionsvorsitzende aus Barcelona, wegen des Gewichtes des Standortes innerhalb der SEAT-Gruppe die Positionen dieser Sektion leicht durchsetzen. Nach dem SEAT-Industrieplan wird jedoch die Tagesproduktionskapazität des Standortes Barcelona nach dem Jahr 1992 um 50 % absinken, da durch die Inbetriebnahme der Fertigung in Martorell die Produktion dieses Standortes von 1992 täglich 130 KFZ auf 1993 1.405 KFZ ansteigen wird. (14) Dieser Prozeß wird entsprechende Umschichtungen der Belegschaft zur Folge haben. Nach 1992 muß demnach ein neues Gleichgewicht zwischen den Sektionen der drei Hauptstandorte Barcelona, Martorell und Pamplona gefunden werden.

Bei den CC.OO. sind die standortübergreifenden Strukturen in die Region Baskenland mit dem Standort Pamplona und die Region Catalunya mit den Standorten Barcelona, Martorell und Gearbox del Prat aufgeteilt. Die Mandatsträger aus Pamplona können an den Sitzungen der Gremien der Region Catalunya teilnehmen. Es existiert ein Gewerkschaftsrat, der anteilig aus den Delegierten der Standort-Gewerkschaftsräte besteht und ca. 140 Mitglieder umfaßt. In der Praxis wird er nur unregelmäßig einberufen, weil es schwierig ist, passende Termine zu finden, die alle nicht-freigestellten Delegierten wahrnehmen können. Er beschließt Richtlinien für standortübergreifende Probleme. Daneben besteht ein achtzehn Mitglieder umfassender Gruppenvorstand. An seinen Sitzungen können die Delegierten der Betriebskomitees und die gewählten Gewerkschaftsdelegierten aller Standorte teilnehmen. Für die laufenden Geschäfte ist ein Sekretariat zuständig, welches aus dem Vorsitzenden des Gruppenvorstands, einem Sekretär für Organisationsfragen und je einem Mitglied der Sektionen der Einzelstandorte besteht. (Int8: 1f.) Da der Vorsitzende der Gewerkschaftssektion Barcelona bis 1991 der einzige Verantwortliche für Internationales war, wurde bisher in diesem Spitzengremium über Fragen der Internationalisierung der Produktionsstrukturen, der konzerninternen Arbeitnehmerkonkurrenz und der Kooperation diskutiert.

Die Koordination zwischen UGT und CC.OO. in internationalen Fragen verläuft über die Abstimmung in den standortübergreifenden Gremien. Der UGT-Vorsitzende des Standorts Barcelona ist anschließend für die Koordinierung der spanischen Stimmen von UGT und CC.OO. gegenüber den ausländischen Arbeitnehmervertretungen zuständig. (Int4: 2)

Betrachtet man die Organisationsstruktur der spanischen Arbeitnehmervertretung, sowie der Sektionen von UGT und CC.OO. fällt der Verzicht auf ein arbeitsfähiges Betriebskomitee auf. Der Ausfall dieses Gremiums bedeutet den Verzicht auf eine Institution, die eine Vereinheitlichung der Position der Arbeitnehmervertretung fördern könnte. Durch die Handlungsunfähigkeit des Komitees steigt die Bedeutung der Sektionen. Von den Sektionen, haben die UGT- und die CC.OO.-Sektion die größte Bedeutung. Die Organisationsstrukturen beider Sektionen sind stark ausdifferenziert. Allerdings tagit die Mehrzahl der Gremien in zu großen Abständen, als daß sie einen relevanten Einfluß auf die Politik der Sektion ausüben könnten. Kontinuierliche Aktivitäten gehen einerseits von den Delegierten der Werkshallen und andererseits vom Sektions- und Gruppenvorstand der UGT aus. Letzter beschließt bei der UGT maßgeblich über die internationalen

Aktivitäten. Bei der CC.OO. üben die Gremien der mittleren Organisationsebene einen maßgeblichen Einfluß aus. In beiden Sektionen sind die Diskussionen über die Fragen der Internationalisierung der Produktionsstrukturen, die Entwicklung der konzerninternen Arbeitnehmerkonkurrenz und die Kooperation in den standortübergreifenden Gremien angesiedelt. Dies deutet auf eine hohe Autonomie bei der Bestimmung der Kooperationspolitik hin. Mit der Professionalisierung der deutschen Arbeitnehmervertretung kann diejenige der spanischen Interessenvertretung nicht verglichen werden. Zwar setzt die spanische Arbeitnehmervertretung im Vergleich zu den deutschen Betriebsräten, in Relation zur Belegschaftszahl mehr freigestellte Mandatsträger für ihre Arbeit ein. Diese verteilen sich jedoch auf vier Gewerkschaftssektionen und leisten somit teilweise Doppelarbeit oder arbeiten sogar gegen die jeweils anderen Sektionen. Außerdem verfügen die Sektionen weder über die personelle Ausstattung mit eigenen hauptamtlichen Mitarbeitern, noch über die gesetzlichen Einflußmöglichkeiten, wie sie das BetrVG und das MitbestG bieten. Darüberhinaus schwächen die Sektionen ihre eigene Arbeitskapazität, indem sie einen Teil ihrer freigestellten Delegierten in die Landes- bzw. Bezirksverwaltungen der Metallgewerkschaften abordnen. Diese Faktoren und die problematischen Einflüsse der Gewerkschaftskonkurrenz, die sich anhand des Umgangs mit dem gesetzlichen Gremium Betriebskomitee und der Besetzung der Tarifkommission zeigen, deuten auf eine Gefährdung der Bargaining Power der spanischen Arbeitnehmervertretung hin. Problematisch ist diese Beeinträchtigung der Bargaining Power, da sie auf die grundlegende Organisationsstruktur der Arbeitnehmervertretung zurückgeht und dieses Problem nicht kurzfristig gelöst werden kann. Inwieweit die gewerkschaftliche Verankerung der betrieblichen Arbeitnehmervertretungen zu einer Stabilisierung der Bargaining Power beiträgt, wird im folgenden untersucht.

7.2.2 Die gewerkschaftliche Verankerung der spanischen Seat-Arbeitnehmervertretung

Die Verankerung der Seat-Arbeitnehmervertretung in den spanischen Richtungsgewerkschaften, die sich in dem Organisationsgrad der Belegschaft und der Anzahl der Gewerkschaftsmitglieder in den Betriebkomitees ausdrückt, ist als Ressource einer formal existierenden Mobilisierungsbereitschaft der Belegschaft gegenüber der Arbeitnehmervertretung, sowie als stabilisierender Faktor der Tätigkeit gewerkschaftlich unterstützter Mandatsträger zu bewerten. Diese Annahme traf auf die überwiegend in der IG Metall verankerte Belegschaft und Arbeitnehmervertretung der deutschen Volkswagen-Standorte zu. Demgegenüber übt die gewerkschaftliche Verankerung bei der Existenz mehrerer Richtungsgewerkschaften eine ambivalente Funktion aus. Einerseits kann sie Ressourcen mobilisieren, andererseits wird die Konkurrenz zwischen den Richtungsgewerkschaften auch in die Betriebe getragen und überlagert die Gleichförmigkeit der betrieblichen Arbeitnehmerinteressen. Zumindest geschieht dies jedes vierte, bis 1984 jedes zweite, Jahr anläßlich der nationalen Wahlen zu den Betriebskomitees. Die einzelnen Gewerkschaften kämpfen in diesen Wahlen nicht nur um ihren betrieblichen Einfluß, sondern auch um ihre staatliche Anerkennung als repräsentative Gewerkschaft. Die Kollektivvertragsverhandlungen des Jahres vor und nach den Wahlen sind durch dieses Ereignis belastet, da jede Sektion in dem Wettbewerb vor den Belegschaften als "der optimale Interessenvertreter" bestehen will. Das diese Annahme zutrifft, belegt ein Aufruf des UGT-Bundesvorstands aus dem Jahre 1991 an die anderen Gewerkschaften, gemeinsam eine Form der Betriebskomiteewahlen zu finden, die solche Konfrontationen verhindert. (15)

Generell ist von einer destabilisierenden Konkurrenzsituation im Betrieb auszugehen, wenn mindestens zwei gleichstarke und weitere mehrheitsbeschaffende kleinere Gruppierungen in den Standorten existieren. In einigen der Betriebskomitees der SEAT-Standorte waren nach den fünften Gewerkschaftswahlen im Oktober 1990 solche destabilisierenden Situationen entstanden. (vgl. Tabelle VII-3) Da sich UGT und CC.OO. in ihrer Ablehnung der anarcho-syndikalistischen CGT einig sind, ist die Arbeitnehmervertretung nur handlungsfähig, wenn diese beiden größten Sektionen tragfähige Kompromisse schließen. Andernfalls entsteht eine Mehrheit opponierender Sektionen, die in der Regel die Politik der UGT blockieren. Die Koalitionsmöglichkeiten sind während der Tarifverhandlungen von Bedeutung, da die Verhandlungskommission auf Arbeitnehmerseite nach den Resultaten der Betriebskomiteewahlen zusammengesetzt wird und für einen allgemeingültigen Abschluß 60 % aller Arbeitnehmervertreter zustimmen müssen.

Bezüglich der Gewerkschaftsmitgliedschaft der Belegschaft zeigt sich ein für spanische Verhältnisse hoher Organisationsgrad von 63,7 %. (vgl. Tabelle VII-3) Er ist im Bereich der spanischen KFZ-Hersteller üblich. (16) Der niedrige Organisationsgrad im Standort Martorell-Produktion resultiert aus dem erst beginnenden Aufbau der Produktionsanlagen. In Spanien deutet ein niedriger Organisationsgrad nicht in jedem Fall auf eine geringe Mobilisierungsfähigkeit der Gewerkschaftssektionen hin. In Konfliktfällen sind die unorganisierten Mitarbeiter in großer Anzahl bereit, ebenfalls die Arbeit niederzulegen. (Int1: 20f.)

Der Anteil der Mitgliedschaft der einzelnen Sektionen im Standort Barcelona entspricht ungefähr dem Resultat der Betriebskomiteewahlen vom Oktober 1990. Lediglich der Anteil der CGT-Wähler ist höher als ihr organisatorischer Rückhalt in der Belegschaft. Besonders das CGT-Wählerpotential schwankt erheblich. Bei den Komiteewahlen 1988 stieg der CGT-Anteil am Betriebskomitee bei SEAT-Barcelona von 5 auf 18 Sitze an. Damit wurden die CGT die stärkste Fraktion im Betriebskomitee. (vgl. Tabelle VII-4) Dieser hohe Anteil von Wechselwählern, die bei Protestwahlen die Mehrheitsverhältnisse der Sektionen völlig verändern können, erhöht die Instabilität der Zusammenarbeit zwischen den Sektionen. Der hohe Anteil der Wechselwähler bietet u.a. vor den Komiteewahlen einen starken Anreiz zur Konfrontation und Konkurrenz um die Wählerstimmen.

Insgesamt läßt sich aus der starken gewerkschaftlichen Verankerung der Belegschaft und der Mandatsträger zumindest auf eine programmatische Stabilität der Arbeitnehmervertretung und eine Unterstützung durch die Gewerkschaften schließen. Die Aufsplitterung der Arbeitnehmervertretung in mehrere Richtungsgewerkschaften schafft gleichzeitig aber eine instabile Verhandlungssituation gegenüber der Unternehmensleitung, die von Unsicherheit über das Verhalten der jeweils anderen Sektionen geprägt ist. Die Bargaining Power in Tarifverhandlungen verringert sich hierdurch. Gleichzeitig nimmt auch die Verläßlichkeit der Arbeitnehmervertretung als Verhandlungspartner gegenüber dem Management ab, weil die Unterstützung durch die Belegschaft nicht gesichert ist. Inwieweit diese Unterstützung durch ausreichende Informations- und Partizipationsstrukturen stabilisiert werden kann, wird im folgenden thematisiert.

7.2.3 Die Informations- und Partizipationsstrukturen der Seat-Arbeitnehmervertretung

Ausgebaute Informations- und Partizipationsstrukturen ermöglichen der Belegschaft eine große Einflußnahme auf die Zieldefinition der Arbeitnehmervertretung. Außerdem können so die negativen Auswirkungen eines hohen Professionalisierungs- und Bürokratisierungsgrads der Sektionen auf die Mobilisierbarkeit der Belegschaft verringert werden. Die Informationsmöglichkeiten zwischen Sektionsgremien und Belegschaft sowie der eigenen Mitgliedschaft beruhen bei den spanischen Arbeitnehmervertretungen, im Gegensatz zur deutschen Interessenvertretung fast ausschließlich auf der direkten Kommunikation während der wöchentlichen Mitgliederversammlungen in den Werkshallen. Die Werkstattverantwortlichen erhalten ihre Informationen von den übergeordneten Sektionsgremien und geben sie an die Basis weiter. Hieraus resultiert eine starke Kontrolle der zentralen Gremien darüber, welche Informationen an die Basis weitergegeben werden. Die allgemeinen Versammlungen und wöchentlichen Werkstattzusammenkünfte bieten keine direkten Partizipationschancen für die Mitgliedschaft, bindende Beschlüsse werden dort nicht gefaßt. Dieser Wandel in den Partizipationsmöglichkeiten läßt sich ebenso bei den CC.OO. beobachten, die sich selbst als basisorientiert bezeichnen. Die Versammlungen der gesamten Mitgliedschaft dienen den Mandatsträgern eher zur Beobachtung der Stimmung der Mitgliedschaft, als daß sie deren Einflußmöglichkeiten fördern. (17)

Die Handlungsunfähigkeit des Betriebskomitees verhindert eine schriftliche Information der Belegschaft durch die gesetzlich verankerten Gremien der Arbeitnehmervertretung. Die Sektionen konnten sich nicht über die Inhalte einer Zeitung des Betriebskomitees einigen. Stattdessen informiert jede Sektion die Belegschaft mit in unregelmäßigen Abständen erscheinenden Flugblättern über ihre Position zu den Punkten, die bei den Koordinationstreffen der Sektionsvorsitzenden diskutiert werden. Diese Art der Informationspolitik, die vorrangig aus der Sicht der Sektionen berichtet, führt zu einer Höherbewertung der Konkurrenz zwischen den Sektionen, als der Interessengegensätze zwischen Belegschaft und Unternehmensleitung. Das einheitliche Auftreten gegenüber dem Management leidet hierunter. "Im Gegensatz zu den Betriebsräten bei Volkswagen hat das Betriebskomitee bei Seat keine eigenen Publikationen. Es gibt keine direkte Kommunikation zwischen dem Betriebskomitee und der Belegschaft. Es gibt nur den Weg über die Gewerkschaftssektionen. Die Sektionen schreiben in ihren Flugblättern, die Komiteeverantwortlichen treffen sich dann und dann, und jeder Sektionsvertreter gab dabei folgende Meinung ab. Natürlich werden diese Informationsblätter von Leuten mit einem gewerkschaftlichen Bewußtsein geschrieben. Ich vermute, daß es auch bei Volkswagen bei der Existenz von zwei oder drei Sektionen keine Betriebsratszeitschrift gäbe. Weil es niemals eine Einigung über die Artikel gäbe". (Int8: 3)

Die Informationsmöglichkeiten der Belegschaft in Fragen der Internationalisierung der Produktionsstrukturen, der konzerninternen Arbeitnehmerkonkurrenz und über die internationale Kooperation sind in der UGT-Sektion umfassender als in der CC.OO. Der Sektionsvorsitzende der UGT berichtet im Gewerkschaftsplenum über die Kooperation und die Hallenverantwortlichen geben diesen Bericht in den wöchentlichen Werkstattversammlungen an die Belegschaft weiter. Ob die Informationen in der Praxis wirklich in vollem Umfang weitergegeben werden entzieht sich der Kenntnis des Sektionsvorstandes. (Int6: 2) Die umfassendere Information bei der UGT dient vermutlich der Darstellung ihrer, im Vergleich zu den CC.OO. höheren Kompetenz auf diesem Gebiet. Bei den CC.OO. hing die Informationsweitergabe 1991 von den Anstrengungen des Sektionsvorsitzenden von Barcelona ab. Er war für alle Berichte über die internationale Kooperation in der Zeitung der CC.OO. Catalunya und den Flugblättern der Sektion verantwortlich. Zu Veranstaltungen mit ausländischen Gewerkschaftern oder deren Teilnahme an Mitgliederversammlungen wie bei Volkswaqgen ist es bei SEAT bisher nicht gekommen. Die ausländischen Delegationen treffen in der Regel mit freigestellten Mandatsträgern zusammen. Hierdurch wird die Möglichkeit, ein Problembewußtsein im Funktionärsapparat und der Belegschaft zu wecken vergeben.

Über die Einräumung allgemeiner Partizipationsmöglichkeiten der Belegschaft, die über die Aktivitäten im Konfliktfall hinausgehen besteht zwischen UGT und CC.OO. ebenfalls keine einheitliche Position. Die Differenzen resultieren aus den unterschiedlichen Ansätzen über den Charakter der Gewerkschaftssektionen.

Die CC.OO. verlangen bei allen Tarifverhandlungen ein Referendum der gesamten Belegschaft über das Endergebnis. Die UGT favorisiert eine Abstimmung in den Mitgliederversammlungen, wenn eine Einigung nach einer Streikbewegung erzielt wurde. Sie begründet dies mit dem Vormachtanspruch der Gewerkschaften im Betrieb. (Int8: 6)

Aktive Partizipationschancen der Belegschaft an internationalen Kooperationsbeziehungen existieren nicht. Die kontinuierliche Teilnahme an solchen internationalen Begegnungen beschränkt sich auf Mandatsträger. Interessierte Arbeitnehmer müssen sich zuerst um ein allgemeines Gewerkschaftsmandat bewerben. (Int6: 3)

Infolge der geringen Informationsmöglichkeiten und des fehlenden Austauschs mit ausländischen Arbeitnehmervertretern ist das Bewußtsein über die Auswirkungen der Internationalisierung der Produktionsstrukturen, die konzerninterne Arbeitnehmerkonkurrenz und über den Nutzen der internationalen Kooperation in der Belegschaft eher niedrig einzustufen. Allerdings ergibt sich im Vergleich zur Belegschaft der deutschen Volkswagen-Standorte eine grundsätzlich andere Motivation, sich mit den Arbeitsbedingungen in den übrigen Standorten des Konzerns auseinanderzusetzen. Die spanische Belegschaft interessiert sich für Informationen über die höheren Einkommen und besseren Arbeitsbedingungen der deutschen Belegschaften, um deren Durchsetzung auch für die SEAT-Standorte zu verlangen. Dieser Anreiz fehlt den deutschen Belegschaften. (Int7: 4f.)

Bei Gewerkschaftsmitgliedern und Mandatsträgern hängt die Einschätzung der internationalen Kooperation von der Entwicklung der Internationalisierung der Produktionsstrukturen ab, denen sie in ihren jeweiligen Tätigkeitsbereichen gegenüberstehen. Falls die Internationalisierung zu einer Erhöhung der konzerninternen Arbeitnehmerkonkurrenz führt, steigt ihr Bewußtsein über die Relevanz der internationalen Kooperation. (Int7: 5)

Bei der Seat-Arbeitnehmervertretung sind intensive Informations- und Partizipationsmöglichkeiten zwischen Belegschaft und Mandatsträgern zu erwarten, da die Arbeitnehmervertretung eine hohe Mobilisierungsfähigkeit in den betrieblichen Tarifverhandlungen erzielen muß. Während die Informationsstrukturen und -inhalte der deutschen Arbeitnehmervertretung die Belegschaft für bestimmte Positionen der Interessenvertretung einnehmen wollen, verhindert der Ausfall des Betriebskomitees bei SEAT-Barcelona eine, den Standpunkt der spanischen Arbeitnehmervertretung vereinheitlichende Informationspolitik. Die gegebenen Informationen polarisieren die Belegschaft, da die Sektionen primär für ihre eigenen Standpunkte werben. Zusätzlich bleibt das Thema der Internationalisierung der Produktionsstrukturen, der konzerninternen Arbeitnehmerkonkurrenz und der Kooperation weitgehend auf einige zentrale Gremien der Arbeitnehmervertretung beschränkt. Die Belegschaft interessiert sich in diesem Zusammenhang eher für den Aspekt der besseren Arbeitsbedingungen in den deutschen Standorten. Dem-gegenüber verstärkt die deutsche VW-Arbeitnehmervertretung ihre Informations-politik über internationale Kontakte und deren Relevanz, um die Belegschaft vom Stellenwert dieses Arbeitsbereiches zu überzeugen.

Eine aktive Partizipation an der internationalen Kooperation ist der spani-schen SEAT-Belegschaft, im Gegensatz zu der VW-Belegschaft im Standort Wolfsburg nicht möglich. Sie bleibt den Mandatsträgern vorbehalten. Diese Ab-grenzung trägt zu einer negativen Bewertung der Auslandsreisen der Funktionäre bei, die von der Belegschaft eher als "Vergnügungsreisen" angesehen werden. Auch im Mandatsträgerkreis der CC.OO. fehlt das Verständnis für den Nutzen der internationalen Zusammenarbeit. Dies resultiert auch aus der internationalen Isolation der CC.OO. in den 70er und 80er Jahren. Ein weiteres Hindernis beim Ausbau der internationalen Kooperationsprozesse bilden die knappen Ressourcen der spanischen Arbeitnehmervertretung. Da der Nutzen der Kooperation nur lang-fristig sichtbar wird, steht die Kooperation immer in einem Wettbewerb mit kon-kreteren Aufgaben der Interessenvertretung. Es ist symptomatisch für den Stel-lenwert der Kooperation in der CC.OO., daß dieses Problem besonders in dieser Sektion diskutiert wird. Die UGT steht der internationalen Kooperation aufgrund ihrer langjährigen Einbindung in den EMB und den EGB aufgeschlossener ge-genüber. Problematisch ist der gleichzeitige Unterhalt dieser kostenaufwendigen Kooperationskontakte durch zwei Gewerkschaftssektionen, die deren begrenzte Arbeitsressourcen zusätzlich belasten. Inwieweit eine Verringerung der Bargai-ning Power der Seat-Arbeitnehmervertretung zu einem Ausbau der Kooperation führen kann, wird im folgenden Vergleich zwischen programmatischen und reali-sierten Zielen der SEAT-Gewerkschaftssektionen analysiert.

7.2.4 Die programmatischen Ziele der Seat-Arbeitnehmervertretung

Die Ziele der Seat-Arbeitnehmervertretung lassen sich, wie diejenigen der Volkswagen-Arbeitnehmervertretung der deutschen VW-Standorte auf die Kern-themen sichere Arbeitsplätze, konstante bzw. steigende Reallöhne, Arbeitszeit-verkürzung und humane Arbeitsbedingungen zurückführen. (vgl. Müller-Jensch 1981: 192f.) Die Rangfolge der Ziele hängt primär von ihrer Gefährdung durch die volks- und betriebswirtschaftliche Lage der Branche, bzw. des Unternehmens ab. Außerdem können zu den rein ökonomischen auch politische Ziele hinzutre-ten, wenn die Koalitions- und Tarifvertragsfreiheit in einem nationalen System der Arbeitsbeziehungen nicht gewährleistet ist, wie dies während des Franquismus in Spanien der Fall war. Ausgehend von diesen Rahmenbedingungen lassen sich zwei Umbrüche in der Rangfolge der Ziele der Seat-Arbeitnehmervertretung be-obachten. Diese Umorientierung verweist auf längere Strategiediskussionen in den Gremien der Gewerkschaftssektionen, die jeweils zu einem neuen Rollenverständnis ihrer Organisation im betrieblichen System der Arbeitsbeziehungen finden mußten. Es ist zu erwarten, daß dieser Prozeß, zumal wenn er in den einzelnen Sektionen zu unterschiedlichen Zeiten zum Abschluß kommt, die strukturellen Durchsetzungsschwächen der Arbeitnehmervertretung verstärkt.

Die erste Phase der programmatischen Umorientierung der Seat-Arbeitnehmervertretung hing mit den Veränderungen des staatlichen Systems während des demokratischen Übergangs zusammen. Die Demokratisierung traf SEAT während einer ökonomischen Krise. Die politischen Veränderungen führten zu einer Erweiterung der Handlungsspielräume der Arbeitnehmervertretung, die allerdings durch die ökonomischen Krisenerscheinungen wieder eingeengt wurden.

Auf gewerkschaftspolitischer Ebene ergab sich mit der Demokratisierung für die Belegschaften erstmals seit mehreren Jahrzehnten die Möglichkeit, legal zwischen mehreren demokratisch verfaßten Gewerkschaften wählen zu können. Mit diesem Prozeß endete ein seit 1969 dauernder kontinuierlicher Konflikt der unabhängigen, illegal arbeitenden Arbeitnehmerorganisation mit der Unternehmensleitung bei SEAT. Die Kontinuität der Konflikte während der Franco-Zeit resultierte aus den gezielten Entlassungen unabhängiger Gewerkschafter seitens der Geschäftsführung. Neben den ökonomischen Forderungen, auf die von der Unternehmensleitung eingegangen wurde, paralysierten die Forderungen nach der Rücknahme von Entlassungen und andere Solidaritätsaktionen die mehrmonatigen Verhandlungen. (Miguelez Lobo 1977: 94, 168ff.) (18) Wegen der engen Verknüpfung zwischen Management und franquistischem Staat unterschied die Gewerkschaftsopposition immer weniger zwischen beiden Gruppen. (19) In der Demokratisierung war es ein schwieriger Prozeß für die Mandatsträger, ihre Konflikterfahrungen aus einem Jahrzehnt politischer Verfolgung, mit der neuen Rolle innerhalb des Betriebes zu vereinbaren. Dies galt auch für die Weiterentwicklung der konfliktiven Strategie und im Falle der CC.OO. für die Veränderung der auf eine illegale Aktionsfähigkeit ausgerichteten Organisationsstruktur.

Während die politische Handlungsfähigkeit der Gewerkschaften zunahm, verschlechterten sich die ökonomischen Verteilungsspielräume. In den 60er und der ersten Hälfte der 70er Jahre standen quantitative Lohnforderungen und eine Erhöhung des fixen Lohnanteils im Vordergrund der Ziele der franquistischen wie der oppositionellen Arbeitnehmervertretungen. (Miguelez Lobo 1977: 103) Diesen primär ökonomischen Forderungen entsprach die Unternehmensleitung, um die politischen Proteste der Belegschaft zu kanalisieren. Bei SEAT wurden daher überdurchschnittliche Löhne gezahlt, die sich nicht am Wachstum des Unternehmens und seiner Gewinne, sondern an der allgemeinen Konjunktur und politischen Entscheidungen orientierten. (Miguelez Lobo 1977: 113, 116) SEAT geriet durch diese, nicht an ökonomischen Faktoren ausgerichtete Firmenpolitik, eine kontinuierliche Nachfrageschwäche seit der ersten Ölkrise und die Öffnung des spanischen KFZ-Marktes Ende der 70er Jahre in eine schwere ökonomische

Krise. Sie war geprägt durch eine zu niedrige Auslastung der Kapazitäten, eine niedrige Produktivität, veraltete Modelle und eine technologische Abhängigkeit von Fiat, das sich zu dem Zeitpunkt von seinem SEAT-Engagement zurückzog.

Die Arbeitnehmervertretung mußte in dieser ersten Umbruchphase nicht nur ihr politisches Rollenverständnis neu entwickeln, sondern sich gleichzeitig mit einer völlig veränderten ökonomischen Lage auseinandersetzen. Während die quantiative Lohnpolitik bis 1975 primär der Reallohnsteigerung diente, standen die demokratischen Gewerkschaften bei SEAT nach ihrer staatlichen Anerkennung im November 1976 vor der schwierigen Aufgabe die steigende Inflation durch ihre Tarifpolitik auszugleichen. (20) Die 1979/80 einsetzende ökonomische Krise zwang die Sektionen zusätzlich zur verstärkten Sicherung der Arbeitsplätze gegen die Sanierungspläne des Managements. Die Arbeitnehmervertretung stand erstmals nicht politisch, sondern ökonomisch begründeten Massenentlassungen gegenüber. Problematisch war, daß sich die Sicherung der Arbeitsplätze und steigende Einkommen gegenseitig ausschließen, also beide Ziele in Krisenzeiten nicht gleichzeitig erreicht werden können. Die tarifpolitische Zurückhaltung der Arbeitnehmervertretung wurde auf Seiten der UGT Metal in Catalunya unterstützt. Bis Ende 1988 stand für die Gewerkschaft die Sicherung der Arbeitsplätze an erster Stelle. Seitdem fordert die UGT eine erneute Steigerung der Reallöhne, die Erreichung der 35-Stunden-Woche, den Abbau von Überstunden, die Absprache bei der Einführung neuer Technologien und die Mitbestimmung auf Unternehmensebene. (UGT Metal Catalunya 1988: Introducción)

Bei SEAT stand die Sicherung der Arbeitsplätze nach der Übernahme durch den Volkswagenkonzern 1986 weiterhin im Mittelpunkt, da die Produktivität im konzerninternen Vergleich niedrig war. Die Beschäftigung mit qualitativen Tariffragen führte zum zweiten Umbruch in den gewerkschaftlichen Zielsetzungen der Seat-Sektionen. Die Sicherung der Arbeitsplätze verlangt seit 1986 verstärkt die Beschäftigung mit Veränderungen der Produktionsprozesse und Rationalisierungsvorhaben. Die Eingliederung SEATs in den Volkswagenkonzern führte zu einer konzerninternen Arbeitnehmerkonkurrenz, deren Begrenzung von den Gewerkschaftssektionen angestrebt wurde. Insbesondere sind die Arbeitnehmervertreter in Pamplona und El Prat an der Verlagerung und der Neuvergabe von Produktionsaufträgen an ihre Standorte interessiert, um die dortigen Arbeitsplätze zu sichern bzw. die Belegschaftszahl zu erhöhen. "Heute gibt es in Pamplona einige 400 Kollegen mit Zeitverträgen. Wenn der Polo zurück nach Deutschland käme, würden diese 400 Arbeiter von der Firma auf die Straße gesetzt. Das gleiche geschieht, wenn die Produktion des Ibiza sinkt". (Int8: 13) In El Prat kann die Belegschaftszahl nur bei einer Auslastung der Kapazität von täglich 1.100 Getrieben für den Polo gehalten werden. Zu diesem Zweck müßte El Prat Getriebe nach Wolfsburg liefern. Bisher produziert VW-Kassel die Getriebe für die deutsche

Polo-Produktion. (Int5: 1f.) Beide Verlagerungsprozesse werden im Abschnitt 8.2 ausführlich dargestellt. Seit dem Anfang der 90er Jahre steht die Erhöhung der Reallöhne wieder im Mittelpunkt der Tarifverhandlungen. (UGT Metal 1990: 5)

Wie die deutschen Arbeitnehmervertreter verfolgen auch die Mandatsträger bei SEAT eine Sicherung der Arbeitsplätze über die Reduzierung der Nutzungszeit der manuellen Arbeitskraft. CC.OO. und UGT sind sich einig in der Forderung nach einer Verringerung der Wochenarbeitszeit. Außerdem soll eine Reduzierung der Überstunden Neueinstellungen ermöglichen. (Int8: 15f.) Der niedrige Flexibilisierungsgrad der Arbeitszeiten soll beibehalten werden. (Int4: 4) Die Nutzung der Zeitarbeitsverträge als Flexibilisierungsmittel ist nach den Vorstellungen der Sektionen abzubauen. (Int8: 16; UGT Metal 1990: 9) Da im Zuge der Rationalisierung vorrangig die Arbeitsplätze angelernter Arbeitnehmer wegfallen und in dieser Gruppe der Anteil der über 50jährigen hoch ist, verlangt die UGT-Sektion ein Vorruhestandsmodell für diese Gruppe, das ab dem 55. Lebensjahr in Anspruch genommen werden kann. (UGT Metal 1990: 8)

Die Einführung von Arbeitsgruppen in der Fertigung wird von UGT und CC.OO. grundsätzlich befürwortet. Bei der Einrichtung der Arbeitsgruppen soll ein durchschnittlich höheres Lohnniveau und die Respektierung der Rechte der Arbeitnehmervertretungen gewährleistet werden. (Int8: 11) Die Diskussion über die Gruppenarbeit im Standort Gearbox del Prat zeigt beispielhaft die Nuancierungen der Positionen zwischen den größten Gewerkschaftssektionen. Generell sind beide Sektionen auch hier für die Gruppenarbeit. Die CC.OO. wollen jedoch die Arbeitsvorbereiter von der Gruppenarbeit ausnehmen, während die UGT sie auf freiwilliger Basis einbeziehen will. (Int5: 2f.) Die Realisierung der genannten Ziele der Seat-Arbeitnehmervertretung wird im folgenden untersucht.

7.2.5 Die reale Umsetzung der Ziele der Seat-Arbeitnehmervertretung

Zunächst fällt bei der Betrachtung der konkreten Zielumsetzung die Ähnlichkeit einer wichtigen Rahmenbedingung des Handelns beider Arbeitnehmervertretungen auf. Sowohl die SEAT S.A., als auch dieVolkswagen AG schließen Tarifverträge auf Unternehmensebene mit den Arbeitnehmervertretungen ab. Die deutsche Arbeitnehmervertretung besitzt hierbei den Vorteil, der gewerkschaftlichen Geschlossenheit, während sich in Spanien die Verhandlungskommission 1991 aus Vertretern von vier Gewerkschaften zusammensetzte. (UGT Seccion Sindical 1991a) Die SEAT-Gewerkschaftssektionen orientierten sich mit ihren Forderungen an den Vorgaben der bis 1986 auf nationaler Ebene abgeschlossenen Sozialpakte, sofern ihre Gewerkschaft zu den Mitunterzeichnern zählt. Außerdem dienen die Beschlüsse der Gewerkschaftstage als Leitlinien der Tarifverhandlungen. Nach Angaben eines Mitglieds des Landesvorstands der UGT Metal Catalunya ist die Seat-Sektion allerdings in ihren Tarifverhandlungen nur angehalten, die Mindestforderungen der Gewerkschaft nicht zu unterschreiten und ansonsten frei in der Aushandlung der Tarifverträge. (Arbeitsprotokoll 1991: 2)

Neben der organisatorischen Aufsplitterung bilden die differierenden Strategiekonzepte der größten Gewerkschaftssektionen auch Anfang der 90er Jahre noch einen Faktor, der die Durchsetzungsfähigkeit der Arbeitnehmervertretung gegenüber der Unternehmensleitung schwächt. In der Phase der politischen Illegalität waren die CC.OO. die bestimmende Organisation der Arbeiterschaft im Kampf für gewerkschaftliche Freiheiten und ökonomische Forderungen. Aufgrund des damaligen Streikverbots war bereits die Fähigkeit einen Streik anzudrohen und gegebenenfalls durchzuführen ein Erfolg gegenüber dem Staat und dem Unternehmen und erhielt eine entsprechende politische Qualität. Diese konfliktive Strategie einer frühzeitigen Mobilisierung der Belegschaft prägte einzelne Mandatsträger der CC.OO. noch Anfang der 90er Jahre. (Freyssinet/Mériaux 1980: 31) Andererseits führte die Erfahrung der ökonomischen Krise auch in der CC.OO.-Sektion zu einer wachsenden Identifikation mit dem Betrieb, ohne dessen Überleben alle Arbeitsplätze gefährdet wären. Eine Weiterführung der konfliktiven Strategie um jeden Preis hätte den Verlust der Arbeitsplätze bedeutet. Die UGT hat einen solchen Konfrontationskurs seit ihrem organisatorischen Erstarken bei SEAT nicht vertreten, sondern Verhandlungslösungen bevorzugt. Die Mobilisierung der Basis erfolgt in der Regel erst nach dem Ausschöpfen aller Verhandlungsspielräume. (Int4: 3) Diese Einschätzung des Wandels in den betrieblichen Arbeitsbeziehungen und der Strategie der Sektionen seit Beginn der 80er Jahre wird auch von der Unternehmensleitung so gesehen. (21)

Eines der größten Probleme der Durchsetzungsfähigkeit der Seat-Arbeitnehmervertretung verursacht die wechselnde Unterstützung der Belegschaft in den Tarifverhandlungen. Die Konkurrenz zwischen den Sektionen und der Versuch allgemeingültige Tarifverträge abzuschließen führt bei jedem Tarifabschluß zu dem Versuch der opponierenden Sektionen, die Belegschaft auf reale oder vermeintliche Schwächen des Abschlusses aufmerksam zu machen. Falls eine der Sektionen ein Referendum über das Tarifergebnis fordert, ist die Zustimmung der Belegschaft in den meisten Fällen unsicher. Beispielsweise lehnte die Belegschaft 1986 den Vorentwurf eines Tarifvertrages ab, der von UGT, CC.OO. und den CC befürwortet werde. Daraufhin traten die Betriebskomitees der Standorte zurück und es mußten Neuwahlen ausgeschrieben werden. 1988 tratt das Komitee nach einem Referendum aufgrund mangelnder Unterstützung durch die Belegschaft zurück. (Gaceta Sindical 9/1988) Drei Jahre später, im April 1991 rief die UGT die Belegschaft zur Zustimmung zu dem von ihr, gegen die Opposition von CC.OO., CGT und LAB befürworteten Tarifvertragsentwurf auf und scheiterte in dem Referendum. Dieses Beispiel zeigt, daß das Instrument des Referendums sogar zu einer Verschlechterung der Verhandlungsposition der Arbeitnehmervertreter führen kann. Letztendlich erhielt keiner der Vorschläge die Unterstützung einer streikfähigen Mehrheit. Den Vorschlag der UGT unterstützten 33,8 %, den Vorschlag der CC.OO. 26,4 % und den der CGT 23,8 % der Wähler. (El Pais 17.04.91) Nach mehreren Verhandlungen wurde ein nur gering veränderter Entwurf von CC.OO. und UGT mit der Unternehmensleitung abgeschlossen. (El Pais 12.06.91) Diese drei Beispiele aus einem Zeitraum von fünf Jahren zeigen die destabilisierenden Folgen der unsicheren Folgebereitschaft der Belegschaft. Die Sektionen werden hierdurch zu demonstrativen Verhandlungserfolgen gedrängt und zu unberechenbaren Verhandlungspartnern der Unternehmensleitung.

Eine weitere Rahmenbedinung, die die reale Zielumsetzung der Seat-Arbeitnehmervertretung negativ beeinflußt stellen die geringen gesetzlichen Mitwirkungs- und Mitbestimmungsrechte innerhalb des Betriebs dar. Auch im Tarifvertrag wird der Unternehmensleitung eindeutig die alleinige Zuständigkeit über die Arbeitsorganisation zugesprochen. (12. Convenio Colectivo 1989-1990: Art.13)

Die Erfolge bzw. Mißerfolge der Seat-Arbeitnehmervertretung bei der Umsetzung ihres wichtigsten Zieles, der Sicherung der Arbeitsplätze läßt sich in vier Phasen darstellen. Die erste Phase erstreckt sich über die Jahre 1978 bis 1980. 1978 reduzierte SEAT seine Produktion wegen der zurückgehenden Nachfrage und der Anbieterkonkurrenz, die von den neuerrichteten Produktionsstätten General Motors und FORDs in Spanien ausging, erstmals um 18,5 % ab.(vgl. Tabelle VII-5) Die Unternehmensleitung versuchte Entlassungen zu vermeiden und griff zur Bewältigung der Krise auf das Instrument der Kurzarbeit zurück. Zunächst sprach sich die Arbeitnehmervertretung gegen die Strategie der Kurzarbeit aus. Die ersten beiden Kurzarbeitsperioden 1978 und 1980 lehnte sie die Kurzarbeitsbeschlüsse ab. 1981 hatte die Krise schließlich ein solches Ausmaß erreicht, daß auch die Arbeitnehmervertretung der Kurzarbeit zustimmte, um Entlassungen zu vermeiden. (Castano Collado 1985: 43ff.) Bis Ende 1980 blieb die Beschäftigung bei SEAT stabil. Diese Politik konnte die Arbeitnehmervertretung in der zweiten Phase zwischen 1981 und 1985 nicht mehr durchsetzen. 1981 verringerte sich die SEAT-Produktion gegenüber dem Vorjahr um weitere 30,2 % und verharrte bis 1983 auf diesem niedrigen Niveau. Bei einem Break-even-point von 400.000 KFZ pro Jahr erreichte SEAT 1981 nur noch einen Auslastungsgrad von 51,2 %. (Die Welt 19.12.83, Tabelle VII-5) Gleichzeitig verlor SEAT mit dem Rückzug FIATs aus dem Unternehmen seinen wichtigsten Technologielieferanten. Diese De-Internationalisierung des Unternehmens gefährdete nicht nur die Modellpolitik, sondern ebenfalls die Übernahme der bei SEAT gefertigten FIAT-Panda Modelle durch den FIAT-Konzern. In dieser Situation reichte die Beantragung von Kurzarbeit nicht mehr aus, um das wirtschaftliche Überleben des Unternehmens zu sichern. 1981 wurde die Belegschaft in einer ersten Phase um 7.000 Arbeitnehmer reduziert, 1984 folgte ein Abbau weiterer 1.500 Arbeitsplätze. Im Dezember 1980 wies der Vorstand alle Abteilungen des Standortes Barcelona an, ihr Personal im indirekten Bereich um 21 % zu verringern. Da die Arbeitnehmervertretung bei Entlassungen nur über ein gesetzliches Informationsrecht verfügt, hatte sie keine gesetzliche Möglichkeit diese zu verhindern. Das Management war allerdings an Gesprächen interessiert, um Unruhe unter der Belegschaft zu vermeiden. Die Arbeitnehmervertretung konnte daher einen Sozialplan und die Durchführung von Frühverrentungen ab dem 58. Lebensjahr durchsetzen. Von diesen Möglichkeiten machten ungefähr 5.500 Arbeiter Gebrauch. (Int16: 2f.) Zu diesem Zeitpunkt konnte die Arbeitnehmervertretung die Sicherung der Arbeitsplätze nicht mehr gewährleisten. Die wirtschaftliche Situation stabilisierte sich ab 1983/84 mit der Auftragsproduktion für Volkswagen. Es entstand eine konzerninterne Arbeitnehmerkonkurrenz zwischen SEAT und dem VW-Standort Wolfsburg hinsichtlich der Aufteilung der ab 1982 zu fertigenden Polo-Modelle. Da der Break-even-Point bei SEAT nur durch diese Auftragsmontage für Volkswagen erreichbar schien, wurde die konzerninterne Vergabe von Produktionsvolumina an SEAT-Standorte zu einem wichtigen Faktor der Beschäftigungssicherung der Seat-Arbeitnehmervertretungen. Die Arbeitnehmervertretung vertritt in diesem Punkt Beschäftigungsinteressen, die mit denen der deutschen Arbeitnehmervertreter konfligieren. Über diese Frage muß in der Kooperation ein Kompromiß gefunden werden. Die dritte Phase der Beschäftigungssicherungspolitik bei SEAT beginnt 1986 mit der Übernahme des Unternehmens durch Volkswagen. Volkswagen plante bei der Übernahme eine weitere Reduzierung der Belegschaft von 1985 22.988 auf 1990 19.600 und 1992, nach der Inbetriebnahme des neuen Produktionsstandortes Martorell, auf 17.600 Mitarbeiter. (HB 14.02.86) Um das langfristige Überleben SEATs im Verbund mit einem ökonomisch und technologisch starken KFZ-Hersteller zu sichern willigten die Gewerkschaftssektionen in den weiteren Beschäftigungsabbau bis zum Jahr 1990 ein. (SZ 22.02.86) Diese negative Personalentwicklung wurde letztlich aufgrund des steigenden Absatzes und der Zunahme der Polo- und Passatfertigung in den SEAT-Standorten nicht umgesetzt. 1991 beschäftigte SEAT aufgrund des steigenden Absatzes wieder 28.666 Mitarbeiter. (VW Geschäftsbericht 1991) Die Sicherung der Arbeitsplätze in den Jahren 1986 bis 1990 ist allerdings grundsätzlich der verbesserten Automobilkonjunktur und nicht der hohen Durchsetzungsfähigkeit der Arbeitnehmervertretung zuzuschreiben. Die Abhängigkeit von den äußeren wirtschaftlichen Einflüssen zeigte sich zu Beginn der vierten Phase der Beschäftigungssicherung, anläßlich des Konjunktureinbruchs 1990, als der KFZ-Absatz in Spanien um 12,6 % zurückging. In den ersten vier Monaten des Jahres 1991 verringerte sich der SEAT-Absatz um weitere 26,5 %. (Aguilar Esteban 1991) Das Unternehmen reagierte darauf 1990 mit einem kurzfristigen Abbau des Personals im Zeitlohnbereich um ca. 700 Mitarbeiter. (VW-Geschäftsbericht 1990) Die Zunahme der Beschäftigung im Jahr 1991 geht auf den Anlauf der Produktion im Standort Martorell und die Ausweitung der Poloproduktion in Pamplona zurück, die dort die Einrichtung einer dritten Schicht erforderte. (VW-Geschäftsbericht 1991)

Insgesamt fällt bei der Betrachtung der Bemühungen der Arbeitnehmervertretung, in den Jahren 1978 bis 1991 die Arbeitsplätze bei SEAT zu sichern, die hohe Abhängigkeit vom jeweiligen Konjunkturverlauf auf. Aufgrund der schlechten wirtschaftlichen Lage SEATs zu Beginn der 80er Jahre besaß die Arbeitnehmervertretung kaum Verhandlungsspielräume gegenüber dem Management, ganz abgesehen von den geringen gesetzlichen Durchsetzungsmöglichkeiten.

Neben diesen direkten Verhandlungen über den Umfang der Belegschaften, verfolgen die spanischen Gewerkschaftssektionen, wie die deutschen VW-Arbeitnehmervertretungen, die Strategie einer Reduzierung des manuellen Arbeitsvolumens der Belegschaft. Ein Mittel hierzu bildet die Verkürzung der Jahresarbeitszeit, die die Sektionen seit 1986 gegenüber der Unternehmensleitung umsetzen konnten. Mit 1.768 Wochenstunden lag die SEAT-Belegschaft 1989 im Durchschnitt der Jahresarbeitszeit der spanischen Automobilindustrie. Die Arbeitszeit liegt bei SEAT erheblich unter derjenigen in der übrigen Metallindustrie Catalunyas. (22) Außerdem gelang es den Sektionen bisher eine Flexibilisierung der Arbeitszeit teilweise zu verhindern. Die Forderung des Managements nach der Einführung regelmäßiger Samstagsschichten wurde abgelehnt.Die Zahl der Jahresarbeitstage konnte 1991 von 227 auf 224 Tage gesenkt werden. (UGT Seccion Sindical 1991a) Dagegen machte das Unternehmen von seinem tarifvertraglichen Recht Gebrauch und führte eine dritte Schicht in Pamplona ein. (VW-Geschäftsbericht 1991) Da das regionale Management in Pamplona und in Wolfsburg die konzerninterne Arbeitnehmerkonkurrenz zwischen beiden Standorten ausnutzte und mit Hinweis auf die Konkurrenz der Standorte um die Poloproduktion, die Aufnahme regelmäßiger Samstagsarbeit forderte, wurde die Verteidigung des arbeitsfreien Samstags zu einem Thema der Kooperationsgespräche. Im Presswerk des Standortes SEAT-Martorell sollte der Achtzehn-Schicht-Betrieb mit dem Argument eingeführt werden, daß auch in den deutschen Standorten darüber verhandelt würde. Beide Arbeitnehmervertretungen einigten sich auf die Zurückweisung der regelmäßigen Samstagsarbeit. Der Erfolg der Arbeitnehmervertretungen von SEAT und Volkswagen in dieser Frage hing von dem Vertrauen in die Unnachgiebigkeit der jeweils anderen Arbeitnehmervertretung während der lokalen Verhandlungen ab. "Die Spanier haben massiv unter dem Druck gestanden, daß Volkswagen in Spanien in Martorell achtzehn Schichten einführen wollte. ... Sie haben die achtzehn Schichten verhindert weil sie wußten, wir (der Gesamtbetriebsrat - V.M.) halten auch das freie Wochenende. Das erste Beispiel, daß so etwas funktioniert hat. ... Aber ihre (die der Seat-Arbeitnehmervertretung - V.M.) Durchsetzungsfähigkeit hängt immer auch ganz wesentlich davon ab, daß sie wissen, daß wir ihnen gegebenenfalls nicht in den Rücken fallen. Das ist ein ganz entscheidender Punkt. Das ist mir bei dieser Presswerkinvestition in Martorell deutlich geworden. Ich glaube, wenn wir gesagt hätten, wir sind bereit in Wolfsburg die Achtzehn-Schichten-Regelarbeitszeit zu akzeptieren, daß heißt auch den Samstag in drei Schichten zu arbeiten, dann wären sie eingebrochen. Dann hätten sie sich auch von sich aus überlegt, was sollen wir eigentlich noch machen in der Situation. Von daher gesehen wird auch hier deutlich und das ist für mich auch ein Motiv, warum sie sich so stark in diesen Prozeß eingeschaltet haben, daß sie schon wissen, daß SEAT natürlich von den Entscheidungsstrukturen und von der Rolle im Konzern her die abhängige Variable ist. Während Wolfsburg, der Konzernvorstand die bestimmende Variable ist". (Int1: 16f., 21) Beide Arbeitnehmervertretungen einigten sich auf die Verweigerung der Einführung regelmäßiger Samstagsschichten. Zur Ausweitung der natürlichen Fluktuation war bereits 1982 die Möglichkeit eines Ausscheidens der Mitarbeiter ab dem 58. Lebensjahr vereinbart worden. Diese Betriebsvereinbarung konnte von der UGT in Verhandlungen zusätzlich auf leistungsgeminderte Mitarbeiter ausgedehnt werden. (UGT Metal 1990: 7) Im Bereich der Flexibilisierung der Arbeitszeit, der Arbeitszeitverkürzung und des frühzeitigen Ausscheidens der Mitarbeiter gelang der Seat-Arbeitnehmervertretung die Durchsetzung ihrer Forderungen.

Keine Änderungen konnte die Arbeitnehmervertretung dagegen bei der Zeitvertragspraxis durchsetzen. Die Unternehmensleitung gab lediglich die Erklärung ab, daß ehemalige Zeitarbeiter bei Neueinstellungen bevorzugt eingestellt werden. SEAT nutzt ungefähr 1.000 Zeitvertragsmitarbeiter als Puffer für die Absatz- und Produktionsschwankungen. (Int8: 15f.) In der Expansionsphase 1986-89 stieg die Zahl der befristet eingestellten Mitarbeiter von 607 auf 3.342 Personen an. In der Absatzkrise 1990 sank sie auf 2.210 Mitarbeiter. (SEAT-Daten 1991) Hinsichtlich der Lohnentwicklung ist es den Seat-Sektionen im Zeitraum 1984 bis 1989 gelungen, höhere reale Einkommensteigerungen für die Beschäftigten durchzusetzen, als es bei den anderen KFZ-Herstellern möglich war. Die Einkommen bei SEAT lagen über denen der übrigen Metalltarife in Catalunya. (23)

Im Bereich der Arbeitsorganisation und Rationalisierung verfügen die spanischen Arbeitnehmervertretungen über keinerlei gesetzliche Mitwirkungs- bzw. Mitbestimmungs-, sondern lediglich über Informationsrechte. (Arbeiterstatut, Art.64) Die Seat-Arbeitnehmervertretung hat in dem geltenden Tarifvertrag den Bereich der Arbeitsorganisation vollständig der Kompetenz der Unternehmensleitung unterstellt. Allerdings wurde im Tarifvertrag 1991-93 vereinbart, daß eine Kommission aus Gewerkschafts- und Unternehmensvertretern zum Themenbereich der Gruppenarbeit gebildet wird. Diese Kommission verfügt jedoch über keinerlei Vetorechte. Kann sie sich nicht über ein Problem einigen, steht es der Unternehmensleitung aufgrund ihrer gesetzlichen und tarifvertraglichen Rechte zu, eine einseitige Entscheidung zu fällen. (Convenio Colectivo 1989-90 Art.13; 1991-93: 24) Die gesetzlichen und tarifvertraglichen Rechte gewähren den Sektionen keinen direkten gestaltenden Einfluß auf die Einführung neuer Produktionskonzepte. Außerdem beklagen die Sektionen eine zu späte Information durch die Geschäftsführung, die so ein rechtzeitiges Einbringen grundsätzlicher Verbesserungsvorschläge behindert. (Int7: 7) Dieses Informationsdefizit hat sich mit der SEAT-Übernahme durch Volkswagen vergrößert, da grundsätzliche Entscheidungen in Wolfsburg abgestimmt werden. Beispielsweise war die CC.OO.-Sektion noch mehrere Monate nach der SKODA-Übernahme nicht über die Bedingungen der zukünftigen Modell- und Produktionspolitik, die Auswirkungen auf die konzerninterne Arbeitnehmerkonkurrenz und die Anbieterkonkurrenz hat, informiert. Die Rolle SEATs als abhängiger Teil des Gesamtkonzerns erschwert die Wahrnehmung der Informationsrechte der spanischen Arbeitnehmervertretung. Dieser Umstand wird so auch zu einem Argument für eine verstärkte internationale Kooperation innerhalb der Sektionen. (24)

Im Gegensatz zur Lage bei Volkswagen haben technik-zentrierte Rationalisierungsvorhaben bis 1989/90 die Seat-Arbeitnehmervertretung kaum beschäftigt. Dieser Umstand hing mit der technologischen Abhängigkeit SEATs von FIAT zusammen. SEAT übernahm bis zum Jahr 1980 immer die von FIAT aufgegebenen Produktionsanlagen, die relativ arbeitsintensiv waren. (Miguelez Lobo 1977: 30) In der ökonomischen Krise 1980-84 fehlte SEAT das Kapital, um eine Rationalisierung der Produktionsmittel anläßlich der anstehenden Modellwechsel vorzunehmen. (Int16: 1) Nach der SEAT-Übernahme durch Volkswagen 1986 erfolgte zunächst eine Überprüfung der Produktionsprozesse, um die Produktqualität und die Produktivität zu erhöhen. Die Vorstandsbereiche Produktion, Technische Entwicklung, Qualitätssicherung und Finanzen wurden von Mitarbeitern der VW-Zentrale übernommen. (HB 19.06.86) Der Belegschaftsabbau in dieser Rationalisierungsphase konnte durch die steigende Kapazitätsauslastung SEATs infolge der steigenden Nachfrage und des, von Volkswagen vergebenenen Montageauftrags kompensiert werden. Erst Ende 1990 begannen technologische Rationalisierungsprozesse im Presswerk des Standorts Barcelona, die die Arbeitnehmerkonkurrenz innerhalb der Belegschaft um die reduzierte Zahl der Arbeitsplätze erhöhte. Die vollautomatischen Pressen benötigen 50 % weniger Personal, die Zahl der Pressvorgänge konnte um 43 % gesteigert werden. Die Produktionsflexibilität nahm ebenfalls stark zu, da ein Modellwechsel in 10 Minuten möglich ist. (Arbeitsprotokoll 1991: 8) Der Wegfall von Arbeitsplätzen in diesem Bereich wurde durch Umsetzungen aufgefangen.

Seit Anfang der 90er Jahre sind die Gewerkschaftssektionen mit dem Thema Gruppenarbeit befaßt. In El Prat wurden Arbeitsgruppen in der Getriebefertigung eingerichtet. Der neue Produktionsstandort Martorell wird nur mit Arbeitsgruppen produzieren. (CC.OO. Catalunya 1991: 3) UGT und CC.OO. stehen der Einführung von Gruppenarbeit grundsätzlich positiv gegenüber, um die Arbeitsinhalte anzureichern und höhere Löhne durchzusetzen. Da gesetzliche Einflußmöglichkeiten nicht existieren, war die Einrichtung einer gemischten Kommission im Tarifvertrag 1991 ein erster Schritt zur gewerkschaftlichen Einflußnahme. Die CC.OO. will die Gruppenarbeit über ihre mittelbaren Zustimmungsrechte beeinflussen. Da der Tarifvertrag bei SEAT die Inhalte der Mantel- und Lohntarifverträge nach deutschem Recht zusammenfaßt, muß der Tarifvertrag in einigen Punkten geändert werden, wenn die Gruppenarbeit eingeführt werden soll. Diese Änderungen bedürfen der Zustimmung der Gewerkschaftssektionen. Ihr Einverständnis wollen die Sektionen mit einem Entgegenkommen der Unternehmensleitung auf anderen Gebieten verbinden. (Int7: 7) Auch in diesem Bereich wird die Durchsetzungsfähigkeit der Arbeitnehmervertretung bei geringen Einflußmöglichkeiten zusätzlich durch ihre Uneinigkeit beeinträchtigt. Während der Einführung der Gruppenarbeit im Standort El Prat entstanden Differenzen zwischen UGT und CC.OO. über den Punkt einer freiwilligen oder keinen Einbeziehung der Arbeitsvorbereiter in die Arbeitsgruppen. Diese Auseinandersetzung führte zu einer verzögerten Einbeziehung der CC.OO. in die vorbereitenden Verhandlungen mit dem Management. (Int5: 2f.) Da die Verhandlungen über die Gruppenarbeit 1991 noch nicht begonnen hatten, lagen noch keine Ergebnisse über die Durchsetzung gewerkschaftlicher Positionen vor. Wegen der gleichzeitigen Erprobung und Einführung von Gruppenarbeitsprozessen in den VW-Standorten Mosel und Wolfsburg, schlug der VW-Gesamtbetriebsrat vor, eine gemeinsame Position der Arbeitnehmervertretungen zu diesen Konzepten zu erarbeiten. Eine konzernweite Vereinbarung würde die Reduzierung der Bargaining Power der SEAT-Arbeitnehmervertretung in diesem Themenbereich stabilisieren oder sogar erhöhen.

Die Konzentration der SEAT-Gewerkschaftssektionen auf die Ziele Arbeitsplatz- und Einkommenssicherung wird vor dem Hintergrund der ökonomischen und betrieblichen Rahmendaten verständlich. Bei der Umsetzung dieser Ziele zeigt sich die Bedeutung gesetzlich verankerter Mitbestimmungsrechte. Die Seat-Arbeitnehmervertretung wurde bei Belegschaftsveränderungen nur über den Umfang der Entlassungen informiert. Sie kann mangels gesetzlicher Rechte nicht mit einem eigenen Personalkonzept auf die Personalpolitik einwirken. Selbst die Aushandlung von Sozialplänen hängt vom Interesse des Managements ab. Sowohl die Gefährdung der Arbeitsplätze und ihr anschließender Abbau, als auch die Ausweitung der Beschäftigung unterlag nur in geringem Ausmaß dem gestaltenden Einfluß der Arbeitnehmervertretung, sondern muß dem Verlauf der spanischen Automobilkonjunktur zugeschrieben werden. Zwar wird auch die Politik der deutschen Arbeitnehmervertretungen grundsätzlich von den Schwankungen der Automobilkonjunktur bestimmt, diese konnten jedoch einen größeren Handlungsspielraum hinsichtlich der Verringerung des Einsatzes der manuellen Arbeit durch Pausenregelungen und die Personalpolitik der mittleren Linie durchsetzen.

Das Ziel der Arbeitsplatzsicherung bei SEAT wurde durch die günstige Marktentwicklung und die Politik der kontinuierliche Arbeitszeitverkürzung erreicht. Die Internationalisierung des Unternehmens und die günstige Position in der konzerninternen Arbeitnehmerkonkurrenz gegenüber dem VW-Standort Wolfsburg hinsichtlich der Auftragsmontage für Volkswagen im Polo-Bereich sicherte seit 1984 die Arbeitsplätze der Seat-Belegschaften. Nur durch sie konnte ab 1987 wieder eine Auslastung der SEAT-Kapazitäten erzielt werden. Seit der Vereinbarung über die Auftragsfertigung 1982 besaß die Seat-Arbeitnehmervertretung ein starkes Interesse an Kontakten zur VW-Arbeitnehmervertretung, um diese Produktionsaverlagerung aus den deutschen Standorten und die günstige konzerninterne Arbeitnehmerkonkurrenzsituation auch gegenüber der VW-Arbeitnehmervertretung abzusichern.

Überzeugende Erfolge kann die spanische Arbeitnehmervertretung auf dem klassischen Gebiet der quantitativen Tarifpolitik, der Einkommenspolitik aufweisen. Dieser Bereich ist typischerweise am geringsten von staatlichen Einflußgarantien, sondern primär von der Mobilisierungsfähigkeit der Arbeitnehmervertretung abhängig. Auch zu Zeiten hoher Inflationsraten in den Jahren 1984 bis 1989 stiegen die Reallöhne der SEAT-Beschäftigten.

Neben der konjunkturunabhängig erzielten Arbeitsplatzsicherung zeigt sich eine weitere Schwäche der Arbeitnehmervertretung in der Durchsetzung eigener Forderungen bei der Einführung neuer Produktionskonzepte. An diesem Beispiel lassen sich alle untersuchten Probleme der Interessenvertretungsarbeit bei SEAT veranschaulichen. Die bis 1985 geringe Rationalisierungstätigkeit seitens der Unternehmensleitung und die konfliktorische Grundhaltung fast aller Gewerkschaftssektionen verhinderten eine Beschäftigung mit diesem Thema. Die Arbeitsorganisation galt als Einflußbereich der Unternehmensleitung. Noch 1990 erscheint die Forderung nach Verhandlungen über den Einsatz neuer Produktionskonzepte nicht als Forderung der UGT in ihrem Verhandlungskatalog, zu dem traditionelle Themen, wie beispielsweise die Erhöhung der Reallöhne, die Verkürzung der Arbeitszeit, die Besserstellung junger Mitarbeiter und bessere Zubringerdienste zum Werk gehören. (UGT Metal 1990: 5) Unmittelbar wirksame gesetzliche Rechte der Arbeitnehmervertretung zu diesem Themenbereich existieren nicht. Erst seit einigen Jahren wird der Kollektivvertrag als Regelungsinstrument für solche Fragen genutzt. Den vorhandenen Informationsrechten kommt die Unternehmensleitung erst spät nach, wenn das Planungsstadium abgeschlossen ist. Das neue Produktionskonzepte ein standortübergreifendes Thema der internationalen Kooperation werden können, wurde erst 1990 erkannt. Diese Thema bildet in Zukunft einen Anreiz für intensivere internationale Kooperationsprozesse, da die Seat-Arbeitnehmervertretung von dem höheren Know-How der VW-Arbeitnehmervertreter in diesem Themenbereich profitieren kann. Außerdem könnte eine konzernweite Vereinbarung mit dem Vorstand zu diesem Thema die geringe Bargaining Power der Seat-Arbeitnehmervertretung sogar erhöhen.

Die negative Rolle der Konkurrenz der Richtungsgewerkschaften auf betrieblicher Ebene, die sich in der Ausgestaltung der Organisationstrukturen andeutete, zeigt sich ebenfalls in den Differenzen der Sektionen bezüglich der Strategie gegenüber dem Management und der Sicherung der Unterstützung durch die Belegschaft. Zwar ist die Mobilisierungsfähigkeit der Sektionen groß, dieser Vorteil wird in den Tarifverhandlungen jedoch häufig primär gegen die Politik der anderen Sektionen, als gegenüber den Positionen der Unternehmensleitung ausgespielt. Ein Resultat dieser Strategie ist die öffentliche Diskreditierung der Arbeitnehmervertretung in der Verhandlungskommission, wenn deren Vorschläge in, von einzelnen opponierenden Sektionen einberufenen Referenden durch die einfache Mehrheit der Belegschaft abgelehnt werden können. Ergibt sich in einem solchen Fall keine klare alternative Mehrheitsposition, kompliziert dies die weiteren Verhandlungen. Der Problemkomplex einer betrieblichen gewerkschaftlichen Konkurrenz ist ein wichtiger Schwachpunkt der Durchsetzungsfähigkeit gegenüber dem SEAT-Management.

Der Vergleich zwischen den programmatischen Zielen der Seat-Arbeitnehmervertretung und ihrer realen Zielerreichung läßt seit 1982 eine zunehmend erfolgreichere Sicherung der Beschäftigung und der Standorte erkennen. Die Analyse der ökonomischen Rahmenbedingungen zeigt jedoch, daß die Beschäftigungssicherung primär dem Verlauf der allgemeinen KFZ-Konjunktur und der günstigen Position SEATs in der konzerninternen Arbeitnehmerkonkurrenz bei der Parallelproduktion des Polo zuzuschreiben ist. Die Seat-Arbeitnehmervertretung muß ein Interesse an der Absicherung dieser Position durch die Festschreibung der spanischen Polo-Produktion in einer Kooperationsabsprache mit der VW-Arbeitnehmervertretung haben. Im Bereich der qualitativen Tarifpolitik konnte die Seat-Arbeitnehmervertretung Arbeitszeitverkürzungen umsetzen. Die Verhinderung flexibler Arbeitszeiten wird jedoch bereits durch die konzerninterne Arbeitnehmerkonkurrenz erschwert. Die Seat-Arbeitnehmervertretung war nur durch eine Kooperationsabsprache mit der VW-Arbeitnehmervertretung in der Lage, regelmäßige Samstagsschichten abzulehnen. Die unzureichende Bargaining Power im Bereich der Einführung neuer Produktionskonzepte, beispielsweise der Gruppenarbeit, läßt sich in Zukunft durch Kooperationsabsprachen und konzernweite Vereinbarungen mit dem Vorstand ausweiten. Alle drei Themenbereiche zeigen deutlich, daß eine Reduzierung der Bargaing Power der Seat-Arbeitnehmervertretung, insbesondere in der qualitativen Tarifpolitik, nur durch die Kooperation mit den übrigen Arbeitnehmervertretungen der wichtigen europäischen VW-Produktionsstandorte zu verhindern ist.

In diesem Kapitel stand sowohl die Untersuchung der Organisationsstruktur der VW- und der Seat-Arbeitnehmervertretung nach Mechanismen, die den Kooperationsprozeß stabilisieren, als auch die Frage nach der Höhe und der Veränderung der Bargaining Power beider Arbeitnehmervertretungen im Vordergrund. Die Organisation der formalen Gremienstruktur der Arbeitnehmervertretungen kann den Mandatsträgern einen Freiraum hinsichtlich der Entwicklung der Kooperation ermöglichen, der sich stabilisierend auf die Kooperationsprozesse auswirkt. Um die Intensivierung der internationalen Kooperation bei knappen Ressourcen gegenüber der Belegschaft und der Mitgliedschaft durchzusetzen, müssen die Arbeitnehmervertretungen einerseits über bestimmte Handlungsspielräume bei der Definition der Organisationsziele verfügen. Gleichzeitig muß die Mobilisierungsfähigkeit der Basis auch in diesem Themenbereich abgesichert werden. Sowohl in den VW- wie in den Seat-Arbeitnehmervertretungen ermöglicht die Ansiedlung der internationalen Kooperation bei den Spitzengremien der Arbeitnehmervertretung und deren hohe Ausdifferenzierung diese geforderten Handlungsspielräume der Mandatsträger im Kooperationsbereich. Die belegschaftsferne Abwicklung und Abstraktheit der Kooperation erweist sich als ambivalent, da sie auch zu einer geringen Bewußtseinsbildung in der Belegschaft beiträgt. Während die VW-Arbeitnehmervertretung dieses Problem durch eine intensive Informationskampagne und den Hinweis auf den Nutzen der Kooperation in bezug auf die problematische Internationalisierung des Konzerns lösen will, bleiben die SEAT-Belegschaften relativ uninformiert. Es ist zu erwarten, daß sich der fehlende Druck der spanischen Belegschaften auf die Sektionsgremien, die Kooperation zu verstärken und die knappen Ressourcen der Sektionen eher kooperationshemmend auswirken werden. In dem VW-Standort Wolfsburg hat sich dagegen mit der Intersoligruppe eine zahlenmäßig kleine, aber artikulationsfähige Lobby für die Kooperation etabliert, die durch die Mitarbeit von Mandatsträgern über einen direkten Zugang zu Betriebsrat und Vertrauenskörper verfügt.

Als Indikator der Veränderung der Bargaining Power diente der Vergleich der Programmatik mit der bisherigen Realisierung der Ziele der VW- und der Seat-Arbeitnehmervertretung. Es zeigte sich bei der VW-Arbeitnehmervertretung eine Verschärfung der ökonomischen Rahmenbedingungen unter denen die Realisierung der Arbeitnehmervertretungsziele angestrebt wurde. Die VW-Arbeitnehmervertretung stellte die Ziele der Arbeitsflexibilität und der quantitativen Lohnpolitik hinter Standort- und Arbeitsplatzsicherheitsfragen zurück. Diese Fragen wurden 1975-1982 akut als Nachfrageschwankungen, eine steigende Anbieterkonkurrenz und die Internationalisierung der Produktionsstrukturen, aus denen eine Intensivierung der konzerninternen Arbeitnehmerkonkurrenz resultierte gleichzeitig zunahmen. Seitdem ist die Umsetzung der Ziele und damit die Bargaining Power der VW-Arbeitnehmervertretung grundsätzlich gefährdet.

Die Zielerreichung der Seat-Gewerkschaftssektionen hing in der Vergangenheit in noch stärkerem Ausmaß, als die der VW-Arbeitnehmervertretung von der allgemeinen Automobilkonjunktur und der Entwicklung der konzerninternen Arbeitnehmerkonkurrenz ab, da die geringen gesetzlichen Einflußmöglichkeiten eine erfolgreiche qualitative Tarifpolitik der Sektionen behindern. Die Absatzkrise SEATs in den Jahren 1980-84 zeigte, daß die Sektionen Massenentlassungen nicht verhindern können. Seitdem wurde das Ziel der Arbeitsplatzsicherheit primär durch Markteinflüsse, wie den Markterfolg des Modells Ibiza und die Internationalisierung des VW-Konzerns, die zur teilweisen Verlagerung der Poloproduktion an Seat-Standorte führte, gesichert. Zur Absicherung dieser Produktionsverlagerung, der Verbesserung der Arbeitsbedingungen und eines intensiveren Informationsflusses benötigt die SEAT-Arbeitnehmervertretung die Kooperation mit der VW-Arbeitnehmervertretung am Sitz der Konzernzentrale.

Die gewerkschaftliche Verankerung der Arbeitnehmervertretung gilt als ein weiterer Faktor, der ihre Bargaining Power bestimmt. Die betriebliche Bargaining Power der VW-Arbeitnehmervertretung wird durch ihre gewerkschaftliche Geschlossenheit gestärkt. Dieser Vorteil existiert bei den Seat-Arbeitnehmervertretungen nicht. Einem für spanische Verhältnisse hohem Organisationsgrad steht die innerbetriebliche gewerkschaftliche Konkurrenz gegenüber. Jede Sektion versucht während der Tarifverhandlungen und der Betriebskomiteewahlen die Position der anderen Sektionen gegenüber der Belegschaft zu diskreditieren. Dies schwächt die Verhandlungspositionen der Arbeitnehmervertreter gegenüber der Unternehmensleitung. Außerdem verringert die Existenz opponierender Sektionen die Bereitschaft der Belegschaft, getroffene Tarifvereinbarungen einzuhalten.

Die Entwicklung der, an der Realisierung der Organisationsziele bewerteten Bargaining Power beider Arbeitnehmervertretungen zeigt eine negative Tendenz. Insofern bestätigt sich der, bereits aus der Untersuchung der Umweltbereiche der Arbeitnehmervertretungen entstandene Eindruck einer steigenden Arbeitnehmerkonkurrenzsituation. Das Kooperationsinteresse der VW- und der Seat-Arbeitnehmervertretung wird in Zukunft weiter ansteigen. Aus der Organisationstruktur ergab sich eine, bisher auf die Spitzengremien der Arbeitnehmervertretungen konzentriert gebliebene Diskussion der Auswirkungen der Internationalisierung der Produktionsstrukturen und der zunehmenden Anbieterkonkurrenz auf die Kooperation. Diese Konzentration kann die Stabilität der Kooperation sichern, behindert dert jedoch gleichzeitig die Verankerung der Kooperationsziele in der Belegschaft. Hieraus können in der Zukunft Probleme der Unterstützung der Kooperation durch die Belegschaft resultieren.

Anmerkungen zu Kapitel sieben:

(1)
Der BR Wolfsburg arbeitet mit einem Betriebsausschuß, dem Arbeitssicherheitsausschuß, dem Bildungsausschuß, dem Personalausschuß, dem Planungsausschuß, dem Sozial- und Wohnungsausschuß, dem Entgeltausschuß, dem Ausschuß für die Beratung von Systemen, dem Ausschuß für betriebliches Vorschlagswesen, dem Ausschuß für die Gleichstellung der Frau und zeitlich befristeten Kommissionen. (Gesamtbetriebsrat 1988)

(2)
Die Fachreferenten sind für die Vorbereitung und Erfolgskontrolle der Ausschusssitzungen, der Betriebsrats- und Aufsichtsratsunterlagen der Arbeitnehmervertreter im Aufsichtsrat zuständig. Sie erledigen diese Aufgaben eigenständig, nach den Vorgaben der zuständigen Betriebsräte.

(3)
In einer Zusammenfassung der Aktivitäten der Arbeitsgruppe Südafrika von Juni 1986 bis Juni 1990 werden 26 öffentliche Veranstaltungen aufgelistet. Diese reichen von der Beteiligung an Ostermärschen, den 1. Mai Feiern, den Anti-Kriegstagen, über die Teilnahme an Betriebsversammlungen, Referaten in Mitglieder-, Vertrauensleuteversammlungen, in Schulen und Kirchengemeinden bis zur Organisation eigener Diskussionsabende mit südafrikanischen Gewerkschaftern und dem Auftritt von südafrikanischen Theatergruppen. (Intersoli o.J.)

(4)
"Ich kann mir auch nicht vorstellen, daß der ... (Geschäftsführer des GBR - V.M.) und der ... (Präsident des Europäischen VW Konzernbetriebsrats - V.M.) etwas dagegen hätten, daß sich mehr Leute mit dieser Frage (der Kooperation - V.M.) auseinandersetzen, denn es würde ja ihre Politik eigentlich erleichtern. Denn wir müssen für Interesse bei unseren Belgschaften dafür werben. Es ist ja nicht so, daß die Leute uns nachlaufen und fragen, was gibt es denn in Brasilien Neues? Sondern wir kommen mit dem Flugblatt und sagen, wir müssen gegen Apartheid in Südafrika etwas unternehmen. Wir müssen dazu Stellung beziehen. Wir versuchen dann Meinung zu machen, damit wir hier bei den Leuten überhaupt Interesse finden. So rum läuft es doch. ... Weil, viele Kollegen sagen natürlich, der ... (Geschäftsführer des GBR - V.M.) soll sich nicht um Sonstwas kümmern, der soll mal sehen, daß wir hier einigermaßen mit dem Hintern an die Wand kommen". (Int2: 11)

(5)
Die zehn Arbeitnehmervertretersitze werden von sieben Belegschaftsvertretern, darunter fünf Arbeitern, einem Angestellten, einem leitenden Angestellten und drei Gewerkschaftsvertretern eingenommen.

(6)
"Es wird keine Entlassungen aus wirtschaftlichen Gründen geben. Alle personellen Auswirkungen und Folgen werden sozialverträglich geregelt. ... Fremdvergabe ist grundsätzlich zu vermeiden und abzulehnen. Vorrang muß die Sicherung von Fertigungsumfängen und der damit verbundenen Arbeitsplätze haben. Fremdvergabe aus ideologischen Gründen darf es nicht geben". (Hiller 1989a: 17, 24)

(7)
Die Schließung Neckarsulms hätte bei AUDI 12.000 Arbeitsplätze gekostet und damit 8.000 Arbeitsplätze in VW-Standorten gesichert. (Streeck 1984: 68)

(8)
Über den Ablauf dieser Krise und die Einbindung der einzelnen Interessengruppen siehe nähere Informationen und Analysen bei Endres 1991, Streeck 1984: 56-81.

(9)
"Zunächst steht der Zwang da für das Unternehmen, am Markt mithalten zu können, was bedeutet, daß man die modernsten Technologien, die verfügbar sind, auch nutzt. Dadurch gerät man auch als Betriebsrat in eine Zwangssituation. Ich kann mir nicht vorstellen, daß wir den Einsatz technischer Mittel hier bremsen, während wir gleichzeitig keinen Einfluß darauf haben, daß er in den mit VW konkurrierenden Firmen blockiert wird". (Interview 1982: 264)

(10)
Von Februar bis Juni 1991 wurde beispielsweise jeden zweiten Samstag in Wolfsburg in zwei Schichten produziert. (FR 18.12.91)

(11)
Die letzten Jahrgänge der Belegschaftsinformation BR Kontakt berichten kontinuierlich über die Problematik der Standortsicherung und Internationalisierung des Konzerns.

(12)
Seit 1990 stagnieren die meisten westeuropäischen KFZ-Märkte mit Ausnahme des deutschen Marktes. Volkswagen hat seinen Marktanteil in Westeuropa auf Kosten seiner Mitkonkurrenten seit mehreren Jahren ausbauen können. 1989 lag dieser Anteil bei 15 %, 1991 stieg er auf 16 %. (VW Geschäftsberichte 1989, 1991) Andererseits ist die Wettbewerbsfähigkeit der europäischen und japanischen KFZ-Hersteller weiterhin hoch. (vgl. Punkt 5.5.1) Innerhalb des Volkswagenkonzerns war 1991 geplant, die Kapazität der nichtdeutschen Standorte bis 1995 stark auszubauen. SEAT wird die jährliche Produktion von 550.000 auf 870.000 KFZ ausweiten. Die Volkswagen Sachsen soll 250.000 KFZ produzieren. In Portugal entstehen Kapazitäten für 90.000 Großraum-PKW, während SKODAs Kapazität von 1991 200.000 auf 1995 ca. 400.000 KFZ ansteigt. (Volkert 1991: 30f.) Insgesamt bedeutet dies eine Erhöhung der Produktionskapazitäten um 860.000 KFZ, bei einem Produktionsvolumen der europäischen Standorte einschließlich der Bundesrepublik von 1991 2,7 Millionen Einheiten. (VW Geschäftsbericht 1991)

(13)
In dieser Gesamtbeschäftigtenzahl ist der 1990 ausgegliederte Getriebestandort Gearbox del Prat mit 1.347 Beschäftigten noch nicht enthalten. (SEAT-Geschäftsbericht 1990: 21)

(14)
1994 wird der Standort Barcelona nach den Produktionsplanungen die geringste Tagesproduktion der drei SEAT-Montagestandorte erreichen. Barcelona produziert dann täglich 1.050 KFZ, Pamplona 1.200 und Martorell 1.550. (UGT-Metal 1990: 11)

(15)

"Zum anderen dürfen wir nicht übersehen, daß während der Wahlen die Aktionseinheit (von UGT und CC.OO.) einer großen Zerreißprobe ausgesetzt war; die Gewerkschaften haben ein schlechtes Bild abgegeben, gegeneinander kämpfend, sich gegenseitig abqualifizierend; die gewerkschaftlichen Aktivitäten wurden paralysiert und es mußten hohe Geldsummen investiert werden, um die Anzahl der Kollegen zu erhöhen, die die laufende Gewerkschaftstätigkeit ausübten. Und zweitens, trotz aller Vorankündigungen, trotz der Konfrontation und der Beschuldigungen des Betruges sind die Wahlergebnisse von 1990 praktisch die gleichen (in Bezug auf die Differenzen zwischen den größten Gewerkschaften), wie die aus dem Jahr 1986". (Union General de Trabajadores 1991: 4f.)

(16)

Die Zahlen beruhen auf Angaben des Managements und erfassen alle Gewerkschaftsmitglieder, die ihren Gewerkschaftsbeitrag automatisch bei der Einkommensauszahlung abziehen lassen. Nach Mangementaussage sind dies bei SEAT fast 100 % aller Gewerkschaftsmitglieder. Die Sektionen von UGT und CC.OO. konnten nur Näherungswerte angeben, die jedoch ungefähr mit den SEAT-Daten übereinstimmen.

(17)

Ein CC.OO.-Vorstandsmitglied erklärt die Funktion der Mitgliederversammlung wie folgt: "Die Mitgliederversammlung wird außerhalb des Betriebes in einem Gewerkschaftshaus durchgeführt. Sie besitzt keine Entscheidungsbefugnisse, sondern sie wird vom Sektionsvorstand und dem Gewerkschaftsrat konsultiert. Das Resultat dieser Konsultation ist eher ein Orientierungspunkt als eine Bindung für die Entscheidung der anderen Gremien. ... Was ich sagen wollte, mit der Zeit hat die Versammlung sich gewandelt, ihren absoluten Entscheidungscharakter verloren. Sie ist in etwa ein Mittel, um die Hand an den Puls der Mitgliedschaft zu legen". (Int8: 1)

(18)

Noch im Januar 1975 entließ SEAT 500 gewerkschaftlich aktive Arbeiter und schwächte so die Handlungsfähigkeit der Opposition erheblich. Diese Entlassungen wurden 1977 zurückgenommen. (Miguelez Lobo 1977: 168ff.)

(19)

Bis 1972 wurde der Posten des SEAT-Generaldirektors immer an Offiziere im Ruhestand vergeben. Auch der Sicherheitsdienst SEATs bestand aus ehemaligen Militärangehörigen. (Miguelez Lobo 1977: 47)

(20)

1977 waren die Konsumentenpreise um 26,4 % gestiegen. Zwischen 1978 und 1983 nahmen sie jährlich zwischen 16,5 % und 12,2 % zu. (Gutierrez 1990: 123)

(21)

"Bis zum Tode Francos war SEAT nicht nur ein Unternehmens, welches Kraftfahrzeuge produzierte, sondern auch ein Spielplatz für die politische und gewerkschaftliche Opposition gegen das politische System ... Oft war nicht klar, ob die Auseinandersetzung um ökonomische, politische oder nur soziale Forderungen ging. Mindestens bis 1980 war SEAT der Ort, wo die härtesten Auseinandersetzungen zwischen Arbeitern und Unternehmensführung stattfanden. ... Ab 1980 gab es einen starken Wandel im Verhalten der Arbeitnehmerschaft, vor allem durch den wachsenden Einfluß der Gewerkschaft UGT. Diese Gewerkschaft zeigt sehr viel mehr Kooperations- und Verhandlungsbereitschaft, sowie ein größeres Verständnis. Seit 1980 ist das Unternehmen nicht mehr führend was Streiks, Arbeitsprobleme und -konflikte angeht. Stattdessen kommt es jetzt zu Verhandlungen und Vereinbarungen, die oftmals schwierig zu erzielen sind und viel Arbeit kosten. Seit 1980 begannen unsere Gewerkschaften sich zu 'europäisieren'. Das heißt nicht, daß sie jetzt friedlich wären oder das es keine Probleme mehr gäbe. Aber es gibt keine Konfrontation gegen das System mehr, man kann mit ihnen reden, verhandeln und Übereinkünfte erzielen. ... Ich glaube, daß zumindest die beiden wichtigsten Gewerkschaften bei SEAT, die UGT und CC.OO. heute zur Zusammenarbeit mit dem Management bereit sind, um zum Beispiel eine höhere Wettbewerbsfähigkeit zu erreichen". (Int16: 6f.)

(22)

Im Tarifbezirk Barcelona liegt die jährliche Arbeitszeit in der Metallindustrie 1990 bei 1.795 Stunden, in Tarragona bei 1.804 Stunden, in Girona bei 1.798 Stunden und bei SEAT werden 1.768 Stunden gearbeitet. (Union General de Trabajadores Metal, Sindicat Intercomarcal Girona 1990, Union General de Trabajadores Metal de Catalunya 1990, Union General de Trabajadores Metal de Catalunya 1990a, XII Convenio Colectivo Seat 1989-1990)

(23)

Ein Arbeitnehmer der mittleren Lohnkategorie der katalanischen Metallindustrie verdiente monatlich im Jahr 1990 im Tarifbezirk Barcelona 75.508 Pts, in Tarragona 63.843, in Girona 106.589 und bei SEAT 131.243 Pts. (diess. wie Anmerkung 22)

(24)

"Die Gewerkschaften befinden sich immer im Schlepptau der Informationen, sie gelangen nie sehr frühzeitig an die Gewerkschaften. Das Management reist zum Beispiel häufig nach Deutschland, nimmt an Deutschkursen teil .. alles dies bleibt den Gewerkschaftern verschlossen. Andererseits ist es normal, daß die Gewerkschaften nicht sehr frühzeitig mit Informationen versorgt werden. Es gibt für die UGT jedoch keinen Grund zur Klage, weil wir auch viele Informationen aus Deutschland erhalten". (Int4: 3)

8. Die Entwicklung der Kooperation zwischen der VW- und der Seat-Arbeitnehmervertretung

In der Untersuchung der relevanten Umweltbereiche der betrieblichen Arbeitnehmervertretungen des Volkswagenkonzerns war eine Zunahme der Arbeitnehmerkonkurrenz erkennbar, die auf die Belegschaften der SEAT- und der VW-Standorte einwirkt. Da diese Arbeitnehmerkonkurrenz durch die Internationalisierung der VW-Produktionsstrukturen und eine ansteigende Anbieterkonkurrenz verursacht wird, ist, nach der zweiten Hypothese mit der Aufnahme von Kooperationskontakten zwischen der VW- und der Seat-Arbeitnehmervertretung zu rechnen. Diese Kooperationskontakte müssen in Zukunft vertieft werden, da langfristig mit einer zunehmenden Reduzierung der Bargaining Power beider Arbeitnehmervertretungen zu rechnen ist.

Die dritte Hypothese prognostizierte eine erhöhte Störanfälligkeit entwickelter Kooperationsprozesse. Demnach steigt die Instabilität der Kooperation mit der zunehmenden Anzahl bindender Kooperationsabsprachen, die die maximale Umsetzung der Organisationsziele jeder Arbeitnehmervertretung in den Verhandlungen mit dem lokalen Management behindern. Die Wahrscheinlichkeit, daß sich einzelne Mandatsträger über Kooperationsabsprachen hinwegsetzen und eine individuell-rationale Kooperationsstrategie wählen nimmt zu. Im zweiten Kapitel war in nachgeordneten Hypothesen die Annahme vertreten worden, daß eine kollektiv-rationale Kooperationsstrategie und weitere exogene und endogene Stabilisierungsmechanismen diese Störanfälligkeit der Kooperation kompensieren können. Im folgenden werden der historische Kooperationsprozeß und die bisher gesammelten Kooperationserfahrungen der VW- und der Seat-Arbeitnehmervertretungen auf die Existenz und die Effizienz einer kollektiv-rationalen Kooperationsstrategie und die eingeführten Stabilisierungsmechanismen hin untersucht.

Anhand der Veränderung der Kooperationsziele läßt sich eine Vertiefung des Kooperationsprozesses nachweisen. Die auf punktuelle Hilfsmaßnahmen, einen begrenzten Informationsaustausch und repräsentative Kontakte beschränkten Ziele der Startphase der Kooperation werden im laufenden Kooperationsprozeß zu komplexeren, langfristig erreichbaren Zielbündeln fortentwickelt. Es ist zu erwarten, daß die Kooperation durch diese Zieltransformation belastet wird. Die Kooperationsaktivitäten werden komplizierter, der Arbeitsaufwand steigt, aufsehenerregende Kooperationserfolge werden seltener und der Nutzen der Kooperation ist der Belegschaft nicht mehr unmittelbar einsichtig. (Abschnitt 8.1)

Aus der Veränderung der Kooperationsziele läßt sich auf eine Fortentwicklung der Kooperationsstrategie schließen. Die Kontinuität der Kooperation kann nur gewahrt bleiben, wenn die beteiligten Akteure ihre Strategien an die komplexeren Ziele anpassen. Der Standpunkt einer individuellen Nutzenmaximierung jeder Arbeitnehmervertretung, der bevorzugt auf repräsentative, nur geringe Ressourcen beanspruchende Kooperationsprozesse anwendbar ist, muß zugunsten einer kollektiv-rationalen, der Tit-for-Tat-Annahme entsprechenden Strategie aufgegeben werden. (Abschnitt 8.2)

Die Existenz komplexer langfristiger Kooperationsziele, wie auch die kontinuierliche und konsequente Verfolgung einer kollektiv-rationalen Strategie erhöhen die Anfälligkeit des Kooperationsprozesses für Störungen, die aus der Wahl individuell-rationaler Kooperationsstrategien resultieren. Die positive Entwicklung der Kooperation hängt daher zunehmend von der Existenz exogener und endogener Stabilisierungsmechanismen ab. (Abschnitt 8.3 und 8.4)

Anschließend wird analysiert, inwieweit sich ein Zusammenhang zwischen den Internationalisierungsstrategien des VW-Konzerns und der Vertiefung der Kooperation zwischen den, von der Internationalisierung betroffenen betrieblichen Arbeitnehmervertretungen feststellen läßt. Primär integriert das Kapital die Arbeitnehmer in die Produktionsstrukturen und erzeugt je nach Internationalisierungskonzept und der Verflechtung der Produktionsstrukturen eine Veränderung der konzerninternen Arbeitnehmerkonkurrenz, die innerhalb multinationaler Konzerne grenzüberschreitende Dimensionen annimmt. Die Kooperation zwischen den Arbeitnehmervertretungen des Volkswagenkonzerns kann eine, die Arbeitnehmerkonkurrenz verringernde Funktion nur erfüllen, wenn sie der Internationalisierung der Strukturen des Volkswagenkonzerns folgt. (Abschnitt 8.5)

Hinsichtlich der Weiterentwicklung der Kooperation ergibt sich die Frage, wie die VW- und die Seat-Arbeitnehmervertretung auf die steigenden Kooperationsanforderungen, die aus einer zu erwartenden intensiveren und komplexeren Kooperation resultieren reagieren. Die im zweiten Kapitel eingeführten Stabilisierungsmechanismen haben in der Regel einen verhaltens- und entscheidungsorientierten Charakter, wie beispielsweise der Rückgriff auf bisherige Kooperationserfahrungen, die Orientierung an der eigenen Reputation als "verläßlicher Kooperationspartner" oder aber die Berücksichtigung von Kostengesichtspunkten. Ihre Implementation in die Kooperationsstrukturen erhöht die Wahrscheinlichkeit positiver, einer kollektiv-rationalen Kooperationsstrategie folgenden Kooperationsentscheidungen. Ab einer bestimmten Intensivierung und Vertiefung der Kooperation, die auch eine quantitative Ausweitung der Kooperationsinhalte und -kontakte beinhaltet, bietet die Institutionalierung der Kooperation eine zusätzliche Absicherung positiver Kooperationsentscheidungen. Die Zusage, in einem formalen, internationalen Gremium kontinuierlich mitzuwirken, erschwert den Abbruch der Kooperationskontakte sowohl für die, die Kooperation verweigerde, als auch für die, auf eine Verweigerung reagierende Arbeitnehmervertretung. Die zwei eingeführten Institutionalisierungsprojekte der internationalen Gewerkschaftsorganisationen, die Gründung von Weltkonzernausschüssen und von europäischen Konzernbetriebsräten werden auch in der Kooperation der Arbeitnehmervertretungen des Volkswagenkonzerns umgesetzt. Die Aktivitäten dieser Gremien und ihr Beitrag zur Bewältigung der steigenden Kooperationsanforderungen innerhalb des Volkswagenkonzerns wird ebenfalls thematisiert. (Abschnitt 8.6)

Abschließend kann aus dem Überblick über die bisherige Kooperationspraxis, die Frage nach den Erfolgen und Mißerfolgen der Kooperation der Arbeitnehmervertretungen innerhalb des Volkswagenkonzerns gestellt werden. Insbesondere die Analyse der Mißerfolge bzw. Defizite der vergangenen Kooperationsprozesse soll genutzt werden, um zu hinterfragen, in welchem Ausmaß die neue Qualität der Kooperation, die die Errichtung eines europäischen Konzernbetriebsrates bedeutet, geeignet ist, diese Defizite in der Zukunft zu reduzieren. (Abschnitt 8.7)

8.1 Der Wandel der Kooperationsziele der VW- und der Seat-Arbeitnehmervertretung

Im zweiten Kapitel war zwischen der Startphase der Kooperation und den Anschlußentscheidungen über die Fortsetzung des Kooperationsprozesses unterschieden worden. Das Entscheidungsverhalten und die Ziele der Kooperationspartner sind zu Beginn der Kooperation von der Ungewißheit über die Ziele des jeweiligen Kooperationspartners und seiner Handlungsspielräume geprägt. Sie zielen auf eine Verringerung dieses Informationsdefizits. Als vorrangiges Ziel ist der Austausch von Informationen, eine Vereinbarung gegenseitiger Zusammenkünfte und das Angebot von Unterstützungsleistungen in Konfliktfällen zu erwarten. Es handelt sich hierbei um kontinuierlich angelegte, jedoch kurzfristig durchzuführende Maßnahmen, die die Arbeitskapazitäten der Arbeitnehmervertretungen nicht kontinuierlich erheblich belasten. Bei den zeitlich und inhaltlich intensiveren anschließenden Kooperationskontakten ist von einer Diversifizierung der Kooperationsziele auszugehen. Die Informationswünsche werden detaillierter und allgemein postulierte Ziele, wie zum Beispiel die Angleichung der Arbeitsbedingungen müssen als konkrete Unterziele definiert und umgesetzt werden. Die Kontakte werden intensiver und zeitaufwendiger.

Bei der Arbeitnehmervertretung der Volkswagenstandorte in der Bundesrepublik kann zwischen den Kooperationszielen für die eigene Organisation, den Zielen, die sich auf die Arbeitnehmervertretungen der anderen Konzernstandorte beziehen und gemeinsamen Kooperationszielen unterschieden werden. Die Ziele der Arbeitnehmervertretung für die Standorte in der Bundesrepublik haben sich seit den ersten Kooperationsaktivitäten 1975/76 nicht verändert. Hierzu zählt die Sicherung der Arbeitsplätze und der Produktionskapazitäten der deutschen Standorte, die Begrenzung der konzerninternen Arbeitnehmerkonkurrenz zwischen den Standorten, sowie die Sicherung der Verhandlungsmacht der Arbeitnehmervertretung. (Int3: 3; Int1: 18) '"Internationalisierung von Investitionen darf keinesfalls Nachteile für die Beschäftigten zur Folge haben - an keinem Standort,... Unausweichlich ist aber eine Zusammenarbeit der Arbeitnehmervertretungen sowohl auf nationaler als auch auf internationaler Ebene. Nur so kann es gelingen, den Stellenwert der Mitbestimmung und die Einflußnahme durch Betriebsrat und IG Metall auszubauen und hierdurch die Arbeitsplätze und die Standorte zu sichern'". (BR kontakt 4/1991) Die Sicherung der Arbeitsplätze ist auch auf nationaler Ebene das primäre Ziel der Arbeitnehmervertretung. Die beiden Ziele der Begrenzung der konzerninternen Arbeitnehmerkonkurrenz und der Sicherung der Verhandlungsmacht der VW-Arbeitnehmervertretung sind originäre Kooperationsziele, die zur Erreichung der Arbeitsplatzsicherung notwendig sind. Während diese Ziele sowohl in der Startphase der Kooperation 1975/76, als in den 80er Jahren aktuell blieben, veränderten sich die Mittel ihrer Realisierung.

Seite Mitte der 70er Jahre verfolgt der GBR primär die Strategie, die deutschen Standorte durch Garantieerklärungen des Vorstands abzusichern. (1) Die VW-Arbeitnehmervertretung handelte diese Garantieerklärungen bisher mit dem Vorstand aus, ohne die anderen Arbeitnehmervertretungen der westeuropäischen Konzernstandorte zu konsultieren. In der seit Beginn der 90er Jahre vor allem gegenüber der Seat-Arbeitnehmervertretung intensivierten Kooperationsphase änderte die deutsche Arbeitnehmervertretung ihre Strategie. Die konzerninterne Arbeitnehmerkonkurrenz ist durch den Ausbau der europäischen Konzernstandorte soweit angestiegen, daß das Management die Arbeitnehmervertretungen in nationalen Verhandlungen über die Standortentwicklung gegeneinander ausspielen kann. Daher strebt der Gesamtbetriebsrat nun eine vorherige Absprache der Investitions-, Kapazitäts- und Belegschaftsentwicklung der europäischen Standorte mit der Seat- und VW-Brüssel-Arbeitnehmervertretung an. Die Entwicklung einer gemeinsamen Verhandlungsplattform erlaubt es, die Ungewißheit über die Verhandlungsführung der einzelnen Arbeitnehmervertretungen mit ihrem lokalen Management zu reduzieren. (2)

Hinsichtlich der, auf die Arbeitnehmervertretungen der ausländischen Konzernstandorte bezogenen Kooperationsziele, schlug der Gesamtbetriebsrat während der Startphase der Kooperation in der zweiten Hälfte der 70er Jahre einen verbesserten Informationsaustausch zwischen den Arbeitnehmervertretungen vor. Zu den Hauptzielen der Kooperation wurde die freie Betätigung der Gewerkschaften in den VW-Standorten Brasiliens und Südafrikas und ihre Anerkennung durch das lokale VW-Management erklärt. Sowohl der Wunsch nach einem Informationsaustausch, als auch die Anerkennung der Gewerkschaften stellen punktuelle, inhaltlich überschaubare Ziele dar, die charakteristisch für die Startphase eines Kooperationsprozesses sind. Ebenso typisch ist die Zurückweisung weitergehender, komplexerer Ziele, wie die Zusammenarbeit in der Tarifpolitik.

"Wir Arbeitnehmer erwarten vom Management als Minimum, daß an jedem Standort des VW-Konzerns in der Welt die gewählten Vertreter der Arbeitnehmer und ihre Gewerkschaften als Verhandlungspartner anerkannt werden. Und wir verlangen als weiteres Minimum, daß die Gewerkschaftsarbeit innerhalb und außerhalb der Betriebe, ganz gleich in welchem Land, von keinem Manager mehr behindert wird. Wir wissen, daß man die Probleme Brasiliens, Südafrikas, der USA oder Belgiens nicht in Wolfsburg lösen kann oder soll. Das gilt vor allem, wenn es um Einzelfragen der Tarifpolitik geht. Aber wenn es um gewerkschaftliche Grundrechte geht, dann wollen und müssen wir Anstöße geben, damit die Dinge im Interesse der Arbeiter in Bewegung geraten". (BR kontakt 07/1979) Ebenso wurde in der Anfangsphase der Kooperation ein kontinuierlicher Risikoausgleich zwischen inländischen und ausländischen VW-Standorten abgelehnt. Eine dauerhafte Unterstützung der ausländischen Standorte sei nicht vertretbar. (BR kontakt 05/1982)

Der Gesamtbetriebsrat modifizierte diese Zielvorstellungen seit der zweiten Hälfte der 80er Jahre in einem Teilbereich seiner Kooperationsbeziehungen. Einerseits wurde die Zusammenarbeit mit den außereuropäischen Standorten intensiviert, die oben genannten Kooperationsziele wurden jedoch nicht fortentwickelt. Mit den Standorten in Brasilien, Südafrika und Mexiko wurden weiterhin Informationen ausgetauscht. Nachdem die freie gewerkschaftliche Betätigung gesichert war, nahm der GBR die Schulung der dortigen Mandatsträger in den Zielkatalog der Kooperation auf. (3)

Andererseits formulierte der Gesamtbetriebsrat gemeinsame Ziele für diejenigen ausländischen Arbeitnehmervertretungen, deren Produktionsstandorte die deutschen Standorte einer konzerninternen Arbeitnehmerkonkurrenz und einer Anbieterkonkurrenz aussetzen. Diese Standorte sind zur Parallelproduktion fähig und produzieren für die gleichen Märkte wie die deutschen Standorte. Hierzu zählte aufgrund des Produktionsvolumens und der Modellpalette in Europa primär die Seat-Arbeitnehmervertretung. Die Differenzierung der Kooperationsstrategie belegt die Grundprämisse der Arbeit, daß die Kooperationsentscheidung grundsätzlich auf einer selbstinteressierten, nutzenorientierten Entscheidungswahl der beteiligten Mandatsträger beruht. Gleichzeitig wird bekräftigt, daß der Gesamtbetriebsrat sich auch hinsichtlich der Auswahl der Arbeitnehmervertretungen, denen gegenüber er komplexere Ziele entwickelt, an der Internationalisierung des Konzerns und der konzerninternen Arbeitnehmerkonkurrenz orientiert.

Ebenso ändert sich der Stellenwert der Kooperation innerhalb der Gesamtziele der deutschen Arbeitnehmervertretung, je nachdem ob die allgemeine oder die europäische Kooperation angesprochen wird. In einem Aufruf der IG Metall zu den Betriebsratswahlen 1987 steht das allgemeine Ziel des 'weiteren Ausbaus der internationalen Gewerkschaftsarbeit im VW-Konzern', in einer Aufzählung von achtzehn Einzelzielen an letzter Stelle. (WIR Metaller 25.03.1987) 1989 nennt der Gesamtbetriebsrats-Vorsitzende auf der jährlichen Betriebsräteversammlung fünf zentrale Elemente der Betriebsrats- und Gewerkschaftsarbeit bei Volkswagen. Dabei zählt "eine Europäisierung unserer Betriebsratsarbeit" zu den zentralen Themen und wird bereits an vierter Stelle genannt. (Hiller 1989: 15)

Während der Gesamtbetriebsrat die Tarifpolitik als internationales Kooperationsthema noch 1982 und 1986 ablehnt, wird 1989 erstmals eine auf Europa beschränkte Koordinierung von Arbeitszeiten und Arbeitsbedingungen innerhalb des VW-Konzerns angesprochen. (4) Zumindest sollte für die europäischen Standorte des Volkswagenkonzerns über Mindeststandards der Arbeitsbedingungen verhandelt werden. Mit diesen Ankündigungen wurde die Informationsphase in der Kooperation gegenüber den Arbeitnehmervertretungen der europäischen Konzernstandorte überwunden. "Dabei wird bereits deutlich, daß wir mehr brauchen, als ein reines Informationsgremium zum Austausch von Meinungen. Wir wollen eine Struktur entwickeln, durch die grenzüberschreitende Mitbestimmung und sogar die Vereinbarung von verbindlichen Mindeststandards möglich wird. Denn die Rechte auf die langfristige Sicherheit des Arbeitsplatzes, auf körperliche Unversehrtheit, sowie auch auf gesundheitsfördernde Arbeitsbedingungen sind für uns Menschenrechte". (Uhl 1990a: 20) Der Katalog gemeinsamer Kooperationsthemen wurde 1991 vom Gesamtbetriebsrat um die Abstimmung der Position der Arbeitnehmervertretungen hinsichtlich der Einführung neuer Arbeitsorganisationskonzepte bei Volkswagen und SEAT erweitert. (Volkert 1992: 21)

Insgesamt kann spätestens seit 1988/89 eine Orientierung der deutschen Arbeitnehmervertretung auf komplexere gemeinsame Kooperationsziele, zumindest gegenüber den Arbeitnehmervertretungen der übrigen, quantitativ relevanten europäischen VW-Standorte beobachtet werden. Das auch diese komplexeren Ziele letzten Endes der Stärkung der Bargaining Power des Gesamtbetriebsrats dienen sollen, verdeutlichte der Gesamtbetriebsratsvorsitzende anläßlich der Aufsichtsratswahlen bei Volkswagen 1992: "Wenn wir hierbei (der Internationalisierung von Volkswagen - V.M.) nicht zum Spielball internationaler Managementsstrategien im VW-Konzern werden wollen, dann haben wir zur weiteren Internationalisierung unserer Interessenvertretung, sei es in Europa oder auch im Weltkonzern, überhaupt keine Alternative". (Volkert 1992: 22)

Die Seat-Gewerkschaftssektionen von UGT und CC.OO. unterhalten seit 1982 direkte Kontakte zum Gesamtbetriebsrat in Wolfsburg, nachdem ein Vertrag über die Auftragsmontage des Polo in SEAT-Standorten unterzeichnet worden war. Seit 1982 zählt der bessere Zugang zu direkten Informationen aus der Konzernzentrale zu den wichtigsten Kooperationszielen der Seat-Arbeitnehmervertreter gegenüber dem VW-Gesamtbetriebsrat. Dieses Kooperationsinteresse nahm seit der SEAT-Übernahme durch den VW-Konzern 1986 weiter zu, da die konzerninterne Arbeitnehmerkonkurrenz mit der Eingliederung SEATs auf unbegrenzte Zeit festgeschrieben wurde. (Int4: 3) In diesem Zusammenhang ist die Sichtweise, einem abhängigen Teilkonzern anzugehören vor allem für die CC.OO.-Sektion ein gewichtiges Kooperationsargument. "In unserem Land sehen wir uns durch die Form der abhängigen Wirtschaft, mit einer fast ausschließlichen Präsenz multinationaler Unternehmen, deren strategische Entscheidungen Tausende von Kilometern entfernt getroffen werden veranlaßt, unsere Anstrengungen in dieser Richtung (der internationalen Kooperation - V.M.) zu verdoppeln". (Vallejo 1991: 12) Aus dem gleichen Motiv heraus entwickelte sich die Kooperation überwiegend zu den deutschen und belgischen VW-Standorten. Daneben unterhalten auch die Arbeitnehmervertreter außereuropäischer Konzernstandorte Kontakte zur Seat-Arbeitnehmervertretung. Beispielsweise besuchten im Sommer 1991 Mandatsträger der AUTOLATINA die SEAT-Standorte. Diese Besuche haben jedoch repräsentativen Charakter, sie dienen dem Austausch grundlegender Informationen, nicht der Einleitung kontinuierlicher Kontakte. Oftmals besuchen die außereuropäischen Arbeitnehmervertreter primär die deutschen Arbeitnehmervertretungen und informieren sich bei einem Abstecher über die Lage bei SEAT.

Zu dem wichtigsten Kooperationsziel der Seat-Arbeitnehmervertretung zählt eine optimale Informationspolitik zur Sicherung der Arbeitsplätze in den SEAT-Standorten. Die Konzentration auf dieses Ziel erklärt sich aus der Absicht des SEAT-Managements, nach der Übernahme SEATs durch Volkswagen 1986 einen weiteren Rückgang der Belegschaft einzuleiten. Die Arbeitsplatzsicherung steht bei der Entscheidung über Produktionsverlagerungen innerhalb des Konzerns in Konflikt mit dem Ziel der VW-Arbeitnehmervertretung das Beschäftigungsvolumen in den inländischen VW-Standorten ebenfalls zu sichern. Die Forderung des SEAT-Managements nach der Verlagerung der gesamten Polo-Produktion nach Pamplona wurde daher zwar von der Seat-Arbeitnehmervertretung unterstützt, jedoch vom VW-Gesamtbetriebsrat abgelehnt. Wie dieser Konflikt zwischen den Arbeitnehmervertretungen gelöst wurde, wird als Beispiel der Herausbildung einer kollektiv-rationalen Kooperationsstrategie im folgenden Abschnitt behandelt.

Diese konkreten, lediglich sporadische Kontakte voraussetzenden Ziele, entwickelten sich seit der SEAT-Übernahme zu komplexen, den VW-Gesamtbetriebsrat einbeziehende Zielbündel. Die UGT-Sektion nennt als mittelfristiges Ziel den Abschluß eines Vertrages über die Arbeitsbedingungen zwischen den europäischen Volkswagen-Arbeitnehmervertretungen und der Konzernzentrale, der den Rahmen für nationale Detailverhandlungen bildet. (Int4: 6) Diese Forderung deckt sich mit dem Ziel der CC.OO.-Sektion, vertraglich eine Angleichung der Arbeitsbedingungen in allen Volkswagenstandorten anzustreben. Ein Vorstandsmitglied der CC.OO.-Sektion bezeichnete dieses Ziel als "Mini-Sozial-Charta" für den Volkswagenkonzern: "Fundamental wichtig ist daher die praktische Erfahrung, zum Beispiel hatten wir hier ein Problem mit giftigen Substanzen, deren Einsatz in Deutschland zurückgewiesen wurde und die nun nach Spanien kamen. Wir haben es geschafft sie auch hier zurückzuweisen und nun gehen sie nach Brasilien. Es muß erreicht weren, daß ein Produkt, welches in Deutschland als giftig gilt, auch in aller Welt als giftig angesehen wird. Was geleistet werden muß ist zum Beispiel, daß wenn in der Lackiererei in Deutschland nicht bei über 30 Grad gearbeitet werden kann, daß das weltweit gilt. Die Lohnhöhe hängt vom Lebensniveau des jeweiligen Landes ab, die Arbeitsbedingungen sollten aber überall die gleichen sein". (Int8: 4) Ein Thema ist für die CC.OO.- und die UGT-Sektion in diesem Zusammenhang auch die Verhinderung der Flexibilisierung der Arbeitszeiten innerhalb des Volkswagenkonzerns. (Vallejo 1990: 57)

Außerdem fordern sowohl UGT- wie CC.OO.-Sektion eine vertragliche Vereinbarung mit dem SEAT-Management, daß in parallel produzierenden Bereichen des Konzerns keine Mehrarbeit aufgrund von streikbedingten Engpässen in anderen Konzernunternehmen geleistet werden darf. Diese Vereinbarung ist für den Gesamtbetriebsrat ebenfalls von Bedeutung, da den spanischen Betriebskomitees kein gesetzliches Zustimmungsrecht bei der Festlegung von Überstunden zusteht. (Convenio Colectivo 1991-93, Anlage 3, 1991)

Das Ziel der Seat-Gewerkschaftssektionen, umfassendere und komplexere Kooperationsvereinbarungen einzugehen, resultiert wie bei den deutschen Arbeitnehmervertretern aus dem Bewußtsein, seit der Eingliederung SEATs in den Volkswagenkonzern, spätestens jedoch seit der Übernahme SKODAs einer intensivierten konzerninternen Arbeitnehmerkonkurrenz zu unterliegen, die die eigene Bargaining Power gegenüber dem lokalen Management negativ beeinflußt. Beispielsweise erschien der CC.OO.-Sektion eine Festschreibung der relativ fixen Arbeitszeiten bei SEAT ohne eine einheitliche Position mit den anderen VW-Arbeitnehmervertretungen nicht möglich. (Vallejo 1990: 57) Die steigende Konkurrenz zu den SKODA-Standorten beschreibt ein Vorstandsmitglied der CC.OO.-Sektion: "Vermutlich werden uns die Deutschen (das VW-Management - V.M.) folgendes berichten. Die Tschechoslowaken wissen wie schlecht der Kommunismus ist, sie arbeiten sehr preiswert mit großem Interesse an der Erlangung von Prämien. Über viele Jahre werden sie kein Interesse haben in Gewerkschaften einzutreten usw.. Das werden sie versuchen. Aber ich sage mal, wenn wir für Erpresssungsversuche an den deutschen Arbeitern dienen mußten und sie uns nicht mit den brasilianischen und argentinischen Verhältnissen erpressen konnten, weil die zu weit entfernt sind, dann wird sich die Situation nun ändern". (Int8: 15)

Insgesamt ist sowohl bei der Volkswagen- wie der Seat-Arbeitnehmervertretung im Bereich der europäischen Standorte eine Hinwendung zu komplexeren Kooperationszielen zu beobachten. Gegenüber den außereuropäischen Standorten kann zumindest bei der deutschen Arbeitnehmervertretung eine Intensivierung der Kooperation, jedoch keine Fortentwicklung der Ziele festgestellt werden. Zwischen den Arbeitnehmervertretungen der europäischen Standorte ergibt sich ein Konfliktpotential, da alle beteiligten Akteure die Beschäftigungschancen ihrer Belegschaften sichern bzw. teilweise sogar ausweiten wollen. Dieser Zielkonflikt ist ein typisches Beispiel für die Gefährdung der Kooperation, die bei der Verfolgung individuell-rationaler Kooperationsstrategien auftreten kann. Wie die Arbeitnehmervertreter diese Kooperationsprobleme durch die Wahl einer geeigneten Kooperationsstrategie lösen, wird im nächsten Abschnitt thematisiert.

Neben diesen konfliktiven Zielen entwickelte sich seit 1988/89 eine wachsende Übereinstimmung im Bereich der gemeinsamen Kooperationsziele und deren Umsetzungsformen. Gespräche und Vereinbarungen über Mindeststandards bzw. Angleichungen der Arbeitsbedingungen werden inzwischen von allen Mandatsträgern befürwortet. Die wachsende Komplexität der Kooperation läßt sich an der Herausbildung solcher, detaillierte Diskussionen und häufige Zusammenkünfte erfordernder Themen erkennen. Diese Komplexität der Kooperation sowie die Konfliktivität des wichtigsten Kooperationszieles, der Arbeitsplatzsicherung jedes Standortes lassen eine erfolgreiche Fortführung der Kooperation nur bei der Entwicklung kollektiv-rationaler Kooperationsstrategien zu.

8.2 Die Kooperationsstrategie der VW- und der Seat-Arbeitnehmervertretung

Zur Einleitung der Kooperation ist eine primär an eigenen Kosten-Nutzen-Kalkülen ausgerichtete Kooperationsstrategie der Mandatsträger ausreichend. Die anvisierten Kooperationsziele, wie ein Informationsaustausch und die Stärkung grundsätzlicher gewerkschaftlicher Rechte schränken die Handlungsfähigkeit der Arbeitnehmervertretung gegenüber dem nationalen Management nicht ein. Auf nationaler Ebene können weiterhin Maximalpositionen in den Gesprächen mit der Unternehmensleitung vertreten werden.

Da der Erfolg der eigenen Gespräche mit dem Management zunehmend auch vom Verhalten der anderen Arbeitnehmervertretungen gegenüber ihren lokalen Unternehmensleitungen abhängt, müssen alle Arbeitnehmervertretungen eine gemeinsame Verhandlungsplattform entwickeln. Eine Verletzung dieser Absprache in den lokalen Verhandlungen würde den Kooperationsprozeß gefährden. Der Preis der erfolgreichen Kooperation liegt in dem Verzicht auf eigene Maximalpositionen, zugunsten einer kollektiv-rationalen Absprache aller Arbeitnehmervertretungen. In dieser Phase sind kontinuierliche Kooperationsprozesse mit langfristig angelegten, komplexen Zielen nur bei der Entwicklung einer kollektiv-rationalen Kooperationsstrategie, wie sie die Tit-for-Tat-Strategie darstellt wahrscheinlich. Bei Anwendung dieser Strategie kooperiert die Arbeitnehmervertretung solange die anderen Arbeitnehmervertretungen kooperieren, andernfalls verweigert sie im Anschluß an die negative Kooperationsentscheidung ebenfalls einmal die Kooperation. Wichtig ist der Verzicht auf Maximalpositionen, die die anderen Arbeitnehmervertretungen schädigen. Gerade der Erfolg der anderen Arbeitnehmervertretungen ist der Garant für die zukünftige Einhaltung von Absprachen, die die Voraussetzung für positive Verhandlungsergebnisse mit dem eigenen lokalen Management bilden. Es ist zu überprüfen, ob die Volkswagen- und die Seat-Arbeitnehmervertretung eine solche kollektiv-rationale Kooperationsstrategie entwickelt haben.

Die Voraussetzung für den Wandel hin zu einer kollektiv-rationalen Strategie, liegt in der Erkenntnis, daß die eigene Durchsetzungsfähigkeit in Zukunft nicht mehr zur Erzielung optimaler Verhandlungsergebnisse mit dem Management ausreicht. Diese rationale Erkenntnis verlangt nach einer höheren Kompromißbereitschaft im Umgang mit den anderen, für die Durchsetzung der eigenen Verhandlungsposition *relevanten* Arbeitnehmervertretungen. Aus den Äußerungen von Mandatsträgern der Spitzengremien der Volkswagen-Arbeitnehmervertretung läßt sich ein solcher Bewußtseinswandel entnehmen. "Bisher haben Betriebsrat und IG Metall bei VW internationale Solidarität aus einer verhältnismäßig starken Position im Vergleich zu anderen geleistet. Wir haben oft helfen müssen und helfen können und dabei wird es auch in Zukunft - ob in Südafrika, Brasilien, Belgien, Spanien oder Mexico - bleiben. Heute müssen wir aber deutlich erkennen: Wir bleiben in der Zukunft nur dann stark, wenn wir den Aufbau einer funktionsfähigen weltweiten Arbeitnehmervertretung im VW-Konzern schaffen". (Uhl 1990a: 20) Die Bereitschaft zum Eintritt in eine weltweite bzw. europaweite Interessenvertretungsstruktur verweist auf den Willen, die Positionen der anderen Arbeitnehmervertretungen in einem solchen Gremium zu berücksichtigen.

Die Entwicklung einer kollektiv-rationalen Strategie auf Seiten der Volkswagen-Arbeitnehmervertretung kann anhand der Verfolgung des wichtigsten Kooperationsziels, der Sicherung der Beschäftigung verdeutlicht werden. Die grundlegende Prämisse der kollektiv-rationalen Strategie der VW-Arbeitnehmervertreter besteht in der Anerkennung einer Festschreibung des aktuellen Arbeits- und Produktionsvolumens der deutschen Standorte durch die Arbeitnehmervertretungen der ausländischen Konzernstandorte. Auf dieser Grundlage kann dann über die Verteilung der zukünftigen Produktionszuwächse innerhalb Europas als Verhandlungsmasse diskutiert werden. Solche Produktionszuwächse können nach Ansicht des Gesamtbetriebsrats schon allein aus Gründen des international ausgerichteten Konzernwachstums, zum Beispiel auch an die spanischen oder tschechischen Standorte verteilt werden. "Das Hemd ist uns näher als der Rock bedeutet für mich, daß wir nicht über das mit uns reden lassen, was unseren Besitzstand betrifft. Auch nicht was Beschäftigung angeht. Und das haben wir den spanischen Kollegen, den Brüsseler Kollegen wiederholt gesagt, hier ist die Grenze. Was darüberhinausgeht, darüber kann man reden. Ob zum Beispiel in der Bundesrepublik noch ein Werk gebaut würde oder ob es nicht sinnvoller wäre (...) und das halte ich für sinnvoll, daß man dann eben in Spanien ein Werk baut". (Int3: 7)

Diese Strategie eines an anderer Stelle als "solidarischen Beschäftigungsausgleich" bezeichneten Vorgehens, sieht im Fall sinkender Produktionsziffern und nicht auslastbarer Kapazitäten ebenfalls Absprachen der Arbeitnehmervertretungen über Produktionsreduzierungen vor, die alle Standorte gleichmäßig treffen und gegenüber dem Management vertreten werden sollen. Der Gesamtbetriebsrat will damit eine überproportionale Belastung der deutschen Standorte vermeiden. (Volkert 1991: 46b) "Kolleginnen und Kollegen, mit dieser von uns angestrebten neuen Qualität internationaler Betriebsrats- und Gewerkschaftsarbeit müssen wir hinnehmen, daß eine derartige Zukunftsstrategie nicht zum Nulltarif zu haben ist. Wer verhindern will, daß wir gegeneinander ausgespielt werden, der muß bereit sein, mit den Kolleginnen und Kollegen der anderen internationalen VW-Standorte eine solidarische Linie der Gemeinsamkeit zu entwickeln und umzusetzen. Diese solidarische Linie bleibt aber vor allem dann Makulatur, wenn es uns nicht gelingt, einen Ausgleich der Beschäftigungschancen an den europäischen Standorten zu erreichen. Das heißt, so wie wir in der Vergangenheit immer die Fähigkeit bewiesen haben, zur Sicherung gefährdeter deutscher Standorte durch Verlagerungen einen Beschäftigungsausgleich zu schaffen, so müssen wir diese Fähigkeit jetzt im europäischen Rahmen entwickeln". (Hiller 1990: 86)

1982 war mit der Vereinbarung einer Auftragsmontage des VW-Polo in den Standorten der SEAT S.A. erstmals eine konzerninterne Arbeitnehmerkonkurren in Europa zwischen den Standorten der Volkswagen AG und dem Standort eines Unternehmens entstanden, welches lediglich über eine begrenzte Zusammenarbeit mit dem VW-Konzern verbunden war. Die Arbeitnehmerkonkurrenz entstand gegenüber der Belegschaft des VW-Standortes Wolfsburg, in dem der Polo bisher gefertigt worden war. Nach dem Vertrag sollten ab 1984 jährlich 90.000 Polo bei SEAT gefertigt werden. Es war geplant, 60 % bis 65 % der Komponenten in Spanien herzustellen. 50.000 dieser Polos wurden von Volkswagen zurückgenommen und in Italien und Frankreich vertrieben. (Nachrichten für Außenhandel 04.10.82) Aufgrund dieser Vereinbarung entstand eine konzerninterne Arbeitnehmerkonkurrenzsituation, die außerdem in Italien und Frankreich als Anbieterkonkurrenz wirksam wurde. Der VW-Gesamtbetriebsrat war nur bereit diesem Vertrag zuzustimmen, wenn das Arbeitsvolumen des Standortes Wolfsburg gewahrt blieb. Die Seat-Arbeitnehmervertretung war dagegen an der Verlagerung eines höheren KFZ-Montagevolumens interessiert, weil der Break-even-Point SEATs bei einer Jahresproduktion von 400.000 KFZ lag und SEAT 1982 lediglich 240.005 KFZ herstellte. Während der ersten Kontakte zwischen der Seat- und der VW-Arbeitnehmervertretung informierten sich beide Seiten über die Interessen der jeweils anderen Arbeitnehmervertretung. (Int1: 19) Ein Kompromiß zwischen beiden Arbeitnehmervertretungen konnte nur gefunden werden, wenn dem VW-GBR durch den Vorstand eine ausreichende Kompensation des zu verlagernden Arbeitsvolumens zugesichert wurde. Diese Kompensation war notwendig, da die Verlagerung von 90.000 Einheiten einem Anteil von 54 % der Wolfsburger Polo-Produktion von 1984 entsprachen und mittelfristig nur noch 40 % bis 35 % der Komponenten von den inländischen VW-Werken zugeliefert werden sollten. Eine Verhandlungslösung mit dem VW-Vorstand wurde durch eine steigende Automobilnachfrage, insbesondere nach dem Modell Golf erleichtert. Der Vorstand garantierte dem VW-GBR, die mit der Polo-Verlagerung zurückgehende Auslastung des Standortes Wolfsburg durch eine Erhöhung der Golf-Produktion auszugleichen. (Volkswagen AG Geschäftsbericht 1985: 13) Im Gegenzug erklärte sich der GBR bereit, der Verlagerung von 50 % der Polo-Produktion bei einer Beibehaltung der gesamten F & E-Kompetenz des Polo in Wolfsburg zuzustimmen.

1986 wurde dieser Kompromiß mit der Übernahme SEATs durch den Volkswagenkonzern wieder in Frage gestellt. Da die SEAT-Auslastung mit 1986 338.548 produzierten KFZ immer noch unter dem Break-even-Point lag, war das SEAT-Management und die SEAT-Arbeitnehmervertretung an einer Verlagerung der gesamten Polo-Produktion nach Spanien interessiert. Die um 800 DM kostengünstigere Produktion des Polo bei SEAT veranlaßte auch den VW-Vorstand, eine Verlagerung der gesamten Produktion vorzuschlagen. In dieser neuen Lage beharrte der VW-GBR zum einen auf seiner grundsätzlichen Position, keine Produktionsverlagerungen zuzulassen, die das Arbeitsvolumen in den deutschen Standorten verringern. Außerdem forderte er gegenüber dem Vorstand im Falle einer vollständigen Verlagerung des Polo für Wolfsburg ein zweites, exklusiv nur dort zu fertigendes VW-Modell. Der Standort sollte als Zwei-Modell-Standort erhalten bleiben, um Absatzschwankungen ausgleichen zu können. Diese Verhandlungsstrategie orientiert sich an der grundsätzlichen Position des GBR keine Verschlechterung der Beschäftigungslage in den inländischen Standorten zuzulassen, jedoch zur Abgabe von Produktionszuwächsen an die ausländischen VW-Standorte bereit zu sein. Die Kooperation blieb in dieser Frage auf den Austausch der gegenseitigen Standorte beschränkt, da eine Veränderung der GBR-Haltung von neuen Angeboten des VW-Vorstands abhing. Der GBR war auch nicht zur Änderung seiner Position bereit, da er in einer günstigen Verhandlungsposition war. Die Zustimmung des Aufsichtsrats zur SEAT-Übernahme mußte, wie die Zustimmung zur Errichtung des US-Standorts, mit einer Zweidrittelmehrheit erfolgen. Der VW-Vorstand benötigte auch die Stimmen der Arbeitnehmervertreter im Aufsichtsrat. Daher garantierte der Vorstand der VW-Arbeitnehmervertretung, daß keine Arbeitsplätze in den inländischen Werken abgebaut, sondern durch Komponentenzulieferungen weitere 2.000 Arbeitsplätze geschaffen würden. Außerdem schloß der Vorstand eine Anbieterkonkurrenz durch, bei SEAT gefertigte KFZ aus und sicherte den Verbleib der relevanten F & E-Aktivitäten für den Polo in Wolfsburg zu. (BR kontakt 02/1986)

Allerdings war der GBR in der Kooperation mit der Seat-Arbeitnehmervertretung hinsichtlich der Polo-Produktion auch zu Kompromissen in der Frage der Auslastung des Standorts Wolfsburg bereit. Bei einer Tagesproduktion von 1990 4.000 KFZ ging der GBR von einer zu notwendigen Mindestproduktion von 3.600 Einheiten pro Tag aus. Der GBR verfügte somit in den Kooperationsgesprächn über ein Verhandlungvolumen von 400 KFZ täglich. (Int1: 23) Nachdem der Vorstand 1989 sein grundsätzliches Einverständnis gegeben hatte, zum Ausgleich der Poloverlagerung ein Golf-Derivat, den Golf-Variant, in Wolfsburg zu fertigen, stimmte auch der GBR einer Verlagerung grundsätzlich zu. (5) Die Verlagerung der Polo-Produktion hat gezeigt, daß der GBR bereit ist, auf die maximale Durchsetzung seiner Position zu verzichten und sich im Bereich der Kapazitätsauslastung auf Mindestanforderungen zu beschränken.

Auf Seiten der Seat-Arbeitnehmervertretung gibt es bezüglich der Notwendigkeit und Realisierbarkeit einer kollektiv-rationalen Kooperationsstrategie widersprüchliche Äußerungen. Grundsätzlich weist der im vorhergehenden Abschnitt dargestellte Wille der UGT- und der CC.OO.-Sektion, mittelfristig beispielsweise Vereinbarungen über Mindestarbeitsbedingungen innerhalb des VW-Konzerns abzuschließen, auf die Ausbildung einer kollektiv-rationalen Strategie hin. Die einzelnen Arbeitnehmervertretungen müßten ein *gemeinsames* Verhandlungskonzept zu diesen Mindestarbeitsbedingungen entwickeln, dessen Rahmenvereinbarungen von ihnen in den Verhandlungen gegenüber dem Management zu respektiven wäre. (Int4: 6) Von den Gewerkschaftsdelegierten der UGT-Sektion wird in diesem Zusammenhang sogar die teilweise Übertragung von Verhandlungskompetenzen der Sektion auf ein internationales Gremium von Arbeitnehmervertretern aller europäischen VW-Standorte gefordert, welches auch über die Beschäftigungsentwicklung aller beteiligten Standorte in Wachstums- wie in Krisenzeiten Vereinbarungen treffen kann. Diese Position deckt sich mit derjenigen eines "solidarischen Beschäftigungsausgleichs" der deutschen Arbeitnehmervertretung. "Wenn wir (UGT-Gewerkschaftsdelegierte - V.M.) sagen, wir wollen über die generellen Fragen verhandeln, heißt das natürlich, wir wollen darüber in guten, aber auch in schlechten Zeiten verhandeln. Wir wollen, wenn es z.B. aus irgendwelchen Gründen zu einer Reduzierung der Belegschaft des Unternehmens kommen müßte, daß dann eine Studie angefertigt wird, wie die Lage jedes Standortes ist und jeder Standort müßte aufgrund dieser Absprachen mit einer bestimmten Reduzierung seiner Belegschaft rechnen. Aber darüber sollte man schon vorher sprechen und nicht erst dann, wenn das Problem vorhanden ist". (Int6: 6)

Andererseits bestand der Vorsitzende der UGT-Sektion des Standortes El Prat, in dem die Getriebeproduktion für die Modelle Polo, Golf und Terra ausgebaut werden sollte, Mitte 1991 auf einem maximalen Ausbau der spanischen Produktion, die zu Lasten der Getriebeproduktion in Kassel gehen würde. Diese Haltung entspricht eher einer individuell-rationalen Strategie. Der Konflikt entstand durch eine geplante Ausweitung der Getriebeproduktion im Standort El Prat, der die gleichen Getriebe wie VW-Kassel herstellt. Diese Planung führt zu einer konzerninternen Arbeitnehmerkonkurrenz zwischen beiden Produktionsstandorten, die noch durch eine Überproduktion im Getriebebereich intensiviert wird. In der Vergangenheit wurden die Getriebe für die spanische Polo-Produktion in El Prat, die der deutschen Polo-Produktion in Kassel hergestellt. 1991 existierte bereits ein leichter Überhang bei den Produktionskapazitäten für das Polo-Getriebe in El Prat. (6) Nach Meinung des UGT-Sektionsvorsitzenden des Standortes El Prat sollte diese Kapazität um weitere 2.700 Getriebe täglich ausgebaut werden. Im Drei-Schicht-Betrieb hätte die Belegschaft dann um 20 % ausgeweitet werden können. (Int5: 1f.) Das SEAT-Management reduzierte schließlich die geplante Tageskapazität von 4.000 auf 2.000 Getriebe des Modells 085 täglich. Diese Entscheidung berücksichtigte den, seit der SKODA-Übernahme 1990 geplanten Ausbau des Standortes VW-Bratislava bis zu einer Getriebeproduktion von täglich 1.400 Stück. (VW-Geschäftsbericht 1991) Der Beschluß belegt die Relevanz der, von der Seat-Arbeitnehmervertretung befürchteten konzerninternen Arbeitnehmerkonkurrenz gegenüber den SKODA-Standorten.

Ungeachtet dieser Reduzierung würden die Probleme der Auslastung des Standorts Kassel fortbestehen. Nachdem der Polo seit 1992 nur noch in Pamplona produziert wurde, fiel diese Getriebeproduktion von 1991 134.000 Stück in Kassel aus. Auch bei einer Übernahme dieser Produktion durch El Prat blieb eine Unterauslastung der dortigen Produktionskapazitäten des Getriebes 085 um 25 % bestehen. Diese täglich ca. 500 Getriebe könnten theoretisch für die Golfproduktion in der Bundesrepublik geliefert werden und die Kasseler Getriebeproduktion zusätzlich belasten. In diesem Szenario ist der Überschuß der slowakischen Getriebeproduktion noch nicht berücksichtigt.

Die Arbeitnehmervertretung von El Prat sah einen Kompromiß in der Vergabe der Getriebeproduktion für das neue SEAT-Modell Toledo an VW-Kassel. Im Gegenzug sollte VW-Kassel die gesamte Getriebeproduktion für den Polo an El Prat abgeben. Außerdem könnte VW-Kassel nach Ansicht des UGT-Betriebskomiteevorsitzenden im Gegensatz zu El Prat auch auf Teile der Getriebeproduktion verzichten, da dort auch andere Komponenten hergestellt würden. (Int5: 5) Bei diesem Vorschlag wurde übersehen, daß zum einen die Kapazität der SEAT-Getriebeproduktion höher als die gesamte Polo-Produktion des Konzerns im Jahr 1991 liegt und zum anderen keine sichere Prognose über die Nachfrage nach dem Modell Toledo vorliegt. Insofern bleibt auch die Auslastung des Standortes Kassel mit der zusätzlichen Getriebeproduktion für das Modell Toledo unsicher. Im Gegensatz zur Kompromißbereitschaft des Gesamtbetriebsrats in der Polo-Problematik, verlangte die UGT-Sektion El Prats nicht nur eine Besitzstandswahrung, sondern einen Produktionsanteil, der eine Ausweitung der Belegschaft ermöglicht. Insofern ergibt sich ein Widerspruch zwischen den programmatischen Aussagen der Gewerkschaftsdelegierten des wichtigsten Standortes Barcelona und den unmittelbar von Kooperationskonflikten betroffenen UGT-Mandatsträgern des Standortes El Prat.

Die CC.OO.-Sektion befürwortete ebenfalls eine gemeinsame Verhandlungsplattform zwischen den einzelnen Arbeitnehmervertretungen und ließ hiermit Ansätze zur Entwicklung einer kollektiv-rationalen Kooperationsstrategie erkennen. Die Mandatsträger der CC.OO. äußerten jedoch die Befürchtung, daß die anderen Arbeitnehmervertretungen die Kooperationsabsprachen im Konfliktfall verletzen und ihrem individuell-rationalem Kalkül folgen würden. Diese Meinung wurde mit negativen Kooperationserfahrungen der CC.OO. mit der Fiat-Gewerkschaft CIGL in der Automobilkrise 1979/80 begründet und mit den Vereinbarungen über die Poloproduktion verglichen. (Int8: 14) "Aber trotz dieser gutnachbarschaftlichen Beziehungen werden in dem Augenblick, wenn die Probleme wachsen, alle an ihre eigenen Interessen denken. Die deutschen und die spanischen Kollgen gehen sehr kollegial miteinander um. Aber wenn es die einzige Lösung wäre, die Polo-Produktion aus Pamplona abzuziehen, um zu verhindern, daß in Deutschland 10.000 Arbeitnehmer entlassen werden und so 10.000 Arbeitsplätze in Pamplona zu vernichten, würden die Kollegen im Betriebsrat dafür stimmen". (Int8: 9)

Außer der Einschätzung, daß die Arbeitnehmervertretungen der ausländischen Konzernstandorte im Konfliktfall allgemeine Rahmenvereinbarungen nicht einhalten würden, sah das befragte Mitglied des CC.OO.-Sektionsvorstands ebenso Grenzen der Unterstützung der Kooperation durch die eigene Belegschaft, falls die CC.OO. eine Mäßigung der eigenen Forderungen verlangen würden. Eine Verweigerung von Überstunden bzw. der freiwillige Verzicht auf eine Ausweitung der Beschäftigung, zum Beispiel der Getriebeproduktion El Prats wäre nach Darstellung der CC.OO. bei den niedrigen Löhnen und der hohen Arbeitslosigkeit in Spanien nicht durchsetzbar. "Wir könnten eine Höchstproduktion von 1.000 Getrieben pro Tag vereinbaren. Dies würde aber bedeuten, daß wir die Kollegen von El Prat bitten müßten, eine Mehrproduktion abzulehnen. Wenn wir annehmen, daß sie sich weigern würden, was fraglich ist, müßten wir ebenfalls die Arbeitslosen, die das Unternehmen dann einstellen würde bitten, nicht zu arbeiten. Und dies ist unmöglich. Das wäre ein sehr großer Konflikt für eine Sache, die für die Leute hier ein Problem Kassels ist. ... Das große Problem ist, daß es unmöglich ist, aufgrund solcher Motive einen großen Konflikt mit dem Unternehmen zu riskieren. Die Kollegen würden sich weigern. Aber ich vermute, daß glei-

che würde in Deutschland auch passieren. Das ist ein großes Problem, die Be-
schäftigungsfrage". (Int8: 12f.)

Angesichts dieser Äußerungen läßt sich auf Seiten der spanischen Arbeitnehmervertretung, vor allem bei der UGT, zwar programmtisch die Entwicklung
einer kollektiv-rationalen Strategie erkennen. Besonders bei der CC.OO.-Sektion
zeigt sich jedoch die Auswirkung der internationalen Isolation und der negativen
Kooperationserfahrung mit der italienischen CIGL. Die CC.OO. verfügt nur über
ein begrenztes Vertrauen in die Ernsthaftigkeit und Belastbarkeit der Kooperati-
onsabsichten der ausländischen VW-Arbeitnehmervertretungen. Gleichzeitig will
und kann sie den Konflikt mit der Mitgliedschaft nicht riskieren, auch unpopuläre
Kooperationsentscheidungen gegenüber der Belegschaft durchzusetzen. Das Beharren auf maximalen Forderungen im Rahmen der Kooperation auf Seiten einiger
Angehöriger der Seat-Arbeitnehmervertretung dürfte allerdings auch durch die
starke Ausweitung der SEAT-Produktion seit Mitte der 80er Jahre verursacht
worden sein. Da die SEAT-Standorte, was die Verlagerung von Produktionsantei-
len betrifft, von der Internationalisierung der Produktionsstrukturen und der konzerninternen Arbeitnehmerkonkurrenz profitieren, sah sich die Seat-Arbeitnehmervertretung nicht so sehr wie die VW-Mandatsträger zur Revision und Fortentwicklung ihrer Kooperationsstrategie veranlaßt.

Demgegenüber verfügt nicht nur der Gesamtbetriebsrat, sondern auch die
Vertrauenskörperleitung seit Ende der 80er Jahre über eine entwickelte kollektiv-
rationale Kooperationsstrategie. Die Kooperation wird als rational zu gestaltende
Außenbeziehung reziproken Charakters angesehen, deren *langfristiger* Erfolg zur
Erreichung wichtiger Ziele der VW-Arbeitnehmervertretung notwendig ist. Diese
Bewertung der Kooperation kommt in der Äußerung eines ehemaligen Vorsitzen-
den der Vertrauenskörperleitung und Wolfsburger Betriebsrats zum Ausdruck:
"Denn wenn man einigermaßen ehrlich rangeht, dann ist das ja nicht so, daß wir
diese internationale Solidarität nur aus lauter Völkerfreundschaft und aus lauter
Menschenliebe machen. Sondern wir sagen, es ist ein gegenseitiges Geschäft, es
ist ein Geben und Nehmen und zwar nicht nur innerhalb des Konzerns wirtschaft-
lich gesehen, sondern auch der Arbeitnehmervertretungen weltweit untereinander.
Weil, die Mexikaner müssen daran ein Interesse haben, sich mit uns vernünftig zu
arrangieren, damit wir ihre Interessen hier in der Konzernmutter richtig mitvertre-
ten. Sie müssen aber auch genausogut ein Interesse daran haben, z.B. dafür zu
sorgen, daß unsere Arbeits- und Lebensbedingungen nicht durch Bedingungen,
die sie schaffen gedrückt werden, nur weil sie meinen damit kurzfristige Vorteile
für ihren Standort zu erzielen. Darum geht es ja. Dieses Bewußtsein untereinander zu schaffen, bestimmte Mechanismen und Spielregeln sich zu geben, da sind
wir zur Zeit dabei. Die funktionieren ja noch nicht, sondern wir versuchen da auf

europäischer Ebene mit den Konzernstandorten bestimmte Spielregeln zu entwik-
keln". (Int2: 7)

Aus der differierenden Fähigkeit und der Möglichkeiten der VW- und Seat-
Arbeitnehmervertretungen kollektiv-rationale Kooperationsstrategien nicht nur
programmatisch zu entwickeln, sondern auf deren Einhaltung durch die anderen
Arbeitnehmervertretungen zu vertrauen und sie gegenüber der eigenen Belegschaft zu vertreten, kann unter Zugrundelegung einer abflachenden Konjunkturentwicklung und knapperer Verteilungsspielräume eine Destabilisierung der Kooperation resultieren. Dieses Defizit kann durch zusätzliche Stabilisierungsmechanismen kompensiert werden. Im folgenden wird die Existenz exogener Stabi-
lisierungs- und Destabilisierungsmechanismen in der Kooperation der VW- und
der Seat-Arbeitnehmervertretung analysiert.

8.3 Exogen erzeugte Stabilisierungs- und Destabilisierungsmechanismen in der Kooperation der VW- und der Seat-Arbeitnehmervertretung

Die Untersuchung der Kooperationsziele und -strategie der Arbeitnehmervertretungen innerhalb des Volkswagenkonzerns hatte die zunehmend komplexeren Kooperationsbeziehungen zwischen den europäischen Konzernstandorten
aufgezeigt. Diese, für einen fortgeschrittenen Kooperationsprozeß charakteristi-
sche Komplexität beinhaltet ein zunehmendes Störpotential innerhalb der Kooperation. Je konkreter, detaillierter und verbindlicher die Kooperationsabsprachen
werden, desto mehr begrenzen sie die Vertretung maximaler Forderungen der
Arbeitnehmervertretungen gegenüber dem lokalen Management. Die Wahrscheinlichkeit, wegen kurzfristiger Vorteile den Kooperationskonsens einseitig
aufzukündigen und individuell-rationalen Nutzenkalkülen zu folgen, nimmt im
laufenden Kooperationsprozeß zu.
Dementsprechend steigt die Relevanz von unintendierten und/oder planmäßig verankerten Stabilisierungsmechanismen der Kooperation sowie der Abbau
destabilisierender Kooperationsstrukturen. Im folgenden wird der Existenz exogener Stabilisierungsmechanismen in der Kooperation der Volkswagen- und Seat-
Arbeitnehmervertretungen anhand der theoretischen Vorgaben des zweiten Kapitels nachgegangen.
Darunter fallen auch Eingriffe dritter Akteure, die exogene Lösungen für die
Stabilisierung der konkreten Kooperationsbeziehungen innerhalb des Volkswagenkonzerns bereitstellen. Die externe Akteursgruppe, die aufgrund ihrer Funktionen gestaltend in den Kooperationsprozeß eingreifen kann, besteht aus den nationalen und den internationalen Gewerkschaften. Die Gewerkschaften beeinflussen als privilegierte Umwelt der betrieblichen Arbeitnehmervertretungen deren
internationale Kooperationsprozesse, indem sie diese in bestimmter Weise ein-
binden und durch Ressourcentransfers unterstützen, um so ihre eigenen Organisa-

tionsinteressen zu wahren. Zu diesen Organisationsinteressen zählt beispielsweise die Aufrechterhaltung der gewerkschaftlichen Kontrolle über die internationale Zusammenarbeit und die Beachtung der ideologischen Abgrenzung zwischen den jeweiligen Richtungsgewerkschaften. Andererseits verfügen auch die betrieblichen Arbeitnehmervertretungen über eine relative Autonomie gegenüber den Gewerkschaften, in deren Rahmen sie ihre Kooperationsinteressen artikulieren und umsetzen können. Dieser Spielraum resultiert aus der Vertretungsvollmacht der Belegschaften, ihrer Rolle als Rekrutierungsagentur neuer Gewerkschaftsmitglieder und ihrem regionalen bzw. nationalem Gewicht innerhalb der jeweiligen Gewerkschaft.

Im konkreten Fall ist von einem erheblichen Gewicht der Seat- und Volkswagen-Arbeitnehmervertretungen innerhalb der UGT, CC.OO. und der IG Metall auszugehen. Die UGT-Metal Sektion der katalanischen SEAT-Standorte zählte nach Unternehmensangaben 1991 7.236 zahlende Mitglieder, während die UGT-Metal in Catalunya 1991 19.000 Mitglieder vertrat. Die UGT-Sektion SEATs organisierte danach 38,1 % aller Gewerkschaftsmitglieder des Landesverbandes. Auf nationaler Ebene umfaßten die UGT-Sektionen aller SEAT-Standorte mit 8.110 Mitgliedern 7,4 % aller 1991 110.000 UGT-Metal-Mitglieder. (SEAT-Daten 1991, Int12) Ein ähnliches Zahlenverhältnis weist auch die CC.OO. Metal-Sektion bei SEAT auf. In den katalanischen Standorten verfügte sie 1991 mit 4.448 Mitgliedern über 24,7 % der 18.000 katalanischen CC.OO. Metal-Mitglieder. Auf nationaler Ebene vereinigen die SEAT-Standorte 5,3 % der 100.000 Gewerkschaftmitglieder auf sich. (SEAT-Daten 1991, Int7) Die Arbeitnehmervertretung des VW-Standorts Wolfsburg organisierte 1988 59.020 IG Metall-Mitglieder. Dies entsprach 84,9 % der 69.505 Mitglieder der Kreisverwaltung Wolfsburg. Auf der Ebene des IG Metallbezirks Hannover waren 21,5 % aller Mitglieder bei VW-Wolfsburg beschäftigt. (Industriegewerkschaft Metall 1988) Diese Zahlen verdeutlichen das Eigengewicht der jeweiligen Arbeitnehmervertretungen innerhalb ihrer gewerkschaftlichen Strukturen. Es ist davon auszugehen, daß die Vorstellungen der betrieblichen Arbeitnehmervertretungen im Bereich der internationalen Kooperation aufgrund dieses Einflusses nicht ignoriert werden und sie ihr gewerkschaftliches Umfeld auf die Unterstützung ihrer Kooperationsvorhaben verpflichten können.

Die Gewerkschaften können als externe Akteure regulierend in die Kooperation der Arbeitnehmervertretungen eingreifen, indem sie den Mandatsträgern, die ihrer Gewerkschaft angehören Richtlinien vorgeben. Die Regulierung der Kooperation kann einen stabilisierenden oder einen destabilisierenden Einfluß auf die internationale Kooperation ausüben. Zum einen können die betrieblichen Arbeitnehmervertreter so vor der Aufnahme von Kooperationskontakten mit einem geringen Nutzen geschützt werden, andererseits können zu komplizierte Kooperationsregeln die betrieblichen Mandatsträger demotivieren. Der Transfer gewerkschaftlicher Ressourcen auf die Arbeitnehmervertretung, beispielsweise von finanziellen Mitteln und Informationen, senkt den Kooperationsaufwand in einem Umfang, daß die Kooperation gegenüber der Belegschaft und skeptischen Funktionären vertretbar und durchsetzbar wird. Dies ist der Fall wenn die Kooperationskosten den erwarteten Kooperationsnutzen überschreiten. Die Ressourcen können auch von den internationalen Gewerkschaftsorganisationen übertragen werden. Inwieweit die Kooperation der betrieblichen Arbeitnehmervertretungen bei SEAT und Volkswagen in dieser Weise gewerkschaftlich begleitet wird, ist das Thema des folgenden Abschnitts.

8.3.1 Die Beeinflussung der Kooperation der VW- und der Seat-Arbeitnehmervertretung durch die Gewerkschaften

Eine Beeinflussung der internationalen Kooperation der betrieblichen Arbeitnehmervertretungen durch die Gewerkschaften erfolgt vornehmlich auf drei Ebenen. Zunächst kann die Zuständigkeit internationaler Kontakte allein bei gewerkschaftlichen Gremien liegen. Die Arbeitnehmervertretungen müssen in diesem Fall ihre grenzüberschreitenden Kontakte von den Gewerkschaften vermitteln lassen. Zwar können Kontakte auch anderweitig angeknüpft werden, nur ist dann eine weitere gewerkschaftliche Hilfestellung unwahrscheinlich. Zweitens können die Gewerkschaften die Kooperation der betrieblichen Arbeitnehmervertretungen durch die Formulierung eigener Kooperationsziele beeinflussen. Ein störungsfreier Kooperationsverlauf ist am wahrscheinlichsten, wenn die Ziele beider Kooperationsakteure in wesentlichen Punkten übereinstimmen. Außerdem können die Gewerkschaften den ihrer Organisation angehörenden Mandatsträgern empfehlen, den Kreis ihrer Kooperationspartner auf Gewerkschafter zu beschränken, die einer nahestehenden politischen Strömung angehören.

Bei den Gewerkschaften läßt sich zwischen einer zentralen, regionalen und basisnahen Zuständigkeit der entsprechenden Gewerkschaftsgremien für die internationale Kooperation unterscheiden. In einigen Fällen sind Mischformen oder Ausnahmen von den allgemeinen Regeln anzutreffen. Beide Extremformen der Organisation und Durchführung internationaler Kontakte bieten Vor- und Nachteile. Werden internationale Kontakte ausschließlich über den Gewerkschaftsvorstand abgewickelt, behält die Gewerkschaft zwar einen Überblick über die internationale Kooperation und kann kostenintensive Doppelkontakte vermeiden, andererseits wird die Kooperation gerade für basisnahe Strukturen sehr schwerfällig und arbeitsintensiv. Bei einer ausschließlich basisnahen Organisation der internationalen Kooperation gilt die umgekehrte Argumentation
In der IG Metall und der UGT Metal beansprucht der Bundesvorstand die Kompetenz über internationale Kontakte für sich. Die IG Metall begründet dies

mit der notwendigen Koordinierung und der Vermeidung ineffizienter internationaler Kontakte. (7) Diese Koordination soll zu einer zweckmäßigen Koordination der internationalen Kontakte der Verwaltungsstellen der IG Metall und der anderen ausländischen Gewerkschaften, mit dem Feld der internationalen Kontakte der, von diesen Verwaltungsstellen betreuten betrieblichen Arbeitnehmervertretungen in multinationalen Konzernen beitragen. (Int11: 2) Hinsichtlich der Erfüllung dieser Koordinierungsfunktion ist die Arbeitskapazität der IG Metall begrenzt. Die internationale Abteilung der Vorstandsverwaltung verfügte Anfang 1991 über drei politisch verantwortliche Mitarbeiter. (Int11) Bei der UGT laufen die internationalen Kontakte über das Mitglied des Bundesvorstands für internationale Beziehungen. Die Anfragen werden von der UGT über den Europäischen Metallgewerkschaftsbund in Brüssel an die nationalen Metallgewerkschaften, oder falls bereits Kontakte bestehen direkt an den nationalen Gewerkschaftsvorstand weitergegeben. (Int12: 3) Die CC.OO. Metal dagegen verfolgen als basisorientierte Gewerkschaft eine Öffnung der internationalen Kooperation für die betrieblichen Arbeitnehmervertretungen. Eine Beschränkung der Kontakte auf internationale Gewerkschaftsorganisationen würde die Kooperationsaktivitäten zu stark begrenzen und verlangsamen. "Es gibt hier wirklich eine Nachfrage und die Frage ist, wie können wir darauf reagieren als Gewerkschaft? Denn, wenn wir auf die institutionellen Mechanismen der internationalen Zusammenarbeit warten würden, dann müßten wir Kontakte nach Madrid knüpfen, von Madrid nach Brüssel und von Brüssel nach Frankfurt und von Frankfurt zum deutschen Unternehmenssitz. Die Kapazität auf diese Art auf die Probleme zu reagieren ist sehr begrenzt. Unser Problem ist nicht internationale Kontakte zu unterhalten, sondern schnell auf auftauchende Probleme zu reagieren. ... Ich wäre begeistert, wenn ein Sektretär für Internationales nicht notwendig wäre. Dies würde bedeuten, daß alle Welt bereits ihre internationalen Kontakte unterhalten würde und die Kommunikation funktionierte. Zentralisierte internationale Kontakte können unmöglich operativ wirkungsvoll sein. Alle gewerkschaftlichen Sektoren und Gliederungen in den Unternehmen sollten diese Fähigkeit zu Kommunikation besitzen". (Int10: 2) Es ist anzunehmen, daß diese Offenheit der CC.OO. für nicht über den Gewerkschaftsvorstand weitergeleitete Kontakte aus der internationalen Isolation der Gewerkschaft zwischen 1978 und 1991 resultiert. Sie war nicht Mitglied in einer internationalen Gewerkschaftsorganisation und unterhielt nur internationale Kontakte auf betrieblicher Ebene.

Bei UGT Metal, CC.OO. Metal und IG Metall können sowohl gewerkschaftliche Gremien, wie auch die Gremien der gesetzlich verankerten Arbeitnehmervertretung internationale Kontakte unterhalten. In Spanien sind die betrieblichen UGT- und CC.OO.-Gewerkschaftssektionen Akteure der Kooperation. In der IG Metall wurde auf dem 15. Gewerkschaftstag 1986 ein Ergänzungsantrag zur gewerkschaftlichen Politik gegenüber multinationalen Konzernen eingebracht, der eine explizite Verstärkung der internationalen Betriebsrätearbeit als einer eigenständigen Strategie gegenüber MNK fordert. (8) Allerdings hatte die Volkswagen-Arbeitnehmervertretung ihre internationalen Kontakte bereits vor dem Jahr 1986 in einem Maße ausgebaut, daß dieser Zustand von VW-Vertrauensleuten ausdrücklich als besonders Privileg bezeichnet wird. "...und das der IG Metallvorstand, damals Eugen Loderer gesagt hat, jawohl Volkswagen, ihr könnt auch ohne das ihr jedesmal beim Vorsitzenden des IG Metallvorstands anfragt internationale Kontakte knüpfen. Das ist glaube ich, auch heute noch ein Privileg (1991 - V.M.), das wir für uns in Anspruch nehmen und wo wir sagen, also wir haben dies damals mal vom IG Metallvorstand abgesegnet bekommen, wir können Kontakte mit Südafrika pflegen, konzernweit, auch als IG Metallfunktionäre. Wir können sie nach Brasilien und Amerika, jetzt reduziert sich das ja schon auf Mexiko, pflegen". (Int2: 8)

Die Kooperation der betrieblichen Arbeitnehmervertretungen wird auch durch die Entwicklung der gewerkschaftlichen Programmatik zu diesem Themenbereich beeinflußt. Es handelt sich dabei um Programmpunkte zu den Themen multinationale Konzerne und die Entwicklung der Europäischen Gemeinschaft. Eine Übereinstimmung zwischen den gewerkschaftlichen und den eigenen Kooperationszielen bietet für die Kooperation der betrieblichen Arbeitnehmervertretungen optimale Voraussetzungen. Die Formulierung neuer Kooperationsziele durch die Gewerkschaften kann den betrieblichen Kooperationsprozessen eine zusätzliche Dynamik verleihen. IG Metall, UGT und CC.OO. beschäftigen sich, teilweise seit den 60er Jahren mit der Problematik der multinationalen Konzerne. Diese Gewerkschaften unterstreichen die Notwendigkeit der gewerkschaftlichen Kooperation innerhalb der MNK unter Beteiligung betrieblicher Arbeitnehmervertreter. (Industriegewerkschaft Metall 1974: 164; Union General de Trabajadores 1990: 359f.; Comissiones Obreras 1988: 42) Die handlungsleitende Wirkung der gewerkschaftlichen Zielvorgabe auf die betrieblichen Arbeitnehmervertreter läßt sich anhand der Programmatik der IG Metall zu multinationalen Konzernen verfolgen. Die IG Metall bekräftigte 1974 die Mitarbeit an den internationalen Weltkonzernausschüssen des IMB, an denen sich auch betriebliche Arbeitnehmervertreter beteiligen sollten. 1986 unterschied sie in ihrer Entschließung zur Kontrolle der Aktivitäten multinationaler Konzerne, zwischen einem gesetzlichen und einem gewerkschaftlichen Handlungsfeld gegenüber den Konzernen. Zum einen wurde die Europäische Gemeinschaft aufgerufen, die Rechte der Arbeitnehmer in multinationalen Unternehmen zu regeln, andererseits sollten auch die Gewerkschaften und Betriebsräte aktiv werden, um solche Rechte festzuschreiben. (Industriegewerkschaft Metall 1986: 72f.) Schließlich forderte die IG Metall 1989 eine vertragliche Vereinbarung Europäischer Wirtschaftsausschüsse zwischen Gewerkschaften, betrieblichen Arbeitnehmervertretungen und Konzernleitungen. (Industriegewerkschaft Metall 1989) Sie griff damit eine im

EMB 1988 abgesprochene Initiative auf. Bis zu jenem Zeitpunkt bestand innerhalb des Volkswagenkonzerns im Bereich der internationalen Kooperation ein 1966 gegründeter Weltkonzernausschuß. 1989 begann der Gesamtbetriebsrat der Volkswagen AG mit Sondierungsgesprächen zur Bildung eines Europäischen Konzernbetriebsrats. Er setzte damit die programmatischen Anregungen der IG Metall in seiner eigenen Kooperationstätigkeit um.

Die gewerkschaftlichen Ziele, die sich auf die soziale Dimension der Europäischen Gemeinschaft beziehen berühren ebenfalls die internationale Kooperation der betrieblichen Arbeitnehmervertretungen. Zum Beispiel sind die Forderungen der UGT und der CC.OO. nach europäischen Mindestnormen im Bereich der Arbeitsbedingungen und Löhne auch von der Seat-Arbeitnehmervertretung gegenüber den anderen VW-Arbeitnehmervertretungen erhoben worden. Hierzu zählt unter anderem die CC.OO. Forderung nach einer Einigung auf gewerkschaftliche Mindestforderungen für die Tarifverhandlungen in der EG. (Union General de Trabajadores 1990: 349-380; Comissiones Obreras 1988: 42ff.) Die gewerkschaftlichen Ziele beeinflussen insofern in wichtigen Aspekten die Kooperation der betrieblichen Arbeitnehmervertretungen des VW-Konzerns.

Die Kooperation zwischen den betrieblichen Arbeitnehmervertretungen wird auch Ende der 80er Jahre noch durch die politische Zersplitterung der internationalen Gewerkschaftsbewegung beeinträchtigt. Die Weigerung der UGT, auf internationaler Ebene einer Aufnahme der kommunistisch-orientierten CC.OO. in den EMB zuzustimmen und die alleinige Zugehörigkeit der UGT Metal zum Europäischen Metallgewerkschaftsbund behinderte die Kooperation zwischen der VW- und der Seat-Arbeitnehmervertretung ebenfalls. Hierdurch besaß die UGT-Sektion bis 1991 theoretisch einen Alleinvertretungsanspruch im Rahmen der internationalen Kooperation. Diese Situation erwies sich als problematisch, wenn dieser Anspruch der UGT-Sektion, wie bei SEAT, zeitweise nicht mit einer Stimmenmehrheit in den Betriebskomitees verbunden ist. In diesem Fall kann bei internationalen Absprachen nicht mit Sicherheit von der Umsetzung dieser Vereinbarungen in den SEAT-Arbeitnehmervertretungen ausgegangen werden.

Die internationale Isolation der CC.OO. hat dazu geführt, daß sich deren internationale Kontakte auf Veranstaltungen der EG-Organe und einen Sitz im EG-Sozialfonds sowie Kontakte zu anderen kommunistisch orientierten Gewerkschaften beschränkten. Lediglich auf betrieblicher Ebene kam es zu internationalen Kontakten mit anderen sozialdemokratisch orientierten Gewerkschaften. (9) Seit 1990 bzw. seit 1991 sind die CC.OO. ebenfalls Mitglied des EGB und des EMB. In der CC.OO.-Sektion bei SEAT herrscht jedoch weiterhin die Einschätzung vo ein Kooperationspartner zweiter Klasse zu sein, der hinter der UGT-Sektion zurücksteht. Diese Einschätzung, die ein Vorstandsmitglied der CC.OO.-Sektion bei SEAT abgab, belastet die internationale Kooperation. "Vor allem ist das noch existierende Mißtrauen abzuschütteln und daß sich das Verhalten verliert, daß die UGT immer noch freundschaftlicher behandelt wird, als die CC.OO. Dies ist nicht vertretbar, weil die Meinungen von CC.OO. und IG Metall manchmal näher beieinanderliegen, als z.B. UGT und IG Metall". (Int10: 7)

Für die VW-Arbeitnehmervertreterder Standorte in der Bundesrepublik war die Konkurrenz zwischen UGT und CC.OO. Mitte der 80er Jahre problematisch, da die Vernachlässigung einer der beiden Gewerkschaften zu einer Belastung des Kooperationsprozesses geführt hätte. Dieser Kooperationsprozeß sollte auf betrieblicher Ebene, aufgrund ihrer gleichstarken Verankerung in der Belegschaft, beide Gewerkschaftssektionen umfassen. Inzwischen haben sich nach dem Eindruck der deutschen Mandatsträger die Spannungen zwischen beiden Gewerkschaften reduziert. Als Indiz hierfür wird das gemeinsame Auftreten bei den internationalen Gesprächen gewertet. (10) Diese Wahrnehmung muß vor dem Hintergrund der Konkurrenz bei den spanischen Betriebskomiteewahlen 1990 und der Auseinandersetzungen im Verlauf der Tarifverhandlungen 1991 relativiert werden. Zwar ist es zu einer Annäherung der betrieblichen Standpunkte gekommen, die Einigkeit in den internationalen Gesprächen dürfte jedoch primär auf die vorherige Abstimmung der nationalen Position zwischen den Vorstandsvorsitzenden von UGT und CC.OO. zurückgehen, die seit 1989 existiert.

Insgesamt lassen sich aus den drei Faktoren, aufgrund derer die Gewerkschaften die Ausrichtung der internationalen Kooperation der betrieblichen Arbeitnehmervertreter beeinflussen können, keine destabilisierenden Einflüsse auf die Kooperation innerhalb des Volkswagenkonzerns erkennen. Sie greifen zwar regulierend in die Kooperation ein, sowohl die deutschen wie die spanischen Arbeitnehmervertreter besitzen jedoch ein ausreichendes Gewicht innerhalb ihrer Gewerkschaft, um ihre Belange in einem bestimmten Umfang durchsetzen zu können. Deutlich wird diese privilegierte Stellung der deutschen Arbeitnehmervertretung bei der Koordination der internationalen Kontakte durch den Gewerkschaftsvorstand. Das große Interesse der spanischen Gewerkschaften an Kontakten zu den Arbeitnehmervertretungen am Sitz der Konzernzentralen ermöglicht den Seat-Arbeitnehmervertretungen die Durchführung unbeeinflußter Kooperationsprozesse. Dies gilt vor allem für die isolierte CC.OO. Speziell bei dieser Gewerkschaft hatte die internationale ideologische Zersplitterung der Gewerkschaftsbewegung zumindest auf konzerninterne Begegnungen keine Auswirkungen. Die programmatische Forderung der Gewerkschaften nach der Einbeziehung der betrieblichen Arbeitnehmervertreter in die internationale Kooperation, gab diesen schon immer auch eine gewerkschaftliche Legitimation ihrer internationalen Aktivitäten. In diesem Bereich dürfte von der Forderung nach vertraglich festgeschriebenen internationalen Wirtschaftsausschüssen eine zusätzliche Dynamik und eine zunehmende Institutionalisierung auf die betrieblichen Kooperationsbeziehungen ausgehen. Neben der Kooperationsstabilisierung durch Regelvorgaben soll im folgenden auf die Stabilisierung der Kooperation aufgrund von Ressourcentransfers der Gewerkschaften eingegangen werden.

8.3.2 Die gewerkschaftliche Unterstützung der Kooperation zwischen der VW- und der Seat-Arbeitnehmervertretung

Mit der Aufnahme und der Aufrechterhaltung der Kooperation ist zu rechnen, wenn die beteiligten Mandatsträger davon ausgehen, daß der Nutzen den Aufwand der Kooperation übersteigt. Zwar gilt diese Annahme für alle Aktivitäten der Arbeitnehmervertretung, sie ist jedoch für das Arbeitsfeld der internationalen Kooperation von besonderer Relevanz. Die Kooperationskontakte sind nur mit einem hohen Aufwand zu unterhalten, während der erwartete Nutzen sich erst mittel- bis langfristig einstellt. Ein Ressourcentransfer seitens der Gewerkschaften, der den Kooperationsaufwand der betrieblichen Arbeitnehmervertretungen reduziert, erhöht die Wahrscheinlichkeit einer Kooperationsaufnahme, weil er den Kooperationsgegnern innerhalb der Arbeitnehmervertretung die Möglichkeit nimmt, den Kooperationsaufwand als ein Argument gegen die Kooperation einzusetzen. Der Ressourcentransfer dient der Deckung des Kooperationsaufwands in sachlicher, zeitlicher und sozialer Hinsicht. In sachlicher Hinsicht übernehmen die gewerkschaften teilweise oder vollständig die finanziellen Kosten der Kooperation, beispielsweise die Kosten für Dolmetscher, Kommunikationsmittel, Reisekosten. In zeitlicher Hinsicht verkürzen informationelle Dienstleistungen die Vorbereitung und Durchführung der Kooperationsprozesse. In sozialer Hinsicht vereinfacht die Vermittlung von Kontakten zu ausländischen Gewerkschaften die Kooperation. Aufgrund der Mitgliedschaft der nationalen Gewerkschaften in einer internationalen Gewerkschaftsorganisation werden bestimmte Kooperationskontakte erst ermöglicht. Im folgenden soll die Unterstützung der Kooperation der Arbeitnehmervertreter des Volkswagenkonzerns durch die nationalen und internationalen Gewerkschaften sowie die Einschätzung dieser Leistungen durch die Mandatsträger untersucht werden. Die Bewertung des Ressourcentransfers läßt Rückschlüsse zu, in welchem Umfang die bereitgestellten Ressourcen zur Stabilisierung der Kooperation beitragen.

Als wichtigste Rahmenbedingung der gewerkschaftlichen Unterstützung der internationalen Kooperation wird von der IG Metall die enge Absprache zwischen Gewerkschaft und betrieblicher Arbeitnehmervertretung in allen Kooperationsphasen betont. Bei wichtigen internationalen Zusammenkünften der betrieblichen Arbeitnehmervertreter ist ein Mitarbeiter der Internationalen Abteilung der IG Metall-Vorstandsverwaltung anwesend. Die IG Metall finanzierte in der Anfangsphase der Kooperation die ersten Kontakte zu Mandatsträgern der anderen Konzernstandorte. Außerdem vermittelte sie erste Kontakte zu anderen Gewerkschaften und leistete juristische Beratung bei der Abfassung von Vereinbarungen zwischen den Arbeitnehmervertretungen, sowie zwischen diesen und der Unternehmensleitung. Ein weiterer wichtiger Punkt ist die Bereitstellung von Dolmetschern für vorbereitende Gespräche. "Also bei VW muß man ja feststellen, daß nichts gelaufen ist ohne daß die Organisation (die IG Metall - V.M.) permanent eingebunden war. Die VW-Kollegen haben nichts unternommen, ohne das nicht irgendwo abgesprochen zu haben. Meistens war auch irgendwo jemand mit dabei. Das fängt mit ganz banalen Dingen an, daß wir (die Internationale Abteilung der IG Metall - V.M.) inhaltlich auch juristische Unterstützung gegeben haben bei der Entwicklung entsprechender Texte. Daß wir sie unterstützt haben bei der Vermittlung der Kontakte ins Ausland, die natürlich am Anfang zum Teil auch auf Kosten der IG Metall liefen, also über die Kassen der IG Metall. ... Es ist klar, daß wir zu den ganzen Sitzungen, die stattfinden eine Einladung kriegen. Damit ist auch da wieder die Anbindung da. Es wird auch vorher darüber gesprochen, was in den Sitzungen so läuft. Da sehe ich überhaupt kein Problem was VW angeht". (Int11: 8)

Die VW-Arbeitnehmervertretung betont, ebenso wie die IG Metall, die enge Abstimmung der Kooperationsprozesse und die Übereinstimmung in den Kooperationsinhalten zwischen beiden Organisationen. Für die Arbeitnehmervertretung war die Anbahnung der internationalen Kontakte durch die Gewerkschaft von besonderer Bedeutung. Nachdem der Aufbau der Kontakte eingeleitet wurde, bedient sich die betriebliche Interessenvertretung inzwischen selbständig dieser Kommunikationskanäle. Dabei sieht die Arbeitnehmervertretung auch deutlich die Grenzen der Arbeitskapazität im Bereich der internationalen Kooperation auf Seiten der IG Metall. Diese Kapazitätsgrenzen verlangen nach einer autonomen Gestaltung der Kooperation, um diese effizient realisieren zu können. "Nehmen wir das Beispiel Südafrika. Wir (der GBR - V.M.) brauchen sie (die IG Metall - V.M.) nicht mehr, um unsere Kontakte im Rahmen des VW-Konzerns oder zu den Gewerkschaften, die da eine Rolle spielen zu machen. ... Um jetzt Kontakte zu Südafrika herzustellen, zu Gewerkschaften hätten wir früher den Albert Schunk (Internationale Abteilung IG Metall - V.M.) gebraucht. Das können wir heute selber. Ich informiere ihn, wir gehen da runter, Du weißt Bescheid. Ja macht mal. ... Sagen wir einmal, die generelle Position und die Politik der IG Metall deckt sich sowieso mit unserer Politik. Wir sind IG Metaller, wir sind auch die IG Metall und das läuft glaube ich alles bei uns ganz ordentlich. Wir wissen sehr genau ..., Zwei-, Drei-Mann-Betriebe können nicht alles abdecken. Und die sind froh, glaube ich, daß es bei uns so läuft. Wenn es in anderen Konzernen so liefe, können sie sich auf ein paar andere Dinge mehr konzentrieren". (Int1: 28) Bei der Entwicklung der laufenden Kooperationskontakte nimmt der Gesamtbetriebsrat zusätzlich die Ressourcen politischer Stiftungen in Anspruch. So leistete die Friedrich-Ebert-Stiftung Unterstützung bei der Schulung brasilianischer und mexikanischer Mandatsträger aus VW-Standorten. (Int1: 28)

Die Beurteilung der Bedeutung der IG Metall für die internationale Kooperation differiert zwischen der Gesamtbetriebsrats- und der dezentralen Ebene der Bereichsbetriebsräte und der Vertrauensleute der VW-Arbeitnehmervertretung. Die Mandatsträger der Gesamt- und Standortbetriebsratsebene betonen ihre organisatorische Selbständigkeit und Leistungsfähigkeit im Bereich der internationalen Kooperation. Die Vertrauensleute und die Mitglieder der Intersoli Gruppe der IG Metall-Verwaltungsstelle Wolfsburg verweisen dagegen primär auf die, nach ihrer Beurteilung zu geringe Unterstützung der IG Metall in Kooperationsfragen. Ebenso wie der Betriebsrat sieht die Vertrauenskörperleitung die knappen Arbeitsressourcen der Internationalen Abteilung der IG Metall-Vorstandsverwaltung. Während der Betriebsrat hieraus eine stärkere Eigenständigkeit der eigenen Kooperationsbemühungen ableitet, kritisiert die Vertrauenskörperleitung, daß die Mitarbeiter der IG Metall in dringenden Problemfällen nicht zur Verfügung ständen. (Int2: 8) Von den Mitgliedern der Intersoli Gruppe wird die einseitige Konzentration der Ressourcen auf die zentralen Gremien der VW-Arbeitnehmervertretung bemängelt. Die Hilfestellungen und Kontakte der IG Metall würden auf die Gesamt- und Betriebsratsebene konzentriert, die Intersoli-Gruppe als gewerkschaftliche Einrichtung würde benachteiligt. (Intersoli-Seminar 1991)

Aus den Stellungnahmen der deutschen Mandatsträger und Gewerkschafter läßt sich eine Handhabung der internationalen Kooperation seitens VW-Arbeitnehmervertretung erkennen, die ihre Autonomie in der Umsetzung der konkreten Kooperationsbeziehung wahrt, aber gleichzeitig eine enge generelle Abstimmung der Kooperationsabläufe mit der IG Metall praktiziert. Da sich die knappen Ressourcen der IG Metall auf die Betriebsräte konzentrieren, sind diese mit dem Umfang des Transfers zufrieden. Die übrigen Mandatsträger, vor allem die in der Kooperation aktiven Mitarbeiter der Intersoli-Gruppe erklären, sie seien beim Zugang zu den gewerkschaftlichen Ressourcen benachteiligt. Die Betonung der eigenen Kooperationsrolle durch die Betriebsräte gegenüber der Belegschaft und den anderen Mandatsträgern, erschwert den belegschaftsnah tätigen Vertrauensleuten und Bereichsbetriebsräten eine realistische Einschätzung des Anteils der IG Metall am Zustandekommen der Kooperation. Aufgrund ihrer eigenen Erfahrungen gehen sie von einer zu geringen gewerkschaftlichen Unterstützung der gesamten Kooperation der VW-Arbeitnehmervertretung aus.

Die einzelnen Gewerkschaftssektionen der SEAT-Standorte hatten bis 1990 unterschiedliche Zugänge zur internationalen Zusammenarbeit der westeuropäischen Gewerkschaften. Nur die UGT Metal ist seit Jahrzehnten, auch während ihrer politischen Illegalität in der Franco-Zeit Mitglied des Europäischen Metallgewerkschaftsbundes gewesen. Sie war daher als einzige Gewerkschaft in der Lage, ihren betrieblichen Gewerkschaftssektionen internationale Kontakte zur IG Metall zu vermitteln. Die Beziehungen zur IG Metall sind sehr intensiv, da ein

Mitarbeiter des Mitglieds des UGT-Bundesvorstands für Internationale Kontakte längere Jahre in der Bundesrepublik gearbeitet hat, über gute Deutschkenntnisse verfügt und Mitarbeiter der IG Metall war. Die UGT Metal setzt den Schwerpunkt ihrer internationalen Arbeit auf die Vermittlung von Kontakten und die Übernahme der Kooperationskosten. Seit 1990 soll den konkreten Arbeitskontakten der Vorrang vor den "repräsentativen" Begegnungen gegeben werden. "Unsere hauptsächlichen Aktivitäten sind einerseits institutionell, protokolarisch und haben sich auf die Förderung der Beziehungen unserer Gewerkschaftssektionen mit den Gewerkschaftssektionen der anderen Gewerkschaften konzentriert. Außerdem sollten diese Beziehungen von politischen zu Arbeitskontakten umgewandelt werden. Dies wurde auch durch die Kostspieligkeit der internationalen Beziehungen motiviert. Wir haben entschieden, daß unser geringes Budget besser für praktische Aktivitäten, als für die Unterhaltung ausgegeben werden soll". (Int12: 2) Der Bundesvorstand der UGT Metal vermittelte 1982 die ersten Kontakte zwischen der UGT-Sektion bei SEAT und der IG Metall sowie der VW-Arbeitnehmervertretung als über eine Fertigung von VW-Modellen in SEAT-Standorten verhandelt wurde. (Arbeitsprotokoll 1991: 2)

Die UGT-Sektion des SEAT-Standortes Barcelona betont ebenfalls die Relevanz der gewerkschaftlichen Unterstützung bei der Aufnahme erster Kontakte zur deutschen VW-Arbeitnehmervertretung. Allerdings wird diese Unterstützung immer in engem Zusammenhang mit der Mitgliedschaft der UGT Metal im Europäischen Metallgewerkschaftsbund gesehen. Diese internationale Einbindung ist nach Ansicht der Sektion die wichtigste Ressource der UGT Metal. (Int4: 5) Von Teilnehmern an internationalen Seminaren wird vor allem auf die Übernahme der Seminarkosten und des Lohnausfalls durch die UGT Metal hingewiesen. Die Kostenübernahme ermöglicht erst eine Vertiefung der internationalen Kontakte innerhalb der Gruppe der Gewerkschaftsdelegierten. (Int6: 4) Seit der Vermittlung der ersten Kontakte zu den deutschen VW-Arbeitnehmervertretungen durch den UGT-Bundesvorstand wird die Sektion von einem Sekretär des UGT Metal Landesvorstands und Mitglied der UGT-Sektion, als autonom in der inhaltlichen Gestaltung dieser Beziehung gegenüber der Gewerkschaft bezeichnet. (Arbeitsprotokoll 1991: 2)

Aufgrund des gering entwickelten Verwaltungsapparates der UGT Metal kann sie nur in einem beschränkten Umfang eine sachliche Unterstützung der Kooperation leisten. Ihre Hauptressource besteht aus ihrer Mitgliedschaft in internationalen Gewerkschaftsorganisationen, die ihr gute kontinuierliche Beziehungen zu den Gewerkschaften am Sitz der Konzernzentralen sichern. Sind die ersten Kontakte mit Hilfe der UGT Metal angebahnt, können die Sektionen aus den Großbetrieben des modernen Industriesektors ihre Kooperationsbeziehungen fast unabhängig führen, solange sie grundsätzlich mit der Politik der UGT Metal übereinstimmen. Diese Situation trifft auch auf die UGT-Sektion bei SEAT zu.

Die Organisationsstruktur der CC.OO. Metal ist ähnlich gering entwickelt wie die der UGT Metal. Darüberhinaus gehörte sie bis 1990 keiner internationalen Gewerkschaftsorganisation an. Die nationale Organisation verfügt nur über knappe finanzielle Mittel. Zusätzlich fehlte ihr bis 1991 generell die soziale Ressource institutionalisierter internationaler Kontakte, die sie auf die betriebliche Ebene hätte transferieren können. Lediglich bei SEAT verfügte die CC.OO.-Sektion während der Zeit der Zusammenarbeit des Unternehmens mit FIAT bis 1980 über gute Beziehungen zur kommunistisch-orientierten italienischen CGIL. Diese Ressource fiel mit der Trennung FIATs von SEAT im Jahr 1980 aus und hinterließ außerdem, die bis Anfang der 90er Jahre tradierte Einschätzung einer negativen Kooperationserfahrung. Auf der Landesebene entwickelt die CC.OO. Metal allerdings trotz beschränkter finanzieller Mittel eine praxisorientierte Zusammenarbeit mit ihren Gewerkschaftssektionen in den Standorten multinationaler Unternehmen. Die CC.OO. bietet Englischkurse für Mandatsträger dieser Unternehmen an, um deren Kommunikationsfähigkeit zu verbessern und die Unabhängigkeit der Sektionen von Dolmetscherdiensten zu erhöhen. An diesen Kursen nimmt ein Mandatsträger der CC.OO.-Sektion des SEAT-Standortes El Prat teil. Daneben existieren technische Einrichtungen und ein Übersetzungsdienst zur Erleichterung der internationalen Kommunikation. Die Gewerkschaft sucht Kontakte zu externen Institutionen wie Universitäten, die Studien über die Internationalisierung der catalanischen Industrie anfertigen, um Ressourcen für die Kooperation zu erschließen. (Int10: 4f.) Zur Hauptaufgabe der Gewerkschaft im Bereich der internationalen Kooperation zählt nach Angaben des Landesvorstands Catalunya die Anbahnung von Erstkontakten ins Ausland für die Sektionen oder sogar die Aufforderung an die Sektionen, das Thema der Kooperation aufzugreifen und betrieblich umzusetzen. (Int10: 8)

Diese umfangreichen Aktivitäten gehen jedoch primär auf das große Interesse des Sekretärs für Internationales des Landesvorstands der CC.OO. Catalunya zurück. Hier läßt sich bereits auf der Ebene der Gewerkschaften ein Beispiel für die Stabilisierung der internationalen Kooperation durch den Mechanismus der Präferenzdifferenzierung unter den beteiligten Akteuren feststellen. Ohne den Einsatz und den Einfluß dieses Mitglieds des Landesvorstands würden geringere Ressourcen für die internationale Kooperation bereitgestellt. Die einseitige Absicherung der Kooperation durch das persönliche Engagement nur einer Person gefährdet gleichzeitig die Kontinuität der Kooperation, da sie weniger institutionell angebunden, als vielmehr durch persönlichen Einsatz gefördert wurde. Ein Ausscheiden dieses Akteurs würde die Kooperationsaktivitäten der CC.OO. Catalunya stark beeinträchtigen. Diese Beurteilung gilt auch für die Kooperationsaktivitäten der CC.OO.-Sektion des SEAT-Standortes Barcelona, da dieser Sektretär 1991 gleichzeitig einziger Verantwortlicher für diesen Aufgabenbereich in der Sektion war.

Da die CC.OO.-Metal selbst nur über geringe Ressourcen verfügt, die CC.OO.-Sektion des SEAT-Standortes Barcelona jedoch die größte betriebliche Gewerkschaftsorganisation des Landesverbandes bildet, stellt sich für den Sektionsverantwortlichen für internationale Beziehungen eher die Frage nach der Unterstützung des Landesverbandes aus den Sektionsressourcen. Die Sektion unterhält seit Mitte der 80er Jahre Beziehungen zu den Volkswagen-Arbeitnehmervertretungen und hat so Erfahrung mit internationalen Kontakten gesammelt. Darüberhinaus verfügt sie über freigestellte Mandatsträger aufgrund der gesetzlichen und tarifvertraglichen Bestimmungen. Beide Ressourcen werden vom Landesvorstand für die allgemeine Gewerkschaftsarbeit beansprucht. Der für internationale Fragen verantwortliche Mandatsträger aus der Sektion wurde zum Mitglied des Landesvorstands der CC.OO. Metal Catalunya gewählt und ist dort ebenfalls für diesen Bereich zuständig. Damit wurde seine Arbeitskapazität der Sektion teilweise entzogen. Dieser Ressourcenabzug gefährdet inzwischen die Aufrechterhaltung der internationalen Sektionskontakte. Andererseits konnte die Gewerkschaft zwar keine Ressourcen zum Ausbau der Kooperation der CC.OO.-Sektion übertragen, sie konnte die internationalen Sektionsaktivitäten aufgrund fehlender eigener Kooperationserfahrungen allerdings auch nicht negativ beeinflussen. Dieser Faktor erhält eine große Bedeutung, da es sich um Beziehungen zu sozialdemokratisch-orientierten Arbeitnehmervertretungen handelte. "Die wichtigste Unterstützung war es, den Kollegen (der Sektion - V.M.) zu vertrauen, bei allem was sie getan haben. Es gab kein Mißtrauen sondern viele Diskussionen, wie man die Sache richtig anfassen kann. Das Problem heute ist eher umgekehrt. Die Gewerkschaft absorbiert unsere Kräfte und Erfahrungen wie in meinem Fall (des Verantwortlichen für Internationales der Sektion - V.M.), denn sie will unsere Erfahrungen weiter in andere Unternehmen hinein verbreiten. Das ist unser Risiko, weil wir praktisch Pioniere auf diesem Gebiet waren. Das Problem ist jetzt, neue Mitarbeiter zu finden, die fähig sind unsere Arbeit innerhalb SEAT weiterzuführen". (Int10: 10f.)

Da die Arbeitnehmervertretungen des Volkswagenkonzerns ihre internationalen Aktivitäten in Europa praktisch über den Europäischen Metallgewerkschaftsbund in Brüssel abwickeln, wird im folgenden auf dessen Unterstützung besonders eingegangen.

Die inhaltliche Arbeit, die Ressourcen und die Aktivitäten des Europäischen Metallgewerkschaftsbundes waren bereits anläßlich der Analyse des gewerkschaftlichen Potentials zur Einschränkung der Arbeitnehmerkonkurrenz in der Europäischen Gemeinschaft thematisiert worden. Aus dieser Analyse ergab sich das Bild einer mit geringen Ressourcen ausgestatteten Organisation, deren Themenspektrum, analog zum Ausbau der Europäischen Gemeinschaft in den letzten zwei Jahrzehnten stark ausgeweitet wurde. Der EMB kann daher den betrieblichen Arbeitnehmervertretungen primär seine Kenntnisse in der Anbahnung internationaler Kontakte, die adäquaten Ansprechpartner und, je nach Projekt, die logistische Unterstützung der Europäischen Gemeinschaft, wie beispielsweise Dolmetscherdienste anbieten. Ein weiterer nicht zu unterschätzender Gesichtspunkt der Gewährleistung störungsfreier Kooperationskontakte liegt in der Rolle der Mitarbeiter des Europäischen Metallgewerkschaftsbundes als Moderatoren der Kommunikation zwischen den, von ihren jeweiligen nationalen Systemen der Arbeitsbeziehungen geprägten Arbeitnehmervertretern. Die EMB-Mitarbeiter sensibilisieren die nationalen Gesprächspartner für die Sichtweise ihres Gegenüber. Im Falle der Kooperation der Arbeitnehmervertretungen innerhalb des Volkswagenkonzerns spielte der EMB beispielsweise primär die Rolle des Vermittlers erster Kontakte. (11) Eine ähnliche begleitende Funktion übte er während der Vorbereitung der Gründung des europäischen Volkswagen-Konzernbetriebsrats aus. Er stellte technische Hilfen wie Übersetzungsdienste und Räume zur Verfügung.

Die Bewertung der Unterstützung des Europäischen Metallgewerkschaftsbundes für die internationale Kooperation aus der Sicht der einzelnen Arbeitnehmervertretungen fällt, je nach dem Umfang der eigenen Ressourcen, unterschiedlich aus. Die betriebliche Arbeitnehmervertretung der deutschen Volkswagenstandorte betont den Mangel an Ressourcen, der die Arbeitskapazitäten des EMB im Bereich der internationalen Zusammenarbeit auf betrieblicher Ebene einschränkt. Die Arbeitnehmervertreter in der Bundesrepublik zogen hieraus die Konsequenz, die internationale Kooperation innerhalb des Volkswagenkonzerns zwar in Abstimmung mit dem EMB, jedoch grundsätzlich eigenverantwortlich zu organisieren. "Man muß einmal das Generalsekretariat (des EMB - V.M.) sehen, daß unter seiner Unterbesetzung leidet. Die Zusammenarbeit mit dem Generalsekretär Thierron ist immer gut. Die ist ausgesprochen gut. Er hat diesen Prozeß der Bildung des europäischen Konzernbetriebsrats begleitet. ... Aber der EMB als politisches Durchsetzungsinstrument nach außen hin ist schwach, als Koordinierungsgremium nur sehr eingeschränkt tauglich. Und deshalb haben wir auch den Ansatz gewählt, in Abstimmung mit dem EMB allerdings, zu versuchen, unsere Koordinierung auf der Ebene der betrieblichen Arbeitnehmervertretung hinzubekommen. Weil wir wissen, es ist uns wichtig, daß der EMB es sanktioniert. Aber was wir selber im Volkswagenkonzern leisten müssen, kann der EMB für uns nicht machen". (Int1: 24f.)

Für die Seat-Sektion der UGT bedeutete die Zugehörigkeit der UGT-Metal zum EMB und IMB vor allem einen Konkurrenzvorteil gegenüber den anderen bei SEAT vertretenen Richtungsgewerkschaften. Dieser Vorteil verstärkte sich mit der Kooperation zwischen SEAT und Volkswagen seit 1982. Die Kontakte zur IMB- und EMB-Mitgliedsgewerkschaft IG Metall verhalfen ihr zu einem Kompetenzzuwachs bei wichtigen Zukunftsfragen, die die SEAT-Eingliederung in den Gesamtkonzern aufwarf. Die UGT-Sektion hatte darüberhinaus durch diese Mitgliedschaft optimale Möglichkeiten der Anknüpfung von Kontakten zu den Arbeitnehmervertretungen anderer ausländischer Volkswagenstandorte. Die soziale Ressource der EMB-Mitgliedschaft der nationalen UGT-Metal erleichterte die Kontaktaufnahme der UGT-Sektion mit anderen VW-Arbeitnehmervertretungen. (Int4: 5) Mit diesem Kompetenzvorsprung warb die UGT in der Phase der zunehmenden Internationalisierung der Automobilindustrie und des Volkswagenkonzerns 1990 während der Wahlen zum Betriebskomitee in den spanischen Standorten gegenüber der Belegschaft. (12)

Da die CC.OO.Metal erst seit Sommer 1991 Mitglied im EMB und ihre Föderation zu diesem Zeitpunkt erst Mitglied des EGB wurde, konnten die Mandatsträger die Unterstützung seitens dieser Institutionen zum Zeitpunkt der hier vorgelegten Untersuchung nicht bewerten.

Der Vergleich der inhaltlichen Diskussionen der einzelnen EMB-Gremien, beispielsweise des tarifpolitischen Ausschusses des EMB, mit den Themen der internationalen Kooperation der VW- und der Seat-Arbeitnehmervertretung läßt keine intendierte Verknüpfung zwischen beiden internationalen Kooperationsebenen erkennen. Übereinstimmungen ergeben sich unintendiert aufgrund gleicher Problemlagen im VW-Konzern und auf der nationalen Ebene der Branchengewerkschaften. Die von Branchengewerkschaften eingebrachten Themen wurden dann in den EMB-Gremien diskutiert. Die Absprachen zwischen den Arbeitnehmervertretungen der Standorte VW-Wolfsburg und SEAT-Barcelona zur Wochenendarbeit ergaben sich beispielsweise aufgrund einer Forderung des Managements, regelmäßigen Samstagsschichten zuzustimmen, jedoch nicht auf der Grundlage der Diskussionen innerhalb des tarifpolitischen Ausschusses. (Int1: 16f., 21)

Auch die Tätigkeit der "Arbeitsgruppe Automobilindustrie" des EMB hat bisher zu keiner relevanten Beeinflussung der Kooperationspraxis zwischen der VW- und der Seat-Arbeitnehmervertretung, beispielsweise in Form einer Koordinierung der Kooperationsinhalte zwischen den Arbeitnehmervertretungen und der Arbeitsgruppe geführt. Die Arbeitsgruppe erfüllt für die betrieblichen Arbeitnehmervertretungen des Volkswagenkonzerns primär die Funktion des Informations- und Erfahrungsaustausches. Die Kenntnisnahme der Einschätzung der eigenen Position durch durch ausländische Mandatsträger erleichtert das Verständnis der gegenseitigen Standpunkte. Der Gesamtbetriebsrat weist in diesem Zusammenhang auf die Bewertung der Umweltinitiativen der deutschen Gewerkschaften durch ausländische Arbeitnehmervertreter hin. Die Forderung nach der Einführung des Katalysators wurde von den deutschen Gewerkschaftern als Umweltschutzmaßnahme, von den übrigen Gewerkschaftsvertretern jedoch als Ausspielen eines technischen Konkurrenzvorteils zum Ausbau der Marktanteile bewertet. Darüberhinaus spielen die Diskussionen in der Arbeitsgruppe eine Rolle bei der Annäherung nationaler gewerkschaftlicher Positionen zur Mitbestimmung und zur

Arbeitszeitverkürzung. Diese Themen sind auch in die Kooperation zwischen der VW- und der Seat-Arbeitnehmervertretung eingegangen. Als bedeutsam schätzt der GBR die Information über unternehmensrelevante Standpunkte der EG-Kommission, zum Beispiel über die japanische KFZ-Industrie ein. Dies motiviert die betriebliche Arbeitnehmervertretung, ihre eigene Position gegenüber der nationalen Gewerkschaft stärker zu vertreten. (Int1: 24ff.) Betriebliche Arbeitnehmervertreter aus SEAT-Standorten haben mit einer Ausnahme nicht an den Arbeitsgruppensitzungen teilgenommen. Der Vertreter der UGT-Sektion nennt jedoch wie die deutschen Arbeitnehmervertreter die Funktion des Informationsaustauschs an erster Stelle bei der Frage nach der Relevanz der Arbeitsgruppe "Automobilindustrie" (Int12: 4)

Die insgesamt positive Beurteilung der Arbeitsgruppe "Automobilindustrie" scheint von der persönlichen Teilnahme der befragten Arbeitnehmervertreter abzuhängen. Gewerkschaftliche Vertrauensleute aus der Bundesrepublik und CC.OO.-Vertreter ohne eigene Kontakte zum EMB schätzen demgegenüber die Tätigkeit des EMB als irrelevant für die betriebliche Kooperationsebene ein. (Int2: 8; Int8: 14) Die Diskrepanz zwischen den Bewertungen der Mandatsträger mit direkten und ohne EMB-Kontakte kann demnach aus einer ungenügenden Informationsweitergabe zwischen den Gremien der betrieblichen Arbeitnehmervertretungen resultieren.

Insgesamt gesehen dürfen sowohl die, die Kooperation der betrieblichen Arbeitnehmervertretungen steuernden, als auch die unterstützenden Einflüsse der Gewerkschaften auf die Kooperation zwischen der VW- und der Seat-Arbeitnehmervertretung nicht überbewertet werden. Jeder der Kooperationspartner erreicht in der eigenen Gewerkschaft, zumindest auf regionaler Ebene, ein quantitatives Gewicht, welches eine Wahrung seiner grundlegenden Interessen gegenüber der Gewerkschaft garantiert. Dies zeigt sich an den Versuchen der Gewerkschaften, die internationalen Kontakte zu zentralisieren. Die VW-Arbeitnehmervertretungen bestimmen weitgehend selbst über ihre internationalen Kontakte, allerdings in enger Abstimmung mit der IG Metall. Auch die Zielvorgaben der nationalen Gewerkschaften schränken die Kooperation nicht ein, da sie mit den Forderungen der Kooperation auf betrieblicher Ebene übereinstimmen. Oftmals werden programmatische Impulse der Gewerkschaften in die betriebliche Kooperation integriert. Das, die Kooperation auf nationaler und internationaler Ebene, lähmende Element der Konkurrenz der spanischen Richtungsgewerkschaften konnte spätestens seit 1989 in der Kooperation der VW- und der SEAT-Arbeitnehmervertretungen überwunden werden. Seitdem stimmen die UGT- und CC.OO.-Sektionsvertreter ihre Positionen vor dem Beginn der internationalen Gespräche ab. Die Kooperation der betrieblichen Arbeitnehmervertretungen innerhalb des Volkswagenkonzerns wurde vor allem in der Anlaufphase der jeweiligen Kooperationsbeziehung durch den Transfer von Ressourcen seitens der nationalen

Gewerkschaften beeinflußt. Die nationalen Gewerkschaften übernahmen oftmals die Kooperationskosten, während die internationalen Organisationen, wegen fehlender eigener Mittel, eher informationelle Unterstützung leisteten. Im Fall der UGT erwies sich die soziale Ressource der EMB-Mitgliedschaft der nationalen Metallgewerkschaft als kooperationsfördernd. Die Nicht-Mitgliedschaft der CC.OO. Metal behinderte die internationale Kooperation der CC.OO.-Gewerkschaftssektion bei SEAT. Problematisch ist die organisatorische Schwäche der spanischen Gewerkschaften, die sogar zu einem Ressourcenabzug aus den betrieblichen Gewerkschaftssektionen in den Gewerkschaftsapparat führt. Auf diese Weise werden die Ressourcen der Sektionen zusätzlich verringert. Dieser Prozeß belastet zumindest die Kooperationsaktivitäten der CC.OO.-Sektion. Auch die Gewerkschaften, die einen gewissen Einfluß auf die betrieblichen Arbeitnehmervertretungen nehmen können sind mit ihren Ressourcen und ihrer Steuerung nur bedingt in der Lage, die Kooperationsfähigkeit der Arbeitnehmervertretungen zu beeinflussen. Sie können zwar den Beginn von Kooperationsprozessen initiieren und relativ kontinuierliche "repräsentative" Kontakte garantieren. Die Entwicklung intensiver Kooperationsbeziehungen hängt jedoch primär von dem Umfang der verfügbaren Ressourcen der Arbeitnehmervertretung und der Realisierung ihrer programmatischen Ziele ab. Werden diese durch die Internationalisierung des Unternehmens und einen Anstieg der konzerninternen Arbeitnehmerkonkurrenz gefährdet, suchen einige Mandatsträger die Kooperation mit den Arbeitnehmervertretungen der neuen Produktionsstandorte. Der Frage, inwieweit die Mandatsträger zur endogenen Stabilisierung der Kooperationsprozesse beitragen können, wird im folgenden nachgegangen.

8.4 Endogen erzeugte Stabilisierungs- und Destabilisierungsmechanismen der Kooperation zwischen der VW- und der Seat-Arbeitnehmervertretung

Endogene Stabilisierungsmechanismen der Kooperation werden von den beteiligten Akteuren selbst planmäßig und/oder unintendiert erzeugt. Die Mandatsträger schaffen Sanktionsmechanismen, die ihnen bei der Verletzung der kollektiv-rationalen Kooperationsstrategie einen spürbaren Nachteil bzw. Kosten verursachen. Diese Kosten bestehen in der Regel aus dem Reputationsverlust gegenüber den anderen Arbeitnehmervertretungen, der Verringerung zukünftiger Kooperationschancen, Informationsnachteilen und zusätzlichen Kosten beim Aufbau neuer Kooperationskontakte.

Ein planmäßiger Ausbau der internationalen Kooperation und die parallel erfolgende Einrichtung von kooperationsstabilisierenden Mechanismen ist wahrscheinlich, wenn auf nationaler Ebene durchsetzungsfähige Gremien bzw. Einzelakteure vorhanden sind, die eine Folgebereitschaft der Standort-Betriebsräte und

Gewerkschaftssektionen gewährleisten können. Diese Voraussetzung ist in Deutschland mit einem starken VW-Gesamtbetriebsrat gegeben, der sich auf die Arbeitnehmervertretung des größten Standortes Wolfsburg stützen kann. Eine vergleichbare Situation ergibt sich bei SEAT Anfang der 90er Jahre durch die starke Position des Sektionsvorsitzenden des Standortes Barcelona Z.F.. Mit dem Ausbau des Produktionsstandortes Pamplona und der geplanten Reduzierung der Produktion in Barcelona, entsteht bei SEAT zukünftig eine gleichrangige Bedeutung dieser Standorte, die auch Auswirkungen auf die Abstimmung der Standortinteressen und ihrer Vertretung gegenüber den bundesdeutschen VW-Arbeitnehmervertretungen haben wird.

8.4.1 Ein unbegrenzter Zeithorizont der Kooperation

Die Grundlage für die Herausbildung einer kollektiv-rationalen Kooperationsstrategie liegt in der Iteration der Kooperation. Eine kollektiv-rationale Kooperationsstrategie, wie beispielsweise die Tit-for-Tat-Strategie, wird von den Mandatsträgern als rational eingeschätzt, wenn sie nicht davon ausgehen, daß mit der aktuellen Kooperationsentscheidung eventuell die letzte Phase der Kooperation beginnt. Gleichzeitig entstehen durch das Bewußtsein der Mandatsträger, an einem iterierten Kooperationsprozeß mit unabsehbarem Ende teilzunehmen, zwei weitere Stabilisierungsmechanismen kollektiv-rationaler Entscheidungen.

Die Vorstellung der Arbeitnehmervertretungen, einen langfristigen Kooperationsprozeß zu gestalten, wird durch den auf Dauer angelegten Ausbau der ausländischen Konzernstandorte und ihr Wissen über den irreversiblen Charakter des europäischen Produktionsverbundes des Volkswagenkonzerns begründet. Die konzerninterne Arbeitnehmerkonkurrenz wird langfristig auf die Belegschaften der SEAT- und der inländischen VW-Standorte einwirken. Diese vom Konzern und der Automobilindustrie beeinflußte konzerninterne Arbeitnehmerkonkurrenz und Anbieterkonkurrenz bieten und erfordern eine langfristige Kooperationsperspektive mit unabsehbarem Kooperationsende.

In unbegrenzten Kooperationsprozessen sind die Mandatsträger geneigt, aktuelle Kooperationsentscheidungen überzubewerten, während die zukünftige Kooperation als gegenwärtig nicht relevant vernachlässigt wird. Eine strategische Planung der Kooperation findet wegen der Verfolgung kurzfristiger Vorteile bzw. kurzfristigerer anderer Ziele nicht statt. Dieses Kooperationsverhalten kann vermieden werden, wenn die beteiligten Arbeitnehmervertretungen den zukünftigen Kooperationsprozessen einen so hohen Wert beimessen, daß sie bereits in der Gegenwart bereit sind Kosten zu tragen, bzw. in die zukünftige Kooperation zu investieren, obwohl deren Nutzen erst später realisiert wird. Auf Seiten der Mandatsträger in den Spitzengremien der VW-Arbeitnehmervertretung kann von einer hohen Bewertung zukünftiger Kooperationsprozesse für die Erhaltung der eigenen

Handlungsfähigkeit ausgegangen werden. Die Überzeugung der Mandatsträger resultiert aus der bisherigen Erfahrung einer zunehmenden konzerninternen Arbeitnehmerkonkurrenz innerhalb des VW-Konzerns, die in den deutschen Produktionsstandorten durch die externe Anbieterkonkurrenz zusätzlich ansteigt. Ohne die internationale Kooperation sah der Gesamtbetriebsratsvorsitzende 1989 die zukünftige Bargaining Power der VW-Arbeitnehmervertretung gefährdet. "Kolleginnen und Kollegen, die Konkurrenz zwischen Standorten im In- und Ausland gibt es auch bei uns im VW-Konzern. ... Unser gewerkschaftliches Überleben im Jahr 2000 und darüberhinaus hängt in erster Linie davon ab, ob wir in den 90er Jahren die Kraft haben, die große Kluft zwischen Worten und Taten zu überwinden, die den Zustand unserer gewerkschaftlichen internationalen Handlungsfähigkeit auszeichnet. Wenn wir dieses nicht bewerkstelligen, Kolleginnen und Kollegen, dann werden wir in der Bundesrepublik und auch wir bei Volkswagen und Audi diejenigen sein, deren politische und soziale Entwicklung einem freien Fall gleichkommt, mit gravierenden Nachteilen für die Arbeitnehmer. Und kein Tarifvertrag und keine Betriebsvereinbarung, so gut sie auch heute sein mögen, werden diesen Fall aufhalten können". (Hiller 1989: 5)

Die Seat-Arbeitnehmervertretung mißt der zukünftigen Kooperation nicht primär wegen einer langfristig drohenden Kapazitätsverlagerung einen hohen Stellenwert zu. Nach der Konzernplanung des Jahres 1990/91 soll die SEAT-Jahresproduktion in den nächsten Jahren von 1992 ca. 550.000 KFZ auf 870.000 KFZ ausgebaut werden. Bisher waren die Seat-Arbeitnehmervertreter davon ausgegangen, daß dieser Ausbau SEATs, innerhalb des VW-Konzerns langfristig zu einer Angleichung der Arbeits- und Lebensbedingungen an das bundesdeutsche Niveau führen würde. Die Realisierung dieses Ziels wird von der Belegschaft konstant gefordert. (13) Das lokale Management weist diese Verbesserungen mit dem Hinweis auf die niedrige Produktivität SEATs im Konzernvergleich zurück. (Int7: 3) Die Verhandlungsposition der Seat-Arbeitnehmervertreter gegenüber dem lokalen Management verschlechtert sich zusätzlich durch die Eingliederung SKODAs in den Gesamtkonzern, da dort die Löhne noch niedriger und die Arbeitsbedingungen problematischer als bei SEAT sind. SKODA wird so mittelfristig zu einer Konkurrenz für SEAT. "Wir hoffen und diskutieren, daß wir zu einer Art von Absprache oder besser einem Kompromiß hinsichtlich des Preisniveaus gelangen. Die Tschechoslowakei produziert billiger als wir. Und wir produzieren billiger als Deutschland. Aber wir wollen nicht in einen Konflikt abgleiten, gerade zu einem Zeitpunkt, wenn wir in einen gemeinsamen europäischen Markt eintreten. .... Alle Arbeitnehmer sollen unter gleichen Bedingungen produzieren können. Das gleiche Produkt zu den gleichen Kosten. ... Es sollte keine Europäer der ersten, zweiten und dritten Klasse geben". (Int 5: 5) Die Seat-Mandatsträger schätzen ihre Bargaining Power als zu gering ein, um die von der Belegschaft geforderten Verbesserungen aus eigener Kraft durchsetzen zu können. Daraus resultiert ihr Interesse an europäischen Absprachen aller Arbeitnehmervertretungen innerhalb des VW-Konzerns. Auf der Grundlage dieser Absprachen soll mit der Konzernzentrale über Mindestarbeitsbedingungen verhandelt werden. Diese Strategie erklärt den großen Wert, den die Seat-Arbeitnehmervertreter den zukünftigen Kooperationsprozessen beimessen. (Int6: 5)

Außerdem führt die Iteration zu kognitiven Kooperationserwartungen der Arbeitnehmervertretungen, die sich an dem bisherigen Kooperationsverhalten der beteiligten Akteure orientieren. Dieser Stabilitätsmechanismus prägt vorrangig die direkten Kooperationsprozesse zwischen den Mandatsträgern. Er wird als Fähigkeit zur Empathie, der Bildung reziproker Verpflichtungen sowie der Entwicklung von Vertrauen wirksam. Diese Faktoren lassen sich entweder durch intensive Kontakte und/oder einen weiten Zeithorizont aufgrund einer langen Amtszeit entwickeln. Im Fall der Volkswagen- und Seat-Arbeitnehmervertretungen sind die 1991 an der Kooperation beteiligten Akteure bereits seit mehreren Wahlperioden mit dieser Aufgabe befaßt und verfügen somit über längere, kontinuierliche Kooperationserfahrungen. In den 90er Jahren soll außerdem die Häufigkeit der Kontakte zunehmen. Die Voraussetzungen für die Ausbildung stabiler kognitiver Erwartungen der Mandatsträger sind auf deutscher und spanischer Seite günstig. 1991 waren die wichtigsten Kooperationsakteure der UGT- und CC.OO.-Sektion und des VW-Gesamtbetriebsrates seit ungefähr einem Jahrzehnt mit dieser Aufgabe betraut.

Die mit der Kooperation beschäftigten Mandatsträger betonen insbesondere die Wichtigkeit des Vertrauens und der Empathie in den Kooperationsbeziehungen. Es ist anzunehmen, daß unzureichende Kenntnisse der ausländischen gewerkschaftspolitischen- und organisationellen Strukturen durch eine verläßliche persönliche Beziehung ausgeglichen werden müssen, die dann als Garant für die Einhaltung von Absprachen bürgt. "Also sagen wir mal so, Institution und Organisierung ist das eine, daß andere ist das persönliche Vertrauensverhältnis was man zueinander hat. Daß heißt also, wie sicher kann ich mir sein, daß die Information, die ich aus meinem Laden gebe von dem Kollegen auch im gemeinsamen Interesse verarbeitet wird. Natürlich haben die Spanier uns gegenüber zu Anfang Angst gehabt, als wir die Polo-Problematik diskutiert haben. Wir waren der riesige deutsche Koloß, mit dem riesigen Apparat und sie haben gerade angefangen, waren froh, daß sie von VW übernommen worden sind, weil SEAT sonst kaputtgegangen wäre. Die haben sich natürlich erstmal gefragt, was wollen die eigentlich von uns. Das muß sich ein Stück weit entwickeln, damit du vernünftige persönliche und menschliche Beziehungen aufbauen kannst. Und dieses Vertrauensverhältnis, das ist so mein Eindruck, hat sich gerade gegenüber den Spaniern und speziell auch durch die Person ... sehr gut entwickelt. Das ist ein Austausch von dem man merkt, der wird ein Stück weit von einem gemeinsamen Geist getragen". (Int1: 19) Die gleiche Position vertritt der für die internationale Kooperation

Verantwortliche der CC.OO-Sektion bei SEAT. Bei der CC.OO. wird ein Problem deutlich, das entsteht wenn nur ein Mandatsträger über vertrauensvolle Kontakte ins Ausland verfügt. Durch sein Ausscheiden kann die Kontinuität und Qualität der Kooperation gefährdet werden. "Das Problem ist jetzt neue Mitarbeiter zu finden, die fähig sind unsere Arbeit innerhalb SEATs weiterzuführen. Vor allem jüngere Mitarbeiter. Das ist auch eine Frage des Vertrauens, Wissens und des gegenseitigen Kennenlernens, etwas was im internationalen Bereich sehr wichtig ist. Die Leute dort brauchen ein gewisses Vertrauen ineinander. Deswegen mache ich auch noch weiter. Mir würde es mehr gefallen andere Sachen zu machen und bald werde ich auch damit beginnen. Aber auf der anderen Seite gibt es diese persönlichen Beziehungen, die wichtig für das gegenseitige Vertrauen bei der Arbeit sind. ... Wir müssen beides miteinander kombinieren, die Kontinuität und den Wechsel". (Int10: 11)

Bei der VW-Arbeitnehmervertretung sind sowohl ein hohes Interesse an der zukünftigen Kooperation, wie auch stabile kognitive Einschätzungen über das Verhalten der ausländischen Mandatsträger vorhanden. Zumindest konnte dies den Äußerungen, der maßgeblich an der Kooperation beteiligten Arbeitnehmervertretern entnommen werden. Die bereits analysierte geringe Verankerung der Kooperation im gesamten Apparat der Arbeitnehmervertretung führt jedoch zu einer geringen Reflexion der Notwendigkeit, strategische Kooperationsentscheidungen zu treffen. Bisher folgten die Standortbetriebsräte allerdings den Kooperationsbeschlüssen des Gesamtbetriebsrats. Bei UGT- und CC.OO.-Sektion ist die Einsicht in den langfristigen Ausbau der Kooperation zur Erreichung gleichwertiger Arbeitsbedingungen innerhalb des Konzerns bei den, an der Kooperation beteiligten Akteuren ebenfalls vorhanden. Die CC.OO-Sektion verfügt allerdings nur über einen Mandatsträger der ein Vertrauensverhältnis zu den deutschen Arbeitnehmervertretern besitzt. Da diese Person im Jahr 1991 aus der internationalen Kooperation ausschied, müssen die persönlichen Kontakte neu entwickelt werden. Dieses Defizit ist umso bedeutsamer, da in der CC.OO.-Sektion grundsätzlich das Mißtrauen in die Verläßlichkeit der internationalen Absprachen überwiegt.

8.4.2 Mechanismen zur Reduzierung des Kooperationsaufwands

Zu den wichtigsten Faktoren, die die Entscheidung über den Kooperationsbeginn und die Fortsetzung der Kooperation beeinflussen zählt die Frage, ob die erwartete Höhe des Kooperationsaufwands in sachlicher, zeitlicher und sozialer Hinsicht, die der Konfliktkosten bei einem Abbruch bzw. der Nichtaufnahme der Kooperation übersteigt. Als Kooperationsaufwand werden der sachliche Aufwand zur Aufrechterhaltung der Kooperation, beispielsweise die Kosten für Kommunikation, der zeitliche Aufwand der ooperationsdurchführung, beispielsweise die

Arbeitszeit der Mandatsträger und der soziale Aufwand, beispielsweise die psychische Belastung der Akteure, die beim Aufeinandertreffen unterschiedlicher Kulturkreise entsteht angesehen. Besonders die unterschiedliche Ausprägung der industriellen Beziehungen kann das Unverständnis zwischen den, aus verschiedenen Kulturkreisen kommenden Mandatsträger erhöhen und die Kooperation belasten. (14) Durch einen Abbruch der Kooperation entstehen Konfliktkosten, wie beispielsweise ein Ansehensverlust der die Kooperation verweigernden Arbeitnehmervertretung oder eine erschwerte Wiederaufnahme der Kooperation, wenn diese in der Zukunft zur Zielerreichung der nichtkooperierenden Arbeitnehmervertretung notwendig wird. Bei intensiven Kooperationsbeziehungen, in denen eine starke wechselseitige Abhängigkeit der beteiligten Akteure herrscht, würde ein Kooperationsabbruch hohe Konfliktkosten nach sich ziehen. Die Existenz eines niedrigen Kooperationsaufwands und die Erwartung hoher Konfliktkosten bei einer Beendigung der Kooperation wirken stabilisierend auf die Kooperation.

Bei der Analyse des sachlichen Aufwands der beteiligten Arbeitnehmervertretungen fällt auf, daß in der Startphase der Kooperation Aufwendungen, wie beispielsweise Reisekosten zumindest teilweise von den nationalen Gewerkschaften getragen wurden. Der VW-Gesamtbetriebsrat beauftragte die Arbeitnehmervertreter im Aufsichtsrat mit der Durchführung von Informationsbesuchen in außereuropäischen VW-Standorten. Sie übten diese Aufgabe im Rahmen ihrer Informationspflicht, die mit ihrem Aufsichtsratsmandat in Zusammenhang stand aus. Die eigenen finanziellen Aufwendungen der Arbeitnehmervertretung konnten hierdurch begrenzt werden. Der Arbeitsaufwand der hauptamtlichen Referenten des Gesamtbetriebsrats, die mit internationalen Kooperationsfragen beschäftigt sind, wird aus dem Gesamtbudget der Arbeitnehmervertretung finanziert. Auf Seiten der Seat-Arbeitnehmervertretung sind die finanziellen Ressourcen der nationalen Gewerkschaften zur Finanzierung internationaler Aktivitäten der Gewerkschaftssektionen beschränkt. Allerdings hielten sich auch die Kontakte, zumindest der CC.OO.-Sektion, in Grenzen. Seit 1990 übernimmt das Unternehmen die Finanzierung der Kontakte der Arbeitnehmervertretungen der europäischen Konzernstandorte. Die Gründung des Europäischen VW Konzernbetriebsrats durch die Arbeitnehmervertretungen des VW-Konzerns wurde zwar vom Konzernvorstand offiziell nicht anerkannt, allerdings war der Vorstand bereit, die Kosten der Sitzungen des Gremiums, d.h. die Reise-, Übernachtungs-, Bewirtungs-, Dolmetscher- und Konferenzkosten zu übernehmen. (Int1: 26f.)
Bei allen Arbeitnehmervertretungen der europäischen VW-Standorte wurden die Kooperationskosten zu Beginn der Kooperation durch den extensiven Kooperationsprozeß begrenzt und außerdem von den jeweiligen nationalen Gewerkschaften mitgetragen. Der sachliche Aufwand wirkte insofern nicht destabilisierend auf die Kooperation. Mit steigender Kooperationsintensität ist die Strategie erkennbar, den Aufwand zunehmend auf den Konzern zu verlagern.

Die Einschätzung der Konfliktkosten differiert zumindest in der Anfangsphase der Kooperation zwischen den Kosten, die dem Gesamtbetriebsrat und der
UGT-Sektion einerseits und denen, die der CC.OO.-Sektion andererseits entstehen würden. Der Gesamtbetriebsrat hat eine Reputation als fortschrittliche und
kooperative Arbeitnehmervertretung zu verlieren. Darüberhinaus bestand Ende
der 70er Jahre ein gewerkschaftspolitischer Handlungsdruck, sich mit den negativen Auswirkungen der Apartheidspolitik auf die Niederlassungen deutscher multinationaler Konzerne in Südafrika zu beschäftigen. Die UGT-Sektion zeigte ein
großes Interesse an Kontakten zur deutschen VW-Arbeitnehmervertretung, um
direkte Informationen aus der neuen Konzernzentrale zu erhalten. Eine Nichtaufnahme der Kooperation hätte zu äußerst hohen Konfliktkosten hinsichtlich der
Realisierung der UGT-Sektionsziele geführt. Darüberhinaus hatten die deutschen
Gewerkschaften und weitere politische Organisationen eine massive Aufbauhilfe
bei der Reorganisation des UGT-Dachverbandes geleistet. Dieser Dachverband
hätte eine Zurückweisung des Kooperationswunsches nicht toleriert. Inzwischen
hat die Kooperation einen Entwicklungszustand erreicht, der einen Abbruch im
aktuellen Kooperationsstadium unwahrscheinlich erscheinen läßt und die, von der
UGT gewünschte weitere Institutionalisierung der Kooperation gefährden würde.

Für die CC.OO.-Sektion waren die Konfliktkosten in der Anfangsphase der
Kooperation geringer. Die CC.OO. konnte als Nichtmitglied des Europäischen
Metallgewerkschaftsbundes eine Kooperation ablehnen. Da sie allerdings ebenfalls an Informationen aus der Konzernzentrale interessiert war, die nur über das
EMB-Mitglied IG Metall verfügbar waren, existierte ein Anreiz, die Kooperati-
onsangebote des Gesamtbetriebsrats wahrzunehmen. Außerdem hatte der Gewerkschaftsbund CC.OO. bereits 1979 einen Aufnahmeantrag an den Europäischen Gewerkschaftsbund gestellt, der durch unsolidarische Basisaktionen der
Sektionen nicht gefährdet werden sollte. Inzwischen gibt es ebenfalls ein stärkeres Eigeninteresse der Sektion an einer weitergehenden Institutionalisierung der
Beziehungen zum VW-Gesamtbetriebsrat.

Die Konfliktkosten der die Kooperation ablehnenden Arbeitnehmervertreter
steigen ebenfalls wenn eine hohe wechselseitige Abhängigkeit zwischen den
kooperierenden Arbeitnehmervertretungen besteht. Diese Abhängigkeit ist in der
Startphase der Kooperation gering, sie kann im Verlauf der Kooperation zu deren
Stabilisierung planmäßig gestärkt werden. Eine Möglichkeit der Stabilisierung
besteht in der Herbeiführung von Gelegenheiten, beispielsweise gegenseitige
Einladungen zu Feiern der internationalen Arbeiterbewegung, die den reziproken
Charakter der Kooperation erhöhen. Die VW-Arbeitnehmervertretung fördert systematisch diese Form der Kooperationsstabilisierung. Die Mandatsträger der
ausländischen VW-Standorte werden eingeladen, an den 1. Mai-Feiern sowie
Betriebs- und Vertrauensleuteversammlungen teilzunehmen und über die Probleme der von ihnen vertretenen Belegschaften zu informieren. Der direkte Kontakt

mit der Belegschaft der deutschen Standorte fördert ihre Kenntnisse über die Probleme der inländischen VW-Arbeitnehmer. Gleichzeitig wird das Bewußtsein der Belegschaft für die Lage in den ausländischen Standorten geschärft. Während der Gesamtbetriebsrat mit diesem direkten Informationsaustausch primär ein Problembewußtsein für die internationale Kooperation in der Belegschaft schaffen will, steigert diese Strategie als nicht zu unterschätzenden Nebeneffekt gleichzeitig die reziproke Verpflichtungsfähigkeit der Kooperation. "Wenn dies (die internationale Kooperation - V.M.) mehr als ein Lippenbekenntnis sein soll, dann muß die Notwendigkeit internationaler Solidarität verstärkt bei den gewerkschaftlichen Vertrauensleuten und auch in der Belegschaft - also an der Basis - verankert werden. Deshalb wurde sowohl südafrikanischen wie auch brasilianischen und mexikanischen Gewerkschaftskollegen anläßlich ihrer Besuche in den deutschen Werken die Gelegenheit gegeben, in Betriebsversammlungen vor der Belegschaft und in Vertrauensleute-Sitzungen über ihre gewerkschaftspolitische Situation zu berichten". (Hiller 1988: 958)

Bei der Seat-Arbeitnehmervertretung sind keine Strategien zur Stärkung der wechselseitigen Abhängigkeit, wie sie vom Gesamtbetriebsrat verfolgt werden erkennbar. Die Delegationen der Arbeitnehmervertretungen aus ausländischen VW-Standorten treffen zu Gesprächen mit den Führungsgremien bzw. einzelnen Mandatsträgern aus den Sektionen zusammen. Ein Kontakt mit den belegschaftsnah agierenden Mandatsträgern oder der Belegschaft findet in der Regel weder bei der UGT noch bei den CC.OO. statt. Dieses Defizit korrespondiert mit der kaum existierenden Informationspolitik zu Fragen der konzerninternen Arbeitnehmerkonkurrenz und der internationalen Kooperation in den Seat-Sektionen.

Eine Minimierung des sachlichen Kooperationsaufwands läßt sich durch die Ausnutzung der unterschiedlichen Präferenzen der Mandatsträger hinsichtlich ihres Einsatzes für die Kooperation erzielen. Wiesenthal unterscheidet bei den Akteuren zwischen hochmotivierten, bedingt-kooperationsbereiten, sowie nach- und mitlaufenden Personen. (Wiesenthal 1987a: 442) Um die Arbeitskapazitäten der Arbeitnehmervertretung während des besonders arbeitsintensiven und ungewissen Beginns der Kooperation nicht übermäßig zu belasten, sollten hiermit besonders motivierte, primär an den process-benefits interessierte Mandatsträger beauftragt werden. Sobald sich eine Kooperationsroutine einstellt und ein Kooperationsnutzen erwartbar wird, können dann zunächst die bedingt-kooperationsbereiten und schließlich auch die nachlaufenden Mandatsträger für die Kooperation gewonnen werden. Die Nutzung einer derartigen Präferenzdifferenzierung ist möglich, wenn eine Arbeitnehmervertretung aus einer großen Anzahl von Mandatsträgern besteht und der Belegschaft sowie den Arbeitnehmervertretern an der Basis ausreichende Partizipationsstrukturen im Bereich der internationalen Kooperation offenstehen.

Beide Voraussetzungen treffen in besonderem Maße auf die Wolfsburger Arbeitnehmervertretung zu. Innerhalb der Arbeitnehmervertretung kann eine, für die Entwicklung der Kooperation positiv genutzte Präferenzdifferenzierung beobachtet werden. Die internationale Kooperation wurde seit Anfang der 80er Jahre vom heutigen Geschäftsführer des Gesamtbetriebsrats und den ehemaligen Gesamtbetriebsratsvorsitzenden intensiv unterstützt. (15) Sie sind zu den hochmotivierten Mandatsträgern zu zählen, die die internationale Kooperation aus der Überzeugung von deren zukünftiger Relevanz für die eigene und die aktuelle Bedeutung für die ausländischen VW-Arbeitnehmervertretungen heraus fortentwickeln. "Es sind immer Macher, die sich auch mit den Publikationen wie dem BR-kontakt befassen, die darin auch schreiben. Da arbeiten wir (die Intersoli-Gruppe VW-Wolfsburg - V.M.) immer eng mit zusammen und tun und machen, damit wir da auch was reinkriegen. Das hängt auch von Personen ab. (...) (Der Geschäftsführer des GBR - V.M.) hat da schon immer viel Herzblut dran gehabt, daß das auch weitergeht. Weil er für diese Aufgabe auch immer zuständig war". (Int2: 12)

Zu den hochmotivierten Arbeitnehmervertretern zählen auch die Mitglieder des Arbeitskreises Intersoli des Standortes Wolfsburg. Bei den Arbeitskreismitgliedern ist eine stark prozeßorientierte Arbeitsmotivation feststellbar, die nicht primär an der Erreichung der Ziele der eigenen Arbeitnehmervertretung orientiert ist, sondern auf universale humanistische und politische Werte, sowie einem Interesse an der eigenen persönlichen Entwicklung zurückgeht. Hierin unterscheidet sich der Arbeitskreis von den anderen Gremien der Arbeitnehmervertretung, die die internationale Kooperation aus dem Interesse an der eigenen Organisation heraus unterstützen. Auf diese universalen, die Ziele der eigenen Organisation überschreitenden Kooperationsbedürfnisse verweisen die Antworten auf die Frage nach den Beweggründen für die Mitarbeit bei Intersoli wie 'ein Interesse an der Dritten Welt', 'Empörung über die Lebensverhältnisse dort', 'das Interesse an persönlichen Kontakten', 'den Wunsch private Interessen mit dem Beruf zu verbinden', 'den eigenen Horizont zu erweitern', 'gegen die Apartheid zu kämpfen' und 'die internationale Arbeiterbewegung basisnah zu fördern'. (Tagung Arbeitskreis Intersoli 1991) Diese Motivation sichert die Bereitschaft, freiwillig einen großen Anteil an der Arbeit der basisnahen Kooperationsaktivitäten der Arbeitnehmervertretung in Wolfsburg zu leisten, der unabhängig von kurzfristigen Erfolgen hinsichtlich der Ziele der eigenen Arbeitnehmervertretung erbracht wird, weil die Verbesserung der Lebensbedingungen an den VW-Standorten außerhalb Deutschlands im Vordergrund steht.

Mit dieser Form der Aufgabenverteilung ist es der Arbeitnehmervertretung des Standorts Wolfsburg gelungen, die Präferenzdifferenzierung unter den Mandatsträgern für die Stabilisierung der Kooperation zu nutzen. In den Spitzengremien der Arbeitnehmervertretung wird die Kooperation von besonders motivierten Mandatsträgern weiterentwickelt, die neben persönlichen Beziehungen zu den ausländischen Arbeitnehmervertretern ebenso die Relevanz dieses Arbeitsbereichs für die langfristige Zielerreichung der eigenen Organisation sehen. Ihnen steht an der Basis und auf der Ebene der Vertrauensleute eine Gruppe prozeßorientierter Mitarbeiter zur Verfügung, die mit ihrer Informationsarbeit die Handlungsspielräume der Kooperation für die erstgenannten Personen erweitern. Die übrigen Mandatsträger und der überwiegende Teil der Belegschaft wird als bedingt-kooperationswillige Gruppe, angesichts der Internationalisierung des Konzerns mit rationalen Argumenten vom Nutzen der Kooperation überzeugt.

In der Seat-Arbeitnehmervertretung ist die Möglichkeit zur Nutzung von Präferenzdifferenzierungen aufgrund der geringeren Zahl von Mandatsträgern eingeschränkt. Die UGT-Sektion des Standorts Barcelona verfügt über keine Mandatsträger, die sich aufgrund einer Prozeßorientierung für internationale Kooperationsprozesse interessieren. Der langjährig für Kooperationsfragen zuständige Vorsitzende der Sektion hat zwar ein starkes Vertrauensverhältnis zu den Kooperationsakteuren der ausländischen VW-Standorte entwickelt. Seine Argumente für die Beschäftigung mit der Kooperation basieren jedoch auf der Realisierung der Sektionsziele und der Sicherung von Mindeststandards der Arbeitsbedingungen in allen europäischen VW-Standorten. Er ist aufgrund seines Amtes als Sektionsvorsitzender für die internationale Kooperation zuständig.

In der CC.OO.-Sektion SEAT-Barcelona ließ sich 1991 zumindest im Sektionsvorstand eine Präferenzdifferenzierung zwischen prozeßorientierten und bedingt-kooperationsbereiten Mandatsträgern feststellen. Der ehemalige Sektionsvorsitzende war seit mehreren Jahren für die internationale Kooperation und gleichzeitig als Mitglied des Bezirksvorstands der CC.OO. Catalunya für deren internationale Beziehungen zuständig. Er übernahm diesen Arbeitsbereich aus persönlichem Interesse und wurde zum *einzigen* Experten der CC.OO. Catalunya mit großer Auslandserfahrung und umfassenden internationalen Kontakten. Die CC.OO.-Sektion bietet das Beispiel einer kontraproduktiven Nutzung der Präferenzdifferenzierung, die letztlich zur Destabilisierung der Kooperation führt. Da die Sektion ihre geringen Ressourcen bevorzugt für andere Arbeitsbereiche einzusetzt, interessierte sich kein Mandatsträger für die internationale Kooperation. Aufgrund seines persönlichen Interesses wurden dem Sektionsvorsitzenden alle Kooperationskontakte übertragen. Im Gegensatz zu den hochmotivierten Kooperationsakteuren in Wolfsburg blieb der Sektionsvorsitzende der CC.OO. in seiner internationalen Handlungsfähigkeit beschränkt, ein Ausbau der Kooperation war mangels Ressourcen nicht möglich, da die Kooperation nur von diesem Mandatsträger unterstützt wurde. Hinzu kam die internationale Isolation der CC.OO. Die Präferenzdifferenzierung wurde so zu einem Hindernis für den Ausbau der Kooperation, weil sie gerade zu Beginn der Kooperation wegen des niedrigen Kooperationsaufwands ausgenutzt, aber nicht ausgebaut wurde. Die Kontinuität der internationalen Kontakte war 1991 gefährdet, als dieser einzige mit Kooperationsfragen befaßte Mandatsträger zurücktrat und kein ähnlich qualifizierter Arbeitnehmervertreter zur Verfügung stand. Der Verlust ist besonders gravierend, da die ausländischen Arbeitnehmervertreter nur zu diesem CC.OO.-Mandatsträger ein intensives Vertrauensverhältnis entwickelten. Die Kontinuität der Kooperation zwischen der VW- und der Seat-Arbeitnehmervertretung konzentriert sich seitdem noch stärker auf die Person des UGT-Sektionsvorsitzenden, der nun als einziger SEAT-Mandatsträger über ein langjähriges Vertrauensverhältnis zur VW-Arbeitnehmervertretung verfügt. Es ist zu befürchten, daß das Mißtrauen der CC.OO.-Sektion in die Kooperation durch diese strukturbedingte Vorrangstellung der UGT weiter zunehmen und die Kooperation belasten wird. Aus diesem Beispiel ist zu ersehen, daß die Präferenzdifferenzierung nur dann zur langfristigen Stabilisierung der Kooperation beiträgt, wenn alle an der Kooperation partizipierenden Gruppen der Arbeitnehmervertretung ausreichend umfangreich sind, um die Funktion ihrer Teilgruppe auch nach dem Ausscheiden einiger Mitglieder aus den Kooperationsprozessen weiterhin ausüben zu können.

8.4.3 Die Koorientierung in der Kooperation

Unter Koorientierung wird die Stabilisierung der Kooperation durch eine Orientierung der Kooperationsentscheidungen an der bisherigen internationalen oder nationalen Kooperationsgeschichte der Arbeitnehmervertretungen und/oder der Vorbildfunktion herausragender Mandatsträger verstanden. Bei einer großen Anzahl beteiligter Akteure und in komplexeren Kooperationssituationen können auf diese Art die Koordinations- und Kooperationskosten minimiert werden.

Auf Seiten der VW-Arbeitnehmervertretung bezeichnet der Gesamtbetriebsrat die Realisierung einer Verhandlungslösung auf nationaler Ebene, während der Volkswagenkrise in der ersten Hälfte der 70er Jahre, als das Schlüsselerlebnis einer erfolgreichen kollektiv-rationalen Krisenbewältigung. Durch eine gemeinsame Verhandlungslösung, die die gleichmäßige Reduzierung der Belegschaften aller Standorte und Produktionsverlagerungen vorsah, konnte die Schließung einzelner Konzernstandorte verhindert werden. (16) Diese Verhandlungen sieht der Gesamtbetriebsrat als Modell für seine angestrebte Strategie eines solidarischen Beschäftigungsausgleichs zwischen den europäischen Konzernstandorten an. "Für die Arbeitnehmervertretung war das allerdings eine sehr positive Bewährungsprobe, in dem sie untereinander eine Spaltung nach Standorten verhindert hat. Schließlich hätte eine Schließung der Werke in Neckarsulm und Salzgitter die anderen Werke und Belegschaften relativ unbeschadet weiterbestehen lassen. ... Dieser Geist des Zusammenhaltens von damals ist im VW-Gesamtbetriebsrat noch heute vorhanden und die eigentliche Stärke der Arbeitnehmervertretung bei VW. Deshalb bin ich auf diese Entwicklung eingegangen, weil wir schon damals sozusagen Internationalität im Lande praktiziert haben mit Ostfriesen, Hessen und

Sachsen". (Stassek 1990: 93f.) "Prozesse der Verlagerung haben in einem viel stärkeren Umfang im Inland eine Rolle gespielt. Und zwar gerade im Zusammenhang der Krise 1974/75, als es um die Frage der Erhaltung der Standorte gegangen ist. Im Grunde genommen, was damals gemacht worden ist, Produktionsanteile zu verschieben, natürlich auch Arbeit in den Werken zu verlagern um die Standorte zu sichern, ist natürlich ein Stück weit auch ein Leitmotiv gewesen für diesen europäischen Konzernbetriebsrat. Sich nämlich zu sagen, das hat sich damals bewährt, das ist vernünftig gelaufen. Die Verhältnisse im Konzern haben sich geändert, wir müssen jetzt versuchen, daß was wir im Rahmen der Krise 1974/75 für das Inland geschafft haben ein Stück weit auch international zu übertragen". (Int1: 15)

Demgegenüber tradiert die CC.OO.-Sektion bei SEAT-Barcelona eine negative Kooperationserfahrung aus den Jahren 1979/80 mit der italienischen FIAT-Gewerkschaft CIGL. Die Kooperation mit der CIGL verlief auf der Ebene eines kontinuierlichen Informationsaustausch zufriedenstellend. Während der Krise des FIAT-Konzerns Anfang der 80er Jahre verweigerte die CIGL die Kooperation. Da bei FIAT durch den starken Nachfragerückgang eigene KFZ-Kapazitäten unausgelastet waren, leistete die CIGL keinen Widerstand, als FIATt sich von seinem SEAT-Engagement trennte. Dieser Mißerfolg der Kooperation bestimmte auch zwölf Jahre später noch die negative Einschätzung der CC.OO.-Mandatsträger über die Verläßlichkeit der aktuellen Kooperationsabsprachen. Der Mißerfolg der CC.OO.-Kooperation mit der CIGL ist ein Beispiel für die destabilisierende Wirkung einer negativen Kooperationserfahrung. "Der Austausch von Erfahrungen etc. ist wichtig, aber er beeinflußt nicht die Politik, die jede Gewerkschaft später in den Unternehmen ihres Bereichs betreibt. Das ist das Problem. Wir (die CC.OO.-Sektion SEAT-Barcelona - V.M.) unterhielten zum Beispiel, zwar nicht auf Ebene des Betriebskomitees, Beziehungen zur CIGL zur kommunistischen Gewerkschaft während der Zusammenarbeit SEATs mit FIAT. Es waren sehr gute solidarische Beziehungen. Das war auch während der Zeit des Kampfes gegen den Franquismus. Aber als sich FIAT von SEAT trennte, als es darum ging, ob man SEAT hält und dafür 15.000 Arbeitsplätze in Turin abbaut, zählte das nicht mehr. Auf der Informationsebene lief es sehr gut, auf der Ebene von Verpflichtungen lief nichts". (Int8: 14)

In der UGT-Sektion gibt es zwar kein herausragendes positives bzw. negatives Ereignis der Kooperationsgeschichte mit der VW-Arbeitnehmervertretung. Da die Sektion bis 1991 als einzige über die Mitgliedschaft der UGT Metal im Europäischen Metallgewerkschaftsbund (EMB) institutionalisierte Kontakte zur IG Metall unterhielt, konnte sie ihren Informationsvorsprung in Verhandlungen mit dem Management einsetzen. Vor Betriebskomiteewahlen warb die UGT-Sektion gegenüber der Belegschaft mit ihren guten Kontakten zur IG Metall. Diese Möglichkeiten führten zu einer grundsätzlich positiven Einstellung gegenüber der Kooperation. (Int4: 5) Neben diesen unterschiedlichen historischen Kooperationserfahrungen verweisen Vertreter beider Seat-Sektionen und der VW-Arbeitnehmervertretung auf die positiven Ergebnisse der lokalen Verhandlungen mit dem Seat- und dem VW-Management zur Verhinderung einer Ausdehnung der Maschinenlaufzeiten. Zur Einschränkung dieser konzerninternen Arbeitnehmerkonkurrenz hatten die UGT- und CC.OO.-Sektion sowie der Gesamtbetriebsrat eine gemeinsame Verhandlungsplattform abgesprochen. (Int1: 16f.; 21)

Insgesamt können bei den untersuchten Kooperationsbeziehungen der Arbeitnehmervertretungen des VW-Konzerns alle im zweiten Kapitel eingeführten Mechanismen zur Stabilisierung einer kollektiv-rationalen Kooperationsentscheidung vorgefunden werden. Sie differieren hinsichtlich der Planmäßigkeit ihrer Einführung und des Zeitraums innerhalb des Kooperationsablaufs, in dem sie wirksam wurden. Zu Beginn der Kooperation griffen alle Arbeitnehmervertretungen verstärkt auf die Stabilisierungsleistungen der Gewerkschaften zurück. Inzwischen ist die Autonomie der Mandatsträger bezüglich der eigenen Gestaltung der Kooperation gestiegen. Sie haben die gewerkschaftlichen Reglementierungen der Kooperation, bei einer grundsätzlichen inhaltlichen Übereinstimmung ihrer Positionen mit denen der Gewerkschaften überwunden. In der Seat-Arbeitnehmervertretung konnten die negativen Einflüsse der Zersplitterung der spanischen Gewerkschaftsbewegung auf die Kooperation innerhalb des VW-Konzerns begrenzt werden.

Im Bereich der endogenen Stabilisierungsmaßnahmen weisen alle Arbeitnehmervertretungen der Kooperation einen langfristig zunehmenden Stellenwert zu. Bei dieser Beurteilung erscheint ein Kooperationsabbruch als unwahrscheinlich. Ebenso haben alle Akteure, mit Ausnahme einiger Mandatsträger der CC.OO.-Sektion ein ausreichendes Vertrauen in die Verläßlichkeit der ausländischen Arbeitnehmervertreter entwickelt. Systematische Anstrengungen, den sachlichen Kooperationsaufwand auf das Unternehmen zu übertragen, hat nur die VW-Arbeitnehmervertretung unternommen. Hiervon profitieren im europäischen Kooperationsbereich inzwischen neben anderen auch die spanischen Gewerkschaftssektionen. Mit dem steigenden Nutzen der Kooperation haben die erwarteten Konfliktkosten beim Abbruch der Beziehungen eine Höhe erreicht, die alle Arbeitnehmervertreter in einem Konflikt zu Kompromißlösungen bewegen würden.

Die VW-Arbeitnehmervertretung hat planmäßig weitere Stabilisierungsmechanismen eingeführt. Hierzu zählt beispielsweise die Nutzung der, zwischen den Mandatsträgern und innerhalb der Belegschaft differierenden Kooperationspräferenzen. In der UGT-Sektion ist dieser Mechanismus nicht zu beobachten. Von der CC.OO. wurde auf die Präferenzdifferenzierung zurückgegriffen, allerdings wirkte sie sich 1991 destabilisierend auf die Kooperation aus. Die Auswirkungen der historischen Kooperationserfahrungen auf die Koorientierung der zukünftigen

Kooperation lassen sich bei den Arbeitnehmervertretungen ähnlich einschätzen. Während die VW-Arbeitnehmervertretung positive nationale Erfahrungen intendiert auf die internationale Ebene transferiert, ziehen Mandatsträger der CC.OO. negative Erfahrungen mit früheren CIGL-Kooperationspartnern heran und übertragen sie auf aktuelle Kooperationsprozesse. Allerdings treten auch in der CC.OO. erste positive Erfahrungen mit der VW-Arbeitnehmervertretung neben diese negativen historischen Erfahrungen der 70er Jahre. Während bei der VW-Arbeitnehmervertretung eine Konzentration der stabilisierenden Mechanismen feststellbar ist, kumulieren in der CC.OO. Sektion überwiegend kooperationsdestabilisierende Mechanismen. Die UGT-Sektion agiert auf dem Feld der Kooperation professionell, ohne zusätzliche Stabilisierungsmechanismen zu etablieren. Sie vertraut auf die Kooperationsreputation und die soziale Ressource der intensiven internationalen Kontakte der UGT Metal-Bundesorganisation.

8.5 Der Einfluß der Internationalisierung des VW-Konzerns auf die Entwicklung der Kooperation zwischen der VW- und der Seat-Arbeitnehmervertretung

In der zweiten Hypothese war die im Rahmen der Internationalisierung der Produktionsstrukturen in MNk entstehende konzerninterne Arbeitnehmerkonkurrenz als Ursache der Verringerung der Bargaining Power der betrieblichen Arbeitnehmervertretungen bezeichnet worden. Die internationale Kooperation zwischen den Arbeitnehmervertretungen der Konzernstandorte soll diese konzerninterne Arbeitnehmerkonkurrenz eingrenzen. Nach der Analyse der Internationalisierung des VW-Konzerns im fünften Kapitel soll im folgenden untersucht werden, inwieweit sich die Entwicklung der Kooperation zwischen der VW- und der Seat-Arbeitnehmervertretung an der Internationationalisierung des VW-Konzerns orientiert. Eine synchrone Entwicklung von Internationalisierung und Kooperation kann als Bestätigung der zweiten Hypothese gelten.

Die erste Kooperationsphase der VW-Arbeitnehmervertretung umfaßt die Jahre 1966 bis 1974/75. Das Kennzeichen dieser Phase ist eine grundsätzliche Inaktivität der Mandatsträger in Kooperationsfragen. Die Kooperation wird von den Mandatsträgern nur als eine marginale Aufgabe der Arbeitnehmervertretung wahrgenommen. Zwar expandierte der VW-Konzern bereits in den 50er Jahren international in Brasilien, Südafrika, Belgien und Mexiko. Diese Auslandsinvestitionen dienten jedoch der Erschließung ansonsten geschlossener Märkte bzw. der Umgehung von Handelshemmnissen. Dieses Internationalisierungsmotiv und ein hoher allgemeiner Produktionszuwachs führten bis 1968 zu einem höheren oder zumindest ausgeglichenen Wachstum der Exporte aus der Bundesrepublik im Vergleich zur VW-Auslandsproduktion. Da diese Form der Internationalisierung des Konzerns den Ausbau der deutschen VW-Standorte nicht negativ beeinflußte, besaß die VW-Arbeitnehmervertretung keinen negativen Anreiz zur Aufnahme internationaler Kooperationsaktivitäten. Ein ehemaliger Gesamtbetriebsratsvorsitzender schätzt diesen Zeitraum ein: " Also, die Internationalisierung von VW begann ja in den fünfziger Jahren. Das Problembewußtsein (über diesen Prozeß - V.M.) bekam der Betriebsrat oder Teile der Betriebsräte erst in dem Moment, als hier in der Bundesrepublik keine Expansion mehr ablief. Die sechs Werke, jedes dritte Jahr wurde also ein neues Werk erbaut und da war dann irgendwann Schluß, mit Salzgitter. Bis zu diesem Zeitpunkt hat sich also überhaupt niemand darum gekümmert und hat man diese Problematik nicht gesehen". (Int3: 3) Ein Anreiz auf die Internationalisierung Volkswagens zu reagieren, bestand vielmehr auf Seiten der Gewerkschaften derjenigen Auslandsmärkte, für die die VW-Exporte eine relevante durch KFZ-Exporte erzeugte Arbeitnehmerkonkurrenz bildeten. Anfang der 60er Jahre ging von der US-amerikanischen Automobilarbeitergewerkschaft UAW die Initiative aus, internationale Kooperationsprozesse mit den europäischen Metallgewerkschaften zu verstärken, um negative Auswirkungen der KFZ-Exporte auf die eigenen Belegschaften zu kontrollieren. (17) 1966 gründete der Internationale Metallgewerkschaftsbund auf diese Anregungen hin einen Weltkonzernausschuß für den Volkswagenkonzern. Von dem Ausschuß gingen in den folgenden dreizehn Jahren keine besonderen Aktivitäten aus, er trat in diesem Zeitraum kein einziges Mal zusammen. Aufgrund der positiven ökonomischen Entwicklung in der Bundesrepublik besaß auch die VW-Arbeitnehmervertretung der deutschen Standorte und die IG Metall kein Interesse an der Aktivierung dieses Gremiums.

Die zweite Kooperationsphase wurde 1975 eingeleitet, als der Konzernvorstand beschloß, einen Produktionsstandort in den USA zu bauen, um die für Volkswagen ungünstige Wechselkursentwicklung aufzufangen und den US-Absatz langfristig zu stabilisieren. Dieser Beschluß stieß auf den Widerstand des Gesamtbetriebsrats. Die Beschäftigungslage in den inländischen VW-Standorten wurde Mitte der 70er Jahre noch von den Auswirkungen der VW-Krise von 1973/74 beeinflußt. Eine Produktion in den USA hätte die Beschäftigten des VW-Standorts Emden, der fast ausschließlich für den US-Export produzierte, zusätzlich getroffen. Die Erfahrung, daß die Entwicklung der inländischen Standorte zukünftig wesentlich von der Internationalisierung des Konzerns und der konzerninternen Arbeitnehmerkonkurrenz bestimmt werden würde, rief beim GBR erstmals ein stärkeres Interesse an der internationalen Kooperation zwischen den Arbeitnehmervertretungen hervor. "Ein wichtiges Schlüsselerlebnis bei Volkswagen auf dem Weg zum multinationalen Konzern war die Entscheidung, Mitte der 70er Jahre ein Montagewerk in den USA zu bauen. Die sogenannte Ölkrise mit ihren Auswirkungen auf die Weltwährungs- und Welthandelsverhältnisse führte zur Überlegung, mit dem Bau eines Montagewerks die Gefahren eines niedrig bewerteten Dollars zu umgehen. Währungsschwankungen bedrohten einen Absatzmarkt. Für die Arbeitnehmervertreter im Aufsichtsrat, den Gesamtbetriebsrat und die IG Metall spielte die Befürchtung massiver Arbeitsplatzverluste im Inland bei Gefährdung des gesamten Fertigungsstandortes Emden, an dem ausschließlich für den US-Markt produziert wurde, eine zentrale Rolle". (Hiller 1986: 21f.) Obwohl der Gesamtbetriebsrat Kontakte zur US-amerikanischen UAW aufnahm, löste er die Standortprobleme Emdens in bilateralen Gesprächen mit dem Konzernvorstand, der eine Garantieerklärung für die Auslastung der deutschen Standorte abgab. (WIR MetallER 26.04.1976)

Die erste Erfahrung mit einer konzerninternen Arbeitnehmerkonkurrenzsituation führte zur Aufnahme von Kooperationsaktivitäten durch den Gesamtbetriebsrat. Die Arbeitnehmervertreter im Aufsichtsrat, die in der Regel als Betriebsratsvorsitzende auch Mitglieder des Gesamtbetriebsrats sind, bereisten in den folgenden Jahren die Produktionsstandorte in Mexiko, Brasilien und Südafrika, um sich über die Lage der dortigen Arbeitnehmervertretungen zu informieren. Ebenso wurde der VW-Weltkonzernausschuß des IMB aktiviert, der 1979 zu seiner ersten Sitzung in Wolfsburg zusammentrat. In dieser Anfangsphase der Kooperation wird die Unterstützung der brasilianischen VW-Gewerkschafter, die die Anerkennung als legitime betriebliche Interessenvertreter fordern und die Anerkennung der schwarzen, südafrikanischen Metallgewerkschaft durch das jeweilige lokale VW-Management zum zentralen Kooperationsziel der VW-Arbeitnehmervertretung. Die Konzentration auf diese Ziele in der Anfangsphase der Kooperation war aus mehreren Gründen vorteilhaft für die deutschen Arbeitnehmervertreter. Sie befanden sich in voller Übereinstimmung mit den inhaltlichen Zielen des IMB und der IG Metall. Es handelte sich um klar definierte Ziele, deren Nutzen der Belegschaft leicht vermittelt werden konnte. Die Ziele waren unter Beibehaltung punktueller Kontakte realisierbar. (18) Sowohl der Kooperationsaufwand, als auch die Konfliktkosten waren in dieser Kooperationsphase für die VW-Arbeitnehmervertretung niedrig. Den sachlichen Aufwand der Informationsreisen der Aufsichtsratsmitglieder trug das Unternehmen und die Verhandlungsspielräume der Arbeitnehmervertretung gegenüber dem lokalen Management wurden durch Kooperationsabsprachen nicht eingeschränkt.

Während der dritten Kooperationsphase, die 1982/83 einsetzte, erfolgte eine Konzentration der Kooperationsbeziehungen des Gesamtbetriebsrates auf die europäischen Konzernstandorte. Dies war einerseits das Resultat einer erfolgreichen Kooperation mit den VW-Arbeitnehmervertretungen der brasilianischen und südafrikanischen Standorte. Deren Forderung nach Anerkennung durch das lokale Management konnte erfüllt werden. (19)

Kontinuierliche basisnahe Kontakte zu den außereuropäischen Standorten Mexiko, Brasilien und Südafrika wurden in den folgenden Jahren durch die Mitglieder des 1982 gegründeten Arbeitskreises Internationale Solidarität (Intersoli) unterhalten. Während die Mitglieder des Arbeitskreises Studienreisen in die betreffenden Länder unternahmen und sich mehrere Wochen an den VW-Standorten aufhielten, um sich über die Lage der VW-Arbeiter vor Ort zu informieren und darüber in Wolfsburg zu berichten, war der Gesamtbetriebsrat für die Organisation kontinuierlicher Besuchskontakte der eigenen und ausländischen Mandatsträger verantwortlich. Der Vorsitzende der Gewerkschaft der schwarzen VW-Arbeiter Südafrikas besucht seit 1978 regelmäßig die inländischen VW-Standorte. Dieser dauerhafte, in fast fünfzehn Jahren entwickelte Kontakt ist ein Beispiel für die, von den Mandatsträgern angestrebten, auf Vertrauen basierenden persönlichen Arbeitsbeziehungen, die die internationale Kooperation erleichtern sollen.

Die Kooperation mit den Arbeitnehmervertretungen der europäischen Konzernstandorte wurde aufgrund einer konzerninternen Arbeitnehmerkonkurrenzsituation zwischen dem Standort VW-Wolfsburg und dem KFZ-Hersteller SEAT intensiviert. Mit der Vergabe eines Montageauftrags für das VW-Modell Polo an SEAT entstand 1982 erstmals eine konzerninterne VW-Arbeitnehmerkonkurrenz innerhalb Europas. Diese Situation gefährdete die der Bargaining Power des Gesamtbetriebsrats. Erstmals wurde eine Parallelproduktion von VW-Modellen an ein nicht dem VW-Konzern angehörendes Unternehmen vergeben. Nach dem teilweisen Verlust des US-Exportmarktes existierte damit seit 1982 auch für die inländischen VW-Werke in Europa eine Anbieterkonkurrenz im Bereich des Segments der unteren Mittelklasse. Auf diese strukturelle Veränderung der Produktionsstruktur des VW-Konzerns mußte der Gesamtbetriebsrat mit neuen internationalen Kooperationsanstrengungen reagieren. Der ehemalige VW-Gesamtbetriebsratsvorsitzende erläutert die damalige Situation: "Sie wurde drängender (die internationale Kooperation - V.M.). Also von der Idee her, von dem politischen Wollen her, war sie schon vorher da. Aber durch SEAT wurde es einfach real. Da wurden auch die Ängste real, was geschieht eigentlich, wenn SEAT dazukommt. Mit dem Programm, daß ähnliche oder gleiche Typen wie Wolfsburg oder die bundesdeutschen Unternehmen führt. Da wurde die Geschichte auch real für viele, die bisher immer gesagt hatten, was soll das? Wir haben genug eigene Probleme, wir kümmern uns um unseren Laden und die müssen zusehen, wie sie zurechtkommen. Von daher gesehen hat SEAT zweifelsohne da noch einen richtigen Schub gegeben für viele, die bisher diese Problematik nicht erkannt hatten". (Int3: 3)

Da die Aufnahme der Polo-Montage bei SEAT-Pamplona mit einem Konjunkturaufschwung und einem steigenden KFZ-Absatz zusammenfiel, stand die VW-Arbeitnehmervertretung eher unter einem mittel- als einem kurzfristigen Problemlösungsdruck. (Int1: 14) Von ihr ging 1982 die Initiative aus, Kontakte zur Seat-Arbeitnehmervertretung aufzunehmen, um über den Umfang und die weitere Entwicklung der Polo-Montage bei SEAT zu diskutieren. Auf Seiten der Seat-Mandatsträger bestand ein starkes Interesse an diesen Kontakten, weil sie ebenfalls Informationen über den Umfang und die Perspektive der Zusammenarbeit beider Unternehmen und deren Auswirkungen auf die Anzahl der Arbeitsplätze benötigten. Beide Arbeitnehmervertretungen besaßen 1982 eine hohe eigeninteressierte Motivation zur Aufnahme von Kooperationskontakten. (20)

Das primäre Interesse der Seat-Arbeitnehmervertretung an Informationen aus der Konzernzentrale führte seit 1982, vor allem aber seit der SEAT-Übernahme 1986 zu kontinuierlichen, jedoch unregelmäßigen Kooperationskontakten, in deren Verlauf sich ein Vertrauensverhältnis zwischen den Vorsitzenden der UGT- und CC.OO.-Sektion des Standortes SEAT-Barcelona einerseits und dem Geschäftsführer sowie dem Vorsitzenden des VW-Gesamtbetriebsrats andererseits entwickelte. Da die die Seat-Arbeitnehmervertretung nach Eindruck des VW-Gesamtbetriebsrats über eine ausreichende Bargaining Power verfügte, plante der Gesamtbetriebsrat keine zusätzlichen unterstützenden Kooperationsaktivitäten, wie dies gegenüber den Arbeitnehmervertretungen der Standorte VW-Brasiliens und VW-Südafrikas geschah. (Int3: 7) Ein Problem für die Stabilität der internationalen Kooperation ging in dieser Phase von der gewerkschaftlichen Konkurrenz zwischen UGT und CC.OO. aus, die von der betrieblichen auf die internationale Ebene ausstrahlte. Der Gesamtbetriebsrat sah es als notwendig an, zu beiden Sektionen einen gleich intensiven Kontakt aufrecht zu erhalten und mußte daher auf die Gleichbehandlung der Mandatsträger der UGT- und der CC.OO.-Sektion achten. (Int1: 19f.) Die wachsende Zusammenarbeit zwischen UGT und CC.OO. in Spanien und die zwischen der UGT- und der CC.OO.-Sektion vor den internationalen Sitzungen mit den übrigen VW-Mandatsträgern getroffenen Absprachen haben zur Reduzierung dieser Belastung der Kooperation seit Ende der 80er Jahre beigetragen.

1986 organisierte der Internationale Metallgewerkschaftsbund (IMB) zusammen mit der VW-Arbeitnehmervertretung in Wolfsburg die zweite Tagung des VW-Weltkonzernausschusses, auf der eine Bilanz der bisherigen weltweiten Kooperation zwischen den Arbeitnehmervertretungen des Konzerns gezogen wurde. Zu diesem Zeitpunkt hatte der VW-Gesamtbetriebsrat eine Struktur seiner internationalen Kooperation entwickelt, die aus drei Elementen bestand. Zunächst übernahmen zwei bis drei Arbeitnehmervertreter des Aufsichtsrats und Mitglieder des Gesamtbetriebsrats die Verantwortung für die Kontakte zu jeweils einer Arbeitnehmervertretung eines ausländischen VW-Standorts. Ihre Aufgabe bestand darin, regelmäßige Kontakten zu den dortigen Mandatsträgern zu unterhalten und sich mittels Besuchen vor Ort ein Bild über die Auswirkungen zukünftiger Investitionen auf die konzerninterne Arbeitnehmerkonkurrenz und die Lage der Arbeitnehmervertretungen zu machen. (Hiller 1988: 956) Als zweites Instrument ist vorgesehen, den Weltkonzernausschuß des IMB in Zukunft regelmäßig, in Abständen von sechs bis sieben Jahren einzuberufen, um allen Arbeitnehmervertretungen einen Überblick über die Probleme der betrieblichen Arbeitsbeziehungen innerhalb des Gesamtkonzerns zu ermöglichen. Auf Standortebene sollen die Belegschaften regelmäßig über Fragen der Internationalisierung der Konzernstrukturen, der konzerninternen Arbeitnehmerkonkurrenz und der Kooperation informiert werden. Der Gesamtbetriebsrat unterstützt aus diesem Grund die Aktivitäten des Arbeitskreises Intersoli. Er bietet mit dem Arbeitskreis und der IG Metall-Verwaltungsstelle Seminare zur internationalen Kooperation der Gewerkschaften und der Arbeitnehmervertretungen innerhalb des VW-Konzerns an. (Hiller 1986: 23ff.)

Die Eingliederung SEATs im Jahr 1986 in den VW-Konzern und dessen Fortbestehen als eigenständige Konzernmarke ließ eine endgültige Regelung der Polo-Produktion zu einer wichtigen Kooperationsfrage werden, um die konzerninterne Arbeitnehmerkonkurrenz zwischen den Standorten SEAT-Pamplona und VW-Wolfsburg endgültig zu begrenzen. 1991 konnte dieses Problem mit der Verlagerung der Polo-Produktion nach Spanien und der gleichzeitigen Produktionsaufnahme eines neuen Modells in Wolfsburg gelöst werden. Ungeachtet der, für beide Seiten befriedigenden Polo-Lösung ergibt sich für den Gesamtbetriebsrat und die Seat-Arbeitnehmervertretung eine kontinuierliche konzerninterne Arbeitnehmerkonkurrenz zwischen den beiden Teilkonzernen, die mit der steigenden Gleichteileproduktion immer größere Teile der Produktionspalette umfaßt. (21) Die Angleichung der Produktionsprozesse und das zunehmende Gegeneinanderausspielen der Arbeitnehmervertretungen in lokalen Verhandlungen mit dem Management, haben den Koordinations- und Informationsbedarf zwischen der VW- und der Seat-Arbeitnehmervertretung ansteigen lassen. Für den VW-Gesamtbetriebsrat nimmt gleichzeitig die Gefahr zu, daß der Vorstand bei einem, durch die externe europäische und japanische Anbieterkonkurrenz intensivierten Kostendruck auf die inländischen Standorte, den Ausbau der kostengünstigeren SEAT-Standorte forciert. Dies würde langfristig die Leitfunktion der deutschen VW-Standorte innerhalb des Konzerns und damit die Bargaining Power des Gesamtbetriebsrats gefährden. Während der Gesamtbetriebsrat noch 1986, analog zu seiner Strategie der Jahre 1975/76, eine Garantie des Vorstands zur Existenzsicherung der deutschen Standorte erhalten konnte, wird in der Zukunft nur eine abgestimmte Verhandlungsposition der Arbeitnehmervertretungen der größten europäischen VW-Produktionsstandorte eine befriedigende Entwicklung der deutschen Standorte sichern. Der Gesamtbetriebsrat muß zukünftig eine Kooperationsebene mit der Seat-Arbeitnehmervertretung finden, die umfassende Absprachen der Mandatsträger über ihre Verhandlungsposition gegenüber der Konzernleitung ermöglicht. Die Ausgestaltung der Kooperation muß die Einhaltung dieser Absprachen auch im Falle von getrennten Verhandlungen auf nationaler Ebene durch geeignete Strukturen sichern. Seit Ende 1988 strebt daher der Gesamtbetriebsrat die Gründung eines "Europäischen Volkswagen-Konzernbetriebs-rats" (EKBR-VW) an, der diese Funktion übernehmen soll.

Die Absichtserklärung des VW-Gesamtbetriebsrats, des Audi-Gesamtbe-triebsrats, der Seat-Arbeitnehmervertretung und der VW-Brüssel-Arbeitnehmer-vertretung vom November 1989, eine Vereinbarung über die Gründung eines eu-ropäischen Konzernbetriebsrats abzuschließen, leitet die aktuelle vierte Koopera-tionsphase ein. Sie blieb bisher auf die europäischen Konzernstandorte be-schränkt. Die Gespräche der Konzernleitung über eine Übernahme der SKODA-KFZ-Produktion, die im März 1991 mit positivem Ergebnis abgeschlossen wur-den fielen in die Gründungsphase des europäischen Konzernbetriebsrats. (SZ 17.03.90; KStA 30.03.91) Damit verfügt Volkswagen über sehr kostengünstige Produktionsstandorte in unmittelbarer Nähe der inländischen VW-Werke. Das SKODA-Modell Favorit bildet außerdem eine Konkurrenz zu SEAT-Modellen. Die kostengünstige Produktion bei SKODA kann darüberhinaus zu einer teilwei-sen Verlagerung der Komponentenfertigung in diesen Unternehmensbereich füh-ren. Diese neue konzerninterne Arbeitnehmerkonkurrenzsituation bietet der VW-und der Seat-Arbeitnehmervertretung einen zusätzlichen Anreiz für den qualitati-ven Ausbau ihrer Kooperationsbeziehungen, in die auch die Skoda-Arbeitneh-mervertretung eingebunden werden soll.

Aufgrund der Analyse der Kooperation der Arbeitnehmervertretungen inner-halb des VW-Konzerns läßt sich ein Zusammenhang zwischen der Internationali-sierung der Produktionsstrukturen, der daraus folgenden konzerninternen Arbeit-nehmerkonkurrenz und der Intensivierung der Kooperationsprozesse in verschie-denen Phasen feststellen. Die Kooperation wird in den 60er Jahren von der US-amerikanischen UAW und Mitte der 70er Jahre vom Gesamtbetriebsrat begon-nen, als eine konzerninterne Arbeitnehmerkonkurrenz entstand, die die Bargai-ning Power dieser Arbeitnehmerorganisatioen auf nationaler Ebene einzuschränk-te. Ebenso zeigte sich die Seat-Arbeitnehmervertretung 1982 an Kontakten zum Gesamtbetriebsrat interessiert, um Informationen über die weitere Entwicklung der SEAT-Standorte innerhalb des VW-Konzerns zu erhalten.

Auch der regional differenzierte Ausbau der Kooperation reagiert auf die, durch die KFZ-Märkte und den VW-Produktionsverbund geprägte Arbeitnehmer-konkurrenz zwischen den Standorten. Die Kooperation mit den Arbeitnehmerver-tretungen der außereuropäischen Standorte begann Mitte der 70er Jahre. Sie wurde organisatorisch perfektioniert, ihre Inhalte jedoch seit den Kooperationser-folgen auf gewerkschaftspolitischem Gebiet Anfang der 80er Jahre nicht weite-rentwickelt. Ein Grund hierfür liegt in der geringen Arbeitnehmerkonkurrenz, die zwischen den inländischen VW-Werken und jenen Standorten besteht. Während der gesamte nordamerikanische KFZ-Markt seit 1975 zunehmend für den Massenexport aus den bundesdeutschen VW-Werken verlorengeht, blieben die afrikanischen und asiatischen KFZ-Märkte quantitativ zu unbedeutend für den Kfz-Export aus der Bundesrepublik. Demgegenüber wurde die Kooperation zwischen den Arbeitnehmervertretungen der wichtigen westeuropäischen VW-Standorte seit 1986 inhaltlich ausgeweitet und intensiviert. In Europa entstand den inländischen Werken mit der SEAT-Übernahme eine quantitativ relevante, auf denselben Märkten auftretende Anbieterkonkurrenz und konzerninterne Arbeitnehmerkonkurrenz. Die Ausweitung der Kooperationsthemen und der Wunsch nach zentralen Verhandlungen mit dem Management erforderte Ende der 80er Jahre eine qualitative Fortentwicklung der Kooperationsstrukturen der Arbeitnehmervertretungen des VW-Konzerns in Europa.

8.6 Die Institutionalisierung der Kooperation der Arbeitnehmervertretungen des Volkswagenkonzerns

Die Institutionalisierung an Relevanz und Quantität zunehmender Aufgabenbereiche gehört zu den Strategien, die Organisationen anwenden, um ihre Zielerreichung langfristig zu sichern. Im vorliegenden Fall handelt es sich um den Versuch, die steigende Komplexität der Beziehungen zwischen den Arbeitnehmervertretungen der europäischen VW-Standorte durch die Kooperation in einem Gremium mit festgelegten Kompetenzen, dem Mitglieder aller beteiligten Arbeitnehmervertretungen angehören zu reduzieren.

Nach Crozier und Friedberg dient die Aufnahme von Umweltbeziehungen durch eine Organisation der Optimierung ihrer Zielerreichung. Zum Zweck der Zielerreichung müssen die in der Umwelt liegenden Ungewißheitsquellen beherrscht werden. Zur Bewältigung solcher Außenkontakte differenziert die Organisation entsprechende Kontaktstellen aus. Im vorliegenden Fall wären das die mit der internationalen Kooperation beauftragten Mandatsträger der Arbeitnehmervertretungen oder Gewerkschaften. "Kontaktstellen also, die sie (im konkreten Beispiel die Arbeitnehmervertretungen - V.M.) über die Vorgänge und Probleme in ihren Umweltsegmenten informieren und Strategien vorschlagen sollen, wie diesen zu begegnen ist". Außerdem benötigen diese Kontaktstellen "Mittelsmänner" oder "Relais", die "das von der Organisation insgesamt oder einem ihrer Teile anvisierte Umweltsegment repräsentieren. Sie sollen die Organisation informieren über die ihre jeweiligen Segmente kennzeichnende Situation und über die Folgen, die sich daraus für sie ergeben. Sie tragen somit zu deren Funktionsfähigkeit und -weise bei, (...) in dem sie die Mobilisierung notwendiger Ressourcen erleichtern.... Dies können sie ihrerseits nur gewährleisten, wenn sie mit den Vertretern der Organisation eine Reihe von mehr oder weniger expliziten und formalisierten Regeln aufstellen". (Crozier/Friedberg 1979: 95f.)

In der Geschichte der internationalen Kooperation zwischen Gewerkschaften läßt sich die Bewältigung der komplexen Beziehungen zwischen den Arbeitnehmerorganisationen als eine kontinuierliche Gründung und Anpassung von "Relais-Institutionen" beschreiben. Auf europäischer Ebene erfüllen der im vierten Kapitel untersuchte Europäische Metallgewerkschaftsbund und der Europäische Gewerkschaftsbund die Funktion von "Relais", die Dienstleistungen für die intergewerkschaftlichen Außenbeziehungen der nationalen Gewerkschaften erbringt.

Auf der Ebene der betrieblichen Arbeitnehmervertretungen wurden seit Mitte der 50er Jahre erste Diskussionen geführt, ebenfalls Organisationen bzw. Relais zur institutionellen Absicherung der internationalen Kooperation zu schaffen. Die erste Institutionalisierungsphase in diesem Politikbereich, die von den nationalen Metallgewerkschaften ausging, wurde im vierten Kapitel thematisiert. In den 50er und 60er Jahren hatten die US-amerikanischen Gewerkschaften ein großes Interesse an einer Verringerung der Arbeitnehmerkonkurrenz zwischen den US-amerikanischen und westeuropäischen Standorten der US-amerikanischen MNK. Da die nationalen Metallgewerkschaften die internationale Kooperation als gewerkschaftliches Handlungsfeld betrachteten, entwickelten sie das gewerkschaftliche Gremium des Weltkonzernausschusses bzw. -rates. Diese Gremien wurden konzernbezogen gegründet und bestanden überwiegend aus hauptamtlichen Funktionären derjenigen Gewerkschaften, die Belegschaften aus dem entsprechenden Konzern organisierten.

8.6.1 Der Volkswagen-Weltkonzernausschuß

Auch innerhalb des VW-Konzerns ging der erste Versuch, die Kooperation zu institutionalisieren von den Gewerkschaften, in diesem Fall vom Internationalen Metallgewerkschaftsbund (IMB) aus. 1966 wurde der Volkswagen-Weltkonzernausschuß eingerichtet und dem IMB angegliedert. Da auf der Ebene der betrieblichen Arbeitnehmervertretungen des Konzerns keine Kooperationsaktivitäten stattfanden, wurde auch der VW-Weltkonzernausschuß nicht aktiviert. Der VW-Weltkonzernausschuß war ein Koordinationsgremium, dem die organisatorische Grundlage und das inhaltliche Interesse der betrieblichen Mandatsträger fehlte.

Erst nachdem die VW-Arbeitnehmervertretung am Konzernsitz seit 1975 erste Kooperationsaktivitäten initiierte, wurde der Weltkonzernausschuß auf ihr Betreiben und das der IG Metall hin aktiviert. Er trat 1979 zum ersten Mal zusammen. Sowohl 1979 als auch bei der zweiten Sitzung 1986 entwickelte sich der Weltkonzernausschuß zu einem Gremium, welches einen allgemeinen Informationsaustausch über die Lage und die aktuellen Probleme der einzelnen Arbeitnehmervertretungen mit allen Arbeitnehmervertretungen ermöglichte. Da jeweils

Mitglieder des Konzernvorstands anwesend waren bestand die Möglichkeit, grundsätzliche Probleme direkt dem Vorstand vorzutragen und Lösungsansätze voranzutreiben. Die Erklärungen des Weltkonzernausschusses bestanden bisher aus allgemeinen Absichtserklärungen über die Harmonisierung der Arbeitsbedingungen, sowie der Forderung nach der Anerkennung der gewerkschaftlichen Rechte einzelner VW-Arbeitnehmervertretungen durch den Volkswagenkonzern. Verbindliche Absichtserklärungen zur Umsetzung bestimmter Ziele, deren Realisierung auf der nächsten Tagung hätten überprüft werden können fehlten bisher. (Internationaler Metallgewerkschaftsbund 1979; 1986) Von den Sitzungen des Weltkonzernausschusses sind zwar Anregungen zur Intensivierung der Kooperation und der Definition der Kooperationsziele ausgegangen, für die laufenden Beziehungen der Seat- und der VW-Arbeitnehmervertretung ist der Weltkonzernausschuß nur von marginaler Bedeutung.

8.6.2 Der europäische Volkswagen Konzernbetriebsrat

In den vorangegangenen Abschnitten dieses Kapitels konnte gezeigt werden, wie sich aus der zunehmenden Relevanz der Kooperation für die Bargaining Power der Seat- und der VW-Arbeitnehmervertretung eine steigende Komplexität und inhaltliche Ausweitung der Kooperationsziele und -themen ergab. Zur optimalen Bewältigung der Kooperationsinhalte und vor allem zur Gewährleistung der Einhaltung der Kooperationsabsprachen durch alle beteiligten Arbeitnehmervertretungen, reichten die unregelmäßigen Zusammenkünfte der mit der internationalen Kooperation befaßten Mandatsträger nicht mehr aus. Eine Lösung dieses organisatorischen Problems lag in der Gründung eines, ausschließlich für die Kooperation der Arbeitnehmervertretungen innerhalb des VW-Konzerns zuständigen "Relais" bzw. "Europäischen VW Konzernbetriebsrats". (EVWKBR).

Im Gegensatz zur Gründung des VW-Weltkonzernausschusses im Jahr 1966, ging die zweite Initiative, die Kooperation zu institutionalisieren, von den relevanten, die laufende Kooperation tragenden betrieblichen Akteuren aus. Bereits im Februar 1988 forderte der Betriebsratsvorsitzende von VW-Kassel die Gründung eines Europäischen Konzernbetriebsrates (EKBR) bei Volkswagen. (Betriebsrat VW-Kassel 16.02.88) Dieser Forderung schloß sich im März 1989 der Vorsitzende des VW-Gesamtbetriebsrats an. (BR kontakt 03/1989) Dabei handelten die betrieblichen Mandatsträger in Übereinstimmung mit den Zielsetzungen ihrer nationalen und internationalen Gewerkschaftsorganisationen. (22) Auf der Grundlage dieser Vorgaben schlug der VW-Gesamtbetriebsrat vor, die zukünftige Kooperation der europäischen Konzernstandorte durch die Einrichtung eines Europäischen Konzernbetriebsrats (EKBR) neu zu ordnen. Im November 1989 wurde auf einer europäischen Arbeitnehmertagung in Wolfsburg eine Absichtserklärung der betrieblichen Arbeitnehmervertretungen von AUDI, Volkswagen, VW-Brüssel und SEAT über die Einsetzung einer Arbeitsgruppe abgegeben, die Vorschläge für die Einrichtung eines EKBR ausarbeiten sollte. (BR kontakt 11/1989) Nach weiteren Beratungen konnte im August 1990 die Geschäftsordnung des EKBR unterzeichnet werden. (BR kontakt 09/1990) Eine offizielle Anerkennung des Gremiums durch die Konzernleitung erfolgte im Februar 1992 in Brüssel. (BR kontakt 02/1992)

Es stellt sich die Frage nach den Qualitäten, über die der EKBR verfügen sollte, um zur Bewältigung und Stabilisierung der zukünftigen Kooperationsbeziehungen beizutragen. Eine Anforderung besteht in der ausreichenden Einbindung aller relevanten und einflußreichen Kooperationsakteure aus den wichtigsten europäischen VW-Arbeitnehmervertretungen in das neue Gremium. Ihre Zustimmung zu den Beschlüssen des EKBR sichert die Folgebereitschaft der von ihnen vertretenen Arbeitnehmervertretungen. Eine optimale Aufarbeitung der steigenden Kooperationsanforderungen bedarf darüberhinaus anerkannter Kompetenzen und Arbeitsfelder des EKBR, handlungsfähiger Organe und eines Verhandlungsmandats gegenüber dem Konzernvorstand.

Die Handlungsfähigkeit des EKBR gegenüber dem Konzernvorstand hängt davon ab, daß er alle relevanten Arbeitnehmervertretungen der europäischen Konernstandorte vertritt. Dies trifft auf den Europäischen VW-Konzernbetriebsrat zu. Die Geschäftsordnung des EKBR wurde im August 1990 von den Arbeitnehmervertretungen der Volkswagen AG und AUDI AG, den Seat-Sektionen von UGT und CC.OO., sowie betrieblichen Arbeitnehmervertretern der christlichen und sozialistischen Metallarbeitergewerkschaften von VW-Brüssel unterzeichnet. Dem EKBR gehören somit die Mehrheitsfraktionen der Arbeitnehmervertretungen aus den wichtigsten europäischen VW-Produktionsstandorten an. Diese Tatsache verleiht dem EKBR ein besonderes Gewicht in den Gesprächen mit dem Konzernvorstand, da seine Beschlüsse von der Mehrheit der gewählten Arbeitnehmervertreter mitgetragen werden.

Die Organisationsstruktur des EKBR an einer effizienten Entscheidungsfindung orientiert. Die begrenzte Anzahl von siebzehn Mitgliedern aus vier Produktionsgesellschaften ermöglicht seit 1990 intensive Diskussionsprozesse und rasche Entscheidungen. Acht Mitglieder enfallen auf die VW-, zwei auf die Audi-Arbeitnehmervertretung, fünf Mitglieder stellen die Seat-Sektionen von UGT und CC.OO. und jeweils ein Mitglied die Fraktionen der christlichen und der sozialistischen Metallarbeitergewerkschaften des Standortes VW-Brüssel. Die Anbindung des EKBR an die nationalen und internationalen Gewerkschaften wurde durch die ausdrücklich erwähnte Möglichkeit, außerbetriebliche Gewerkschaftsvertreter zu den Sitzungen einzuladen, bekräftigt. (Europäischer Volkswagen Konzernbetriebsrat 1990: 6) Die EKBR-Mitglieder treten mindestens einmal jährlich zusammen. Sie wählen aus ihrer Mitte ein Präsidium, dem jedes Land mit mindestens einem Mitglied angehören muß. Einen Sitz im Präsidium nehmen aufgrund ihres Amtes ebenfalls der Präsident und der Generalsekretär des EKBR ein. Das Präsidium tritt mindestens einmal jährlich zur Vorbereitung der EKBR-Sitzung zusammen. Es ist für die Aufrechterhaltung der Kommunikation zwischen den Standorten verantwortlich.

Die Unterstützung der Beschlüsse des EKBR durch die betrieblichen Arbeitnehmervertretungen der einzelnen VW-Tochtergesellschaften wird durch die Einbindung der Vorsitzenden dieser Arbeitnehmervertretungen in den EKBR gewährleistet. Sie stehen mit ihrer Autorität für die Umsetzung der unter ihrer Mitwirkung gefaßten Beschlüsse ein. Gleichzeitig kann durch die, für internationale Kooperationskontakte überdurchschnittlich häufigen, zweimal jährlich sich über mehrere Tage erstreckenden Zusammenkünfte, bereits nach kurzer Zeit eine Arbeitsatmosphäre und ein Vertrauensverhältnis entstehen, wie es sich in der außereuropäischen Kooperation erst in längeren Zeiträumen entwickelt. Es ist zu erwarten, daß die Verpflichtung zu reziprokem Verhalten und die Fähigkeit zur Empathie rasch zunimmt. Darüberhinaus sind die Arbeitnehmervertreter in der Geschäftsordnung ausdrücklich die Selbstverpflichtung "zu einem gemeinsamen solidarischen Handeln in allen Fragen, die von grenzüberschreitender Bedeutung sind und die Interessen anderer Belegschaften betreffen" eingegangen. "Die Mitglieder (...) verpflichten sich, in den nationalen Betrieben und Unternehmen im Sinne der gemeinsam gefaßten Beschlüsse zu arbeiten". (Europäischer Volkswagen Konzernbetriebsrat 1990: 5) Dieser Passus bekräftigt zusätzlich die Folgebereitschaft der einzelnen Arbeitnehmervertretungen gegenüber dem EKBR. (23)

In der Geschäftsordnung wird dem Europäischen Volkswagen-Konzernbetriebsrat eine Zuständigkeit für die folgenden Themenbereiche eingeräumt, soweit sie mindestens zwei Standorte betreffen. Neben der Beschäftigungs- und Standortsicherung soll sich der EKBR mit der Entwicklung der Konzernstruktur auseinandersetzen. Grundsätzlich ist er befugt die Entwicklung der Arbeitsbedingungen, der Arbeitszeit, der Entlohnung, der Sozialleistungen und des Arbeitsschutzes zu diskutieren. Hierzu zählen auch Stellungnahmen zur Einführung neuer Formen der Arbeitsorganisation und neuer Technologien. (Europäischer Volkswagen Konzernbetriebsrat 1990: 5)
Mit den Themen der Arbeitsplatz- und Standortsicherung, der Lohnentwicklung und der Arbeitszeit sind die drei wichtigsten Ziele der Arbeitnehmervertretungen auf nationaler Ebene ebenso angesprochen, wie die zukunftsorientierten, eine neue Rolle der Arbeitnehmervertreter erfordernden, Themen der Einführung neuer Technologien und neuer Formen der Arbeitsorganisation. Die neue Qualität der Aktivitäten des EKBR besteht in der Festschreibung der Ausweitung der Kooperationsinhalte auf alle klassischen Handlungsfelder und Schutzfunktionen der einzelnen Arbeitnehmervertretungen. Jedes Thema kann in Zukunft, wenn es mehr als zwei Standorte betrifft, innerhalb des EKBR angesprochen und die Po-

sitionen der Mandatsträger hierzu inhaltlich abgestimmt werden. Der EKBR trägt damit der Tendenz einer Ausweitung der Kooperationsinhalte in den Beziehungen zwischen den Arbeitnehmervertretungen der europäischen VW-Konzernstandorte Rechnung.

In der Geschäftsordnung wird an erster Stelle die Funktion des EKBR als Informations- und Koordinationsgremium hervorgehoben. Die Selbstverpflichtung der EKBR-Mitglieder, in ihren Betrieben im Sinne der Beschlüsse des EKBR zu arbeiten, stärkt diese Koordinationsfunktion. Außerdem soll er als Ansprech- und Verhandlungspartner gegenüber dem Konzernvorstand fungieren. (24)

Mit seiner breiten programmatischen Kompetenz und der Funktion als Informations- und Koordinationsgremium einerseits, sowie als zentraler Verhandlungspartner des Konzernvorstands andererseits, wurden die Strukturen des EKBR auf einen qualitativen und quantitativen Ausbau der Kooperation hin angelegt. Es stellt sich die Frage, ob dieser Spannbreite potentieller Entwicklungsmöglichkeiten auf der Seite der VW- und der Seat-Arbeitnehmervertretung auch übereinstimmende Entwicklungsperspektiven und -vorstellungen gegenüberstehen. Bei großen Differenzen in dieser Frage können zukünftig zu hohe Erwartungen, die einige Akteure eventuell mit dem EKBR verknüpfen, enttäuscht werden und den gesamten Kooperationsprozeß gefährden.

Im hier betrachteten ersten Jahr seiner Existenz sind das Präsidium und der EKBR im Februar und Juni 1991 zu seinen regulären Sitzungen zusammengetreten. Mit dieser Frequenz von zwei Sitzungen pro Jahr, treffen die Präsidiumsmitglieder des EKBR fast so häufig zusammen wie der Gesamtbetriebsrat der VW AG, der ebenfalls zwei- bis dreimal jährlich tagt. (Seminar 1992) Hierdurch kann kurzfristig ein Vertrauensverhältnis zwischen den beteiligten Mandatsträgern aufgebaut werden. Zu den wichtigsten Themen dieser Sitzungen in der Gründungsphase zählten die Bemühungen um die offizielle Anerkennung des EKBR durch den Vorstand und die Organisation der Arbeit des EKBR. Neben dem gegenseitigen Informationsaustausch der einzelnen Arbeitnehmervertretungen über die Lage ihrer Standorte und einer Diskussion über die Auswirkungen der SKODA-Übernahme, waren zu jeder Sitzung Vertreter des Vorstands geladen, die für Nachfragen zur Verfügung standen und ihrerseits Informationen und Lageeinschätzungen abgaben. Den ersten Erfolg seiner Tätigkeit erzielte der EKBR im Februar 1992, als er mit dem VW-Konzernvorstand eine Vereinbarung über seine Tätigkeit abschließen konnte und somit als offizieller Verhandlungs- und Gesprächspartner des Vorstands anerkannt wurde. (BR kontakt 2a/1992) Allerdings verfügt auch der VW-EKBR nur über Informations- und Konsultations-, jedoch keine Mitwirkungsrechte. Mit der offiziellen Anerkennung durch den Vorstand ist die Übernahme der Kosten des EKBR durch den Konzern bzw. seine Tochtergesellschaften verbunden. (Vereinbarung 1992)

Die Gründungsphase des EKBR endete im Februar 1992 mit dessen Anerkennung durch den Konzernvorstand. Nun müssen sich seine Mitglieder auf eine gemeinsame Position über die zukünftige Rolle des EKBR einigen. In dieser Frage differieren die Ansichten zwischen dem VW-Gesamtbetriebsrat einerseits, sowie der UGT- und CC.OO.-Sektion andererseits. Der Gesamtbetriebsrat sieht den EKBR vorrangig als Gremium zur gegenseitigen Information und Koordination der europäischen VW-Arbeitnehmervertretungen. Im EKBR sollen Strategien bezüglich des Einsatzes neuer Technologien und neuer Formen der Arbeitsorganisation diskutiert, sowie Absprachen über Mindeststandards bei deren Einführung getroffen werden. Auf der Grundlage dieser Absprachen sollen die einzelnen Arbeitnehmervertretungen dann in Verhandlungen mit ihrem lokalen Management eintreten. Eine Koordinationsfunktion des EKBR würde in erster Linie ein Gegeneinanderausspielen der Arbeitnehmervertretungen durch das Management verhindern. Eine Übertragung von tarifpolitischen Kompetenzen auf den EKBR wünscht die VW-Arbeitnehmervertretung mittelfristig nicht. "Die Rolle eines europäischen Konzernbetriebsrates, wenn wir ihn denn jetzt bei Volkswagen gebildet haben, kann nicht sein, daß man alle Aufgaben der noch nationalen Tarifpolitik auf diesen europäischen Konzernbetriebsrat, in welcher Form auch immer, verlagert. Weil die nationalen Unterschiede immer noch so sind (...) nehmen wir mal das Beispiel SEAT. Wir würden eine Strategie fahren in diesem europäischen Konzernbetriebsrat, wir wollen bei SEAT die gleichen Verhältnisse wie bei VW. Die Spanier hätten das auch gerne. Aber bei General Motors in Zaragossa und bei FORD in Valencia tut sich garnichts. Dann hätten wir auch im Rahmen des eigenen Konzerns (...) im Grunde genommen nur kurzfristig etwas erreicht". (Int15: 4)

Demgegenüber betont die UGT- und in noch stärkerem Maße die CC.OO.-Sektion der Seat-Arbeitnehmervertretung die Forderung nach einer zentralen Verhandlungsfunktion des EKBR gegenüber dem Konzernvorstand. Beide Sektionen erwarten, ihr grundlegendes Ziel einer Annäherung der Seat-Arbeitsbedingungen an das Niveau der deutschen VW-Standorte, durch den Ausbau des EKBR zu einem Verhandlungsgremium aller europäischen VW-Konzernstandorte gegenüber dem Konzernvorstand, realisieren zu können. Die UGT-Sektion favorisiert das Projekt eines Tarifvertrags für den europäischen Teil des VW-Konzerns, der als Rahmenvertrag Eckdaten für detailliertere Verhandlungen auf nationaler Ebene setzt. Während die Löhne weiterhin differieren müßten, sollten zumindest die Arbeitsbedingungen und die Arbeitssicherheit vereinheitlicht werden. (Int4: 6) Zur Realisierung dieser Forderung wäre die UGT-Sektion auch bereit, nationale Verhandlungskompetenzen auf den EKBR zu übertragen. (Int6: 5f.) Andererseits bestand die UGT-Sektion, nach der Einschätzung des UGT-Metal Bundesvorstands, während der Verhandlungen mit den anderen Arbeitnehmervertretungen des VW-Konzerns nicht auf dieser aktiven Rolle des EKBR, um dessen Gründung nicht zu gefährden. Ein Mitglied des UGT-Metal Bundesvorstands erklärte zur Struktur des Europäischen VW-Konzernbetriebsrats: "Die Geschäftsordnung ist sehr intelligent entworfen, weil sie Themen ausklammert, die problematisch sein könnten, wie z.B. Fragen der Kollektivverhandlungen oder andere Themen, die im Augenblick noch nicht parallel behandelt werden können, da die deutsche und die spanische Situation sehr unterschiedlich ist. Es liegt auch an der Verantworltichkeit unserer Kollegen (...) den Betriebsrat nicht zu drängen sich mit Problembereichen zu beschäftigen, für die es keine Lösung gibt. ... Aufrichtig zu reden, einfach zu reden. Die Kollegen der UGT machen in diesem europäischen Betriebsrat eine Politik, die vermeidet sofort die gleichen Konditionen erreichen zu wollen, die die deutschen Kollegen erreicht haben. Sondern sie erwarten, daß sich mit der Zeit langsam diese Konditionen annähern werden. Die deutschen Kollegen nicht zu Verpflichtungen zu drängen, die nicht erreicht werden können. Das ist die Philosophie, mit der sich der europäische Betriebsrat langsam entwickeln und konsolidieren kann". (Int12: 8)

Die CC.OO.-Sektion vertritt bezüglich eines zentralen Verhandlungsmandats für den EKBR dieselbe Position wie die UGT, äußert sich innerhalb des EKBR jedoch entschiedener mit dieser Forderung. Bereits auf der Gründungsversammlung des EKBR im August 1990 wurde von einem CC.OO.-Vertreter angeregt, die zufällig im Herbst 1990 gleichzeitig bei VW und SEAT beginnenden Tarifverhandlungen zu einer Koordination der Rahmenforderungen zu nutzen. Dieser Vorschlag wurde von den anderen Teilnehmern nicht aufgegriffen. Die CC.OO. fordert zumindest die Ausarbeitung von Mindeststandards im Bereich der Arbeitsbedingungen für die europäischen VW-Standorte durch dem EKBR. Dieses Ziel verknüpft die CC.OO. mit dem Problem, in der Belegschaft ein größeres Verständnis für die Kooperation wecken zu müssen. Ohne diese Aktivitäten sieht die CC.OO.-Sektion keine Möglichkeit, die Arbeitnehmer vom Nutzen des EKBR zu überzeugen und sie zur Teilnahme an Solidaritätsaktionen zu bewegen. (Int8: 3) Nach Ansicht der CC.OO. existiert bei den anderen Arbeitnehmervertretungen eine "gewisse Angst" der EKBR könne in nationale Themen und Kompetenzen eingreifen. Der Ausbau des EKBR zu einem eigenständigen Akteur würde daher von ihnen nicht zu stark vorangetrieben. (Int10: 9)

Zukünftig können diese Meinungsunterschiede zu Spannungen in der Tätigeit des EKBR führen, da er aufgrund seiner Organisationsstruktur und Programmatik potentiell zur Übernahme einer zentralen Verhandlungsfunktion in der Lage wäre. Diese Tatsache bestärkt die CC.OO.-Sektion in ihrer Forderung nach einer Nutzung dieser Möglichkeit. Da sie, hervorgerufen durch ihre jahrelange Isolation von internationalen Gewerkschaftsbeziehungen auf, angesichts der ökonomischen Unterschiede zwischen den Volkswirtschaften in die die europäischen VW-Standorte integriert sind, unrealistisch kurzfristig eintretende Kooperationserfolge hofft, kann bei der CC.OO. eine kooperationsgefährdende Desillusionierung eintreten. Generell basieren die hohen Erwartungen in die Rolle des EKBR bei der UGT- und der CC.OO.-Sektion auf dem Wissen um ihre geringe Bargaining Power, insbesondere im Bereich der zukunftsträchtigen Themen der neuen Arbeitsorganisation und der neuen Technologien. Sie wollen ihre niedrige nationale Bargaining Power durch den Aufbau des EKBR zu einer zentralen europäischen Verhandlungsinstanz kompensieren.

Demgegenüber vertraut die VW-Arbeitnehmervertretung auf ihre starke Position in den betrieblichen Arbeitsbeziehungen der deutschen VW-Standorte. Sie benötigt den EKBR zur Kontrolle konzerninterner Ungewißheitsquellen bezüglich der lokalen Verhandlungsstrategien der anderen Arbeitnehmervertretungen, die das Management überblickt und beispielsweise in Verhandlungen mit dem Gesamtbetriebsrat nutzen kann. Die zukünftige Funktionsfähigkeit des EKBR wird von einer offenen Diskussion und einem tragfähigen Kompromiß der beteiligten Arbeitnehmervertretungen über die Frage abhängen, welche Rolle der EKBR innerhalb der oben angedeuteten Spannbreite möglicher Funktionen spielen soll. Nachdem die inhaltliche und organisatorische Entwicklung der bisherigen Kooperationsprozesse analysiert wurden, können auf dieser Grundlage die Erfolge und Mißerfolge der Kooperation bewertet werden.

8.7 Die Erfolge und Mißerfolge der Kooperation zwischen der VW- und der Seat-Arbeitnehmervertretung

In der über fünfundzwanzigjährigen Kooperationsgeschichte der Arbeitnehmervertretungen des VW-Konzerns lassen sich grundlegende Erfolge und Mißerfolge der Kooperationsprozesse erkennen. Insbesondere die Mißerfolge sollen unter dem Aspekt analysiert werden, ob sie durch die neue Strategie einer Institutionalisierung der Kooperation in Zukunft verhindert werden können.

Als grundsätzlicher Erfolg der bisherigen Kooperation zwischen den Arbeitnehmervertretungen der europäischen Konzernstandorte kann der Aufbau eines stabilen Vertrauensverhältnisses zwischen den maßgeblichen Kooperationsakteuren gelten. Ohne die Fähigkeit, eigene Positionen offen zu diskutieren, dabei jedoch die Kooperation nicht grundsätzlich zu gefährden, sind Kompromisse in strittigen Fragen, wie beispielsweise der Polo-Verlagerung nicht möglich. Mit dem Vertrauen in die Arbeitnehmervertretungen der übrigen europäischen VW-Standorte entwickelte sich, zumindest im Standort Wolfsburg, auch innerhalb der Arbeitnehmervertretung eine höhere Kompromißfähigkeit in Kooperationsfragen. Der IG Metall-Vertrauenskörper ist zunehmend bereit, auf Maximalpositionen zugunsten der eigenen Standorte zu verzichten und die Probleme der ausländischen Standorte zu berücksichtigen. Innerhalb der Gruppe der Mandatsträger nahmen Ansätze zur Empathie und zur Kompromißbereitschaft in strittigen Kooperationsfragen sowie die Fähigkeit, eine kollektiv-rationale Kooperationsstrategie mitzutragen zu. (Int3: 6)

Zu den konkreten Kooperationserfolgen zwischen der VW- und der Seat-Arbeitnehmervertretung zählt der Kompromiß über die Polo-Verlagerung, der möglich wurde, weil die VW-Arbeitnehmervertretung eine Produktionsalternative für den Standort Wolfsburg vorschlug. Beide Arbeitnehmervertretungen schätzen die Verhinderung der regelmäßigen Samstagsarbeit bei SEAT und Volkswagen als weiteren relevanten Erfolg ihrer Kooperation ein. (Volkert 1992: 21; Fuchs u.a. 1991: 731) (25) Als wichtigsten Erfolg der Kooperation bezeichnen die Mandatsträger die Gründung des EKBR. Er wird von UGT und CC.OO. als wesentliches Instrument zur allmählichen Angleichung der Arbeitsbedingungen zwischen europäischen VW-Standorten und von der VW-Arbeitnehmervertretung als notwendige Voraussetzung zur zukünftigen Erreichung ihrer Ziele bezeichnet. (Int10: 11; Int6: 5; Uhl 1990a)

Aus dieser Bewertung der Rolle des EKBR seitens der Gewerkschaftssektionen von UGT und CC.OO. läßt sich ein möglicher zukünftiger Mißerfolg der Kooperation erkennen. Bisher hat die Kooperation nicht zu einer völligen Annäherung der Erwartungshorizonte der spanischen und deutschen Kooperationspartner hinsichtlich dessen, was die Kooperation leisten kann geführt. Die CC.OO.- und die UGT-Mandatsträger sehen in der Kooperation ein Mittel zur Verbesserung der Seat-Arbeitsbedingungen, während der Gesamtbetriebsrat sie zur Wahrung der Besitzstände der deutschen Standorte, bei gleichzeitiger Bereitschaft Produktionszuwächse überproportional an die ausländischen Produktionsstandorte weiterzugeben, nutzen will. Diese Divergenzen in den Erwartungen werden mit der Einrichtung des EKBR akut. Seine weitgefaßte Funktionsdefinition läßt seinen Ausbau zum zentralen Verhandlungspartner des Vorstands, wie es UGT und CC.OO. wünschen, aber auch eine Rolle als Koordinator von Tarifverhandlungen zu. Die Seat-Arbeitnehmervertretung plant den EKBR als übernationalen Gesprächspartner der Konzernleitung auszubauen, um auf nationaler Ebene nicht existierende Arbeitnehmerrechte durch internationale Verhandlungen zu kompensieren. Die Erfahrungen der europäischen Gewerkschaftsorganisationen zeigen allerdings, daß diese Strategie inder EG bisher keinen Erfolg zeigte. (Int14: 4) Ohne eine offene Diskussion innerhalb des EKBR über dessen Rolle können diese Differenzen zu einer Enttäuschung bei den Seat-Mandatsträgern und einer Destabilisierung der Kooperation führen.

Ein weiteres Problem liegt in der ungenügenden Aufmerksamkeit die die VW-Arbeitnehmervertretung dem massiven Auftreten von Destabilisierungsmechanismen innerhalb der CC.OO.-Sektion schenkt. Die Mandatsträger der CC.OO. vertreten sowohl die höchsten Ansprüche an die Kooperation, haben jedoch auch das geringste Vertrauen in die Belastbarkeit der Kooperation. Eine Enttäuschung bei einem Kooperationsmißerfolg ist bei diesen Akteuren am wahrscheinlichsten und hätte im Vergleich zu den Mandatsträgern der anderen Arbeitnehmervertretungen die negativsten Auswirkungen. Hinzu kommt die destabilisierende Wirkung der dort praktizierten Präferenzdifferenzierung, des starken Wettbewerbs zwischen dem Kooperationsziel und den anderen Sektionszielen um die Zuteilung der Freistellungszeiten, des geringen Bewußtseins unter den aus der Franco-Zeit stammenden Mandatsträgern, nun einem multinationalen Konzern anzugehören, der negativen Kooperationserfahrung mit der CIGL aus dem Jahr 1980 und der Einschätzung, daß die UGT von der IG Metall als Kooperationspartner vorgezogen wird. Es ist davon auszugehen, daß die UGT kein Interesse an einem substantiellen Abbau dieser Kooperationsschwäche der CC.OO.-Sektion besitzt, weil dies ihre eigene Führungsposition im Kooperationsbereich in Frage stellen könnte. Die VW-Arbeitnehmervertretung dagegen muß ein Interesse an einer Stärkung der kooperationsbereiten CC.OO.-Mandatsträger haben, um die Kooperation zu stabilisieren. In dieser Situation bietet der EKBR die Chance durch eine intensive Einbindung der CC.OO. in seine Strukturen, sowie über symbolische und konkrete Gleichbehandlungsgesten seitens der VW-Arbeitnehmervertreter gegenüber der CC.OO., zu einer Stabilisierung der Kooperation beizutragen.

Ein Defizit der Kooperation liegt außerdem in der bisher nur gering ausgeprägten Existenz struktureller Sicherungen der kollektiv-rationalen Kooperationsstrategien und einer strategischen Kooperationsplanung. Von den Spitzengremien der VW-Arbeitnehmervertretung und denen der UGT-Sektion wird eine solche kollektiv-rationale Strategie, die auf strategischer Planung aufbaut verfolgt. In der CC.OO.-Sektion wurde diese Position von dem einzigen, für Kooperationsfragen zuständigen Mandatsträger ebenfalls vertreten.

Es ergibt sich im fortgeschrittenen Kooperationsprozeß das Dilemma, daß sich die komplexeren, langfristig erreichbaren Ziele nur mit einer kollektiv-rationalen, strategischen Entscheidungswahl realisieren lassen. Kollektiv-rationale Entscheidungen konnten bisher durch die Konzentration der Kooperationsthematik auf die Spitzengremien der VW- und Seat-Arbeitnehmervertretung, von den dort agierenden Mandatsträgern relativ autonom getroffen werden. Je mehr die Kooperationsabsprachen die lokale Handlungsfähigkeit der Arbeitnehmervertreter einschränken, desto notwendiger wird eine steigende Akzeptanz der Kooperation durch die Belegschaft und die Verankerung der Kooperation in der Belegschaft. Die Realisierung der komplexen Kooperationsziele setzt ihre stärkere Verankerung in der Belegschaft voraus, um die Akzeptanz der Kooperation zu erhöhen. Gleichzeitig verringern sich jedoch durch die Komplexität und die langfristige Umsetzung der Kooperationsziele die Chancen, das Interesse und die Partizipationsbereitschaft der Belegschaft zu wecken. "Da konnten wir (der VW-GBR - V.M.) die deutschen Kollegen mehr für begeistern (für das Ziel, sich gegen die Apartheid einzusetzen - V.M.), als für den ganzen allgemeinen Prozeß. Das wir sagen konnten, da werden Kollegen unterdrückt, totgeschlagen, äußere Gewalt angewendet. Ja und als Gewerkschaften können wir das nicht zulassen, daß im Rahmen des Konzerns die Dinge nicht ordentlich geregelt sind. Und das waren zu der damaligen Zeit noch mehr Kollegen, die das interessierte. Im Rahmen von Europa da werden die Dinge schwieriger. Spanien hat seine Gesetzgebung, die haben ihre Gewerkschaften, anerkannte Gewerkschaften. Das die noch ihre Ständegewerkschaftsprinzipien haben, das ist ja ihr Unglück. Am Ende aber unser gemeinsames Unglück. ... Das sind Fragen, die nicht sehr gut sind für eine Kooperation". (Int3: 8)

Ähnlich defizitär ist das Bewußtsein über die Arbeitnehmerkonkurrenz und den Nutzen der Kooperation in der Gruppe der Mandatsträger und Vertrauensleute. (Int1: 18) Neben einer zahlenmäßig kleinen Gruppe von Mandatsträgern aus den Spitzengremien neigen die Mandatsträger der mittleren und belegschaftsnahen Ebene der Arbeitnehmervertretung eher zur Tolerierung, als zur aktiven Unterstützung der Kooperation. Im fortgeschrittenen Kooperationsstadium, wie es innerhalb des VW-Konzerns seit 1989 in Europa erreicht wurde, ist aber die Einbeziehung der Mehrheit der Mandatsträger notwendig, um deren Unterstützung auch bei unpopulären, aber notwendigen Kooperationsentscheidungen zu sichern. Während die VW-Arbeitnehmervertretung diese Akzeptanz durch eine aktive Informationspolitik über die Kooperation sichern will, verlangen Mandatsträger von UGT und vor allem der CC.OO. zunächst konkrete Kooperationserfolge, mit denen sie bei der Belegschaft und den Mandatsträgern um Unterstützung für die Kooperation werben wollen. (Int8: 3f.) "Der Arbeiter will konkrete Probleme diskutieren und konkrete Ergebnisse". (Int4: 6)

Grundsätzlich ist es bisher, abgesehen von den Mandatsträgern in den Spitzengremien, nicht im notwendigen Umfang gelungen die überwiegende Mehrheit der Arbeitnehmervertreter und der Belegschaft zur offensiven Unterstützung der Kooperation zu motivieren und auf diese Weise eine Fortentwicklung und Intensivierung der Kooperation durch Druck von "Unten" zu erzwingen. Ein ehemaliger Gesamtbetriebsratsvorsitzender charakterisiert diese Situation: "Also die entscheidende Frage bei der ganzen Entwicklung (der Kooperation - V.M.) ist einfach die, daß kein Druck hinter der ganzen Entwicklung steht. In der Tarifpolitik oder politischen Fragen anderer Art gibt es von irgendeiner Seite Druck. Ob es der Vertrauensleutekörper ist, ob das die Belegschaft ist. Und das einfach diese Entwicklungsprozesse nicht so ins Bewußtsein gedrungen sind, daß dieser Prozeß sich beschleunigt. Aber in der gleichen Situation sind auch die Spanier, die Brüsseler und die Franzosen. Das ist im Grunde genommen das, was mich am empfindlichsten stört". (Int3: 8) Geraten einzelne Standorte in eine Krisensituation und fehlt dieser Druck auf die Mandatsträger, könnten diese zu individuell-rationalen Problemlösungen greifen, die die Kooperation gefährden würden. Als ein weiteres Spitzengremium der Arbeitnehmervertretungen führt der EKBR zunächst nicht zu einer optimaleren Verankerung der Kooperation in den Belegschaften.

Seine Funktion liegt in der Absicherung der Kooperationsabsprachen und deren Unterstützung durch die Arbeitnehmervertreungen auf der Ebene der Spitzengremien der lokalen Arbeitnehmervertretungen. Er soll außerdem zur effizienten Bearbeitung der zunehmenden Kooperationsinhalte beitragen. Als an der Spitze der Gremienstruktur der Arbeitnehmervertretungen angesiedeltes Organ kann er höchstens zur Verankerung der Kooperation in der Belegschaft beitragen, indem er eine eigenständige Verhandlungsrolle ausfüllt, auf diese Weise zum Symbol einer konzernweiten Arbeitnehmerpolitik wird und sich konkrete, für die Belegschaften erkennbare Verhandlungserfolge einstellen.

Eine weitere Problematik der Kooperationsprozesse zwischen betrieblichen Arbeitnehmervertretungen besteht in dem Vorwurf einer tendenziell betriebsegoistisch ausgerichteten Kooperation, die zur Ignorierung der vereinheitlichenden Ziele der jeweiligen nationalen Gewerkschaften neigen würde. Im Fall der Kooperation zwischen den Arbeitnehmervertretungen des VW-Konzerns war auf die enge Abstimmung zwischen den Gewerkschaften und den Arbeitnehmervertretungen der Standorte in Deutschland und Spanien hingewiesen worden. Ein Problem ergab sich 1991, als die Arbeitnehmervertretung von VW-Brüssel den Beschluß des EKBR, die 35-Stunden-Woche anzustreben, durch einseitige Aktionen, ohne Beteiligung der belgischen Metallgewerkschaften, durchsetzen wollte. (Int14: 7) Diese mangelhafte Abstimmung mit den zuständigen Gewerkschaften gibt Vorwürfen, betriebsegoistisch zu handeln, neuen Auftrieb. Bei einer zunehmenden Autonomie der internationalen Kooperation auf betrieblicher Ebene wird ein betriebsegoistisches Verhalten wahrscheinlicher. Dieser Gefahr kann durch eine Mitwirkung der Gewerkschaften in den zu gründenden Europäischen Konzernbetriebsräten, wie sie in der Geschäftsordnung des Volkswagen-EKBR vereinbart ist, entgegengewirkt werden.

Aus dieser Analyse der Kooperationserfolge und -mißerfolge wird deutlich, daß die Kooperation der Arbeitnehmervertretungen der europäischen VW-Standorte durch zwei Tendenzen charakterisiert wird. Einerseits existieren keine Mißerfolge konkreter Kooperationsprojekte, die eine negative, destabilisierend wirkende Koorientierung bei den Mandatsträgern erzeugen könnten. Andererseits läßt sich ein strukturelles Defizit hinsichtlich der Verankerung der Kooperation in den Belegschaften und der Gesamtgruppe der Mandatsträger konstatieren. Von diesem Defizit geht langfristig eine hohe Destabilisierungsgefahr des Kooperationsprozesses aus, da es von allen Beteiligten zwar wahrgenommen und beklagt, aber als nur schwer veränderbares Phänomen hingenommen wird. In ökonomischen Krisensituationen, die eine hohe Kompromißbereitschaft der Mandatsträger und Einschränkungen der Handlungsspielräume der einzelnen Standort-Arbeitnehmervertretungen zur Umsetzung einer kollektiv-rationalen Kooperationsstrategie erfordern, kann dieses Defizit zur Verweigerung der Unterstützung der Kooperation in Teilen der Belegschaft und der Mandatsträger führen. Die Kooperation würde dann in einem Moment gefährdert, in dem sie ihre eigentliche Bewährungsprobe bestehen müßte.

Abschließend lassen sich bei der Betrachtung des Kooperationsprozesses der Arbeitnehmervertretungen innerhalb des VW-Konzerns zwei Geschwindigkeiten in der Entwicklung der Kooperationskontakte feststellen. Die Kooperationsziele gegenüber den außereuropäischen VW-Standorten wurden seit den Erfolgen in der ersten Kooperationsphase zwischen 1975 und 1982 nicht mehr weiterentwickelt. Die VW-Arbeitnehmervertreter der deutschen Standorte optimierten in diesem Bereich lediglich die Kooperationsorganisation und -durchführung. Demgegenüber verfolgten die Arbeitnehmervertretungen der europäischen Konzernstandorte zunehmend komplexere, nur langfristig umzusetzende Ziele, die 1989/90 zur Formulierung einer kollektiv-rationalen Strategie eines Chancenausgleichs zwischen ihren Standorten führte. Diese Strategie wird am offensivsten von der Arbeitnehmervertretung der deutschen VW-Standorte verfolgt. Die CC.OO.-Sektion begrüßt diese Strategie ebenfalls, ist jedoch skeptisch hinsichtlich der Einhaltung fester Kooperationsabsprachen.

Komplexe, kollektiv-rationale Kooperationsprozesse erfordern zunehmend Stabilisierungsmechanismen, um einen Rückfall in individuell-rationale Kooperationsstrategien zu verhindern. In der Kooperation der VW-Arbeitnehmervertretungen lassen sich mehrere solcher Mechanismen erkennen, die insbesondere von der Arbeitnehmervertretung der deutschen VW-Standorte angewendet werden. Demgegenüber konzentrieren sich bei der CC.OO.-Sektion destabilisierend wirkende Mechanismen der Kooperation und verkehren sich stabilisierend wirkende Mechanismen dort in ihr Gegenteil. Bemerkenswert ist die geringe Relevanz der gewerkschaftlichen Stabilisierungsleistungen im fortgeschrittenen Kooperationsprozeß.

Im Verlauf der Untersuchung bestätigte sich die Annahme, daß die durch die Internationalisierung der konzernweiten Produktionsstrukturen ausgelöste Zunahme der konzerninternen Arbeitnehmerkonkurrenz zwischen den Standorten, die wichtigste Ursache für die Intensivierung der Kooperation zwischen den Arbeitnehmervertretungen der europäischen VW-Standorte bildet. Diese Einschätzung wird auch durch die geringe Rolle belegt, die die Vollendung des EG-Binnenmarktes aufgrund der bereits in den 70er Jahren stark gestiegenen Internationalisierung der europäischen Automobilindustrie für die Zunahme der Kooperationsaktivitäten spielte. Die steigende Komplexität der Kooperation ließ sich seit Ende der 80er Jahre immer weniger mit den vorhandenen Kooperationsstrukturen bewältigen. In Einklang mit den nationalen und internationalen Gewerkschaftsorganisationen schlug die VW-Arbeitnehmervertretung eine auf Europa beschränke

Institutionalisierung der Kooperationsaktivitäten vor, aus der 1990 der Volkswagen-EKBR hervorging.

Der EKBR ist aufgrund des Gewichtes, der an ihm beteiligten Arbeitnehmervertretungen, deren Selbstverpflichtung, die Arbeit des EKBR national zu unterstützen, seiner umfassenden Zuständigkeiten und seiner Organisationsstruktur in der Lage, die zukünftigen Kooperationsanforderungen zu bewältigen. Notwendig erscheint jedoch eine Klärung der geplanten Rolle des EKBR zwischen den beteiligten Arbeitnehmervertretungen. Die Geschäftsordnung läßt einerseits seinen Ausbau als Koordinationsgremium der einzelnen Arbeitnehmervertretungen, andererseits aber ebenso die Übernahme einer Verhandlungsfunktion gegenüber der Konzernleitung zu. Der EKBR ist als Spitzengremium der Arbeitnehmervertretung eingerichtet worden, welches zur Erhöhung der Effizienz der laufenden Kooperationsaktivitäten beitragen soll. Insofern war mit seiner Gründung nicht das prinäre Ziel einer Optimierung der Verankerung der Kooperation in der Belegschaft verbunden worden. Allerdings kann er zu dieser Verankerung beitragen, indem er zu einem erfolgreichen Verhandlungspartner der Konzernleitung aufgebaut wird. Als eigenständiger Akteur kann er das Symbol einer konzernweiten, handlungsfähigen Interessenvertretungsarbeit der Arbeitnehmervertretungen des VW-Konzerns werden, die dem einzelnen Arbeitnehmer den Nutzen der internationalen Kooperation verdeutlicht.

Anmerkungen zu Kapitel acht:

(1)
eine erste Garantieerklärung für die deutschen Standorte gab der Vorstand 1976 anläßlich der Errichtung eines Montagewerkes in den USA ab. (WIR Metaller 26.04.1976) Eine zweite Garantieerklärung folgte 1986 bei der Übernahme der SEAT-Standorte. (BR kontakt 02/1986) Nach der SKODA Übernahme wurde eine Standortsicherungs-Vereinbarung für die deutschen Standorte mit dem Konzernvorstand abgeschlossen. (Int1: 22)

(2)
"Ich denke mir, so eine Struktur der Formulierung von Standpunkten (zur Standortsicherung - V.M.) ließe sich durchaus international übertragen, indem man sich mal gemeinsam darüber unterhält, was seht ihr eigentlich für eure Position bei Seat als unverzichtbar an und was wäret ihr aus eurer Sicht bereit ... oder was ist für euch überhaupt dispositionsfähig? Wo beginnt für euch die Schmerzgrenze? Das kann man zwar so nicht fragen, aber das kann man ja eruieren. Dann kannst Du doch im Grunde genommen versuchen einen Korridor abzustecken und sagen, jawohl das sozusagen sind die Punkte und die Positionen von denen wir der Auffassung sind, das ist sozusagen zum Erhalt dieses und dieses Standortes unbedingt notwendig. Dann (...) muß man den Ansatzpunkt unternehmen, das zu versuchen auch zur Deckung zu bringen. ... Über solche Punkte kann man sich doch einigen und sagen, okay, wir fordern das und nicht weiter. Und wir sagen, okay, ihr kriegt es von uns. So ein Ansatzpunkt, der ist vielleicht in der Lage 60 bis 80 % der Dinge zur Deckung zu bringen und über 20 % wird man sich immer noch streiten. Darüber bin ich mir im klaren. Aber ich habe gegenüber dem Vorstand doch lieber ei-

ne Situation, daß nur 20 % für ihn politische Dispositionsmasse sind als 100 %. Das ist meine Überlegung, meine Utopie auch, (...) vor dem Hintergrund der internationalen Standortstrukturbedingungen bei Volkswagen speziell in Europa". (Int1: 22f.)

(3)
1986 benannte der Gesamtbetriebsratsvorsitzende ebenso wie 1979 als Kooperationsziele die Sicherung der Gewerkschaftsrechte, den Austausch von Informationen und die Verankerung des Gedankens der internationalen Kooperation in den Belegschaften. (Hiller 1986: 7)

(4)
"Für europaweite Verträge über Arbeitsbedingungen und Arbeitszeiten hat sich der Vorsitzende des Konzernbetriebsrats der Volkswagen AG, Walter Hiller, ausgesprochen. Europäische Vereinbarungen zum Beispiel über das freie Wochenende und über Arbeitszeiten seien im Gegensatz zu Lohntarifverträgen auch auf europäischer Ebene durchaus denkbar, sagte Hiller in einer Sitzung des VW-Gesamtbetriebsrats am Donnerstag in Wolfsburg". (Gesamtbetriebsrat 09.02.1989)

(5)
"Ich will das mal an einem Beispiel deutlich machen. Wir (der Gesamtbetriebsrat - V.M.) haben ja die Polo-Verlagerung hingenommen, weil wir den Golf-Variant bekommen haben. Unsere Position in Wolfsburg ist natürlich die, daß wir auch einziger Standort für den Golf-Variant bleiben wollen. Das sichert uns eine bestimmte Stärke im Konzernverbund". (Int1: 22)

(6)
An 227 Arbeitstagen konnte El Prat Mitte 1991 täglich 1.100 Getriebe des Modells 085 für die Modelle Polo, Terra und Golf herstellen. SEAT produzierte jedoch täglich nur ca. 942 Polo und Terra. (VW-Geschäftsbericht 1991, Int5: 1)

(7)
"Die Öffnung geschieht trotz alledem in der Form, daß der Vorstand immer noch eine Koordinierungsfunktion wahrnimmt. Es ist nicht in das Ermessen der Verwaltungsstellen gestellt irgendwo Kontakte mit irgendwem draußen in der Welt aufzunehmen, auch hier in Europa. Sondern der Vorstand dringt darauf, daß hier eine Koordination erfolgt. Einmal schon um zu verhindern, daß die Verwaltungsstellen sich irgendwo die Tür in die Hand geben, weil aus irgendwelchen Gründen es - ich sage das jetzt ohne konkreten Hintergrund - in Valencia für viele Verwaltungsstellen der IG Metall interessant ist und alle wollen mit Valencia irgendetwas machen, während in anderen Bereichen in Spanien oder in anderen Ländern überhaupt nichts passiert". (Int11: 1)

(8)
Der Ergänzungsantrag lautet auszugsweise:
"4. Die Betriebsrätearbeit muß über Ländergrenzen hinweg enger verzahnt werden, daß heißt, der Informationsaustausch und die gewerkschaftliche Zusammenarbeit der Arbeitnehmer in multinationalen Konzernen muß über Ländergrenzen hinweg intensiviert werden.
5. Auf regelmäßigen internationalen Betriebsrätekonferenzen müssen Informations- und Erfahrungsaustausch ständig aktualisiert werden sowie gemeinsame gewerkschaftliche Konzepte gegen die Spaltungspolitik der Konzerne entwickelt werden". (Entschließung 1986: 73) Die Ziffer vier wurde von der Antragsberatungskommission zur Annahme empfohlen, die Ziffer fünf sollte als Material an den Vorstand überwiesen werden.

(9)

"Es hat sehr wenige Beziehungen gegeben. Hauptsächlich existierten auf betrieblicher Ebene die Beziehungen zu Volkswagen. Sie begannen mit den ersten Kontakten zwischen Volkswagen und SEAT. ... In den letzten Jahren hat es auch eine weitere Annäherung gegeben, insofern als der DGB und die IG Metall ihren Widerstand gegen eine CC.OO. Mitgliedschaft im EGB aufgegeben haben". (Int10: 7)

(10)

"Der Entwicklungsprozeß ist so gewesen, daß sie 1986 dagewesen sind, beim IMB-Weltautomobilausschuß Wolfsburg. Da haben UGT und CC.OO. nicht miteinander geredet. Und wir haben wirklich viel diplomatisches Fingerspitzengefühl aufbringen müssen, um unsere Gespräche mit ihnen auch so zu gestalten, daß beide Seiten das Gefühl hatten, wir behandeln sie gleichberechtigt. Also nicht mit dem einen mehr reden als mit dem anderen. Das war ganz wichtig, vor allem weil sie beide auch zu Pari im Betrieb sind. Damals noch etwas mehr als heute. Das Gewicht der UGT ist etwas stärker geworden. Heute ist es so, daß sie gemeinsam anreisen, daß sie sich gemeinsam darauf geeinigt haben, wie die Sitzverteilung im europäischen Konzernbetriebsrat -SEAT hat ja fünf Sitze- zwischen beiden aufgeteilt wird". (Int1: 20)

(11)

"Die (nationalen Gewerkschaften - V.M.) könnten ja auch die Kontakte haben, aber wir schaffen die Kontakte meistens. Auch weil unsere Struktur vorhanden ist. Den Volkswagenleuten den habe ich auch, ... war eine meiner ersten Aufgaben hier im Haus 1975, die Kontakte zwischen Brüssel und Wolfsburg zu schaffen. Wenn es läuft, dann umso besser. Ein anderes ist die Arbeit unserer Arbeitsgruppen und in vielen Fällen macht der EMB sogar mehr, da ist er Verhandlungsführer (bei den Verhandlungen über die Einrichtung Europäischer Betriebsräte - V.M.). ... Die meisten unserer Organisationen laufen lieber über den EMB, (...) weil sie glauben über den EMB stärker zu sein". (Int14: 5)

(12)

Während des Wahlkampfes zu den Betriebskomitees bei SEAT Ende 1990 warb die UGT gegenüber der Belegschaft mit den Vorteilen ihrer internationalen Einbindung: "Wenn wir über die Autoindustrie sprechen, müssen wir dies jedes Mal aus einer zunehmend weltweiten Perspektive machen. Die Tendenz geht zu einer Globalisierung der Wettbewerbs- und Qualitätsniveaus. Diese Aufgabe einer weltweiten Perspektive kann nur von der UGT-Metal in Angriff genommen werden; von keiner anderen Gewerkschaft, weil nur wir in den Diskussionsforen vertreten sind, in denen diese Aufgaben angefaßt werden. Unsere Mitgliedschaft im Internationalen Metallgewerkschaftsbund ist eine Garantie für die SEAT-Arbeiter. Zum anderen verfügen wir über bilaterale Kontakte zu unserer Brudergewerkschaft IG Metall, die einen überaus starken Einfluß auf Volkswagen hat. Zu diesem Konzern gehört SEAT". (UGT Metal 1990: 2)

(13)

"Im Falle SEATs haben die Arbeitnehmer vor allem einen Hang zum Vergleich. Bei den internationalen Kontakten denken sie vor allem an die besseren Arbeitsbedingungen, die in Deutschland existieren. Sie reden immer davon sich an dieses Niveau angleichen zu wollen. Sie vergleichen die Löhne, die Arbeitszeit. Die Hauptmotivation der Arbeiter, sich mit diesem Thema zu beschäftigen, hängt nicht von der Sicherheit der Arbeitsplätze oder der Investitionstätigkeit, sondern von den sozialen und Arbeitsbedingungen ab. Dies ist auch eines der Hauptargumente bei den Tarifverhandlungen hier. Wir sind in dem gleichen Konzern beschäftigt und wollen uns dann auch an die besten Arbeitsbedingungen annähern". (Int7: 4f.)

(14)

Die Unterschiede in den betrieblichen industriellen Beziehungen beschreibt ein Mitglied der Wolfsburger Vertrauenskörperleitung: "Ein Problem liegt im Begreifen der Zustände. Die Kollegen mit ihrem täglichen Existenkampf haben ganz andere gewerkschaftliche Verfahrensweisen und Formen herausgebildet als wir. Deutsche Überheblichkeit führt da zu Mißtrauen. Unsere gewerkschaftlichen Aufsichtsratsmitglieder sitzen mit dem Vorstand an einem Tisch. In Brasilien müssen Tausende die Brocken hinwerfen, damit überhaupt jemand vom Management mit der Fabrikkommission redet". (Deutscher Gewerkschaftsbund-Bildungswerk 1988)

(15)

Der ehemalige VW-Gesamtbetriebsratsvorsitzende war vor seiner Wahl in einem Verwaltungsstab, der dem Arbeitsdirektor unterstellt war, für konzerninterne Vergleiche über die Entwicklung der Tochtergesellschaften zuständig. (Int2: 9)

(16)

Zur Beschreibung und Analyse des Verhaltens der betrieblichen Arbeitnehmervertretung in der Krise des Volkswagenkonzerns 1973 bis 1975 siehe Streeck 1984 und Endres 1991.

(17)

1963 gingen 39,2 % aller VW-Exporte in die USA. Der US-Export des Konzerns erreichte 60,3 % des Inlandsabsatzes. (VW-Geschäftsbericht 1963: 17ff.)

(18)

Der ehemalige GBR-Vorsitzende charakterisiert die Kooperationsinhalte der 70er und 80er Jahre: "Also, bei Brasilien ging es mehr darum, daß sie (das lokale Management - V.M.) einen Betriebsrat bilden und sie die Arbeitnehmervertretung anerkennen. Und in Südafrika waren es die Arbeitsbedingungen und das Akzeptieren oder die Voraussetzungen zu schaffen, daß auch Schwarze bildungsmäßig auf einen entsprechenden Standard gebracht werden können. Aber auch das Arbeitenlassen der schwarzen Gewerkschaft im Betrieb. Das waren im Grunde genommen die Probleme, die wir in Brasilien und in Südafrika hatten. Da ging es weniger um die Frage der Standorte undsoweiter, sondern es war mehr die Frage der gewerkschaftlichen Solidarität und daß das Unternehmen und der Vorstand einfach bewegt werden konnte, dort Bedingungen einzuführen, die sonst in diesen Ländern nicht vorhanden waren". (Int3: 4f.)

(19)

1980 wurde die Gewerkschaft der schwarzen VW-Arbeitnehmer vom Management VW-Südafrikas als Verhandlungspartner anerkannt. (Wehrhart 1988) Zwei Jahre später vereinbarte das VW-Management in Brasilien mit der Metallarbeiter-Gewerkschaft die Einrichtung einer von beiden Seiten akzeptierten Arbeitnehmervertretung. (BR kontakt 06/1983) "Aber die großen Erfolge, wie wir sie in den 70er Jahren hatten, die sind in den 80er Jahren ausgeblieben. Die großen Probleme waren gelöst in Südafrika und Brasilien und es gab also an neuen entscheidenden Punkten im Rahmen des VW-Konzerns nicht mehr diese Probleme. Wir konnten immer sagen, bei VW haben wir die Dinge so und so geregelt. Und andere haben die vermutlich bis heute noch nicht so geregelt". (Int3: 8)

(20)

"Wir (der Gesamtbetriebsrat - V.M.) haben zum erstenmal die Auseinandersetzung mit dem Polo gehabt. Da hat es natürlich Gespräche mit den Spaniern gegeben, um zu versuchen ihnen unsere Position klarzumachen. Sie haben uns natürlich ihre Position klargemacht. Da hat sich das denke ich schon bewährt, eine vernünftige gewerkschaftliche internationale Zusammenarbeit zu haben im Konzern. Damit das, was wir hier machen und das was sie wollen, sozusagen nicht vom Vorstand dazu benutzt werden kann, über uns Sachen zu erzählen, die wir so gar nicht gemeint haben. So etwas ist ja möglich. Wenn du nicht miteinander redest, bekommt der Vorstand das Gesetz des Handelns und stellt dich dann entsprechend dar". (Int1: 14)

(21)
Das neue SEAT-Modell Toledo ist ein Beispiel für den wachsenden Einsatz von Gleichteilen. Es besteht zu 53 % aus exklusiv für diesen Typ konstruierten Komponenten, 12 % stammen aus dem Golf III, 11 % aus dem Golf II, 8 % aus dem Passat und 16 % aus diversen anderen VW-Modellen. (El Pais Semanal Nr. 7/1991)

(22)
Im Juli 1988 hatte der EMB und im März 1989 die IG Metall zur Aufnahme von Verhandlungen über die Einrichtung Europäischer Betriebsräte in ihrem Organisationsbereich aufgerufen, um die Handlungsunfähigkeit der EG auf diesem Gebiet zu überwinden. (Europäischer Metallgewerkschaftsbund 1988; Industriegewerkschaft Metall 1989)

(23)
Die Verpflichtung der Arbeitnehmervertreter zu solidarischem Handeln wirkt gleichzeitig als Selbstbindung der Akteure, die sie anwenden, um strategische kollektiv-rationale Ziele zu erreichen und einen Rückfall in individuell-rationale Strategien zu vermeiden. (vgl. Elster 1987: 67f.)

(24)
Ein zumindest formales Problem hinsichtlich der Verhandlungsfunktion des EKBR gegenüber dem Vorstand bildete dessen Weigerung, den EKBR offiziell anzuerkennen. Der Vorstand nahm diese Position ein, um nicht als einziger größerer deutscher Konzern, die ablehnende Haltung der deutschen Arbeitgeberverbände bezüglich der Gründung von EKBR zu ignorieren. Auf die materielle Unterstützung des EKBR hatte diese offizielle Haltung des Vorstands keine Auswirkungen. Die Kosten des EKBR wurden seit August 1990 von dem Teilkonzern getragen, an dessen Sitz der EKBR tagte. (Int1: 26f.) Den einzelnen Arbeitnehmervertretungen entstehen durch die Mitarbeit im EKBR somit keine zusätzlichen Kooperationskosten.

(25)
Eine andere Form der Ausdehnung der Maschinenlaufzeiten durch die Einführung einer dritten Schicht wird sich aufgrund negativer ökonomischer Rahmenbedingungen auch mit zusätzlichen Kooperationsabsprachen nicht mehr verhindern lassen. Bereits im Februar 1990 hatte der Betriebsrat Wolfsburg einer befristeten Einführung der Nachtschicht in der Golf-Montage zugestimmt, um die Schaffung von zusätzlichen 900 Arbeitsplätzen zu erreichen. (Die Welt 23.02.90) Außerdem steigt die konzerninterne Arbeitnehmerkonkurrenz zwischen den deutschen VW-Standorten, da in dem neuen hochrentablen Standort Mosel zwischen Geschäftsführung und Betriebsrat die Einführung einer regelmäßigen Nachtschicht vereinbart wurde. (Steinkühler 1992· 13) Bei SEAT kann das Management einseitig die Einführung der Nachtschicht anordnen, da diese bereits in den 80er Jahren als Option im Unternehmenstarifvertrag festgeschrieben wurde.

9. Zusammenfassung

Zunächst werden die Untersuchungsergebnisse der konkreten Kooperation zwischen der VW- und der Seat-Arbeitnehmervertretung vor dem Hintergrund der Annahmen der Rational-Choice-Theorie und der Spieltheorie zusammengefaßt und eine Einschätzung des zukünftigen Kooperationsprozesses abgegeben. Auf der Grundlage dieser Untersuchungsergebnisse wird anschließend ein typischer Kooperationsprozeß skizziert, dessen Stabilität aus dem Zusammenspiel zwischen der Veränderung der Arbeitnehmerkonkurrenz in den relevanten Umweltbereichen der betrieblichen Arbeitnehmervertretungen, der Intensivierung der Kooperation, dem Ausbau spezifischer Stabilisierungsmechanismen und der Institutionalisierung der Kooperation resultiert.

In der vorliegenden Arbeit werden die Kooperationsbeziehungen zwischen betrieblichen Arbeitnehmervertretungen, als Teilbereich der internationalen Aktivitäten von Arbeitnehmerorganisationen analysiert. Die Untersuchung geht von der Fragestellung aus, unter welchen Rahmenbedingungen eine Entscheidung für die Aufnahme des Kooperationsprozesses fällt und wie die Kooperation stabil weiterentwickelt werden kann, wenn sich das Handeln jeder Arbeitnehmervertretung primär an ihrem Eigeninteresse orientiert. Lassen sich Rahmenbedingungen der Entscheidungswahl und Strukturen innerhalb des laufenden Kooperationsprozesses identifizieren, die die Entwicklung einer kollektiv-rationalen Kooperationsstrategie fördern und die Kooperationsentwicklung zwischen den beteiligten Arbeitnehmervertretungen stabilisieren? Dieser Fragestellung liegt die Prämisse zugrunde, daß ein Rückgriff auf Normen, wie beispielsweise der "Solidarität zwischen Arbeitnehmerorganisationen" als primäres entscheidungs- und handlungsleitendes Element für die Erklärung eines stabilen Kooperationsprozesses in seinem fortgeschrittenen Entwicklungsstadium nicht ausreicht.

Von dieser Überlegung ausgehend bieten Rational-Choice-Theorie und Spieltheorie theoretische Erklärungen für die Untersuchung der Entscheidungswahl betrieblicher Arbeitnehmervertretungen im Bereich der internationalen Kooperation an. Die Kernhypothese der Rational-Choice-Theorie, daß die Akteure ihre Entscheidungswahl unter Rückgriff auf Kosten-Nutzen-Erwägungen treffen, kann auf das Entscheidungsverhalten von Arbeitnehmerorganisationen übertragen werden. Die Konflikthaftigkeit der Kooperationsbeziehung, die aus dem Streben jeder Arbeitnehmervertretung nach einer optimalen Realisierung ihrer eigenen Organisationsziele resultiert, wird von der Spieltheorie als Konflikt zwischen individueller und kollektiver Rationalität in der Entscheidungsklasse des Prisoner Dilemma thematisiert. Die Spieltheorie bietet zur Lösung dieses Konflikts die Wahl einer kooperativen "Tit for Tat"-Strategie an, die allerdings nur auf der Basis einer unbegrenzten Iteration der Entscheidungssituation ausgebildet wird. Es konnte gezeigt werden, daß diese universellen Annahmen auf die Kooperationsentscheidung betrieblicher Arbeitnehmervertreter innerhalb multinationaler Konzerne übertragen werden können. Da sich die Verflechtung der Produktionsstrukturen und der Aufbau internationaler Produktionsverbünde in der Regel innerhalb MNK vollzieht, ist zu erwarten, daß die betrieblichen Arbeitnehmervertretungen innerhalb dieser Unternehmen besonders an der Aufnahme von Kooperationskontakten interessiert sind. Die Verflechtung der Produktionsstrukturen dieser Konzerne und ein steigender Wettbewerb zwischen den Produzenten führt zu einer Verschärfung der Arbeitnehmerkonkurrenz zwischen den Standorten, die die Durchsetzungsfähigkeit der Standort-Arbeitnehmervertretungen langfristig verringert. Aus einer verringerten Durchsetzungsfähigkeit resultiert ein geringeres Zielerreichungspotential der betrieblichen Arbeitnehmervertretungen in den Verhandlungen mit dem Standort-Management. Die auf Dauer angelegten Produktionsverflechtungen schaffen einen, angesichts der Amtszeit der betrieblichen Arbeitnehmervertreter, unbegrenzt erscheinenden Zeithorizont der Kooperationsbeziehungen zwischen den Arbeitnehmervertretungen. Die erfolgreiche Kooperation wird als zusätzliche Ressource der Arbeitnehmervertretungen zur Stärkung ihrer regionalen Verhandlungs- und Durchsetzungsstärke definiert. Durch die Kooperation wird die Ungewißheit über die Verhandlungsposition der übrigen Arbeitnehmervertretungen, die beispielsweise als potentielle Konkurrenten bei der Vergabe des beschränkten Produktionsvolumens des Konzerns auftreten, in den Verhandlungen der eigenen Arbeitnehmervertretung mit dem lokalen Management reduziert. Die Reduzierung dieser Ungewißheitsquelle verringert die Verhandlungsspielräume der Konzernleitung.

Neben der Iteration der Entscheidungssituation werden in der Rational-Choice- und der Spieltheorie weitere Mechanismen zur Stabilisierung des dauerhaften Konflikts zwischen individuell- und kollektiv-rationaler Strategiewahl genannt. Hierzu zählen exogene, von dritten Akteuren eingebrachte Ressourcen bzw. Sanktionsmöglichkeiten, die zur Stabilisierung der Kooperation beitragen. In der Kooperation betrieblicher Arbeitnehmervertretungen wird diese Rolle von nationalen und internationalen Gewerkschaftsorganisationen übernommen. Daneben können die betrieblichen Arbeitnehmervertretungen endogene Lösungen bereitstellen, mit denen sie selbst bei der Ausgestaltung der Kooperationsstruktur Einfluß auf die Stabilität der Kooperationsbeziehungen nehmen.

9.1 Die Ergebnisse der Analyse des Kooperationsprozesses zwischen der VW- und der Seat-Arbeitnehmervertretung

Im Verlauf der Arbeit wurde die Relevanz dieser universalen Stabilisierungsmechanismen anhand des konkreten Kooperationsprozesses zwischen der VW- und der Seat-Arbeitnehmervertretung innerhalb des Volkswagenkonzerns überprüft. Die Untersuchung verfolgt das Ziel, anhand des konkreten Kooperationsfalles die Faktoren zu identifizieren, die zum Beginn der Kooperation führen und die Stabilität des Kooperationsprozesses angesichts des dauerhaften Konflikts zwischen individueller und kollektiver Rationalität gewährleisten.

Die Analyse des konkreten Kooperationsprozesses berücksichtigt die Annahme der Rational-Choice-Theorie, daß die Akteure eine an Kosten-Nutzen-Gesichtspunkten orientierte Entscheidungswahl aus denjenigen Alternativen treffen, die mit den Constraints der Entscheidungssituation vereinbar sind. Da der grundsätzliche Nutzen einer Kooperationsaufnahme bzw. -fortentwicklung in der Erhöhung der Durchsetzungsfähigkeit jeder Arbeitnehmervertretung liegt, mußte nicht nur der Kooperationsprozeß selbst, sondern auch die Umwelt der betrieblichen Arbeitnehmervertretung in die Untersuchung einbezogen werden, soweit sie zu einer Veränderung der Bargaining Power der VW- und der Seat-Arbeitnehmervertretung beiträgt. Als relevante Umweltbereiche der Arbeitnehmervertretungen wurden die Vertiefung der europäischen Arbeitsteilung im Verlauf der europäischen Integration, die Veränderungen innerhalb der europäischen Automobilindustrie, die Gestaltung des deutschen und spanischen Systems der Arbeitsbeziehungen und die Aktivitäten der deutschen und spanischen Metallgewerkschaften sowie der europäischen Gewerkschaftsorganisationen in die Untersuchung einbezogen. Gemäßt der zweiten Hypothese wurde der Einfluß eines jeden Umweltbereiches auf eine Erhöhung oder Reduzierung der Arbeitnehmerkonkurrenz untersucht. Die Entwicklung der Arbeitnehmerkonkurrenz tangiert die Bargaining Power der VW- und Seat-Arbeitnehmervertretung und beeinflußt insofern mittelbar das Kooperationsinteresse der Arbeitnehmervertretungen.

Mit der Weiterentwicklung des Kooperationsprozesses steigt dessen Instabilität, da eine steigende Zahl von Kooperationsabsprachen die lokalen Verhandlungsspielräume der einzelnen Arbeitnehmervertretung zunehmend einschränken. Ein Rückzug einzelner Arbeitnehmervertreter auf individuell-rationale Strategien, zur Vermeidung kollektiv-rationaler Kooperationsabsprachen wird wahrscheinlicher. Die Stabilität des fortgeschrittenen Kooperationsprozesses zwischen VW- und Seat-Arbeitnehmervertretung müßte daher neben der steigenden Arbeitnehmerkonkurrenz, die eine Verringerung der Durchsetzungsfähigkeit der Arbeitnehmervertretungen nach sich zieht, zusätzlich durch die aus der Rational-Choice-Theorie bekannten exogenen und endogenen Stabilisierungsmechanismen gesichert werden. In der Untersuchung wurde daher nachgefragt, ob in der Organisationsstruktur der kooperierenden Arbeitnehmervertretungen und während des bisherigen Kooperationsprozesses entsprechende Stabilisierungsmechanismen eingerichtet wurden und inwieweit diese in der konkreten Kooperation kooperationsstabilisierend bzw. kooperationsdestabilisierend gewirkt haben.

Mit der Untersuchung des Einflusses der europäischen Integration auf die europäische Arbeitnehmerkonkurrenz wendet sich die Analyse einem Umweltbereich zu, der einerseits keinen unmittelbaren Einfluß auf die Ebene betrieblicher

Arbeitsbeziehungen auszuüben scheint, dessen Dynamik seit 1988 andererseits erstmals die gewerkschaftliche Diskussion wieder auf die Auswirkungen einer verschärften Arbeitnehmerkonkurrenz zwischen den westeuropäischen Standorten multinationaler Konzerne gelenkt hatte. Die EG-Organe und der Europäische Rat der Regierungschefs sind diejenigen Gremien, die über den politischen und juristischen Rahmen der Verflechtung der westeuropäischen Volkswirtschaften entscheiden. Die Annahme, daß von diesem Integrationsprozeß seit der Gründung der Europäischen Gemeinschaft eine Zunahme der Arbeitnehmerkonkurrenz ausgeht, kann bestätigt werden. Seit den 60er Jahren nimmt die Warenexport induzierte Arbeitnehmerkonkurrenz kontinuierlich zu, da sich der besonders Arbeitnehmerkonkurrenz fördernde brancheninterne Intra-EG-Handel zu Lasten des interindustriellen Austauschs ausweitet. Die konzerninterne Arbeitnehmerkonkurrenz zwischen einzelnen Standorten multinationaler Konzerne nimmt seit Ende der 70er Jahre zu. Bis zu diesem Zeitpunkt erfolgten die Unternehmenszusammenschlüsse in der EG primär auf nationaler Ebene, um leistungsfähige Produktionsstrukturen zur Durchführung EG-weiter Warenexporte zu gewährleisten. In den 80er Jahren stiegen die Direktinvestitionen multinationaler Konzerne aus der Bundesrepublik innerhalb der EG stark an. Dagegen wurde in Spanien die verarbeitende Industrie zu einem bevorzugten Anlagebereich multinationaler Konzerne aus der gesamten EG. Die Arbeitnehmer beider Volkswirtschaften werden hierdurch einer erhöhten konzerninternen Arbeitnehmerkonkurrenz ausgesetzt. In der europäischen Automobilindustrie kann je nach nationalem KFZ-Markt ein differenzierter Anstieg der Arbeitnehmerkonkurrenz festgestellt werden. Die Betrachtung der KFZ-Exporte aus EG-Ländern zeigt seit der endgültigen Öffnung des spanischen KFZ-Marktes für EG-Produkte im Jahr 1986 einen starken Anstieg der durch Warenexporte hervorgerufenen Arbeitnehmerkonkurrenz für die Beschäftigten der spanischen Automobilindustrie. Demgegenüber ist diese Form der Arbeitnehmerkonkurrenz in der deutschen Automobilindustrie nur schwach ausgeprägt. Hier dominierte bis Ende der 80er Jahre ein interindustrieller Austausch mit Exportüberschuß. Diese Analyse berücksichtigt nicht die beträchtlichen KFZ-Importe der japanischen Hersteller auf den offenen bundesdeutschen Automarkt. Gerade in diesem Punkt wird der EG-Binnenmarkt ab 1992 mit der allmählichen Öffnung für japanische KFZ-Importe zu einem Anstieg der Arbeitnehmerkonkurrenz führen. Außerdem bietet der Abbau technischer Handelsschranken innerhalb des Binnenmarktes einen Anreiz für die KFZ-Hersteller, verstärkt auf die Großserienproduktion zu setzen. Ihnen erschließt sich mit dieser Entwicklung ein großes Rationalisierungspotential, welches Einfluß auf die Zahl der Arbeitsplätze haben wird. Die Unternehmensleitungen der KFZ-Hersteller planen daher als Reaktion auf den Binnenmarkt primär Rationalisierungsinvestitionen, eine höhere Produktstandardisierung und die Kooperation mit anderen Produzenten. Die Vollendung des Binnenmarktes erhöht auf diese Weise mittelbar die Arbeitnehmerkonkurrenz in dieser Branche. Er übt durch die Öffnung der KFZ-Märkte für japanische Importe und harmonisierte Marktzugänge einen direkten Einfluß auf die Wettbewerbssituation und die Produktionsbedingungen der europäischen KFZ-Hersteller in einer Form aus, die Arbeitnehmerkonkurrenz verschärfend wirkt. Die aufgrund von Warenexporten erzeugte Arbeitnehmerkonkurrenz in der europäischen Automobilindustrie wird zunehmen, gleichzeitig steigt der Rationalisierungsdruck in den Standorten. Beide Trends schränken die Verhandlungsspielräume und die Durchsetzungsfähigkeit der betrieblichen Arbeitnehmervertretungen in der Automobilindustrie ein. Von den Arbeitnehmervertretern wird insbesondere die Arbeitnehmerkonkurrenz intensivierende Funktion des Binnenmarktes im Bereich der zunehmenden japanischen KFZ-Importe thematisiert. Sie vernachlässigen dabei die mittelbaren und mittelfristigen Auswirkungen auf die konzerninterne Arbeitnehmerkonkurrenz. Der steigende externe Wettbewerb wird, wie auch in den Berichten der Kommission zum EG-Binnenmarkt prognostiziert, Fusionen zwischen den heute existierenden europäischen KFZ-Herstellern erfordern. Der sich abzeichnende Fusionsprozeß erhöht mit der Verflechtung der Produktionsstrukturen der europäischen KFZ-Produzenten die Standortkonkurrenz zwischen den Arbeitnehmervertretungen. Die EG-Organe waren bisher nicht in der Lage eine, die steigende Arbeitnehmerkonkurrenz begrenzende, EG-Sozialpolitik zu realisieren. Partiellen Erfolgen im Arbeitsrecht stehen fehlende Beschlüsse zu den Rechten von Arbeitnehmervertretern in multinationalen, EG-weit agierenden Unternehmen gegenüber. Gerade diese Unternehmensform einer Aktiengesellschaft mit Tochtergesellschaften in mehreren EG-Staaten ist jedoch typisch für die Produzenten der europäischen Automobilindustrie.

Vor diesem Hintergrund gingen von dem bisherigen europäischen Integrationsprozeß unterschiedliche Signale an die betrieblichen Arbeitnehmervertretungen in der Automobilindustrie, bezüglich der Aufnahme internationaler Kooperationsbeziehungen aus. Der hohe Exportüberschuß verringert die Kooperationsneigung der deutschen Arbeitnehmervertreter. Die Exportstärke der deutschen KFZ-Industrie erleichtert ihnen die Erreichung ihrer Organisationsziele. Andererseits bedeutet der Aufbau von Tochtergesellschaften in anderen europäischen Staaten auch für sie eine Zunahme der direkten Arbeitnehmerkonkurrenz. Die seit 1985 stark ansteigende durch Warenexporte hervorgerufene Arbeitnehmerkonkurrenz und der Aufbau europaweiter Produktionsverbunde bildet dagegen für die Arbeitnehmervertretungen in der spanischen Autoindustrie einen hohen Anreiz zur Aufnahme internationaler Kooperationskontakte mit den Arbeitnehmervertretungen der Produktionsstandorte in den anderen EG-Staaten. Schlußfolgerungen über die konkrete Veränderung der Arbeitnehmerkonkurrenz in einzelnen Automobilstandorten lassen sich erst ziehen, wenn der allgemeine, sich aus der europäischen Integration ergebende Trend einer steigenden europäischen Arbeitnehmerkonkurrenz mit Informationen über die konkreten Internationalisierungsstrategien einzelner Automobilhersteller in Europa verknüpft wird. Dann können auch die konkreten Auswirkungen des EG-Binnenmarktes auf die externe Wettbewerbssituation und das prognostizierte hohe Rationalisierungspotential des jeweiligen Konzerns untersucht werden. Aus der Analyse ergeben sich dann konkrete, je nach Hersteller differierende Kooperationsanreize für die betrieblichen Arbeitnehmervertretungen der einzelnen Produktionsstandorte. Die Analyse der EG-Integration belegt für sich gesehen den allgemeinen Trend einer verschärften Arbeitnehmerkonkurrenz aufgrund steigender KFZ-Exporte und mittelfristig eine steigende konzerninterne Arbeitnehmerkonkurrenz zwischen den Standorten einzelner KFZ-Hersteller.

Nachdem die Untersuchung der sozialpolitischen Aktivitäten der EG-Organe keine Hinweise auf eine Verringerung der europäischen Arbeitnehmerkonkurrenz erbracht hat, konzentriert sich die Analyse auf die Tätigkeit der internationalen Arbeitnehmerorganisationen auf europäischer Ebene. Diese bilden einen weiteren Umweltbereich der internationalen Kooperation der betrieblichen Arbeitnehmervertretungen. Die Aktivitäten dieser Akteursgruppe können die europäische Arbeitnehmerkonkurrenz erfolgreich einschränken und insofern auf die Kooperationsentscheidungen der betrieblichen Arbeitnehmervertretungen in der Automobilindustrie einwirken. Indikator einer erfolgreichen Tätigkeit ist die Fähigkeit, Forderungen erfolgreich gegenüber der EG, den Arbeitgeberverbänden und den Konzernleitungen zu vertreten.

Der Europäische Gewerkschaftsbund und der Europäische Metallgewerkschaftsbund verfolgen das Ziel, die industrie- und sozialpolitischen Aktivitäten der Europäischen Gemeinschaft zu beeinflussen. Der Vergleich ihrer Programmatik mit der Politik der EG läßt erkennen, daß das Europäische Parlament, der Wirtschafts- und Sozialrat und auch die Kommission Anregungen beider Arbeitnehmerorganisationen aufnimmt. Der Ministerrat trifft die endgültigen Entscheidungen dann jedoch unter Berücksichtigung der Position des jeweils konservativsten Mitgliedsstaates. Der Einfluß der europäischen Arbeitnehmerorganisationen auf die realisierte EG-Politik ist daher in den 80er Jahren gering gewesen. Dies gilt auch für die Durchsetzung von EG-Richtlinien zu den Mitwirkungsrechten der Arbeitnehmer in europaweit tätigen Unternehmen.

Eine zweite Möglichkeit die Arbeitnehmerkonkurrenz zu begrenzen, besteht in der Unterstützung der internationalen Kooperation der nationalen Gewerkschaften und betrieblichen Arbeitnehmervertretungen. Seit 1988 geben der Europäische Gewerkschaftsbund und der Europäische Metallgewerkschaftsbund programmatische Anstöße zur Institutionalisierung der internationalen Kooperation betrieblicher Arbeitnehmervertretungen. Die bereits bestehenden organisationsinternen Arbeitsgruppen des Europäischen Metallgewerkschaftsbundes zu einzelnen MNK sollen durch Verträge mit den Konzernleitungen in "Europäische Betriebsräte" umgewandelt werden, deren Aktivitäten in der Verantwortung der betrieblichen Arbeitnehmervertretungen der Konzernstandorte liegen. Der EMB unterstützt die Gründung Europäischer Betriebsräte indem er den betrieblichen

Arbeitnehmervertretungen materielle und informationelle Ressourcen zur Verfügung stellt. Er kann durch seine Moderation den Beginn der Kooperation positiv beeinflussen, der eigentliche Kooperationsanreiz geht jedoch von der verringerten Bargaining Power der betrieblichen Arbeitnehmervertretungen aus. In der Analyse erweisen sich die materiellen und personellen Ressourcen der beiden europäischen Arbeitnehmerorganisationen als unzureichend, um die kontinuierlich steigenden Informations- und Koordinationswünsche der Mitgliedsgewerkschaften und aller, potentiell für eine Kooperation in Frage kommenden, betrieblichen Arbeitnehmervertretungen aus multinationalen Konzernen abzudecken.

Einen unmittelbaren Einfluß auf die konzerninterne Arbeitnehmerkonkurrenz und die Durchsetzungsfähigkeit der betrieblichen Arbeitnehmervertretungen üben die Veränderungen innerhalb der europäischen Automobilindustrie aus. Vor allem drei seit den 70er Jahren anhaltende Entwicklungstrends reduzieren die Bargaining Power der Arbeitnehmervertretungen. Die KFZ-Exporte und -Importe zwischen den europäischen Automobilmärkten und aus Japan nahmen bis Anfang der 90er Jahre kontinuierlich zu. Gleichzeitig verstärkt sich die Internationalisierung der Produktionsstrukturen der europäischen Hersteller. Außerdem stellt der Einsatz neuer Produktionskonzepte und Formen der Arbeitsorganisation neue Anforderungen an die betrieblichen Arbeitnehmervertretungen, die deren Bargaining Power in Frage stellen.

Bestimmendes Moment der durch KFZ-Exporte hervorgerufenen Arbeitnehmerkonkurrenz ist die starke externe Konkurrenz der japanischen Anbieter. Nachdem die japanischen KFZ-Hersteller seit den 70er Jahren ihren Marktanteil in den USA ausgebaut hatten, haben sie die Markteroberungsstrategie der Direktimporte in den 80er Jahren auch auf den europäischen KFZ-Märkten angewandt. Bis Anfang 1993 sind vier der fünf größten europäischen KFZ-Märkte noch weitgehend vor japanischen KFZ-Importen geschützt. Dieser Schutz wird nach der Vollendung des EG-Binnenmarktes bis 1999 sukzessive aufgehoben. Die japanische Anbieter-Konkurrenz zwingt die europäischen KFZ-Hersteller zu verstärkter Rationalisierung und der Begrenzung der Lohnkostenzuwächse. Beide Maßnahmen gefährden die Verhandlungsspielräume der Arbeitnehmervertreter in der Automobilindustrie. Die Mandatsträger müssen in den Verhandlungen eine hohe Kompromißbereitschaft zeigen, um langfristig die Arbeitsplätze in der Branche nicht zu gefährden. Dies gilt in hohem Maße auch für die VW-Arbeitnehmervertretungen, da der Konzernabsatz sich auf die vier geschützten EG-Automärkte konzentriert. Die externe japanische Anbieterkonkurrenz bedroht die bisherige Strategie SEATs und Volkswagens, in Schwächeperioden des nationalen Marktes die Exporte auf die übrigen EG-Märkte zu erhöhen. Die japanischen Anbieter können diese Strategie in Zukunft EG-weit unterlaufen.

Darüberhinaus hat die konzerninterne Arbeitnehmerkonkurrenz der einzelnen Standorte innerhalb des Volkswagenkonzerns seit den 70er Jahren kontinuierlich zugenommen. Bis Mitte der 70er Jahre dienten die Auslandsinvestitionen bei Volkswagen primär der Erschließung abgeschotteter KFZ-Märkte. Nach der ersten Krise des deutschen VW-Absatzes mußten die deutschen Produktionsstandorte erstmals 1975/76 den Verlust eines Exportmarktes durch den Aufbau einer VW-Auslandsproduktion in Nordamerika hinnehmen. Eine ähnliche Situation entstand seit 1982 in Europa. Während der europäischen Automobilkrise Anfang der 80er Jahre entwickelte sich der EG-Markt zur wichtigsten Exportzone der deutschen VW-Standorte. Die Vergabe eines Montageauftrags über einen Teil der Poloproduktion an SEAT 1982 bildete eine Gefahr für die VW-Exporte aus der Bundesrepublik nach Europa, da ein Teil der in Spanien montierten Polos für westeuropäische Automobilmärkte bestimmt waren. Mit der erstmaligen Verlagerung der Produktion eines VW-Modells in ein nicht dem Konzern angehörendes Unternehmen entstand eine konzerninterne Konkurrenzsituation zwischen VW-Wolfsburg und SEAT-Pamplona, die sich mit der Seat-Übernahme 1986 vertiefte. Seit Anfang der 90er Jahre existiert außerdem auch innerhalb der Bundesrepublik eine konzerninterne Konkurrenz zwischen dem neugegründeten VW-Standort Mosel in Sachsen und VW-Wolfsburg in der Golf-Produktion. Eine konzerninterne Arbeitnehmerkonkurrenz ist seit 1990 ebenfalls im Bereich der Komponenten zu beobachten, wie die Überproduktion von Getriebegleichteilen in den Standorten VW-Kassel, Gearbox del Prat und VW-Bratislava zeigt. Darüberhinaus erzeugt die Produktpolitik des Vorstands eine begrenzte Konkurrenz um gleiche Käuferschichten zwischen den Marken. Die Plazierung der Modelle mehrerer Marken in gleichen Größenklassen gewährleistet einerseits eine optimale Ausschöpfung des Käuferpotentials, führt andererseits jedoch zu einer Markenkonkurrenz, die bei sinkenden Absatzzahlen auch als Standortkonkurrenz wirksam werden kann.

Die europäische Arbeitnehmerkonkurrenz innerhalb der europäischen Automobilindustrie steigt ebenfalls durch die Einführung neuer Produktionskonzepte. Die Vollendung des EG-Binnenmarkts unterstützt die Realisierung technikzentrierter Produktionskonzepte, deren Rationalisierungseffekte zum Abbau von Arbeitsplätzen führen. In den bundesdeutschen VW-Produktionsstandorten dominierten bis in die 80er Jahre die technikzentrierten Produktionskonzepte. Ende der 80er Jahre entwickelte das Management außerdem neue Formen der Arbeitsorganisation, wie beispielsweise die Gruppenarbeit. Aufgrund der realisierten Produktionserhöhungen und angesichts einer erfolgreichen Produktaufwertungspolitik konnte die VW-Arbeitnehmervertretung bis 1989/90 den Rationalisierungsmaßnahmen zustimmen, ohne die Arbeitsplätze und damit ihre Durchsetzungsfähigkeit zu gefährden. Seit Anfang der 90er Jahre kann die Produktaufwertung nicht mehr angemessen durch Preisaufschläge an die Käufer weitergegeben werden, außerdem ist bei sinkenden Absatzprognosen keine Ausweitung der Produktionskapazitäten in den westdeutschen Produktionsstandorten geplant. Unter diesen Bedingungen führt die allmähliche Verringerung des manuellen Arbeitsvolumens zu einer Gefährdung der Arbeitsplätze und der Bargaining Power der Arbeitnehmervertretung. Den Gewerkschaftssektionen bei SEAT stellt sich die Situation 1991 anders dar. Bis 1989/90 kam es in den SEAT-Standorten nur durch die Optimierung von Arbeitsprozessen zu Produktivitätssteigerungen. Eine Automatisierung der Produktion erfolgte in begrenztem Umfang erst seit Anfang der 90er Jahre. Die 1990/91 bei SEAT geplanten Produktionssteigerungen verringern außerdem die Gefahr von Arbeitsplatzverlusten. Bei SEAT hatte die Einführung von Gruppenarbeitskonzepten Vorrang vor technikzentrierten Konzepten.

Die Entwicklung des VW-Konzerns und der europäischen Automobilindustrie hat die konzerninterne Arbeitnehmerkonkurrenz sowohl für die VW- wie auch für die SEAT-Arbeitnehmervertretung erhöht und somit den Anreiz zur Aufnahme von Kooperationskontakten verstärkt. Während die Durchsetzungsfähigkeit der VW-Arbeitnehmervertreter durch sämtliche Trends negativ beeinflußt wird, lag der Kooperationsanreiz für die SEAT-Mandatsträger Mitte der 80er Jahre primär in den Informationsvorteilen, die eine Kooperation bietet. Relevante Informationen erhalten die Seat-Gewerkschaftssektionen vorrangig vom Gesamtbetriebsrat am Konzernsitz. Die Analyse zeigt, daß die im dritten Kapitel festgestellten negativen Auswirkungen der europäischen Integration, die sich in einer zunehmenden Internationalisierung der Produktionsstrukturen und einer steigenden Anbieterkonkurrenz manifestieren, auch in der europäischen Automobilindustrie und innerhalb des VW-Konzerns wirksam werden.

Einen weiteren die Arbeitnehmerkonkurrenz unmittelbar tangierenden Umweltbereich bildet das spanische und deutsche System der Arbeitsbeziehungen. Zum einen stellen die staatlichen Organisationsgarantien der Arbeitnehmerorganisationen einen Teil der Bargaining Power der betrieblichen Arbeitnehmervertretungen dar. Andererseits bestimmen diese Organisationsgarantien auch die Stärke der nationalen Gewerkschaftsorganisationen, die wiederum als privilegierte Umwelt der betrieblichen Arbeitnehmervertretungen deren internationale Kooperationskontakte beeinflussen. Die Entwicklung der Bargaining Power der betrieblichen Arbeitnehmervertretungen gilt als Indikator für deren Kooperationsneigung, die Stärke der Gewerkschaften ist ein Maßstab für die Höhe des möglichen Ressourcentransfers zur Förderung der betrieblichen Kooperationskontakte.

Da eine eindeutige, gesetzlich vorgegebene Abgrenzung der Aufgaben, Verhandlungsthemen und Sanktionsmitteln zwischen den betrieblichen und gewerkschaftlichen Arbeitnehmerorganisationen auf eine geringe Konkurrenz zwischen beiden Akteursgruppen hinweist, kann das jeweilige System der Arbeitsbeziehungen auch in diesem Bereich zur Stärkung der Bargaining Power der Arbeitnehmerorganisationen beitragen. Während das deutsche System der Arbeitsbeziehungen zu einer Abgrenzung der Tätigkeitsfelder von Betriebsräten und Gewerkschaften beiträgt, fördert das spanische Arbeitsrecht durch die Gleichbehandlung von Betriebskomitees und Gewerkschaftssektionen eine Konkurrenzsituation auf betrieblicher Ebene. In der Bundesrepublik gibt es im Gegensatz zu Spanien kein gesetzliches Anrecht auf gewerkschaftliche Organisationsstrukturen in den Betrieben. Während in Deutschland nur die Gewerkschaften Tarifvertrags- und Streikfähig sind, gilt dies in Spanien für Betriebskomitees und Gewerkschaften. In der Bundesrepublik existieren starke Betriebsräte, die sich betriebsnahen, tarifpolitischen Themen zuwenden, während die Gewerkschaften für die allgemeine quantitative und qualitative Tarifpolitik zuständig sind. In Spanien kommt es in den Großbetrieben oftmals zur Handlungsunfähigkeit der Betriebskomitees und einer starken Rivalität zwischen den Sektionen der einzelnen Richtungsgewerkschaften. Dies schwächt die Durchsetzungsfähigkeit der betrieblichen Mandatsträger gegenüber dem Management. Zu dieser niedrigen Bargaining Power tragen auch die fehlende Unternehmensmitbestimmung und die Beschränkung der Mandatsträger auf Informationsrechte in den spanischen Betrieben bei. Daher ist auf Seite der spanischen Arbeitnehmervertretungen, angesichts der großen Anzahl abhängiger Tochterunternehmen MNK und der geringen staatlichen Organisationsgarantien, von einer hohen Kooperationsneigung auszugehen. Die Kooperationsneigung zwischen den spanischen und deutschen Mandatsträgern wird auch aufgrund der beobachtbaren mittelfristigen Annäherung der Gewerkschaftsstrategien zunehmen. Die Arbeitnehmerorganisationen beider Länder sehen sich einer neo-liberalen Deregulierungspolitik und der Einführung neuer Technologien gegenüber, die ihre Problemlösungskompetenzen stark belasten. Sie stehen damit ähnlichen Problemsituationen gegenüber, die in der Kooperation thematisiert werden können. Darüberhinaus nähern sich auch die gewerkschaftlichen Organisationskulturen in einem Prozeß der Professionalisierung und Bürokratisierung des hauptamtlichen Apparates einander an, der die Kooperation erleichtert.

Die Überprüfung der zweiten Hypothese ergab einen Anstieg der Arbeitnehmerkonkurrenz in allen untersuchten Umweltbereichen, die auf die Kooperationsentscheidung der Seat- und der VW-Arbeitnehmervertretung Einfluß nehmen. Von herausragender Bedeutung ist die Zunahme der Arbeitnehmerkonkurrenz im Bereich der europäischen Automobilindustrie. Besonders die bereits 1981/82 durch den absehbaren EG-Beitritt Spaniens beschleunigte Öffnung des spanischen Automobilmarktes, beeinflußte das Engagement des Volkswagenkonzerns bei SEAT und begründete die konzerninterne Arbeitnehmerkonkurrenz zwischen einzelnen VW- und SEAT-Standorten. Die konkurrenzsteigernde Entwicklung aller Umweltbereiche fördert eine positive Kooperationsentscheidung der VW- und Seat-Arbeitnehmervertreter, um auf diese Weise die drohende Verringerung der eigenen Durchsetzungsfähigkeit aufzuhalten. Die Bargaining Power der einzelnen Arbeitnehmervertretungen wird vor allem durch die wachsenden Verhandlungsspielräume der lokalen Unternehmensleitungen negativ tangiert. Diese Verhandlungsspielräume resultieren aus der Verknüpfung der Vorteile einer steigenden Verflechtung der Produktionsstrukturen und der Nachteile einer drohenden externen Anbieterkonkurrenz der übrigen KFZ-Hersteller. Der Nutzen der Kooperation für jede Arbeitnehmervertretung liegt in den Absprachen über die Verhandlungspositionen der einzelnen Standort-Arbeitnehmervertretungen, die zu einer Verringerung der Ungewißheit über den Umfang der Zugeständnisse in den lokalen Verhandlungen zwischen Mandatsträgern und Management führt und so die Verhandlungsspielräume der Arbeitgeberseite begrenzt.

Neben dem Organisationsumfeld bildet die Organisationsstruktur der VW- und Seat-Arbeitnehmervertretung und ihre Verankerung in den nationalen Gewerkschaften insofern einen weiteren Constraint der Kooperationsentscheidung, als die Organisationsstruktur über die Bereitstellung von Stabilisierungsmechanismen auf die Kooperation einwirkt. Die Untersuchung des Einflusses der Organisationsstruktur der Arbeitnehmervertretungen auf die Kooperation konzentriert sich auf drei Annahmen. Zunächst wird die Ausdifferenzierung der Gremienstruktur der einzelnen Arbeitnehmervertretungen als Indikator für den Autonomiegrad der Mandatsträger hinsichtlich der Formulierung von Kooperationszielen und ihrer Umsetzung angesehen. Eine hohe Ausdifferenzierung der Gremienstruktur und die Konzentration der Kooperationsentscheidung auf die Spitzengremien kann bei einer geringen Verankerung der Kooperationsziele in der Belegschaft zu einer Stabilisierung der Kooperation beitragen. Gleichzeitig beeinträchtigt die Ausdifferenzierung der Organisationsstruktur jedoch die Mobilisierungsfähigkeit der Arbeitnehmervertretung. Die VW-Arbeitnehmervertretung in Wolfsburg erweist sich als eine hochdifferenzierte Arbeitnehmervertretung mit einer quantitativ großen Mandatsträgergruppe von ungefähr 2.600 Personen. In dieser differenzierten Struktur nehmen die Spitzengremien des Gesamtbetriebsrats und des Gesamtbetriebsausschusses eine einflußreiche Position ein. Auf sie konzentriert sich die Diskussion und Entscheidung von Kooperationsfragen. Sie treten in der Kooperation als Vertreter der deutschen VW-Standorte auf. Der Wolfsburger Betriebsrat und der Gesamtbetriebsrat sind die Entscheidungszentren, die durch die Zuarbeit hauptamtlicher Referenten einen zusätzlichen Informationsvorteil besitzen.

Im Gegensatz zur VW-Arbeitnehmervertretung existiert bei SEAT, hervorgerufen durch die Konkurrenz der Gewerkschaftssektionen kein handlungsfähiges, die Sektionspositionen vereinheitlichendes Gremium der Arbeitnehmervertretung. Das Betriebskomitee spielt in dem 1990 quantitativ herausragenden Produktionsstandort Barcelona aufgrund der differierenden Ansichten zwischen UGT- und CC.OO.-Sektion über dessen Funktion keine Rolle. Die Entscheidungen über die Politik der Arbeitnehmervertretung und ihre Haltung zur Kooperation wird in den Sektionen getroffen. Die Gremienstruktur der beiden Sektionen ist ebenfalls stark ausdifferenziert. Kooperationsfragen werden hier, wie in der VW-Arbeitnehmervertretung, in den standortübergreifenden Gremien behandelt. Aufgrund der festgestellten Ausdifferenzierung der Gremienstruktur und der Konzentration der Kooperationsthematik auf die Spitzengremien der Arbeitnehmervertretungen ist bei beiden Arbeitnehmervertretungen von einer geringen Verankerung der Kooperation in den Belegschaften auszugehen. Vor diesem Hintergrund wirkt die Autonomie der mit Kooperationsfragen beschäftigten Mandatsträger kooperationsstabilisierend. Andererseits bleibt die Verankerung der Kooperation in der Belegschaft und in der Gruppe der Mandatsträger durch diese Organisationsstruktur weiter niedrig und kann in Zukunft die Unterstützung der Belegschaft in Kooperationsfragen gefährden.

In der Untersuchung der Organisationsstruktur wird weiterhin von der Annahme ausgegangen, daß dieser Nachteil der Gremienstruktur durch eine umfassende Verankerung der Belegschaft in den Gewerkschaften sowie die Existenz umfassender Informations- und belegschaftsnaher Partizipationsmöglichkeiten kompensiert werden kann. In einem zweiten Schritt erfolgte daher die Analyse der gewerkschaftlichen Verankerung von Arbeitnehmervertretung und Belegschaft sowie der existierenden Informations- und Partizipationsstrukturen der VW- und Seat-Arbeitnehmervertretung. In den deutschen VW-Standorten wirkt der hohe Organisationsgrad einer einzigen Gewerkschaft mobilisierungsfördernd und vereinheitlichend auf die Positionen von Mandatsträgern und Belegschaft. Bei SEAT geht von einem vergleichsweise hohen Organisationsgrad bei der Existenz mehrerer konkurrierender Richtungsgewerkschaften eine desintegrierende Wirkung aus. Die gewerkschaftliche Konkurrenz erschwert die Herausbildung einheitlicher Positionen der Arbeitnehmervertretung und schwächt ihre Durchsetzungsfähigkeit gegenüber dem Management.

Die VW-Arbeitnehmervertretung strebt eine umfassende Partizipation der Belegschaft nur unmittelbar vor deren Mobilisierung an. Die Kooperation zwischen den Arbeitnehmervertretungen innerhalb des VW-Konzerns bietet durch die Mitarbeit in der Intersoli Arbeitsgruppe, im Vergleich zu anderen Arbeitsschwerpunkten, die einzige direkte koninuierliche Partizipationsmöglichkeit der Belegschaft an den Aktivitäten der Mandatsträger. Gleichzeitig intensiviert die Arbeitnehmervertretung seit mehreren Jahren die Informationspolitik über den Verlauf und den Nutzen der Kooperation gegenüber der Belegschaft. Auf diese Weise soll die Akzeptanz der Kooperation in der Belegschaft erhöht werden. Diese Politik zeigt zwar Erfolge, von einer umfassenden Verankerung der Kooperation in der Belegschaft und unter den Mandatsträgern kann jedoch noch nicht ausgegangen werden. Von den einzelnen Gewerkschaftssektionen bei SEAT werden keine direkten Partizipationsmöglichkeiten an den Kooperationsprozessen angeboten. Es existiert weder eine einheitliche Informationspolitik über die Kooperation, noch eine kontinuierlich erscheinende Zeitschrift des Betriebskomitees.

Entsprechend gering ist die Verankerung der Kooperation in der Belegschaft. Die Mandatsträger der UGT stehen der Kooperation positiver gegenüber, als diejenigen der CC.OO.. Aufgrund der jahrelangen internationalen gewerkschaftspolitischen Isolation steht ein Teil der CC.OO.-Sektion den Fragen der internationalen Kooperation ausgesprochen skeptisch gegenüber. Die genannten Ergebnisse lassen den Schluß zu, daß die Strategie, die Kooperation in den Spitzengremien der Arbeitnehmervertretungen des VW-Konzerns zu konzentrieren, sich vor allem bei SEAT noch über einen längeren Zeitraum kooperationsstabilisierend auswirken wird, da eine Einbeziehung der Belegschaft in die Kooperation bisher noch nicht erfolgte. Dieser bisherige Vorteil kann bei strittigen Kooperationsabsprachen jedoch auch destabilisierend wirken, da die Belegschaft in einem solchen Falle eher einer individuell-rationalen Strategie folgen wird un zu einer Ablehnung der Kooperationsabsprachen bereit ist.

Der Vergleich der programmatischen Aussagen der Arbeitnehmervertretungen mit den konkret umgesetzten Zielen läßt Rückschlüsse auf die Entwicklung der Durchsetzungsfähigkeit der VW- und der Seat-Arbeitnehmervertretung zu. Eine Verringerung ihrer Bargaining Power erhöht die Wahrscheinlichkeit der Kooperationsaufnahme zwischen beiden Arbeitnehmervertretungen und stabilisiert den entwickelten Kooperationsprozeß. Bei den VW-Mandatsträgern bewirkt vor allem die steigende Konkurrenz gegenüber den anderen KFZ-Produzenten eine zurückhaltendere Formulierung der Ziele der Arbeitnehmervertretung. Ihre lohnpolitischen Forderungen werden im Zuge des schärferen Wettbewerbs bis auf Kernforderungen zurückgenommen. Weniger die finanziellen Zuwächse, als die Standort- und Arbeitsplatzsicherung steht inzwischen im Mittelpunkt der Interessenvertretungsarbeit. In Fragen der Standort- und Arbeitsplatzsicherung zeigte sich die VW-Arbeitnehmervertretung bisher durchsetzungsstark. In den vergangenen Internationalisierungsphasen erhielten die Mandatsträger Standortgarantien des Vorstands für die deutschen Standorte. Reduzierungen der Arbeitsplätze durch Rationalisierungsmaßnahmen konnten durch die Einschränkung des Arbeitsvolumens der Belegschaft und durch Qualifizierungsprogramme kompensiert werden. In den 90er Jahren ist allerdings von einer sinkenden Durchsetzungsfähigkeit der VW-Arbeitnehmervertretung auszugehen, falls eine negative Konjunkturentwicklung mit einer Erschöpfung der genannten Gestaltungsoptionen zusammenfällt. Außerdem verfügt der Konzern in dieser Situation erstmals über in- und ausländische Standorte, die kostengünstiger als die traditionellen deutschen Standorte produzieren. Die genannten Faktoren erhöhen auf Seiten der VW-Arbeitnehmervertretung den Anreiz zur Intensivierung der internationalen Kooperation.

Die Seat-Arbeitnehmervertretung sah sich bei der Formulierung ihrer Ziele spezifischen Problemen gegenüber, die aus der Demokratisierung der spanischen Arbeitsbeziehungen und der ökonomischen Krise der spanischen Volkswirtschaft resultierten. Politische Forderungen nach freier gewerkschaftlicher Betätigung wurden erfüllt, dagegen traten neue ökonomische Zielsetzungen wie die Arbeitsplatz- und die Reallohnsicherung in den Vordergrund der Interessenvertretungsarbeit. Seit der Übernahme SEATs durch Volkswagen sind die Mandatsträger gezwungen, Positionen bezüglich der Modernisierung der Produktionsprozesse und des Einsatzes neuer Produktionskonzepte zu entwickeln. Hinsichtlich der Umsetzung ihrer Forderungen läßt sich bei der Seat-Arbeitnehmervertretung eine Durchsetzungsschwäche in denjenigen tarifpolitischen Bereichen erkennen, in denen eine erfolgreiche Arbeitnehmerpolitik von der Existenz gesetzlicher Mitwirkungs- und Mitbestimmungsrechte der betrieblichen Arbeitnehmervertretung abhängt. Eine umfassende Sicherung der Arbeitsplätze aufgrund gesetzlicher Mitwirkungsmöglichkeiten war der Seat-Arbeitnehmervertretung aus diesem Grund nicht möglich. Der Abbau oder die Zunahme der Belegschaft wurde primär von externen ökonomische Faktoren beeinflußt. Vor diesem Hintergrund wird das Beharren der Seat-Mandatsträger auf eine Auslastung der Kapazitäten durch konzerninterne Aufträge verständlich. Die Absicherung dieser Aufträge durch die Zustimmung der VW-Arbeitnehmervertretung steigern daher das Interesse der Seat-Arbeitnehmervertreter an der Kooperation mit der VW-Arbeitnehmervertretung. Ähnlich problematisch erweist sich die Beeinflussung des Einsatzes neuer Technologien und Produktionskonzepte. Die Arbeitnehmervertretung verfügt über keine gesetzlichen Mitwirkungsmöglichkeiten, sie kann nur mittelbar über die Gestaltung der Kollektivverträge Einfluß auf diese Prozesse nehmen. Das im spanischen Arbeitsrecht verankerte Informationsrecht der Arbeitnehmervertretungen wird durch die abhängige Stellung SEATs innerhalb des VW-Konzerns beeinträchtigt. Die zunehmende Relevanz der qualitativen Tarifpolitik, wie beispielsweise der Arbeitsplatzsicherung und der Einsatz neuer Produktionskonzepte bilden für die Seat-Arbeitnehmervertretung daher einen Anreiz zur Intensivierung der Kooperationsprozesse, um so die geringen nationalen Durchsetzungschancen zu kompensieren. Erfolgreicher agierte die Seat-Arbeitnehmervertretung hinsichtlich der Reallohnsicherung und der Verkürzung der Arbeitszeit. In diesen traditionellen Tarifbereichen kann die Arbeitnehmervertretung auf ihre hohe Mobilisierungsfähigkeit zurückgreifen, staatliche Organisationsgarantien spielen hier nur eine untergeordnete Rolle.

Neben der Organisationsstruktur der Arbeitnehmervertretungen beeinflussen die bisherigen Kooperationserfahrungen und die Entwicklung des Kooperationsprozesses die zukünftigen Kooperationsentscheidungen der Mandatsträger. Die Analyse des historischen Kooperationsprozesses gibt Aufschluß über die Stabilität der Kooperation und die Entwicklung von Stabilisierungs- und/oder Destabilisierungsmechanismen, die die zukünftige Zusammenarbeit der Arbeitnehmervertretungen fördern bzw. gefährden können. In der dritten Hypothese wird davon ausgegangen, daß im Verlauf der Intensivierung der Kooperation Instabilitäten entstehen, die durch eine kontinuierliche Weiterentwicklung der Kooperationsstrategie und den Einsatz von Stabilisierungsmechanismen innerhalb der Kooperationsstrukturen kompensiert werden müssen. Insgesamt erfordert eine kontinuierlich sich fortentwickelnde Kooperation ebenso kontinuierliche Stabilisierungsanstrengungen, deren Ausbau in mehreren Phasen erfolgt. Im konkreten Fall der Kooperation der Arbeitnehmervertretungen des VW-Konzerns führte die Bedrohung überseeischer Exportmärkte der deutschen Standorte zur Aufnahme internationaler Kooperationsbeziehungen mit den übrigen Arbeitnehmervertretungen der größten Produktionsstandorte innerhalb des Konzerns. Die Auftragsvergabe an SEAT und dessen spätere Übernahme durch den VW-Konzern begründete eine direkte Arbeitnehmerkonkurrenz zwischen den europäischen Konzernstandorten. In der Folge entwickelte sich ein auf die betrieblichen Arbeitnehmervertretungen der europäischen Produktionsstandorte des VW-Konzerns beschränkter, intensiver Kooperationsprozeß, der durch eine kollektiv-rationale Kooperationsstrategie und Stabilisierungsmechanismen abgesichert wird. In der bisher letzten Kooperationsphase erforderte die Komplexität und die Ausweitung der Kooperationsbeziehungen eine Institutionalisierung des Kooperationsprozesses.

Zunächst kann die Weiterentwicklung der Kooperation zwischen VW- und Seat-Arbeitnehmervertretung anhand der wachsenden Komplexität der Kooperationsziele festgestellt werden. Mit der 1982 beginnenden und seit der Seat-Übernahme 1986 intensivierten Verflechtung der Produktionsstrukturen standen Fragen der Produktionsverlagerung und der Arbeitsplatzsicherung von Anfang an im Mittelpunkt der Kooperation. Das zunehmende Interesse der VW- und der Seat-Arbeitnehmervertretung an einer Angleichung der Arbeitsbedingungen und der Entwicklung von Richtlinien für den Einsatz neuer Arbeitsorganisationsformen weist auf die wachsende Komplexität der Kooperationsthemen hin. Die konfligierenden Interessen im Bereich der Produktionsaufteilung erfordern die Entwicklung einer kollektiv-rationalen Kooperationsstrategie zur Stabilisierung der Kooperation und zur Sicherung der Unterstützung seitens der jeweiligen lokalen Mandatsträgergruppen.

Von ihrer Funktion her entspricht eine kollektiv-rationale Kooperationsstrategie einer "imaginären" Ausweitung der Organisationsgrenzen der kooperierenden Arbeitnehmervertretungen auf die jeweils anderen Standorte. Jeder Akteur übernimmt in einem, in der Kooperation festgelegten Umfang die Verantwortung für die Entwicklung der anderen Standorte und die Zielumsetzung der anderen Arbeitnehmervertretungen. Es handelt sich bei diesem Vorgang um eine Problemlösung durch die fiktive, partielle Ausdehnung der Organisationsgrenzen der Kooperationsakteure. Seit Ende der 80er Jahre wird die kollektiv-rationale Kooperationsstrategie eines "solidarischen Beschäftigungs- und Entwicklungsausgleichs" zwischen den europäischen VW-Konzernstandorten von den deutschen

VW-Mandatsträgern diskutiert und anläßlich der Verlagerung der Poloproduktion auch praktiziert. Diese Strategie wirkt jedoch nur kooperationsstabilisierend, wenn sie von allen Kooperationspartnern vertreten wird. Während der Vorstand der wichtigsten UGT-Sektion des Standortes SEAT-Barcelona eine kollektiv-rationale Strategie propagiert, vertraten die UGT-Mandatsträger des Standortes Gearbox del Prat 1991, in einem Konflikt über die Neuaufteilung der Komponentenproduktion, eine individuell-rationale Verhandlungsposition. Einzelne Mandatsträger der CC.OO.-Sektion äußerten Anfang der 90er Jahre die Befürchtung, daß die deutschen Mandatsträger in Krisensituationen eine individuell-rationale Strategie bevorzugen würden. Für die stabile Entwicklung einer kollektiv-rationalen Strategie bestanden, auch vor dem Hintergrund der 1991 bei SEAT geplanten Kapazitätsausweitungen, noch keine günstigen Voraussetzungen, da das Arbeitsvolumen bei SEAT nicht gefährdet erschien. Die neugeschaffene direkte Markenkonkurrenz zwischen SEAT und SKODA könnte zu einem beschleunigten Einlenken der CC.OO.-Sektion auf eine kollektiv-rationale Strategie führen. Bisher kann sich die zeitlich differierende, qualitative Veränderung der Kooperationsstrategie in den einzelnen Arbeitnehmervertretungen in Krisensituationen als Belastung der Kooperation erweisen.

Während die Existenz einer kollektiv-rationalen Kooperationsstrategie der grundlegenden Absicherung der Kooperation und der Unterstützung durch die nationalen Mandatsträgergruppen dient, ermöglicht die Ausbildung von Stabilisierungsmechanismen einen optimalen und konfliktarmen Ablauf der laufenden Kooperationskontakte. Diese in der dritten Hypothese genannten Stabilisierungsmechanismen der laufenden Kooperation waren im zweiten Kapitel unter der Annahme eingeführt worden, daß sie - falls im konkreten Kooperationsbeispiel existent - auch die Kooeration zwischen der VW- und der Seat-Arbeitnehmervertretung stabilisieren würden. Exogene Stabilisierungsmechanismen entstehen beispielsweise durch die Einflußnahme der nationalen und internationalen Gewerkschaftsorganisationen auf die Kooperation der betrieblichen Arbeitnehmervertretungen. Die an der VW-Kooperation beteiligten betrieblichen Arbeitnehmervertretungen haben ein ausreichendes Eigengewicht innerhalb ihrer Gewerkschaften, um die von einigen Gewerkschaften angestrebte Kontrolle der Kooperation zu begrenzen. Durch einen intensiven Informationsaustausch der VW- und der Seat-Arbeitnehmervertretung mit den Gewerkschaften entsteht eine eher informelle Begleitung und Abstimmung der Kooperation zwischen beiden Akteursgruppen. Da die programmatischen Kooperationsziele der Arbeitnehmervertretungen und der Gewerkschaften übereinstimmen, ergeben sich keine Konflikte um Kooperationsumfang und -inhalt. Die Arbeitnehmervertretungen nutzten zu Beginn der Kooperation die von den Gewerkschaften angebotenen Ressourcen, um die eigenen Kooperationskosten zu minimieren. Inzwischen haben die Mandatsträger die Übernahme der Kosten der internationalen Kooperation zwischen den europäischen Arbeitnehmervertretungen durch den Volkswagenkonzern vertraglich geregelt.

Endogene Stabilisierungsmechanismen werden durch die beteiligten Kooperationsakteure im Verlauf der Kooperation intendiert oder unintendiert selbst entwickelt. Der Mechanismus einer unbegrenzten Iteration des Kooperationsprozesses ist eine notwendige Bedingung für die Herausbildung einer kollektiv-rationalen Kooperationsstrategie. Ein Anreiz zur Iteration ist mit der dauerhaften Eingliederung SEATs in den VW-Konzern gegeben. Auch die kooperationsstabilisierende Wirkung einer hohen Bewertung der zukünftigen Kooperationsprozesse ist bei der Seat- und VW-Arbeitnehmervertretung beobachtbar. In der Kooperation hat sich inzwischen ebenfalls die Fähigkeit zur Empathie entwickelt und ein persönliches Vertrauensverhältnisses zwischen den maßgeblichen Kooperationsakteuren herausgebildet, da die Akteure 1991 bereits seit ca. zehn Jahren miteinander in Kontakt stehen. Andererseits beinhaltet die Beschränkung der Kooperationskontakte auf wenige Mandatsträger die Gefahr einer Belastung des Kooperationsprozesses, wenn einer der Arbeitnehmervertreter kurzfristig aus der Arbeitnehmervertretung ausscheidet, wie es bei der CC.OO.-Sektion Barcelona 1991 der Fall war.

Die Kooperation wird außerdem durch niedrige Kooperationskosten und hohe Konfliktkosten bei einer einseitigen Beendigung der Kooperation stabilisiert. Bisher haben die Mandatsträger die Kosten bei Kooperationsbeginn durch gewerkschaftliche Ressourcen und seit 1990 durch eine Kostenübernahme seitens des VW-Konzerns reduzieren können. In der CC.OO.-Sektion kommt es allerdings kontinuierlich zu Auseinandersetzungen über die Frage, welchen Anteil die internationale Kooperation an den Freistellungszeiten erhalten soll. Dieser Dauerkonflikt gefährdet die Akzeptanz und den Ausbau der Kooperationsprozesse. Die Konfliktkosten sind aufgrund der internationalen Einbindung ihrer jeweiligen nationalen Gewerkschaften und ihres eigenen Prestiges, sowohl für die VW-Arbeitnehmervertreter als auch für die UGT-Mandatsträger hoch. Die CC.OO.-Sektion hat wegen der innerbetrieblichen Konkurrenz zur UGT ebenfalls ein Interesse an der Aufrechterhaltung der Kooperationsbeziehungen. Darüberhinaus verstärkt der VW-Gesamtbetriebsrat die wechselseitige Abhängigkeit in der Kooperation und erhöht so die Konfliktkosten der anderen Kooperationspartner. Die Stabilisierung der Kooperation durch die Ausnutzung von Präferenzdifferenzierungen in der Belegschaft und unter den Mandatsträgern wird in der VW-Arbeitnehmervertretung erfolgreich angewandt. In der CC.OO.-Sektion wirkte die Präferenzdifferenzierung kontraproduktiv, da sie zur Konzentration aller Kooperationsaktivitäten auf nur eine Person beitrug, die im Jahr 1991 aus der Sektionsarbeit ausschied. Auch von der Koorientierung ging aufgrund negativer Kooperationserfahrungen eine destabilisierende Wirkung auf die Kooperation der CC.OO.-Sektion aus. Die CC.OO.-Mandatsträger übertragen die negativen Kooperationserfahrun-

370

gen mit der CIGL aus dem Jahre 1980 auf die aktuelle Kooperationssituation. Demgegenüber wirken auf der Seite des VW-Gesamtbetriebsrats positive Erfahrungen über die gelungene nationale Koordination der Standortbetriebsräte aus dem Jahr 1974/75 kooperationsstabilisierend.. Der GBR sieht diese Koordination als ein Modell für die angestrebte Kooperation der Arbeitnehmervertretungen der europäischen VW-Standorte. Alle kooperierenden Mandatsträger verfügen über konkrete positive Erfahrungen aus der laufenden Kooperation. Zusammenfassend lassen sich Stabilisierungsmechanismen vor allem bei der VW-Arbeitnehmervertretung feststellen. Bei der CC.OO.-Sektion überwiegen destabilisierend wirkende Mechanismen. Die UGT-Sektion verfügt über keine besonderen Stabilisierungsmechanismen, ausgenommen ein langjähriges persönliches Vertrauensverhältnis des Vorstandsvorsitzenden der Sektion zu den deutschen Mandatsträgern.

Eine weitere Stufe der Kooperationsstabilisierung bietet die Institutionalisierung der Kooperation. Als Institutionalisierung wird eine Formalisierung der bisherigen unregelmäßigen Kontakte zwischen den einzelnen Arbeitnehmervertretungen bezeichnet, die auf die Schaffung einer übergeordneten Organisationsstruktur abzielt, in die Vertreter aller kooperierenden Arbeitnehmervertretungen einbezogen werden. Die Beteiligung von Mandatsträgern aus den Spitzengremien aller Arbeitnehmervertretungen an der Beschlußfassung des internationalen Gremiums soll die Folgebereitschaft der einzelnen Arbeitnehmervertretungen gegenüber den Kooperationsabsprachen sichern. Das Gremium entwickelt außerdem Verfahren zur optimalen Bewältigung des gestiegenen Kooperationsumfangs und verfügt über eigene Ressourcen. Es fungiert als Ansprech- und Verhandlungspartner der Konzernleitung in Fragen, die mehrere Standorte aus mindestens zwei Ländern betreffen. Diese internationale Organisationsstruktur auf betrieblicher Ebene ist ein erster Schritt zur Ausdehnung der Organisationsgrenzen der einzelnen Arbeitnehmervertretungen, die die von der kollektiv-rationalen Kooperationsstrategie ausgehende fiktive Ausweitung der Organisation nachvollzieht.

Der erste Institutionalisierungsversuch der Kooperation innerhalb des VW-Konzerns, der auf Initiative des Internationalen Metallgewerkschaftsbundes in den 60er Jahren zur Gründung des VW-Weltkonzernausschusses führte, erfüllte diese Voraussetzungen nicht, da keine Erfahrungen mit kontinuierlichen internationalen betrieblichen Kooperationsprozessen vorlagen und keine interessierten betrieblichen Mandatsträger bereitstanden. Erst das zweite Projekt einer Institutionalisierung der Kooperation zwischen den Arbeitnehmervertretungen der europäischen VW-Konzernstandorte genügt den genannten Anforderungen, die die Handlungsfähigkeit des Kooperationsgremiums sichern. Alle relevanten Arbeitnehmervertretungen der europäischen VW-Standorte sind in den "Europäischen Volkswagen Konzernbetriebsrat" (EKBR) eingebunden. Er verfügt über eigene Kompetenzen und Arbeitsfelder, ein handlungsfähiges Entscheidungsgremium und ein Verhandlungsmandat gegenüber der Konzernleitung. Seine Finanzierung durch das Unternehmen ist sichergestellt. Die Teilnahme von gewerkschaftlichen Vertretern und Fachleuten an den Sitzungen des EKBR erleichtert die Koordination seiner Aktivitäten mit den nationalen Gewerkschaften. Die in der Geschäftsordnung formulierte Doppelfunktion des EKBR als Koordinierungsgremium der kooperierenden Arbeitnehmervertretungen einerseits und als zentraler Verhandlungspartner gegenüber der Konzernleitung andererseits kann allerdings zu einer Belastung der Kooperation führen. Diese entsteht aufgrund der Bevorzugung der ersten Funktion seitens des Gesamtbetriebsrates, während UGT- und CC.OO.-Sektion den EKBR für den Beginn einer zentralen Verhandlungsrunde über die Angleichung der Arbeitsbedingungen in den europäischen VW-Konzernstandorten nutzen wollen. Die beteiligten Mandatsträger müssen sich auf einen Kompromiß bezüglich der Funktion des EKBR einigen, um dessen Handlungsfähigkeit nicht zu gefährden.

Die Analyse der Entwicklung des bisherigen Kooperationsprozesses führte zur Frage nach den Erfolgen und Mißerfolgen der Kooperation. Zu den Erfolgen zählt die Ausbildung eines Vertrauensverhältnisses zwischen den maßgeblichen an der Kooperation beteiligten Arbeitnehmervertretern und die erfolgreiche Durchsetzung verschiedener Kooperationsabsprachen gegenüber dem Seat- und VW-Management. Der EKBR ist in der Lage, zur Steigerung der Effizienz der Kooperation beizutragen. Als grundsätzlicher Mißerfolg ist die mangelhafte Verankerung und Akzeptanz der Kooperation in den Belegschaften und in Teilen der Mandatsträgergruppen aller am Kooperationsprozeß beteiligten Arbeitnehmervertretungen zu bezeichnen. Die Lösung dieses Problems wird durch die wenigen vorhandenen Partizipationsmöglichkeiten und die zunehmende Komplexität der Kooperationsthemen erschwert. Hinzu kommt der geringe Ausbau der Mechanismen zur Stabilisierung der Kooperation. Die Mehrzahl der im zweiten Kapitel dargestellten und in der Untersuchung der konkreten Kooperation zwischen der VW- und der Seat-Arbeitnehmervertretung identifizierten Stabilisierungsmechanismen existiert innerhalb der Organisations- und Kooperationsstruktur der VW-Arbeitnehmervertretung. In den Kooperationsstrukturen der CC.OO.-Gewerkschaftssektion sind demgegenüber überwiegend destabilisierend wirkende Mechanismen erkennbar. Diese einseitige Aufteilung der Stabilisierungs- und Destabilisierungsmechanismen auf je eine Arbeitnehmervertretung wurde von den kooperierenden Mandatsträgern bisher nicht thematisiert. Eine Diskussion dieses Themas wird vermieden, weil es als Eingriff Binnenstrukturen und damit als Eingriff in die internen Angelegenheiten der anderen Arbeitnehmervertretungen gewertet wird.

Als Erkenntnisinteresse der Arbeit war formuliert worden, die Kooperation betrieblicher Arbeitnehmervertretungen innerhalb multinationaler Konzerne aus

entscheidungstheoretischer Sicht, unter Einbeziehung der, für die Kooperationsentscheidung relevanten Umweltbereiche zu untersuchen. Die Analyse sollte sich
auf die Identifizierung der Bedingungen konzentrieren, die zu einer Aufnahme der
Kooperationskontakte führen und die Stabilisierung der laufenden Kooperationsprozesse gewährleisten. Dieser Untersuchungsansatz erschien geeignet den Konflikt der Mandatsträger, der in der Entscheidung zwischen einer am eigeninteressierten Handeln und einer an der Erzielung von Kooperationskompromissen orientierten Kooperationsstrategie besteht, zu thematisieren. Im Verlauf der Analyse
der Kooperation zwischen der VW- und der Seat-Arbeitnehmervertretung konnte
gezeigt werden, daß die Entscheidung über die Kooperationsaufnahme, wie aufgrund der theoretischen Implikationen angenommen, von der Zunahme der konzerninternen Arbeitnehmerkonkurrenz bestimmt wurde. Dies gilt sowohl für den
Beginn der Kooperationsprozesse der VW-Arbeitnehmervertretung in den Jahren
1975/76, die von der Entscheidung des Konzernvorstands einen Produktionsstandort in den USA aufzubauen abhing als auch für die Kooperation zwischen
der VW- und der Seat-Arbeitnehmervertretung, die 1982 mit der Polo-Auftrags-
montage in Pamplona begann. In den genannten Beispielen führt die Internationalisierung des Konzerns zur Aufnahme der Kooperation. Die Untersucherungser-
gebnisse der bisherigen Kooperation ergaben sich aus einer Verknüpfung der
Umwelteinflüsse, die die Constraints der Entscheidungswahl bilden, mit dem
konkreten Kooperationsverlauf.

    In der Untersuchung des konkreten Kooperationsbeispiels erwiesen sich
nicht alle Umweltbereiche als gleichermaßen relevant hinsichtlich einer *unmittelbaren* Beeinflussung der Kooperationsentscheidung. Sowohl die Entwicklung der
europäischen Integration, die Ende 1992 zur Vollendung des EG-Binnenmarktes
führte, als auch die der nationalen Systeme der Arbeitsbeziehungen beeinflussen
die Arbeitnehmerkonkurrenz zwischen den Belegschaften der VW-Konzernstandorte *nur mittelbar*. Ihr Einfluß als Constraints, die zu einer positiven Kooperationsentscheidung oder einer Stabilisierung der entwickelten Kooperation beitragen, zeigt sich erst in der Verknüpfung mit Umweltbereichen, die die Durchsetzungsfähigkeit der einzelnen Arbeitnehmervertretungen unmittelbar tangieren.
Die Vollendung des EG-Binnenmarktes unterstützt beispielsweise die Auswahl
bestimmter Internationalisierungs- und Rationalisierungsstrategien innerhalb des
VW-Konzerns, die unmittelbar zur Intensivierung der konzerninternen Arbeitnehmerkonkurrenz führen.

    Der festgestellte geringe Ausbau staatlich garantierter Mitwirkungsrechte
der betrieblichen Arbeitnehmervertretungen in Spanien trägt partiell zur allgemein
niedrigen Durchsetzungsfähigkeit der spanischen Arbeitnehmerorganisationen
bei. In der Analyse der Durchsetzungsfähigkeit der Seat-Arbeitnehmervertretung
zeigt sich, im Vergleich zwischen den angestrebten und den realisierten Zielen
der Arbeitnehmervertretung, der konkrete Einfluß dieser geringen staatlichen Organisationsgarantien. Die zunehmende Relevanz von Themen, wie beispielsweise

der Einführung neuer Produktionskonzepte bzw. neuer Arbeitsorganisationsformen führt bei den bestehenden, geringen staatlichen Organisationsgarantien zu einem starken Rückgang der Bargaining Power der Seat-Arbeitnehmervertretung. Unter der Annahme eines hohen zukünftigen Wertes der Kooperation in diesen Themenbereichen, wirkt das "spanische System der Arbeitsbeziehungen" in einem spezifischen Tätigkeitsbereich der Seat-Arbeitnehmervertretung in hohem Maße kooperationsstabilisierend. Die Untersuchungsergebnisse über die differierende Relevanz der einzelnen Umweltbereiche auf die Kooperationsentscheidung der betrieblichen Mandatsträger des VW-Konzerns entsprechen den übereinstimmenden, subjektiven Einschätzungen der befragten, mit Kooperationsaufgaben befaßten Arbeitnehmervertreter. Die Vertreter von UGT- und CC.OO.-Sektion sowie des Gesamtbetriebsrates halten die Arbeitnehmerkonkurrenz unmittelbar intensivierende Internationalisierung des VW-Konzerns für kooperationsrelevanter, als den, die Arbeitnehmerkonkurrenz nur mittelbar beeinflussenden, EG-Binnenmarkt.

Bei der Einschätzung der kooperationsstabilisierenden Funktion der Aktivitäten der europäischen und nationalen Gewerkschaften durch die einzelnen Mandatsträgergruppen innerhalb der stark differierenden Arbeitnehmervertretungen des VW-Standortes Wolfsburg, erwies sich der Grad des direkten Kontaktes zwischen Mandatsträgern und Mitarbeitern der jeweiligen Gewerkschaften als wichtiger Bewertungsfaktor. Je sporadischer die Kontakte und je arbeitsaufwendiger die Kontaktaufnahmen werden, desto niedriger schätzten die betrieblichen Mandatsträger die Relevanz der gewerkschaftlichen Aktivitäten ein. Aufgrund der konkreten Kooperationsanalyse kann der Faktor der Internationalisierung des VW-Konzerns innerhalb des Bereichs der Entwicklung der europäischen Autoindustrie als relevantester Constraint der Kooperationsentscheidung bezeichnet werden. Veränderungen in diesem Bereich wirken sich nicht nur direkt auf die Aufnahme der Kooperationskontakte aus. Sie beschleunigen auch die Formulierung einer kollektiv-rationalen Kooperationsstrategie durch die Mandatsträger.

In der laufenden Kooperation erwiesen sich die endogenen Stabilisierungsmechanismen, wie die Herausbildung eines Vertrauensverhältnisses zwischen den kooperierenden Akteuren oder die Nutzung der Präferenzdifferenzierung als wichtige Garanten eines funktionierenden Kooperationsprozesses. In der Regel entstanden diese Mechanismen bisher jedoch unintendiert, als ein "Nebenprodukt" im Verlauf der Kooperationsprozesse. Die Folge war in der CC.OO.-Sektion eine langfristig destabilisierende Wirkung dieser Mechanismen, die ebenfalls unintendiert durch Veränderungen in der sektionsinternen Ausgestaltung der Kooperation entstanden. Unter den endogenen Lösungsmechanismen können die "tradierten Kooperationserfahrungen auf nationaler und internationaler Ebene" als besonders relevante Faktoren der weiteren Kooperationsentwicklung und -stabilisierung gelten. Innerhalb des VW-Gesamtbetriebsrats in Wolfsburg wirkt die positive Erfahrung der nationalen Kooperation der Standort-Betriebsräte während der VW-Krise 1974/75 kooperationsstabilisierend. Die Tradierung negativer Kooperationserfahrungen über mehr als ein Jahrzehnt zeigt das Beispiel der CC.OO.-Sektion, deren Mandatsträger noch 1991 über einen Mißerfolg der Kooperation mit der italienischen CIGL aus dem Jahr 1980 berichten. Ebenso wurden die Erfahrungen mit den nationalen Organisationsstrukturen genutzt, um die weitere Institutionalisierung der Kooperation voranzutreiben. Die VW-Mandatsträger bringen schließlich die positiven Erfahrungen mit der Koordinationsfunktion des Gesamtbetriebsrats in die Kooperation ein, indem sie seit 1988 die Schaffung einer ähnlichen Struktur auf europäischer Konzernebene in der Form eines Europäischen VW-Konzernbetriebsrates forderten.

Ausgehend von der Analyse der konkreten Kooperation zwischen VW- und Seat-Arbeitnehmervertretung lassen sich die Perspektiven des zukünftigen Kooperationsprozesses abschätzen. Mit der sich abzeichnenden, zunehmenden Internationalisierung der Konzernstrukturen und der steigenden konzerninternen Konkurrenz zwischen den europäischen Konzernstandorten ist, unter Berücksichtigung der bisherigen Relevanz der Internationalisierung des VW-Konzerns, von einem starken Anreiz zur weiteren Intensivierung der Kooperation auszugehen. Da der Konzernvorstand das Internationalisierungskonzept einer "Internationalen Verbundfertigung in regionalisierten Märkten" verfolgt, konzentriert sich die Zunahme der Arbeitnehmerkonkurrenz auf die Standorte jeweils eines Kontinents. Weltweit betrachtet wird die VW-Arbeitnehmervertretung daher die "Kooperation der zwei Geschwindigkeiten" beibehalten. Gegenüber den Arbeitnehmervertretungen der außereuropäischen Standorte nimmt die Arbeitnehmervertretung am Sitz der Konzernzentrale weiterhin eine grundsätzliche Informationsfunktion wahr. In diesem Zusammenhang wird die VW-Arbeitnehmervertretung in Gesprächen mit der Konzernleitung auch in Zukunft auf der ungehinderten Gründung und der Respektierung der freien gewerkschaftlichen Betätigung der Arbeitnehmervertretungen an allen VW-Standorten bestehen.

Im Gegensatz zu den außereuropäischen Kooperationskontakten wird die Kooperation zwischen den betrieblichen Arbeitnehmervertretungen der europäischen VW-Standorte hinsichtlich des Umfangs der Kooperationsziele und -themen sowie der Frequenz der Kooperationssitzungen weiter intensiviert werden müssen, um die negativen Auswirkungen der steigenden Produktionsverflechtung zu begrenzen. Die Ausweitung der Kooperation im europäischen Bereich wird gleichzeitig deren Störanfälligkeit erhöhen. Ein Rückfall der Mandatsträger in individuell-rationale Strategien wird wahrscheinlicher, wenn die Zunahme der externen Konkurrenz und ein Rückgang der Automobilkonjunktur internationale Absprachen der Arbeitnehmervertreter über die Verteilung der Krisenlasten auf die einzelnen europäischen Standorte erfordern.

Aufgrund dieser Perspektive muß rechtzeitig ein verstärkter, planmäßiger Einsatz endogener Stabilisierungsmechanismen in der Kooperation erfolgen. Hierzu zählt die Beteiligung einer größeren Anzahl von Mandatsträgern an den Kooperationsprozessen, um die Vertrauensbasis für die Kooperation in den Arbeitnehmervertretungen auszuweiten. Von der Präferenzdifferenzierung muß innerhalb der Mandatsträgergruppen in größerem Umfang Gebrauch gemacht werden. Primär erscheint die Kooperation in einer Krisensituation durch die mangelnde Verankerung in der Basis und in Teilen der Mandatsträgergruppen gefährdet. Bei einem geringen Bewußtsein über den Nutzen der Kooperation würde eine, im Falle einer ökonomischen Krise erforderliche, kollektiv-rationale Absprache aller Arbeitnehmervertretungen über abgestimmte Produktionsrückgänge als Kooperationsergebnis von allen Belegschaften abgelehnt werden. Jede Belegschaft würde von ihrer Arbeitnehmervertretung eine individuell-rational orientierte Verhandlungsführung verlangen. Eine aktive Informationspolitik gegenüber den Belegschaften über den Nutzen und Kompromißcharakter der Kooperation muß daher langfristig angelegt und bereits in Prosperitätsphasen eingeleitet werden. Dies geschah bisher lediglich in Ansätzen in den bundesdeutschen VW-Standorten.

Die Gründung des Europäischen VW-Konzernbetriebsrats stellt keine Lösung der mangelhaften Verankerung der Kooperation in den Belegschaften der VW-Standorte dar. Die Einrichtung des Gremiums sollte allerdings auch nicht diesem Zweck dienen. Zur Umsetzung einer stärkeren Verankerung der Kooperation in der Belegschaft ist es notwendig, eine breitere Partizipation an den Kooperationsprozessen zu ermöglichen. Der Europäische Konzernbetriebsrat wurde belegschaftsfern, organisationsübergreifend und als weiteres Spitzengremium aller Arbeitnehmervertretungen konzipiert. Seine Funktion besteht in einer optimaleren Abstimmung zwischen den Arbeitnehmervertretungen, der besseren Einbindung der Arbeitnehmervertretungen in die Kooperation und der Gewährleistung einer größeren Unterstützung der Kooperationsbeschlüsse durch die Arbeitnehmervertretungen. Der VW-Gesamtbetriebsrat verfolgt mit der Einrichtung dieses Organs weiterhin seine bisherige Strategie einer Begrenzung der Partizipation der Belegschaft, einer Unterstützung seiner Entscheidungen durch die Mandatsträger und der Pflege der grundsätzlich kooperativ ausgerichteten, betrieblichen industriellen Beziehungen. Auch der Wunsch der Seat-Arbeitnehmervertretung, der Europäische Konzernbetriebsrat solle als zentraler Verhandlungspartner gegenüber der Konzernleitung fungieren, erhöht nicht die Verankerung der Kooperation in den Belegschaften der Seat-Standorte. Der Europäische Konzernbetriebsrat könnte für die Belegschaften höchstens durch bestimmte organisatorische Maßnahmen zur Indentifikationsfigur und dem Symbol einer einheitlichen Politik aller Arbeitnehmervertretungen gegenüber der Konzernleitung werden. Der Vorschlag der CC.OO.-Sektion, eine regelmäßig in allen europäischen

Konzernstandorten verteilte Publikation zu erstellen, deren Herausgeber der Europäische Konzernbetriebsrat wäre entsprach dieser Intention. In dieser Informationsschrift sollte über die Probleme und Erfolge aller Arbeitnehmervertretungen der europäischen Standorte berichtet werden, um so den Belegschaften einen Überblick über den internationalen Charakter der Produktionsstrukturen und der Tätigkeit der Arbeitnehmervertretungen zu vermitteln.

Ausgehend von dieser Zusammenfassung der Ergebnisse des konkreten Kooperationsprozesses zwischen der VW- und der Seat-Arbeitnehmervertretung erfolgt nun die Beschreibung eines, hinsichtlich der Kooperationsstabilität optimalen Kooperationsverlaufs.

9.2 Schlußfolgerungen zum typischen Verlauf der Kooperation zwischen betrieblichen Arbeitnehmervertretungen innerhalb MNK

Welche allgemeinen Schlußfolgerungen sich aus den theoretischen Implikationen der Rational-Choice- und der Spieltheorie, sowie der Analyse des konkreten Kooperationsprozesses über die Entwicklung der Kooperation betrieblicher Arbeitnehmervertretungen ziehen lassen, soll abschließend diskutiert werden. Die Grafik 11 zeigt die typischen Entwicklungsstufen einer Kooperation zwischen betrieblichen Arbeitnehmervertretungen innerhalb eines multinationalen Konzerns, die sich an der kontinuierlichen Stabilisierung des Kooperationsprozesses orientieren.

Eine notwendige Voraussetzung für den Beginn eines jeden Kooperationsprozesses zwischen betrieblichen Arbeitnehmervertretungen der Standorte eines MNK ist die vorausgegangene Internationalisierung der Konzernstrukturen. Gerade für die internationale Kooperation betrieblicher Mandatsträger ist die primäre Organisation der Arbeitnehmer in den Unternehmensstrukturen von entscheidender Bedeutung. Die Internationalisierung der Produktionsstrukturen bildet die Ursache der konzerninternen Arbeitnehmerkonkurrenz, deren Intensität bei einer gleichzeitigen Erhöhung des Wettbewerbs mit anderen Produzenten zusätzlich ansteigt. Insofern stellt die Internationalisierung der Konzernstruktur einen langfristig stabilen Constraint der Entscheidungswahl dar. Erwarten die Mandatsträger darüberhinaus eine zukünftig wachsende Verflechtung der Produktionsstrukturen, steigt mit dem zunehmenden Wert künftiger Kooperationsprozesse auch die Stabilität der aktuellen Kooperation. Die Aufnahme repräsentativer Kooperationskontakte kann auch unabhängig von einer Arbeitnehmerkonkurrenzsituation erfolgen. In diesem Fall verhalten sich die Arbeitnehmervertretungen kooperativ, um ihre Resputation als kooperationsbereite Organisationen zu unterstreichen oder weil sie langfristig mit einer Arbeitnehmerkonkurrenz zwischen den Konzernstandorten rechnen. In Grafik 11 wird der Internationalisierungsprozeß der

Grafik 11

Typische Entwicklung der Kooperation betrieblicher Arbeitnehmervertretungen innerhalb eines multinationalen Konzerns:

Die Internationalisierung der Konzernstrukturen dient der Erschließung abgeschlossener, ausländischer Märkte.

1. Phase **Beginn eines repräsentativen Kooperationsprozesses**
- kurzfristig realisierbare Ziele
- sporadische Kooperationskontakte
- Vorrang einer individuell-rationalen Kooperationsstrategie
- Unterstützung durch nationale und internationale Gewerkschaften

Die weitere Internationalisierung des Konzerns gefährdet die Exportchancen einzelner Konzernstandorte. Beginnende Verflechtung der konzernweiten Produktionsstrukturen. Beide Faktoren verursachen eine konzerninterne Arbeitnehmerkonkurrenz.

2. Phase **Intensivierung der Kooperation**
- Ausweitung der Kooperationsthemen und -ziele
- häufigere Kooperationskontakte
- zunehmende Zahl bindender Kooperationsabsprachen

3. Phase **Entwicklung einer kollektiv-rationalen Kooperationsstrategie**
- fiktive Ausdehnung der Organisationsgrenzen
- Übernahme einer partiellen Verantwortung für die, außerhalb der eigenen Organisationsgrenzen liegenden Konzernstandorte

4. Phase **Entwicklung exogener und endogener Stabilisierungsmechanismen der Kooperation**
- Ressourcentransfer des gewerkschaftlichen Umfelds
- Iteration der Kooperation
- Senkung der Kooperationskosten
- Erhöhung der Konfliktkosten
- Zunahme von Empathie und Vertrauen
- Nutzung vorhandener Präferenzdifferenzierungen

Mit zunehmender Internationalisierung des Konzerns vertieft sich die Verflechtung der Produktionsstrukturen. Das gewerkschaftliche Umfeld fordert eine Institutionalisierung der Kooperation, da sich die konzerninterne Arbeitnehmerkonkurrenz weiter intensiviert.

5. Phase **Institutionalisierung der Kooperation**
- Gründung eines, die Organisationsgrenzen der einzelnen Arbeitnehmervertretungen überwindenden Kooperationsgremiums
- Funktionen des Gremiums:
  - Sicherung der Folgebereitschaft der lokalen Arbeitnehmervertretungen gegenüber Kooperationsabsprachen
  - Koordination der Positionen der einzelnen Arbeitnehmervertretungen
  - zentraler Ansprech- und Verhandlungspartner gegenüber der Konzernleitung

Konzernstrukturen in drei Stufen dargestellt, die einen differenzierten Ausbau der Kooperation ermöglichen. Im konkreten Fall können einzelne Internationalisierungsetappen zusammengefaßt oder übersprungen werden. Die Kooperation müßte dann zur wirksamen Begrenzung der stark steigenden Arbeitnehmerkonkurrenz, ebenfalls kurzfristig intensiviert werden. Da der Aufbau der überwiegenden Zahl der Stabilisierungsmechanismen, wie zum Beispiel des Vertrauensverhältnisses zwischen den Mandatsträgern, aber auch die Diskussion und Durchsetzung einer kollektiv-rationalen Kooperationsstrategie einen längeren Zeitraum beansprucht, steigt die Wahrscheinlichkeit eines Scheiterns der Kooperation. Sowohl die Internationalisierung der Konzernstruktur als auch die Entwicklung der Kooperation der Arbeitnehmervertretungen innerhalb des VW-Konzerns nähert sich aufgrund ihrer langen zeitlichen Perspektive einem typischen Kooperationsverlauf an.

Eine weitere Modifikation der typischen Kooperation kann in geographischer Hinsicht von der Wahl der Internationalisierungsstrategie des Konzerns beeinflußt werden. Beispielsweise führte das von der VW-Konzernleitung bevorzugte Konzept einer "Internationalisierung der Produktionsstrukturen in regionalisierten Märkten" zu einer Kooperation der zwei Geschwindigkeiten: einer extensiven, weltweiten und einer intensiven, kontinentaleuropäischen Kooperation. Unter den Bedingungen des "World-Car"-Konzepts müßte demgegenüber eine kostenaufwendige, intensive weltweite Kooperation zwischen den Arbeitnehmervertretungen der wichtigsten Produktionsstandorte eines multinationalen Konzerns, der dieses Internationalisierungskonzept verfolgt, entwickelt werden.

Grundsätzlich müssen in den, einer konzerninternen Arbeitnehmerkonkurrenz ausgesetzten Konzernstandorten bereits Arbeitnehmervertretungen vorhanden sein, um eine Aufnahme der Kooperationsprozesse zu ermöglichen. Zu Beginn der repräsentativen Kooperation kann es sich um externe Gewerkschaftsmitarbeiter oder Arbeitnehmervertreter mit lokal begrenzten Zuständigkeiten handeln. Dies gilt vor allem in Situationen, in denen an einem Standort durch die Kooperation erst grundlegende gewerkschaftliche Rechte durchgesetzt werden müssen. Für den entwickelten Kooperationsprozeß ist allerdings ein kompetenter, durchsetzungsfähiger nationaler Gesprächspartner auf der Ebene der betrieblichen Arbeitnehmervertretungen notwendig, der von den übrigen Standort-Arbeitnehmervertretungen unterstützt wird. Es kann sich auch um die Arbeitnehmervertretung des größten Konzernstandortes in dem jeweiligen Land handeln, bzw. um die Arbeitnehmervertretung am Sitz der Unternehmensleitung.

Die Aufnahme repräsentativer Kooperationsprozesse ist wahrscheinlich, wenn in der ersten Internationalisierungsphase des Unternehmens ausländische Produktionsstandorte gegründet worden sind, die in der Regel dem Absatz der

Produktion in ansonsten abgeschlossenen, nationalen Märkten dienen. Die Kosten einer solchen Kooperation sind gering, sie bindet die einzelnen Arbeitnehmervertretungen nicht in ihrer Standortpolitik und verleiht ihnen ein zusätzliches Prestige, da sie als kooperationsbereit gelten. Die Wahrscheinlichkeit einer Kooperationsaufnahme steigt, wenn in den neugegründeten Standorten der dortigen Belegschaft grundsätzliche gewerkschaftliche Rechte vorenthalten werden. Die Mandatsträger der übrigen Standorte werden dann in der Regel mit dem Wunsch ihrer nationalen Gewerkschaften konfrontiert, mit der Unternehmensleitung über die Einhaltung gewerkschaftlicher Freiheiten innerhalb des Konzerns zu verhandeln. Sollte die Kooperation sogar gegen den ausdrücklichen Willen der zuständigen Gewerkschaften aufgenommen werden, ist ihr Scheitern oder Verharren auf einem extensiven Niveau wahrscheinlich. Es fehlt dann der gerade zu Kooperationsbeginn relevante gewerkschaftliche Ressourcentransfer, der zum Beispiel in der Vermittlung von Gesprächskontakten, einer Finanzierung der Kooperationskosten oder einer juristischen Beratung bei der Abfassung der Kooperationsabsprachen besteht.

Im Verlauf der Internationalisierung des Konzerns geht der zweiten Kooperationsphase eine, aufgrund des Ausfalls von Exportmärkten hervorgerufene Arbeitnehmerkonkurrenz sowie der Beginn einer konzerninternen Arbeitnehmerkonkurrenz zwischen einzelnen Standorten voraus. Die Mandatsträger reagieren auf die zunehmende Arbeitnehmerkonkurrenz mit einer Intensivierung der Kooperation. Es kommt zu einer Ausweitung der Kooperationsthemen und -ziele, die während häufigerer Zusammentreffen der verantwortlichen Mandatsträger diskutiert werden. Mit der steigenden Zahl detaillierterer Kooperationsabsprachen nimmt die Möglichkeit der kooperierenden Arbeitnehmervertretungen, in Verhandlungen mit dem lokalen Management maximale, am Wohl des eigenen Standortes orientierte, individuell-rationale Positionen durchsetzen zu können ab. Dies kann zu einer zurückgehenden Unterstützungbereitschaft derjenigen Mandatsträger und Belegschaftsangehörigen führen, die dem Nutzen der Kooperation skeptisch gegenüberstehen.

Die Intensivierung der Kooperation muß daher organisationsintern, innerhalb jeder Arbeitnehmervertretung mit zwei Maßnahmen gegen individuell-rationale Nutzenkalkulationen gesichert werden. Auf der Strategieebene jeder Arbeitnehmervertretung wird die in lokalen Verhandlungen mit dem Management bisher vorherrschende individuell-rationale Strategie durch eine kollektiv-rationale Kooperationsstrategie abgelöst. Es erfolgt eine fiktive Ausdehnung der Organisationsgrenzen auf die übrigen kooperierenden Arbeitnehmervertretungen und die Anerkennung einer partiellen Verantwortung für die künftige Entwicklung der außerhalb der eigenen Organisationsgrenzen liegenden, aber am Kooperationsprozeß beteiligten Arbeitnehmervertretungen. Nur im Rahmen einer kollektiv-ra-

tionalen Strategie erscheint eine, nicht mehr an den maximalen Entwicklungschancen des eigenen Standortes ausgerichtete Verhandlungsführung gegenüber
dem lokalen Management, für die Belegschaft und die Mandatsträger rational
nachvollziehbar. Die Übernahme einer kollektiv-rationalen Kooperationsstrategie
als offizielle Strategie der Arbeitnehmervertretung hängt entscheidend von einer
ausreichenden Verankerung der Kooperation im Kreis der Mandatsträger ab.
Entweder muß eine kooperationsbereite, relativ autonome Spitzengruppe von
Mandatsträgern existieren, die einen solchen Strategiewechsel initiiert, oder der
Prozeß wird durch die optimale Nutzung einer Präferenzdifferenzierung in der
Gesamtgruppe der Mandatsträger vorangetrieben. In der Endphase muß die
Mehrheit der Mandatsträger die kollektiv-rationale Kooperationsstrategie aktiv
oder stillschweigend mittragen. Gleichzeitig ist eine stärkere Verankerung der
Kooperation in der Basis notwendig, um deren Unterstützung im Krisenfall, wenn
ein Risikoausgleich zwischen den Standorten unter Berufung auf die kollektiv-
rationale Kooperationsstrategie die Entwicklung des eigenen Standortes negativ
tangiert, sicherzustellen. Die Verankerung der Kooperation in der Belegschaft ist
schwieriger als bei anderen Organisationszielen umsetzbar, da die Ziele im entwickelten Kooperationsprozeß sehr abstrakt gehalten sind und ihr Nutzen nicht,
wie bei der Lohnpolitik, unmittelbar ersichtlich ist.

Die Absicherung der Kooperationsintensivierung erfordert in der vierten Kooperationsphase, neben der erfolgten Umsetzung einer kollektiv-rationalen Kooperationsstrategie, den Transfer exogener und die Schaffung endogener Stabilisierungsmechanismen. Zu den wichtigsten Stabilisierungsmechanismen zählen
beispielsweise die Koorientierung aufgrund tradierter Kooperationserfahrungen
oder der Entwicklung persönlicher Kooperationsbeziehungen, die auf Reziprozität und Vertrauen basieren.

Mit Abschluß der vierten Kooperationsphase ist ein entwickelter Kooperationsprozeß zwischen den betrieblichen Arbeitnehmervertretungen entstanden. Eine zusätzliche Intensivierung der Kooperation kann in diesem Stadium einerseits
von programmatischen Anregungen der nationalen und internationalen Gewerkschaftsorganisationen oder andererseits von einer weiteren Verflechtung der Konzernstrukturen ausgehen. Beide Faktoren führten in den 80er Jahren in Europa
und im EG-Raum auf zu einer Intensivierung der Kooperation zwischen den betrieblichen Arbeitnehmervertretungen innerhalb multinationaler Konzerne. In den
Jahren 1988/89 nahmen vor allem die nationalen und europäischen Metallgewerkschaften die Forderung nach der Gründung Europäischer Betriebsräte in ihre
Programmatik auf und beeinflußten die betrieblichen Arbeitnehmervertreter ihrer
Organisationsbereiche dieses Ziel umzusetzen. Gleichzeitig verstärkte sich in der
EG durch die Zunahme der Unternehmenszusammenschlüsse der Trend zu einer
weiteren Verflechtung der Produktionsstrukturen. Die mit der Vollendung des

Binnenmarktes angestrebten höheren höheren Economy of Scale erlauben umfassende Rationalisierungsmaßnahmen und bedingen gleichzeitig eine Ausweitung des EG-weiten Produktionsverbunds innerhalb der Konzerne. Auf Seiten der betrieblichen Arbeitnehmervertretungen erfordert die notwendige Ausweitung der Kooperation in der fünften Kooperationsphase eine Neuorganisation der Kooperationsstrukturen. In der EG führte diese Neuorganisation zu einer Institutionalisierung der Kooperation, die ihren Ausdruck in der Gründung Europäischer Betriebsräte findet. Mit ihnen wurde die bisher fiktive, partielle Ausweitung der Organisationsgrenzen der einzelnen Arbeitnehmervertretungen in eine reale Ausweitung der nationalen Gremienstruktur überführt. Die Tätigkeit der Europäischen Beriebsräte soll den steigenden Koordinationsbedarf zwischen den einzelnen Arbeitnehmervertretungen bewältigen und die Unterstützung der lokalen Arbeitnehmervertretungen bei der Umsetzung der Kooperationsabsprachen sichern. Die Europäischen Betriebsräte bilden als zentrale Verhandlungspartner ein Gegengewicht zur zentralisierten Entscheidungskompetenz der Konzernleitungen.

Nachdem in der Arbeit die Gründung Europäischer Betriebsräte als bisher letzte Phase in der Fortentwicklung und Institutionalisierung der Kooperation zwischen Arbeitnehmervertretungen innerhalb multinationaler Konzerne analysiert wurde, stellt sich abschließend die Frage, ob die Existenz einer größeren Anzahl Europäischer Betriebsräte zu einer neuen Qualität der Politik der europäischen Arbeitnehmerorganisationen führt. Können die Europäischen Betriebsräte die Funktion eines organisatorischen Unterbaus der bestehenden europäischen Gewerkschaftsorganisationen, vergleichbar mit derjenigen der Betriebsräte in der Struktur des bundesdeutschen dualen Systems der Arbeitsbeziehungen, übernehmen?

Die Ausübung einer mit bundesdeutschen Gesamtbetriebsräten vergleichbaren Funktion durch die Europäischen Betriebsräte erscheint unwahrscheinlich, da beispielsweise die betrieblichen Arbeitnehmervertretungen in der Bundesrepublik in der Regel nur Kontakte zu einer Gewerkschaft unterhalten. Die weiterhin unabhängigen Untergliederungen des Europäischen Betriebsrats stimmen sich jedoch mit mehreren, ebenfalls unabhängig voreinander agierenden, nationalen Gewerkschaften ab. Neben dem bereits im bundesdeutschen System der Arbeitsbeziehungen zu beobachtenden Konflikt der Betriebsräte zwischen Belegschafts- und Gewerkschaftsinteresse, könnte sich dieser Konflikt um die Dimension "Interessen und Absprachen des Europäischen Betriebsrats" erweitern. Diese Situation würde die Unterstützung der gewerkschaftlichen Ziele durch die betrieblichen Arbeitnehmervertretungen zusätzlich gefährden.

Auch im Rahmen der Tätigkeit der Europäischen Betriebsräte können Konflikte, unter anderem bei Absprachen über Mindeststandards der konzernweiten Arbeitsbedingungen mit der Tarifpolitik der nationalen Gewerkschaften entstehen. Ein Beispiel bildet die Aktion der betrieblichen Arbeitnehmervertretung von VW-Brüssel anläßlich der vom EKBR angestrebten betrieblichen Durchsetzung der 35-Stunden-Woche. Andererseits würde von einer Vielzahl solcher europaweiten Vereinbarungen auf betrieblicher Ebene erstmals ein Druck auf die nationalen Gewerkschaften ausgehen, die Abstimmung qualitativer gewerkschaftlicher Forderungen auf der Ebene der europäischen Gewerkschaftsorganisationen zu beschleunigen.

Die institutionelle Verknüpfung zwischen den Europäischen Betriebsräten und den europäischen Gewerkschaften, wie sie in der Bundesrepublik auf nationaler Ebene zwischen Gewerkschaften und betrieblichen Arbeitnehmervertretungen existiert, kann aufgrund der geringen personellen Ressourcen der europäischen Arbeitnehmerorganisationen nicht umgesetzt werden. Bei den aktuellen Gewerkschaftsstrukturen können nur die nationalen Gewerkschaften eine Verbindung zwischen Europäischem Konzernbetriebsrat und Gewerkschaft aufrechterhalten. Darüberhinaus besitzen die kooperierenden Mandatsträger auch zu den Verwaltungen der nationalen Gewerkschaften die intensivsten Kontakte.

Bisher haben die europäischen Gewerkschaftsorganisationen primär die Funktion von Informations- und Koordinationsgremien für ihre nationalen Mitgliedsgewerkschaften übernommen. Sie besitzen keine umfangreichen eigenen Verhandlungskompetenzen gegenüber den, ebenfalls nur mit geringen Kompetenzen ausgestatteten, europäischen Arbeitgeberverbänden und den EG-Gremien. Außerdem verfügen die europäischen Gewerkschaftsorganisationen über keine eigenen Sanktionsmittel, die sie in Verhandlungen auf europäischer Ebene einsetzen könnten. Solange Kompetenzen, Ressourcen und Sanktionsmittel der Gewerkschaften in Europa national verankert sind, werden auch die Europäischen Betriebsräte weniger ein Unterbau der europäischen Gewerkschaftsorganisationen, als vielmehr ein Reflex der betrieblichen Interessenvertreter auf die Internationalisierung der Produktionsstrukturen in der Europäischen Gemeinschaft sein. Die Tätigkeit der Europäischen Betriebsräte wird voraussichtlich zu einer verstärkten Koordinationstätigkeit der europäischen Arbeitnehmerorganisationen, gerade im Bereich der qualitativen Tarifpolitik beitragen. Ob dies den ersten Schritt in Richtung auf eine qualitative Stärkung der europäischen Gewerkschaftsorganisationen darstellt, kann aber nur auf der Ebene der nationalen Gewerkschaften entschieden werden, indem auch diese ihre Organisationsgrenzen, analog zu den Aktivitäten der betrieblichen Arbeitnehmervertretungen, partiell länderübergreifend ausdehnen.

10. Nachwort

Die erhebliche Verschlechterung der ökonomischen Lage der deutschen Automobilindustrie seit der Beendigung dieser Arbeit im Frühjahr 1993 - mit allen daraus resultierenden negativen Einflüssen auf die Bargaining Power der betrieblichen Arbeitnehmervertretungen dieser Branche - rechtfertigt ein aktualisierendes Nachwort. Darüberhinaus wurde die Entwicklung der Volkswagen-Gruppe durch Sondereinflüsse tangiert, die die internationale Kooperation zwischen der VW- und der Seat-Arbeitnehmervertretung hohen Belastungen aussetzten.

1993 setzte sich die negative ökonomische Entwicklung der europäischen Automobilindustrie weiter fort. Der europaweite Absatz der Branche ging um 15,9 % auf 11,7 Millionen KFZ zurück. (HB 24.02.94) Mit einem Minus von 24,1 % lag der Absatzrückgang in der spanischen KFZ-Industrie noch über dem europäischen Trend. (HB 13.01.94) Für zwei Drittel der 91.000 Beschäftigten der spanischen KFZ-Hersteller wurde staatlich subventionierte Kurzarbeit beantragt. (HB 15.11.93) Die spanische Citroen wird 7.700, Suzuki (Santana Motor) 2.400, Nissan 1.500, Mercedes 400, Iveco (Pegaso) 2.900 und SEAT 9.000 Mitarbeiter entlassen. (HB 13.01.94, El País 05.03.94) Nicht unerwartet endete auch die durch den Nachholbedarf in den neuen Bundesländern ausgelöste deutsche KFZ-Sonderkonjunktur. Auf den Rückgang der Neuanmeldungen um 19 % reagierten die KFZ-Hersteller mit einer Produktionseinschränkung von 23 %. Nach der in Europa singulären, stabilen Beschäftigungslage der deutschen KFZ-Hersteller in den 80er Jahren wurden die Belegschaften 1993 um 70.000 Mitarbeiter reduziert. Der spanischen und deutschen Automobilindustrie blieb im letzten Jahr auch nicht der Ausweg, die Beschäftigung über steigende KFZ-Exporte zu sichern. Die spanischen Exporte sanken bis zum November 1993 um 8 %, die Exporte in der Bundesrepublik gefertigter KFZ gingen in 1993 um 25 % zurück. Das die sinkenden Exportziffern bundesrepublikanischer KFZ-Hersteller zumindest partiell von den Internationalisierungsbemühungen und -erfolgen dieser Unternehmen in den 80er Jahren beeinflußt werden, zeigt die gleichzeitige Erhöhung der Auslandsfertigung dieser Hersteller um 11 %. (HB 15.11.93, 28.01.94) Beide Entwicklungen zeigen die Intensivierung der internationalen Arbeitnehmerkonkurrenz innerhalb der multinationalen KFZ-Hersteller.

Der Volkswagenkonzern wurde durch den Konjunkturrückgang besonders negativ getroffen. Dies erklärt sich aus der auf Expansion und prognostizierten steigenden Absatzzahlen basierenden Unternehmenspolitik des ehemaligen Vorstandsvorsitzenden Carl Hahn, die von diesem noch Ende 1992 in der "Konzernplanung 41" fortgeschrieben wurde. (Der Spiegel 49/1992) Die primär auf Wachstum und erst in zweiter Linie auf Kostenreduzierung ausgerichtete Unternehmenspolitik erhöhte die Fixkosten der europäischen VW-Standorte bei dem eintretenden Rückgang der Produktions- und Absatzzahlen überdurchschnittlich.

In den ersten drei Quartalen des Jahres 1993 ging der Absatz der Volkswagen AG um 24,6 % sowie die Produktion um 30 % zurück. Beide Zahlen liegen über dem Durchschnitt aller deutschen KFZ-Hersteller. (HB 11.11.93) Diese Entwicklung gefährdete insbesondere das primäre Ziel der Arbeitnehmervertreter, die Arbeitsplätze der Belegschaften zu sichern. Nach Angaben des Volkswagen-Managements benötigen die sechs inländischen Volkswagenwerke zur Erstellung des aktuellen Produktionsvolumens 1995 nur noch 71.800 Mitarbeiter (Stand 1993: 103.200 Mitarbeiter). 1994 sollte die Belegschaft um 18.000 und 1995 um 12.000 Mitarbeiter verringert werden. Die Umsetzung dieser Planung hätte beispielsweise für den Standort Wolfsburg eine überdurchschnittliche Reduzierung der Belegschaft um 41 % bedeutet. (HB 29.10.93)

Noch dramatischer entwickelte sich die ökonomische Lage der Tochtergesellschaft SEAT. Der SEAT-Vorstand hatte eine ähnliche Expansionspolitik wie das Management der Volkswagen AG betrieben. 1993 verfügte SEAT über ein jährliches Produktionsvolumen von 780.000 KFZ. Der spanische Automobilmarkt nahm 1993 insgesamt jedoch nur 640.000 Neuwagen auf. Das SEAT-Management plante 1993 600.000 KFZ zu verkaufen, erreichte jedoch nur ein Volumen von ca. 400.000 Einheiten. (El País 23.01.94) Das Stammwerk Barcelona Zona Franca war daher nur noch zu 24 %, das neue Werk in Martorell zu 65 % ausgelastet. (HB 03.12.93) Neben den hohen Fixkosten bildete die Abwertung der Peseta 1993 eine zusätzliche Verlustquelle. Da der SEAT-Vorstandsvorsitzende nach Angaben des Konzernvorstands die reale Höhe der Verluste mehrere Monate verschleierte, waren sie im Januar 1994 auf 1.470 Millionen DM zuzüglich geschätzter 450 Millionen DM für die Reorganisation der Tochtergesellschaft aufgelaufen. Im Juni 1993 hatte der damalige SEAT-Vorstandsvorsitzende die Verluste für 1993 auf 150 Millionen DM beziffert. (El País 22.01.94) Nach neuen Planungen soll SEAT mit dem voll ausgelasteten Standort Martorell - Jahreskapazität 320.000 KFZ - wieder in die Gewinnzone gelangen. (HB 03.12.93) Nachdem die Dimension der SEAT-Krise offenbar wurde, übernahm die Konzernführung die Kontrolle über weite Bereiche der SEAT-Geschäftsführung. Drei Mitglieder des VW-Vorstands wurden 1994 für den SEAT-Vorstand nominiert. (HB 24.02.94) In dem Sanierungsplan ist die Schließung des Standortes Zona-Franca zum Jahresende 1993, die Verlagerung der Toledo-Produktion von dort nach Martorell und die Verringerung der Belegschaft von 23.000 auf 14.000 Personen vorgesehen. 3.000 Mitarbeiter sollen frühpensioniert und 1.400 Zeitarbeitsverträge nicht verlängert werden. Es wurde geplant, 4.600 Arbeitnehmer bis zu zwei Jahre lang staatlich subventionierten Zwangsurlaub nehmen zu lassen. Der Plan, daß Betriebsgelände der Zona Franca in einen Zuliefererpark umzuwidmen, würde dort mittelfristig wieder Arbeitsplätze für die beurlaubten Belegschaftsmitglieder schaffen. Dies soll durch eine Erhöhung des Anteils der spanischen Zulieferungen in die SEAT-Produktion von 54 auf 67 % erleichtert werden. (HB 03.12.93) Die Volkswagen AG wird die Schulden SEATs in Höhe von 1,4 Milliarden DM übernehmen und im Gegenzug die Leitung über den SEAT Standort Pamplona, in dem der POLO gefertigt wird, ausüben. Im Februar 1994 wurden Pläne des SEAT-Managements bekannt, weitere 4.000 Arbeitnehmer entlassen und in den nächsten Tarifverhandlungen Lohnkürzungen von 10 % durchsetzen zu wollen. (HB 24.02.94) Auch die Seat-Arbeitnehmervertreter standen also, ebenso wie die Interessenvertreter der Volkswagenstandorte, vor massiven Beschäftigungsproblemen. Sie forderten die Beibehaltung der Produktion in der Zona Franca und eine finanzielle Unterstützung durch die Volkswagengruppe.

Ein Vergleich der Verhandlungsergebnisse bestätigt die bereits konstatierte differierende Bargaining Power der beiden Arbeitnehmervertretungen. In den alten Bundesländern ist allerdings auch die Rolle der VW-Standorte als wichtige regionale Arbeitgeber zu berücksichtigen, die den Anteilseigner Niedersachsen im Aufsichtsrat und gegenüber dem Vorstand eine Fürsprecherrolle für diese Standorte übernehmen läßt. Die VW-Arbeitnehmervertretung und die IG Metall Bezirksleitung Hannover erreichten in längeren Verhandlungen mit dem VW-Management einen zweijährigen Verzicht der Geschäftsleitung auf betriebsbedingte Kündigungen. Durch den "Tarifabschluß zur Beschäftigungssicherung" konnten 30.000 der 100.000 Arbeitsplätze bei der Volkswagen AG gesichert werden. Im Gegenzug vereinbarten beide Seiten eine Arbeitszeitverkürzung auf 28,8 Wochenstunden und vier Arbeitstage pro Woche. Hierdurch sinken die Personalkosten der Volkswagen AG um 20 %, das Brutto-Jahreseinkommen der Arbeitnehmer um 10 % während das Monatseinkommen der Mitarbeiter stabil bleibt. (FR 26.11.93)

In den Verhandlungen zwischen Seat-Management und -Arbeitnehmervertretung konnte sich die Interessenvertretung mit ihrem Ziel, die Produktion in der Zona Franca aufrechtzuerhalten, nicht durchsetzen. Management und Arbeitnehmervertretung wurden von der VW-Konzernleitung darauf hingewiesen, daß bereits bei der Übernahme SEATs im Jahre 1986 in den Verträgen eine Stillegung des Standortes vereinbart worden war, sobald der neue Standort Martorell seine Produktion aufnehmen würde. Mit dem Auslaufen der Marbella-Produktion in der Zona Franca, der Unterauslastung aller Standorte und der gegenwärtigen Absatzkrise sah der Konzernvorstand den Zeitpunkt der Stillegung gekommen. Auf dem Gelände der Zona Franca ist ein Zulieferpark geplant, in dem Arbeitsplätze für die Seat-Arbeitnehmer bereitgestellt werden. Das 1990/91 installierte Presswerk wird weiterhin 1.300 Arbeitnehmer beschäftigen. (HB 25.10.93) Allerdings verhinderte die Seat-Arbeitnehmervertretung eine vollständige Ausgliederung des Standortes Pamplona. Dieser verbleibt in der SEAT-Gruppe, wird in Zukunft jedoch durch die Vertriebsorganisation VW/AUDI geleitet. Die Verringerung der Belegschaft wurde von den Gewerkschaftssektionen akzeptiert. Damit verfehlte die Seat-Arbeitnehmervertretung ihr wichtigstes Ziel, die Sicherung der Arbeitsplätze durchzusetzen.

Aufgrund der beschriebenen schwierigen Ausgangslage der Verhandlungen stellt sich die Frage nach der Rolle des Europäischen Volkswagen Konzernbetriebsrats in der Krise und generell der Entwicklung der bilateralen Beziehungen zwischen der VW- und der Seat-Arbeitnehmervertretung. Die Kooperationsaktivitäten der Arbeitnehmervertreter wurden neben der dramatischen ökonomischen Lage durch weitere negative Entwicklungen erschwert. 1993 war Franz Steinkühler als stellvertretender Aufsichtsratsvorsitzender zurückgetreten. Der Gesamtbetriebsrat bedauerte den Ausfall eines kompetenten und eingearbeiteten Ratgebers. Im Frühjahr 1993 verstarb überraschend der VW-Arbeitsdirektor, seine Stelle wurde erst im Oktober 1993 wiederbesetzt. Somit fiel auch auf Managementseite ein wichtiger Verhandlungsführer aus. Anfang 1993 trat der langjährige Vorsitzende der UGT-Sektion SEAT-Barcelona und Koordinator der spanischen Mitglieder des Europäischen Betriebsrates nach internen Auseinandersetzungen von seinem Amt zurück und wechselte einige Monate später mit mehreren hundert Anhängern zu den CC.OO. über. Der neue Koordinator erreicht noch nicht die bisher übliche Vereinheitlichung der Standpunkte von UGT und CC.OO. im Europäischen Konzernbetriebsrat. Mit der Verschiebung der Produktion zu Lasten der Zona Franca und zu Gunsten Martorells verschieben sich auch die Machtansprüche zwischen den Sektionen der Standorte. Darüberhinaus kommt es zu Friktionen zwischen der UGT-Sektion Pamplona, die als POLO-Produktionsstandort von der SEAT-Krise nicht so betroffen ist wie die restlichen Standorte. Dieser Interessengegensatz innerhalb der Seat-Arbeitnehmervertretung zeigt sich darin, daß die übrigen Standorte aus Protest gegen die Schließung der Zona Franca im November 1993 einen Tag streikten, während die Arbeiter in Pamplona nur zwei Stunden die Arbeit niederlegten. (El País 18.11.93) Außerdem lehnt die UGT-Sektion Pamplona ein einheitliches Verhandlungsgremium aller SEAT-Standorte gegenüber dem SEAT-Vorstand ab, die Sektionen Pamplonas sollen in Zukunft eigenständig mit der VW/AUDI-Vertriebsorganisation über die Tarifverträge des Standortes Pamplona verhandeln. Wahrscheinlich erwartet die UGT-Sektion Pamplona von der Ausgliederung eine schnellere Angleichung der Arbeitsbedingungen des Standortes Pamplona an die der deutschen Standorte. Die Arbeit innerhalb des Europäischen Konzernbetriebsrats wird durch diese Friktionen erschwert. Hinzu kommt das erwähnte Ausscheiden des langjährigen UGT-Sektionsvorsitzenden, mit dem die deutschen Arbeitnehmervertreter aufgrund des zehnjährigen persönlichen Kontakts ein besonderes Vertrauen verband. Zu dem neuen UGT-Vorsitzenden muß erst ein Vertrauensverhältnis aufgebaut werden, da er den deutschen Interessenvertretern bisher unbekannt war. Er hat sich vor seinem Amtsantritt nicht mit Kooperationsfragen beschäftigt.

Bei der Bewältigung der SEAT-Krise hat der Europäische Konzernbetriebsrat im Laufe des Jahres 1993 primär als Instanz zur Vermittlung direkter Kontakte zwischen den Seat-Arbeitnehmervertretern und der Konzernleitung gedient. Dabei haben die deutschen Betriebsräte die Zusammenkünfte mit dem Konzernvorstand in gemeinsamen Gesprächen mit den spanischen Interessenvertretern vorbereitet. Neben drei Sitzungen des gesamten Euro-Betriebsrates kam es zu mehr als zehn Sitzungen des Präsidiums, die die SEAT-Krise zum Gegenstand hatten. In der Regel dauerten diese Sitzungen einen Tag und bestanden aus einer mehrstündigen internen Aussprache der Interessenvertreter und einer anschließenden

Zusammenkunft mit Vertretern des Konzernvorstands. In der Frage der Schließung des Standortes Zona Franca sahen die deutschen Interessenvertreter zwar
auch den besonderen Stellenwert der Fabrik als Stammunternehmen SEATs und
herausragender Stätte des Arbeiterwiderstands gegen das Franco-Regime. Allerdings verwiesen sie auch auf die Tatsache, daß die Arbeitnehmervertreter im
Aufsichtsrat 1986 der Übernahme SEATs ebenfalls nur unter der Bedingung einer
zukünftigen Schließung des Standortes Zona Franca zugestimmt hätten. Bei der
aktuellen Unterauslastung der Standorte Martorell und Zona Franca sei nun die
Stillegung vorzunehmen. Der Gesamtbetriebsrat sah sich angesichts der ökonomischen Situation der Volkswagen AG auch kritischen Nachfragen aus der
Belegschaft und von Betriebsräten ausgesetzt, die weitere finanzielle Hilfe für
SEAT ablehnten. Da die Volkswagen AG bereits im dritten Quartal 1993 wieder
schwarze Zahlen schrieb, erschienen die 1,5 Milliarden DM Unterstützung für
SEAT als Belastung, die die Verhandlungsposition der Betriebsräte in der Bundesrepublik negativ tangierte. Aus diesen Gründen bestand der Gesamtbetriebsrat
darauf, daß auch bei SEAT notwendige Kosteneinsparungen vorgenommen werden mußten, die auch die Schließung der Zona Franca beinhalteten. Er sah bereits
die Zahlung von 1,5 Millliarden DM an SEAT als einen, gegenüber der eigenen
Belegschaft, nur schwer darstellbaren Kompromiß an. Vor diesem Hintergrund
kann der gefundene Kompromiß als ein Anhaltspunkt für die Funktionsfähigkeit
des Europäischen Konzernbetriebsrats und die Stabilität der Kooperation in Krisensituationen des Volkswagen-Konzerns gelten.

Abgesehen von der hohen Sitzungsfrequenz aufgrund der SEAT-Krise sind
von den Mitgliedern des Europäischen Konzernbetriebsrats der deutschen Standorte Impulse ausgegangen, die Akzeptanz der europaweiten Kooperation unter
den Mandatsträgern der SEAT-Standorte und von VW-Brüssel zu erhöhen. Der
Gesamtbetriebsrat hat den beiden Arbeitnehmervertretungen angeboten, gemeinsam ein Seminar zur Entwicklung der Automobilindustrie und des Volkswagen-
Konzerns für die Mandatsträger durchzuführen. Ein solches Seminar fand im
ersten Halbjahr 1993 vor einem großen Auditorium bei VW-Brüssel statt. Die
belgischen Mitglieder des EKBR bestätigten hinterher, daß ihre Tätigkeit von den
eigenen Interessenvertretern seitdem stärker akzeptiert wird. In Spanien fand ein
Vortrag zu dem gleichen Thema statt, an dem jedoch nur eine geringe Zahl betrieblicher Mandatsträger teilnahm. In 1993 wurde zusätzlich eine zweistufige
Seminarreihe in Belgien, Deutschland und Spanien für betriebliche Interessenvertreter des VW-Konzerns durchgeführt. Träger ist ein belgisches wissenschaftli-
ches Institut, welches Bildungsarbeitskonzepte entwickelt. In der ersten Phase
fand ein nationales Seminar in jedem Land statt, zu dem jedoch auch Referenten
aus den übrigen Standorten eingeladen wurden. Darauf aufbauend veranstaltete
das Institut in der Nähe von Barcelona ein mehrtägiges internationales Seminar
für Mandatsträger aus allen europäischen VW-Produktionsstandorten. Der Europäische Konzernbetriebsrat nutzt bei der Organisation weiterer bilateraler Seminare mit Mandatsträgern der VW- und SEAT-Standorte inzwischen auch EG-
Mittel. Der Deutsche Gewerkschaftsbund und der Betriebsrat VW-Hannover ver-

anstalteten ein Seminar in Barcelona mit SEAT-Interessenvertretern. Außerdem tagte der Betriebsausschuss des Standortes Braunschweig gemeinsam mit spanischen Mandatsträgern in Barcelona.

Darüberhinaus wurde die Kommunikations-Infrastruktur des Europäischen Konzernbetriebsrats ausgebaut. Der Koordinator der spanischen Mitglieder des Europäischen Konzernbetriebsrats verfügt seit 1993 über ein Büro mit einer Mitarbeiterin die fließend Spanisch, Deutsch und Englisch spricht. Die Sprachbarriere konnte durch diese Maßnahme weiter verringert werden.

Die Übernahme von SKODA hat noch keine Ausweitung des Europäischen Konzernbetriebsrats um Interessenvertreter der tschechischen Standorte zur Folge gehabt. SKODA-Interessenvertreter nehmen weiterhin als Gäste und Beobachter an den Sitzungen teil. Ein regulärer Mitgliedsstatus ist nach den Statuten des EKBR erst möglich, sobald Volkswagen einen höheren Anteil des SKODA-Stammkapitals hält. Der Gesamtbetriebsrat hat in Zusammenarbeit mit der Friedrich-Ebert-Stiftung auch in 1993 ein zweiwöchiges Seminar mit SKODA-Interessenvertretern in der Tschechischen Republik durchgeführt. An diesem Seminar nahm auch ein SEAT-Mandatsträger teil, der über die Handlungsspielräume und die Struktur der Seat-Arbeitnehmervertretung informierte. Nach Auskunft des Gesamtbetriebsrates haben auf seine Initiative hin inzwischen mehr als fünfhundert tschechische Gewerkschafter an Informationsbesuchen und Vorträgen des Gesamtbetriebsrates in VW-Wolfsburg teilgenommen.

Insgesamt gesehen hat der Europäische Volkswagen Konzernbetriebsrat zur Stabilität der Kooperation während der aktuellen Krisensituation des Konzerns beigetragen. Nach Angaben des Gesamtbetriebsrats war auch in den Krisengesprächen ein offener Austausch über die Positionen der einzelnen Arbeitnehmervertretungen möglich. Für die Seat-Arbeitnehmervertreter hat sich die positive Beschäftigungssituation, die Anfang der 90er Jahre vorherrschte völlig gewandelt. Auch aus diesem Grund ist mit einer Zunahme ihres Kooperationsinteresses zu rechnen. Die Relevanz des seit 1982 wichtigsten Kooperationsziels der Seat-Arbeitnehmervertretung, direkte Informationskanäle zur Konzernzentrale zu unterhalten, nahm im Jahr 1993 weiter zu. Die fast monatlichen Zusammenkünfte im Rahmen des Europäischen Konzernbetriebsrats verdeutlichen den Stellenwert direkter Verhandlungskontakte zwischen der Arbeitnehmervertretung einer Tochtergesellschaft und der Konzernspitze. Der Gesamtbetriebsrat verweist ausdrücklich darauf, daß ein solches Verfahren in Großkonzernen nicht üblich sei.

Insbesondere die Interessenvertreter der deutschen Standorte haben inzwischen die breitere Verankerung der Kooperation in den Mandatsträgergruppen der einzelnen Standorte zu einer relevanten Kooperationsaufgabe erklärt. Leider ist diese Initiative gerade in den SEAT-Standorten, deren Mandatsträger generell wenig über die Kooperation informiert sind, nicht auf breite Resonanz gestoßen. Negativ sind auf SEAT-Seite sowohl das Ausscheiden des langjährigen UGT-Sektionsvorsitzenden und Koordinators der spanischen EURO-KBR Mitglieder, als auch die offen zutage tretenden Meinungsverschiedenheiten zwischen den Standorten über die Vertretung des Standortes Pamplona zu bewerten. Auf europäischer Ebene ist nicht mehr automatisch von einem Konsens der Interessenvertreter aller spanischen SEAT-Standorte und Sektionen auszugehen. Dies erschwert die Arbeit des Europäischen Konzernbetriebsrats und sein geschlossenes Auftreten gegenüber dem Konzernvorstand. Außerdem hat die Krise gezeigt, daß der Europäische Konzernbetriebsrat bei Volkswagen zumindest mittelfristig kein Verhandlungspartner des Konzernvorstands ist. Er hat vielmehr die vom Gesamtbetriebsrat favorisierte Rolle eines Informations- und Koordinationsgremiums der Arbeitnehmervertretungen der europäischen Produktionsstandorte des Volkswagen-Konzerns übernommen. Die Kooperationspraxis der Arbeitnehmervertreter der meisten, europaweit vernetzten KFZ-Hersteller zeigt allerdings, daß dieser Institutionalisierungsgrad und Informationsfluß der Arbeitnehmervertretungen des Volkswagen-Konzerns bereits sehr fortgeschritten.

Literaturhinweise:

Der Spiegel:

49/1992   VW: "Man kann nur beten"

El País:

18.11.93   La crisis de Seat saca a la calle a 30.000 trabajadores y colapsa Barcelona
22.01.94   Volkswagen estudia acciones penales contra el ex presidente de Seat por ocultar información
23.01.94   Ferdinand Piech "Arriesgo mi posición por las pérdidas de Seat"
05.03.94   Las multinacionales se repliegan

Frankfurter Rundschau:

27.07.93   VW steigt aus Projekt mit Suzuki in Spanien aus
26.11.93   Komplizierte Rechnung bei VW

Handelsblatt (HB):

25.12.93   Spanische VW-Tochter schließt ihr Werk in Barcelona
15.11.93   Autoindustrie / Zwangsurlaub für zwei Drittel der Arbeiter
03.12.93   SEAT Finanzkrise ließ den Absatz durchsacken
13.01.94   Automarkt Spanien / Hersteller hoffen auf eine Trendwende
28.01.94   Automobilindustrie / Jedes dritte deutsche Auto kommt aus dem Ausland
11.02.94   Automobilindustrie / "Japaner bisher glimpflich davongekommen"
24.02.94   Seat will die Löhne um zehn Prozent kürzen

11. Tabellenteil

Tabelle III-1

Anteil des brancheninternen und interindustriellen Austauschhandels am Intra-EG-Handel nach Warengruppen 1979 und 1990:

Land	Nahrungsmittel, Getränke, Tabak		Chemische Erzeugnisse		Bearbeitete Waren		Maschinen/Fahrzeuge		Verschiedene Industriewaren	
	1979	1990	1979	1990	1979	1990	1979	1990	1979	1990
B/L	-0,08	0,03	0,03	0,05	0,28	0,15	-0,07	0,05	-0,17	-0,12
DK	0,60	0,53	-0,55	-0,50	-0,41	-0,27	-0,33	-0,19	-0,15	0,06
D	-0,33	-0,30	0,09	0,08	0,03	0,07	0,30	0,26	-0,06	-0,02
GR	0,27	-0,23	-0,88	-0,86	-0,13	-0,43	-0,96	-0,92	0,18	0,03
E	0,49	0,12	-0,38	-0,40	0,20	-0,09	-0,09	-0,14	0,10	-0,22
F	0,22	0,19	-0,12	-0,04	-0,11	-0,12	0,00	-0,08	-0,21	-0,27
IRL	0,44	0,38	-0,18	0,08	-0,33	-0,23	-0,40	0,14	-0,19	0,08
I	-0,29	-0,37	-0,46	-0,41	0,12	0,13	-0,02	-0,05	0,69	0,50
NL	0,39	0,34	0,20	0,20	-0,09	-0,08	-0,33	-0,10	-0,31	-0,12
P	0,17	-0,23	-0,72	-0,53	-0,05	-0,17	-0,61	-0,48	0,50	0,41
UK	-0,34	-0,34	0,00	-0,04	0,03	-0,12	-0,15	-0,13	-0,06	-0,13

(EUROSTAT 1983, 1987, 1991a)

Berechnung des Koeffizienten: $\dfrac{\text{Exporte} - \text{Importe}}{\text{Exporte} + \text{Importe}}$

(vgl. Buigues u.a. 1990: 42)

Tabelle III-2

Anteil des brancheninternen und interindustriellen Austauschhandels am Intra-EG-Handel mit Motorfahrzeugen (SITC 78)
1981 und 1985:

Land	1981	1985	1989
B/L	0,05	0,10	
DK	−0,55	−0,73	
D	0,41	0,45	
GR	−0,99	−0,99	
E	0,64	0,68	0,15
F	0,04	0,02	
IRL	−0,56	−0,64	
I	−0,40	−0,27	
NL	−0,34	−0,37	
UK	−0,36	−0,54	

Wegen eines Streiks im öffentlichen Dienst Großbritanniens
liegen für das 1.-3. Quartal 1981 keine Exportzahlen vor. Sie
wurden für diese Statistik anhand der Vorjahreszahlen geschätzt.
(EUROSTAT 1982, 1986; Banco de Espana 1985, 1988, 1991)

Tabelle III-3

Makroökonomische Auswirkungen der Vollendung des Binnenmarktes, unter Einbeziehung begleitender wirtschaftspolitischer Maßnahmen (mittelfristige Schätzungen für EG 12):

Art der Wirtschaftspolitik	Genutzter Handlungs-	Wirtschaftliche Auswirkungen				
		BIP in %	Verbrau- cher- preise in %	Beschäfti- in Mio	Öffentl. Haus- halts- defizit	Außen- wirt- schafts- bilanz
					in % des BIP	
Ohne begleitende wirtschafts- politische Maßnahmen		4,5	- 6,1	1,8	2,2	1,0
Mit begleitenden wirtschafts- politischen Maßnahmen (1)	- Haushaltslage	7,5	- 4,3	5,7	0,0	- 0,5
	- Außenwirtschafts- position	6,5	- 4,9	4,4	0,7	0,0
	- Zurückdrängung der Inflation (2)	7,0	- 4,5	5,0	0,4	- 0,2

Fehlermarge +/- 30 %

(1) Die begleitenden Maßnahmen (öffentl. Investitionen und Senkung der direkten Steuern) sind so angelegt, daß der durch die Vollendung des Binnenmarktes hinsichtlich der Situation der öffentl. Haushalte (oder der Außenwirtschaftsbilanz oder der Preise) geschaffene Handlungsspielraum voll genutzt wird.

(2) In diesem Fall wurde davon ausgegangen, daß der durch den Rückgang der Verbraucherpreise geschaffene Manövrierraum durch die begleitenden wirtschaftspolitischen Maßnahmen zu 30 % ausgenutzt wird. Eine volle Nutzung des gegebenen Spielraums hätte zu unrealistischen Ergebnissen geführt.

(Emerson 1988: 186)

Tabelle III-4

Der Anteil des brancheninternen Handels am gesamten
Handelsverkehr innerhalb der EG 1970-1987:

Land	1970	1980	1987
B/L	0,69	0,76	0,77
DK	0,41	0,52	0,57
D	0,73	0,78	0,76
GR	0,22	0,24	0,31
E	0,35	0,57	0,64
F	0,76	0,83	0,83
IRL	0,36	0,61	0,62
I	0,63	0,55	0,57
NL	0,67	0,73	0,76
P	0,23	0,32	0,37
UK	0,74	0,81	0,77

(Buigues u.a. 1990: 43)

Tabelle III-5

Nationale, gemeinschaftliche und internationale Mehrheitsbeteiligungen
einschließlich Übernahmen und Fusionen, Minderheitsbeteiligungen und
Gründungen gemeinsamer Tochtergesellschaften in der EG 1984-1989:

Jahr	Nationale Operat.	Gemeinschaft- liche Operat.	Anteil an Gesamtop.	Internationale Operationen	Gesamt- zahl
1984/85	231	69	19,3 %	57	357
1985/86	267	92	21,0 %	79	438
1986/87	324	112	22,0 %	74	510
1987/88	374	180	26,7 %	121	675
1988/89	588	352	31,4 %	185	1.122

(Kommission 1989i und 1990j, eigene Berechnungen)

395

Tabelle III-6

Die Entwicklung der Bevölkerung und der Wirtschaft in der EG, Deutschland, Spanien und den Regionen Braunschweig, Niedersachsen und Catalunya 1960-1990:

	Braun-schweig	Nieder-sachsen	Deutsch-land	Catalunya	Spanien	EG 12
Bevölkerungswachstum pro Jahr in %						
1960-1980				+ 2,1	+ 1,0	
1978-1988	- 0,4	- 0,1	- 0,1	+ 0,5	+ 0,7	+ 0,3
Erwerbsbevölkerung (1)						
1981	67,2	67,5	68,5			66,8 (2)
1986	68,9	69,1	70,1	64,4	63,9	65,7
1987	69,5	69,4	70,1	66,5	65,4	67,1
Erwerbsquote (3)						
1981	65,2	65,0	66,2			66,0 (2)
1986	65,8	64,9	65,7	56,7	54,5	63,9
1988	47,2	46,9	47,8	40,5	37,8	44,8
Arbeitslosenquote						
1983	9,2	9,1	7,5	17,0 (4)	15,4 (4)	10,9 (5)
1986	8,7	9,0	7,1	21,6	21,5	10,8
1990	7,8	6,8	5,2	12,5	16,1	8,3
Beschäftigung nach Sektoren						
Primärer Sektor 1981	4,0	5,8	4,8		16,9	7,2
1988	3,1	6,5	4,5	4,7	14,3	7,6
Sekundärer Sektor 1981	45,2	39,8	44,3		35,3	38,4
1988	45,8	36,6	40,5	44,2	32,6	33,2
Tertiärer Sektor 1981	50,8	54,3	50,9		42,7 (6)	54,4
1988	51,1	56,9	55,0	51,1	53,2	59,2
BIP pro Einw. in KKS (7)						
1977-1981	106	98	113			100
1981-1985	108	100	117	92	77	100
1986-1988	109,8	97,8	113,6	83,9	73,6	100
BIP pro Beschäft. in ECU (7)						
1977-1981	122	117	126			100
1981-1985	120	114	123	88	77	100
1986-1988		98,7	105,3	81,0	74,8	100

(Quellen siehe Anmerkung 22, Kapitel drei)

Tabelle IV-1

Mitgliedsgewerkschaften, vertretene Mitglieder und
finanzielle Ressourcen des Europäischen Metallgewerkschaftsbundes (EMB) 1982-1990:

	Gewerkschafts- organisationen	vertretene Mitglieder	Einnahmen pro 1.000 Mitglie- der in BFS
1982	34	7.203.977	1.900
1986	26	6.163.476	2.000
1990	31	5.994.475	3.000

(Europäischer Metallgewerkschaftsbund, Geschäftsberichte 1980-90)

Tabelle IV-2

Übersicht über die bisher gegründeten Europäischen Betriebsräte:

Konzern (Gründung EBR)	Institutionelle Verankerung Vereinbarung AG-ANV formell	informell	einseitiges AG-ANV formelles AG-Angebot	100 %	Finanzierung Teil-weise	betriebl. AN-Vertr.	Teilnahme externer Gewerk-schafter ja	nein	Diskussion ohne Anwesenheit des Managements
Thomson CE 1985	X					X	X		
BULL 1988	X			X				X	X
Volkswagen 1990/92	X			X			X		X
Pechiney 1990			X	X				X	
EUROPIPE (1) 1991	X			X			X		
BSN 1986	X					X	X		X
Nestlé 1990		X				X	X		X
Allianz 1982		X			X		X		X
Rhône-Poulenc 1990		X		X				X	X
Elf-Aquitaine 1991	X			X				X	X
St. Gobain 1989			X	X			X		
Scansped 1989	X			X			X		X

(Europäisches Gewerkschaftsinstitut 1991, eigene Zusammenstellung)

Tabelle V-1

Aufteilung des PKW-Weltmarkt-Volumens 1957-1989:

Jahr	Insgesamt	Nord-amerika	West-europa	Japan	Sonstige Regionen
			– 1.000 Fahrzeuge –		
1957	9.785	6.641	2.314	50	780
1964	17.113	8.741	6.104	528	1.740
1971	26.157	11.651	8.822	2.438	3.246
1978	31.917	12.354	10.615	2.985	5.963
1985	32.047	12.631	10.456	3.234	5,726
1989	35.990	9.607	13.587	4.813	7.923
			– Anteil in % –		
1957	100	67,9	23,6	0,5	8,0
1964	100	51,7	35,6	3,1	10,2
1971	100	44,6	33,7	9,3	12,4
1978	100	38,7	33,3	9,3	18,7
1985	100	39,4	32,6	10,1	17,9
1989	100	26,8	37,7	13,4	22,1

(Hild 1986: 54; Verband der Automobilindustrie 1990)

Tabelle V-2

Aufteilung der PKW-Weltproduktion 1957-1989:

Jahr	Insgesamt	Nord- amerika	West- europa	Japan	Sonstige Regionen
			- 1.000 Fahrzeuge -		
1957	9.786	6.460	3.024	47	255
1964	17.113	8.305	7.284	580	944
1971	26.157	9.666	10.624	3.718	2.149
1978	31.917	10.320	11.321	5.976	4.300
1985	32.047	9.263	10.577	7.603	4.604
1989	35.930	7.807	13.717	9.052	5.354
			- Anteil in % -		
1957	100	66,0	30,9	0,5	2,6
1964	100	48,5	42,6	3,4	5,5
1971	100	37,0	40,6	14,2	8,2
1978	100	32,3	35,5	18,7	13,5
1985	100	28,9	33,0	23,7	14,4
1989	100	21,7	38,2	25,2	14,9

(Hild 1986: 52; Verband der Automobilindustrie 1990)

Tabelle V-3

PKW-Neuzulassungen in Deutschland, Frankreich, Italien, dem Vereinigten Königreich und Spanien 1979 bis 1990 (Index 1979 = 100):

Land	1980	1982	1984	1986	1987	1988	1989	1990
BRD	92,5	82,2	91,3	107,9	111,1	107,0	107,9	115,9
F	94,8	104,1	88,9	96,7	106,5	112,1	115,1	116,8
I	113,0	136,6	117,6	132,5	145,5	157,6	167,9	170,1
UK	88,2	90,6	101,9	109,7	117,3	129,1	134,1	117,1
SP	92,5	86,3	84,1	111,0	150,0	170,2	183,4	158,3

(Verband der Automobilindustrie 1980, 1982, 1985, 1987, 1989, 1991)

Tabelle V-4

PKW-Produktion in Deutschland, Frankreich, Italien, dem Vereinigten Königreich und Spanien 1979 bis 1990 (Index 1979 = 100):

Land	1980	1982	1984	1986	1987	1988	1989	1990
BRD	89,5	95,7	96,4	109,6	111,2	110,5	116,1	122,4
F	91,3	86,2	84,3	86,1	94,8	100,1	105,6	102,3
I	97,6	87,6	97,2	111,6	115,7	127,2	132,4	126,6
UK	89,6	82,9	84,9	95,2	106,8	114,6	121,4	121,0
SP	106,5	96,0	121,9	132,7	145,2	155,1	169,7	173,9

(Verband der Automobilindustrie 1980, 1982, 1985, 1987, 1989, 1991)

Tabelle V-5

Anteil der PKW-Exporte an der PKW-Produktion Deutschlands, Frankreichs, Italiens, des Vereinigten Königreichs und Spaniens 1979 bis 1989:

Land	1979	1980	1982	1984	1986	1987	1988	1989
BRD								
Gesamt-Export	50,8	53,2	58,3	58,9	58,5	56,1	57,7	59,6
EG-Export	28,0			33,4	33,6			39,7
F								
Gesamt-Export	52,7	52,1	52,7	56,4	55,9	55,1	56,8	55,7
EG-Export	34,2			27,0	42,7			44,6
I								
Gesamt-Export	43,7	35,4	33,7	33,4	36,5	37,4	36,4	35,2
EG-Export	25,9			24,1	28,7			29,5
UK								
Gesamt-Export	38,3	37,5	35,3	24,1	19,8	21,4	21,3	26,1
EG-Export	13,0			9,5	13,4			19,1
SP								
Gesamt-Export	43,9	45,7	52,9	60,1	56,2	53,8	53,3	58,0
EG-Export	38,2			54,8	52,5			54,8

(Verband der Automobilindustrie 1980, 1982, 1985, 1987, 1989, 1990)

Tabelle V-6
Struktur des europäischen Automobilmarktes 1986:

	Verkäufe in Westeuropa			Exporte in Länder außer- halb der Gemeinschaft	
	Fahrzeuge in 1.000	auf dem Inlandsmarkt %	Anteil am EG-Markt %	Fahrzeuge in 1.000	% der Verkäufe inner- halb der Gemeinschaft
Volkswagen/Audi/Seat	1.687	53	14,6	378	22,4
Fiat/Alfa	1.625	67	14,1	16	1,0
Ford	1.352	33(1)	11,7	35(1)	2,6
PSA	1.318	49	11,4	146	11,1
GM	1.260	45(2)	10,9	22(2)	1,7
Renault	1.225	57	10,6	110	9,0
Austin-Rover	408	73	3,5	11	2,7

(Emerson 1988: 77)

Tabelle V-7
Produktionsanteile der Standorte der PKW-Hersteller in Europa 1990:

Produzent	BRD	F	B	I	UK	P	SP	Inlands-produktion
Volkswagen-Gruppe	74,2		7,9				18,0	74,2
Fiat-Gruppe				100,0				100,0
Ford	37,5		21,2		20,8		20,5	
PSA		83,7			4,9	0,5	10,8	83,7
General Motors	49,9		18,9		12,4	0,5	18,3	
Renault		74,0	9,7			2,1	14,3	74,0
Austin-Rover					100,0			100,0

(Verband der Automobilindustrie 1991)

Tabelle V-8
Differenzen in der Fertigungszeit, den Arbeits- und Gemeinkosten
der Fiesta-Produktion in den europäischen Ford-Standorten 1989-1991:

Standort	Fertigungszeit in Std.			Arbeits- und Gemeinkosten in us $
	1989	1990	1991	1991
UK	59,4	52,2	40,0	1.344
BRD	33,5	29,9	28,5	1.084
SP	35,0	33,3	34,1	912

(KStA 27.12.1991)

404

Tabelle V-9

Veränderung der Beschäftigung und Produktion in der Automobilindustrie
1981 bis 1988:

| Land | Arbeitnehmer in Tsd. | | Veränderung | Veränderung der |
	1981	1988	1981-88 in %	Produktion 1981-88 in %
Belgien	51	56	+ 8,4	+ 37,6
BRD	726(1)	803(2)	+ 10,6(4)	+ 19,5
F	502	363(2)	− 27,7(3)	+ 15,7(3)
I	147	124	− 15,6	+ 33,4
UK	361	267	− 26,0	+ 30,5
SP	109	99	− 9,2	+ 266,4
Kanada	107	154	+ 43,9	+ 49,9
USA	789	857	+ 8,6	+ 41,2
Japan	601	701	+ 16,6	+ 13,6
Südkorea	308(5)	344	+ 11,7(6)	+ 390,5(6)

(1) 1980, (2) 1987, (3) 1987/81, (4) 1987/80, (5) 1983, (6) 1988/83
(Internationaler Metallgewerkschaftsbund 1990: 39, Asociacion 1990: 43)

Tabelle V-10

Entwicklung von Belegschaft und Produktion internationaler
Automobilhersteller 1978-1986:

| Hersteller | Belegschaft in Tsd. | | Produktion in Tsd. | |
	1978	1986	1978	1986
GM Europa	126	123	1.150	1.447
Ford Europa	150(1)	112	1.546(1)	1.577
Fiat Auto	131	79	1.325	1.525
Renault				
Inland	166(2)	137	1.713(2)	1.537
Peugeot S.A.	164	135	1.596	1.619
Volkswagen AG	108	132	1.439	1.509

(Handelsblatt 31.05.1988)

Tabelle V-11

Produktion und Beschäftigung der Volkswagen AG, des Standortes Wolfsburg und der SEAT S.A. 1986–1991:

Jahr	Volkswagen AG (Inland)		Volkswagen Wolfsburg(1)		SEAT S.A.	
	Produktion –in 1.000–	Belegschaft (2)	Produktion –in 1.000–	Belegschaft	Produktion –in 1.000–	Belegschaft
1986	1.509	126.354	889	40.007	339	23.591
1987	1.474	129.028	861	38.940	406	24.895
1988	1.453	125.679	862	37.801	433	25.286
1989	1.548	123.991	886	37.177	474	25.426
1990	1.598	127.062	874	34.825	505	24.694
1991	1.576	122.477(3)			552	28.666

(1) Belegschaft ohne Angestellte der Konzernverwaltung, (2) Belegschaft ohne Auszubildende,
(3) Subtraktion der gleichen Anzahl von Auszubildenden wie 1990

(Geschäftsberichte Volkswagen 1986–1991, Sonderausgabe VW Wolfsburg 1991: 19)

406

Tabelle V-12

Umsatz pro KFZ der Marke Volkswagen, SEAT und AUDI 1975–1990:

Jahr	Volkswagen	SEAT	AUDI
1975	15.550		15.889
1980	18.788		19.908
1986	20.608	11.007	27.222
1987	20.406	10.698	25.629
1988	20.672	11.309	24.594
1989	20.861	11.672	25.843
1990	20.913	10.857	25.254

Berechnung: Umsatzerlöse/abgesetzte KFZ. Die Umsatzerlöse der Marken wurden um die Inflationsraten bereinigt.
(Geschäftsberichte Volkswagen AG, Verband der Automobilindustrie 1990: 354)

Tabelle V-13

Produktion und Umsatzerlöse des Volkswagenkonzerns nach Kontinenten 1977-1991 in %:

		1977	1980	1985	1987	1988	1989	1990	1991
BRD	Produktion	70,3	58,2	68,2	60,1	59,5	60,5	59,4	58,0
	Umsatz	40,2	35,6	30,8	41,3	38,3	36,2	39,6	47,6
sonstiges Europa	Produktion	5,2	4,8	8,1	23,3	22,7	23,6	24,4	27,9
	Umsatz	22,6	25,6	24,1	34,2	38,2	40,7	39,2	35,2
Nord-amerika	Produktion	—	8,8	4,1	2,4	1,3	—	—	—
	Umsatz	18,3	18,8	27,2	12,6	9,8	8,2	7,7	5,2
Süd-amerika	Produktion	23,6	26,7	19,9	14,1	15,3	15,1	15,8	16,0
	Umsatz	15,8	16,5	13,8	6,9	7,9	8,6	8,2	7,5
Afrika	Produktion	2,6	3,4	2,1	1,7	2,2	2,1	1,7	1,6
	Umsatz	1,4	2,6	2,5	2,0	2,7	2,6	2,0	2,0
Asien/ Ozeanien	Produktion	—	—	0,1	0,4	0,6	0,5	0,6	1,1
	Umsatz	1,7	0,9	1,6	3,0	3,1	3,7	3,3	2,5

(diverse Geschäftsberichte Volkswagen AG)

408

Tabelle V-14

Anteil der spanischen Polo-Produktion an der SEAT-
Gesamtproduktion 1984-1991:

Jahr	SEAT-Produktion	Polo-Produktion	Anteil der Poloproduktion in %
1984	255.324	53.483	20,9
1985	295.928	95.307	32,2
1986	318.303	106.663	33,5
1987	406.391	131.240	32,3
1988	433.482	105.745	24,4
1989	474.149	124.115	26,2
1990	505.379	143.750	28,4
1991	552.210	191.700	34,7

(Geschäftsberichte Volkswagen 1984-1991)

Tabelle V-15

Jährliche KFZ-Produktion pro Arbeitnehmer bei Volkswagen Wolfsburg,
im Teilkonzern SEAT und bei AUDI 1986-1991:

Jahr	VW-Wolfsburg (1)	VW-Wolfsburg (2)	SEAT	AUDI
1986	13,9	22,0	14,4	10,4
1987	13,8	22,1	16,3	11,6
1988	14,3	22,8	17,1	11,9
1989	14,9	23,8	18,7	12,6
1990	14,9	25,1	20,5	12,1
1991	12,9(3)		19,3	12,6

(1) Gesamtbelegschaft Wolfsburg, (2) Belegschaft Wolfsburg ohne
Konzernverwaltung, (3) Produktion und Belegschaft aller inländischen
VW-Standorte
(Volkswagen und Audi Geschäftsberichte 1986-1991; Sonderausgabe VW-
Wolfsburg 1991: 19)

Tabelle VII-1

Ergebnisse der Betriebsratswahlen bei der Volkswagen AG für die Industriegewerkschaft Metall 1972-1990 (in %):

Gruppe der Arbeiter

	1972	1975	1978	1981	1984	1987	1990
Wolfsburg	75,1	74,1	76,7	78,1	83,2	90,2	88,8
Hannover	69,9	68,9	71,6	83,1	86,6	89,6	88,1
Braunschweig	80,8	82,0	100,0	86,2	90,1	100,0	94,6
Kassel	73,9	78,3	79,7	83,5	86,0	90,6	89,3
Emden	98,0	100,0	100,0	83,5	88,2	100,0	93,3
Salzgitter	80,4	71,4	77,2	82,9	80,8	89,4	84,0

Gruppe der Angestellten

	1972	1975	1978	1981	1984	1987	1990
Wolfsburg	62,3	66,1	66,1	70,1	73,6	75,3	78,9
Hannover	83,7	100,0	100,0	100,0	100,0	100,0	82,2
Braunschweig	81,5	100,0	100,0	100,0	100,0	100,0	100,0
Kassel	59,5	61,5	51,6	68,9	72,3	77,3	78,5
Emden	78,1	100,0	100,0	100,0	100,0	100,0	100,0
Salzgitter	100,0	100,0	100,0	44,1	76,3	80,5	81,3

(Gesamtbetriebsrat 1991)

Tabelle VII-2

Ergebnisse der Betriebskomiteewahlen im Bereich des Seat-Teilkonzerns 1990:

Unternehmensbereich	UGT	CC.OO.	CGT	C.C.	LAB	Andere	Gesamt
Barcelona Z.F.	25	17	11	2			55
Martorell Fabrik	5	3	1				6
Martorell F&E	11	6		2		2	21
Martorell A.C.R.	7	4	2				13
Pamplona	7	6	2	1	7	1	27
Madrid	3	2					5
Sevilla	1	4					5
Valladolid	3						3
Bilbao						1	1
Valencia	1						1
La Coruna	1						1
Total							141

(Seat-Daten 1991)

Tabelle VII-3

Gewerkschaftlicher Organisationsgrad der Seat-Standorte April 1991
(Unternehmensdaten aufgrund vorliegender Einzugsermächtigungen):

Standort	UGT		CCOO		CGT		CC		Durchschnittl.
	absolut	%	absolut	%	absolut	%	absolut	%	Org.-grad
Barcelona	6.016	35,9	4.144	24,8	750	4,5	110	0,7	65,9
Martorell	142	25,5	49	8,8	9	1,6			35,9
Martorell F&E	307	37,5	145	17,7	6	0,7	11	1,3	57,2
Ersatzteile	147	40,8	105	29,2	20	5,6	2	0,6	76,2
Pamplona	1.487	36,7	877	21,7			108	2,7	61,1
Übrige	11	6,1	5	2,8					8,9
Total	8.110	35,7	5.325	23,5	785	3,5	231	1,0	63,7

(Seat-Daten 1991)

Tabelle VII-4

Ergebnisse der Wahlen zum Betriebskomitee Seat-Barcelona 1980-1990:

Jahr	UGT	CC.OO.	CGT	C.C.	CSUT	CUT	USO	SITA	Unabhängige
1980	30	24		5	5				3
1982	24	19		4		4	2		
1984	18	25		3		4	2	1	
1986	18	23	5	3					
1988	16	15	17	5					
1990	25	17	11	2					

CGT seit 1986 in CNT umbenannt.

(Union General de Trabajadores Seccion Sindical 1991)

Tabelle VII-5

**Entwicklung der Tarifeinkommen bei Seat und der
spanischen Automobilindustrie im Vergleich mit
der Inflationsrate 1984-1989 (1984 = 100):**

Jahr	Seat	Autoindustrie	Inflation
1984	100,0	100,0	100,0
1987	122,9	123.1	122,6
1989	143,3	139,2	138,6

(Seat Convenio Colectivo 1984-86, 1987-88, 1989-90,
Ministerio de Trabajo y Seguridad Social 1985, 1988,
1989, Banco de Espana 1991)

11. Literaturverzeichnis

Abendroth, Wolfgang, Europäische Integration und demokratische Legitimation, In: Aussenpolitik H.10, 1952, S.623-634

Adams, Rudi, Fragen der Mitbestimmung in der Europäischen Aktiengesellschaft. In: Sozial- und Gesellschaftspolitik in der Europäischen Gemeinschaft, Bonn 1973, S.75-81

Adamy, Wilhelm, Soziale Grundrechte in der Europäischen Gemeinschaft -Zwischen leeren Versprechungen und sozialem Fortschritt-. In: wsi-mitteilungen 10-1989, S.550-566

Adamy, Wilhelm; Bosch, Gerhard, Arbeitsmarkt. In: Kittner, Michael (Hg.), Gewerkschafts-Jahrbuch 1990, Köln 1990

Aguila, Rafael del; Montero, Ricardo, El discurso política de la transición espanola, Madrid 1984

Aguilar, Salvador; Jordana, Jacint, L'organització de treballadors i empresaris en la transició política espanyola. In: Perspectiva Social 28, Bacelona 1989, Institut Católic D'estudis Socials de Barcelona, S.7-29

Alemann, Ulrich von, Auf dem Weg zum industriellen Korporatismus? In: Gewerkschaftliche Monatshefte 1979, S.552-563

Alex, Ralph, Mein lieber Schieber. In: auto motor sport Magazin 8-1991, S.195f.

Altmann, Norbert u.a., Grenzen neuer Arbeitsformen, Frankfurt a.M./New York 1982

Altmann, Norbert u.a., Ein "Neuer Rationalisierungstyp" - neue Anforderungen an die Industriesoziologie. In: Soziale Welt 1986, H.2-3, S.191-207

Altvater, Elmar, Multinationale Konzerne und Arbeiterklasse. In: Tudyka, Kurt P. (Hg.), Multinationale Konzerne und Gewerkschaftsstrategie, Hamburg 1974, S.79-104

Amsden, Jon, Collective bargaining and class conflict in Spain, London 1971

Aparicio Pérez, Miguel A., Aspectos políticos del sindicalismo espanol de posguerra. In: Sistema Nr.13, 1976, S.55-76

Arbeitsgruppensitzungen des Europäischen Metallgewerkschaftsbundes: Maschinenbau, Phillips, Airbus Industries Juni-August 1990

Armingeon, Klaus, Die doppelte Herausforderung der europäischen Gewerkschaften. In: Gewerkschaftliche Monatshefte 6-1991, S.371-381

Arrighi, Giovanni, Semiperipheral Development. the Politics of Southern Europe in the Twentieth Century, Beverly Hills, New Delhi, London 1985

Arrow, Kenneth J., Social Choice and Individual Values, New Haven, London 1970

Asociacion Espanola de Fabricantes de Automoviles, Camiones, Tractores y sus Motores, Memoria 1989, Madrid 1990

Deutsche Auslandsinvestitionen und ausländische Investitionen in Deutschland im Jahr 1984. In: Informationen über Multinationale Konzerne 3-1985, S.30

US Automobile Exports to Europe. In: International Motor Business, London, July 1988, S.34-40

Automobilindustrie: Industrielle Anpassung und Veränderung der Beschäftigung. In: Soziales Europa, Mai 1984, Nr.1, S.64-70

Automobilproduktion - Sonderausgabe VW Wolfsburg, Landsberg 1991

La Automoción: un sector clave en crisis. In: Información. La Revista Economica de Vizcaya, Nr. 1355, Bilbao 1981, S.2-19

Axelrod, Robert, Die Evolution der Kooperation. München 1987

BAG Urteil vom 5.3.1985 - 1 AZR 468-83 Zur Zulässigkeit von Sympathiestreiks. In: Arbeit und Recht H.7, Köln 1986, S.220ff.

Banco de Espana, boletín económico, Madrid marzo 1988, febrero 1991

Barnouin, Barbara, Multinationale Konzerne im Rahmen des Wirtschafts- und Sozialrates der Vereinten Nationen. In: wsi-mitteilungen 4-1975, S.194-197

Barnouin, Barbara, The European Labour Movement and European Integration, London 1986

Barrett, Brian; Beishon, John, Approaches to Industrial Relations, Milton Keynes 1976

Bauer, Johann-Paul, Zuständigkeit der Akteure. In: Endruweit, Günter u.a. (Hg.), Handbuch der Arbeitsbeziehungen, Berlin 1985

Bechtold, Hartmut; Kreuder, Thomas, Wie übertragbar ist das japanische Modell? Lean Production und europäische Industriepolitik. In: Blätter für deutsche und internationale Politik 4-1992, S.470-481

413

Beck, Ulrich, Jenseits von Stand und Klasse? In: Kreckel, Reinhard (Hg.), Soziale Ungleichheiten, Soziale Welt Sonderband 2, Göttingen 1983, S.35-74

Beck, Ulrich, Risikogesellschaft. Auf dem Weg in eine andere Moderne, Frankfurt a.M. 1986

Behr, Michael u.a., Akteure im betrieblichen Innovationsprozeß - Belegschaftspartizipation: Ergebnisse eines Forschungsprojektes. In: Die Mitbestimmung 9-1990, S.544-549

Behr, Michael; Pohlmann, Markus, Die Rolle der Betriebsräte im Innovationsprozeß. In: wsi-mitteilungen 4-1991, S.250-258

Bendiner, Burton, Gegenstrategie: Aus der Praxis des Internationalen Metallarbeiterbundes In: Tudyka, Kurt P.(Hg.); Multinationale Konzerne und Gewerkschaftsstrategie, Hamburg 1974, S.216-224

Bendiner, Burton, Der internationale Metallgewerkschaftsbund und die Welt-Automobilausschüsse. In: wsi-mitteilungen 4-1975, S.197-200

Bendiner, Burton, International Labour Affairs, Oxford 1987

Bennett, Douglas; Sharpe, Kenneth E., La industria automotriz mexicana y la política de la promoción de exportaciones. Algunos problemas del control estatal de las empresas transnacionales. In: Fajnzylber, Fernando (Hg.), industrialización e internacionalización en la américa latina, trimestre economico No. 34, Tomo 2, México 1981, S.193-222

Berger, Johannes, Offe, Claus, Functionalism vs. Rational Choice? Some Questions Concerning the Rationality of Choosing One or the Other. In: Theory and Society 11, 1982, S.521-526

Bergmann, Joachim, Organisationsinterne Prozesse in kooperativen Gewerkschaften. In: Leviathan 1973, H.2, S.242-253

Bergmann, Joachim (Hg.), Beiträge zur Soziologie der Gewerkschaften, Frankfurt 1979

Bergmann, Joachim; Jacobi, Otto; Müller-Jentsch, Walther, Gewerkschaften in der Bundesrepublik, Gewerkschaftliche Lohnpolitik zwischen Mitgliederinteressen und ökonomischen Systemzwängen, Frankfurt 1975

Bergmann, Leopold, Multinationale Unternehmen und Gewerkschaften: Beiträge zu einer Theorie der internationalen Arbeitsbeziehungen. In: Narr, Wolf-Dieter (Hg.), Politik und Ökonomie - autonome Handlungsmöglichkeiten des politischen Systems, PVS Sonderheft 6, Opladen 1975, S.191-214

Bernecker, Walther L., Spanien. In: Mielke, Siegfried (Hg.), Internationales Gewerkschaftshandbuch, Opladen 1983, S.1022-1035

Bernecker, Walther L., Spaniens Geschichte seit dem Bürgerkrieg, München 1984

Bernecker, Walther L., Sozialgeschichte Spaniens im 19. und 20. Jahrhundert, Frankfurt a.M. 1990

Betriebsrat VW-Kassel, Pressemitteilung: Mihr fordert: Europäischer Gesamtbetriebsrat bei VW, Kassel 16.02.1988

Beyme, Klaus von, Gewerkschaften und Arbeitsbeziehungen in kapitalistischen Ländern, München 1977

Beyme, Klaus von, Der Neokorporatismus - Neuer Wein in alte Schläuche? In: Geschichte und Gesellschaft 10, Göttingen 1984, S.211-233

Beyme, Klaus von, Staat. In: Endruweit, Günter u.a. (Hg.), Handbuch der Arbeitsbeziehungen, Berlin 1985, S.109-117

Biel, Jörn, Multinationale Unternehmen, Probleme und Kontrolle auf internationaler, regionaler und nationaler Ebene, München 1979

Birg, Herwig, Die demographische Zeitenwende. In: Spektrum der Wissenschaft 1-1989, S.40-49

Biskup, Reinhold u.a., Spanien und die europäische Gemeinschaft, Bern 1982

Bispinck, Reinhard, Tarifpolitik und Arbeitskämpfe 1989. In: Kittner, Michael (Hg.), GewerkschaftsJahrbuch 1990, Köln 1990, S.75-125

Bispinck, Reinhard, Tarifbewegungen im Jahr 1989 - Bescheidener Anstieg der Tarifeinkommen - weitere Verkürzung der Wochenarbeitszeit. In: wsi-mitteilungen 3-1990a, S.126-146

Bispinck, Reinhard, Tarifbewegungen im 1. Halbjahr 1990 - Durchbruch zur 35-Stunden-Woche und Beginn der Tarifpolitik in der DDR -. In: wsi-mitteilungen 9-1990b, S.546-563

Bispinck, Reinhard, Tarifpolitik und Arbeitskämpfe 1990. In: Kittner, Michael (Hg.), GewerkschaftsJahrbuch 1991, Köln 1991, S.90-156

Blanchard, O.; Dornbusch, R.; Layard, R., Restoring Europes Prosperity. Macroeconomic Papers from the Centre for European Policy Studies, Cambridge-Mass., London 1986

414

Blank, Michael; Köppen, Margit, Europäischer Binnenmarkt. In: Kittner, Michael (Hg.), GewerkschaftsJahrbuch 1990, Köln 1990, S.607-628

Blau, Peter M., The Dynamics of Bureaucracy, A Study of Interpersonal Relationsship in Two Government Agencies, London 1973, revised edition

Blau, Peter M., Microprocess and Macrostructure. In: Cook, Karen S. (Ed.), Social Exchange Theory, Newbury Park 1987, S.83-100

Bobke, Manfred H., Die Europäische Sozialcharta und das Streikrecht in der Bundesrepublik - Bericht über die 46. Sitzung des Regierungsausschusses der ESC vom 10.-13.2.1987 in Straßburg. In: wsi-mitteilungen 4-1987, S.246f.

Bochum, Ulrich; Meißner, Heinz-Rudolf, Ende des Autobooms?, Berlin 1988

Bochum, Ulrich; Meißner, Heinz-Rudolf, Das euro-flexible Unternehmen. Produktionsverflechtung, Logistiksysteme und neue Standorte im Binnenmarkt. In: Steinkühler, Franz (Hg.), Europa 92, Hamburg 1989, S.81-107

Bösche, Burchard; Grimberg, Herbert, Standards setzen für betriebliche Leistungen. Plädoyer für neue Akzente einer Betriebsvereinbarungspolitik. In: Die Mitbestimmung 8/9-1991, S.614-617

Bomers, Gerard; Peterson, Richard B., Multinational Corporations and Industrial Relations: The Case of West Germany and the Netherlands. In: British Journal of Industrial Relations Vol.15, No.1, London 1977, S.45-62

Bomers, Gerard, Gewerkschaftsstrategien in multinationalen Unternehmen. In: Gewerkschaftsreport Nr.8, 1980, S.16ff.

Bosch, Gerhard, Arbeitszeiten in Europa. In: wsi-mitteilungen 10-1989, S.631-639

Bosch, Gerhard, Betriebszeiten im internationalen Vergleich. In: wsi-mitteilungen 6-1991, S.337-345

Boudon, Raymond, Widersprüche sozialen Handelns, Darmstadt 1979

Boudon, Raymond, The Logic of Relative Frustration. In: Elster, Jon (Hg.), Rational Choice, Oxford 1986, S.172-196

Brandt, Gerhard, Zwischen Charisma und Routine. Das Dilemma der Gewerkschaften. In: Soziologische Revue, Sonderheft 1, Jg. 7, 1984, S.49-56

Braun, F., Die EG in der Weltwirtschaft, o.O. 1986

Braun, Walter, Möglichkeiten und Problematik einer Politik der Europäischen Gemeinschaft gegenüber den Multinationalen Konzernen. In: wsi-mitteilungen 4-1975, S.188-191

Braun, Walter, Die Multinationalen - ein inzwischen vergessenes Problem? In: Gewerkschaftliche Monatshefte 6-1978, S.349-355

Breidenstein, Gerhard, Führt 'internationale Arbeitsteilung' zu struktureller Arbeitslosigkeit? In: IZ3W, Nr. 52, S.18-21

Breit, Ernst (Hg.), Für ein soziales Europa. Binnenmarkt '92, Köln 1989

Breitschwerdt, Werner, Technologischer Wandel - Die Automobilindustrie auf dem Weg in ihr zweites Jahrhundert. In: Deutscher Sparkassenverlag (Hg.), Kleiner Wirtschaftsspiegel, h.3, 1987, S.5-11

Bretano, Lujo (Hg.), Arbeitseinstellung und Fortbildung des Arbeitsvertrags, Leipzig 1890

Bretano, Lujo, Gewerkvereine. In: Handwörterbuch der Staatswissenschaften, Band IV, 3. Auflage, Jena 1909, S.1106-1119

Briefs, Ulrich, Betriebliche Mitbestimmung als ein Kontrollinstrument gegenüber Multinationalen Konzernen. In: wsi-mitteilungen 4-1975, S.206-209

Brierley, William (Hg.), Trade Unions and the Economic Crisis of the 1980s, Aldershot 1987

Broseta Pont, Manuel, La integración de Espana en el Mercado Común: Requisitos y obstáculos políticos y constitucionales. In: Sistema 5, 1974, S.69-92

Brüske, Hans-Günther, Der Wirtschafts- und Sozialausschuss der Europäischen Gemeinschaften, o.O. 1979

Brumlop, Eva, Arbeitsbewertung bei flexiblem Personaleinsatz: Das Beispiel Volkswagen AG, Frankfurt a.M. 1986

Brumlop, Eva, Erweiterte Spielräume für Politik? Kritische Anmerkungen zur Diskussion um "Neue Produktionskonzepte". In: Abromeit, Heidrung; Blanke, Bernhard (Hg.), Arbeitsmarkt, Arbeitsbeziehungen und Politik in den 80er Jahren, Leviathan Sonderheft 8-1987, Opladen 1987, S.243-252

Brumlop, Eva; Jürgens, Ulrich, Rationalisation and Industrial Relations: a Case Study of Volkswagen. In: Jacobi, Otto u.a. (Hrg.), Technological Change, Rationalisation and Industrial Relations, New York 1986; S.73-94

415

Buckley, Peter J.; Artisien, F.R. Patrick, Die Multinationalen Unternehmen und der Arbeits-
markt, New York 1986
Büschges, Günter (Hg.), Organisation und Herrschaft. Klassische und moderne Studientexte
zur sozialwissenschaftlichen Organisationstheorie, Reinbek bei Hamburg 1976
Büschges, Günter, Einführung in die Organisationssoziologie, Stuttgart 1983
Buigues, P. u.a., Industrieller Strukturwandel im europäischen Binnenmarkt: Anpassungsbe-
darf in den Mitgliedsstaaten, Brüssel 1990
Bulmer, Simon, Domestic Politics and EG Policy Making. In: Journal of Common Market
Studies, Vol.21, Oxford, S.349-363
Bulmer, Simon; Paterson, William, The Federal Republic of Germany and the European Com-
munity, London 1987
Bundesministerium für Wirtschaft (Hg.), Leistungen in Zahlen, Bonn 1988
Bundesministerium für Wirtschaft, Die Vollendung des Europäischen Binnenmarktes 1992.
Chance und Herausforderung, Bonn 1989
Bundesministerium für Wirtschaft, ABC der Europäischen Gemeinschaften, Bonn 1989a
Burns, T.; Meeker, L.D., Structural Properties and Resolutions of the Prisoner's Dilemma Ga-
me. In: Rapoport, Anatol (Hg.), Game Theory as a Theory of Conflict Resolution, Dor-
drecht, Boston 1974, S.35-62
Busch, Klaus, Die Krise der Europäischen Gemeinschaft, Köln, Frankfurt a.M. 1978
Busch, Klaus, Der Binnenmarkt, die Entwicklung der Arbeitsteilung in der BRD mit den EG-
Staaten und die Probleme der Gewerkschaften. In: Die Mitbestimmung, 11-1988, S.647-
651
Busch, Klaus, Umbruch in Europa. Die ökonomischen, ökologischen und sozialen Perspektiven des einheitlichen Binnenmarktes, Köln 1991

Caprile, Mario, Los sectores fabricantes de automobiles y componentes en el marco de la
nueva ordenación del mercado. In: Información Comercial Espanola, Revista de Eco-
nomia No. 563, 7-1980, S.139-143
Casserini, Karl, Kontrolle der Multinationalen Konzerne - Gewerkschaftliches Vorgehen bei
internationalen Organisationen, In: wsi-mitteilungen 4-1975, S.185-188
Castano Collado, Cecilia, La Industria del Automovil en Espana: Efectos de los Procesos de
Cambio Tecnologico sobre las Condiciones del Mercado de Trabajo, Madrid 1985
Castano Collado, Cecilia; Cortés, Gonzalo, Evolución del sector del automovil en Espana. In:
Información Comercial Espanola, Revista de Economia No. 563, 7-1980, S.145-157
Cecchini, Paolo, Europa 92. Der Vorteil des Binnenmarktes, Baden-Baden 1988
Clement, Rainer, Effizienzvorteile und Voraussetzungen der Binnenmarktliberalisierung. In:
Wirtschaftsdienst 1988, Nr. 8, S.424-428
Coleman, James S., Collective Decisions. In: Sociological Inquiry Jg.34, 1963, Omalia, Ne-
braska, S.166-181
Coleman, James S., Inequality, Sociology and Moral Philosophy. In: American Journal of
Sociology, Vol. 80.1., 1974/75, S.739-764
Coleman, James S., Macht und Gesellschaftsstruktur, Tübingen 1979
Coleman, James S., Systems of trust. In: Angewandte Sozialforschung H.3, Jg.10, 1982, Wien,
S.277-307
Coleman, James S., Individual Interests and Collective Action. Selected Essays, Cam-
bridge/Mass. 1986
Coleman, James S., Free Riders and Zealots. In: Cook, Karen S. (Ed.), Exchange Theory, Ne-
wbury Park 1987, S.59-82
Comisiones Obreras, Estatutos, Madrid 1988
Comisiones Obreras, IV. Congreso Confederacion Sindical de CC.OO. Documentos Aproba-
dos, Madrid 1988a
Comisiones Obreras Nacional de Catalunya, IVCongreso CONC Octubre/Noviembre 1987
Ponencias. In: Lluita Obrera Junio 1987, No 75, Barcelona
Comisiones Obreras Nacional de Catalunya, Estatutos, Barcelona 1988
Comisiones Obreras Nacional de Catalunya, IV Congreso CONC Documentos Aprobados. In:
Lluita Obrera No 87, Enero 1989, Barcelona
Comisiones Obrearas Nacional de Catalunya, Seminari internacional sobre el Toyotisme i les
noves formes d'organitzacio del Treball del 10 al 13 d'abril en Torrebonica, Barcelona
1991

416

Committee for Study of Economic and Monetary Union, Report on economic and monetary union in the European Community, Brüssel 1989

Constitución Espanola, Madrid 1990

Convenios Colectivos SEAT der Jahre: 1984-86, 1987-88, 1989-90, 1991-93, Barcelona

Cox, Robert W., Gewerkschaften und multinationale Konzerne. In: Aus Politik und Zeitgeschichte, H.35/36, 1976

Craig, Alton W.J., A Framework for the Analysis of Industrial Relations Systems. In: Barrett, Brian u.a. (Eds.), Industrial Relations and the Wider Society, London 1975, S.8-20

Crijns, Leo, Leitlinien einer modernen Sozial- und Gesellschaftspolitik in der EG. In: Sozial- und Gesellschaftspolitik in der Europäischen Gemeinschaft, Bonn 1973, S.25-38

Crouch, Colin, The Changing Role of the State in Industrial Relations in Western Europe. In: Crouch, Colin; Pizzorno, Allessandro (Eds.), The resurgence of class conflict in Western Europe since 1968, Band 2, London 1978, S.197-220

Czada, Roland, Bestimmungsfaktoren und Genese politischer Gewerkschaftseinbindung. In: Schmidt, Manfred G. (Hg.), Staatstätigkeit, Politische Vierteljahresschrift, Sonderheft 19, 1988, S.178-195

Däubler, Wolfgang, Das Grundrecht auf Mitbestimmung, Frankfurt 1973

Däubler, Wolfgang, Multinationale Konzerne und kollektives Arbeitsrecht - Kontrolle durch gewerkschaftliche Gegenmacht? In: ders.; Wohlmuth, Karl (Hg.), Transnationale Konzerne und Weltwirtschaftsordnung, Baden-Baden 1978, S.201-236

Däubler, Wolfgang, Arbeitsbeziehungen in Spanien, Frankfurt/Main 1982

Däubler, Wolfgang, Internationales Arbeitsrecht - Hoffnungsträger für die Gewerkschaften?. In: wsi-mitteilungen 4-1987, S.186-197

Däubler, Wolfgang, Europäischer Binnenmarkt und Gewerkschaftspolitik. In: Gewerkschaftliche Monatshefte 8-1988, S.459-466

Däubler, Wolfgang, Sozialraum Europa. Dumping oder sozialer Fortschritt? In: Steinkühler, Franz (Hg.), Europa 92, Hamburg 1989, S.145-155

Däubler, Wolfgang, Mitbestimmung - ein Thema für Europa? In: Kritische Justiz, H. 1, Baden-Baden 1990, S.14-30

Däubler, Wolfgang; Lecher, Wolfgang (Hg.), Die Gewerkschaften in den 12 EG-Ländern. Europäische Integration und Gewerkschaftsbewegung, Köln 1991

Däubler, Wolfgang; Schulze, Eva, Information im Multinationalen Konzern. In: Brehm, Horst; Pohl, Gerd, Interessenvertretung durch Information, Köln 1978, S.46-67

Davies, Robert J , Industrial Relations and the multinational corporation - an international perspective. In: The Labour Gazette Ottawa, November 1976, S.576-581

Demes, Helmut, Nicht euphorisch, sondern nachdenklich - die Debatte um Lean-Production in Japan. In: Die Mitbestimmung 4-1992, S.44f.

Departamento de Investigaciones Sociales FIES-Fundacion, Representatividad y Organizacion de CC.OO. y UGT: Una Comparacion Europea, Madrid 1985

Department of Economic and Social Affairs UN, Uno-Bericht: Multinationale Konzerne in der Weltentwicklung. In: epd-Dokumentation 28-1974, S.4-9

Deppe, Frank (Hg.), Europäische Wirtschaftsgemeinschaft (EWG). Zur politischen Ökonomie der westeuropäischen Integration, Reinbeck bei Hamburg 1975

Deppe, Frank, Zur Diskussion über die Entwicklung der Arbeitgeber-Arbeitnehmerbeziehungen in der EG unter dem Einfluß des "Binnenmarktes '92". Vorläufige Informationen und Überlegungen. FEG Arbeitspapier Nr. 1, Marburg 1990

Deppe, Frank; Huffschmied, Jörg; Weiner, Klaus-Peter (Hrsg.), 1992 - Projekt Europa. Politik und Ökonomie in der Europäischen Gemeinschaft, Köln 1989

Deutsche Bundesbank (Hg.), Internationale Organisationen und Abkommen im Bereich von Währung und Wirtschaft, Sonderdruck der Deutschen Bundesbank Nr. 3, Frankfurt/Main 1986

Deutsche Bundesbank, Devisenkurse an der Frankfurter Börse. In: Statistische Beihefte Reihe 5, 11-1990, Nr. 4, S.8f.

Deutscher Gewerkschaftsbund-Bildungswerk, Aktionsbuch 1988, o.O.

Deutscher Gewerkschaftsbund-Bundesvorstand, Diskussionsentwurf des DGB zu Sozialen Grundrechten in der Europäischen Gemeinschaft, Düsseldorf 1989

Deutscher Gewerkschaftsbund, EG '92 - grenzenloser Wettbewerb oder sozialer Lebensraum. Sonderheft Europäische Sozialpolitik. Der Streit um soziale Grundrechte in Europa. Düsseldorf 1990

Dicke, Hugo u.a., EG-Politik auf dem Prüfstand - Wirkungen auf Wachstum und Strukturwandel in der Bundesrepublik, Tübingen 1987

Diekhof, Rolf, Der Spielraum wird eng. In: manager-magazin 10-1981, S.40-44

Diekhof, Rolf, "Wir müssen bei Null anfangen". In: manager-magazin 10-1981a, S.46-53

Diekhof, Rolf, Unternehmen Volkswagenwerk: Die Tücken des Systems. In: manager-magazin 11-1982, S.36-43

Diekmann, Achim, Die Automobilindustrie in Deutschland, Köln 1984

Diergarten, Eckhard, Umrisse einer europäischen Politik des sozialen Fortschritts und der Solidarität. In: Die Mitbestimmung 7-1991, S.535

Deutsche Direktinvestitionen im Ausland und österreichische Direktinvestitionen in der BRD. In: Informationen über Multinationale Konzerne 3-1983, S.8-10

Deutsche Direktinvestitionen im Ausland und österreichische Direktinvestitionen in der BRD. In: Informationen über Multinationale Konzerne 2-1986, S.6f.

Doehring, Johannes, Möglichkeiten und Grenzen der Harmonisierung der Sozialpolitik in der Europäischen Gemeinschaft. In: Sozial- und Gesellschaftspolitik in der Europäischen Gemeinschaft, Bonn 1973, S.83-92

Dohse, Knuth, Konzern, Kontrolle, Arbeitsprozeß; Überlegungen zum Verhältnis von Konzernzentralen und Konzernbetrieben. In: Prokla 62, 1986 West-Berlin, S.105-119

Dohse, Knuth; Jürgens, Ulrich, Konzernstrategien und internationale Arbeitsteilung in der Automobilindustrie - am Beispiel Ford und General Motors. In: mehr-wert 26, Bremen 1985, S.30-48

Dohse, Knuth; Jürgens, Ulrich; Malsch, Thomas, Fertigungsnache Selbstregulierung oder zentrale Kontrolle - Konzernstrategien im Restrukturierungsprozeß der Automobilindustrie. In: Naschold, Frieder (Hg.), Arbeit und Politik: gesellschaftliche Regulierung der Arbeit und der sozialen Sicherung, Frankfurt/Main 1985, S.49-90

Dolata, Ulrich, Modernisierung und Umprofilierung der Konzernstrukturen in der Automobilindustrie. In: wsi-mitteilungen 1-1990, 43.Jg., S.37-51

Doleschal, Reinhard, Zur internationalen Reorganisation der Produktions- und Absatzkonzepte im Volkswagenkonzern. In: Mehrwert 26, H.9, 1985 Bremen, S.49-66

Doleschal, Reinhard, "Hochzeit" mit 24.000 Opfern. Neue Strategien der Automultis in Brasilien. In: ila. Zeitschrift der Informationsstelle Lateinamerika Nr. 116, Juni 1988, S.6ff.

Doleschal, Reinhard, Just-in-time-Konzepte in der Automobilindustrie - Risiken und Gestaltungschancen. In: Die Mitbestimmung 6-7/1990, S.389-395

Doleschal, Reinhard; Dombois, Rainer (Hg.), Wohin läuft VW? Die Automobilproduktion in der Wirtschaftskrise, Reinbek bei Hamburg 1982

Dombois, Rainer, Massenentlassungen bei VW: Individualisierung der Krise. In: Leviathan, Jg.4, 1976, S.432-464

Dombois, Rainer, Arbeitsplatz Volkswagenwerk, Innerbetriebliche Berufswege und -irrwege angelernter Arbeiter. In: Doleschal, Reinhard; Dombois, Rainer (Hg.), Wohin läuft VW?, Reinbek bei Hamburg 1982, S.122-155

Dombois, Rainer, Beschäftigungspolitik in der Krise. In: Doleschal, Reinhard; Dombois, Rainer (Hg.), Wohin läuft VW, Reinbek bei Hamburg 1982, S.273-290

Dombois, Rainer, Zur vergleichenden Analyse der betrieblichen Nutzung und Verfügung von Arbeitskraft innerhalb eines Konzerns: das Beispiel von VW-Betrieben in der Bundesrepublik und Mexiko, Dortmund 1986 Manuskript

Donges, Jürgen B., The second Enlargement of the European Community, Tübingen 1982

Dunlop, John T., Industrial Relations Systems, New York 1958

Dunlop, John T., Political Systems and Industrial Relations. In: Barrett, Brian u.a. (Eds.), Industrial Relations and the Wider Society, London 1975, S.363-373

Ederer, Brigitte, Einer Weltautomobilindustrie entgegen. In: Informationen über Multinationale Konzerne Nr.4, 1983 Wien, S.8-11

The Effects of West European Integration on Imports of Manufactures from Eastern and Southern Europe. In: UN Economic Commission for Europe, Economic Survey of Europe in 1988-1989, New York 1989, S.64-86

Ehlers, Siegfried, Arbeitnehmer und Gewerkschaften in Südafrika. In: Loderer, Eugen (Hg.), metallgewerkschaften in südafrika, Köln 1983, S.196-200

Eickhof, Norbert, Eine Theorie der Gewerkschaftsentwicklung. Entstehung, Stabilität und Befestigung, Tübingen 1973

Einheitliche Europäische Akte. In: Europa-Recht, München 1990
Die Europäische Einigung. Die Entstehung und Entwicklung der Europäischen Gemeinschaft, Europäische Dokumentation 1-1990
El Pais, El Anuario der Jahre 1984, 1985, 1990, Madrid
Elsner, Wolfram, Die EWG. Herausforderung und Antwort der Gewerkschaften, Köln 1974
Elsner, Wolfram, Die sozialökonomische Lage und ihre Beeinflussung durch die westeuropäische Integration, Berlin 1978
Elsner, Wolfram, Adam Smith`s Model of the Origins and Emergence of Institutions: The Modern Findings of the Classical Approach. In: Journal of Economic Issues 23, 1989, H.1
Elster, Jon, Marxism, Functionalism and Game Theory. The Case for Methodological Individualism. In: Theory and Society 11, No. 4, 1982, S.453-482
Elster, Jon, Drei Kritiken am Klassenbegriff. In: Prokla 58, 1985 West-Berlin, S.63-82
Elster, Jon, Rational Choice, Oxford 1986
Elster, Jon, Subversion der Rationalität, Frankfurt/M. 1987
Emerson, Michael, The Economics of 1992 - An assessment of the potential economic effects of completing the internal market of the European Community. In: European Economy No. 35, March 1988
Endres, Egon, "AUDI-Neckarsulm muß bleiben!" Der Kampf um den Erhalt des Standortes - Ein Fall von 1974/75. In: express 4-1988, S.22f.
Endres, Egon, Ein schwieriger Balanceakt. Die Auseinandersetzung um den Erhalt von AUDI-NSU-Neckarsulm im Jahre 1974-75 und ihre gewerkschaftspolitische Bedeutung. In: Gewerkschaftliche Monatshefte 8-1991, S.516-526
Engelen-Kefer, Ursula, Internationale Beschäftigungspolitik aus gewerkschaftlicher Sicht. In: wsi-mitteilungen 2-1975, S.81-89
Engelen-Kefer, Ursula, Multinationale Konzerne - Herausforderung für die Internationale Arbeitsorganisation. In: wsi-mitteilungen 4-1975a, S.191-194
Engelhardt, Albert, Notwendige Schritte, um "das Abenteuer Europa" bestehen zu können. In: Die Mitbestimmung 7-1991, S.532f
Engelhardt, Werner Wilhelm, Besprechungsaufsatz. Zur Theorie der Gewerkschaftsentwicklung. In: wsi-mitteilungen 12-1974, S.491-502
Erhard, Christian, Die Entwicklung der Gewerkschaften im postfrankistischen Spanien, München 1984
Erklärung der Teilnehmer der Sitzung des IMB-Weltautomobilausschusses für Volkswagen 12.-14. Juni 1979, Wolfsburg 1979
Estatuto de los trabajadores, Madrid 1990
Estefanía, Joaquín; Serrano, Rodolfo, Diez anos de relaciones industriales en Espana. In: Zaragoza, Angel (Ed.), Pactos sociales, sindicatos y patronal en Espana, Madrid 1990, S.17-42
Etty, Tom, Gewerkschaftliche Weltkonzernausschüsse - ein Überblick. In: Olle, Werner (Hg.), Einführung in die internationale Gewerkschaftspolitik Bd.1, Berlin 1978, S.68-78
Europa: Das ist Binnenmarkt und Sozialraum. Themenschwerpunkt in: Die Mitbestimmung, 11-1988
Europäischer Gewerkschaftsbund, "Europäisches Aktionsprogramm - Multinationale Konzerne", Brüssel 09.06.1977
Europäischer Gewerkschaftsbund, Europa wird, was wir daraus machen (Flugblatt), Luxemburg o.J.
Europäischer Gewerkschaftsbund, Informationen betreffend die Haltung der Kapitalvertreter zur Multinationalen-Richtlinie, Brüssel 1980
Europäischer Gewerkschaftsbund, Die Positionen des Europäischen Gewerkschaftsbundes (EGB) und der Europäischen Gemeinschaft (EG) gegenüber den Multinationalen Konzernen (MNK), Brüssel März 1981
Europäischer Gewerkschaftsbund, Übersicht der Bestimmungen über die Unterrichtung und Anhörung der Arbeitnehmer in den EG-Mitgliedstaaten, Brüssel 1981a
Europäischer Gewerkschaftsbund, Industriepolitik in Westeuropa, Brüssel 1982
Europäischer Gewerkschaftsbund, Stellungnahme des EGB zum geänderten Vorschlag der EG-Kommission für eine Richtlinie über "Die Unterrichtung und Anhörung der Arbeitnehmer" (sogenannte "Vredeling-Richtlinie"), Brüssel 14.10.1983
Europäischer Gewerkschaftsbund, Allgemeine Entschließung und spezifische Entschließungen, 1985-1988, Brüssel 1985

Europäischer Gewerkschaftsbund, Binnenmarkt und soziale Dimension, Brüssel 1985a

Europäischer Gewerkschaftsbund, Europäisches Sozialprogramm des EGB, Brüssel 12.02.1988

Europäischer Gewerkschaftsbund, Memorandum des Europäischen Gewerkschaftsbundes zum Kommissionsdokument (88) 320 eng. vom 15. Juli 1988 Binnenmarkt und industrielle Zusammenarbeit -Statut für die Europäische Aktiengesellschaft- Weissbuch über die Vollendung des Binnenmarktes, Brüssel 06.10.1988a

Europäischer Gewerkschaftsbund, Die Soziale Dimension des Binnenmarktes, Entschließung, Brüssel 07.10.1988b

Europäischer Gewerkschaftsbund, Gestaltung des europäischen Sozialraums im Binnenmarkts. Europäisches Sozialprogramm des EGB, verabschiedet durch den Exekutivausschuss, Brüssel 1988c

Europäischer Gewerkschaftsbund, Entschließung: Der EGB begrüßt die spürbaren Fortschritte beim Statut der Europäischen Aktiengesellschaft, Brüssel 1988d

Europäischer Gewerkschaftsbund, Entschließung zum Memorandum "Statut der Europäischen Aktiengesellschaft", Brüssel 1988e

Europäischer Gewerkschaftsbund, 6. Satzungsgemässer Kongreß 9.-13.5.11988 Stockholm, Entschließungen, Brüssel 1988f

Europäischer Gewerkschaftsbund, 6. Satzungsgemässer Kongreß, 9.-13.5.1988 Stockholm, Entschließung I bis V, Brüssel 1988g

Europäischer Gewerkschaftsbund, 6. Satzungsgemässer Kongreß 9.-13.5.1988, Stockholm, Tätigkeitsbericht 1985 - 1987, Brüssel 1988h

Europäischer Gewerkschaftsbund, 6. Satzungsgemässer Kongreß 9.-13.5.1988 Stockholm, Anhang zum Tätigkeitsbericht 1985 - 1987, Brüssel 1988i

Europäischer Gewerkschaftsbund, Entschließung des EGB zum Vorschlag für eine Verordnung des Rates über das Statut der Europäischen Gesellschaft und für eine Richtlinie des Rates hinsichtlich der Stellung der Arbeitnehmer in der SE, Brüssel 18.10.1989

Europäischer Gewerkschaftsbund, Europas Zukunft: Eine starke Interessenvertretung in Europas Unternehmen. Mobilisierungskampagne Konferenz in Ostende 16./17.10.1989, Brüssel 1989a

Europäischer Gewerkschaftsbund, Vorschläge des EGB für das Aktionsprogramm, Brüssel 1989b

Europäischer Gewerkschaftsbund, AFETT ein Instrument im Dienste der europäischen Gewerkschaftsbewegung, Brüssel 1989c

Europäischer Gewerkschaftsbund, Erklärung des Europäischen Gewerkschaftsbundes (EGB) zur Richtlinie für Information und Konsultation der Arbeitnehmer in gemeinschaftsweit operierenden Untenrehmen, Brüssel 31.10.1991, In: Hans-Böckler-Stiftung (Hg.), Europäische Betriebsräte, Ein Beitrag zum sozialen Europa, Düsseldorf 1991, S.14f.

Europäischer Gewerkschaftsbund, Constitution of the European Trade Union Confederation, Brüssel 1991a

Europäischer Gewerkschaftsbund, VII. Ordentlicher Kongreß. Anhang zum Tätigkeitsbericht 88-90, Brüssel 1991b

Europäischer Metallgewerkschaftsbund in der Gemeinschaft, Erfahrungen der Gewerkschaften in der Europäischen Gemeinschaft, Brüssel 1972

Europäischer Metallgewerkschaftsbund in der Gemeinschaft, Gemeinsame Forderungsplattform der Metallgewerkschaften für die Arbeitnehmer der europäischen Automobilindustrie, Brüssel 1977

Europäischer Metallgewerkschaftsbund in der Gemeinschaft, Bemerkungen des EMB zur Mitteilung der Kommission vom Dezember 1976 über die Zukunft der Automobilindustrie in der Gemeinschaft, Brüssel 1978

Europäischer Metallgewerkschaftsbund in der Gemeinschaft, Schlussfolgerungen der EMB-Delegation bezüglich des Aufnahmeantrags der spanischen Organisationen FTM-USO und F.M. CC.OO. Brüssel 1979

Europäischer Metallgewerkschaftsbund in der Gemeinschaft, Tätigkeitsbericht des Sekretariats 1977-1980, Brüssel 1980

Europäischer Metallgewerkschaftsbund in der Gemeinschaft, Stellungnahme des EMB zur europäischen Automobilindustrie, Brüssel 1980a

Europäischer Metallgewerkschaftsbund in der Gemeinschaft, Lage der europäischen Automobilindustrie, Brüssel 1981

Europäischer Metallgewerkschaftsbund in der Gemeinschaft, Erste Reaktion des europäischen Metallgewerkschaftsbundes auf die Stellungnahme der Kommission zur europäischen Automobilindustrie, Brüssel 1981a

Europäischer Metallgewerkschaftsbund in der Gemeinschaft, Bemerkungen des Europäischen Metallgewerkschaftsbundes EMB zur Stellungnahme der Kommission über die Europäische Automobilindustrie, Brüssel 1981b

Europäischer Metallgewerkschaftsbund in der Gemeinschaft, Mitteilung an die Presse zu japanischen Automobilexporten, Brüssel 1982

Europäischer Metallgewerkschaftsbund in der Gemeinschaft, Tätigkeitsbericht des Sekretariats 1980-1983, Brüssel 1983

Europäischer Metallgewerkschaftsbund in der Gemeinschaft, Tätigkeitsbericht des Sekretariats 1983-1987, Brüssel 1987

Europäischer Metallgewerkschaftsbund in der Gemeinschaft, Stellungnahme des EMB über die Informationsrechte der Arbeitnehmer in Multinationalen Unternehmen, Brüssel 29. Juli 1988

Europäischer Metallgewerkschaftsbund in der Gemeinschaft, 6 Leitsätze zur Zukunft der Arbeit in der europäischen Automobilindustrie. In: Die Neue Gesellschaft, H.9, 1988a, S.838-840

Europäischer Metallgewerkschaftsbund in der Gemeinschaft, Stellungnahme beschlossen vom EMB-Exekutivausschuss am 17. März 1988. EMB für ein besseres Gleichgewicht zwischen europäischem und japanischem Automobilmarkt, Brüssel 1988b

Europäischer Metallgewerkschaftsbund in der Gemeinschaft, Leitsätze zur Zukunft der Arbeit in der europäischen Automobilindustrie, Brüssel 1988c

Europäischer Metallgewerkschaftsbund in der Gemeinschaft, Forderungen des EMB zu den Kollektiven und Sozialen Grundrechten in der EG, Brüssel 05.07.1990

Europäischer Metallgewerkschaftsbund in der Gemeinschaft, Arbeitsprogramm des EMB, Brüssel 1990a

Europäischer Metallgewerkschaftsbund in der Gemeinschaft, Der EMB - 6 Millionen Metallarbeitnehmer, Brüssel 1990b

Europäischer Metallgewerkschaftsbund in der Gemeinschaft, Rahmenkonzeption für die Durchführung von Seminaren mit KollegenInnen Multinationaler Unternehmen, Brüssel 1990c

Europäischer Metallgewerkschaftsbund in der Gemeinschaft, Forderungsplattform zur Begrenzung der individuellen Arbeitszeit im Hinblick auf eine Verlängerung der Maschinenlaufzeiten, Brüssel 1990d

Europäischer Metallgewerkschaftsbund in der Gemeinschaft, Gemeinsame Stellungnahme EGB/UNICE/CEEP über die allgemeine und die berufliche Bildung, Brüssel 1990e

Europäischer Metallgewerkschaftsbund in der Gemeinschaft, Sitzung des EMB-Exekutivausschusses Wien 5./6. Juli 1990, TOP 5: Multinationale Konzerne, Brüssel 1990f

Europäischer Metallgewerkschaftsbund, Entschließung über die Arbeitnehmervertretung in grenzüberschreitenden Unternehmen. Entschließung verabschiedet von der 7. Generalversammlung des EMB, Luxemburg 19./20. Juni 1991

Europäischer Metallgewerkschaftsbund, Tätigkeitsbericht des Sekretariats 1987-1990, Brüssel 1991a

Europäischer Metallgewerkschaftsbund, Stellungnahme des EMB zu dem Vorschlag für eine Richtlinie des Rates über die Einsetzung Europäischer Betriebsräte zur Information und Konsultation der Arbeitnehmer in gemeinschaftsweit operierenden Unternehmen und Unternehmensgruppen, Brüssel 1991b

Europäischer Metallgewerkschaftsbund, Der EMB - 6 Millionen Arbeitnehmer/Innen, Brüssel 1991c

Europäischer Volkswagen-Konzernbetriebsrat, Geschäftsordnung, Wolfsburg 30.08.1990

Europäischer Volkswagen-Konzernbetriebsrat, Unterlagen der Gründungsversammlung 29.-30.08.1990, Wolfsburg 1990a

Europäischer Volkswagen-Konzernbetriebsrat, Sitzungsprotokoll 19.-20.06.1991, Barcelona

Europäisches Gewerkschaftsinstitut, Statut. In: Beilage Belgisch Staatsblad 28.09.1978, S.5580-5582

Europäisches Gewerkschaftsinstitut, Die Erweiterung der Europäischen Gemeinschaft durch den Beitritt Griechenlands, Portugals und Spaniens, Brüssel 1979

Europäisches Gewerkschaftsinstitut, Die Gewerkschaftsbewegung in Spanien, Info Nr.17, Brüssel 1986
Europäisches Gewerkschaftsinstitut, Die Rolle der Industriepolitik in Westeuropa, Brüssel 1987
Europäisches Gewerkschaftsinstitut, Die soziale Dimension des Binnenmarktes. Info 25: Teil I., Beschäftigung, Brüssel 1988
Europäisches Gewerkschaftsinstitut, Die soziale Dimension des Binnenmarktes. Info 26: Teil II., Arbeitnehmerrechte in den europäischen Unternehmen, Brüssel 1988a
Europäisches Gewerkschaftsinstitut, Tarifverhandlungen in Westeuropa in 1989 und die Aussichten für 1990, Brüssel 1990
Europäisches Gewerkschaftsinstitut, Arbeitnehmervertretung und Arbeitnehmerrechte in den Unternehmen Westeuropas, Brüssel 1990a
Europäisches Gewerkschaftsinstitut (Hg.), Portrait des Europäischen Gewerkschaftsbundes EGB. In: 100 Jahre 1. Mai, Brüssel 1990b, S.34-52
Europäisches Gewerkschaftsinstitut, Der europäische Gewerkschaftsbund (EGB), Geschichte, Struktur, Politik, Brüssel 1990c
Europäisches Gewerkschaftsinstitut, Tätigkeitsbericht des EGI 1989, Brüssel 1990d
Europäisches Gewerkschaftsinstitut, Agreements on Workers' Information and Consultation Rights in European Multinationals and an Evaluation of Experience, Brüssel 1991
Europäisches Parlament, Bericht im Namen des Ausschusses für Wirtschaft und Währung über die internationale wirtschaftliche Tätigkeit von Unternehmen und Regierungen. Berichterstatter: Herr Richard CABORN, Dokument 1-169-81, 15.05.1981
Europäisches Parlament, Ergebnisse der letzten Parlamentswahlen in den Ländern der EG-Mitgliedsorganisationen und Zusammensetzung des europäischen Parlaments seit den Wahlen von Juni 1984, Brüssel 15.03.1985
Europäisches Parlament, Bericht im Namen des Ausschusses für Wirtschaft, Währung und Industriepolitik über die Automobilindustrie der Europäischen Gemeinschaften, Berichterstatter: Herr P. Beazley, Brüssel 1986
Europäisches Parlament, Der Einfluss des europäischen Parlaments auf die Politiken der Gemeinschaft, Serie: Folgemaßnahmen Nr. 3, Brüssel 1988
Europäisches Parlament, Die Fortschritte des Europäischen Einigungswerks. Dokumentarische Aufzeichnungen über die wichtigsten Tätigkeiten des Europäischen Parlaments Juli 1987 bis Juni 1988, Brüssel 1988a
Europäisches Parlament, Das Europäische Parlament und die Tätigkeit der Europäischen Gemeinschaft. Kurzdarstellungen, Brüssel 1988b
Europäisches Parlament, Das europäische Parlament, Luxemburg 1989
Europäisches Parlament, Europawahl 1989, Ergebnisse und gewählte Mitglieder. Vorläufige Ausgabe, Stand: Donnerstag 22.6.1989, Brüssel 1989a
Europe's largest 15,000 companies, Stockholm 1986
EUROSTAT, Money and Finance, Serie B, Thema 2, Nr. 4-1990
EUROSTAT, Bevölkerungsstatistik, Serie C, Thema 3, Brüssel 1990a
EUROSTAT, Statistische Grundzahlen der Gemeinschaft, Brüssel 1991
EUROSTAT, Daten zur Konjunkturanalyse, Serie B, Thema 1, Brüssel 5-1983, 8-1987, 10-1991a
EWG-Vertrag, Bundesgesetzblatt Teil II, 1957; Gesamttext: Europa-Recht, München 1990

Feldhoff, Jürgen, Struktur und Wandel des deutschen Systems industrieller Beziehungen. In: Feldhoff, Jürgen u.a. (Hg.), Regulierung-Deregulierung. Steuerungsprobleme der Arbeitsgesellschaft, Nürnberg 1988, S.101-139
Fellinger, Hans, 6. EGB-Kongreß in Stockholm: Für ein soziales Europa. In: Informationen über Multinationale Konzerne 3-1988, Wien
FIAT, Geschäftsberichte 1988, 1990
Fina, Lluis; Hawkesworth, Richard I., Trade unions and collective bargaining in post-Franco Spain. In: Labour and Society, Vol.9, No. 1, Genf 1984, S.3-27
Fishman, Robert, El movimiento obrero en la transicion: Objetivos politicos y organizativos. In: Revista Espanola de Investigaciones Sociologicas, No. 26, 1984, S.61-112
Flassbeck, Heiner, Die Standortqualität der Bundesrepublik Deutschland. In: Konjunkturpolitik, H.5/6, 1988, 34.Jg., S.255-267
FOESSA, Informe Sociológico sobre el cambio político en Espana, 1975-1981, Madrid 1981

422

Franz, Hans-Werner; Tovar, Santiago (Hg.), Gewerkschaftsbewegung in Spanien. Auf dem Weg zur Einheit?, Westberlin 1976

Franz, Peter, Der "Constrained Choice" Ansatz als gemeinsamer Nenner individualistischer Ansätze in der Soziologie. Ein Vorschlag zur theoretischen Integration. In: KZfSS, Jg. 38, 1986, S.32-54

Franzmeyer, Fritz, Economic, Social and Political Costs of Completing the Internal Market. In: Bieber, Roland u.a. (Hg.), 1992: One Europeen Market?, Baden-Baden 1990, S.55-73

Freyssinet, J.; Mériaux, B., Empleo, salarios y relaciones laborales. In: Informacion Comercial Espanola, Revista de Economía Nr. 560, Madrid 1980, S.5-35

Friedrich-Ebert-Stiftung, Thesen zum Eurokolleg "Perspektiven Grenzüberschreitender Kooperation der Arbeitnehmervertreter in Transnationalen Konzernen innerhalb der EG", Paris 1990

Fröbel, Folker, Zur gegenwärtigen Entwicklung der Weltwirtschaft. In: Starnberger Studien 4, Strukturveränderungen in der kapitalistischen Weltwirtschaft, Frankfurt 1980, S.9-88

Fröbel, Folker; Heinrichs, Jürgen; Kreye, Otto; Sunkel, Osvaldo, Internationalisierung von Kapital und Arbeitskraft. In: Leviathan, 1973, S.429-453

Fröbel, Folker; Heinrichs, Jürgen; Kreye, Otto, Die neue internationale Arbeitsteilung, Reinbek bei Hamburg 1983

Fröbel, Folker; Heinrichs, Jürgen; Kreye, Otto, Umbruch in der Weltwirtschaft, Reinbek bei Hamburg 1986

Fröbel, Folker; Heinrichs, Jürgen; Kreye, Otto, Kommen die Arbeitsplätze zurück? Internationale Arbeitsteilung und Beschäftigtenentwicklung. In: Gewerkschaftliche Monatshefte,1/1987, Düsseldorf, S.25-37

Fröhlich, Dieter; Krieger, Hubert, Einfluß von Arbeitnehmervertretern bei der Einführung neuer Informationstechnologie in Europa. In: wsi-mitteilungen 10-1989, S.624-631

Fuchs, Martina; Uhl, Hans-Jürgen; Widuckel-Mathias, Werner, Europäischer VW-Konzernbetriebsrat. In: Gewerkschaftliche Monatshefte 11-1991, S.729-732

Fürstenberg, Friedrich, Der Betriebsrat - Strukturanalyse einer Grenzinstitution. In: KZfSS 1958, 10. Jg, S.418-429

Fürstenberg, Friedrich, Kulturelle und traditionelle Faktoren der Arbeitsbeziehungen aufgrund der Sozialstruktur. In: Endruweit, Günter u.a. (Hg.) Handbuch der Arbeitsbeziehungen, Berlin 1985, S.3-12

Fundación para el analisis de la innovación tecnologica y estudios socio-laborales (Ed.), Estudio de la negaociacion de los convenios provinciales en el sector del metal 1987, Madrid 1987

García Echevarría, Santiago, Spanien als neues Mitglied der Europäischen Gemeinschaften. In: Zeitschrift für Wirtschaftspolitik, Köln 1986, S.197-209

Die Gemeinschaft 1992: Ein Markt mit neuen Dimensionen, Europäische Dokumentation 2-1989, Brüssel 1989

Gerstenberger, Wolfgang, Lebensraum Europa - wirtschaftliche, ökologische und arbeitsmarktpolitische Perspektiven. In: Ruhruniversität Bochum; Industriegewerkschaft Metall, Ringvorlesung 1989/90 "Europäischer Binnenmarkt zwischen Anspruch und Wirklichkeit", Bochum 1990, S.30-40

Gesamtbetriebsrat Volkswagen, Mitbestimmung in der Volkswagen AG, Wolfsburg 1987

Gesamtbetriebsrat Volkswagen, Arbeitskampf bei VW de Mexico Juli/August 1987, Materialsammlung, Wolfsburg 1987a

Gesamtbetriebsrat Volkswagen, Auf dem Weg zum Europäischen Konzernbetriebsrat Volkswagen. Informationsmaterial, Wolfsburg 1989

Gesamtbetriebsrat Volkswagen, Pressemitteilung: Walter Hiller: Europaweit Betriebsvereinbarungen und Tarifverträge durchsetzen, Wolfsburg 09.02.1989a

Gesamtbetriebsrat Volkswagen, Pressemitteilung: Europäische Arbeitnehmertagung im VW-Konzern: Das freie Wochenende verteidigen - Europa-Konzernbetriebsrat gründen, Wolfsburg 03.11.1989b

Gesamtbetriebsrat Volkswagen, Entwurf einer Vereinbarung über die Bildung des Europäischen Volkswagen Konzernbetriebsrats (Stand 01.11.1991), Wolfsburg 1991

Gesamtbetriebsrat Volkswagen, Anzahl der Vertrauensleute und Höhe des gewerkschaftlichen Organisationsgrades aller in den sechs inländischen VW-Standorten vertretenen Gewerkschaften 1990, Wolfsburg 1991a

Gesamtbetriebsrat Volkswagen, Ergebnisse der Betriebsratswahlen in den sechs inländischen Standorten 1972-1990, Wolfsburg 1991b
Gesamtmetall, Neue Techniken und Arbeit. Empfehlungen an die Unternehmen der Metallindustrie, Köln 1986
Gesterkamp, Thomas, Der Blick über den Tellerrand. In: Die Mitbestimmung 11/12-1991, S.766f.
Gilroy, B. Michael, Multinational Enterprise and Trade Structure: The Role of Intra Firm Trade, St. Gallen 1987
Giner, Salvador, A modo de introducción: La gerencia colectiva del conflicto laboral en Espana. In: Zaragoza, Angel (Hg.), Pactos sociales, sindicatos y patronal en Espana, Madrid 1990, S.1-16
Giner, Salvador; Sevilla, E., Spain: From Corporatism to Corporatism. In: Williams, Allan, Southern Europe transformed. Political and Economic change in Greece, Italy, Portugal and Spain, London 1974
GISEL ou le désir européen, o.O. 1989
Görgens, Hartmut, Zur Entwicklung von Löhnen, Gewinnen und Kapitalrendite in der Bundesrepublik Deutschland. In: Gewerkschaftliche Monatshefte 6-1987, S.353-361
Görgens, Hartmut, Gewinnexplosion seit 1983 - Zur Entwicklung von Gewinnen und Kapitalrentabilität in der Bundesrepublik Deutschland - In: wsi-mitteilungen 3-1990, S.146-157
Goettlicher, Erich, Der Wirtschafts- und Sozialausschuß im Gemeinsamen Markt, In: Gewerkschaftliche Monatshefte 10-1957, S.603-609
Goeudevert, Daniel, " Ich rede nicht von Krise", Wirtschaftswoche Nr.39, 23.09.1988, S.226-231
Goldberg, Jörg, Auf dem Weg zu einer westeuropäischen Ökonomie? Unternehmenskonzentration und Binnenmarkt. In: Deppe, Frank; Huffschmied, Jörg; Weiner, Klaus-Peter (Hrsg.), 1992 - Projekt Europa. Politik und Ökonomie in der Europäischen Gemeinschaft, Köln 1989, S. 61-82
Goldmann, Wilhelmine, Rezension: Olle, Werner, Beschäftigungsentwicklung in multinationalen Unternehmen in der BRD. Ergebnisse einer neuen Erhebung (1974-1982), Internationales Arbeitsamt, Genf. In: Informationen über Multinationale Konzerne 1-1985, S.21f.
Gouldner, Alvin W., The Norm of Reciprocity. In: American Sociological Review, 1960, Nr.176
Grabitz, Eberhard; Läufer, Thomas, Das europäische Parlament, Bonn 1980
Grebing, Helga, " Abschied von der Arbeiterbewegung" - ein international vergleichbares Phänomen in nachindustriellen Gesellschaften? In: Gewerkschaftliche Monatshefte 2-1987, S.76-90
Groser, Manfred, Stabilität und Wandel im System der Arbeitsbeziehungen. In: PVS 20. Jg, Opladen 1979, S.238-267
Gutierrez, Antonio, Concertacion social y congruntura politica en Espana. In: Zaragoza, Angel (Ed.), Pactos sociales, sindicatos y patronal en Espana, Madrid 1990, S.106-143

Haas, Ernst B., The Uniting of Europe, London 1958
Hahn, Carl H., Ich habe den direkten Durchgriff". In: manager-magazin 11-1982, S.44-47
Hahn, Carl H., Ansprachen auf den Hauptversammlungen der Volkswagen AG in den Jahren 1986-1989, Düsseldorf
Hamburger, Henry, Games as Models of Social Phenomena, San Francisco 1979
Hankel, Wilhelm; Zweig, Gerhard, Die "Soziale Harmonisierung" in der europäischen Wirtschaftsgemeinschaft. In: Gewerkschaftliche Monatshefte 9-1957, S.548-553
Harrison, Joseph, The Spanish Economy in the Twentieth Century, London 1984
Harsanyi, John C., Advances in Understanding Rational Behaviour. In: Elster, Jon (Hg.), Rational Choice, Oxford 1986, S.82-107
Hawkesworth, Richard I., The rise of Spains Automobile Industry. In: National Westminster Bank, Quarterly Review, 1981, S.37-48
Hawkesworth, Richard; Fina, Lluis, Trade Unions and industrial relations in Spain: the response to the economist crisis. In: Brierley, William (ed), Trade Unions and the, Economic Crisis of the 1980s, Porthmouth 1987, S.64-87
Heinrich, Rainer, Das Problem der Arbeitsplatzsicherheit im multinationalen Konzern - Möglichkeiten koordinierter Handlungsstrategien. In: Brehm, Horst; Pohl, Gerd (Hg.), Gewerkschaftliche Gegenmacht, Handbuch zur Interessenvertretung in Unternehmen und Betrieb, Köln 1979, S.61-91

Heinrich, Rainer, Die Bedeutung der Multinationalen Konzerne für die Gesamtwirtschaft. In: Kisker, Klaus-Peter u.a., Multinationale Konzerne. Ihr Einfluß auf die Lage der Beschäftigten, Köln 1982, S. 95-196

Heinze, Rolf G. u.a., Sind die Gewerkschaften für "alle" da? In: Jacobi, Otto u.a. (Hg.), Moderne Zeiten - Alte Rezepte. Kritisches Gewerkschaftsjahrbuch 1980/81, Berlin 1980

Heinze, Rolf G. u.a., "'Neue' Arbeitszeitpolitik im 'Alten' System der Interessenvertretung". In: Grottian, P. (Hg.), Politische Folgen reduzierten Wachstums auf verschiedene Politikbereiche, PVS-Sonderheft, Opladen 1980a

Heinze, Rolf G. u.a., Einheitsprobleme der Einheitsgewerkschaft. Arbeitsmarktmacht und organisationspolitische Vertretungschancen verschiedener Kategorien von Arbeitnehmern. In: Soziale Welt 1981, Nr. 32, S.19-38

Helfert, Mario, Gesamtwirtschaftliche Bedingungen und gewerkschaftliche Interessenvertretung. Einige Stichworte zum "Koporatismus". In: wsi-mitteilungen 7-1982, S.402-412

Helfert, Mario, Kurzmitteilung -Lean production: "Das Produktionssystem, das die Welt verändern wird?" In: wsi-mitteilungen 11-1991, S.708ff.

Hell, Paul, Arbeitsplatzverluste durch Direktinvestitionen. In: epd-Entwicklungspolitik 6-7 1980, S.12-15

Heller, Richard, " Wir müssen zu einem Verhaltenskodex kommen!" Interview mit Richard Heller, Gesamtbetriebsratsvorsitzender der Adam Opel AG, Rüsselsheim zu den Auswirkungen des EG-Binnenmarktes auf die Automobilindustrie. In: Informationen über Multinationale Konzerne 1-1989, S.11ff.

Hener, Frank u.a., Mehr Demokratie durch Qualitätszirkel? - Mitarbeiterbeteiligung bei Philips. In: Die Mitbestimmung 9-1990, S.560-563

Herbig, Rudolf, notizen aus der Sozial-, Wirtschafts- und Gewerkschaftsgeschichte vom 14. Jahrhundert bis zur Gegenwart, Filderstadt 1976

Herkommer, Sebastian u.a., Organisationsgrad und Bewußtsein. In: Gewerkschaftliche Monatshefte 1979, S.709-720

Herr, Hansjörg; Westphal, Andreas, Wirtschaftsweltmacht EG? Die Weiterentwicklung des Europäischen Währungssystems. In: Die Neue Gesellschaft Jg.35, 1988, H.10, S.908-914

Herzog, Werner, Spanien auf dem Weg der Stabilisierung, In: Europa-Archiv, Folge 19, 1983, S.609-616

Heywood, Paul, Mirror Images: The PCE and the PSOE in the Transition to Democrazy in Spain. In: West European Politics Vol.10, No.2, 1987, S.193-210

Hickel, Rudolf, Zwischenbilanz zum europäischen Währungssystem (EWS) -Funktionsweise, Wirkungen und Weiterentwicklung aus der Sicht des "Delors-Berichts"-. In: wsi-mitteilungen 10-1989, S.595-605

Hickel, Rudolf, Wirtschaft. In: Kittner, Michael (Hg.), GewerkschaftsJahrbuch 1990, Köln 1990, S.126-192

Hickel, Rudolf, Wirtschaft 1990: Grundlinien der Wirtschaftsentwicklung im Prozeß der deutschen Einigung, In: Kittner, Michael (Hg.), GewerkschaftsJahrbuch 1991, Köln 1991, S.157-206

Hild, Reinhard, Entwicklungsperspektiven der europäischen und deutschen Automobilindustrie, In: Industriegewerkschaft Metall, Zukunft der Automobilindustrie, Wolfsburg 1986, S.51-59

Hildebrandt, Eckart; Olle, Werner; Schoeller, Wolfgang, National unterschiedliche Produktionsbedingungen als Schranke, einer gewerkschaftlichen Internationalisierung - Zur Kritik des syndikalistischen Internationalismus. In: Prokla 24, Jg.6, 1976 West-Berlin, S.27-57

Hildebrandt, Eckart; Olle, Werner; Schöller, Wolfgang, Internationale Gewerkschaftsstrategie unter dem Primat nationaler Reproduktionsbedingungen der Arbeitskraft. In: Jahrbuch für Friedens- und Konfliktforschung Bd.6, Konflikte in der Arbeitswelt, Waldkirch 1977, S.61-87

Hilf, Meinhard, "Europa 92. Auf dem Rücken der Arbeitnehmer?", Vortrag Bielefeld 24.11.1989

Hillebrandt, Walter, Jenseits von Afrika. In: manager-magazin 8-1988, S.143-146

Hillebrandt, Walter, Der kranke Riese. In: manager-magazin 3-1991, S.32-43

Hiller, Walter, Internationale Solidarität - Am Beispiel des IG Metall Vertrauensleutekörpers im Werk Wolfsburg des Volkswagen-Konzerns. In: Friedrich-Ebert-Stiftung, Zwischen Arbeitsplatzsicherung und Hungerhilfe, 1986 Bonn, S.21-28

425

Hiller, Walter, Internationale Gewerkschaftsarbeit in der Praxis. In: Die Neue Gesell-
schaft/Frankfurter Hefte Nr.10, 1988, S.955-958
Hiller, Walter, Europäische Konzerne erfordern Mitbestimmungsvereinbarungen, In: Breit,
Ernst (Hg.), Für ein soziales Europa, Köln 1989, S.42-45
Hiller, Walter, Bestandsaufnahme und Perspektive der Betriebsrats- und Gewerkschaftsarbeit
bei Volkswagen. Betriebsräteversammlung 1989, Wolfsburg 1989a
Hiller, Walter, Die Zukunft der Arbeitnehmer im Volkswagen-Konzern. In: Industriegewerk-
schaft Metall, Zukunft der Automobilindustrie, 2. Symposium der IG Metall Wolfsburg
und des Gesamtbetriebsrats der Volkswagen AG, 6.-7.2.1990, Wolfsburg 1990, S. 81-96
Hilpert, Ulrich, Europa 2000: Erhebliche Bewegungen in der wirtschaftlichen und geopoliti-
schen Landschaft. In: Die Mitbestimmung 4-1991, S.286-291
Hinrichs, Karl; Wiesenthal, Helmut, Bestandsrationalität versus Kollektivinteresse. In: Soziale
Welt 1986, H. 2-3, S.280-296
Hinterscheid, Matthias, Probleme und Perspektiven internationaler Gewerkschaftspolitik am
Beispiel des Europäischen Gewerkschaftsbundes. In: Olle, Werner (Hg.), Einführung in
die Internationale Gewerkschaftspolitik, Westberlin 1978, S.228-234
Hirsch-Kreinsen, N.; Wolf, M., Neue Produktionstechniken und Arbeitsorganisation. Interes-
sen und Strategien betrieblicher Akteure. In: Soziale Welt 2-1987
Hörburger, Hortense, Arbeitszeit in Europa. In: Die Mitbestimmung 11-1988, S.638-641
Hoffmann, Reiner, Konfliktfälle in multinationalen Konzernen beweisen die Notwendigkeit der
"Vredeling-Richtlinie". In: Informationen über Multinationale Konzerne 1-1983, S.27-29
Hoffmann, Reiner, Multi-Richtlinie der EG - nichtmehr als ein freiwilliger Verhaltenskodex. In:
Informationen über Multinationale Konzerne 3-1983a, S.29-31
Hohn, Hans-Willy, Interne Arbeitsmärkte und Betriebliche Mitbestimmung - Tendenzen der
'Sozialen Schließung' im 'dualen' System der Interessenvertretung, WZB IIM/LMP 83-2,
Berlin 1983
Hohn, Hans-Willy, Von der Einheitsgewerkschaft zum Betriebssyndikalismus. Soziale Schlie-
ßung im dualen System der Interessenvertretung, Berlin 1989
Homans, George C., Social Behavior as Exchange. In: American Journal of Sociology,
Jg.LXIII, 1958, Chicago, S.597-606
Homans, George C., The Nature of Social Science, New York 1967
Homans, George C., Elementarformen sozialen Verhaltens, Köln, Opladen 1968
Homans, George C., Grundfragen soziologischer Theorie, Opladen 1972
Howard, Nigel, The Theory of Meta-Games. In: General Systems, Yearbook of the Society for
General System Research Vol. XI. 1966, Ann Arbor, Michigan USA, S.167-186
Hudson, Ray; Lewis, Jim (Hg.), Uneven Development in Southern Europe: Studies of Accu-
mulation, Class, Migration and the State, London 1985
Huffschmid, Jörg, Allmächtiger Binnenmarkt. In: Konkret 8-1989, S.36-39
Hunt, E.K.; Sherman, Howard J., Ökonomie. Aus traditioneller und radikaler Sicht. Band 2,
Königstein/Taunus 1984

Industriegewerkschaft Metall, Wichtiges in Kürze immer zur Hand. Informationen der IG Me-
tall für ihre Mitglieder in der Volkswagen AG. o.O., o.J.
Industriegewerkschaft Metall, Erläuterungen zur Lohndifferenzierung -LODI-, Wolfsburg o.J.a
Industriegewerkschaft Metall, Informationsmaterialien über die IG Metall, Frankfurt am Main
o.J.b
Industriegewerkschaft Metall, Reunión Sindicato Indústrias Metalúrgicas, Frankfurt am Main
o.J.c
Industriegewerkschaft Metall, 11. ordentlicher Gewerkschaftstag der IG Metall, Hannover 15.
bis 21. September 1974, Band II, Frankfurt am Main 1974
Industriegewerkschaft Metall, 13. ordentlicher Gewerkschaftstag der IG Metall vom 21. bis
27. September 1980 Berlin, Protokoll Band II - Anträge - Materialien, Frankfurt am
Main 1980
Industriegewerkschaft Metall, Richtlinien für die Vertrauensleutearbeit, Frankfurt/Main 1980a
Industriegewerkschaft Metall, 14. ordentlicher Gewerkschaftstag der Industriegewerkschaft
Metall , für die Bundesrepublik Deutschland München 9. bis 15. Oktober 1983, Proto-
koll Band II - Anträge - Materialien, Frankfurt am Main 1983
Industriegewerkschaft Metall, Beschäftigungsrisiken in der Autoindustrie, Vorschläge der IG

Metall zur Beschäftigungssicherung und zur Strukturpolitik in diesem Industriebereich, Frankfurt/M. 1984

Industriegewerkschaft Metall, Manteltarifvertrag zwischen der Volkswagen AG Wolfsburg und der Industriegewerkschaft Metall, Bezirksleitung Hannover 21. Januar 1985, Hannover 1985

Industriegewerkschaft Metall, 15. Ordentlicher Gewerkschaftstag, Entschließung Nr.26:Internationale Gewerkschaftsarbeit, Nr.27: Multinationale Unternehmen. In: Der Gewerkschafter Nr.11a, 11/1986, S.70-72

Industriegewerkschaft Metall, Zukunft der Automobilindustrie. Symposium der IG Metall Wolfsburg in Zusammenarbeit mit dem Betriebsrat der Volkswagen AG, Werk Wolfsburg 25.-27. November 1986, Wolfsburg 1986a

Industriegewerkschaft Metall, Tarifvertrag über die Teilzeitarbeit, Hannover 1987

Industriegewerkschaft Metall, Tarifvertrag zur sozialen Sicherung der Arbeitnehmer bei technischen und arbeitsorganisatorischen Änderungen für die Volkswagen AG, Hannover 1987a

Industriegewerkschaft Metall, Gehaltstarifvertrag zwischen der Volkswagen AG Wolfsburg und der Industriegewerkschaft Metall, Bezirksleitung Hannover vom 26. Mai 1987, Hannover 1987b

Industriegewerkschaft Metall, Monatsentgelttarifvertrag zwischen der Volkswagen AG Wolfsburg und der Industriegewerkschaft Metall, Bezirksleitung Hannover vom 15. Januar 1985 in der Fassung vom 26. Mai 1987, Hannover 1987c

Industriegewerkschaft Metall, Tarifvertrag über die gleitende Arbeitszeit, Hannover 1988

Industriegewerkschaft Metall, 25. Nordisch-Deutsches Seminar 7.-19. August 1988 Bildungsstätte Lohr, Frankfurt/M. 1988a

Industriegewerkschaft Metall, Positionspapier der IG Metall. Europäischer Wirtschaftsausschuss, Frankfurt/M. 08.03.1989

Industriegewerkschaft Metall, Automobilindustrie. Beschäftigungsperspektiven in den 90er Jahren, Frankfurt/M. 1989a

Industriegewerkschaft Metall, Geschäftsbericht 1986-88, Frankfurt am Main 1989b

Industriegewerkschaft Metall, Europäische Wirtschaftsausschüsse und gewerkschaftliche Interessenvertretung im Binnenmarkt '92, Frankfurt/M. 1990

Industriegewerkschaft Metall, Mitbestimmung und Wirtschaftsdemokratie - Gewerkschaftliche Interessenvertretung zur Gestaltung des Wandels. Anträge zum 14. Ordentlichen Bundeskongreß des DGB vom 20.-26.05.1990, Frankfurt/M. 1990a

Industriegewerkschaft Metall, Auto, Umwelt, Verkehr. Diskussionspapier des IG Metall Vorstandes. In: Der Gewerkschafter 8-1990a, S.I-VIII

Industriegewerkschaft Metall, Zukunft der Automobilindustrie, 2.Symposium der IG Metall Wolfsburg und des Gesamtbetriebsrats der Volkswagen AG, 6.-7.2.1990, Wolfsburg 1990b

Industriegewerkschaft Metall, Tarifvertrag über die Arbeitszeit zwischen der Volkswagen AG Wolfsburg und der Industriegewerkschaft Metall Bezirksleitung Hannover vom 14. Dezember 1990, Hannover 1990c

Industriegewerkschaft Metall, Gehaltstarifvertrag zwischen der Volkswagen AG Wolfsburg und der Industriegewerkschaft Metall Bezirksleitung Hannover vom 14. Dezember 1990, Hannover 1990d

Industriegewerkschaft Metall, "Betriebliche Daten" Vergleichstabellen aus Werken der Automobil-Industrie 1990, Frankfurt a.M. 1991

Industriegewerkschaft Metall Wolfsburg, Richtlinie für den Vertrauensleutekörper der IG Metall in der Volkswagen AG, Werk Wolfsburg, Wolfsburg 1988

Die 50 größten Industrieunternehmen der Welt. In: Informationen über Multinationale Konzerne 4-1988, S.14

Instituto nacional de estadistica, Anuario estadistico de Espana, Madrid 1989

The international 500 biggest industrial Corporations outside the U.S.. In: Fortune 31.07.1989, S.44-70

International Labour Organisation, Dreigliedrige Grundsatzerklärung der IAO über Multinationale Unternehmen und Sozialpolitik, Genf o.J.

Internationaler Metallgewerkschaftsbund, Internationaler Metallgewerkschaftsbund, Genf, o.J.

Internationaler Metallgewerkschaftsbund, Die IMB-Weltautomobilausschüsse. Kampfansage der Arbeitnehmer an die multinationalen Automobilunternehmen, Genf o.J.a

Internationaler Metallgewerkschaftsbund, Entschließung Nr. 12, 24. Weltkongreß des IMB
    1977 München, IMB Aktionsprogramm für Multinationale Konzerne, Genf 1977
Internationaler Metallgewerkschaftsbund, Sitzung des IMB-Weltautomobilausschusses für
    Volkswagen Juni 1979. Zusammenfassender Bericht. Wolfsburg 1979
Internationaler Metallgewerkschaftsbund, Sitzung des IMB-Weltautomobilausschusses für
    Volkswagen 12.-14. Juni 1979 in Wolfsburg. ERKLÄRUNG, Wolfsburg 1979a
Internationaler Metallgewerkschaftsbund, Wer stellt was her in der Autoindustrie, Genf 1982
Internationaler Metallgewerkschaftsbund, Sitzung des IMB-Weltautomobilausschusses für
    Volkswagen. Wolfsburg, Bundesrepublik Deutschland 1.-2. September 1986, Zusam-
    menfassung der Beratunge, o.O. 1986
Internationaler Metallgewerkschaftsbund, Bericht über Volkswagen. Sitzung des IMB-Weltau-
    tomobilausschusses für Volkswagen September 1986, Genf 1986a
Internationaler Metallgewerkschaftsbund, Erklärung der 9. IMB-Weltautomobilkonferenz Bar-
    celona, 23-25. Januar 1990, Genf 1990
Internationaler Metallgewerkschaftsbund, Die Autowerker und die Herausforderungen der
    Neunziger Jahre, Genf 1990a
INTERSOLI, Bericht vom Wochenendseminar Königslutter 1.-3.11.1991
INTERSOLI, Übersicht über öffentliche Aktionen/Veranstaltungen seit 1986, Wolfsburg o.J.
Interview: Betriebsrat und Mitbestimmung. In: Doleschal, Reinhard; Dombois, Rainer (Hg.),
    Wohin läuft VW?, Reinbek bei Hamburg 1982, S.256-272
La inversion extranjera en el sector del automovil y componentes. In: Información Comercial
    Espanola No. 563, Juli 1980, S.135-137
Langfristiger Investitionsplan der Automobilindustrie Spaniens praktisch unter Dach. In: Inter-
    nationale Transport Zeitschrift Nr. 47 Basel 1985, S.5695-5697

Jacobi, Otto, Gewerkschaften, industrielle Beziehungen und europäische Einigung. In: Die
    Mitbestimmung Heft 11, 1988, S.609-612
Jacobi, Otto, Pionierrolle, aber keine Vormachtstellung für die deutschen Gewerkschaften. In:
    Gewerkschaftliche Monatshefte 11-1991, S.681-690
Jäger, Rolf, Schritte zur Europäisierung der Arbeitsbeziehungen in der chemischen Industrie.
    In: Die Mitbestimmung 4-1991, S.245-248
Jenkins, Rhys, Kontroverse Standpunkte zur Internationalen Arbeitsteilung. In: mehrwert 26,
    Bremen 1985, S.1-29
Jenkins, Rhys, Transnational Corporations and the Latin American Automobile Industry, Lon-
    don 1987
Jens, Uwe, Rezension über: Olle, Werner, "Strukturveränderungen der internationalen Direkt-
    investitionen und inländischer Arbeitsmarkt". Empirisch-quantitative Probleme einer
    markoökonomischen Relevanzanalyse der deutschen Direktinvestitionen im Ausland,
    München 1983. In: epd-Entwicklungspolitik 13-1984, S.23f.
Jürgens, Ulrich, Entwicklungstendenzen in der Weltautomobilindustrie bis in die 90er Jahre. In:
    Industriegewerkschaft Metall, Zukunft der Automobilindustrie, Wolfsburg 1986, S.15-49
Jürgens, Ulrich, -Zum Beispiel die Qualitätskontrolle-. Der Wandel in den Regulierungsformen
    von Arbeit in der Automobilindustrie, Berlin 1986a
Jürgens, Ulrich, Gegenwärtige technisch-organisatorische Wandlungsprozesse im Betrieb in
    arbeitspolitischer Perspektive, Berlin 1987
Jürgens, Ulrich, Produktionskonzepte und Standortstrategien in der Weltautomobilindustrie.
    In: wsi-mitteilungen 9-1990, S.596-602
Jürgens, Ulrich; Dohse, Knuth; Malsch, Thomas, New Production Concepts in West German
    Car Plants, Berlin 1984
Jürgens, Ulrich; Gutzler, Alfred, Zur ökonomischen Lage und zu den Perspektiven der Auto-
    mobilindustrie. In: Gewerkschaftliche Monatshefte 10-1987, S.628-640
Jürgens, Ulrich; Malsch, Thomas; Dohse, Knuth, Moderne Zeiten in der Automobilfabrik. Stra-
    tegien der Produktionsmodernisierung im Länder- und Konzernvergleich, Berlin, Heidel-
    berg 1989
Jürgens, Ulrich; Reutter, Werner, Verringerung der Fertigungstiefe in der deutschen Automo-
    bilindustrie: Zielsetzungen und Interessenlagen, Berlin 1989
Juesten, Wolfgang, Cash-flow und Unternehmensbeurteilung, Berlin 1971
Jungnickel, Rolf; Matthies, Klaus, Multinationale Unternehmen und Gewerkschaften, Hamburg
    1973

Jusmet, Jordi Roca, Neocorporativisme a L'estat espanyol postfranquista (1977-1983), In: 'Papers' Revista de Sociologia Nr. 24, Barcelona 1985, S.85-118

Kaplan, Abraham, Mathematik und sozialwissenschaftliche Analyse, In: Shubik, Martin (Hg.), Spieltheorie und Sozialwissenschaften, Hamburg 1965, S.89-94

Kasiske, Rolf, Krisen sind vorprogrammiert. In: Doleschal, Reinhard; Dombois, Rainer (Hg.), Wohin läuft VW?, Reinbek bei Hamburg 1982, S.84-118

Kasiske, Rolf; Manske, Fred; Wobbe-Ohlenburg, Werner, Die Roboterisierung der Produktion und ihre Auswirkungen auf Arbeitsbedingungen und Beschäftigung. In: wsi-mitteilungen 2-1981, S.73-82

Kassalow, Everett M., The impact of the multinationals on industrial relations practice. In: The Labour Gazette Ottawa November 1976, S.582-592

Kasten, Hans, Die europäische Wirtschaftsintegration, München 1978

Kastendiek, Hans, Neokorporativismus? Thesen und Analyserezepte in der westdeutschen Diskussion und in der internationalen "corporatism"-Debatte, In: Prokla H.38, 1980, S.81-106

Kastendiek, Hans; Kastendiek, Hella, Konservative Wende und industrielle Beziehungen in Großbritannien und in der Bundesrepublik. In: Politische Vierteljahresschrift 26. Jg., 1985, S.381-399

Kaufmann, Franz-Xaver, Solidarität als Steuerungsform - Erklärungsansätze bei Adam Smith. In: Kaufmann, Franz-Xaver; Krüsselberg, Hans-Günter (Hg.); Markt, Staat und Solidarität bei Adam Smith, Frankfurt, New York 1984, S.158-184

Kaufmann, Franz-Xaver; Krüsselberg, Hans-Günter (Hg.), Markt, Staat und Solidarität bei Adam Smith, Franfurt/Main - New York 1984

Kebschull, Dietrich; Mayer, Otto G. (Hg.), Multinationale Unternehmen, Anfang oder Ende der Weltwirtschaft?, Frankfurt 1974

Keller, Berndt, Olsons "Logik des kollektiven Handelns". Entwicklung, Kritik - und eine Alternative. In: PVS, Jg. 29, 1988, S.388-406

Kern, Peter, Der stumme Zwang der Verhältnisse - gruppendynamisch durchgestylt. In: Die Mitbestimmung 11/12-1991, S.768-771

Kieser, Alfred; Kubicek, Herbert, Organisation, Berlin/New York 1983

Kirchner, Emil J., Interessenverbände im EG-System und der Integrationsprozeß. In: Integration 9. Jg., 4-1986, Beilage zur Europäischen Zeitung 10-1986, S.156-165

Kisker, Klaus-Peter; Heinrich, Rainer; Müller, Hans-Erich; Richter, Rudolf; Struve, Petra, Multinationale Konzerne. Ihr Einfluß auf die Lage der Beschäftigten, Köln 1982

Kittner, Michael (Hg.), GewerkschaftsJahrbuch der Jahre 1984 bis 1991, Köln

Klaus, Horst, Eine Betriebsverfassung zur "Lösung der Gewerkschaftsfrage"? In: Die Neue Gesellschaft H.9, 1988, S.830-838

Kleinhenz, Gerhard, Leitbilder und Zielsysteme der Sozialpolitik der Europäischen Gemeinschaften. In: Sanmann, Horst (Hg.), Leitbilder und Zielsysteme in der Sozialpolitik, Berlin 1973, S.185-232

Klönne, Arno, Europäische Solidarität - Akzeptanzprobleme in einer multikulturellen und offenen Gesellschaft. In: Ruhruniversität Bochum; Industriegewerkschaft Metall, Ringvorlesung 1989/90 "Europäischer Binnenmarkt zwischen Anspruch und Wirklichkeit", Bochum 1990, S.50-54

Klotz, Ulrich; Tiemann, Heinrich, Gewerkschaftliche Organisation im Umbruch - Überlegungen zu einigen Aspekten der Organisationsentwicklung. In: Die Mitbestimmung 9-1990, S.589-595

Kneißel, Jutta, Vom Wert eines Verhaltenskodexes. In: epd-Entwicklungspolitik, H. 23/24, 1980, S.14ff.

Koch, Günther, Arbeitnehmer steuern mit. Belegschaftsvertretung bei VW ab 1945, Köln 1987

Koch-Baumgarten, Sigrid; Mielke, Siegfried, Rütters, Peter, Akteure und Handlungsfelder internationaler Gewerkschaftspolitik - Weltebene. In: Kittner, Michael (Hg.), GewerkschaftsJahrbuch 1987, Köln 1987, S.542-601

Koch-Baumgarten, Sigrid; Jansen, P.; Rütters, Peter, Internationale Gewerkschaftsbewegung - Krise der europäischen Gewerkschaften? In: Kittner, Michael (Hg.), GewerkschaftsJahrbuch 1988, Köln 1988, S.502-543

Köhler, Holm-Detlev, Spaniens Demokratie unter Modernisierungszwang, In: Prokla 68, 1987, S.131-151

Köhler, Holm-Detlev, Spanien nach dem Generalstreik. In: express 2/1989, S.15

Köpke, Günter, Aktionsmöglichkeiten der Europäischen Gewerkschaftsausschüsse auf Branchen- und Konzernebene. In: Kühne, Peter (Hg.), Gewerkschaftliche Betriebspolitik in Westeuropa, Berlin 1982, S.255-262

Köpke, Günter, Die wirtschaftlichen und sozialen Probleme des europäischen Binnenmarktes aus der Sicht der europäischen Gewerkschaften. In: Friedrich-Ebert-Stiftung (Hg.), Auf dem Weg zum europäischen Binnenmarkt, Bonn 1988, S.7-20

Köpke, Günter, Kein Binnenmarkt ohne soziale Dimension. In: Gewerkschaftliche Monatshefte 10-1989, S.638-645

Köpke, Günter, Tarifpolitische Perspektiven im europäischen Binnenmarkt: Hemmnisse und Chancen. In: Gewerkschaftliche Monatshefte 12-1990, S.757-766

Köpke, Günter; Pelzer, R., Internationale Arbeit - Westeurpa und Welt. In: Kittner, Michael (Hg.), GewerkschaftsJahrbuch 1985, Köln 1985, S.592-632

Köstler, Roland, Europäisches Gesellschaftsrecht. In: Die Mitbestimmung 11-1988, S.632-635

Köstler, Roland, Das Parlament hat nachgebessert. In: Die Mitbestimmung 4-1991, S.305ff.

Köstler, Roland, Der Kommissionsvorschlag zur Europäischen Aktiengesellschaft (SE) - Ein schlechter Entwurf. In: Die Mitbestimmung 8/9-1991a, S.608-611

Köstler, Roland, Europäische Betriebsräte - Nur ein kleiner Schritt in die richtige Richtung. In: Die Mitbestimmung 11-12/1991b, S.774f.

Köther, Jörg, Aktuelle Tendenzen in der Unternehmensstrategie des Volkswagen-Konzerns in den 80er Jahren. In: Informationen über Multinationale Konzerne 3-1989, S.20-25

Kohler, Beate, Politischer Umbruch in Südeuropa. Portugal, Griechenland, Spanien auf dem Weg zur Demokratie, Bonn 1981

Kohler-Koch, Beate; Platzer, Hans-Wolfgang, Tripartismus - Bedingungen und Perspektiven des sozialen Dialogs inder EG, In: Integration 9. Jg., 4-1986, Beilage zur Europäischen Zeitung, 10-1986, S.166-180

Kohte, Hans-Wolfhard, Industrielle Demokratie - Die Zukunft von Beteiligung und Mitbestimmung im Binnenmarkt. In: Ruhruniversität Bochum; Industriegewerkschafts Metall, Ringvorlesung 1989/90 "Europäischer Binnenmarkt zwischen Anspruch und Wirklichkeit", Bochum 1990, S.80-92

Transnationale Konzerne - nationale Gewerkschaften? Arbeitsbeziehungen im EG-Binnenmarkt, epd-Dokumenation Nr. 10-1990, Frankfurt 1990

Kommission der EG, Organisationsplan der Kommission, Brüssel o.J.

Kommission der EG, Sozialpolitisches Aktionsprogramm, In: Bulletin der Europäischen Gemeinschaften, Beilage 2-1974, Luxemburg

Kommission der EG, Der Dialog zwischen den Gewerkschaften und den Europäischen Gemeinschaften. Einrichtungen und Wege zu seiner Verwirklichung. GewerkschaftsInformationen Sondernummer 11 Brüssel 1975

Kommission der EG, Studie der Multinationalen Unternehmen, Band 1-11, Juli 1976, Brüssel

Kommission der EG, Die Süderweiterung der EG, 1978

Kommission der EG, Die Regionen Europas. Erster Regionalbericht 1980, Brüssel 1980

Kommission der EG, Die europäische Automobilindustrie. Stellungnahme der Kommission, In: Bulletin Beilage 2-1981

Kommission der EG, Der europäische Arbeitsmarkt, Brüssel 1981a

Kommission der EG, Bericht über die Arbeitsbedingungen in der Europäischen Automobilindustrie, V-2152-82-DE, Brüssel 1982

Kommission der EG, Erklärung von Herrn Richard vor dem Europäischen Parlament über die Verfahren zur Unterrichtung und Anhörung der Arbeitnehmer, KOM (82) 758 endg., Brüssel 17.11.1982a

Kommission der EG, Die Wettbewerbsfähigkeit der Industrie der Europäischen Gemeinschaften, Brüssel 1982b

Kommission der EG, Geänderter Vorschlag für eine Richtlinie über die Unterrichtung und Anhörung der Arbeitnehmer, Brüssel 9.1.1984, KOM (83) 292 endg.-2

Kommission der EG, Aktivitäten der Kommission und EG-Vorschriften für die Automobilindustrie 1981-1983, KOM (83) 633 endg., Brüssel 09.01.1984a

Kommission der EG, Die Regionen Europas. Zweiter periodischer Bericht über die sozio-ökonomische Lage und Entwicklung der Regionen der Europäischen Gemeinschaft zuzüglich einer Erklärung des Ausschusses für Regionalpolitik, Luxemburg 1984b

Kommission der EG, Einheitliche Europäische Akte, In: Bulletin der Europäischen Gemeinschaften Beilage 2-1986, Luxemburg

Kommission der EG, Die Regionen der erweiterten Gemeinschaft. 3. periodischer Bericht über die sozio-ökonomische Lage und Entwicklung der Regionen der Gemeinschaft, Luxemburg 1987

Kommission der EG, Die Soziale Dimension des Binnenmarktes. Arbeitsdokument der Kommission, Brüssel 14.09.1988, SEC (88) 1148 endg.

Kommission der EG, Gemeinschaftsrahmen für staatliche Beihilfen in der KFZ-Industrie, Brüssel 1988a

Kommission der EG, Stichwort Europa: Die Europäische Gemeinschaft in der Welt, Brüssel 1988b

Kommission der EG, Vorschlag für eine Verordnung des Rates über das Statut der Europäischen Aktiengesellschaft vom 25.08.1989, KOM (89) 268 endg., 1989

Kommission der EG, Vorschlag für eine Richtlinie des Rates zur Ergänzung des S.E. Statuts hinsichtlich der Stellung der Arbeitnehmer vom 25.08.1989, KOM (89) 268 endg, 1989a

Kommission der EG, Mitteilung der Kommission über ihr Aktionsprogramm zur Anwendung der Gemeinschaftscharta der sozialen Grundrechte, Brüssel 29.11.1989, KOM (89) 568 endg. 1989b

Kommission der EG, Gemeinschaftsrahmen für staatliche Beihilfen in der KFZ-Industrie, Amtsblatt der Europäischen Gemeinschaften Nr. C 123-3-5, 18.05.1989c

Kommission der EG, Motor Vehicles NACE 351. In: Diess., Panorama of EC Industry 1989, Luxemburg 1989d, S.14-1 bis 14-5

Kommission der EG, A Competitive Assessment of the European Automotive Industry in View of 1992, Brüssel 1989e

Kommission der EG, Arbeitsprogramm der Kommission für 1989, Brüssel 1989f

Kommission der EG, Stichwort Europa. Das Gesellschaftsrecht in der Europäischen Gemeinschaft, Brüssel 1989g

Kommission der EG, Stichwort Europa. EURO-BAROMETER: die öffentliche Meinung und Europa, Brüssel 1989h

Kommission der EG, Achtzehnter Bericht über die Wettbewerbspolitik, Brüssel 1989i

Kommission der EG, Für ein soziales Europa: Binnenmarkt 1992, Köln 1989j

Kommission der EG, Stichwort Europa: Die integrierten Mittelmeerprogramme, Brüssel 1989k

Kommission der EG, Die Soziale Dimension der Europäischen Gemeinschaft, Europäische Dokumentation 2-1990

Kommission der EG, Die Gemeinschaftscharta der sozialen Grundrechte der Arbeitnehmer, Stichwort Europa, 6-1990a

Kommission der EG, Vorschlag für eine Richtlinie des Rates über die Einsetzung Europäischer Betriebsräte zur Information und Konsultation der Arbeitnehmer in gemeinschaftsweit operierenden Unternehmen und Unternehmensgruppen, KOM (90) 581 endg., 1990b.

Kommission der EG, Kraftfahrzeugindustrie NACE 351, In: diess., Panorama der EG-Industrie 1990, Luxemburg 1990c, S.13-6 bis 13-15

Kommission der EG, Die 70 größten europäischen Firmen im Vergleich zu ihren Konkurrenten. In: diess., Panorama der EG-Industrie 1990, Luxemburg 1990d, S.35-55

Kommission der EG, Die gewerbliche Wirtschaft der Europäischen Gemeinschaft vor neuen Aufgabenstellungen, In: diess., Panorama der EG-Industrie 1990, Luxemburg 1990e, S.7-33

Kommission der EG, Mitteilung der Kommission, Ein großer Binnenmarkt für Kraftfahrzeuge, Brüssel 1990f

Kommission der EG, Sich den Herausforderungen der frühen 90er Jahre stellen. Jahreswirtschaftsbericht 1989-1990, Brüssel 1990g

Kommission der EG, Fünfter Bericht von der Kommission an den Rat und an das Europäische Parlament über die Durchführung des Weissbuchs der Kommission zur Vollendung des Binnenmarktes. KOM (90) 90 endg., Brüssel 23.03.1990h

Kommission der EG, Makroökonomische Perspektiven. In: diess., Panorama der EG-Industrie 1990, Luxemburg 1990i, S.159-164

Kommission der EG, Neunzehnter Bericht über die Wettbewerbspolitik, Brüssel 1990j

Kommission der EG, Arbeitsprogramm der Kommission für 1990, Brüssel 1990k

Kommission der EG, Ausländische Investitionen. In: diess., Panorama der EG-Industrie 1990, Luxemburg 1990l, S.91-119

Kommission der EG, Merkmale und Struktur des Industrieaussenhandels der EG-Mitgliedsstaaten. In: diess., Panorama der EG-Industrie 1990, Luxemburg 1990m, S.57-89

Kommission der EG, Die Regionen in den 90er Jahren. Vierter periodischer Bericht über die
  sozioökonomische Lage und Entwicklung der Regionen in der Gemeinschaft, Brüssel
  1991
Kommission der EG, Geänderter Vorschlag für eine Richtlinie des Rates über die Einsetzung
  Europäischer Betriebsräte zur Information und Konsultation der Arbeitnehmer in gemeinschaftsweit operierenden Unternehmen und Unternehmensgruppen, KOM (91)
  345endg., Brüssel 1991a. In: Hans-Böckler-Stiftung (Hg.), Europäische Betriebsräte.
  Ein Beitrag zum sozialen Europa, Düsseldorf 1991, 2.veränderte Auflage
Konzernbetriebsrat Volkswagen, IMB-Weltautomobilausschuß Volkswagen 1.-2. September
  1986, Internationale Arbeitnehmerkonferenz Volkswagen 2.-5. September 1986, Wolfsburg 1986
Horizontale Konzentration, Fusionen und Wettbewerbspolitik in der Europäischen Gemeinschaft, In: Europäische Wirtschaft Nr. 40, Mai 1989, Brüssel
Die staatenlosen Konzerne, In: Informationen über multinationale Konzerne 2-1990, S.24f.
Kothe, Wolfhard, Industrielle Demokratie - Die Zukunft von Beteiligung und Mitbestimmung
  im Binnenmarkt. In: Ruhruniversität Bochum; Industriegewerkschaft Metall, Ringvorlesung 1989/90 "Europäischer Binnenmarkt zwischen Anspruch und Wirklichkeit", Bochum 1990, S.80-92
Kotthoff, Hermann, Zum Verhältnis von Betriebsrat und Gewerkschaft. Ergebnisse einer empirischen Untersuchung. In: Bergmann, Joachim (Hg.), Beiträge zur Soziologie der
  Gewerkschaften, Frankfurt 1979, S.298-325
Koubek, Norbert, Die Multinationalen Konzerne - eine Problemskizze, In: wsi-mitteilungen 4-
  1975, S.156-159
Koubek, Norbert; Scheibe-Lange, Ingrid, Konzentration und Internationalisierung der Großunternehmen und Konzerne in der deutschen Wirtschaft von 1968 bis 1980. In: wsi-mittei-
  lungen 7-1983, S.394-408
Krämer-Prein, Gabriele, Deutsche Unternehmen akzeptieren IG Metall-Standards, Durchbruch
  am Kap. In: Metall 15./22.7.1988, S.7
Kramer, Hans, Die Rolle der Sozialpartner im Entscheidungssystem der EG. In: Aus Politik
  und Zeitgeschichte B.22, 1977
Kreile, Michael, Die Bundesrepublik Deutschland - eine "Economie Dominante" in Westeuropa? In: Bermbach, Udo (Hg.), Politische Wissenschaft und politische Praxis, PVS
  Sonderheft 9, Opladen 1978, S.236-256
Kretschmer, Dieter, Internationale Kampfmaßnahmen gegen Multinationale Konzerne am Bei-
  spiel von Akzo. In: wsi-mitteilungen 4-1975, S.200-203
Kreuder, Thomas, Unternehmenskultur und Mitbestimmung. Neue Produktions- und Manage-
  mentkonzepte - ihre Auswirkungen auf die institutionalisierte Interessenvertretung, Düs-
  seldorf 1992
Kreye, Otto, Arbeitslosigkeit in Westeuropa: Arbeitsmarktpolitik versus Beschäftigungspolitik.
  In: Gewerkschaftliche Monatshefte 7-1986, S.385-392
Krieger, Hubert, Mitbestimmung in Europa in den neunziger Jahren. Bestandsaufnahme, Kon-
  zepte und Perspektiven. In: Aus Politik und Zeitgeschichte 22.03.1991, S.20-34
Kronenberg, Brigitte u.a., WSI-Mitbestimmungsbericht 1990. In: wsi-mitteilungen 8-1991,
  S.478-489
Kruegel, Ralf, Die "zweite Revolution" und der betriebliche Alltag. In: Die Mitbestimmung 4-
  1992, S.28ff.
Krulis-Randa, Jan S., Der Einfluß der Absatzpolitik Multinationaler Unternehmen auf den Au-
  ßenhandel. In: Der Markt Nr. 62, Wien 1977, S.50-56
Kühne, Karl, Chancen und Risiken der Vollendung des Binnenmarktes, In: Gewerkschaftliche
  Monatshefte Nr.6, 1989, S.321-335
Kühne, Karl, Europa 1993: Geburt eines neuen Demiurgen? Zur ökonomischen Struktur und
  Gestaltung des zu vollendenden Binnenmarktes, In: Steinkühler, Franz (Hg.), Europa 92,
  Hamburg 1989a, S.25-60
Kugler, Anita, Der Internationale Metallarbeiter-Bund (IMB) - Historische Entwicklungsten-
  denzen und aktuelle Problemstellungen, In: Olle, Werner (Hg.), Einführung in die Inter-
  nationale Gewerkschaftspolitik Bd.1, Berlin 1978, S.107-130

Lancaster, Thomas D.; Prevost, Gary (Hg.), Politics and Change in Spain, New York 1985
Lang, Klaus; Sauer, Joachim, Wege zu einer europäischen Tarifpolitik. In: Steinkühler, Franz
  (Hg.), Europa 92, Hamburg 1989, S.207-229

Lang, W., Spanien nach Franco: vom autoritären zum liberalen Korporatismus? In: Alemann, Ulrich von (Hg.), Neokorporatismus, Frankfurt/M. 1981

Lecher, Wolfgang, Korporatismus und Gewerkschaftspolitik im europäischen Vergleich. In: wsi-mitteilungen 9-1981, S.550-558

Lecher, Wolfgang, Arbeitnehmerrechte und Gewerkschaften in Spanien. Reihe: Mitbestimmung in Europa (VI). In: Die Mitbestimmung Nr.5, 1983, S.240ff.

Lecher, Wolfgang, Gewerkschaften in Europa. Zwischen Resignation und Widerstand. In: aus politik und zeitgeschichte, 22.12.1984, S.29-46

Lecher, Wolfgang, Gewerkschaften - eine internationale und deutsche Positionsbestimmung. In: Gewerkschaftliche Monatshefte 7-1985, S.385-391

Lecher, Wolfgang, Stand und Perspektiven von Arbeitnehmer-Beteiligung und Mitbestimmung in Europa, Wirtschafts- und Sozialwissenschaftliches Institut des DGB, WSI-Arbeitsmaterialien Nr.6, Düsseldorf 1985a

Lecher, Wolfgang, Mitbestimmung - ein europäisches Integrationsthema. In: Die Mitbestimmung 11-1988, S.628-632

Lecher, Wolfgang, Koordinaten gewerkschaftlicher Europapolitik. In: wsi-mitteilungen 10-1989, S.640-647

Lecher, Wolfgang, Konturen europäischer Tarifpolitik. In: wsi-mitteilungen 2-1991, S.195-201

Lecher, Wolfgang, Arbeitsbeziehungen und Tarifpolitik in Europa. In: Gewerkschaftliche Monatshefte 11-1991a, S.700-709

Leggewie, Claus, Theoretische und empirische Aspekte des Abhängigkeitsverhältnisses der mediterranen Peripherie vom westeuropäischen Zentrum. Ein Überblick. In: ders; Nikolinakos, Marios (Hg.), Europäische Peripherie. Zur Frage der Abhängigkeit des Mittelmeerraumes von Westeuropa. Tendenzen und Entwicklungsperspektiven, Meisenheim am Glan 1975, S.13-94

Leggewie, Claus; Nikolinakos, Marios (Hg.), Europäische Peripherie. Zur Frage der Abhängigkeit des Mittelmeerraumes von Westeuropa. Tendenzen und Entwicklungsperspektiven, Meisenheim am Glan 1975

Leggewie, Claus, Die Erweiterung der Europäischen Gemeinschaft nach Süden, In: Leviathan 1979, 7. Jg., S.174-198

Leinz, Andreas, Europäischer Binnenmarkt und Mitbestimmung auf Betriebsebene - ein Problemaufriß, Göttingen 1990

Leminsky, Gerhard; Otto, Bernhard, Politik und Programmatik des DGB, Köln 1984

Levison, Charles, Gewerkschaften, Monopole, Konzerne, Die internationale Gewerkschaftsbewegung und die multinationalen Konzerne, Köln 1973

Lexikon zur Soziologie, Opladen 1978

Ley Orgánica de Libertad Sindical, In: Boletin Oficial del Estado No. 189, 08.08.1985, S.3598-3603

Lidbom, Karl, Möglichkeiten staatlicher Politik am Beispiel Schweden, In: wsi-mitteilungen 4-1975, S.162-164

Linden, Frank Andreas; Rüßmann, Karl Heinrich, DieFaust im Nacken. In: manager magazin 8-1988, S.88-109

Lindenberg, Siegwart, Erklärung als Modellbau: Zur soziologischen Nutzung von Nutzentheorien. In: Schulte W. (Hg.), Soziologie in der Gesellschaft, Bremen 1981, S.20-35

Linz, Juan, A century of politics and Interests in Spain, In: Berger, S. (Ed.), Organizing interests in Western Europe, Cambridge 1981, S.365-414

Linz, J. u.a., Espana un presente para el futuro Bd.1, Madrid 1984

Lipset, Seymour M., The Political Process in Trade Unions. A Theoretical Statement. In: Galeson, W.; Lipset, S.M. (Ed), Labour and Trade Unionism, New York 1960, S.216-242

Löhrlein, Klaus, Mitgliederzahlen: Entwicklung und Verteilung nach Gewerkschaften und DGB-Landesbezirken. In: Kittner, Michael (Hg.), GewerkschaftsJahrbuch 1990, Köln 1990, S.67-75

Lörcher, Klaus, Streikformen und internationales Arbeitsrecht. - Welche Aussagen sind dem Übereinkommen Nr.87 der Internationalen Arbeitsorganisation (ILO) und der Europäischen Sozialcharta (ESC) zu entnehmen? In: wsi-mitteilungen 4-1987, S.227-236

Relative Lohnstückkosten in der Gemeinschaft. In: Europäische Wirtschaft Beiheft A, Nr. 11, 1986, S.1-4

Logistikkonzepte in der Automobilindustrie, Die Mitbestimmung 6-7-1990

Lorente, José Ramón, Las Elecciones sindicales en Espana. In: Boletin ICE Economico, No. 2259, 03.12.1990, S.4413-4417

Lorenzen, Sievert, Rezension: Robert Axelrod: Die Evolution der Kooperation, In: Spektrum der Wissenschaft 12-1988, S.159-162

Luce, R. Duncan; Raiffa, Howard, Games and Decisions, introduction and critical survey, New York, London, Sydney 1957

Ludvigsen Associates Limited, Report to the Commission of the European Comunities., The EC92 Automobile Sector. Executive Summary. In: Commision of the European Communities (Hg.), Research on the "Cost of Non-Europe. Basic Findings, Vol.1, Luxemburg 1988, S.363-395

Lünzmann, Friedrich, Lean Production: Einige Gedanken aus der Sicht der Automobilindustrie. In: Hans-Böckler-Stiftung (Hg.), Lean Production Schlanke Produktion, Düsseldorf 1992, S.81-85

Männel, Bettina, Weltweite Kompetenzzentren in der Automobilindustrie. In: Informationen über multinationale Konzerne 2-1990, S.20-23

Malefakis, Edward, Spain and it Francchist Heritage. In: Herz, John H. (Hg.), From dictatorship to democracy. Coping with the Legacies of Authoritarianism and Totalitarianism, Westport 1982

Malsch, Thomas; Dohse, Knuth; Jürgens, Ulrich, Industrieroboter im Automobilbau. Auf dem Sprung zum "automatisierten Fordismus"?, Berlin 1984, WZB IIVG Paper dp84-217

Malsch, Thomas; Dohse, Knuth; Jürgens, Ulrich, Fertigungsautomation und Arbeitseinsatz in der Automobilindustrie. Ein Materialbericht zur technischen Entwicklung der 80er Jahre, Berlin 1987, WZB IIVG-Paper dp87-219

Mandel, Ernest, Die EWG und die Konkurrenz Europa - Amerika, Frankfurt/M. 1968

Maravall, José M., The transition to democracy in Spain, London 1982

Maravall, José M.; Santamaría, Julián, Political Change in Spain and the Prospects for Democracy. In: O'Donnell, Guillermo; Schmitter, Philippe C.; Whitehead, Laurence, Transitions from Authoritarian Rule. Southern Europe, Baltimore/London 1986, S.71-108

March, James G., Bounded Rationality, Ambiguity, and the Engineering of Choice. In: Elster, Jon (Hg.), Rational Choice, Oxford 1986, S.142-170

Martens, Helmut; Bürger, Michael, Mitbestimmung '76 Und was dann?, Düsseldorf 1987

Martinez-Alier, J., Viejas Ideologías y nuevas realidades corporativistas, In: Revista Espanola de Investigaciones Sociologicas 31, 1985

Matthies, Klaus, Gewerkschaften contra multinationale Unternehmen. In: Kebschull, Dietrich; Mayer, Otto G. (Hg.), Multinationale Unternehmen, Anfang oder Ende der Weltwirtschaft, Frankfurt/M. 1974, S.86-100

Meggeneder, Oskar, Erfahrungen mit den OECD-Leitlinien für multinationale Unternehmen (1979-1982). In: Informationen über Multinationale Konzerne 4-1983, S.20-24

Meggeneder, Oskar, Die Automobilindustrie in Westeuropa, USA und Japan 1979-1983, In: Informationen über Multinationale Konzerne, 2-1985, S.8-11

Meinhardt, Uwe, ECU oder Euro-Mark?, Streit um die Europäisierung der Stabilitätspolitik nach deutschem Modell. In: Blätter für Deutsche und Internationale Politik 11-1988, S.1356-1367

Melfi, Toni, VW-Tochter Skoda: Band unter. In: auto motor sport magazin 23-1991, S.218-222

Mertens, Volker, Gewerkschaftliche Kooperation auf betrieblicher Ebene innerhalb eines Multinationalen Konzerns. Das Beispiel von Volkswagen de México innerhalb des Volkswagenkonzerns, Köln, Egelsbach 1991

Mesch, Michael, Programm für Arbeitsplatzsicherung bei GM/USA. In: Informationen über Multinationale Konzerne 2-1985, S.5f.

Messow, Hannelore, Audi: Mit Tataren-Meldungen in die Talfahrt "Zuviele an Bord". In: Metall 15./22.7.1988, S.21

Meyer, Hans-Werner, "Der DGB darf nicht der Leierkasten der alten Erfolge sein". In: Frankfurter Rundschau 17.11.1990

Meyer-Dohm, Peter, Veränderungen der Arbeitsorganisation in der Automobilindustrie: Das Beispiel Volkswagen. Vortrag im Seminar "Influence of New Technologies on Labour-Management-Relations in the Automobil Industry" des EMB, Brüssel 14. April 1987, Wolfsburg 1987

Michalet, Charles-Albert, Multinationale Unternehmen und die Wirtschaftskrise, Frankfurt/Main - New York 1986

Michels, Robert, Zur Soziologie des Parteiwesens in der modernen Demokratie: Untersuchungen über die oligarchischen Tendenzen des Gruppenlebens. Neudruck der zweiten Auflage. Stuttgart 1970

Miguélez Lobo, Faustino, SEAT. La empresa modelo del regimen, Barcelona 1977

Mihr, Karl-Heinz, Die wichtigste Aufgabe ist die Personalplanung, In: Die Mitbestimmung 7-1987, S.379ff-

Ministerio de Trabajo y Seguridad Social, Elecciones sindicales 1986, vol. 1, Resultados nacionales, Madrid 1987

Ministerio de Trabajo y Seguridad Social, Estadistica de Convenios Colectivos der Jahre 1984, 1986-87, 1987-88, 1988-89, Madrid 1984, 1985, 1988, 1989, 1990

Ministerio de Trabajo y Seguridad Social, Boletín de Estadisticas Laborales No. 78, Madrid 1991

Mino, Hokaji, The " World Car" held as Trump Card in Global Car War. In: Business Japan, Tokio 5-1982, S.25-30

Minssen, Heiner u.a., Gruppenarbeit in der Automobilindustrie. Das Beispiel Opel Bochum. In: wsi-mitteilungen 7-1991, S.434-441

Montes Munoz, Jaime, Los acuerdos generales 1977-1986. In: Ojeda Avilés, Antonio (Hg.), La Concertación Social tras la Crisis, Barcelona 1990, S.209-213

Moore, Lynden, The Growth and Structure of International Trade Since the Secon World War, Brighton 1985

Mooser, Josef, Arbeiterleben im historischen Wandel seit 1900. In: Gewerkschaftliche Monatshefte 11-1988, S.649-659

Mückenberger, Ulrich, Organisation, Macht und Verantwortung. In: Gewerkschaftliche Monatshefte 9-1991, S.586-589

Müller, Gernot; Seifert, Hartmut, Deregulierung aus Prinzip? -Eine Diskussion der Vorschläge der Deregulierungskommission zum Arbeitsmarkt-. In: wsi-mitteilungen 8-1991, S.489-499

Müller, Hans-Erich, Neue Unternehmensstrategien in Europa, In: Hans-Böckler-Stiftung (Hg.), Europäische Betriebsräte. Ein Beitrag zum sozialen Europa, Düsseldorf 1991, S.43-56

Müller-Jentsch, Walther, Bedingungen kooperativer und konfliktorischer Gewerkschaftspolitik. In: Leviathan, H.2, 1973, S.223-241

Müller-Jentsch, Walther, Materialien zur Gewerkschaftstheorie. In: Beiträge zur Marxschen Theorie 3, Frankfurt/Main 1975, S.27-60

Müller-Jentsch, Walther, Die Neue Linke und die Gewerkschaften. In: Das Argument 107, 1978, S.17-28

Müller-Jentsch, Walther, Neue Konfliktpotentiale und institutionelle Stabilität, In: PVS, 20. Jg., Opladen 1979

Müller-Jentsch, Walther, Vom gewerkschaftlichen Doppelcharakter und seiner theoretischen Auflösung im Neokorporatismus. In: Institut für Sozialforschung, Gesellschaftliche Arbeit und Rationalisierung, Leviathan Sonderheft 4-1981, Opladen 1981, S.178-200

Müller-Jentsch, Walther, Gewerkschaften als intermediäre Organisationen. In: Materialien zur Industriesoziologie, KZfSS Sonderheft 24, 1982, Opladen, S.408-432

Müller-Jentsch, Walther, Versuch über die Tarifautonomie. Entstehung und Funktionen kollektiver Verhandlungssysteme in Großbritannien und Deutschland. In: Leviathan, Jg. 11, 1983, S.118-150

Müller-Jentsch, Walther, Berufs-, Betriebs- oder Industriegewerkschaften, In: Endruweit, G., u.a. (Hg.), Handbuch der Arbeitsbeziehungen, Berlin 1985

Müller-Jentsch, Walther, Soziologie der industriellen Beziehungen, Frankfurt 1986

Müller-Jentsch, Walther, Arbeitsmarkt und Kollektivverhandlungen in Gewerkschaftstheorien, Paderborn 1986a

Müller-Jentsch, Walther, Arbeitsmarkt und Kollektivverhandlungen in Gewerkschaftstheorien - ein Überblick, In: Pornschlegel, Hans, Macht und Ohnmacht von Gewerkschaftstheorien in der Gewerkschaftspolitik. 18. Internationale Tagung der Sozialakademie Dortmund, Berlin 1987

Müller-Jentsch, Walther, Eine neue Topographie der Arbeit - Organisationspolitische Herausforderungen für die Gewerkschaften. In: Abromeit, Heidrun; Blanke, Bernhard (Hg.),

Arbeitsmarkt, Arbeitsbeziehungen und Politik in den 80er Jahren, Leviathan Sonderheft 8-1987, Opladen 1987, S.159-178

Müller-Jentsch, Walther (Hg.), Zukunft der Gewerkschaften: ein internationaler Vergleich, Frankfurt, New York 1988

Müller-Jentsch, Walther, Flexibler Kapitalismus und kollektive Interessenvertretung. Gewerkschaften in der dritten industriellen Revolution. In: ders., Zukunft der Gewerkschaften, Frankfurt/Main 1988a, S.9-17

Müller-Jentsch, Walther, Gewerkschaften im Umbruch. Ein qualitativer Vergleich. In: ders., Zukunft der Gewerkschaften, Frankfurt/Main 1988b, S.265-288

Müller-Jentsch, Walther, Spielregeln für Betriebsräte und Gewerkschaften oder: Wie tragfähig ist der Modernisierungspakt? In: Die Mitbestimmung 4-1992, S.6f.

Müller-Plantenberg, Urs, Einkommensstruktur und Arbeitsmarkt international. In: Prokla Nr. 42, 11. Jg., Berlin 1981, S.145-157

Münzner, Horst, "Wettbewerbsorientierte Unternehmenspolitik im Volkswagen-Konzern" Referat gehalten auf der Weltkonzernausschußsitzung des Volkswagen-Konzerns am 02.09.1986. In: Konzernbetriebsrat, IMB-Weltautomobilausschuß Volkswagen 1.-2.September 1986/Internationale Arbeitnehmerkonferenz Volkswagen 2.-5.September 1986, Wolfsburg 1986

Mujal-Leon, Eusebio, The Foreign Policy of the Socialist Government. In: Payne, Stanley G.; The Politics of Democratic Spain, Chicago 1986, S.197-245

Muster, Manfred, Chancen und Schwierigkeiten arbeitspolitischer Interessenvertretung in der Automobilindustrie. In: wsi-mitteilungen 6-1987

Nerb, Gernot, Die Vollendung des Binnenmarktes: Wie schätzt die europäische Industrie die wahrscheinlichen Auswirkungen ein?, o.O. 1989

Neuhaus, Rolf, International Trade Secretariats, Objectives, organisation, activities, Bonn 1981

Neumann, Horst, Internationaler Automobilmarkt. Scharfe Konkurrenz. In: Der Gewerkschafter 6-1989a, S.44f.

Neumann, Horst, Lean Production: Innovativer Wettbewerb oder mörderische Konkurrenz? In: Hans-Böckler-Stiftung (Hg.), Lean Production Schlanke Produktion, Düsseldorf 1992, S.47-52

Nickel, Walter, Gewerkschaftliche Mitgliederwerbung im Betrieb. Ein Beitrag aus soziologischer Sicht. In: Brehm, Horst; Pohl, Gerd, Interessenvertretung durch Information, Köln 1978, S.403-419

Nienhaus, Volker, Sozialraum Europa - Harmonisierung der sozialen Sicherung als Anpassung nach unten? In: Ruhruniversität Bochum; Industriegewerkschaft Metall, Ringvorlesung 1989/90 "Europäischer Binnenmarkt zwischen Anspruch und Wirklichkeit", Bochum 1990, S.61-73

Nölting, Andreas, Mit dem Rücken zur Wand. In: manager-magazin 9-1988, S.166-170

Noetzel, Thomas, Individualisierung und Solidarität. In: Die Mitbestimmung 5-1990, S.350-353

Nohlen, Dieter (Hg.), Lexikon Dritte Welt, Reinbek bei Hamburg 1985

Nohlen, Dieter; Schultze, Rainer-Olaf (Hg.), Ungleiche Entwicklung und Regionalpolitik in Südeuropa, Bochum 1985

Nolte, Dirk, Perspektiven der bundesdeutschen Automobilindustrie - Grenzen exportorientierter Beschäftigungssicherung, In: wsi-mitteilungen 6-1991, S.362-370

Nolte, Dirk; Das Phänomen Japan - Erklärungsansätze der überragenden Wettbewerbsstärke am Beispiel der japanischen Automobilindustrie -. In: wsi-mitteilungen 1-1992, S.34-42

North, Douglas, A Neoclassical Theory of the State. In: Elster, Jon (Hg.), Rational Choice, Oxford 1986, S.248-260

A note on foreign direct investment in southern Europe, In: UN Economic Commission for Europe, Economic Survey of Europe in 1988-1989, New York 1989, S.59-63

OECD, OECD Economic Surveys - SPAIN 1987/88, Paris 1988

Oene, Kees von, Der Weltgewerkschaftsbund - zwischen Einheit und Spaltung (1945-49). In: Olle, Werner (Hg.), Einführung in die Internationale Gewerkschaftspolitik, Westberlin 1978, S.160-169

Oesterheld, Werner; Olle, Werner, Gewerkschaftliche Internationalisierung in Westeuropa - Zur Entwicklung des Europäischen Gewerkschaftsbundes (EGB). In: Olle, Werner

(Hg.), Einführung in die Internationale Gewerkschaftspolitik, Westberlin 1978, S.201-224

Oesterheld, Werner; Wortmann, Michael, Bundesdeutsche Unternehmen im Ausland. Entwicklung der bundesdeutschen Direktinvestitionen in der ersten Hälfte der 80er Jahre, Berlin 1987, FAST-Studien Nr. 2

Offe, Claus, Politische Herrschaft und Klassenstrukturen - Zur Analyse spätkapitalistischer Gesellschaftssysteme. In: Kress, Gisela; Senghaas, Dieter, Politikwissenschaft - Eine Einführung in ihre Probleme, Frankfurt/M. 1969

Offe, Claus, The attribution of public status to interest groups: obervations on the West German case. In: Berger, Suzanne (Ed.), Organizing interests in Western Europa. Pluralism, corporatism and the transformation of polititcs, Cambrigde/Mass 1981, S. 123-158

Offe, Claus, Korporatismus als System nichtstaatlicher Makrosteuerung? Notizen über seine Voraussetzungen und demokratischen Gehalte. In: Geschichte und Gesellschaft 10, Göttingen 1984, S.234-256

Offe, Claus, "Arbeitsgesellschaft": Strukturprobleme und Zukunftsperspektiven, Frankfurt/Main 1984a

Offe, Claus, Bemerkungen zur spieltheoretischen Neufassung des Klassenbegriffes bei Wright und Elster. In: Prokla 58, 1985 Westberlin, S.83-88

Offe, Claus; Wiesenthal, Helmut, Two Logics of Collective Action: Theoretical Notes on Social Class and Organizational Form. In: Political Power and Social Theory, Vol.1, 1980 Greenwich, Connecticut, S.67-115

Ojeda-Aviles, Antonio, Der Ausbau betriebsbezogener gewerkschaftlicher Organisationsstrukturen nach dem Sturz der Franco-Diktatur. In: Kühne, Peter (Hg.), Gewerkschaftliche Betriebspolitik in Westeuropa, Berlin 1982, S.106-117

Olk, Thomas u.a., Lohnarbeit und Arbeitszeit. Arbeitsmarktpolitik zwischen Requalifizierung der Zeit und kapitalistischem Zeitregime. In: Leviathan 7-1979, S.151-173, 376-407

Olle, Werner, Internationale Gewerkschaftspolitik am Beispiel der IG Metall. In: Kritik der politischen Ökonomie Nr.3/4-1975, Berlin, S.145-172

Olle, Werner (Hg.), Einführung in die internationale Gewerkschaftspolitik. Band 1, Berlin 1978

Olle, Werner, Gewerkschaften und neue Weltarbeitsteilung. In: epd-Entwicklungspolitik Nr.6/7-1980, S.16-18

Olle, Werner, Rezension: Fikentscher, Wolfgang R.; Moritz, Peter, Die Auswirkungen deutscher Direktinvestitionen in Entwicklungsländern auf Produktion und Beschäftigung in der Bundesrepublik Deutschland, Tübingen 1980. In: epd-entwicklungspolitik 16-1980a, S.29f.

Olle, Werner, Unterbewertete Direktinvestitionen, die Statistiken sagen nicht die Wahrheit. In: epd-Entwicklungspolitik 14-1983, S.i-l

Olle, Werner, Export von Arbeitsplätzen. In: Informationen über Multinationale Konzerne 1-1983a, S.33f

Olle, Werner, Deutsche Direktinvestitionen in Entwicklungsländer - 'Arbeitsplatzexport' in Niedriglohnländer?, Bonn-Bad Godesberg 1983b

Olle, Werner, Strukturveränderungen der internationalen Direktinvestitionen und inländischer Arbeitsmarkt. Empirisch-quantitative Probleme einer makroökonomischen Relevanzanalyse der deutschen Direktinvestitionen im Ausland, München 1983c

Olle, Werner, Auslandsexpansion deutscher Industrieunternehmen wird unterschätzt. In: Informationen über Multinationale Konzerne 1-1983d, S.30-33

Olle, Werner, Internationalisierung der Weltautomobilindustrie - Wenige Entwicklungsländer im interkontinentalen Fertigungsprozeß, In: epd-Entwicklungspolitik 18-1984, S.11-15

Olle, Werner, Exportentwicklung, Auslandsproduktion und internationale Wettbewerbsfähigkeit. In: wsi-mitteilungen 1984a, S.236-

Olle, Werner, Deutsche Transnationale Unternehmen (2): Daimler Benz, In: epd-Entwicklungspolitik 18-1984b, S.9f.

Olle, Werner, Auslandsinvestitionen deutscher Unternehmen in Entwicklungsländern - Empirische Trends zu Beginn der achtziger Jahre. In: Außenwirtschaft H.3, 1984c, S.241-260

Olle, Werner, Deutsche Transnationale Unternehmen (1): Volkswagen, In: epd-Entwicklungspolitik 18-1984d, S.7f.

Olle, Werner, Abschied von der 'neuen internationalen Arbeitsteilung'? - Neue Technologien führen zur Rückverlagerung von Auslandsfertigungen aus Entwicklungsländern. In: epd-Entwicklungspolitik 20/21-1985, S.17-22

Olle, Werner, Internationalisierungsstrategien in der Automobilindustrie, Frankfurt 1986
Olle, Werner; Oesterheld, Werner, Deutsche Unternehmen im Ausland. Teil I: Unternehmens-bezogene Daten zur Internationalisierung der deutschen Industrie. In: Informationen über Multinationale Konzerne 3-1984, S.6-10
Olle, Werner; Oesterheld, Werner, Ausländische Unternehmen in der Bundesrepublik Deutschland Teil II. In: Informationen über Multinationale Konzerne 4-1984a, S.1-5
Olson, Mancur Jr., Die Logik des kollektiven Handelns, Kollektivgüter und die Theorie der Gruppen, Tübingen 1968
Opp, Karl-Dieter, Das 'ökonomische Programm' in der Soziologie. In: Soziale Welt 29, 1978, S.129-154
Organization for Economic Cooperation and Development, The 1990 Review of the OECD 1976 Declaration and Decisions on International Investment and Multinational Enterpri-ses, Paris 1990
Otterbeck, L. (Hg.), The Management of Headquarter - Subsidiary Relationships in Multina-tional Corporations, Aldershot 1981
Owen, Nicholas, Economies of Scale, Competitiveness and Trade Patterns within the european Communitiy, Oxford 1983

Padoa-Schioppa, Tommaso, Effizienz, Stabilität und Verteilungsgerechtigkeit. Eine Entwick-lungsstrategie für das Wirtschaftssystem der Europäischen Gemeinschaft, Wiesbaden 1988
Paquien, Jorge Luis, La Industría Automotriz en la ALALC, Buenos Aires 1969
Parajón, Vicente, La integración de Espana en las Comunidades Europeas Primeros resultados de la adhesión. In: Sistema 79, 1987, S.3-16
Paricio, Joaquina; Quesada, Javier, Wages and Employment in the Spanish Economy: Behavior and Trends during the Crisis. In: Zeitschrift für Wirtschafts- und Sozialwissenschaften, 105. Jg, Berlin 1985, S.341-356
Payne, Stanley G., The Politics of Democratic Spain, Chicago 1986
Penniman, H.R.; Mujal León, E.M., Spain at the Polls 1977, 1979 and 1982, Durham 1985
Pérez Díaz, Victor M., Clase obrera y organizaciones obreras en la Espana de hoy: política y vida sindical. In: Sistema 32, 1979, S.3-18
Perez Villanueva, José, Referat zur Situation bei SEAT. Gehalten auf der Internationalen Eu-ropäischen Arbeitnehmertagung 2.-3.11.1989, o.O. 1989
Peugeot S.A., Geschäftsberichte 1988, 1990
Piehl, Ernst, Internationale Strategien des Managements und der Gewerkschaften - am Beispiel von Ford. In: wsi-mitteilungen 8-1973, S.301-307
Piehl, Ernst, Multinationale Konzerne und internationale Gewerkschaftsbewegung, Frankfurt a.M. 1974
Piehl, Ernst, Die Europäische Gemeinschaft und das international organisierte Kapital, Köln 1974a
Piehl, Ernst, Entwurf einer gewerkschaftlichen Strategie gegenüber den Multinationalen Kon-zernen (MNK), In: Narr, Wolf-Dieter (Hg.), Politik und Ökonomie - Autonome Hand-lungsmöglichkeiten des politischen Systems, Opladen 1975, PVS SH 6, S.165-189
Piehl, Ernst, Gewerkschaftspolitische Strategien gegenüber den Multinationalen Konzernen - Überblick und Einführung. In: wsi-mitteilungen 4-1975a, S.145-156
Piehl, Ernst, Aktionstage des EGB. Bilanz und Perspektiven. In: Kühne, Peter (Hg.), Gewerk-schaftliche Betriebspolitik in Westeuropa, Berlin 1982, S.263-268
Piehl, Ernst, Internationale Arbeit - Westeuropa und Welt. In: Kittner, Michael (Hg.), Gewerk-schaftsJahrbuch 1984, Köln 1984, S.507-567
Pike, F.; Stritch, T. (Hg.), The new corporatism. Social political structures in the Iberian world, Paris 1974
Pitz, Karl H., Internationale Tarifverhandlungen: der falsche Weg, In: wsi-mitteilungen 4-1975, S.203-206
Pitz, Karl H., Weltautomobilausschuss VW: IMB-Kollegen attackieren deutschen Konzern. In: Der Gewerkschafter 7-1979, S.37ff.
Pitz, Karl H., Beschäftigungsrisiken in der Automobilindustrie. In: Industriegewerkschaft Me-tall, Zukunft der Automobilindustrie, Wolfsburg 1986, S.91-113
Pitz, Karl, Gewerkschaftliche Schlussfolgerungen. Referat anläßlich des Seminars "Einfluss der Neuen Technologien auf die Arbeitswelt", Brüssel 13.-15.4.1987

Pitz, Karl H., Beschäftigungs-, Produktions- und Produktivitätspolitik für die Autoindustrie. In: Gewerkschaftliche Monatshefte 4-1989, S.234-243

Plander, Harro, Der Sympathiestreik in der neueren Rechtssprechung des BAG. In: Arbeit und Recht H.7, 1986, S.193-199

Platzer, Hans-Wolfgang, Eine neue Rolle für den Europäischen Gewerkschaftsbund. In: Gewerkschaftliche Monatshefte 11-1991, S.690-700

Platzer, Hans-Wolfgang, Gewerkschaftspolitik ohne Grenzen? Die transnationale Zusammenarbeit der Gewerkschaften im Europa der 90er Jahre, Bonn 1991a

Pöhl, Otto, Grundzüge einer europäischen Geldordnung, Vortragsveranstaltung von "Le Monde" am 16.1.1990 in Paris

Portillo, Luis, La industria del automovil en Espana: crisis y perspectivas. In: Informacion Comercial Espanola, Revista de Economia Nr. 587, 1982, S. 17-30

Potthoff, Heinz, Aufgaben und Möglichkeiten europäischer Integration. In: Gewerkschaftliche Monatshefte 7-1955, S.393-397

Premiere in Maastricht. In: Die Mitbestimmung 11/12-1991, S.772f.

Preston, Paul; Smyth, Denis, Espana ante la CEE y la OTAN, Barcelona 1985

Preston, Paul, Spanien. Der Kampf um die Demokratie, Rheda-Wiedenbrück 1987

Prevost, Gary, The spanisch labor movement. In: Lancaster, Thomas; Prevost, Gary, Politics and Change in Spain, New York 1985, S.125-143

Pries, Ludger, Die spanische Automobilindustrie. Historische Entwicklung, gegenwärtige Struktur und aktuelle betriebliche Umbruchtendenzen der Arbeit, Berlin 1987

Pries, Ludger, Spanien: Das Ende der "konzertierten Modernisierung"? In: wsi-mitteilungen 1-1991, S.19-26

Prieto, Carlos, Politicas de mano de obra en las empresas espanoles. In: Sociologia del Trabajo 6-1989, S.33-50

A Financial Profile of SEAT. In: European Motor Business, Februar 1986, Nr. 4, S.46-55

A Strategic Profile of Ford of Europe. In: European Motor Business, August 1986, Nr. 6, London, S.63-73

Programa de Transición, Política internacional, XXVII Congreso del PSOE, Madrid 1976, S.6a-10, Primera Legislativa: Debates Politicos

Puhle, Hans-Jürgen, Historische Konzepte des entwickelten Industriekapitalismus. "Organisierter Kapitalismus" und "Korporatismus". In: Geschichte und Gesellschaft 10, Göttingen 1984, S.165-184

Raiffa, Howard, Einführung in die Entscheidungstheorie, München/Wien 1973

Rammert, Werner; Wehrsig, Christof, Neue Technologien im Betrieb: Politiken und Strategien der betrieblichen Akteure. In: Feldhoff, Jürgen u.a. (Hg.), Regulierung - Deregulierung. Steuerungsprobleme der Arbeitsgesellschaft, Nürnberg 1988, S.301-330

Rapoport, Anatol (Hg.), Game Theory as a Theory of Conflict Resolution, Dordrecht/Boston 1974

Rapoport, Anatol, Prisoner's Dilemma - Recollections and Observations. In: ders., Game Theory as a Theory of Conflict Resolution, Dordrecht/Boston 1974a, S.17-34

Raschaert, Theo, Antwort der Gewerkschaften an die Gemeinschaft. In: Die Neue Gesellschaft H.2, 1973, S.127-131

Rat, Richtlinie des Rates vom 17. Februar 1975 zur Angleichung der Rechtsvorschriften der Mitgliedsstaaten über Massenentlassungen. In: Amtsblatt der Europäischen Gemeinschaften Nr. L 48-29-30, 1975

Rat, Richtlinie des Rates vom 14. Februar 1977 zur Angleichung der Rechtsvorschriften der Mitgliedsstaaten über die Wahrung von Ansprüchen der Arbeitnehmer beim Übergang von Unternehmen, Betrieben oder Betriebsteilen. In: Amtsblatt der Europäischen Gemeinschaften Nr. L 61-26-28, 1977

Rat, Richtlinie des Rates vom 20. Oktober 1980 zur Angleichung der Rechtsvorschriften der Mitgliedsstaaten über den Schutz der Arbeitnehmer bei Zahlungsunfähigkeit des Arbeitgebers. In: Amtsblatt der Europäischen Gemeinschaften Nr. L 283-23-27, 1980

Rat, Schlussfolgerungen des Rates vom 22. Juni 1984 über ein mittelfristiges Aktionsprogramm der Gemeinschaft im Sozialbereich. In: Amtsblatt der Europäischen Gemeinschaften Nr. C 175-1, Brüssel 1984

Rat, Schlussfolgerungen des Rates vom 21. Juli 1986 über die Unterrichtung und Anhörung der Arbeitnehmer in Unternehmen mit komplexer Struktur. In: Amtsblatt der Europäischen Gemeisnchaften Nr. C 203-1, Brüssel 1986

Raub, Werner; Voss, Thomas, Die Sozialstruktur der Kooperation rationaler Egoisten, Zur "utilitaristischen" Erklärung sozialer Ordnung, In: Zeitschrift für Soziologie, Jg.15, H.5, 1986, S.309-323

Rausch, Joachim, Tarifverträge als Mittel der Personalpolitik. In: Der Mensch im Unternehmen, Bern-Stuttgart 1988, S.191-199

Rebhan, Herman, gewerkschaften im weltgeschehen, aufsätze und reden des generalsekretärs des internationalen metallgewerkschaftsbundes, Frankfurt/M. 1982

Rebhan, Herman, Referat des IMB-Generalsekretärs, gehalten während der Sitzung des IMB-Weltautomobilausschusses für Volkswagen am 01.09.1986. In: Konzernbetriebsrat, IMB-Weltautomobilausschuß Volkswagen 1.-2. September 1986, Internationale Arbeitnehmerkonferenz Volkswagen 2.-5.September 1986, Wolfsburg 1986

Reiterlechner, Christine, Internationale Direktinvestitionen und multinationale Konzerne, In: Informationen über Multinationale Konzerne 3-1983, S.10-15

Reitzner, R.N., Kooperation von Ford und VW in Südamerika. In: Informationen über multinationale Konzerne 1-1987, S.13-15

Reuter, Edzard, Europa muß den nationalen Alleingängen widerstehen Frankfurter Rundschau 15.07.1989

Rieben, Henri, Jean Monnet und die Gewerkschaften im Europäischen Aufbau, Lausanne 1988

Rjazanov, D., Die Entstehung der Internationalen Arbeiter-Assoziation. In: Rjazanov, D. (Hg.), Marx-Engels Archiv 1.Band, Frankfurt Main 1928, S.119-202

Robinson, Robert, From change to Continuity: The 1986s Spanish Election. In: West European Politics Vol.10, No.1, 1987, S.120-124

Rögge, Karin, Kann der EG-Binnenmarkt bis 1992 realisiert werden? In: Wirtschaftsdienst 1988, Nr. 3, S.153-156

Röhrig, Karl; Schröder, Jörg, Die Grenzen der Institution Betriebsrat verlangen nach einem neuen betrieblichen Demokratiemodell. In: Die Mitbestimmung 9-1990, S.564-565

Rubio Castro, Ana, El Neocorporativismo Espanol: El Acuerdo Economico y Social (1985-86). In: Revista de Estudios Politicos, (Nueva Epoca) Nr. 50, 1986, S.213-239

Rütters, Peter; Tudyka, Kurt P., Internationale Gewerkschaftsbewegung - Vorbereitung auf den europäischen Binnenmarkt. In: Kittner, Michael (Hg.), GewerkschaftsJahrbuch 1990, Köln 1990, S.566-606

Sampedro, José Luis; Payno, Juan Antonio (Hg.), The Enlargement of the European Community: Case Studies of Greece, Portugal and Spain, London 1983

Sanchez-Gijón, Antonio, Spanien vor dem Beitritt zu den Europäischen Gemeinschaften und zum Atlantischen Bündnis. In: Europa-Archiv, Folge 9, 1982, S.269-276

Sauer, Dieter, Neuer Rationalisierungstyp und Interessenvertretung der Arbeitnehmer. In: Dabrowski, Harmut u.a. (Hg.), Forschunsprojekt Rahmentarifpolitik im Strukturwandel, Band 2: Gewerkschaftliche Tarif- und Betriebspolitik im Strukturwandel. Düsseldorf 1989, S.99-118

Scalia, Umberto, Der Weltgewerkschaftsbund und die Beziehungen zur CGIL. In: Olle, Werner (Hg.), Einführung in die Internationale Gewerkschaftspolitik, Westberlin 1978, S.170-178

Schabedoth, Hans-Joachim; Tiemann, Heinrich, Zukunftsdiskussion der Parteien und Gewerkschaften. In: wsi-mitteilungen 11-1989, S.698-707

Schäfer, Claus, Die Früchte in einem reichen Land werden immer ungleicher verteilt. Zur Entwicklung der Einkommensverteilung 1989. In: wsi-mitteilungen 9-1990, S.563-581

Schäfer, Claus, Zunehmende Schieflagen in der Einkommensverteilung. Zur Entwicklung der Einkommensverteilung 1990. In: wsi-mitteilungen 10-1991, S.593-612

Schäfer, Claus, Europa sucht einen "gerechten Lohn" - Umfang und Probleme zu niedriger Arbeitseinkommen in Deutschland und der Europäischen Gemeinschaft. In: wsi-mitteilungen 12-1991a, S.711-723

Schmid, Josef; Tiemann, Heinrich, Organisation ist auch Politik. In: Gewerkschaftliche Monatshefte 6-1991, S.381-390

Schmidt, Eberhard, Gerät die Sozialpartnerschaft in die Krise? In: Argument 107, 1978, S.8-16

Schmidt, Edgar, Gewerkschaftliche Betriebspolitik für die neunziger Jahre. In: Gewerkschaftliche Monatshefte 2-1991, S.110-119

Schmidt, Manfred G (Hg.), Staatstätigkeit. International und historisch vergleichende Analysen. Politische Vierteljahresschrift Sonderheft 19, 1988
Schmidt, Rudi, Die Zukunft der gewerkschaftlichen Betriebspolitik. In: Dabrowski, Hartmut u.a. (Hg.), Forschungsprojekt Rahmentarifpolitik im Strukturwandel, Band 2: Gewerkschaftliche Tarif- und Betriebspolitik im Strukturwandel, Düsseldorf 1989, S.133-155
Schmidt, Rudi; Trinczek, Rainer, Verbetrieblichung - viele Risiken, wenig Chancen. Erfahrungen aus der Umsetzung der 38,5 Stunden Woche. In: Hildebrandt, Eckart u.a. (Hg.), Zweidrittelgesellschaft - Eindrittelgesellschaft. Kritisches Gewerkschaftsjahrbuch 1988/89, Berlin 1988, S.54-62
Schmitter, Philippe C., Still the Century of Corporatism? In: The Review of Politics, Vol.36, 1974, S.85-131
Schmitter, Philippe C., Modes of Interest Intermediation and Models of Societal Change in Western Europe. In: Schmitter, Philippe C.; Lehmbruch Gerhard (Eds.), Trends Toward Corporatist Intermediation, London 1979, S.63-94
Schmitter, Philippe C., Interest Intermediation and Regime Governability in contemporary Western Europe and North America. In: Berger, Suzanne (Ed.), Organizing Interests in Western Europe. Pluralism, Corporatism and the Transformation of Politics, Cambridge/Mass. 1981, S.285-327
Schmitter, Philippe C.; Lehmbruch, G. (Hg.), Trends Towards Corporatist Intermediation, London 1979
Schmitter, Philippe C.; Streeck, Wolfgang, The Organization of Business Interests. A Research Design to Study the Associative Action of Business in the Advanced Industrial Societies of Western Europe. Revised and Extended Version August 1981, Diskussionspapier IIM/LMP 81-13, Wissenschaftszentrum Berlin, Berlin 1981
Schneider, Wolfgang, Betriebsverfassungsrecht. In: Kittner, Michael g), GewerkschaftsJahrbuch 1990, Köln 1990, S.408-414
Schoneweg, Egon, Neue Aspekte institutionalisierter Interessenvertretung in der EG. Europäisches Parlament, Wirtschafts- und Sozialausschuß, Dreier-Konferenz. In: Zeitschrift für Parlamentsfragen, Opladen 1978, S.192-200
Schubert, Ludwig, Der Binnenmarkt 1992 - Chance und Herausforderung. In: wsi-mitteilungen 10-1989, S.566-575
Schütz, Roland; Konle-Seidl, Regina, Arbeitsbeziehungen und Interessenrepräsentation in Spanien. Vom alten zum neuen Korporatismus? Baden-Baden 1990
Schumpeter, Joseph A., Kapitalismus, Sozialismus und Demokratie, München 1972
SEAT, Relaciones Publicas e Información, Barcelona 1985
SEAT-Daten, Datos sobre el personal y la produccion. Cifras mas significativas de los fabricantes nacionales de automoviles, Barcelona 1990
El sector de automocion en 1984. In: Informacion Comerical Espanola No. 1978, 28.12.1985, S.718f.
Seidel, Bernhard, Tarifpolitik und europäische Integration. Bedeutung nationaler Unterschiede in Organisation und Verhalten der Tarifparteien für die wirtschaftspolitische Konvergenz, gezeigt am Beispiel der vier großen EG-Länder. DIW-Beiträge zur Strukturforschung H.67, Berlin 1981
Seidel, Bernhard, EG-Steuerharmonisierung: Ein langer Weg zum Konsens. In: wsi-mitteilungen 10-1989, S.606-612
Seitenzahl, Rolf, Gewerkschaften zwischen Kooperation und Konflikt. Von einer quantitativen Tariflohnpolitik zur umfassenden Verteilungspolitik, Frankfurt 1976
Seltz, Rüdiger u.a. (Hg.), Organisation als soziales System, Berlin 1986
Sen, Amartya, Behaviour and the Concept of Preference. In: Elster, Jon (Hg.), Rational Choice, Oxford 1986, S.60-81
Siebert, Gerd (Hrg.), Europa 92 EG-Binnenmarkt und Gewerkschaften, Frankfurt a.M. 1989
Share, Donald, Two Transitions: Democratisation and the Evolution of the Spanish Socialist Left. In: West European Politics Nr.8, 1985, S.82-203
Share, Donald, The making of spanish democracy, New York 1986
Shubik, Martin (Hg.), Spieltheorie und Sozialwissenschaften, Hamburg 1965
Shubik, Martin, Game Theory in the Social Sciences. Concepts and Solutions, Band 1, Cambridge/Mass. 1982
Smith, Adam, Theorie der ethischen Gefühle. Nach der Auflage letzter Hand übersetzt und mit Einleitung, Anmerkungen und Register herausgegeben von Walther Eckstein, Hamburg 1977

441

Smith, J., Communities, Associations and the Supply of collective Goods. In: American Journal of Sociology Band 82.1, 1976, S.291-308

Lo Social en la Europa del 92, Documentacion Europea, Luxemburg 2-1990

Sonderausgabe VW Wolfsburg, Automobil Produktion 12-1991

Sozial- und Gesellschaftspolitik in der Europäischen Gemeinschaft, Bonn-Bad Godesberg 1973

Sozialcharta: Aktionsprogramm zur Sozialcharta - Checkliste. In: Informationsbulletin für Gewerkschaften 2-1990, S.7-10

Die Europäische Sozialcharta. Weg zu einer europäischen Sozialordnung?, Baden-Baden 1978

Spanisches Wirtschafts- und Sozialabkommen (AES) 1985-86, Madrid 1984

Sperl, Richard; Wisotzki, Günter: Karl Marx und die Gründung der I. Internationale. Dokumente und Materialien, Berlin 1964

Spieker, Wolfgang, Möglichkeiten des Arbeitnehmereinflusses in multinationalen Unternehmen. In: wsi-mitteilungen 5-1973, S.181-195

Spinelli, Altiero, Grundlagen einer Regional- und Industriepolitik der Gemeinschaft. In: Die Neue Gesellschaft Jg. 20, 1973, H.2, S.134-138

Staedelin, Francois, Sozialraum Europa - Harmonisierung der sozialen Sicherung als Anpassung nach unten? In: Ruhruniversität Bochum; Industriegewerkschaft Metall, Ringvorlesung 1989/90, "Europäischer Binnenmarkt zwischen Anspruch und Wirklichkeit", Bochum 1990, S.74-79

Stafford, D.C.; Purkis, R.H.A., MacMillan Directory of Multinationals Vol. 1, 2, Basingstoke 1989

Stäglin, Reiner, Direkte und indirekte Exportabhängigkeit der Wirtschaftszweige in der Bundesrepublik Deutschland vom Europäischen Binnenmarkt. In: Deutsches Institut für Wirtschaftsforschung, Wochenbericht Nr.47, 1988, S.636-642

Staehle, Wolfgang H., Macht und Kontingenzforschung. In: Küpper, Willi; Ortmann, Günther (Hg.), Mikropolitik, Opladen 1988, S.155-163

Stassek, Rudi, Industrielle Demokratie - Die Zukunft von Beteiligung und Mitbestimmung im Binnenmarkt. In: Ruhruniversität Bochum; Industriegewerkschaft Metall, "Europäischer Binnenmarkt zwischen Anspruch und Wirklichkeit", Bochum 1990, S.93-97

Statistisches Bundesamt, Statistisches Jahrbuch 1982, 1985, Wiesbaden

Steiert, Robert, Die IAO-Grundsatzerklärung: Bedeutung und gewerkschaftliche Erfahrungen. In: Informationen über Multinationale Konzerne 4-1980, S.6ff.

Steiert, Robert, Gewerkschaftliche Informationspolitik in multinationalen Unternehmen. In: Gewerkschaftliche Monatshefte 12-1982 Köln, S.778-789

Steiert, Robert, General Motors: Konzern im Umbruch. In: Informationen über Multinationale Konzerne 2-1985, S.1-4

Steiert, Robert, Thomson Grand Public und Europäischer Metallgewerkschaftsbund gründen europäische Informationsgremien. In: Informationen über Multinationale Konzerne 1-1986, S.3f.

Steinkühler, Franz, Weiter gegen Apartheid kämpfen. In: Metall 15./22.7.1988

Steinkühler, Franz, Gegen die uferlose Ausdehnung von Maschinenlaufzeiten. In: Wirtschaftsdienst 1988a, Nr.10, S.497-499

Steinkühler, Franz (Hg.), " Europa 92 - Industriestandort oder sozialer Lebensraum?" Hamburg 1989

Steinkühler, Franz, Chancen humaner Zukunftsgestaltung gegen Kapitalmacht und Sozialdumping. Gefahren und Perspektiven aus gewerkschaftlicher Sicht. In: ders. (Hg.), Europa 92, Hamburg 1989, S.7-21

Steinkühler, Franz, Eigene Stärken weiter entwickeln! Rede auf der Wahldelegiertenversammlung der IG Metall zur Aufsichtsratswahl 1992. In: WIR Metaller im Volkswagenkonzern, Wolfsburg 1992, S.5-14

Stöckl, Ingrid, Gewerkschaftsausschüsse in der EG, Kehl/Straßburg 1986

Streeck, Wolfgang, Gewerkschaften als Mitgliederverbände. Probleme gewerkschaftlicher Mitgliederrekrutierung. In: Bergmann, Joachim (Hg.), Beiträge zur Soziologie der Gewerkschaften, Frankfurt 1979, S.72-110

Streeck, Wolfgang, Gewerkschaftsorganisation und industrielle Beziehungen. Einige Stabilitätsprobleme industriegewerkschaftlicher Interessenvertretung und ihre Lösung im westdeutschen System der industriellen Beziehungen. In: PVS 1979a, S.241-257

Streeck, Wolfgang, Gewerkschaftliche Organisationsprobleme in der sozialstaatlichen Demokratie, Königsstein/Taunus 1981

Streeck, Wolfgang, Industrial Relations in West Germany: A Case Study of the Car Industry, London 1984
Streeck, Wolfgang, Neo-Corporatist Industrial Relations and the Economic Crisis in West Germany. In: Goldthorpe, J.H. (Ed.), Order and Conflict in Contemporary Capitalism, Oxford 1984a, S.291-314
Streeck, Wolfgang, Introduction: Industrial Relations, Technical Change and Economic Restructuring. In: Streeck, Wolfgang (Hg.), Industrial Relations and Technical Change in the British, Italian and German Automobile Industries: Three Case Studies, Discussion Paper IIM-LMP 85-5, Wissenschaftszentrum Berlin, Berlin 1985, S.1-57
Streeck, Wolfgang, Kollektive Arbeitsbeziehungen und industrieller Wandel: Das Beispiel der Automobilindustrie, Diskussionspapier IIM/LMP 86-2, Wissenschaftszentrum Berlin, Berlin 1986
Streeck, Wolfgang, The Territorial Organization of Interests and the Logics of Associative Action: The Case of Artisanal Interest Organizations in West Germany, Discussion Paper IIM/LMP 86-24, Wissenschaftszentrum Berlin, Berlin 1986a
Streeck, Wolfgang, Neue Formen der Arbeitsorganisation im internationalen Vergleich. In: Wirtschaft und Gesellschaft H.1, Wien 1987, S.317-335
Streeck, Wolfgang, Vielfalt und Interdependenz. Probleme intermediärer Organisationen in sich verändernden Umwelten. WZB Dikussionspapier, Berlin 1987a
Streeck, Wolfgang, Industrial Relations in West Germany: Agenda for Change, Discussion Paper IIM/LMP 87-5, Wissenschaftszentrum Berlin, Berlin 1987b
Streeck, Wolfgang, Sucessful Adjustment to Turbulent Markets: The Automobile Industry, Discussion Papers FS I 88-1, Wissenschaftszentrum Berlin, Berlin 1988
Streeck, Wolfgang; Hoff, Andreas, Industrial Relations in the German Automobile Industry: Development in the 1970s, Diskussionspapier IIMLMP 82-25, Wissenschaftszentrum Berlin, Berlin 1982
Streeck, Wolfgang; Hoff, Andreas, Manpower Management and Industrial Relations in the Restructuring of the World Automobile Industry, Berlin 1983, WZB IIM/LMP 83-35
Strohauer, Heinrich, Einzelwirtschaftliche Mitbestimmung und Möglichkeiten der Einwirkung auf die Personalplanung mit Hilfe von Kennziffern. In: Brehm, Horst; Pohl, Gerd (Hg.), Interessenvertretung durch Information, Köln 1978, S.262-
Suárez, González Fernando, El marco institucional de las relaciones laborales. In: Papeles de Economía Espanola No. 22, Madrid 1985, S.265-281
Sucha, Marian, Die Schranken einer Koordinierung von Tarifpolitik und Streiks in der EWG/EG. In: Jahrbuch für Friedens- und Konfliktforschung Bd.6, Konflikte in der Arbeitswelt, Waldkirch 1977, S.133-149
Sundt, Otto, Auf dem Weg zurreformistischen Mitgliedergewerkschaft - die sozialistische Gewerkschaft Spaniens UGT. In: Die Mitbestimmung 8-1990, S.509-511

Tagung "Mitbestimmung und struktureller Wandel" der Hans-Böckler-Stiftung 25./26.02.1992
Talavera, Javier, Las Secciones Sindicales y el "techo afiliativo". In: Gaceta Sindical 10-1988, S.22ff.
Tamames, Ramón, Introducción a la economía espanola, Madrid 1974
Taylor, Michael, Anarchy and Revolution, London 1976
Teichert, V., Buchbesprechung: Doleschal u.a. (Hg.),Wohin läuft VW? Die Automobilindustrie in der Wirtschaftskrise, Reinbek bei Hamburg 1982. In: Informationen über Multinationale Konzerne 1-1983, S.37-40
Short Term Prospects for the Spanish Motor Industry. In: International Motor Business, London Juli 1988, S.80-99
Thiel, Elke, Vom Binnenmarkt zur Wirtschafts- und Währungsunion, In: Aussenpolitik 1989, H.1, S.70-80
Thierron, Bert, Intelligente Arbeitsorganisation. Die 6 Leitsätze zur Zukunft der Arbeit in der europäischen Automobilindustrie. In: Die Neue Gesellschaft, Jg.35, H.9, 1988, S.842f
Tömmel, Ingeborg, Ökonomische Integration und Regionalpolitik in der EG. In: Probleme des Klassenkampfes 64, 1986, S.109-138
Tolliday, Steven; Zeitlin, Jonathan (Hg.), The Automobile Industry and its workers, New York 1987
Trapp, Manfred, Utilitaristische Konzepte in der Soziologie. Eine soziologische Kritik von Homans bis zur Neuen Politischen Ökonomie. In: Zeitschrift für Soziologie, Jg. 15, H.5, 1986, S.324-340

Traxler, F., Klassenstruktur, Korporatismus und Krise. Zur Machtverteilung in Österreichs "Sozialpartnerschaft" im Umbruch des Weltmarkts. In: Politische Vierteljahresschrift Jg. 28, H.1, S.59-79

Tudyka, Kurt P. (Hg.), Multinationale Konzerne und Gewerkschaftsstrategie, Hamburg 1974

Tudyka, Kurt P., Marktplatz Europa, Zur politischen Ökonomie der EG, Köln 1975

Tudyka, Kurt P., Illusionärer Internationalismus, In: Österreichische Zeitschrift für Politikwissenschaft H.1, 1976, S.53-63

Tudyka, Kurt P., Europäischer Gewerkschaftsbund (EGB). In: Mielke, Siegfried (Hg.), Internationales Gewerkschaftshandbuch, Opladen 1983, S.50-56

Tudyka, Kurt P., Die Weltkonzernräte in der Krise. In: Informationen über Multinationale Konzerne 1-1986, S.18-21

Tudyka, Kurt P., Etty, Tom; Sucha, Marian, Macht ohne Grenzen und grenzenlose Ohnmacht, Frankfurt/Main 1978

Uhl, Hans-Jürgen, Internationale Gewerkschaftsarbeit im Rahmen des Volkswagen-Konzerns, Manuskript. Vortrag gehalten auf dem Forum pour l'independance et la paix, 18.-19.01.1985, Paris

Uhl, Hans-Jürgen, Nationale Betriebsratsarbeit durch europäischen Konzernbetriebsrat internationalisieren. In: Transnationale Konzerne - nationale Gewerkschaften?, epd Dokumentation 10-1990, S.51-55

Uhl, Hans-Jürgen, Arbeitnehmerrechte in der Praxis - Zehn Thesen. In: DGB-Europäisches Gespräch 3.-5. Mai 1990a, S.18-20

Ungerer, Werner, Deutsche Interessen in und an der Europäischen Gemeinschaft. In: Aussenpolitik Jg.37, Hamburg 1986, S.363-374

Union General de Trabajadores, Sindicato Socialista, Madrid 1977

Union General de Trabajadores, Propuesta Sindical Prioritaria, Madrid 1989

Union General de Trabajadores, Informe sobre la Evolucion de la Afiliacion a la UGT de 1982 a 1990, Madrid 1990

Union General de Trabajadores, Normas y Reglamentos Confederales, Madrid 1990a

Union General de Trabajadores, XXXV Congreso Confederal Ponencias Abril 1990, Madrid 1990b

Union General de Trabajadores, The Effects of Flexibility in the Labour Market, Madrid 1990c

Union General de Trabajadores, The Truth about the Trade Union-Government Agreements on Labour Contracts in Spain, Madrid 1990d

Union General de Trabajadores, Elecciones Sindicales 90. Resultados Proclamados. Informe als III Comite Confederal 28 y 29 de noviembre de 1991, Madrid 1991

Union General de Trabajadores Metal, Estatutos - Normas y Reglamentos, Madrid 1990

Union General de Trabajadores Metal, Coherencia y Firmeza en la Negociacion - Elecciones Sindicales 1990, Madrid 1990a

Union General de Trabajadores Metal Sindicat Intercomarcal Girona, Conveni Col.lectiu de Treball per a les Industries Siderometal.lurgiques de la Provincia de Girona 1990-1991, Girona 1990

Union General de Trabajadores Metal de Catalunya, Convenio colectivo para la industria siderometalurgica de la provincia de Tarragona 1990, Barcelona 1990

Union General de Trabajadores Metal de Catalunya, Convenio Colectivo para la industria siderometalurgica de la provincia de Barcelona 1990-1991, Barcelona 1990a

Union General de Trabajadores Nacional de Catalunya, VIII. Congres. Resoluciones, Barcelona 3.-5. maig 1990, Barcelona 1990

United Nations Centre on Transnational Corporations, Transnational Corporations in the international autoindustry., New York 1983

United Nations Centre on Transnational Corporations, Transnational Corporations in World Development. Trends and Prospects, New York 1988

Unternehmensstrategie und europäischer Binnenmarkt. In: ifo-Schnelldienst 11-1989, München, S.11-18

500 largest U.S. Industrial Corporations. In: Fortune, 24.04.1989, S.168-207

Vallejo, Carlos, "Wir müssen zusammenhalten!" In: Transnationale Konzerne - nationale Gewerkschaften?, epd-Dokumentation 10-1990, S.56ff.

Vallejo, Carlos, Comité de Empresa Europeo en Volkswagen. In: Lluita Obrera, marc-abril 1991, S.12

Vanberg, Viktor, Kollektive Güter und kollektives Handeln. Die Bedeutung neuerer ökonomischer Theorieentwicklungen für die Soziologie. In: KZfSS Bd. 30.2., Köln 1978, S.652-679

Vanberg, Viktor, Markets and Organizations - Towards an Individualistic Theory of Collective Action. In: Mens en Maatschappij, 1978a, Jg. 53, S.259-299

Vanberg, Viktor, Colemans Konzeption des korporativen Akteurs - Grundlegung einer Theorie sozialer Verbände. Nachwort. In: Coleman, James S., Macht und Gesellschaftsstruktur, Tübingen 1979

Vanberg, Viktor, Markt und Organisation. Individualistische Sozialtheorie und das Problem korporativen Handelns, Tübingen 1982

Vanberg, Viktor, Der individualistische Ansatz zu einer Theorie der Entstehung und Entwicklung von Institutionen. In: Boettcher, E. u.a. (Hg.), Jahrbuch für Neue Politische Ökonomie, Band 2, Tübingen 1983, S.50-69

Vanberg, Viktor, 'Unsichtbare-Hand-Erklärung' und soziale Normen. In: Todt, Horst (Hg.), Normengeleitetes Verhalten in den Sozialwissenschaften, Schriften des Vereins für Socialpolitik, Gesellschaft für Wirtschafts- und Sozialwissenschaften, Band 141, Berlin 1984, S.115-146

Vandamme, Jacques (Hg.), New Dimensions in European Social Policy, London 1985

Velasco Barroetabena, Roberto; Alvarez Llano, Roberto, La inversión en Espana: un intento de visión global. In: Banco de Bilbao, Situación Nr. 1, Bilbao 1988, S.5-64

Verband der Automobilindustrie e.V., Tatsachen und Zahlen aus der Kraftverkehrswirtschaft. div. Folgen 1980, 1982, 1985, 1987, 1988, 1990, Frankfurt/Main

Verband der Automobilindustrie e.V., Auto, Geschichte, Technik, Bedeutung 1886-1986, Frankfurt 1986

Verband der Automobilindustrie e.V., Jahresbericht Auto 87/88, Frankfurt 1988

Verband der Automobilindustrie e.V., Das Auto International in Zahlen, Ausgabe 1989, Frankfurt a.M. 1989

Verband der Automobilindustrie e.V., Pressegespräch am 31. Januar 1989 zur Situation der Automobilindustrie, VdA Pressedienst Nr.3, 31.10.1989

Verband der Automobilindustrie e.V., Das Auto International in Zahlen 1991, Frankfurt/Main 1991

Vereinbarung über die Zusammenarbeit zwischen der Volkswagen-Konzernleitung und dem Europäischen Volkswgen-Konzernbetriebsrat, Wolfsburg 1992

Visser, Jelle, Westeuropäische Gewerkschaften im Umbruch. In: Gewerkschaftliche Monatshefte 1-1989, S.28-41

Vogler-Ludwig, Kurt, Europäischer Binnenmarkt und Beschäftigung, Nürnberg 1989

Volkert, Klaus, Pressegespräch zum Jahresabschluß 1990 GBR/Vorstand, Wolfsburg 18.12.1990

Volkert, Klaus, Der richtige Kurs im scharfen Wettbewerb! Rede auf der Wahldelegiertenversammlung der IG Metall zur Aufsichtsratswahl 1992. In: WIR Metaller im Volkswagenkonzern, Wolfsburg 1991, S.17-30

Volkert, Klaus, Rede auf der Betriebsräteversammlung am 27.02.1991, Wolfsburg 1991

Volkmann, Gert, EG-Binnenmarkt 1992, -Standortdiskussion, Europastrategien der Unternehmen und Arbeitnehmerinteressen-. In: wsi-mitteilungen 10-1989, S.543-549

Volkswagen AG, Kennzahlen der Gesellschaft und Geschichte, o.J., o.O.

Volkswagen AG, Geschäftsberichte 1970-1991, Wolfsburg

Volkswagen AG, Betriebsvereinbarung VW-Zirkel, Wolfsburg 1986

Volkswagen AG, Das Wichtigste aus den Tarifverträgen für 1991, Wolfsburg 1991

Volkswagen AG, Wiedereinstellungszusage, Wolfsburg 1991a

Volkswagen AG, Vorstand und Gesamtbetriebsrat (Hg.), Das Buch. Von Volkswagen 1938-1988, Wolfsburg 1988

Volkswagenwerk AG, Sozialleistungen für die Belegschaft, Wolfsburg o.J.

Volkswagenwerk AG, Arbeitsordnung, Wolfsburg 1977

Volkswagenwerk AG, Führungsgrundsätze, Wolfsburg 1983

Volpato, Giuseppe, The Automobile Industry in Transition: Product Market Changes and Firm Strategies in the 1970s and 1980s. In: Tolliday, Steven; Zeitlin, Jonathan (Hg.), The Automobile Industry and its workers, New York 1987, S.193-222

Vornehm, Norbert, Organisation und Basis, Zur Anatomie britischer Gewerkschaften, Köln 1985

Vorstand der IG Metall, Beschäftigungsrisiken in der Autoindustrie, Frankfurt 1984

Voss, Thomas, Rationale Akteure und soziale Institutionen; Beitrag zu einer endogenen Theorie des sozialen Tauschs, München 1985

Waldmann, Peter; Bernecker, Walther L.; López Casero, Francisco; Mansilla, H.C. Felipe, Die geheime Dynamik autoritärer Diktaturen. Vier Studien über sozialen Wandel in der Franco-Ära, München 1982

Wallerstein, Immanuel, Das moderne Weltsystem - Die Anfänge kapitalistischer Landwirtschaft und die europäische Weltökonomie im 16. Jahrhundert, Frankfurt/M. 1986

Walz, Stefan, Multinationale Unternehmen und internationaler Tarifvertrag, Baden-Baden 1981

Weber, Hajo, Konflikt in Interorganisationssystemen. In: Soziale Welt 1986, H.2-3, S.263-279

Weber, Hajo, Arbeitgeberkonzepte einer "offensiven" Tarifpolitik. Zum Wandel der Tarifpolitik. In: Dabrowski, Hartmut u.a. (Hg.), Forschungsprojekt Rahmentarifpolitik im Strukturwandel, Band 3: Tarifpolitische Interessen der Arbeitgeber und neue Managementstrategien, Düsseldorf 1989, S.13-43

Weber, Maria, Aufgaben und Struktur des Wirtschafts- und Sozialausschusses. In: Gewerkschaftliche Monatshefte 5-1979, S.

Wechselkursentwicklung im Europäischen Währungssystem -Erfahrungen nach 10 Jahren. In: Monatsberichte der Deutschen Bundesbank 11-1989, S.30-38

Wehrhart, Otto, Zukunft der deutschen Automobilindustrie: Japanische Lösung. In: Der Gewerkschafter 1-1987, S.10f.

Wehrhart, Otto, Dunkle Wolken über dem Stern (Mercedes Benz). In: Metall, 15./22.7.1988, S.16f.

Wehrhart, Otto, VW Wolfsburg: Internationale Solidarität. Blick über den deutschen Tellerrand. In: metall Nr. 23, 11.11.1988, S.16f.

Wehrhart, Otto, VW-Konzernbetriebsrat: "Wir gründen Europa". In: metall, Nr.23, 17.11.1989

Weidenfeld, Werner, Die Einheitliche Europäische Akte. In: Aussenpolitik H.4, 1986, S.375-383

Weisser, Gerhard, Solidarität. Grundwert oder Bedingung? Ein Beitrag zur neueren Grundwertediskussion. In: Die Mitarbeit. Zeitschrift zur Gesellschafts- und Kulturpolitik, Bonn 1972, H.3, S.193-206

Weißgerber, Folker, Die Entwicklung der Produktionstechnologie am Beispiel der Volkswagen AG. In: Industriegewerkschaft Metall, Zukunft der Automobilindustrie, Wolfsburg 1986, S.61-70

Welsch, Johann, Branchenreport 1989/1990. In: Kittner, Michael (Hg.), GewerkschaftsJahrbuch 1990, Köln 1990, S.193-229

Welsing, Michael, Die IG-Metall im Konflikt zwischen Einkommens- und Beschäftigungsziel, Paderborn 1984

Welzmüller, Rudolf, Solidarität und Individualisierung - Handlungsspielräume und veränderte Handlungskonzepte der Gewerkschaften in der "Risikogesellschaft". In: Gewerkschaftliche Monatshefte 11-1988, S.674-683

Welzmüller, Rudolf, Konjunktur- und Beschäftigungspolitik in der eG: Vorherrschaft der Geldpolitik, Lohnpolitik als Restgröße?, In: wsi-mitteilungen 9-1990, 43. Jg., S.591-596

Wendeling-Schröder, U., Mitbestimmung auf Unternehmensebene und gesamtwirtschaftliche Mitbestimmung. In: Kittner, Michael (Hg.), GewerkschaftsJahrbuch 1986, Köln 1986, S.413-430

Wenty, Ditmar, Ein internationales Arbeiterbulletin für General Motors. In: Informationen über Multinationale Konzerne 2-1985, S.7,18f.

Wichard, Obie G., Employment and Employee Compensation of U.S. Multinational Companies in 1977. In: Survey of Current Business, Februar 1982, Washington, S.27-49, 60

Wiesenthal, Helmut, Die Ratlosigkeit des homo oeconomicus. In: Elster, Jon (Hg.), Subversion der Rationalität, Frankfurt/M. 1987, S.7-19

Wiesenthal, Helmut, Rational Choice, Ein Überblick über Grundlinien, Theoriefelder und neuere Themenakquisition eines sozialwissenschaftlichen Paradigmas. In: Zeitschrift für Soziologie, Jg.16, Heft 6, Dezember 1987a, Bielefeld, S.434-449

Wiesenthal, Helmut, Rational Choice. Grundlinien, Theoriefelder und neuere Themenakquisition eines sozialwissenschaftlichen Paradigmas. Bielefeld 1987b

Wildemann, Horst, Um Verschwendung zu vermeiden, müssen Probleme gelöst werden. In: Die Mitbestimmung 4-1992, S.22f.

Wilms-Wright, Carl, Der Internationale Bund Freier Gewerkschaften (IBFG) - Grundzüge seines Selbstverständnisses. In: Olle, Werner (Hg.), Einführung in die Internationale Gewerkschaftspolitik, Westberlin 1978, S.185-190

Williams, Glen, Global trade unionism. In: epd-Entwicklungspolitik 17-1983, S.j/k

Windolf, Paul, Industrial Robots in the German Automobile Industry: New Technology in the Context of Industrial Relations. In: Streeck, Wolfgang (Ed.), Industrial Relations and Technical Change in the British, Italian and German Automobile Industry. Three Case Studies, Discussion Papers IIM/LMP 85-5, Wissenschaftszentrum Berlin, Berlin 1985

Wirtschaftsstandort Bundesrepublik, Themenschwerpunkt: Die Mitbestimmung 2-1990

Spanisches Wirtschafts- und Sozialabkommen (Acuerdo Economico y Social AES) 1985-1986, Madrid 1984

Wirtschafts- und Sozialausschuss, Beratende Versammlung zur Vertretung von Wirtschaft und Gesellschaft. Jahresbericht 1989, Luxemburg 1990

Wirtschafts- und Sozialausschuss, Stellungnahme zu den EG-EFTA-Beziehungen. In: Amtsblatt der Europäischen Gemeinschaften Nr. C 182-33, Brüssel 1990a

Wölflingseder, Johanna, Ein Vergleich der Unternehmensstrategien von Peugeot, Renault, Fiat und Alfa Romeo (1.Teil). In: Informationen über Multinationale Konzerne 2-1986, S.16-19

Wolfrum, Ludwig, Probleme internationaler Gewerkschaftsarbeit - die Politik des Internationalen Metallgewerkschaftsbundes (IMB) gegenüber den Multinationalen Konzernen der westdeutschen Automobilindustrie, Köln 1980

Woyke, Wichard (Hg.), Europäische Gemeinschaft, München, Zürich 1984

Würtele, Werner, Internationale "Zusammenarbeit" der Gewerkschaften: Das Beispiel VW do Brasil. In: Olle, Werner (Hg.), Einführung in die internationale Gewerkschaftspolitik Bd.1, Berlin 1978, S.58-64

Yebra, Pedro, La Coyuntura del Sector Automoción en Espana. In: Información Comercial Espanola No. 1836, 10.06.1982, S.2123-2127

Die Zahlungsbilanz der Bundesrepublik gegenüber den anderen Ländern der Europäischen Gemeinschaft. In: Monatsberichte der Deutschen Bundesbank, Juli 1987, S.14-22

Zaragoza, Angel (Hg.), Pactos sociales, sindicatos y patronal en Espana, Madrid 1990

Zimmermann, Lothar, Aufgaben der Tarifpolitik in den 90er Jahren. In: wsi-mitteilungen 3-1991, S.121-129

Ziniel, Georg, Gesellschaftsrecht und Mitbestimmung. In: Informationen über Multinationale Konzerne 1-1989, S.7-11

Zinn, Karl Georg, BRD: Europäische Hegemonialmacht oder Opfer sozialer Sklerose? In: Steinkühler, Franz; Europa 92, Hamburg 1989, S.61-78

Zoll, Rainer, Von der Arbeitersolidarität zur Alltagssolidarität. In: Gewerkschaftliche Monatshefte 6-1988, S.368-380

Zufiaur, José María, El sindicálismo espanol en la transicion y la crisis. In: Papeles de Economía Espanola Nr. 22, Madrid 1985, S.202-234

Zwickel, Klaus, Tarifpolitik in einem gemeinsamen Europa. In: Die Mitbestimmung 11-1988, S.635-638

Verzeichnis der verwendeten Zeitungen und Zeitschriften:

Börsen-Zeitung:
29.11.89   Globale Finanzstrategie und globale Produktion
09.03.90   VW-Absatz 1990 bisher um 10 Prozent höher

BR kontakt:
07/79   Schlußwort des VW-Konzernbetriebsratsvorsitzenden Siegfried Ehlers an die Teilnehmer der Tagung des Volkswagen-Weltautomobilausschusses in Wolfsburg

05/82   Auslandsinvestitionen dürfen keine Arbeitsplätze bei uns gefährden
06/83   Gewerkschaftliche Solidarität darf nicht an Grenzen haltmachen
05/85   3000 Neueinstellungen durch Arbeitszeitverkürzung
02/86   VW kauft SEAT - Arbeitsplätze im Inland gesichert
03b/87   Trotz rückläufiger Konjunktur Beschäftigungssicherung
03a/89   Gegen zunehmende Fremdvergabe - Eigenfertigung erhalten!
03/89   Walter Hiller: Wir brauchen europäischen Konzernbetriebsrat
09/89   Wer ist eigentlich im Konzernbetriebsrat?
09I/89   Sitzefertigung bleibt in Wolfsburg, Hannover und Emden!
11/89   Durchbruch für den Europa-Konzernbetriebsrat
09/90   In Zukunft: Jeder Standort erhält konzerneigene Konkurrenz
10/90   Arbeitsplätze erhalten und Standorte sichern
04/91   Betriebsräteversammlung 1991: Kooperation statt Konkurrenz zwischen den
             Standorten
10/91   EG-Kommission über den Tisch gezogen?
02/92   Vereinbarung für unseren Europäischen VW-Konzernbetriebsrat abgeschlossen
04/92   Zukunftsorientierte Beschäftigungs- und Standortentwicklung
04b/92   4 Phasen der Unternehmensentwicklung
07/92   36-Stunden-Woche: Neue Schichtmodelle!
06/93   Gewerkschaftliche Solidarität darf nicht an Grenzen haltmachen

El País:
03.04.91   Sólo el 17,2 % de los contratos temporales se convierten en fijos, según
             Economía
23.04.91   Los sindicatos magrebíes y europeos piden que la CE amnistíe a todos los
             inmigrantes clandestinos
25.04.91   Luxemburgo propone adelantar la apertura de fronteras de la CE a los
             emigrantes espanoles y portugueses
09.05.91   UGT gana a Comisiones por 10.000 delegados y mantiene la misma ventaja que
             en 1986
12.05.91   Reto a fecha fija
02.06.91   Los salarios han hecho más competitiva a la industria espanola, según un
             estudio del Instituto Sindical de UGT
02.06.91a   El obrero espanol es más caro que el británico, según Felipe González
15.06.91   UGT defenderá la cogestión sindical en las grandes empresas
20.06.91   Emigración. Un atlas en marcha
20.06.91a   Espana, a la cola de la competitividad entre los países miembros de la OCDE

El País Semanal (Wochenendbeilage):
07/1991   El nuevo Buque insignia de Seat 'Toledo'

Expansión:
09.05.91   Seat quierre implantar el tercer turno en sus plantas

Financial Times:
20.10.88   World auto manufacturers: capital and operational relationships, June 1988
06.12.88   Japan motor capacity in Europe
09.07.90   Fiat's grand European design

forumarbeit:
1-2/1992   Stichwort: Bildschirmrichtlinie
3/1992   Hallo Grenzwert: Das geschundene Rückgrat

Frankfurter Allgemeine Zeitung:
14.07.81   Fiat-Abkommen Spanien-Italien
24.02.82   Ein entscheidender Schritt zur Automation im Auto-Bau
16.03.84   Von der Jahresarbeitszeit bis zum Pausendurchlauf
02.02.87   Kostensenkung ohne Belastung der Lieferanten
09.12.88   Polo-Fertigung steht nicht zur Disposition
19.12.89   VW und Ford wollen Mini-Van entwickeln
21.03.90   Personalpolitik ist die zentrale Frage der Unternehmensführung

Frankfurter Rundschau:
24.02.84   In der "Geister-Fabrik" arbeiten 4000 Leute
21.01.87   Volkswagen rollt mit dem "Fox" auf den Kleinwagenmarkt in USA
20.03.87   "Qualitätszirkel als Einfallstor für eine Mitbestimmung verstehen"
25.09.87   VW-Betriebsrat wettert gegen Bonner Rückzug
27.01.88   Für Volkswagen beginnt in China die zweite Phase
05.05.88   Volkswagen will Absatzflaute auf dem Automarkt umkurven
29.06.88   Im VW-Werk Wolfsburg fallen 770 Stellen weg
02.09.88   Standort Bundesrepublik und die soziale Frage
21.10.88   Standort-Diskussion wird zum Dauerbrenner
07.12.88   In der Sozialpolitik weht dem DGB der Wind ins Gesicht
24.02.89   Erster Baustein für Sozialcharta
30.10.89   Die Bürger sind eher besorgt als begeistert
23.11.90   VW engagiert sich noch stärker in China
08.11.90   VW gibt Beschäftigten Prämien und Garantien
28.12.90   24-Stunden-Montage ist in der Autoindustrie kein Tabu mehr
04.01.91   Arme Leute passen nicht in das schöne Bild
31.07.91   Jugoslawien-Konflikt strahlt auch auf Skoda aus
10.08.91   Frankreichs Autobauer - Rückzug aus den USA
02.11.91   Euro-Betriebsräte - Dorniger Weg zu einem Binnenmarkt für Arbeitnehmer
12.11.91   Ausländisches Kapital tröpfelt nur noch herein
21.11.91   "Umweltpolitik lenkt Investitionen ins Ausland"
12.12.91   Auf einen Blick: Ergebnisse von Maastricht
18.12.91   VW fährt im Stammwerk zwölf Sonderschichten
03.02.92   Lambsdorff verlangt jahrelangen Lohnverzicht
06.02.92   Gewerkschaften geben Bonn die Mitschuld an Desaster
06.02.92a   Niedrige Löhne und jederzeit kündbar
25.02.92   Arbeitslosigkeit im Westen steigt erstmals wieder an
17.03.92   Die Sechs vor dem Komma
28.03.92   Schlanke Produktion - Deutsche testen japanische Abmagerungskur
30.03.92   Porsche-Enkel Piech soll VW-Chef Hahn ablösen
22.05.92   Fiat in Polen am Volant
23.05.92   Preise und Ansprüche sind kräftig gestiegen
09.12.92   VW-Betriebsrat auf viel gefaßt

Handelsblatt:
29.01.81   Weiter auf der Überholspur
14.02.86   Umfangreiche Investitionen geplant - Die Produktion soll allmählich steigen
24.02.86   Im Kleinwagen-Markt an die Spitze stoßen
07.09.87   "Gegen die immer schärfere Konkurrenz aus Korea ist wenig Kraut gewachsen"
23.11.87   Im Werk Westmoreland lag die Auslastung der Kapazitäten seit 1982 unter 50%
18.12.87   Hahn: Südkoreas Herstellkosten bestimmen US-Kleinwagenpreise
23.03.88   Mit den Marken VW, Audi und SEAT will Wolfsburg den Angriff von Japanern
            und Koreanern parieren
29.03.88   Vom Standort China aus will VW Korea und Japan die Stirn bieten
31.05.88   Drastische Kostensenkungen sollen die Konkurrenzfähigkeit wiederherstellen

449

06.06.88	An der Front der Lohnkosten kann der VW-Vorstand keinen Einbruch erzielen
30.03.89	"Solidaritätsstreiks gewinnen unter dem Aspekt des Binnenmarktes an Bedeutung"
11.04.89	Hahn: Neues Seat-Werk geht 1992 in Betrieb
20.02.90	Mit neuen Modellen und modernen Fabriken weltweit den Marktanteil deutlich ausbauen
08.12.90	35-Stunden-Woche und 6 % ohne Flexi-Chance

Intersoli:

| o.J. | Übersicht über öffentliche Aktionen/Veranstaltungen seit 1986 |
| 04.06.83 | Ergebnisse der beiden Seminarreihen |

Kölner Stadtanzeiger:

11.12.90	Skoda wird die vierte Marke des VW-Konzerns
14.02.91	Ford und VW planen Kleinstwagen
30.03.91	Skoda bleibt im VW-Konzern als eigene Automarke erhalten
27.07.91	Einfuhr von Autos aus Japan wird beschränkt
30.07.91	In Deutschland gibt es für Japaner keine Verkaufsbegrenzung
19.09.91	Seat schließt bei VW nun eine Lücke
26.11.91	Zukunfts-Debatte, die unter den Gewerkschaften eine Lawine auslösen soll
27.12.91	Hoher Aufwand auf der Insel
06.01.92	Industrie überlegt neu
07.01.92	Briten Nutznießer der Sozialunion
24.01.92	Den Standort gelobt
08.02.92	Niehler Karossen verdienten ein "Q1"
21.02.92	VW streicht Arbeitsplätze
18.03.92	Schlanke Produktion ist besser
07.05.92	Volkswagen-Konzern setzt schnelle Fahrt unbeirrt fort

La Vanguardia:

| 29.04.91 | "Hay que hacer llegar cuanto antes el ancho de vía europeo desde la frontera a Barcelona" |

Manager Magazin:

| 11/1989 | VW Vor dem Showdown |

Nachrichten für Außenhandel:

| 04.10.82 | Zusammenarbeit VW-Seat langfristig angelegt |

Spiegel:

22/1984	Zukunft in menschenleeren Hallen
09/1986	"Wir haben eine lange Durststrecke vor uns"
50/1987	"Die Versicherungspolice wurde zu teuer"
13/1988	Volkswagen - Wird schwerer
09/1989	"Je eher wir sparen, um so besser"
27/1991	Barrieren statt Wettbewerb

Süddeutsche Zeitung:

| 01.10.82 | VW und Seat machen gemeinsame Fahrt |

06.04.84	Neue Arbeitsplätze erlauben auch höhere Löhne
27.02.86	Seat dient VW als Co-Pilot im Süden
25.11.86	Neuer Auto-Riese geht an den Start
26.11.86	Kein "VW-Ford" in Südamerika
28.03.87	Wege zu einer weiteren Flexibilisierung
20.08.87	VW-Betriebsrat verweigert Zusatzschicht
11.01.89	Toyota und VW starten in Hannover
25.02.89	VW-Betriebsrat will die Altersregelung verlängern
17.02.90	VW-Golf-Produktion in China in Sicht
17.03.90	Volkswagen steigt bei Skoda ein
17.08.90	Schröder verteidigt VW-Standort Niedersachsen
20.04.91	Europa vor Einwanderungswelle

Welt:
02.06.88	Mißtöne begleiten in Wolfsburg den zehnmillionsten VW-Golf
13.09.88	VWs neuer Pick-up ist ein echter Japaner
22.11.88	Die Vision von VW - Ein Golf-Strom in China unter der roten Fahne
27.06.89	Das Image braucht Politur
08.08.89	Hahn: "Aufbruch in die Triade"
01.12.89	Hahn: Wir fahren vorn im Rennen gegen die Japaner
23.02.90	VW führt Nachtschicht ein

Westfälische Rundschau:
| 08.12.88 | DIHT für längere Arbeitszeit - sonst Nachteile |
| 08.12.88a | VW: Deutsche Standorte sind nur bei drei Prozent Rendite sicher |

WIR METALLER:
| 26.04.76 | USA-Werk wird gebaut. Die deutschen Arbeitsplätze sind gesichert! |
| 24.03.87 | Unser Programm für die nächsten Jahre |

Wirtschaftswoche:
| 15/1988 | Teilen und herrschen |

Wolfsburger Nachrichten:
| 17.12.88 | Betriebsrat rechnet mit harter Tarifrunde 1990 |

If you have any concerns about our products,
you can contact us on
ProductSafety@springernature.com

In case Publisher is established outside the EU,
the EU authorized representative is:
Springer Nature Customer Service Center GmbH
Europaplatz 3, 69115 Heidelberg, Germany

Printed by Libri Plureos GmbH
in Hamburg, Germany